HKSZ

河口史志

自强 务实 创新 担当

——河口史志精神

图书在版编目（CIP）数据

河口年鉴.2018 / 东营市河口区地方史志办公室编
——北京：方志出版社，2018.9
ISBN 978-7-5144-3307-4
Ⅰ.①河… Ⅱ.①东… Ⅲ.①区（城市）—东营—2017—年鉴 Ⅳ.① Z525.24
中国版本图书馆 CIP 数据核字（2018）第 247284 号

河口年鉴（2018）

编　　者：东营市河口区地方史志办公室
责任编辑：冯　松
出 版 人：冀祥德
出 版 者：方志出版社
地址　北京市朝阳区潘家园东里 9 号（国家方志馆 4 层）
邮编　100021
网址　http://www.fzph.org
发　　行：方志出版社发行中心
电话　（010）67110500
经　　销：各地新华书店
印　　刷：山东金鼎彩印有限公司
开　　本：889 × 1194　　1/16
印　　张：36
字　　数：769 千字
版　　次：2018 年 9 月第 1 版　　2018 年 9 月第 1 次印刷
印　　数：0001~1000 册
ISBN　978-7-5144-3307-4　　定价：180.00 元

东营市河口年鉴

2018卷

DONGYINGSHI HEKOUNIANJIAN

东营市河口区人民政府 主办
东营市河口区地方史志办公室 编

方志出版社
Publishing House of Local Records

河口区地方史志编纂委员会

名誉主任：苟增杰

主　　任：田兵兵

副 主 任：陈桂林　徐文棠　李　露

成员单位：区委办公室　区人大常委会办公室　区政府办公室　区政协办公室

区委组织部　区委宣传部　区委政法委　区档案局

区文联　区发展改革局　区经济信息化局　区教育局

区科技局　区财政局　区人力资源社会保障局　区农业局

区商务局　区文化广电新闻出版局　区统计局　区油工委

区史志办公室

委员会下设办公室

河口区地方史志办公室

主　　任：张振华

副 主 任：王景忠　张泽红

《河口年鉴》（2018卷）编审人员

主　　编：张振华

副 主 编：张泽红

执行主编：潘春芳

编　　辑：张泽红　韩学芝　潘春芳　郭浩颖

编辑说明

BIANJISHUOMING

一、《河口年鉴》2018卷，以马克思列宁主义、毛泽东思想、邓小平理论、“三个代表”重要思想、科学发展观、习近平新时代中国特色社会主义思想为指导，坚持辩证唯物主义和历史唯物主义的立场、观点和方法。

二、《河口年鉴》2018卷主要收录2017年度发生在河口行政区域内的大事要闻，有些资料适当上溯或下延；力求突出反映河口特色，客观记载各级、各部门、各镇（街道）深化改革、扩大开放的新举措、新进展。为增加信息量，增强实用性，各部类尽可能多地使用了相关的数据资料。多数栏目插入了代表该栏目特色、具有重要现实意义和存史价值的随文图片。

三、本卷年鉴分设31个栏目：特载、大事记、河口概况、中国共产党河口区委员会、河口区人民代表大会常务委员会、河口区人民政府、政协东营市河口区委员会、中国共产党河口区纪律检查委员会、人民团体、军事、法治、改革开放、经济管理与监督、财税·金融、农业、水利与黄河河务、工业、交通邮政、信息化建设、城建环保、国内贸易、科学、教育、文化体育、卫生计生、社会生活、镇（街道）概况、油田驻河口单位、人物、附录、索引。

四、卷内设反映全区重大事件和发展成就的彩色图片资料专辑。主体内容一般划分栏目、分目、条目三个层次。栏目为年鉴内容的最大单元，其下按行业或镇（街道）设置分目，分目设置一般照顾到现行管理体制。最小单元为条目，条目为年鉴的最基本的单元，其标题加【 】。

五、本卷年鉴有关全区国民经济和社会发展的主要数据，均以区统计局公布的统计数字为准。

六、本卷年鉴稿件由河口区各镇（街道）、区直各部门、单位及辖区内的中直、省直、市直和油田驻河口单位供稿，并经各供稿单位领导审阅。稿件经区地方史志办公室总纂后，主要内容经区政府主管领导审定。

东营市河口区地图

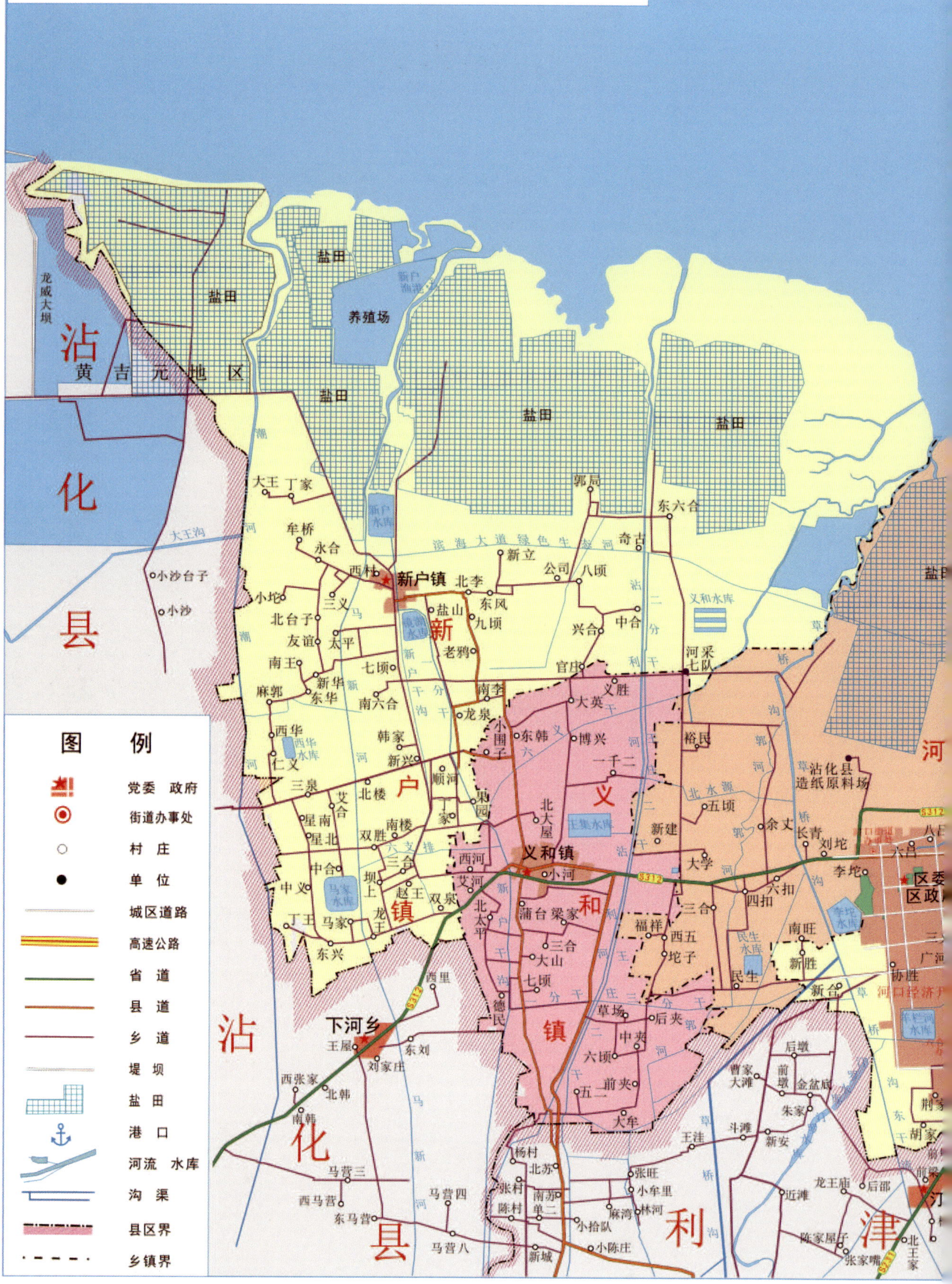

龙威大坝
盐田
养殖场
新户渔港
黄吉元地区
沾化县
大王沟
小沙台子
小沙
大王
丁家
牟桥
永合
西村
新户镇
北李
新立
公司
八顷
奇古
郭局
东六合
小坨
三义
北台子
盐山
东风
九顷
兴合
中合
义和水库
友谊
太平
新
老鸦
南王
七顷
官庄
河采七队
麻郭
新华
东华
南六合
南李
义胜
大英
龙泉
西华
西华水库
韩家
小围子
东韩
博兴
裕民
仁义
新兴
一千二
沾化县造纸原料场
三泉
艾合
北楼
户
顺河
东园
义
五顷
北大屋
王集水库
新建
余丈
长青
刘坨
星南
星北
双胜
南楼
丁家
义和镇
小河
大学
李坨
区委
区政府
中合
中义
马家水库
坝上
三合
赵王
西河
艾河
和
四扣
六扣
三合
南旺
丁王
马家
龙王
镇
双泉
北太平
蒲台
梁家
福祥
西五
坨子
民生水库
民生
新胜
东兴
三合
大山
七顷
德民
李坨水库
协胜
新合
河口经济开发区
西里
下河乡
王屋
东刘
刘家庄
草场
后夹
中夹
六顷
前夹
五一
大牟
镇
后墩
前墩
曹家大滩
金盆底
朱家
西张家
北韩
南韩
斗滩
王洼
新安
杨村
北苏
张旺
小牟里
马营三
西马营
马营四
张村
陈村
南苏
单二
麻湾
林河
近滩
龙王庙
后邵
东马营
小拾队
陈家屋子
张家嘴
北王家
马营八
新城
小陈庄
沾化县
利
津
滨海大道绿色生态河
S312
S311
图例
党委 政府
街道办事处
村庄
单位
城区道路
高速公路
省道
县道
乡道
堤坝
盐田
港口
河流 水库
沟渠
县区界
乡镇界

东营市民政局提供区划地名资料　　2012年5月

·领导活动·

2017年7月26日，中共东营市委书记申长友（前排中）到蚂蚁金服项目现场考察

·领导活动·

2017年5月5日，中共东营市委副书记、市长赵豪志（前排左四）考察河口街道拆违治乱工作

·领导活动·

2017年5月31日，中共河口区委书记苟增杰（前右一）到大明集团调研

2017年1月5日，中共河口区委副书记、区长田兵兵（前排中）到山东河口经济开发区调研

·领导活动·

2017年6月6日，区人大常委会主任、党组书记张胜双（前排左二）带领市区两级人大代表考察拆违治乱工作

2018年5月10日，区政协主席、党组书记王永跃（前排左一）开展加强城市精细化管理专题调研

·重要会议·

2018年1月20—22日，东营市河口区第十八届人民代表大会第二次会议召开

2018年1月19—21日，中国人民政治协商会议第九届东营市河口区委员会第二次会议召开

·重要会议·

2017年1月23日，中共东营市河口区纪委八届二次全体会议召开

2017年2月20日，全区经济工作会议召开

· 民生实事 ·

河口区城市建设新貌

改造后的黄河路

·民生实事·

2017年4月27日，河口区城乡公交一体化仪式启动

2017年4月29日，“共筑中国梦 欢乐进万家”山东省艺术家走进东营市河口区孤岛镇

数字河口2017

◎总面积 2267.44 平方千米

◎年末户籍人口 220258 人

◎生产总值（GDP）291.13 亿元

◎第一产业增加值 14.09 亿元

◎第二产业增加值 144.98 亿元

◎第三产业增加值 132.07 亿元

◎三次产业结构比例 4.8:49.8:45.4

◎固定资产投资额 344.14 亿元

◎公共财政预算收入 20.08 亿元

◎农林牧渔及服务业增加值 15.15 亿元

◎粮食总产量 10.76 万吨

◎肉蛋奶总产量 29.00 万吨

◎水产品总产量 15.07 万吨

◎规模以上工业主营业务收入 1000.97 亿元

◎建筑业总产值 19.83 亿元

◎社会消费品零售总额 62.76 亿元

◎对外贸易进出口总额 27.93 亿元

◎出口 8.12 亿元

◎进口 16.04 亿元

◎等级公路通车里程 1572.8 千米

◎邮政业务总量 2365.96 万元

◎固定电话用户 3.6 万户

◎移动电话用户 30.2 万户

◎互联网用户 7.0 万户

◎金融机构人民币各项存款余额 254.59 亿元

◎有线电视用户 2.1 万户（不含油田）

◎参加失业保险职工 21164 人

◎参加养老保险职工 48239 人

◎参加基本医疗保险在职职工 34512 人

◎工伤保险参保人数 47722 人

◎生育保险参保人数 24333 人

目　录

特　载

大　事　记

河口概况

目　录

中国共产党河口区委员会

目　录

目 录

河口区人民代表大会及其常务委员会

河口区人民政府

政协河口区委员会

目 录

中国共产党河口区纪律检查委员会

人 民 团 体

法　治

目 录

军 事

改革开放

目　录

经济管理与监督

目　录

财税·金融

目　录

农　　业

水利与黄河河务

工　业

目　录

交 通 · 邮 政

信息化建设

城乡建设·环保

目　录

目录

目录

社会生活

目　录

镇（街道）概况

油田驻河口各单位

目　录

人　物

附　录

索　引

Contents

Features

Chronicle of Major Events

General Situation of HeKou

CPC Hekou District C ommittee

People' s Congress Standing Committee of Hekou

Contents

Hekou District Government

Hekou District Branch of the CPPCC, Dongying

Hekou District Supervisory Bureau of the CPC

Mass Organization

Legal system and institutions

Military Affairs

Reform and opening-up

Contents

Contents

Contents

A survey of towns and streets

Oilfield units in Hekou District

Figures

Appendix

Indexes

特 载

苟增杰同志在区委八届二次全体会议上的讲话

（2017 年 11 月 11 日）

（摘要）

一、今年以来的工作

区第八次党代会以来，在市委、市政府的坚强领导下，全区上下紧紧围绕年初确定的工作思路和目标要求，以“两学一做”学习教育常态化制度化为统领，以供给侧结构性改革为主线，以加快新旧动能转换为动力，以重大项目建设为抓手，坚定信心，积极作为，统筹做好稳增长、促改革、调结构、惠民生、防风险各项工作，经济社会实现了平稳健康发展。

（一）旗帜鲜明讲政治。区委常委会把坚决维护习近平总书记核心地位作为最重要的政治规矩，把学习贯彻习近平新时代中国特色社会主义思想作为最重要的政治任务，组织全区各级党组织和党员干部深入学习习近平总书记系列重要讲话精神，增强“四个意识”，树牢“四个自信”，始终在思想上政治上行动上与以习近平同志为核心的党中央保持高度一致。围绕迎接党的十九大，我们严格落实中央和省、市安排部署，按照“一切围绕十九大、一切服从十九大、一切捍卫十九大”的要求，动员各级各部门全力防范化解各类安全稳定风险，坚决维护社会政治大局稳定，为党的十九大胜利召开做出了应有贡献。党的十九大期间，组织全区各级各部门单位和广大党员干部群众集中收听收看大会盛况，认真聆听学习习近平总书记所作的十九大报告，及时深入学习领会十九大精神。党的十九大胜利闭幕后，我们把学习宣传贯彻落实十九大精神作为首要政治任务，迅速召开区委常委扩大会议，传达学习党的十九大精神，研究部署全区学习宣传贯彻意见，印发了《关于认真学习宣传贯彻党的十九大精神的通知》，区委理论学习中心组带头专题学习研讨，各镇街、各部门单位组织党员干部认真学习讨论，在全区迅速掀起了学习宣传贯彻十九大精神的热潮。

（二）经济实现稳中有进。面对宏观经济下行压力，超前研判可能出现的问题，强化经济运行精准调度，有针对性地制定措施，经济保持了稳中向好的发展态势。前三季度，全区实现地区生产总值 226.26 亿元，增长 6.9%；完成全社会固定资产投资 237.2 亿元，增长 6.5%；完成社会消费品零售总额 47.35 亿元，增长 11.1%；实现规模以上工业总产值 672.14 亿元、利税 37.02 亿元、利润 27.38 亿元，分别增长 8.9%、9.3% 和 9.7%；实际利用外资 2 亿元，完成全年任务的120.3%；1—10月，完成公共预算财政收入16.78亿元，增长10.7%。金融环境持续优化，各项存贷款余额达到250.07亿元、177.25亿元，比年初分别增加21.32亿元和31.18亿元。招商引资成效显著，截至10月底，洽谈推进重点在谈项目44个，计划投资213.6亿元。其中，与三峡集团、金风科技、中车永济签署合作协议，总投资160亿元的山东（河口）风电装备制造产业园和海上风电开发项目成功落户，实现了对接央企招商的重大突破。

（三）产业结构不断优化。按照“一产调优、二产调强、三产调大”的思路，以增量优化推进产业结构转型升级，全区三产比重达到5.99：50.92：43.09。一是做大做强现代农业。立足率先全面实现农业现代化的目标，用工业的理念发展现代农业，集中推进现代畜牧、生态渔业、绿色种植三大优势产业，实施了澳亚乳制品加工、“海生·河口”“锦绣河口·黄河故道”现代农业示范区等总投资30亿元的22个农业重点项目，目前已竣工9个。二是全力推进工业强区战略。加快推进欧米勒电气、彩客化学等总投资126.1亿元的16个重大工业项目，中海石油东营石化500万吨升级改造及配套项目年内全面建成。富海集团、中海集团跻身中国民营企业500强，富海集团、富宇化工顺利获批国际进口原油使用资质。北博新能源在齐鲁股权交易中心挂牌，冠森高分子材料在新三板上市，全区新三板挂牌企业4家，齐鲁股权交易场所挂牌企业6家。98家化工企业“四评级一评价”全部完成，10家企业完成规范化公司制改制，产业转型升级步伐进一步加快，发展质量效益明显提升。三是加快发展现代服务业。坚持生产性服务业与生活性服务业并重，推动乡村旅游、节庆展会、现代物流、电子商务四大产业同步发展，集中推进“中海·鸣翠园”等总投资33亿元的10个重点服务业项目。成功举办孤岛湿地槐花节、国际油品贸易洽谈会等大型会展活动，黄河三角洲石油交易平台交易额达134亿元，蚂蚁金服、“智慧河口”建设进展顺利，服务业的层次和水平进一步提升。

（四）城乡统筹步伐加快。以创建国家生态园林城市为目标，实施了总投资59.1亿元的68个城乡建设项目，累计治理违法建设51.5万平方米，城市品位和形象显著提升。大力实施城市景观绿化提升工程，黄河路、河庆路、河民路顺利通车，北片区道路改造顺利完成，海康路、海宁路绿化提升工程顺利推进。扎实开展美丽乡村建设，深入实施环卫一体化，全面实施“四化一规”提升工程，提前完成市下达的5669户旱厕改造任务，累计完成137个村庄及路域绿化，硬化乡村公路89.23千米，亮化村庄116个。全力推进重大基础设施建设，S231河辛路改建工程全面开工，疏港高速连接线、河广大道河口段、环渤海高等级公路等项目前期工作进展顺利。

（五）安全环保水平持续提升。始终秉承发展经济和安全环保“情同手足”的理念，注重经济发展与安全环保协调推进，营造了良好的发展环境。扎实推进安全风险管控和隐患排查治理“两个体系”建设，深入开展“大快严”集中行动、涉油领域打非治违、化工产业安全生产转型升级专项行动，累计排查隐患21351条，完成整改20448条，今年以来全区未发生较大及以上安全生产事故。深入开展水气土污染整治专项行动，投资2.78亿元实施了燃煤锅炉超低排放改造、泄漏检测与修复、挥发性有机物自动监测体系建设等18个水气土污染治理项目，严格落实“河长制”，全力做好中央环保督察巡视反馈问题整改落实，切实维护了群众环境权益。1—9月，全区空气环境质量主要指标二氧化硫、二氧化氮、PM10、PM2.5同比分别改善27%、13.2%、10.2%、1.8%，空气质量优良率55.5%，稳居全市前列。持续加大生态建设力度，深入开展“三年增绿”计划，全年完成投资1.54亿元，造林面积5.11万亩，湿地修复保护2700亩，提前一年超额完成市委、市政府下达的任务。

（六）全面深化改革稳步推进。认真贯彻落实全面深化改革各项任务，积极推进重点领域和关键环节的改革，着力破解发展难题。深化“放管服”改革，取消和调整区级行政权力事项223项，行政审批效率和政务服务效能全面提升。扎实推进农村集体产权制度改革省级试点工作，建立新型农村集体产权经营组织3个；积极推进农村承包土地的经营权抵押贷款试点工作，累计发放抵押贷款630笔、3.62亿元。全面推进国资金融改革，组建成立区融资担保公司、财金投资集团等5个区属国有企业，恒丰银行、青岛银行等金融机构落户，金融信贷实力不断增强。深入实施创新驱动发展战略，与上海交通大学、山东理工大学签订战略合作协议，各类区域创新机构累计达到31个，引进各类高层次人才60余名，成功举办山东河口（深圳）第一届企业家年会暨招才引智推介会，为经济社会发展提供了有力的人才支撑和智力保障。

（七）民生事业持续加强。坚持把改善民生作为建设美丽幸福新河口最真切、最生动、最温暖的诠释，重点抓好总投资9.6亿元的10件民生实事，区人民医院门（急）诊暨外科病房综合楼建设进展顺利，率先成为全市第一个真正实现“城乡公交一体化”的县区。1—9月，全区城镇居民人均可支配收入达到30770元，农民人均可支配收入13370元，分别增长7.7%和8.6%。推进社会保障提标扩面，保障标准持续保持全省领先。突出抓好就业再就业工作，今年以来新增城镇就业3057人，城镇登记失业率2.37%，控制在3.5%的目标以内。坚决打赢脱贫攻坚战，全区11个市定贫困村已全部达到摘帽条件，55户107名贫困人口已全部达到稳定脱贫标准和“两不愁、三保障”目标。加强社会治安综合治理，深入开展“两打一整治”专项行动，妥善化解各类矛盾，在全国“两会”、省“两会”、省党代会、“一带一路”峰会和十九大期间，未发生一起进京非正常上访，荣获“全国平安建设先进区”荣誉称号。

（八）党的建设全面加强。始终坚持党要管党、全面从严治党，党的建设开创了新局面，党风政风呈现新气象。扎实推进“两学一做”学习教育常态化制度化，全面推行学习研讨、“党员主题活动日”等制度，创新开展“百场送学·万人服务”主题实践活动，广大党员干部党性意识、党员意识和服务意识不断增强。全面加强干部队伍建设，建立完善干部培养使用机制，研究修订《科级干部选拔任用工作流程》，出台《关于进一步做好干部在一线锻炼工作的实施意见》，营造了干事创业的良好氛围。以“基层组织规范提升行动”为抓手，扎实做好村“两委”换届准备工作，突出抓好19个薄弱村集中整治，统筹推进村档镇管、非公企业区域党建联建、城市社区区域化党建和特色党支部建设工作，促进了基层党建工作全面进步全面过硬。全面落实党风廉政建设“两个责任”，推行责任清单、党员领导干部述廉谈话制度，扎实开展不担当不作为以及庸政、懒政、怠政等突出问题专项治理，顺利完成第一轮对8个部门单位的巡察，营造了风清气正的良好政治生态。

区委常委会高度重视自身建设，集中精力把方向、谋全局、抓大事、促发展。严格落实区委全委会、常委会议事规则和决策机制，坚持民主集中制，重大事项集体讨论解决，提高了科学民主依法决策水平。深入推进“两学一做”学习教育常态化制度化，带头学习贯彻党的十九大精神，坚决用习近平新时代中国特色社会主义思想武装头脑、指导实践、推动工作。牢牢掌握意识形态工作主动权，积极培育和践行社会主义核心价值观，深入推进精神文明建设，加强舆论引导管控，形成了积极健康、昂扬向上的舆论氛围。区委常委带头遵守中央八项规定精神和廉洁自律各项规定，时时处处严格要求自己，坚持依法用权、秉公用权、廉洁用权，自觉接受组织监督、群众监督、社会监督，树立了良好形象。

成绩的取得，是习近平新时代中国特色社会主义思想科学指引的结果，是中央和省委、市委坚强领导的结果，是全区各级党组织和广大党员干部群众团结奋斗的结果。区委委员、候补委员，区各大班子领导和各级各部门各方面，对区委常委会的工作给予了充分信任和大力支持。我代表区委常委会向同志们表示衷心的感谢。

我们也清醒地认识到，区委常委会的工作与中央、省委、市委的要求相比，与人民群众的期待相比，与我们承担的使命任务相比，还有一些差距和不足。主要是：产业转型升级压力较大，资源环境约束趋紧，经济发展内生动力不足；对经济增长起决定作用的重大项目还比较少，固定资产投资增长后劲不足；基础设施历史欠账较多，城乡发展还不够平衡；领导干部素质能力还不能很好地适应当前发展形势和需要，改革创新能力有待进一步提高；党风廉政建设“两个责任”落实还存在薄弱环节，落实全面从严治党各项要求的力度仍需进一步加强。对这些问题，区委常委会一定高度重视，采取有效措施认真加以解决。

二、把握精神实质，增强学习宣传贯彻党的十九大精神的自觉性坚定性

党的十九大是在全面建成小康社会决胜阶段、中国特色社会主义进入新时代的关键时期召开的一次十分重要的大会，是在新的历史起点上开启党和国家事业新征程的一次大会，对于鼓舞和动员全党全国各族人民决胜全面建成小康社会、夺取新时代中国特色社会主义伟大胜利、实现中华民族伟大复兴的中国梦，具有重大里程碑意义。党的十九大报告提出了适应时代发展新要求的一系列新思想新观点新论述，作出了中国特色社会主义进入新时代的重大判断，提出了新时代中国特色社会主义思想，确定了统筹推进伟大斗争、伟大工程、伟大事业、伟大梦想的新使命，定位了社会主要矛盾出现的新变化，开启了中国特色社会主义现代化建设的新征程，是当前和今后一个时期党和国家事业的总设计、总定向、总指引。

全区各级党组织和广大党员干部，要按照中央和省委、市委部署要求，把学习宣传贯彻十九大精神作为当前和今后一个时期的首要政治任务，全面准确、深入系统地把十九大精神学习好、宣传好，在全区上下形成学习十九大、宣传十九大、贯彻十九大的浓厚氛围和强大声势，使十九大精神成为全区党员干部群众的共同意志和自觉行动。一要领导带头、率先示范。各级领导班子和领导干部是学习宣传贯彻十九大精神的“关键群体”，必须带头学习、带头宣传、带头贯彻、带头落实。各级党委（党组）要把十九大精神作为党委会、中心组学习的重要内容，制定计划，列出专题，深入研讨，提高学习的系统性、全面性和实效性。各级领导干部要先学一步、多学一点、学深一些，把党的十九大精神学清楚、讲明白、抓落地，做到真学真懂、真信真用。二要深入宣讲、营造氛围。要综合运用多种形式，有重点、分步骤、多层次地开展学习宣讲活动。要成立十九大精神宣讲团，分赴基层进行宣讲，运用群众喜闻乐见的形式，引导广大干部群众深刻领会精神实质。要认真组织好基层党员干部群众的学习，采取丰富多样的形式，推动十九大精神进企业、进农村、进机关、进校园、进社区，把党的十九大精神传达到每一个党支部、每一名党员干部和群众。工会、共青团、妇联、科协等群团组织，要发挥职能优势，开展各具特色的学习教育活动。宣传部门要加大宣传力度，进行全方位、多角度、立体式的报道，使十九大精神家喻户晓、深入人心。三要学用结合、注重实效。学习贯彻十九大精神，不能空对空，关键要学以致用、知行合一。要把学习宣传贯彻十九大精神与推进“两学一做”学习教育常态化制度化结合起来，与改革发展稳定的具体工作结合起来，把十九大精神转化为做好工作的不竭动力，成为推动河口事业发展的强大思想武器。尤其要结合工作实际，加强调查研究，查找工作不足，一个问题一个问题地梳理，一项政策一项政策地研究，一件事情一件事情地抓落实，推动十九大精神在河口落地生根、开花结果。

三、担当新使命，奋力谱写建设美丽幸福新河口的新篇章

党的十九大确定了决胜全面建成小康社会、开启全面建设社会主义现代化国家新征程的战略安排，指明了党和国家事业发展的前进方向。就河口来讲，区第八次党代会确立了“全力打造全市北部经济增长极、建设现代农业示范区和统筹城乡发展先行区，加快建设美丽幸福新河口”的奋斗目标，完全符合十九大精神，符合省委、市委部署，符合新时代的使命要求。我们要以学习宣传贯彻十九大精神为动力，乘势而上，拼搏奋进，把河口的事业发展向前推进。做好今后的工作，总的要求是：更加紧密地团结在以习近平同志为核心的党中央周围，高举中国特色社会主义伟大旗帜，以马克思列宁主义、毛泽东思想、邓小平理论、“三个代表”重要思想、科学发展观、习近平新时代中国特色社会主义思想为指导，紧紧围绕“五位一体”总体布局和“四个全面”战略布局，以永不懈怠的精神状态和一往无前的奋斗姿态，不忘初心，牢记使命，埋头苦干，狠抓落实，全力推进河口事业发展，决胜全面建成小康社会，加快建设美丽幸福新河口，全面开启现代化建设新征程，奋力谱写中华民族伟大复兴中国梦的河口篇章。

（一）加快新旧动能转换，提升经济发展质量效益。十九大报告强调“建设现代化经济体系，必须把发展经济的着力点放在实体经济上，把提高供给体系质量作为主攻方向，显著增强我国经济质量优势”。全区上下要深入贯彻新发展理念，以供给侧结构性改革为主线，加快新旧动能转换步伐，推动经济转型升级，全面提升发展的质量和效益。一是加快工业转型升级。坚持工业强区战略不动摇，以新技术、新装备、新工艺为核心，瞄准高端化、集聚化、特色化，加大招商引资力度，加快传统产业改造升级步伐，重点培育壮大石油化工、精细化工、有色金属、装备制造四大产业集群，推动工业转型升级、提质增效。加快培育战略性新兴产业，推动高端装备制造、新能源、新一代信息技术、新材料、现代医药等产业快速发展。二是加快发展现代农业。要紧紧围绕“率先全面实现农业现代化”的目标，以生态畜牧、现代渔业、特色种植为重点，大力发展高效生态农业，加快打造全市现代农业发展样板区和试验区。一方面，瞄准安全、生态，品质、品牌，突出科技支撑，加大科技投入，建立与现代农业要求相配套的生产体系、保障体系，提高农产品附加值。另一方面，打造新引擎，培育新主体，推动一二三产业融合发展，切实提高农业综合效益和竞争力，全力推进现代农业发展进程，稳步实现农业增效，农民增收。三是大力发展现代服务业。加快制定和完善服务业发展规划，培育服务业龙头企业、发展服务业小微企业、鼓励服务企业转型升级，大力发展生产性服务业，优化提升生活性服务业，形成多样化、规范化服务业体系。

（二）全面深化改革扩大开放，增强区域发展活力。十九大报告指出“只有改革开放才能发展中国、发展社会主义、发展马克思主义”。全面深化改革，既是多年来改革开放发展实践的经验总结，也是未来践行新思想、解决新矛盾、开启新征程的必由之路。要紧紧围绕供给侧结构性改革这条主线，扎实推进财税体制改革、“放管服”改革、科技体制改革、农村产权制度改革等重点领域和关键环节改革，以重点领域突破促进全区各项工作整体提升。要实施更加积极主动的对外开放战略，主动融入京津冀协调发展和“一带一路”战略布局，坚持引进来与走出去相结合，加强对外经贸交流和战略合作，提高利用国际国内两种资源、两个市场的能力。要实施大项目带动战略，鼓励支持企业走出去对接央企、国企和行业领军企业，广泛参与军民融合发展，积极开展战略合作和兼并重组，整合资源、借智转型、借力发展，为经济发展培育新动能、添加新元素、注入新活力。支持企业利用资本市场直接融资，拓宽企业融资渠道，引导企业加快规范化公司制改制，推动企业做大做强。要把创新摆在发展全局的核心位置，全面深化产学研协同创新，加快各类创新平台建设，强化企业创新主体地位，不断壮大创新型企业队伍，加快建设创新型城市。深入实施人才强区战略，实行更加积极的创新人才培育和引进政策，加快推进重点人才工程，培养引进一批高端人才，形成人人渴望成才、人人努力成才、人人皆可成才、人人尽展其才的良好局面。

（三）加强生态文明建设，厚植持续发展优势。十九大报告指出“建设生态文明是中华民族永续发展的千年大计”，围绕加快生态文明体制改革、建设美丽中国作出全面部署。河口有丰富独特的生态资源，但是生态系统比较脆弱，加之化工产业比重大，生态环保面临很大压力，生态文明建设任重而道远。要牢固树立和践行“绿水青山就是金山银山”的理念，像对待生命一样对待生态环境，加大生态文明建设力度，加快形成节约资源和保护环境的空间格局、产业结构、生产方式、生活方式，还自然以宁静、和谐、美丽。要扎实开展水气土污染整治专项行动，认真做好中央、省环保督察问题整改，严格落实河长制，加快神仙沟、挑河、草桥沟等市控以上河流综合治理，有序开展土壤污染治理与湿地修复，推动环境质量持续好转。特别是积极迎接省大气污染督导巡查，突出做好冬季取暖燃煤小锅炉清理取缔、“散乱污”企业排查整治等各项工作，坚决打好秋冬大气污染综合整治攻坚战。同时，要落实最严格的生态环境保护制度，铁腕执法、重拳出击，坚决制止和惩处破坏生态环境行为，努力打造天蓝、地绿、水清、景秀的生态家园。

（四）加快城乡统筹步伐，打造宜居宜业家园。坚持城乡协调发展，是增强一个国家和地区经济社会发展整体性的有效路子。要坚持以规划为龙头，以建设统筹城乡发展先行区为引领，以创建国家生态园林城市和“城市规划建设提升年”为抓手，同步推进湖滨新区开发建设、老城区改造提升，统筹抓好海绵城市和地下综合管廊建设，不断完善城市功能，增强公共服务能力，努力建设宜居宜业、生态秀美的魅力城市。要扎实开展拆违治乱专项行动，积极做好油田“三供一业”移交工作，加强大数据、物联网、云计算等现代信息技术在城市管理服务领域的拓展应用，不断提升城市精细化管理水平，努力建设智慧城市。要立足资源禀赋、产业基础、区位条件等实际情况，加强研究谋划，加快推进镇驻地改造，进一步提升小城镇建设水平和发展品质，增强城镇的辐射带动能力。要坚持农业农村优先发展，大力实施乡村振兴战略，加快美丽乡村建设，统筹推进村庄规划、设施完善、环境整治、产业提升、文明创建，不断改善乡村环境面貌。要把重大交通设施建设作为城乡统筹发展的重要支撑，加快推进S231河辛路改线、河广大道河口段、济东高速连接线等重点工程，配合推进环渤海高速公路、环渤海城际铁路、疏港公路、疏港铁路建设，努力构建现代化立体交通体系。

（五）不断增进民生福祉，提高群众获得感幸福感。人民对美好生活的向往，就是我们的奋斗目标。必须始终把人民的利益摆在至高无上的地位，多谋民生之利、多解民生之忧，在发展中补齐民生短板。要优先发展教育事业，深化教育领域综合改革，发展素质教育，推进教育公平，健全学前教育公共服务体系，推动义务教育均衡发展，推进高中教育多样化发展，加快职业教育创新发展，办好人民满意教育。要推进医药卫生体制改革，加大公立医院综合改革力度，着力构建分级诊疗体系，推动医联体建设全覆盖，全面推进健康河口建设。着力提高社会保障水平，持续提升基本养老、基本医疗、城乡低保等保障标准，扩大社会保障覆盖范围，编密织牢社会保障安全网。要全面贯彻精准扶贫、精准脱贫基本方略，持续推进脱贫攻坚，探索建立稳定脱贫长效机制，带领贫困群众脱贫不返贫。积极推动文化事业和文化产业发展，实施文化惠民工程，积极培育新型文化业态，精心打造黄河口文化品牌，不断扩大黄河口文化影响力。深入推进平安河口建设，加强社会治安综合治理，全面加强和改进信访工作，坚决防范和遏制重特大安全事故，确保区域社会持续和谐稳定。

四、推动全面从严治党向纵深发展，为开启新征程实现新目标提供坚强保证

打铁还需自身硬，全面从严治党永远在路上。迈进新时代，开启新征程，实现新目标，必须准确把握管党治党的新任务新要求，推动全面从严治党向纵深发展。

（一）增强政治意识，坚定正确政治方向。旗帜鲜明讲政治是我们党作为马克思主义政党的根本要求。要始终把党的政治建设摆在首位，教育引导广大党员干部提高政治站位，坚定“四个自信”，旗帜鲜明讲政治，保持对党绝对忠诚。要牢固树立“四个意识”，严格遵守党的政治纪律和政治规矩，始终在政治立场、政治方向、政治原则、政治道路上与以习近平同志为核心的党中央保持高度一致。要严肃党内政治生活，严格落实《关于新形势下党内政治生活的若干准则》，执行民主集中制，落实“三会一课”、民主生活会和组织生活会、谈心谈话、民主评议党员等制度，用好批评与自我批评的锐利武器，着力增强党内政治生活的政治性、时代性、原则性、战斗性，为全面从严治党打下坚实政治基础。

（二）强化思想理论武装，打牢理想信念根基。坚定的理想信念，始终是共产党人安身立命之本。对党员来说，坚定理想信念，加强党性修养是永恒的任务，也是常讲常新的课题。推进新时代党的建设伟大工程，必须坚持用习近平新时代中国特色社会主义思想武装头脑，用先进理论指导实践，切实在统一思想、凝聚力量上取得实效。要持续推进“两学一做”学习教育常态化制度化，教育引导广大党员干部干事创业、开拓进取，为协调推进“四个全面”战略布局、贯彻落实“五大发展理念”提供坚强组织保证。要扎实开展“不忘初心、牢记使命”专题教育，激励广大党员干部坚定理想信念，筑牢党性之魂，自觉做共产主义远大理想和中国特色社会主义共同理想的坚定信仰者和忠诚实践者。

（三）加强基层组织建设，筑牢坚强战斗堡垒。党的执政根基在基层，党的工作最坚实的力量支撑在基层。要以提升组织力为重点，坚持政治属性和服务功能相统一，强化基层基础工作，推进全面从严治党向基层延伸，努力把基层打造成为宣传党的主张、贯彻党的决定、领导基层治理、团结动员群众、推动改革发展的坚强战斗堡垒。要坚持党的一切工作到支部的导向，注重把思想政治工作落到支部，把从严教育管理党员落到支部，把做好群众工作落到支部，全力抓好示范支部和过硬支部建设。要以年底村、社区“两委”换届为契机，严厉整顿软弱涣散党组织，加快构建基层服务型党组织，推动基层党组织建设全面进步、全面过硬。

（四）树立正确用人导向，打造事业中坚力量。为政之要，重在用人；事业发展，关键在人。要坚决贯彻党管干部原则，牢牢把握重基层、重一线、重实绩的用人导向，严把政治关、品行关、作风关、廉洁关，切实把那些以发展为己任、为发展尽其责、抓发展有作为的干部精心培养起来、及时发现出来、合理使用起来。各级领导干部要不断增强学习本领、政治领导本领、改革创新本领、科学发展本领、依法执政本领、群众工作本领、狠抓落实本领、驾驭风险本领，锻造担当的宽肩膀，练就成事的真本领，更好地担负起新时代赋予的新使命。对干部既要严管更要厚爱，多给予他们充分的理解、信任、支持和保护，调动起他们干事创业的积极性，打造充满活力的党员干部队伍。

（五）持之以恒正风肃纪，营造良好政治生态。反腐倡廉必须长抓不懈，拒腐防变必须警钟长鸣。各级党组织要切实担负主体责任，强化主责就是首责、守土必须尽责的政治担当，把“全面从严”的要求落实到党风廉政建设和反腐败工作全过程。要紧盯老问题、关注新动向，严打“四风”不手软，坚决反对特权思想和特权现象，坚持不懈改作风转作风。要坚持把纪律和规矩挺在前面，始终保持惩治腐败的高压态势，着力解决群众身边的腐败问题，强化不敢腐的震慑，扎牢不能腐的笼子，增强不想腐的自觉。各级领导干部要牢固树立正确权力观，

模范遵守廉洁自律各项规定，始终做到廉洁从政、廉洁用权、廉洁修身、廉洁齐家，永葆共产党人清正廉洁的政治本色。

新思想引领新时代，新目标开启新征程。让我们更加紧密地团结在以习近平同志为核心的党中央周围，高举中国特色社会主义伟大旗帜，深入贯彻习近平新时代中国特色社会主义思想，不忘初心，牢记使命，撸起袖子加油干，奋力开创河口事业发展新局面，为实现党的十九大确定的目标任务不懈奋斗！

东营市河口区人民代表大会常务委员会工作报告

——2018 年 1 月 21 日在东营市河口区第十八届人民代表大会第二次会议上

东营市河口区人民代表大会常务委员会主任　张胜双

（摘要）

2017 年，是区十八届人大常委会任期的第一年。常委会在区委的坚强领导下，全面贯彻落实党的十八大和十八届历次全会精神，深入学习贯彻党的十九大精神，以习近平新时代中国特色社会主义思想为指导，围绕全区工作大局，认真履行法定职权，圆满完成了区十八届人大一次会议确定的各项任务，实现了本届常委会工作开好局、起好步的目标。

一、坚持围绕中心，提升工作站位，主动服务经济社会发展大局

常委会紧紧围绕全区发展大局和人民群众普遍关注的热点问题，实施正确监督、有效监督，推动区委重大决策部署贯彻落实，促进“一府两院”依法行政、公正司法，努力维护人民群众根本利益。一年来，听取审议“一府两院”专项工作报告 12 项，开展集中视察 5 次、专题调查 1 次、执法检查 1 次，提出意见建议 80 余条，作出决议决定 5 项。

（一）推动经济持续健康发展。牢牢把握发展第一要务，依法听取审议计划、预算和审计工作报告，并围绕重点企业运营、重大项目建设、主要指标推进等，多次深入镇街、企业调查研究，加强对国民经济运行情况的跟踪和分析，要求区政府按照创新、协调、绿色、开放、共享的发展理念，加快新旧动能转换步伐，推动经济转型升级，着力提升发展质量和效益。围绕深化科技体制改革，听取审议了区政府关于科技工作情况的报告，督促区政府建立科技创新体系，促进科技成果转化，深入实施人才强区战略，发挥科学技术对实体经济的支撑引领作用。立足深化农村产权制度改革，听取审议了区政府关于农村土地“三权分置”工作情况的报告，对“三年增绿”、特色种植、农民增收情况进行调研，建议区政府认真落实强农惠农政策，加快发展现代农业，稳步实现农业增效、农民增收。着眼于加强国有资产管理，组织开展专题调查，要求区政府明确监管机构职责定位，推进监管机构职能转变，突出监管重点，改进监管方式，确保国有资产保值增值。一年来，面对复杂多变的经济形势，区政府深入贯彻落实新发展理念，以推进供给侧结构性改革为主线，经济保持稳中向好，结构调整不断深化，发展质量效益明显提升。

（二）高度关注民生持续改善。牢固树立以人

民为中心的发展思想，把维护最广大人民群众根本利益作为工作的出发点和落脚点，综合运用多种监督方式，支持政府为民办实事、做好事、解难事，不断提高群众安全感、获得感、幸福感。听取审议了区政府关于安全生产工作情况的报告，重点围绕增强全民安全意识和安全素质、扎实推进安全生产分级管控与隐患排查治理“两个体系”建设、落实安全生产责任制等方面问题，有针对性地提出意见建议，全力推动平安河口建设。听取审议了区政府关于环境保护工作情况的报告，就落实环境保护主体责任、加大环境违法行为打击力度、维护公众环境权益等提出监督意见，并围绕“打好蓝天保卫战，建设生态宜居城”这一主题，开展油城环保世纪行宣传活动，深入推进全区生态文明建设。听取审议了区政府关于文化惠民活动开展情况的报告，要求区政府完善政策措施，加大推进力度，全面提升文化建设的层次和水平，让人民群众共享更多发展成果。把脱贫攻坚作为最大的民生工程，听取审议了区政府关于精准扶贫工作情况的报告，在深入调查的基础上，充分肯定了河口区精准扶贫工作取得的成绩，建议区政府找准症结、精准施策，创新扶贫模式，提高扶贫实效，做到脱真贫、真脱贫，确保超前完成脱贫任务。围绕城乡统筹协调发展，组织部分市区人大代表对全区拆违治乱工作进行了集中视察，督促区政府借助省市拆违治乱工作大势，坚决打赢拆违治乱攻坚战，为改善全区人居环境、提升城市品位、提高城市综合竞争力起到了促进作用。针对油地之间教育、卫生、社会治安资源不平衡的实际，及时回应群众关切，分别进行集中视察，深入分析问题根源，研究谋划措施办法，督促有关方面树立“大区域”理念，积极推进资源共享机制建设，尽早实现油地双方教育、卫生、社会治安综合治理同步推进，对于消除人民群众片面认识，争取理解支持，起到了很好的推动、宣传作用。认真做好信访工作，全年共受理群众来访 38 人次，处理群众来信 12 件，依法维护了人民群众合法权益。

（三）积极推进民主法治建设。把加强民主法治建设、推进依法治区作为根本任务，不断规范和完善权力运行监督制约机制。研究制定了区人大常委会监督司法机关工作办法，进一步加强和规范对司法机关工作的监督，促进公正司法、规范执法。听取审议了区法院关于执行工作情况的报告，区检察院关于诉讼监督工作情况的报告，督促司法机关认真履行工作职责，不断加大执行力度和提高办案水平。扎实组织开展人大代表旁听法院庭审活动，先后 6 次组织 41 名人大代表对法院庭审进行旁听，并现场听取代表对庭审工作的意见，充分发挥人大代表在司法监督中的作用。一年来，各司法机关虚心听取意见，自觉接受监督，在推进执行工作、提高审判水平、加强诉讼监督等方面取得了积极成效。扎实开展规范性文件备案审查工作，实现了应备必备，较好地维护了法律法规的严肃性和统一性。对《东营市城镇容貌和环境卫生管理条例》贯彻实施情况进行了执法检查，有效保障了我市第一部地方性法规在河口区的贯彻实施。认真做好人事任免工作，不断完善干部任用监督机制，实现了党管干部和人大依法任免的有机统一。全年共任命国家机关工作人员 31 名，免职 6 名。出台了宪法宣誓仪式组织实施细则，修订完善了人事任免办法、拟任命人员任前法律知识考试办法，进一步规范任前法律知识考试、到会供职、颁发任命书、宪法宣誓等程序，并通过多种形式强化任后监督，着力增强任命干部的法律意识、责任意识和公仆意识。

二、坚持创新实践，完善监督方式，努力提升监督工作实效

正确把握监督与支持、继承与创新的关系，不断加强和改进监督工作，努力在健全完善监督机制上出实招、求实效，保证充分发挥地方国家权力机关的作用。

讨论决定重大事项，是宪法法律赋予人大及其常委会的一项重要职权。在总结历年来工作经验的基础上，研究制定了《区人大常委会讨论决定重大

事项的规定》，讨论决定重大事项工作实现重大破题。该《规定》明确了11项必须由常委会讨论决定的重大事项，15项应当由常委会讨论决定的重大事项，2项应当向常委会备案的重大事项，并且规范了讨论决定重大事项的具体程序、重大事项的标准和范围，为今后依法行使重大事项决定权提供了重要遵循和制度保障。

继续坚持并不断完善专项工作报告满意度测评办法。全年共对“一府两院”12项工作报告进行了满意度测评，分项测评满意率为97.1%，综合测评满意率为98.3%，收到了良好的监督效果。围绕强化跟踪督办和问效问责，研究制定了审议意见办理办法，对“一府两院”办理审议意见情况实施跟踪监督，并进行满意度评定。凡办理结果不满意的，常委会会议将听取审议意见办理情况的报告，并责成继续进行办理；连续两次不满意的依法提出质询。该办法的出台，进一步完善了常委会听取审议专项工作报告的程序，对实现会前、会中、会后的全过程监督将起到积极的推动作用。

把预算审查监督放在重要位置，不断改进预决算审查监督方式，提升监督实效。首次听取审议了区政府关于审计查出问题整改情况的报告，要求整改不力、整改不到位的部门单位限期整改，促进了相关问题的解决和落实。加强对财政预算编制的全过程审查监督，不断推动预算审查监督由程序性审查向实质性审查转变。建立了预算审查监督专家咨询及联络员制度，出台了《预算审查前听取区人大代表和社会各界建议的若干规定》，不断扩大人大代表和社会各界对预算审查监督工作的参与，为做好预算初步审查夯实了基础。制定了《关于加强区本级部门预算审查监督的若干规定》，并首次对区科技局、人社局等6个部门单位进行重点审查，听取汇报，提出要求，有力地推动了部门预算编制、执行工作。

三、坚持代表主体地位，创新代表工作机制，不断激发代表履职活力

把尊重代表主体地位、提高服务保障水平摆上突出位置，持续深化和拓展代表工作，大力支持和保证代表发挥作用，代表工作取得了明显成效。

一是提升服务保障水平。精心制定代表学习培训计划并认真组织实施。4月份，以镇街为单位，组织开展了“代表集中培训月”活动；分两批组织95名人大代表赴四川大学开展素质提升专题培训；在各级人大代表中深入开展学习贯彻党的十九大精神活动，代表们的思想政治水平、法律政策水平和专业知识水平进一步提高。充分发挥代表履职管理服务平台作用，人大代表服务保障信息化水平不断提升。坚持邀请代表列席常委会会议，参加常委会组织的执法检查、视察调研等活动，不断扩大代表对常委会工作的参与。一年来，邀请约60名人大代表列席常委会会议，组织约200人次人大代表进行集中视察，组织约80名人大代表参加各类调研和执法检查活动。同时，积极推荐代表参加民主测评、行风评议等社会监督活动，进一步拓宽代表工作的广度和深度。

二是密切常委会同代表、代表同人民群众的联系。制定了区人大常委会联系人大代表办法，修订完善了代表联系群众制度、代表述职评议办法，努力在密切联系人民群众上下功夫，在畅通社情民意反映渠道上做文章，在使人大工作接地气、得民心上求实效。一年来，对100多名基层人大代表进行了集中走访；组织引导区级人大代表与500多名群众建立经常性联系；组织41名人大代表进行了述职，选民对代表的评议满意率均在96%以上。出台了《关于加强“人大代表工作站”建设的实施意见》，本着“便于代表开展活动、便于代表联系选民、便于代表发挥作用”的原则，把省市区镇四级人大代表科学分组，规划建设“人大代表工作站”26处，并按照“十个有”标准进行统一规范，不断丰富代表联系群众的内容和形式，增强联系实效，使“人大代表工作站”真正成为代表履行职责、发挥作用、联系人民群众的载体和平台。

三是增强代表建议办理实效。突出抓好建议的征集、归纳和整理工作，使代表建议有情况、有分析、有具体措施，做到准确可行，便于操作。出台了常委会副主任领衔督办重点建议试行办法，并选择10件影响面大、代表始终关注的重点建议，由各位副主任领衔督办，有针对性地促进问题解决。分两次对区十八届人大一次会议以来121件代表建议办理情况进行面对面集中答复，办理结果代表满意率96.7%，促进了代表建议办理质量的整体提升。

四、坚持责任担当，加强上下联动，全区人大自身建设取得新进展

主动适应新形势下人大工作的新要求，与时俱进加强自身建设、巩固基层基础，推动全区人大工作不断创新发展。

一是注重加强党的政治建设。把学习贯彻党的十九大精神作为首要政治任务，进行专题研究部署，结合“两学一做”学习教育常态化制度化，认真开展学习讨论，不断增强“四个意识”，坚持“四个自信”，始终在思想上行动上与以习近平同志为核心的党中央保持高度一致。认真贯彻落实区委决策部署，着力在坚定正确方向、积极依法履职、服务发展大局上求深化，维护了全区团结和谐、共谋发展的良好局面。认真执行民主集中制原则，重大问题集体研究决定，先后召开主任会议21次，党组会议19次，研究决定事项165项。

二是注重加强规范化建设。作出了关于加强常委会自身建设的决定，对常委会议事规则、专题调查办法等20余项规范性文件进行了修改完善，并印制《区人大常委会工作手册》，为常委会依法履职提供了制度保障。围绕加强机关建设，进一步理顺管理机制，明确工作程序，提升工作规范化水平。不断加强和改进宣传工作，认真办好《河口人大》刊物和常委会网站，对外宣传工作实现新突破。机关党的建设、精神文明建设不断加强，老干部服务工作取得新成绩。

三是注重加强专门委员会建设。为保证专门委员会依法履职，常委会制定了《区人民代表大会专门委员会工作规则》，明确各专门委员会的工作职责和组织运行；各专门委员会配套完善议事规则和联系办法，理顺工作程序，为认真履行法定职责奠定了良好基础。一年来，各专门委员会围绕区人大及常委会中心任务做了大量卓有成效的工作，为提高人大工作质量和水平发挥了重要作用。

四是注重密切上下联系。密切与市人大的沟通联系，积极配合做好视察调查、执法检查、立法调研等工作。注重与外地人大的学习交流，借鉴先进经验，拓宽视野，推进工作。加强对镇街人大的监督指导，出台《基层人大工作规则》《镇级人民代表大会会议筹备和召开实施细则》，先后召开2次镇街人大工作座谈会，规范镇街人大工作，夯实基层基础。正确处理做好人大工作与服务经济社会发展的关系，充分发挥自身优势，积极参与全区中心工作，在包村帮扶、联系企业、重大项目建设等方面发挥了积极作用。

过去一年取得的成绩，是区委正确领导、常委会组成人员和全体代表共同努力的结果，是“一府两院”和有关部门密切配合的结果，是广大人民群众和社会各界大力支持的结果。在此，我代表区人大常委会表示衷心的感谢！

在肯定成绩的同时，我们也清醒地认识到，常委会工作与新形势新任务新要求相比还有一定差距，主要是：监督实效性还不够强，方式方法需要进一步改进；代表履职服务保障机制还不够完善，代表主体作用有待进一步发挥；常委会及机关自身建设仍需加强，履职能力和水平有待进一步提高，等等。这些问题将在今后工作中积极采取措施，认真加以解决。

今年，是全面贯彻落实党的十九大精神的开局之年，也是实施“十三五”规划承前启后的关键一年。区人大常委会工作的总体要求是：在区委的坚强领导下，全面贯彻落实党的十九大精神，以习近平新时代中国特色社会主义思想为指导，紧紧围绕“一极两区”目标定位，不忘初心、砥砺前行，依法履行各项职权，充分发挥代表作用，强化基层人大建设，更加注重巩固工作成果，更加注重夯实基层基础，更加注重增强工作实效，不断提高全区人大工作和建设水平，为推动全区经济社会发展做出积极贡献。

一是加强党的政治建设，坚定人大工作正确方向。坚定执行党的政治路线，严格遵守政治纪律和政治规矩，旗帜鲜明讲政治，始终在政治立场、政治方向、政治原则、政治道路上与以习近平同志为核心的党中央保持高度一致。模范尊崇遵守党章，严肃党内政治生活，营造风清气正的良好政治生态。严格执行民主集中制原则，集体行使权力、集体决定问题。坚持党的领导、人民当家作主、依法治国有机统一，切实把中央和省市区委决策部署贯彻落实到人大工作中去。充分发挥常委会党组的领导核心作用，统筹做好区人大常委会意识形态、思想政治、精神文明、党风廉政建设等各项工作。

二是深化监督工作，提高监督实效。重点听取审议区政府关于计划和预算执行、审计及审计查出问题整改、国有资产管理、老年人保障、卫生计生综合改革与发展、《中华人民共和国土地管理法》贯彻实施、城乡规划管理、全域旅游示范区创建、海洋与渔业等项工作报告，并就有关事项作出决议决定。听取审议区法院关于立案工作情况的报告、区检察院关于案件管理工作情况的报告，组织开展人大代表旁听法院庭审工作。对《中华人民共和国固体废物污染环境防治法》贯彻实施情况进行执法检查。组织开展部门工作评议，督促相关部门单位进一步转变作风，提高效能。扎实做好规范性文件备案审查工作，保证规范性文件的合法性、适当性。加强对全口径预算决算及部门预算的审查监督，积极推进预算联网监督工作，完成预算联网监督中心建设，并实现联网运行，提高预算审查监督水平。

三是强化服务保障，充分发挥代表作用。完善代表年度培训计划，采取请进来、走出去等多种有效形式，扎实开展法律法规和履职技能培训，努力提升代表履职水平。认真落实代表建议办理办法，完善办理工作评价机制，切实提高问题解决率和代表满意率。继续坚持常委会组成人员联系代表、代表联系群众“双联”制度。严格落实代表述职制度，有计划、有步骤地开展代表向选民述职活动，接受选民评议监督。全面落实人大代表守则和人大代表考核办法，强化对代表的监督管理。创新开展驻河口区的市人大代表向常委会述职工作，增强市人大代表的履职积极性。以“人大代表工作站”为载体，全面配套各项工作措施，努力做到民有所呼、我有所应，不断推动代表工作向深、向实发展。

四是加强自身建设，提高人大工作水平。深入学习贯彻党的十九大精神、习近平新时代中国特色社会主义思想，积极推进“两学一做”学习教育常态化制度化，扎实开展“不忘初心、牢记使命”主题教育。深入开展调查研究，积极探索人大工作的特点和规律，切实增强围绕大局谋划推进人大工作的本领。加强专门委员会和机关建设，提素质、强队伍、增活力，发挥职能作用，提高保障水平。密切上下级人大的沟通联系和监督指导，力求在加强镇街人大工作和建设上实现新突破，提升全区人大工作整体水平。

新思想引领新时代，新使命开启新征程。让我们更加紧密地团结在以习近平同志为核心的党中央周围，认真学习贯彻习近平新时代中国特色社会主义思想，在区委的坚强领导下，不忘初心、牢记使命，坚定信念、继续前进，为长期坚持、全面贯彻、不断发展人民代表大会制度，为实现“一极两区”奋斗目标、加快建设美丽幸福新河口而努力奋斗！

政府工作报告

——2018年1月20日在东营市河口区第十八届人民代表大会第二次会议上

东营市河口区区长　田兵兵

（摘要）

一、20117年政府工作回顾

刚刚过去的一年，是党和国家发展极不平凡的一年，也是新一届区政府的开局之年。一年来，全区上下以习近平新时代中国特色社会主义思想为指导，深入学习宣传贯彻党的十八大、十八届历次全会和十九大精神，在市委、市政府和区委的坚强领导下，紧紧围绕打造“一极两区”，建设美丽幸福新河口的奋斗目标，解放思想、攻坚克难、真抓实干，产业强区迈出坚实步伐，生态立区打下坚实基础，富民兴区走出新路径，幸福河口又有新收获，发展的质量和水平稳步提升。

（一）积极应对困难挑战，综合实力迈上新台阶。面对宏观经济下行压力，把稳增长作为首要任务，超前研判，综合施策，精准发力，经济保持平稳健康发展。初步统计，2017年全区实现生产总值278亿元，增长7%；完成固定资产投资354亿元，增长6.5%；一般公共预算收入突破20亿元，增长12.2%；城乡居民人均可支配收入达到42140元、16940元，分别增长7.5%、8.6%；实际利用外资2.53亿元，完成全年任务的151.5%，实现出口8.38亿元，增长3.2%；各项存贷款余额246.36亿元、189.87亿元，比年初分别增加17.59亿元、43.8亿元。规模以上工业企业发展到123家，总产值增长10%，销售收入过百亿元企业3家，过50亿元的6家，富海集团跃升至“中国企业500强”435位、“中国民营企业500强”165位，中海化工位列“中国民营企业500强”337位。华联石化、富宇化工顺利通过进口原油使用核查评估，核准进口原油指标334万吨，全区综合炼化能力突破1000万吨。经济作物、粮食作物产量分别达2.22万吨、8.4万吨，肉蛋奶总产量29万吨。园区经济加速膨胀，蓝色产业园扩规升级，落户企业达到53家，实现产值270亿元，综合税收达1.16亿元，增长43%；河口开发区着力转型发展、提质增效，实现财政收入9430万元，增长5.8%。区域融合发展取得新成效，蝉联全国文明城市、全省双拥模范城，荣获全国平安建设先进区等荣誉称号。

（二）加快产业转调步伐，产业升级有了新突破。深化供给侧结构性改革，积极化解金融风险，全力保障企业运行。精准落实市委、市政府支持工业经济发展的“十条意见”，出台25项支持企业发展的政策措施，投入扶持资金1.05亿元。扩大设立3亿元应急转贷资金，组织召开两次政银企洽谈会，全年落实银企签约资金172亿元。产业项目加快推进。实施总投资30亿元的22个重点农业项目，仙河澳亚高端乳制品加工厂全面建成，澳亚—奥克斯全国首家奶牛优秀种质创新平台成功落户，奶牛全产业链发展迈出新步伐。正邦三大猪场全面竣工，年出栏生猪32万头。深化“海生·河口”渔业科技精准对接，海洋生物创新平台加快建设。“锦绣河口·黄河故道”现代农业示范区一期土地开发整治基本完成，项目招引和核心区建设稳步推进。实施总投资133亿元的16个重点工业项目，中海石油东营石化500万吨升级改造项目即将投产，海螺型材PP建筑模板等项目建成投产，彩客化学DSD酸等12个项目加快建设。实施总投资33亿元的10个服务业项目，全省首个蚂蚁金服“千县万亿”项目落户运营，淘河口、供销宜家等新兴电子商务蓬勃发展，电商企业达到76家，黄河故道生态家、果园居精品民宿等乡村旅游项目不断涌现。招商引资成效显著。把央企、国企和行业龙头企业作为招商重点，中国三峡新能源有限公司联合中车永济电机和金风科技，共同投资160亿元建设山东（河口）风电产业园和风电综合开发项目；中科钢研节能科技有限公司新材料及节能环保产业园项目加快推进；牵手全球光纤通信前3强上市公司亨通集团，共同推动太阳能开发综合利用；与得利斯集团达成合作意向，围绕肉制品深加工开展全面合作。全年累计到位外来固定资产投资42亿元，引进过亿元项目15个。经济结构更加优化。三次产业比例调整为5.1 ∶ 47.8 ∶ 47.1。96家化工企业全部完成第二轮“四评级一评价”，27家企业成功改制，提前两年完成省市下达的任务；冠森高分子材料科技股份有限公司成功登陆新三板，北博新能源有限公司、三丰香油有限公司在齐鲁股权交易中心挂牌。全域旅游示范区创建扎实推进，成功举办第六届黄河三角洲湿地槐花节暨摄影大展等系列旅游活动。黄河三角洲石油化工交易中心交易额突破190亿元，成为华东地区最大的石油交易平台。深入实施“质量强区”战略，新申请马德里国际注册商标8件，新增国内注册商标130件，欣马酒业入选全省首批“山东老字号”。

（三）推进重大基础设施建设，城乡环境展现新面貌。全力创建国家生态园林城市，实施了总投资59.1亿元的68个城乡建设项目，规划建设管理水平全面提升。中心城区重大工程加快建设。投资2.8亿元的黄河路改造竣工通车，拆除沿路老旧建筑2.6万平方米，同步实施雨污分排、景观绿化和美化亮化等工程。对河庆路进行道路及雨污分排改造，对海宁路两侧行道树进行整体规划提升，对海康路、海盛路进行雨污分排、绿化提升改造，全年改造城区道路18千米、雨污管网34千米，新植绿化树木9万株，新增和提升改造绿化面积91万平方米。阳光花园等3个老旧小区改造任务顺利完成。高标准实施城市北部片区改造，4条油田小区道路及周边环境大为改观。强力推进拆违治乱专项行动，治理各类违法建筑1634处、62.26万平方米，实施立面改造10万平方米。湖滨新区进入深度开发新阶段，湖滨路、滨四路等道路景观绿化工程全面完成，鸣翠塔项目开工建设，朗润园等高端商住项目相继落户。“户外用品+”特色小镇成功纳入国家发改委“千企千镇工程”项目库。交通网络建设加快推进。河民路、海防路改造建成通车，打通了城区西向、蓝色产业园南向两条对外通道。河辛路改线加快建设，河广大道河口段、疏港高速连接线前期各项工作进展顺利，疏港铁路开工建设，环渤海高等级公路工程可行性研究报告通过省交通厅专家评审。美丽乡村建设成效显著。孤岛片区、义和颐正家园等8个棚户区及四扣村、东韩村等4个村拆迁改造全面展开，66个村完成燃气村村通改造，5181户旱厕改造完成；实施137个村庄路域绿化，硬化乡村公路133.6千米，亮化村庄116个，农村居民生活条件不断改善。环境保护攻坚克难。以开展中央和省级环保督察为契机，加大环境突出问题整治力度，深入推进水气土污染整治专项行动，总投资2.78亿元的18项环保工程全面完成，取缔“散乱污”企业18家，完成畜禽禁养区关闭搬迁任务，城区空气质量优良率比去年提高2.7个百分点，“蓝天白云、繁星闪烁”天数明显增多。率先建成区镇村三级河长体系，开展“清河行动”和入河排污口综合整治，市控以上河流水质稳定达标，水气环境改善各项指标位居全市前列。深入开展“三年增绿”行动，新增造林5.11万亩，保护修复湿地2700亩，两年累计造林9.58万亩，植树1053万株，提前一年完成市下达的绿化任务，构筑起了环绕城区、覆盖城乡的绿色生态屏障。

（四）着力深化改革创新，经济发展焕发新活力。农村综合改革卓有成效，农村集体产权制度改革和农村承包土地经营权抵押贷款试点任务顺利完成，累计发放抵押贷款642笔、3.62亿元。积极推进“放管服”改革，取消和调整行政权力事项223项，编制公开公共服务事项1096项。推动政府机构改革，整合城管、住建、市场监管等部门行政执法职能，组建区综合行政执法局。成立区财金投资集团、土地储备开发等5家区属国有公司。恒丰银行、灵猫有数网商银行等4家金融机构成功落户，金融服务体系更加完善。深入实施创新驱动战略，胜利油田金岛实业石油污染土壤生物修复工程技术获省科技进步一等奖，常青树胶业技术研发中心被评为省级企业技术中心，汇海医药等4家企业成功申报市级重点实验室，各类区域创新机构达到31个；新登记各类市场主体3130户，增长17.7%；创新“三户联保”机制，办理担保贷款8243万元，全区创新创业活力持续迸发。加快实施人才强区战略，相继在北京、深圳等地开展高端人才对接活动，先后与上海交通大学化工学院、山东理工大学等4所高校院所签订战略合作协议，新引进10余名高层次人才。

（五）倾力保障改善民生，广大群众收获新幸福。总投资11.4亿元的10件民生实事全部完成年度计划。全面落实就业再就业政策，新增城镇就业3618人，城镇登记失业率控制在1.79%。全区城市、农村低保，城乡医保财政补助标准，老年人生活救助金标准继续走在全市全省前列。强化住房保障，完成公共租赁住房货币补贴303户。优先发展教育事业，建成启用仙河镇中心小学，加快实施职业中专续建、实验学校改造提升、河安小学扩建等工程。大力发展卫生事业，区人民医院综合楼和感染性疾病科项目主体竣工，与市人民医院共建紧密型医联体，分级诊疗体系稳步推进，家庭医生签约服务全面推开，在全省率先实现卫生计生服务管理一体化。文化事业繁荣发展，积极创建国家公共文化服务体系示范区，建设24处乡村剧场、20处村级历史文化展室，文化馆建成投用，图书馆通过国家一级馆验收。坚决打赢脱贫攻坚战，11个市定贫困村全部摘帽，55户107名贫困人口全部脱贫退出。提升城乡公交一体化和城际公交运营水平，推行全域公交两元一票制，成为全市第一个真正实现城乡公交一体化的县区。加强平安河口建设，“1+2+N”社区警务和“一村一警务助理”农村警务模式在全省推广，“两打一整治”专项行动成效显著，广大群众平安满意度位居全市前列。妥善化解各类矛盾，全面维护群众合法权益，圆满完成十九大安保维稳任务。扎实推进安全生产隐患大排查快整治严执法集中行动、化工产业安全生产攻坚治理紧急行动和打非治违专项行动，积极开展安全专家查隐患活动，安全生产形势持续稳定。积极开展“七五”普法，法律援助工作不断加强。食品药品安全监管、统计基层基础、妇女儿童青年、对台工作、外事侨务、民族宗教、史志档案、人民防空、双拥共建、气象地震、残疾人、对口援疆等各项事业均取得新进步。

我们坚持油地军港共兴共荣，全力支持济军训练基地发展和油田改革发展。为济军训练基地发放农机购置、耕地地力保护、适度规模经营、防护林建设等各项农林补贴267.7万元，保障用水3000万方；建立油田勘探开发手续办理“一窗口受理、一条龙服务、一站式办结”长效机制，服务效率大幅提高；率先开展“三供一业”移交，全力做好政策资金争取，统筹推进油田小区维修及职工住房棚户区改造；为油田、济军训练基地60岁以上老年人办理免费公交乘车卡，为154名济军训练基地低收入职工办理最低生活保障，为东营港企业职工子女解决入学难问题，为油田“孝心少年”高明杰实施爱心帮助，油地军港感情更加深厚、更有温度。合力打好脱贫攻坚、拆违治乱、环境治理三大战役，全面完成脱贫攻坚任务，彻底拆除滨港路一期、孤岛大市场等片区9.4万平方米违法建设，集中力量综合整治神仙沟。一年来，我们一家人、一条心、一股劲、一盘棋，广大人民群众享受到了更多、更实在的发展成果。

过去的一年，我们深入推进“两学一做”学习教育常态化制度化，政府工作人员作风进一步转变。自觉接受人大及其常委会法律监督、政协民主监督和社会公众监督，办理市区人大代表建议和政协委员提案260件。加强对重点领域、关键环节的监督督察，问责22人，给予党政纪处分55人，政府工作人员责任意识、效率意识、自律意识进一步增强。高度重视群众呼声，认真解决群众合理诉求，通过民生热线、群众来信来访等渠道办理群众反映问题8万余件。设立了河口政务微信公众号，搭建了公开亲近群众的全时空移动平台。

过去一年我们取得了令人鼓舞的发展成绩，最根本的是有以习近平同志为核心的党中央的坚强领导，有习近平新时代中国特色社会主义思想的科学指导。得益于市委、市政府的坚强领导和区委的科学决策，离不开各位代表、政协委员的有效监督和倾力支持，凝结着全区人民、油地军港、社会各界的聪明才智和辛勤汗水。在此，我代表区人民政府，向所有参与、支持、关心河口建设与发展的同志们、朋友们，表示衷心的感谢和崇高的敬意!

问题是发展的指向。各位代表，我们取得的成就鼓舞人心，面临的困难和问题也不容忽视、不能回避。主要是：河口发展不平衡、不充分的问题仍然突出，经济总量仍然偏小，产业发展区域同质化问题显现，竞争发展的压力巨大；产业结构处于爬坡过坎期，传统产业偏重、新兴产业尚未形成规模，带动作用强、科技含量高的大企业、好项目还不多；土地、资金等要素制约趋紧，安全环保、社会稳定等领域仍有不少风险隐患；城市功能和基础设施还不完善，群众生产生活条件有待进一步改善；部分政府工作人员适应全面从严治党、建设服务型政府的能力和服务水平仍有差距。对此，我们将坚持问题导向，正视矛盾，找准短板，努力在今后工作中采取有效措施尽快加以解决。

二、2018年政府工作总体要求和目标任务

今年是贯彻党的十九大精神的开局之年，是改革开放40周年，是决胜全面建成小康社会、实施“十三五”规划承上启下的关键一年。刚刚闭幕的市“两会”，确定了今年全市发展的目标任务，为我们指明了方向。我们一定要适应把握引领经济发展新常态，抢抓机遇，坚定信心，把今年作为工业升级突破年、招商引资攻坚年、城乡环境提升年、智慧网格基础年，抓项目、争主动、优服务，科学谋划经济社会各项工作，努力为走出一条具有河口特色，质量更高、效益更好、结构更优、优势充分释放的高质量发展之路，打下更坚实的基础。

今年政府工作的总体要求是：全面贯彻落实党的十九大精神，以习近平新时代中国特色社会主义思想为指导，坚持稳中求进工作总基调，坚持新发展理念，统筹推进“五位一体”总体布局和协调推进“四个全面”战略布局，按照高质量发展要求，以推进供给侧结构性改革为主线，锁定在新旧动能转换中走在前列的目标定位，抢抓机遇、加快发展，抓重点、强弱项、补短板，全力打造“一极两区”，努力谱写美丽幸福新河口建设的崭新篇章。

主要预期目标是：生产总值增长7%左右，全社会固定资产投资增长6%左右，社会消费品零售总额增长9%左右，一般公共预算收入增长7.5%左右，进出口、实际利用外资适度增长，城镇居民人均可支配收入增长7.5%左右，农村居民人均可支配收入增长8.5%左右，全面完成上级下达的节能减排任务。

（一）抓项目强实体，推动产业跨越升级

牢牢把握国家、省、市支持实体经济发展的大好机遇，围绕打造绿色油化强区、生态食品名城和临港产业高地，坚定不移实施工业强区战略，争当增量提速先行区。

抓好重大项目建设。立足“保发展、保续建、保重点、保民生”，以项目建设增添发展新动能。突出抓好总投资860亿元的区级重点产业项目、公共基础设施建设项目、水气土污染治理项目、为民办实事等“四张单子”，年内完成投资153亿元。

加快重大产业项目建设，推动中海石油东营石化500万吨升级改造、仙河澳亚高端乳制品加工、山东（河口）风电产业园等总投资91.2亿元的17个项目建成投产，推进华联石化160万吨/年油品质量提升、亚邦科技3万吨/年新型助剂及食品添加剂等32个新建项目尽快开工建设，加快得利斯肉制品深加工项目签约落地。建立新旧动能转换重大工程项目库，编制三年滚动投资计划，筛选论证一批重大项目、重点工程，集中优势力量，科学谋划推进。积极做好争政策、争项目、争资金工作，把握上级政策扶持方向和资金投入导向，盯紧靠上、精准对接，全力推动石大科技产业园、疏港高速连接线等项目纳入省市规划项目库。健全完善工作机制，强化督导检查，落实时间节点，科学调度工期，确保不折不扣按期完成各项重点工程项目。

支持企业做大做强。认真落实区级领导联系企业制度，发扬“店小二”精神，发挥好驻企联络员作用，做好要素保障协调服务。围绕打造绿色油化强区，突出主导产业，助力常青树胶业、金开实业等企业突出特色、做专做优做品牌；支持通海集团、金岛实业等油田改制企业转换机制、降本增效；引导海螺型材、科德化工等外来投资企业扩大规模、建立区域生产中心；鼓励富海集团、中海化工等本土领军企业深化对外合作，市内争一流、省内有名次、国内有影响。围绕打造生态食品名城，集中培育畜牧、渔业等优势产业，大力扶持澳亚牧场、正邦生猪、黄河方舟肉鸭屠宰、佳发肉牛等畜牧企业高端化、链条化发展；积极引导华春渔业、通和水产、渤海口海参等渔业企业规模化、品牌化发展。以盐业体制改革为契机，壮大盐及盐化工等相关产业。高度重视企业家队伍建设，实施“5121”工程，组织开展企业家高端对标学习和精准化专业培训，大力培育战略型、领军型企业家和新型职业经理人。建立区政府企业家顾问团，参与政府重大经济决策。

全力推进招商引资。招商引资是当前经济发展增量提质的“头号工程”。要围绕主导产业链条延伸和新兴产业培育，持续瞄准世界500强、大型央企、国企以及行业领军企业，重点引进一批投资大、层次高、带动强的好项目，全面提高招商引资质量规模，年内引进过亿元项目16个，到位外来固定资产投资50亿元。实施招商引资目标化管理，形成完整的招商责任体系。创新招商方式，充分发挥六大产业招商组、三个驻外招商站及招商顾问的作用，坚持以商招商、专业招商，突出产业引领，建链、补链、强链，加快产业膨胀、项目集聚，提高工作科学性和成功率。强化招商选资意识，严把投资强度、环境容量、亩均税收、科技含量等标准，实现从数量招商向质量招商转变。

提升园区承载能力。把园区打造成新旧动能转换引领示范区，着力打造临港产业高地。蓝色产业园，要争当全区发展的第一引擎和转型升级的主战场，以全省第一批化工园区认定为契机，全面完善园区基础设施配套，不断提升公共服务水平，围绕高端精细化学品、新型聚酯及原料工程、化工新材料、材料加工及石化装备四大板块，培育完善全产业链。河口开发区，要以新产业、新园区、新城区为主攻方向，围绕高端装备制造、电子信息等战略新兴产业，通过重整、股权变更、置换等形式，促进存量土地资源盘活再生，实现“腾笼换鸟”。加快建设区港输油管道，构建服务全区地炼企业安全、经济、环保的原油及成品油运输黄金通道。百万亩生态渔业区，加快实施“海生·河口”渔业科技精准对接，建成海洋生物创新平台，提升海参、对虾、贝类三大主导品种科技化、规模化水平，建设成为全国知名生态渔业示范区。“锦绣河口·黄河故道”现代农业示范区，围绕国家级现代农业科技示范园区目标定位，加快核心区基础设施配套和高端产业项目落地，打造集产业示范、智能引领、休闲观光、创新创业等功能于一体的现代农业示范区。加大仙河、新户畜牧园区配套提升力度，打造集产业、农旅、商务于一体的特色小镇。

（二）着力提升质量效益，培育发展新动能

坚持把新旧动能转换作为贯彻新发展理念、深化供给侧结构性改革的重要抓手，以“四新”促“四化”，积极培育新动能，为构建现代化经济体系提供有力支撑。

新技术提升新产业。深入实施“互联网＋产业”工程，积极引导正邦、澳亚发展畜禽养殖数字化农业，建立农产品质量安全追溯管理信息平台。充分发挥区内企业自主创新能力，积极开展产业技术研发和科技创新，推动区内龙头企业与国内外高校院所深入合作，加快推进石大科技产业园、安诺其新材料产业园、冠森高分子材料产业园、金城集团高端生物医药产业园等一批技术含量高、行业引领能力强的项目，壮大战略新兴产业规模。有序开发太阳能、风能、地热等优势资源，突出抓好亨通曦和新能源100兆瓦生态高效渔光互补等项目建设，发展清洁低碳、安全高效的现代能源产业。

改革激发市场活力。深化“放管服”改革，提升政务服务便利化水平。积极做好“清障、减负、增效”三篇文章，坚决去除影响产业发展的体制机制弊端，推动生产要素自由流动、合理配置。全面落实市区两级支持工业经济发展和招商引资等若干政策措施，及时兑现各项减税、降费、奖励政策，进一步提高企业参与市场竞争的积极性。整合工程建设招投标、政府采购等交易市场，打造公开透明、便捷高效、统一规范的公共资源交易平台。加大力度精简规范行政审批事项，推进简化优化公共服务流程改革，认真落实注册登记便利化，推进“多证合一”等措施，推广执行“全程代办”服务制度，全面缩减手续办理周期，最大限度释放各类市场主体创业创新活力。

公共平台提供优质服务。加快区财金投资集团等5大区属国有公司组建优化步伐，提高国有资产运营管理水平，培育新型投资建设运营于一体的市场主体，为新旧动能转换提供充足的资金保障。提升黄河口高新技术企业创业园建设水平，建成集创业苗圃、孵化器、加速器、众创空间于一体的创新创业基地。继续深化产学研结合，支持上海交通大学、山东理工大学、哈尔滨工业大学、北京现代产业研究院等高校院所在河口区设立产业研究院，建设重点实验室、工程研究中心、企业技术中心。健全完善人才引进、激励和服务保障体系，发挥好各类创新人才团队作用，服务产业发展。

金融服务实体经济。加强政银企合作，促进经济与金融良性互动，充分发挥3亿元应急转贷资金作用，全力保障企业运行。加快设立总规模30亿元的产业发展基金，强化管理、优化投放，重点扶持区内优势主导产业，撬动社会资本支持新旧动能转换。支持企业通过上市挂牌、发行债券等方式直接融资，年内完成11家企业规范化公司制改制，推动万安药业等3家企业挂牌上市。积极探索推进PPP、EPC项目建设模式，鼓励和引导社会资本参与市政基础设施建设。积极引导金融机构调整信贷投向，优化信贷结构，合理配置信贷资源，加大对传统产业转型升级、战略新兴产业、先进制造业等重点领域扶持力度。鼓励金融机构创新服务模式，加大对中小微企业和“三农”等薄弱环节的支持力度，用活用好融资担保贷款。严厉打击恶意逃废银行债务行为，打好防范化解金融风险攻坚战。

（三）统筹城乡建设管理，建设美丽宜居家园

以创建国家生态园林城市为目标，在城乡建设上持续发力，加快建设品质城市、特色城镇和富美乡村。

加快重大交通设施建设。加速提升完善城区主干道，实施渤海路雨污分排等综合改造工程，全面完成海康路、海盛路改造。实施北外环西延工程，打通西、北外环连接线。扎实推进河辛路改线、顺河路西延、蓝埕路西延等在建项目，确保年内建成通车。启动区客运公交枢纽规划建设，实现客运、公交等各种交通运输方式无缝对接、零距离换乘。开工建设河广大道河口段、疏港高速连接线，加快推进疏港铁路、环渤海高等级公路建设，积极构建内畅外联、便捷高效的综合交通体系。

持续提升中心城区功能。加快湖滨新区新一轮开发建设和老城区改造步伐，建成健康岛鸣翠塔，启动湖滨新区现代商务区、众成商住一体化等项目，规划建设区委党校及档案馆，对河滨路、康宁路等4条道路进行绿化改造。结合油田“三供一业”移交，投资40亿元，启动实施油田小区改造工程，对河口城区、孤岛镇、仙河镇57个油田小区供水、供气、供暖、道路及雨污排进行维修改造，全面提升小区居住环境和物业管理水平。加快推进河凯小区、美园小区等5个老旧小区改造。对钻井街、商业街等10条城区支路进行道路及雨污分排改造。加快三义和市场、区委党校等区块开发建设，全面完成广河村等4个项目923户棚户区改造任务。加强城市精细化管理。加大环卫保洁投入力度，城区机械化作业率达到70%，垃圾收运实现全覆盖。全面开展市容市貌、违法建筑等整治攻坚行动，深入开展“无违建村居（社区）”“无违建乡镇（街道）”创建活动，努力实现存量和新增违法建设“双清零”。

实施乡村振兴示范工程。坚持区域协调、特色立镇，用好用活土地政策和涉农资金，研究出台加快乡村振兴建设统筹城乡发展先行区的实施意见，培育形成优势突出、特色明显、错位发展、相互协调的小城镇发展格局。仙河镇、孤岛镇积极承接东营港后勤服务功能，围绕槐林、湿地、奶业、石油等特色优势，全力打造石油小镇、旅游小镇；新户镇、义和镇立足地域禀赋，积极创建森林小镇，加快土地综合整治和迁村并居步伐，推动农村居民向镇区、城区集中，以“锦绣河口·黄河故道”为依托，坚持试点先行、典型引路，支持其在乡村振兴上先行先试；河口街道、六合街道发挥城郊优势，进一步修订完善发展规划，加快进城发展步伐，不断推进城镇化进程。加快美丽乡村建设，实施农田水利项目县等16项农田水利工程，全力打通农田灌溉“最后一千米”；持续改善村容村貌，加强农村旱厕长效管理，建设7处农村污水处理设施，实施18个村天然气村村通工程、40个村庄绿化工程，创建20个省级美丽乡村。

优化提升全域旅游水平。高水平编制《河口区全域旅游发展规划》，深入挖掘海洋、槐林、黄河故道等旅游资源和黄河文化、石油文化、军垦文化、红色文化等优秀文化资源，全力打造全域旅游产品。实施大项目带动战略，重点推进鸣翠湖湿地风景区、孤岛槐树林温泉旅游区创建国家4A级旅游景区。启动“现代农业＋旅游”三年提升工程，打造提升一批精品旅游示范点，做大做强乡村旅游品牌。抓住“千企千镇工程”建设机遇，加快推进“户外用品＋”特色小镇项目，促进户外运动、休闲旅游等现代服务业良性互动发展，创建成为省级全域旅游示范区。

（四）突出绿色发展，提高安全环保水平

牢固树立绿色发展理念，将安全和环保作为发展必须坚守的底线和不可逾越的红线，常抓不懈，久久为功。

强化环境治理保护。以中央、省环保督察问题整改为重点，建立问题整改长效机制，实行环保工作定期评点和联席会议制度，每月一专题，每季一调度。扎实推进环保网格化监管体系建设，全面开展突出环境问题“回头看”，确保整改问题见长效、不反弹。打好水气土污染整治攻坚战，全面落实河长制，深入开展“清河行动”，投资1.23亿元实施神仙沟、挑河综合治理工程，确保市控以上河流水质稳定达标；坚决打好蓝天保卫战，建立大气污染治理长效机制，突出抓好燃煤锅炉超低排放改造、“散乱污”企业排查整治、扬尘及挥发性有机物治理等重点环保事项，环境空气质量优良率达到58%以上，各项环境质量指标继续保持全市前列。

提升安全生产能力。压实安全生产责任，深入开展安全生产隐患大排查快整治严执法集中行动，突出抓好危险化学品、道路交通、消防等七大重点行业领域专项整治，深化安全生产网格化管理，推动全区安全生产形势持续平稳。扎实推进化工产业安全生产转型升级专项行动，启动开展第三轮“四评级一评价”工作，重拳整治一批违法违规和不符合安全生产条件的企业。深化风险分级管控和隐患排查治理“两个体系”建设，健全分级分类管理治理机制，切实推动由被动应对事故转变为主动防控隐患。全面落实企业主体责任和企业员工安全手册制度，进一步强化内部管理，加大科技投入，搭建在线全时段监控平台，全面提升本质安全水平。强化安全专家队伍建设，通过政府购买服务、聘请专家查隐患等方式，大力开展安全生产执法检查，层层落实监管责任，提高生产安全水平。

抓好生态建设和节能减排。坚持适地适树、宜水则水，持续加大植树造林和湿地建设力度，增强生态恢复和自净能力。启动实施“绿满河口·美丽家园”三年增绿提升行动，推进实施河口街道、新户镇柽柳封育示范基地等工程。围绕绿色生产和消费导向，扎实推进煤炭清洁高效利用和散煤清洁化治理等各项工作，全面完成农村煤改气任务。严格执行淘汰和准入政策，鼓励引导使用清洁能源，坚决杜绝高耗能、粗放式生产项目上马，严控煤炭消费增长，全面完成市下达的煤炭消费压减任务。

（五）统筹社会事业发展，提升群众幸福感满意度

坚持以人民为中心发展思想，始终将老百姓的事当成天大的事，让人民群众拥有更多获得感、幸福感和安全感。

加强就业和社会保障。坚持就业优先战略和积极就业政策，提供全方位的公共就业服务，新增城镇就业2000人以上，城镇登记失业率控制在3.5%以内。认真落实好城市低保、农村低保、五保供养各项政策，全力保障好困难群众的基本生活。加强保障性住房建设，落实540户公共租赁住房货币补贴资金278万元。深入实施全民参保计划，稳步提高居民医疗财政补助标准。全力支持老龄、残疾人、慈善和社会福利事业。持续巩固脱贫攻坚成果，决不让一个贫困村、贫困家庭、贫困群众在小康路上掉队。

发展教育文化事业。进一步优化学前教育资源布局，改善中小学办学条件，实施职业中专综合楼建设，推动教育再上新水平。积极开展文化惠民和全民健身活动，年内举办1200场次文化活动，建设数字文化广场、乡村剧场等文化设施25处，确保国家公共文化服务体系示范区创建成功。

加快建设“健康河口”。着力构建分级诊疗体系，推动医联体建设全覆盖，实现所有基层医疗机构与三甲、二甲医院深度融合。启用区人民医院综合楼和感染性疾病科，深化与省立医院、市人民医院合作，实施区中医院医康养综合建设，全面提升医院综合服务能力。完善家庭医生签约服务，基本实现城乡全覆盖。

加强创新社会管理。实施公共法律服务、矛盾纠纷调处、法制宣传教育、社会特殊人群管理“四个中心”建设，不断增强法律意识和法制观念。深化平安河口建设，持之以恒打好基层基础建设三年攻坚战，完善立体化、信息化社会治安防控体系，加强改进信访工作，健全依法维权和化解纠纷机制，维护社会大局和谐稳定。

推进智慧河口建设。整合安全环保、城乡环卫、市政管理、食品药品监管、信访维稳等基层管理资源，优化网格设置，将网格化管理融入信息化建设，充分利用互联网、大数据、云计算等先进技术，整合发挥好区综治中心平台作用，探索形成社会管理一张网，协调联动一盘棋社会治理新模式，全面提升管治能力现代化水平。

油地军港同顶一片蓝天，共踏一方热土，建设美好幸福家园是我们的共同责任。我们要以更宽广的胸怀把握区域发展大局，以更高远的境界谋划四方共建，以更务实的作风落实合作事项，在胜利油田办社会职能分离移交、服务和支持济军训练基地改革发展、生态环保、城镇建设、社会民生等方面最大程度发挥各方优势，确保取得更大成效，让全区人民的获得感、幸福感、安全感更加充实、更有保障、更可持续。

我们将进一步加大民生投入，集中力量办好总

投资46.8亿元的十大民生实事。（1）基础教育优质均衡工程。新建湖滨新区幼儿园，加快推进区实验学校艺体馆、农村中小学师生午休场所建设。（2）公共医疗服务能力提升工程。实施区中医院医康养综合建设工程，搭建远程医疗会诊系统。（3）文化惠民工程。开展广场文化活动，实现城区重要公共场所无线Wi-Fi全覆盖。（4）全民健身场地建设工程。实现区体育馆全天免费开放，城区学校运动场地周末、节假日免费开放。（5）扶贫济困保险惠民工程。实施扶贫特惠保险，全面扩大民生综合保险保障范围。（6）就业创业能力提升工程。财政投资对区内医学、畜牧、水产、旅游方面人员学习就业实施专项补助，让每一个有梦想爱家乡的孩子有一个美好的未来。（7）城市社区改造提升工程。对河口城区、孤岛镇、仙河镇的油田小区，老旧小区实施改造，优化部分路段交通，改善居民生活环境。（8）城区市场改造提升工程。实施河口贸易市场改造，在河锦农贸市场、河宁农贸市场建设食品摊贩疏导示范点，在银座东侧建设停车场，更好地服务广大市民生活。（9）美丽乡村建设工程。新建改造"四好农村路"20千米、城乡公厕23座，美化绿化亮化村容村貌，改善村民生活环境。（10）平安河口建设工程。开发建设智慧城市及综治中心平台、安全环保一体化平台，提升城市信息化水平，保障群众生命财产安全。

三、加强政府自身建设

新形势、新任务对政府工作提出了更高要求。我们将始终秉持"忠诚、专业、务实、担当、廉洁"五大信条，着力在打造责任政府、法治政府、实干政府、开拓政府、清廉政府上再上新台阶。

（一）坚持依法行政。增强法律意识，善用法治思维，严格按照法定权限、法定程序行使职权。坚决服从区委领导，认真执行区人大及其常委会的决议、决定，自觉接受人大、政协监督，主动接受群众、舆论和社会监督。健全完善重大行政决策的规则和程序，提高政府决策科学化、法制化、规范化水平。深入推进政务公开，增强政府工作透明度。

（二）抓大事谋长远。牢记职责使命，树立战略思维，科学谋划事关长远的发展思路，积极向上争取，不让机遇丧失，不让发展耽搁。抓实各项改革举措，把精力和重点放到为企业提供优质服务、为百姓营造安居乐业的环境上，想大事、干实事、解难事。拓宽眼界视野，增强工作科学性、预见性、主动性，进一步提升引领和推动发展的能力。

（三）重实干抓落实。牢记一分部署，九分落实。坚持说实话、谋实事、出实招、求实效，对定下的目标、部署的工作，以钉钉子精神做实做细做好。实施重点工作项目化管理，做到"一个项目、一名领导、一个班子、一抓到底"，制定严格的"时间表"和"任务书"。坚持"一线工作法"，在一线发现问题、解决问题、推动工作。大力弘扬敢于担当精神，旗帜鲜明为担当者担当，为干事者撑腰，对为官不为、工作不力的严肃问责。

（四）守底线保廉洁。切实履行从严治党政治责任，深入推进党风廉政建设和反腐败工作，构建良好的政治生态。厉行勤俭节约，反对铺张浪费，真正把有限的财力用在推动发展最急需的地方，用在改善民生最迫切的事情上。始终把纪律和规矩挺在前面，加强对重点领域、重点部门、重点岗位、重点项目和重点资金的审计监督，有效预防、坚决惩治腐败，确保干部清正、政府清廉、政治清明。

建区以来的30多年，我们共同走过了河口油地军港共建共享的光辉历程。党的十九大提出到2050年全面建成社会主义现代化强国宏伟目标，又开启了河口区未来30年跨越发展的新征程。新时代、新征程、新担当，让我们不忘初心、牢记使命、凝心聚力、锐意进取，全力打造"一极两区"，为建设美丽幸福新河口，共同谱写河口发展新篇章而努力奋斗！

中国人民政治协商会议第九届东营市河口区委员会常务委员会工作报告

2018年1月19日在政协第九届东营市河口区委员会第二次会议上

田兵兵

（摘要）

2017年工作回顾

2017年是实施“十三五”规划、决胜全面小康的重要一年，也是九届区政协的开局之年。一年来，在中共河口区委的正确领导下，区政协常委会以中共十八大、十八届历次全会和中共十九大精神为指导，深入学习贯彻习近平新时代中国特色社会主义思想，围绕区第八次党代会确定的任务目标，聚焦改革发展议政建言，紧扣社会和谐协商监督，围绕团结各界凝心聚力，各项工作更加契合中心任务、更加体现民众心声、更加彰显政协特色，为率先全面建成小康社会、加快建设美丽幸福新河口凝聚了智慧和力量。

一、发挥自身优势，凝聚思想政治共识

不断加强政治理论学习。坚持把筑牢思想政治根基摆在首要位置，以“两学一做”学习教育常态化制度化为抓手，组织机关干部职工和全体委员深入学习中共十九大精神和习近平新时代中国特色社会主义思想，进一步增强政治意识、大局意识、核心意识、看齐意识，坚定不移地在政治上、思想上和行动上更加自觉地同以习近平同志为核心的中共中央保持高度一致。自觉维护区委领导，认真执行区委各项工作部署，确保区委决策在政协工作中得到全面贯彻落实。不断夯实政治理论基础，通过政协常委会议、专题培训等形式，先后组织专题讲座2次、赴四川大学举办委员培训班2期、外出考察学习6次，参训委员300余人次，进一步拓宽了思路，提升了素质，凝聚了共识。

持续深化团结联谊工作。坚持求同存异、体谅包容，加强与民族宗教界人士沟通交流，实地调研宗教场所建设等问题，促进民族团结、宗教和睦。加强同各民主党派、工商联和无党派人士的团结合作，出台发挥其作用的意见，制定领导班子成员联系制度，定期联系走访，经常性协商交流。鼓励支持通过政协发表意见建议，累计提出提案、社情民意信息等履职成果30余件。加强对外联谊交流，组织部分委员到油田井下大队走访慰问一线工人，为促进油地共建共荣贡献了力量。与我市其他县区以及青州市、湖北省通山县、宁波市奉化区等10余个兄弟县区政协建立工作联系，增进了友谊，促进了工作。

注重文化引领凝聚人心。坚持以文化人，发挥传承引领、团结育人的作用，做好文史资料征编工作，编辑出版全市首部《村落记忆》，在省政协优秀文史书刊评选中获得一等奖；坚持开门办文史，共同出成果，正式启动《援疆纪实》征编工作；支持推动村陈列馆建设，为“留下印鉴，记住乡愁”贡献了政协力量。目前，全区共建成陈列馆23处，10处被评为优秀陈列馆。在村陈列馆建设中，义和镇高度重视，统筹规划，走在了全区前列；仙河镇海星

村高点规划，专业设计，融入海洋和渔民文化，打造文化教育基地，为美丽乡村注入了新的内涵。组织开展“全民阅读·委员先行”活动，向社会各界分享委员读书故事和读书成果，引领助推了读书活动的深入开展。组织举办“不忘初心——喜迎十九大”诗歌美文朗诵会和书画作品展，各位主席、委员诗话共襄，充分抒发了对党和祖国的热爱之情，激发了广大政协委员的履职热情。

二、围绕中心工作，服务经济社会发展

聚焦美丽乡村建设建言献策。为协助区委推动美丽乡村建设，及时列入专题协商内容。组织部分委员到浙江奉化滕头村等地区考察学习，深入新户镇南六合村、义和镇寿光村等实地调研，提出高标准建设规划、大力发展现代农业、完善公共服务体系等建议20余条，部分建议得到了区委、区政府的高度重视和采纳。广大政协委员通过提案、社情民意信息等形式，就推动乡村旅游发展、加强农村传统文化保护等问题，主动建言献策，以实际行动助推美丽乡村建设。

聚焦工业内涵式发展集思广益。将推动石化产业转型升级作为重要抓手，组织委员专题视察中海东营石化、富海华联石化等企业技改项目，提出组建炼化产业集团、引导企业弘扬工匠精神、推动“两化”深入融合发展等意见建议，为推动工业内涵式发展摇鼓助威、加油鼓劲。围绕河口区支持工业经济发展11条意见，组织专题调研，提出加快发展战略性新兴产业、推动园区升级改造、优化金融信贷环境等建议，为推动工业经济发展咨政建言。围绕企业科技成果转化进行界别协商，提出优化政策环境，拓展科技成果投融资渠道，加强科技服务体系建设等意见建议10余条。召开经济界、工商联合会界委员企业家座谈会，鼓励企业以商招商，为引进技术、资金和人才牵线搭桥。

聚焦重大基础设施建设协商议政。就完善河口区综合交通运输体系建设进行专题协商，提出注重长远规划、优化交通网络、实施“交通+”战略等建议，部分转化成为党政施政内容。针对济东高速连接线、G340东子线拓宽改造等规划建设问题，提出具体建议，有关部门高度重视，及时吸纳。部分委员围绕环渤海高等级公路、疏港铁路以及兴港路至东八路连接线建设等问题，主动向上反映，争取各级支持，充分体现了委员的责任和担当。

聚焦全域旅游发展咨政建言。去年，市委、市政府出台了《东营市全域旅游发展三年行动实施方案（2017—2019）》，积极推动全域旅游示范区创建工作。河口区作为我市创建县区之一，区委、区政府高度重视，区政协主动承担研究课题，深入调研，认真思考，组织部分委员到湖北、浙江等地考察学习，并结合河口实际，提出编制《河口区全域旅游发展总体规划》、打造精品旅游线路、加强基础设施建设、做好油地军港资源融合发展等意见建议，为推动河口区全域旅游发展提供了参考借鉴。

聚焦全区中心工作献计出力。按照区委统一安排，区政协领导班子成员参与全区重点工程、企业安全生产监管、信访稳定、包村帮扶、联系党建薄弱村等重点工作。一年来，以高度负责的精神，深入现场统筹协调，帮助解决遇到的困难和问题。区政协机关认真做好义和镇六顷村精准扶贫工作，协调资金100余万元，实施文化广场建设、村内道路改造等工程，开展结对帮扶活动，协调推进惠民政策落实，帮扶村基础设施、民生事业得到了全面发展，2017年被评为全区下派帮扶工作、扶贫开发工作先进单位。

三、坚持履职为民，促进民生改善社会和谐

积极回应群众期盼。高度关注社会事业，围绕群众反映的热点难点问题协商议政。重视学前教育工作，组织教育界委员就学前教育规划建设进行界别协商，提出了调整农村幼儿园布局、抓好油田学前教育移交、完善动态管理机制等意见建议。为推动村级卫生服务一体化工作，与区卫生计生局等部门进行对口协商，形成了有质量、可操作的调研建议。围绕养老服务体系建设，组织委员深入农村、社区

以及油田了解情况，倾听群众建议，主动向上反映，提出油地养老体系融合发展、建设医养结合机构、打造“养老服务+”模式等建议20余条，推动了相关工作落实。针对文化场馆建设，与区发改局、文广新局等单位进行协商议政，建议在湖滨新区集中规划建设文化综合场馆，打造河口区标志性文化工程，为党政科学决策提供了有效参考。

畅通民意表达渠道。完善委员联系服务群众的方式方法，深入基层一线，及时反映民情民意，准确传递他们的呼声和愿望，促进关切问题的有效解决。不断完善社情民意信息搜集、整理、上报制度，出台了《关于加强区政协社情民意信息工作的意见》，在全区聘任40余名特邀信息员，构建完整的信息网络。一年来，共收到涉及民生保障、特色农业、教育科技、旅游环境改善等方面社情民意信息400余条，其中“关于加强河道生态化治理的建议”等信息，得到了省市领导的批示及有关部门的重视。

助力“法治河口”建设。抓住法治建设中的关键环节，就社会治安防控体系建设，组织调研视察，促进了依法治区进程。关注司法公开公正，组织委员参加旁听区法院职务犯罪庭审活动，推荐5名政协委员担任人民陪审员，对法院审理案件进行监督，一年来共陪审案件57件次，促进了民主法治建设。组织全体政协委员、机关干部职工关注“平安河口V”等微信公众号，通过委员传递政法声音，展示平安河口形象，提高全社会法律意识。

为民办实事好事。注重发挥委员联系群众的桥梁纽带作用，引导委员积极参与捐资助学、扶贫帮困等履职为民活动。发挥示范引导作用，各位副主席开展微心愿认领活动，为12名儿童送去书籍和学习用品，帮助他们实现了愿望；成立区政协志愿者服务队，定期到区中心敬老幸福园开展“孝心助老”活动，为老人们提供了物质帮助和精神慰籍。开发区联络室组织委员参加造血干细胞捐献志愿者征募活动，区直一室到济军训练基地与留守儿童一起过“六一”儿童节，进行心理疏导，等等。一年来，共开展科技咨询、文化下乡、法律援助、爱心救助等各类扶贫济困活动50余次，关爱困难群体600余人。

四、完善工作机制，提高民主监督水平

深化提案监督。把督办提案作为民主监督的有效形式，会同区委、区政府督查考核办公室加大督办力度，通过现场协商办理、主席会议成员领衔督办等形式，提高提案办理工作的落实率和满意率。“关于加大中小学基础设施投入力度的建议”等6件重点提案，通过上门走访、实地调研、现场评议等方式，进行认真督办，取得了显著效果。关于打造特色农产品品牌、优化中小企业融资环境、推进“海绵城市”建设等方面的提案，得到有关部门采纳和落实。目前，区政协九届一次会议以来审查立案的122件提案，已全部办复完毕。

注重视察监督。发挥视察监督“面对面”的优势，就河口区现代农业发展、学校文化建设、食品药品监管、生态环境保护等方面，集中组织开展视察活动，有针对性地提出意见建议50余条。围绕行风政风转变，通过委派特邀监督员、参加听证会、民主评议等形式，就科学发展、改革事项、居民燃气价格调整等，组织委员开展视察监督活动60余人次，坦诚提出意见建议，促进了党政部门工作改进。

加强评议监督。将委派民主监督员作为民主评议重要载体，出台了《开展委派民主监督员工作的实施意见》，首批确定24个被监督单位、6个民主监督小组。参加民主监督活动的委员认真履行职责，通过参加部门会议、听取情况通报、督办政协提案等形式，提交监督建议书12件，协助推进工作。区检察院、交通运输局等部门，高度重视，主动接受监督，及时回应群众关切，发挥了示范带头作用。坚持民主评议与促进部门工作相结合，组织委员对区农业局等9个部门进行民主评议，现场提出意见建议，相关部门逐一采纳，促进了被评议部门工作的更好开展。区农业局、水利局、畜牧局、林业局、海洋渔业局、安监局、质监局、市场监管局、环保

分局被评为2017年度民主评议满意单位。

五、加强自身建设，推动政协事业发展

加强委员队伍管理与服务。制定《河口区政协委员管理办法》等规章制度，对委员行使权利、履行义务、参加活动提出明确要求。建立健全委员履职档案，印制《政协委员履职手册》，履职情况作为评先树优和是否留任的重要参考依据。建立委员联络机制，强化同委员所在单位的沟通，及时了解委员工作情况，为委员履职创造了条件。建立工作通报机制，组织市区政协委员开展调研视察、参加政情通报会等活动，拓宽了知情明政渠道。建立表彰奖励机制，开展优秀政协委员评选活动，35名委员被评为优秀政协委员。一年来，真正实现了委员管理有制度、评价考核有依据、履职情况有档案、委员联络有机制，激发了委员履职热情，打造了一支有担当、有作为的委员队伍。

夯实政协履职基础。加强委员联络室建设，出台《委员联络室规范化建设方案》，强化督导考核，均达到了规范化建设要求，保障了基层政协工作的顺利开展。孤岛镇委员联络室组织委员围绕槐林景区建设、路域环境整治、拆违治乱、重点项目推进等开展协商活动，积极议政建言。一年来，各基层政协联络室主动参与中心工作，组织委员围绕精准扶贫、现代农业发展、乡村旅游建设、民生事业改善等调研视察、监督评议，为当地经济社会发展作出了积极贡献。

提升机关服务保障水平。以“两学一做”学习教育为载体，大力加强机关党建工作，全面落实从严治党责任，定期开展主题日活动，增强了党组织凝聚力。以创建省级文明单位为抓手，从加强学习、提高素质、强化管理、规范服务等方面着手，全面规范提升机关管理水平，工作效率进一步提高，2017年荣获“省级文明单位”称号。创新工作方式方法，开通河口政协微信公众号，提高机关工作效能，已成为凝聚正能量、传递好声音的重要平台。与区广播电视台联合制作播出“委员风采”8期、“提案追踪”5期，在《人民政协报》《联合日报》《东营日报》等媒体发表稿件200余篇，宣传了政协工作，扩大了社会影响，被评为2017年度全省政协宣传工作先进单位。

一年来，政协委员履职舞台越来越广阔。区委高度重视政协工作，始终把政协工作纳入全区发展大局。区委常委会议专题研究政协工作，区委、区政府领导积极参加政协有关重要会议，主动听取委员意见建议，认真研究阅批政协履职成果，推动委员意见建议落到实处。制定出台《关于加强和改进人民政协民主监督工作的实施意见》，进一步规范政协民主监督工作，政协委员的地位更加重要，保障更加充分，舞台更加广阔。全年累计组织专题调研、视察、考察等活动19次，举行专题、界别、对口和提案办理协商等活动12次，开展界别活动13次，组织各类学习活动27次，各项工作丰富多彩、卓有成效。

一年来，政协委员主体作用发挥越来越充分。树立“委员强则政协强”的理念，组织委员参加各类专题培训，拓宽了工作视野，提高了履职能力。广大政协委员守纪律、讲规矩、重品行，珍惜委员荣誉，维护政协形象，主动参加各类会议活动，用足用好政协话语权，建言议政水平越来越高，履职成果越来越得到重视和采纳。广大委员在各自工作岗位上扎实工作，认真履职，取得了显著成绩，全区共有30余名委员荣获省级以上荣誉称号。

一年来，政协委员社会影响越来越深入。分布在各个阶层、各个领域的政协委员，既关注宏观发展，又关注微观民生，通过开展视察调研、协商议政、评议监督等活动走进基层，深入一线，了解群众真实想法，反映他们迫切诉求，帮助解决实际困难。内容丰富、贴近民心、富有成效的履职活动，增强了群众对政协的认知度，提升了政协组织的感召力。群众感到政协离自己很近，有话愿意向政协委员讲，有诉求愿意向政协委员反映，政协委员形象更加深入人心。

我们所取得每一个进步、每一项成绩，都离不开区委的坚强领导，离不开区人大、区政府和社会各界人士的大力支持，离不开历届政协打下的坚实基础，离不开政协各参加单位、广大政协委员的共同努力和辛勤付出。在此，我代表九届区政协常委会，表示衷心的感谢和崇高的敬意！

在肯定成绩的同时，我们也清醒地认识到，工作中还存在一些问题和不足。比如，推进协商民主的机制不够完善，从理论到实践有待进一步深化；有些议政建言质量不够高，促进履职成果转化的力度还需进一步加大；民主监督职能有待加强，形式和渠道还需进一步探索；委员服务管理制度仍需不断完善，委员主体作用还有待进一步发挥，等等。这些都需要在今后工作中加以改进提高。

2018年工作任务

2018年是贯彻中共十九大精神的开局之年，是改革开放40周年，是决胜全面建成小康社会、实施“十三五”规划承上启下的关键一年。区政协常委会工作的指导思想是：坚持以中共十九大精神和习近平新时代中国特色社会主义思想为指导，在中共河口区委的坚强领导下，秉持创新、协调、绿色、开放、共享发展理念，紧扣全区中心工作和“十三五”规划实施履职尽责，做到服务改革发展有新作为，推进协商民主有新成效，加强民主监督有新举措，发挥团结统战功能有新进展，提升履职能力有新突破，为全力打造“一极两区”，加快建设美丽幸福新河口作出新的更大贡献。

一、以加强思想建设为根本，努力在增进政治共识上下功夫

把持续深化学习贯彻中共十九大精神作为思想理论建设的重中之重，坚定政治立场，提高政治站位，始终与以习近平同志为核心的中共中央保持高度一致，维护中央的权威，切实把思想和行动统一到十九大报告精神上来，确保政协事业始终沿着正确的方向前进。深入学习贯彻区委八届二次全会精神，深刻领会和准确把握区委提出的发展目标和工作重点，确定工作方位、找准作为空间、明确履职重点，切实把区委、区政府决策部署落到实处。积极推动“两学一做”学习教育常态化制度化，认真开展“不忘初心、牢记使命”主题教育，提高政治理论水平，不断增强党组织的凝聚力和向心力。

二、以服务高质量发展为要务，努力在促进经济优化升级民生持续改善上献良策

坚持一切工作围绕中心、一切行动服务中心，认真贯彻区委各项决策部署，为推动全区经济社会发展科学履职，精准发力。重点围绕新旧动能转换、重大项目建设、城市精细化管理、现代农业发展、生态环境保护等课题协商议政，吸纳各方智慧，打造建言精品。选取与群众利益密切相关的热点难点问题出谋划策，重点围绕精准扶贫、教育卫生、就业创业、社会保障、食品安全等民生专题，通过调研视察、社情民意、监督评议、提案等方式，提出切合实际、操作性强的意见建议，努力为群众办实事、解难事、做好事。以区政协志愿者服务队为平台，以服务民生促进和谐为己任，倡导开展扶贫济困、爱心救助、捐资助学等社会公益活动，鼓励支持委员奉献爱心、服务家乡、回报社会。

三、以创新履职方式为抓手，努力在推动政协事业发展上见实效

坚持把助推政协工作创新发展作为着力点，不断创新履职方式，拓展履职渠道，努力让政协履职更加出色出彩。认真落实区政协协商工作规程，进一步深化专题、对口、界别、提案办理协商实践，探索网络协商、微信协商等多种实现形式，加强与其他协商渠道的配合，搭建更多经常性、制度化协商平台，推动协商民主广泛多层制度化发展。重点围绕加强水环境规划建设管理、推动石化产业转型升级、统筹发展各类职业教育、加快公共法律服务体系建设等课题，精心组织实施年度协商工作计划，提高协商议政水平。不断丰富监督内容和形式，继

续开展委派民主监督员等创新性工作，支持委员在党政部门、司法机关担任人民陪审员、特约监督员，拓展民主监督工作的深度和广度。

四、以协调各方关系为重点，努力在凝聚各方力量上谋作为

坚持发扬民主、增进团结、协调关系、化解矛盾，努力协助党委、政府做好凝心聚力工作。不断巩固和发展最广泛的爱国统一战线，广泛宣传区委、区政府的重要决策部署，正确引导社会各界合理反映利益诉求，努力为全区改革发展增添动力、凝聚合力。加强与各民主党派、工商联、无党派人士的团结协作，支持通过政协发表意见、提出建议。努力做好民族宗教界人士、新社会阶层代表和各界群众的团结联谊工作，加强与各地政协的交流合作，不断凝聚各方智慧和力量。

五、以提升履职效能为核心，努力在加强自身建设上求突破

主动适应新形势新任务新要求，全面加强政协履职能力现代化建设，不断提高工作科学化水平。充分发挥政协常委会的重要作用，坚持常委带头抓学习，带头守规矩，带头履职责，带头做表率，切实增强常委会组成人员政治意识、大局意识、核心意识、看齐意识。大力开展“履职有为、岗位建功”活动，进一步加强委员队伍建设，健全完善学习培训、履职管理、常态服务机制，切实保障委员的视察权、知情权、监督权，为委员履职创造更好条件。加强履职制度化、规范化建设，创新界别活动方式，改进提案、信息、宣传等经常性工作，探索发挥民主党派和专委会作用的新思路新方式，提高建言立论的质量和效果。充分利用新兴媒体拓展履职渠道，不断丰富完善河口政协网站、微信公众号功能，提高信息化建设水平。坚持开门办文史、共同出成果，加快《援疆纪实》征编，启动《河口区政协志》编纂工作，推进区政协文史资料馆建设，发挥好存史资政、团结育人的作用。进一步巩固省级文明单位创建成果，规范提升机关服务质量和管理水平，重视加强基层联络室建设，为政协履职提供优质高效保障。

旧岁已展千重锦，新年再进百尺竿。回顾过去，我们为所取得的可喜成绩深感欣慰；展望未来，我们对河口的美好愿景充满信心。人民政协舞台宽广、环境宽松、文化宽容，给广大政协委员提供了广阔的发展空间，是你们履职尽责、展示风采的沃土和热土。让我们在中共河口区委的坚强领导下，始终恪守围绕中心服务大局的履职宗旨，始终坚持人民政协的优良传统，始终保持锐意进取的奋斗精神，不忘初心，砥砺前行，不断开创政协事业新局面，为全力打造“一极两区”，加快建设美丽幸福新河口而努力奋斗！

大 事 记

1月

4日 市扶贫办考核组到河口区开展2016年度县区党委和政府扶贫开发工作成效考核及县区扶贫开发领导小组办公室工作考核。

5日 区委副书记、代区长田兵兵到河口经济开发区、河口蓝色经济产业园调研，副区长侯丽霞、胡琳参加调研活动。

是日 市委政法委副书记、市综治办主任张俊臣一行到河口区督导检查综治重点工作。

6日 全区召开政协换届工作会议。

7日 全区召开拆违治乱专项行动调度会议。

9日 2016年度镇、街道、区委直属党委、党工委书记抓基层党建工作述职评议会议召开。

10日 七届区委第154次常委会议召开，会议听取关于河口区第八次党代会有关事项的汇报、关于中共河口区第七届委员会工作报告起草情况的汇报、关于中共河口区第七届纪律检查委员会工作报告起草情况的汇报，传达全市“两学一做”学习教育督导组组长会议精神并研究贯彻落实意见。

是日 中国共产党河口区第七届委员会第十三次全体会议召开。

是日 河口区召开市安委会安全生产巡查情况反馈会议。

11日 市政府消防专项考核组到河口区进行2016年度消防工作考核。

是日 河口区举行2017年河口春节联欢晚会。

12日 区委书记、区人大常委会主任苟增杰，区委副书记、代区长田兵兵带领区各大班子领导到济军综合训练基地、东营军分区进行走访慰问。

是日 区委副书记、代区长田兵兵到仙河镇调研。

13日 市委副书记、市长赵豪志带队到河口区调研“三年增绿”工作和农水会战情况。

16日 区委常委王永跃带队走访慰问民族宗教人士及台属，区委常委、统战部部长刘斌参加慰问活动。

是日 区第八次党代会筹备工作调度会议召开。

是日 全区召开涉油领域打非治违集中行动暨安全生产工作调度会议。

17日 全区召开老干部暨社会各界人士情况通报会。

是日 区委副书记、代区长田兵兵调研东水源引水工作，副区长徐文棠参加调研活动。

是日 全区召开三年禁毒人民战争动员部署会议。

是日 河口油区私拉乱接专项治理工作会议召开。

19日 七届区委第155次常委（扩大）会议召开，会议传达十八届中央纪委七次、省纪委十届八次、市纪委五届八次全会精神，以及省、市三年禁毒人民战争动员部署会议精神并研究贯彻落实意见，听取关于十八届人大常委会委员提名推荐情况的汇报。

是日 山东出版集团副总经理郭海涛一行到河

口区走访慰问。

19—22 日 中国共产党东营市河口区第八次代表大会召开。

20 日 市政协主席陈泽浦，市委常委、组织部部长朱开国一行到河口区走访慰问部分困难党员、困难职工和烈属。

22 日 副市长刘美华到义和镇督导检查安全生产工作。

是日 中国共产党东营市河口区第八届委员会第一次全体会议召开。

是日 八届区委第 1 次常委会议召开。

是日 中共东营市河口区第八届纪律检查委员会第一次全体会议召开。

23 日 区委常委班子召开 2016 年度民主生活会。

是日 中共东营市河口区第八届纪律检查委员会第二次全体会议召开。

24 日 区委书记、区人大常委会主任苟增杰到义和镇指导镇领导班子民主生活会，区委常委、组织部部长赵明印参加指导。

是日 区委书记、区人大常委会主任苟增杰，区委副书记、代区长田兵兵、区委副书记王永跃分别带队走访慰问春节期间坚守岗位值班执勤人员。

25 日 区委副书记、代区长田兵兵到河口街道指导街道领导班子民主生活会。

是日 区政府党组 2016 年民主生活会召开。

26 日 八届区委第 2 次常委（扩大）会议召开，会议听取关于河口区 2017 年国民经济和社会发展计划指标及未来五年部分预期目标有关情况的汇报、关于 2016 年国民经济和社会发展计划执行情况与 2017 年国民经济和社会发展计划（草案）的汇报、关于 2017 年拟实施政府投资项目、民生实事、重点工程项目有关情况的汇报、关于《政府工作报告（讨论稿）》有关情况的汇报、关于编制 2017 年财政收支预算的汇报，传达学习《中共中央组织部关于印发〈党委（党组）讨论决定干部任免事项守则〉的通知》，研究有关干部事项。

2 月

3 日 区委副书记、代区长田兵兵调研部分重点项目建设情况，区委常委、副区长王晓勇参加调研活动。

6 日 市督查组到河口区督查环境保护督察自查自纠情况。

6—11 日 区委书记、区人大常委会主任苟增杰随东营代表团参加省十二届人民代表大会第六次会议。

7 日 市政府调研组到河口区调研农业重点项目建设情况。

是日 全区召开液化气瓶调查摸底工作会议。

8 日 区委副书记王永跃调研、调度孤河水库封闭施工工程情况。

是日 河口区召开“锦绣河口·黄河故道”土地整理项目调度会议。

9 日 中国财贸轻纺烟草工会副主席、省总工会副巡视员、省外经贸工会主任王新强一行到河口区调研县区商务局组建外经贸企业工会联合会情况。

10 日 区委副书记、代区长田兵兵查看区“两会”筹备情况，区人大常委会第一副主任张胜双，区委常委、组织部部长赵明印，区委常委、办公室主任陈桂林，区政协副主席张希臣、宋卫忠参加。

是日 全区召开重点工程项目、便民实事调度会议。

是日 河口区举行第二十届油地军港闹元宵大联欢活动。

11—15 日 区十八届人大一次会议、区政协九届一次会议召开。

16 日 区委副书记、区长田兵兵指导区财政局领导班子 2016 年度民主生活会。

17 日 市检察院党组书记、代检察长王新建到河口区调研。

是日 区委书记苟增杰指导区交通运输局领导班子2016年度民主生活会，区委常委、组织部部长赵明印，区委常委、办公室主任陈桂林参加会议。

是日 市联合督导组到河口区督导企业改制及对接资本市场情况。

18日 区委理论学习中心组举行PPP融资模式专题辅导报告会。

是日 区委副书记、区长田兵兵调研部分重点项目建设情况，区委常委、副区长王晓勇参加调研活动。

20日 全区召开经济工作会议。

是日 全区召开安全生产工作会议。

21—25日 区委书记苟增杰，区委副书记、区长田兵兵率河口区代表团参加中国共产党东营市第六次代表大会。

22日 全区召开春季造林及引水灌溉工作调度会。

是日 市督查组到河口区督查涉油领域打非治违集中行动开展情况。

23日 全区组织收看加快推进全省永久基本农田划定工作五项任务视频会议。

是日 全区第三次全国农业普查工作调度会召开。

24日 区十八届人大常委会第一次会议召开。

26日 区委副书记、区长田兵兵到部分企业暗访环保和消防工作。

28日 全区召开政法维稳工作会议。

3月

1日 区委八届第3次常委（扩大）会议召开，会议传达学习省十二届人民代表大会第六次会议及省政协十一届五次会议精神、市第六次党代会精神和申长友等市领导参加市第六次党代会河口区代表团讨论时的讲话精神，传达中央政法工作会议、省委政法工作会议、全省维稳工作会议、全市政法维稳工作会议精神并研究贯彻落实意见，研究关于支持人民法院基本解决执行难问题的意见等。

是日 市政府研究室到河口区调研全域旅游工作。

是日 区十八届人大常委会第二次会议召开。

是日 全区召开H7N9和重大动物疫病防控工作会议。

2日 区委副书记、区长田兵兵带队调研交通重点项目建设情况，区委常委、副区长王晓勇，区人大常委会副主任闫长林等参加调研活动。

是日 市联合检查组到河口区专项检查成品油市场情况。

是日 全区召开创建省级食品安全先进区工作调度会。

3日 省公安厅治安总队副总队长魏桂领到河口区督导全国“两会”期间安保维稳工作。

是日 全区召开镇街人大工作座谈会。

是日 区政协九届一次常委会议召开。

4日 第18-2次区政府常务会议召开。

6日 全区举行2017年春季重大项目集中开工仪式。

是日 区委副书记、区长田兵兵到新户镇调研“三年增绿”工作，副区长徐文棠等参加调研活动。

7日 区委书记苟增杰到河口经济开发区调研，区委常委、办公室主任陈桂林，副区长侯丽霞等参加调研活动。

是日 胜利石油管理局公共事业管理部主任马新江一行到河口区接洽工作。

是日 市督导组到河口区督导寄递渠道安全管理工作。

8日 市委副书记宇向东到河口区调研。

是日 河口区举行第五届庆“三八”巾帼健步行活动。

是日 北京伊科生态科技研究院考察组到河口

区实地考察盐碱地改良和农业综合开发项目。

11 日 东营市楹联工作现场会在河口区召开。

13 日 区委书记苟增杰到河口蓝色经济产业园调研，区委常委、办公室主任陈桂林，副区长侯丽霞等参加调研活动。

是日 区委副书记、区长田兵兵调研拆违治乱和棚户区改造工作，区委常委、副区长王晓勇等参加调研活动。

14 日 全区召开 2017 年度政银企洽谈会。

是日 市国家税务局党组书记、局长张伟一行到河口区调研。

15 日 区委书记苟增杰，区委副书记、区长田兵兵会见中国农业银行东营分行党委书记、行长宋秀峰一行。

是日 全区农村、城市社区主职干部暨优秀党员示范培训班开班。

是日 省经信委经济运行局调研员萧文华一行到河口区对富宇化工公司申请进口原油使用资质进行现场核查。

16 日 市督导调研组到河口区督导创建国家生态园林城市及城市精细化管理工作开展情况。

17 日 八届区委第 4 次常委（扩大）会议召开，会议传达第十二届全国人民代表大会第五次会议和政协第十二届全国委员会第五次会议精神，传达全市农村工作会议、全市组织部长会议、全市宣传文化工作会议、全市统战部长会议精神并研究贯彻落实意见，听取关于赴济南市、淄博市考察学习情况的汇报、关于政协东营市河口区委员会 2017 年政协工作计划的汇报、关于组建东营市河口区兴利水务有限责任公司有关情况的汇报，研究区委常委会 2017 年工作要点等。

是日 全区召开重点工程项目、为民办实事、水气污染治理项目调度会议。

是日 全区召开政协提案交办工作会议。

19 日 全区组织收看全市信访维稳工作电视会议。

20 日 第 18-3 次区政府常务会议召开。

是日 全区召开农村工作暨扶贫开发工作会议。

是日 新疆生产建设兵团考察团到河口区考察现代农业项目情况。

20—26 日 区委书记苟增杰，区委副书记、区长田兵兵率团参加市八届人大一次会议、市政协八届一次会议。

21 日 河口区组织收看国务院第五次廉政工作电视会议。

是日 省化转办工作组就“评级评价”工作到河口区进行检查验收。

23 日 河口区组织收看全省安全生产工作电视会议。

24 日 市旅游发展委员会党组副书记、调研员陈际锦到河口区调研军地旅游工作。

是日 全区召开农村基层党建工作大调研暨村级审计督查工作会议。

是日 河口区召开春季农业生产调度会议。

25 日 河口区召开迎接省级环境保护督查工作调度会议。

27 日 区委副书记、区长田兵兵到仙河镇、孤岛镇调研拆违治乱工作，区委常委、副区长王晓勇等参加调研活动。

28 日 河口区组织收看山东省第二环境保护督察组督察东营市工作动员汇报视频会议。

是日 组织收看全国全省医改工作电视会议。

29 日 区委书记苟增杰到新户镇、义和镇调研经济社会发展情况，区委常委、纪委书记张作霞，区委常委、市直驻河口下派帮扶工作队队长张新林等参加调研活动。

30 日 全区召开科学素质工作领导小组（扩大）会议。

31 日 河口区组织收看省政府安委会全体成员安全生产专题报告电视会议。

4月

1日 区委书记荀增杰到六合街道调研经济社会发展情况，区委常委、政法委书记秦安忠，区委常委、副区长王晓勇，副区长、市公安局河口分局局长李广俊等参加调研活动。

3日 区委副书记、区长田兵兵带队调研部分重点工程、重点项目建设情况，副区长、市公安局河口分局局长李广俊等参加调研活动。

5日 全区召开环境监管执法年和环保重点项目调度会议。

6日 八届区委第5次常委（扩大）会议召开，会议传达市八届人大一次会议、市政协八届一次会议精神，传达全市“两打一整治”专项行动动员会议、全市集中开展查处侵害群众利益不正之风和腐败问题专项整治领导小组扩大会议、全市检察工作会议精神并研究贯彻落实意见，听取关于迎接环保督察工作有关情况的汇报、关于区工商联换届工作的汇报、关于组建河口区财金控股有限公司有关情况的汇报、关于组建河口区土地储备开发有限公司有关情况的汇报、关于把区油气技术开发有限公司班子纳入区委管理有关情况的汇报、关于组建东营市河口区市政公用事业投资发展有限公司有关情况的汇报。

是日 河口区开展区级领导干部“两学一做”学习教育集中学习。

是日 全区召开组织宣传统战工作会议。

是日 18-4次区政府常务会议召开。

7日 省公安厅党委副书记、常务副厅长王兆玉带队到河口区调研派出所社区警务室建设工作，市委常委、政法委书记田和友，副市长、市公安局局长赵峰等参加活动。

是日 市委常委、组织部部长朱开国到河口区调研薄弱村居集中整治工作。

是日 河口区召开创建全省慢性病综合防控示范区工作会议。

是日 河口区组织收看第一次全国可移动文物普查总结电视会议。

8日 市委书记申长友带领有关部门负责同志和环保、安全专家到河口区督导调研环保安全等工作，市委常委、秘书长张庆华，市委常委、纪委书记孙早军等参加活动。

是日 全区召开“两打一整治”专项行动动员会议。

10日 全区召开集中开展查处侵害群众利益不正之风和腐败问题专项整治工作会议。

11日 区委副书记、区长田兵兵带队调研全区重点服务业项目建设情况。

是日 河口区召开2017年度第一次“海生·河口”渔业科技精准对接会议。

是日 河口区组织收看全国群众体育工作电视会议。

是日 河口区组织收看全国打击侵权假冒工作电视会议。

12日 省司法厅党委副书记、副厅长马灵喜一行到河口区调研司法所建设工作，副市长、市公安局局长赵峰等参加调研活动。

是日 省民政厅副厅长刘同林一行到河口区调研中心敬老幸福园情况，副市长韩利学等参加调研活动。

是日 区委书记荀增杰到河口街道调研经济社会发展情况，区委常委、副区长王晓勇，区委常委、办公室主任陈桂林等参加调研活动。

是日 区委副书记、区长田兵兵到部分企业督导安全生产情况。

13日 市委常委、宣传部部长贾瑞霭到河口区督导国家公共文化服务体系示范区创建工作。

是日 河口区组织收看省政府第五次廉政工作电视会议。

是日 全区召开食品安全先进区创建调度会议。

14 日 八届区委第 6 次常委（扩大）会议召开，会议传达学习六届市委常委扩大会议精神，传达全市司法行政工作会议、全市关心下一代工作会议精神并研究贯彻落实意见，听取关于当前全区经济运行情况的汇报、关于设立党委巡察工作机构有关事宜的汇报。

是日 第六届黄河三角洲（中国·东营河口）湿地槐花节暨全国摄影大展调度会议召开。

18 日 省纪委信访室副主任焦其胜一行到河口区督导查处侵害群众利益不正之风和腐败问题整治工作，市委常委、纪委书记孙早军等参加活动。

是日 市国土资源局调研组到河口区调研土地开发项目情况。

19 日 全区召开维护促进企业健康发展暨规模企业规范化公司制改制和企业上市挂牌工作调度会议。

是日 市老龄办主任王延德到河口区调研老年工作。

20 日 区十八届人大常委会第三次会议召开。

是日 河口区召开迎接创建省级食品安全先进区中期评估工作调度会。

21 日 18–5 次区政府常务会议召开。

是日 区委副书记、区长田兵兵到部分区直部门调研。

是日 全区召开政府投资重大工程建设项目廉政监督工作会议。

22 日 “书香国土·智慧人生”通海杯第五届全国国土资源系统读书大赛颁奖大会在河口区召开。

是日 全区召开“两打一整治”专项行动第一次社情民意调查工作调度会议。

22—23 日 全区召开薄弱村居集中整治行动暨基层党建工作调度会议。

24 日 全区召开视频监控暨“雪亮工程”建设联席会议。

是日 全区召开伏季休渔管理工作会议。

25 日 全区召开消防工作会议。

25—26 日 区委副书记、区长田兵兵带队赴诸城市、寿光市考察现代农业发展情况，副区长徐文棠等参加考察活动。

26 日 区委副书记、区长田兵兵现场调研第六届黄河三角洲（中国·东营河口）湿地槐花节暨全国摄影大展筹备工作。

是日 省食品安全先进区评估组对河口区食品安全先进区创建工作进行中期评估。

27 日 全区举行城乡公交一体化启动仪式。

是日 全区召开庆“五一”暨表彰工作会议。

28 日 市委常委、副市长张润国到河口区督导安全生产工作。

29 日 第六届黄河三角洲（中国·东营河口）湿地槐花节暨全国摄影大展开幕。

5 月

2 日 八届区委第 8 次常委（扩大）会议召开，会议传达学习习近平总书记在中央深改组第三十三次会议上的讲话，传达学习全市党内法规工作会议精神并研究贯彻落实意见，传达学习全市关心下一代工作会议和老干部局长会议精神并研究贯彻落实意见，听取关于全区贯彻落实中央八项规定精神和省委实施办法、市委及区委实施意见专项督查情况的汇报，研究并通过《区委常委会议事决策规则》《区委常委会改进工作方式带头推进落实制度》。

是日 18—6 次区政府常务会议召开。

2—3 日 市督查组到河口区督查省环保督查问题整改和信访举报案件处理情况。

3 日 垦利区委书记刘斯杰，区委副书记、区长马保文带领垦利区党政考察团到河口区考察。

是日 河口区组织收看全省危险化学品安全综合治理电视会议。

4 日 河口区组织收看全市招商引资工作动员大会电视实况直播。

是日 河口区召开2017河口广场文化艺术节工作调度会议。

是日 河口区举行“廉洁有我、青春担当”五四青廉节启动仪式。

5日 市委副书记、市长赵豪志带领全市拆违治乱暨公路铁路沿线环境综合治理现场观摩会人员到河口区现场观摩。

是日 全区召开危险化学品安全综合治理暨化工和危险化学品企业安全专项检查工作会议。

是日 全区召开《援疆纪实》征集工作座谈会。

是日 河口区组织收看全国海洋经济调查领导小组第二次会议暨动员部署视频会议。

6日 2017中国东营黄河口诗会启动仪式在孤岛万亩槐林举行。

是日 全区召开创建全国文明城市工作调度会议。

是日 全区召开召开关心下一代暨老干部工作会议。

是日 全区召开新旧动能转换工作调度会议。

8日 八届区委第9次常委（扩大）会议召开，会议听取关于2017年度重点工程项目、为民办实事推进情况的汇报，关于全区新旧动能转换推进工作有关情况的汇报，关于2016年度综合考核及表彰奖励有关情况的汇报，传达全市招商引资工作动员会议、全市拆违治乱暨公路铁路沿线环境综合治理现场会议精神并研究贯彻落实意见。

9日 区委书记荀增杰，区委副书记、区长田兵兵带领区党政考察团赴东营区、广饶县和东营港经济开发区考察学习。

10日 河口区召开八届区委第10次常委会议，研究有关干部事项。

是日 全区召开招商引资工作动员大会。

是日 副市长韩利学到河口区检查安全生产及农村“三资”管理、小麦病虫害防治工作。

是日 河口区组织收看省政府防汛抗旱总指挥部成员（扩大）会议。

11日 海螺集团副总经理、海螺型材公司党委书记、董事长万涌一行到河口区洽谈项目。

是日 河口区组织收看全省卫生与健康大会电视会议。

12日 区十八届人大常委会第四次会议召开。

是日 市政府督察组到河口区督查化工和危险品企业安全生产专项检查工作开展情况。

13日 八届区委第11次常委（扩大）会议召开，会议传达学习全市推进“两学一做”学习教育常态化制度化工作座谈会精神并研究贯彻落实意见，听取并通过关于2016年全区事业单位绩效考核情况。

14日 河口区举行奥克斯·澳亚共建奶牛优秀种质创新平台研讨会暨揭牌仪式。

是日 黄河路实现全线通车。

15日 18-7次区政府常务会议召开。

16日 区工商业联合会第六次代表大会召开。

是日 全区召开推进“两学一做”学习教育常态化制度化工作座谈会。

17日 区委书记荀增杰，区委副书记、区长田兵兵带领区党政考察团赴垦利区考察。

是日 河口区组织收看全省全面实行河长制工作动员部署电视会议。

19日 全区召开中小学幼儿园和道路交通安全暨禁毒反恐工作会议。

18—20日 区委副书记、区长田兵兵带队赴浙江省杭州市萧山区、绍兴市上虞区、湖州市安吉县、上海市嘉兴港区等地学习考察、推进招商引资工作。

22日 全市公安机关基层基础建设攻坚战现场会暨年度重点工作调度会在河口区召开。

23日 东营军分区司令员姜延秀到河口区检查人民武装工作。

是日 河口区第十四届社会科学普及周开幕。

是日 区委副书记、区长田兵兵到新户镇调研农业重点工程项目建设情况。

是日 市供销社党委书记、理事会主任陈景新到河口区调研深化供销社综合改革工作。

24 日 市政协主席陈泽浦到河口区调研。

是日 市人大常委会副主任陈安忠到河口区有关企业督导安全生产工作。

是日 河口区召开“两打一整治”专项行动调度会议。

是日 省国土资源厅土地储备中心主任刘相玉带领省第五督导组到河口区督导维稳工作。

是日 市委副书记宇向东到河口区调研神仙沟流域治理情况。

是日 全区“廉洁文化进校园”示范点创建活动启动仪式在区实验学校举行。

25 日 市委副秘书长、市扶贫办主任牛永昌到河口区调研。

是日 全区召开拆违治乱暨公路沿线环境综合整治现场会议。

是日 河口区公益性公墓工程建设正式开工。

26 日 市人大常委会副主任杨梦斌到河口区督导交通安全和企业安全生产工作。

27 日 18-8 次区政府常务会议召开。

是日 区委书记苟增杰会见中国三峡新能源有限公司、中国三峡新能源海上风电总公司总经理李斌一行，区委常委、办公室主任陈桂林，副区长侯丽霞等参加会见。

30 日 农业部农村社会事业发展中心休闲农业处处长刘纪昌到河口区调研休闲农业和乡村旅游工作。

31 日 区委书记苟增杰带队到河安幼儿园、六合街道中心幼儿园开展庆“六一”儿童节走访慰问活动，区人大常委会主任张胜双，区委常委、办公室主任陈桂林，副区长胡琳参加走访活动。

是日 区委副书记、区长田兵兵区长带队到河口街道办事处中心幼儿园、区实验幼儿园开展“六一”儿童节走访慰问并调研教育工作，副区长胡琳、区政协副主席宋卫忠参加走访和调研活动。

是日 河口区组织收看全省安全生产紧急电视会议。

是日 河口区举行“喜迎十九大，我向习爷爷说句心里话”庆“六一”微心愿集中发放仪式。

6月

1 日 区委副书记、区长田兵兵调研部分项目建设情况。

是日 全区召开招生委员会会议。

是日 全区举行 2017 年防汛抢险演习。

是日 区政协九届一次会议重点提案办理协商座谈会议召开。

是日 河口区关爱农村留守儿童服务站在新户镇南楼社区揭牌成立。

2 日 八届区委第 12 次常委（扩大）会议召开，会议传达全省农村产权制度改革工作领导小组第一次（扩大）会议精神、全市党建重点工作推进会议精神并研究贯彻落实意见，听取关于《河口区招商引资优惠奖励办法》等四个文件有关情况、关于全面实施“河长制”河渠流域管理有关情况、关于《支持规模企业规范化公司制改制和企业上市挂牌若干政策措施》有关情况、关于组建河口区融资担保有限公司有关情况、关于河口区公益性岗位工作人员招聘有关情况、关于科级干部 2016 年度考核优秀等次人员建议名单情况的汇报，研究中共河口区委全面深化改革领导小组 2017 年工作要点。

是日 区委理论学习中心组举行《中共中央国务院关于推进安全生产领域改革发展的意见》专题解读会。

是日 市人大调研组到河口区调研“三年增绿”工作。

是日 河口区组织收看省环境保护督察组第一组督查东营市情况反馈视频会议。

是日 区委理论学习中心组开展“两学一做”学习教育第二次集中学习研讨。

3 日 区政府全体（扩大）会议暨廉政工作会议

召开。

是日 全区召开全面实行河长制工作动员部署会议。

5日 区委书记苟增杰，区委副书记、区长田兵兵调研高考筹备工作，区委常委、办公室主任陈桂林，副区长胡琳参加调研活动。

是日 区投资促进委员会石油化工产业招商组工作调度会议召开。

6日 全区召开2017年高考考务会议。

是日 省档案局副局长苏东亮一行到河口区督导档案馆建设工作。

是日 河口区组织市、区人大代表考察全区拆违治乱工作。

是日 全区召开省级食品安全先进区暨省级农产品质量安全示范县创建工作调度会议。

是日 市"两打一整治"督导组到河口区督导检查工作。

是日 全区召开现代农业与食品加工招商组工作调度会议。

是日 全区召开农村集体产权制度改革试点工作动员部署会议。

是日 河口区举办《村落记忆》首发式。

7日 区委书记苟增杰到义和镇调研，区委常委、组织部部长赵明印，区委常委、办公室主任陈桂林，区委常委、市直驻河口下派帮扶工作队队长张新林，区政协副主席杨芳参加调研活动。

是日 区委副书记、区长田兵兵到区一中考点视察高考情况，副区长胡琳参加调研活动。

是日 区委召开巡察工作动员部署会。

是日 山东得利斯食品股份有限公司董事长郑思敏到河口区考察现代农业发展情况。

是日 市政府督查组到河口区督查化工和危险品企业安全生产专项检查工作开展情况。

8日 八届区委第13次常委（扩大）会议召开，会议听取关于河口区贯彻落实省环境保护督察反馈意见整改方案有关情况的汇报，传达全省信访工作会议精神、省市安全生产紧急电视会议精神并研究贯彻落实意见。

是日 市科协主席王树臣一行到河口区调研科协工作。

是日 区委书记苟增杰现场调研挑河治理工作，区委常委、办公室主任陈桂林，副区长徐文棠参加调研活动。

9日 市关工委主任于树健一行到河口区调研关心下一代工作。

10日 全区召开信访维稳暨安全生产工作会议。

11日 区委副书记、区长田兵兵现场调研省环保督察反馈意见涉及有关问题整改落实情况，副区长徐文棠参加调研活动。

12日 全区召开投资促进工作调度会议。

12—17日 区委书记苟增杰随东营代表团参加中国共产党山东省第十一次代表大会。

13日 区委副书记、区长田兵兵到河口街道、义和镇、新户镇调研全国公共文化服务体系示范区创建工作开展情况，副区长胡琳参加调研活动。

是日 河口区组织收看省第十一次党代会开幕式现场直播。

是日 河口区组织收看全国深化简政放权放管结合优化服务改革电视会议。

14日 副市长刘美华一行到仙河镇、孤岛镇督导检查安全生产工作。

是日 区委理论学习中心组举行"国际关系·国家战略·维和行动"专题报告会。

15日 全区召开智慧城市建设顶层设计方案汇报会。

16日 18-9次区政府常务会议召开。

是日 区城乡规划委员会2017年第一次会议召开。

是日 全区基层党建工作重点任务推进暨"两学一做"学习教育常态化制度化督导工作会议召开。

19日 河口区召开八届区委第14次常委（扩大）会议，传达中国共产党山东省第十一次代表大会精神。

是日 全区召开招才引智暨人才工作会议。

20日 河口区组织收看全省电气火灾综合治理工作视频会议。

21日 区政协美丽乡村建设专题协商会议召开。

22日 区委副书记、区长田兵兵调研城区道路工程和绿化工程建设情况。

23日 区委副书记、区长田兵兵到湖滨新区、河口经济开发区调研，区委常委、政法委书记秦安忠，副区长、市公安局河口分局局长李广俊、副区长侯丽霞参加相关调研活动。

26日 18-10次区政府常务会议召开。

是日 河口区举行恒丰银行东营河口支行运营启动暨银政战略合作签约仪式。

是日 省委老干部局到河口区调研老干部工作开展情况。

27日 市委副书记宇向东到河口区走访慰问新中国成立前入党老党员、生活困难党员，并调研部分联系项目建设情况。

28日 副市长李俊峰到河口区调研沾利河综合治理情况。

是日 市邮政公司总经理李晓健到河口区调研。

29日 八届区委第15次常委（扩大）会议召开，会议听取关于落实退役士兵安置和权益保障工作有关政策的汇报，传达市委防范和处理邪教问题领导小组全体（扩大）会议精神并研究彻落实意见，传达全省、全市化工产业安全生产转型升级专项行动动员部署电视会议精神并研究贯彻落实意见。

是日 区委书记苟增杰到义和镇走访慰问部分生活困难党员，区委常委、组织部部长赵明印，区委常委、办公室主任陈桂林，副区长徐文棠参加走访活动。

是日 国务院参事、科技部原副部长刘燕华，国务院参事石定寰、陈全生一行到河口蓝色经济产业园调研。

是日 省出版集团党委书记、董事长张志华到河口区调研。

是日 黄河三角洲自然保护区管理局副局长刘月良带队到河口区督查省环保督察反馈意见整改落实情况。

30日 河口区举行“百场送学·万人服务”主题实践活动暨东营党建图书馆河口分馆开馆启动仪式。

是日 全区召开化工产业安全生产转型升级专项行动动员部署会议。

是日 区委副书记、区长田兵兵到六合街道、河口街道走访慰问新中国成立前老党员和生活困难党员，区委常委、副区长王晓勇参加走访活动。

是日 区十八届人大常委会第五次会议召开。

7月

3日 河口区收听收看省委省政府重点工作推进情况视频会议。

是日 河口区收听收看中央纪委扶贫领域监督执纪问责工作电视电话会议。

4日 市委常委、组织部部长朱开国到河口区调研薄弱村居集中整治工作。

是日 副市长、市公安局局长赵峰一行到河口区考察全省基层基础建设三年攻坚现场会观摩点筹备工作。

是日 省水利厅防洪排涝工程督导检查组到河口区检查防汛准备工作。

5日 市委常委、政法委书记田和友到河口区调研政法综治工作。

是日 滨州市副市长郝吉虎带队到河口区考察未利用地开发工作。

是日 副市长刘美华到河口区调研“河长制”责任河段管理保护工作。

是日 全区举行选派公安民警兼任村党支部副书记工作启动仪式。

6日 国土资源部土地整治中心党委书记张晓燕一行到河口区调研土地整理项目情况。

是日 河口区召开欢送市直部门第十八批驻河口下派干部座谈会议。

是日 河口区举行预算审查监督专家咨询委员会成员聘任仪式暨座谈会议。

7日 全省公安基层基础建设三年攻坚战现场会与会领导到河口区观摩。

是日 市政协副主席、市工商联主席生钦勇带队到河口区调研畜禽养殖废物资源利用工作。

是日 市督导组到河口区督导化工产业安全生产攻坚治理紧急行动工作筹备方案实施情况。

8日 国家安全监管总局危险化学品安全生产工作督导组到河口区督导安全生产工作。

是日 18-11次区政府常务会议召开。

是日 区政府办公室党支部开展“学习榜样，砥砺前行”党员主题日活动，区委副书记、区长田兵兵参加活动。

9日 省委政法委业务指导处处长耿秉宏到河口区就社会治安治理、重点人群管理、网格化服务管理等工作进行调研。

10日 区委书记苟增杰带队考察全市经济社会发展、观摩河口区各观摩点准备及沿线环境治理工作情况，区委常委、组织部部长赵明印，区委常委、办公室主任陈桂林，副区长侯丽霞参加。

是日 河口区收听收看全国司法体制改革推进会。

11日 河口区召开2017年重点工程项目、为民办实事未开工政府投资项目及河口经济开发区、蓝色经济产业园重点产业项目专题调度会议。

是日 全区召开财税收支情况分析研判会议。

是日 省政府督导组到河口区检查落实全省化工产业安全生产转型升级专项行动动员部署电视会议安排和八项断然措施情况。

是日 市督导组到河口区督查农产品质量安全监管工作情况。

是日 区委党的群团改革领导小组会议召开。

12日 省检察院副检察长王效彤到河口区考察调研检察院工作。

是日 菏泽市、烟台市公安局到河口区参观学习公安工作。

是日 九三学社河口支社成立大会召开。

13日 省化工产业安全生产转型升级专项行动执法第五检查组到河口区开展第一轮执法检查。

14日 全市现代农业发展现场观摩会在河口区召开。

是日 省委组织部督导调研组到河口区开展推进“两学一做”学习教育常态化制度化和基层党建重点工作任务集中督导调研。

是日 18-12次区政府常务会议召开。

15日 全区召开重点化工生产企业谈心谈话会议。

17日 市政协副主席、民革东营市委主委张义泉一行到河口区调研。

是日 市直单位第十九批下派干部进驻河口区座谈会议召开。

18日 区委副书记、区长田兵兵到部分重点项目现场调研。

是日 河口区收听收看全国集中开展易制爆危险化学品和寄递物流专项整治行动动员部署电视会议。

是日 全区召开小型燃煤锅炉专项整治调度会议。

19日 山东金柱有限公司盛世养老公司经理栾登平一行到河口区考察养老医疗项目建设情况。

20日 区委副书记、区长田兵兵带队赴山东理工大学交流洽谈合作事宜。

是日 河口区收听收看全国安全生产电视会议。

是日 全区召开商会会长座谈交流会。

21日 区委副书记、区长田兵兵带队到淄博市金城医药集团有限公司考察。

是日 全区召开美丽乡村建设、城乡环卫一体化暨创城工作推进会议。

是日 全区危险货物运输联合执法紧急行动部署会议召开。

是日 全区召开政法综治重点工作暨“两打一整治”专项行动推进会议。

是日 河口区收听收看全省行政诉讼模拟庭审视频观摩会。

是日 全区召开伏季休渔及“三无渔船”管理工作会议。

22日 区委书记苟增杰，区委副书记、区长田兵兵会见北京润泰环保科技有限公司董事长助理赵学龄一行。

是日 河口区收听收看全省环境保护突出问题综合整治攻坚动员大会视频会议。

是日 河口区举行黄河三角洲第九届油品贸易洽谈会暨河口区招商引资引智说明会。

23日 河口区收听收看全省国有企业改革发展工作电视会议。

24日 河口区收听收看全省支持非公有制经济健康发展工作电视会议。

25日 河口区召开“两打一整治”战果展示暨赃物返还大会。

是日 市人大常委会主任郑建军一行到河口区调研经济社会发展和人大工作开展情况。

是日 全区召开征兵工作会议。

26日 市禁毒委到河口区督导检查禁毒工作。

是日 全市经济社会发展现场观摩与会领导到河口区进行现场观摩。

27日 河口区组织部分市、区人大代表考察全区重点项目、为民实事建设情况。

是日 市督导组就解决“大班额问题”、基础教育综合改革、中小学教师队伍建设等工作推进情况到河口区检查督导。

是日 市委副秘书长、市扶贫办主任牛永昌一行到新户镇调研扶贫连片开发项目情况。

是日 市委农工办主任刘庆亮带队到河口区就美丽乡村建设开展第二次集中督查。

是日 全区举行政法综治工作半年观摩。

是日 《东营市养犬管理条例（草案）》立法调研座谈会议召开。

28日 区委书记苟增杰一行到东营军分区、济南军区黄河三角洲综合训练基地走访慰问，区委副书记王永跃，区人大常委会主任张胜双，区委常委、办公室主任陈桂林，区人武部政委刘节章等参加走访。

是日 河口区组织部分市、区政协委员视察全区重点项目、为民实事建设情况。

是日 河口区收听收看全市环境保护突出问题综合整治攻坚动员大会。

29日 18-13次区政府常务会议召开。

是日 区政协举行九届二次常委会议。

8月

1日 河口区组织收看庆祝中国人民解放军建军90周年大会。

是日 区党政班子成员开展“两学一做”学习教育集中学习。

是日 区委议军会议召开。

2日 河口区组织收看省委、省政府重点工作推进情况视频会议。

是日 东营军分区司令员徐守华一行到河口区考察征兵体检工作。

是日 市“两打一整治”专项行动督导组到河口区督导检查。

是日 全区召开信访积案攻坚化解百日行动调度会议。

是日 全区召开防震减灾工作会议。

是日 市妇联到河口区调研妇女儿童工作开展情况。

3日 市委常委、政法委书记田和友带领全市政法综治观摩调度会议与会人员到河口区观摩政法综治工作开展情况。

是日 市政协副主席张敏一行到河口区调研食品安全监管工作。

是日 河口区组织观看警示教育专题片《永不停歇的征程》。

4日 省总工会党组成员、经审会主任蒋石宝一行到河口区督导检查工会半年工作开展情况。

是日 河口区组织收看全省深化放管服改革进一步优化政务环境工作电视会议。

是日 河口区组织收看全省公安机关深化执法规范化建设推进会议。

5日 省政府督查组到河口区督查畜禽养殖“三区”划定及禁养区关闭搬迁工作开展情况。

7日 市审计组到河口区审计“海上粮仓”建设政策落实情况。

8日 河口区举行孤岛、仙河地区城乡公交免费乘车卡办理启动仪式。

是日 全区残疾人精准康复工作会议召开。

是日 全区液化石油气安全综合整治工作动员会议召开。

是日 全区统战信息工作领导小组第二次会议召开。

9日 全区镇（街道）基层党建暨村（社区）“两委”换届工作情况分析汇报会议召开。

是日 市残联理事长李中元一行到河口区调研。

是日 垦利区政法综治考察团到河口区考察。

10日 河口区组织收看中央第三环境保护督察组督察山东省工作动员会议。

是日 副市长韩利学到河口区检查畜禽养殖污染控制工作。

是日 市关工委副主任聂肇正一行到河口区调研。

是日 全市脱贫攻坚现场观摩会与会人员到河口区观摩脱贫攻坚工作。

是日 市督导组到河口区督导化工产业安全生产转型升级重点工作落实情况。

是日 河口区组织收看全省法院基本解决执行难第二次视频推进会议。

是日 河口区召开保障中央环保督查工作协调联络组暨环境保护突出问题综合整治工作领导小组专项工作组全体成员会议。

11日 河口区组织收看全市危化品企业安全生产警示教育电视会议。

是日 河口区组织收看全省打黑除恶打霸治痞专项行动电视电话会议。

12日 八届区委第16次常委（扩大）会议召开，会议传达中央第三环境保护督察组督察山东工作动员会、省市环境保护突出问题综合整治攻坚动员大会精神、全市金融工作座谈会精神、全市重点信访维稳工作会议精神、全市卫生与健康大会精神、全市保密工作会议精神并研究贯彻落实意见，传达学习省委书记刘家义，省委副书记、省长龚正在《山东省保障中央环境保护督察工作简报》（第1期）上的批示，听取关于全区安全生产工作有关情况的汇报、关于制定区委落实党风廉政建设主体责任清单的汇报、关于参股设立东营市金融风险缓释基金有关情况的汇报、2017年上半年全区党风廉政建设和反腐败工作情况汇报。

14日 全区环境保护突出问题综合整治攻坚动员大会召开。

是日 全区召开卫生与健康大会。

15日 区委书记苟增杰就挑河治理工作进行现场调研，区委常委、副区长王晓勇，区委常委、办公室主任陈桂林，副区长徐文棠等参加调研。

是日 2018年全区环保重点工程项目调度会议召开。

是日 北京现代产业规划研究院院长王华亭一行到河口区考察。

16日 河口区召开与北京现代产业规划研究院对接交流座谈会。

是日 市统计局党组书记宋保辉到河口区调研

统计工作。

17 日　市委副书记宇向东到河口区调研神仙沟治理保护工作。

是日　省人防办副主任李发跃一行到河口区调研。

是日　万创中国市县经济研究院院长张洪榜一行到河口区参观考察。

是日　城乡规划委员会 2017 年第二次会议召开。

是日　河口蓝色经济产业园总体规划修编暨产业规划修编评审会议召开。

18 日　胜利石油管理局副总工程师马新江一行到河口区对接物业管理、学前教育、医疗卫生等工作。

是日　全区召开"两打一整治"专项行动通报暨各界人士座谈会议。

21 日　区委书记苟增杰带队就中央第三环境保护督察组向河口区转办的群众信访案件进行现场调研，区委常委、办公室主任陈桂林，副区长徐文棠等参加调研。

是日　18-14 次区政府常务会议召开。

是日　神仙沟综合治理调度会议召开。

是日　全区"散乱污"企业整治调度会议召开。

22 日　市委常委、宣传部部长贾瑞霭带领全市宣传系统观摩团到河口区观摩宣传文化工作"创新突破年"活动开展情况。

是日　国家一级图书馆评估验收组专家到河口区进行评估验收。

是日　全区家长学校建设工作会议召开。

是日　东营疏港铁路（河口段）征地拆迁工作第一次现场推进会议召开。

23 日　市委副书记宇向东到河口区调研经济社会发展及脱贫攻坚、美丽乡村建设、"两打一整治"专项行动、信访维稳等工作。

是日　区委副书记、区长田兵兵带队专题调研城区农贸市场环境治理情况，区委常委、办公室主任陈桂林，副区长、市公安局河口分局局长李广俊等参加调研。

是日　市督导组到河口区督导化工产业安全生产攻坚治理紧急行动工作开展情况。

24 日　全区 2017 年上半年镇街基层党建工作述职评议会议召开。

是日　河口区召开迎接中央环保督察工作调度会议。

是日　国台办副主任马跃成、台北艺殿图书经理卢钦政一行就图书库建设相关项目到河口区考察。

25 日　河口区召开八届区委第 17 次常委（扩大）会议，听取关于迎接中央环保督察有关情况的汇报，研究有关干部事项。

是日　省非煤矿山及工贸行业安全生产大检查执法组到金信新材料有限公司检查安全生产工作。

是日　区党政班子成员开展"两学一做"学习教育集中学习。

27 日　区委副书记、区长田兵兵带队就群众信访举报件进行现场调研，区委常委、办公室主任陈桂林等参加调研。

是日　东营疏港铁路（河口段）工作调度会议召开。

是日　全区创建全国文明城市工作测评调度会议召开。

28 日　市委组织部副部长、老干部局局长石循刚一行到河口街道就城市基层党建工作进行专题调研。

是日　市政府督导组到河口区就环境保护突出问题进行现场督导。

是日　召开省级慢性病综合防控示范区创建工作会议。

29 日　河口区组织收看全省三年禁毒人民战争视频推进会议。

30 日　八届区委第 18 次常委会议召开。

31 日　省人大常委会委员、农业农村委副主任委员宋玉山一行到河口区调研海洋渔业工作。

是日　省检察院党组成员、副检察长黄敬波到河口区调研刑事执行人权保障中心及区检察院工作情况。

是日 河口区召开区十八届人大常委会第六次会议。

是日 河口区举行首届河口文化惠民消费季部署会议暨启动仪式。

9月

1日 冠森集团新三板举行挂牌仪式，区委书记苟增杰、副区长侯丽霞参加。

是日 区委副书记、区长田兵兵调研全区部分学校开学准备情况，副区长胡琳参加调研活动。

是日 省检察院党组成员、副检察长黄敬波一行到河口区调研检察工作。

2日 河口区组织收看省委省政府重点工作推进情况视频会议。

4日 全区召开2017年征兵定兵会议。

是日 省安监局检查组到河口区检查危化品企业安全生产工作。

是日 东营军分区政委何学民到义和镇西北村开展应征入伍青年家庭走访活动。

5日 省水利工程管理局副局长尹正平一行到河口区督查河长制工作开展情况。

是日 市委组织部督导组到河口区督导"两学一做"学习教育常态化制度化暨基层党建重点工作。

6日 八届区委第19次常委（扩大）会议召开，会议听取关于2017年上半年全区意识形态工作情况的汇报，传达全市新的社会阶层人士统战工作会议精神、全市双拥工作会议精神并研究河口区贯彻落实意见，研究群团组织改革实施方案、干部处分征求意见有关事宜。

是日 河口区开展党政班子成员"两学一做"学习教育集中学习。

是日 市经济体制改革专项小组到河口区督查农村承包土地的经营权抵押贷款试点工作。

是日 省农科院党委副书记、省高层次人才发展促进会现代农业专业委员会主任委员逯岩一行到河口区考察现代农业发展情况。

7日 东营现代农业发展论坛暨高端人才产业需求对接会议召开。

是日 区委书记苟增杰到区实验学校、义和镇中心学校开展教师节走访慰问活动，区人大常委会主任张胜双，区委常委、办公室主任陈桂林，副区长胡琳等参加活动。

是日 区委副书记、区长田兵兵到区一中、六合中学开展教师节走访慰问活动，区政协副主席宋卫忠等参加活动。

是日 油田社区矫正工作座谈会召开。

是日 市政府督导组到河口区督查棚户区改造工作进展情况。

8日 区委副书记、区长田兵兵对中央环保督察组交办信访问题进行现场督察，区委常委、办公室主任陈桂林等参加督察活动。

是日 河口区举行2017年全省民族团结进步宣传月活动启动仪式。

是日 全区举行2017年庆"教师节"师生书画展。

9日 全区重点工作推进会议召开。

11日 副市长、市公安局局长赵峰，市公安局政委周海林一行到河口区调研十九大安全保卫工作。

12日 八届区委第20次常委（扩大）会议召开，会议传达全市党的十九大安保维稳工作领导小组（扩大）会议精神并研究河口区贯彻落实意见。

是日 中国石油和化学工业联合会会长李寿生到河口区调研化工产业发展情况。

是日 市政府法制办到河口区进行依法行政考核督导暨行政执法专项检查。

是日 市督导组到河口区督导化工产业安全生产攻坚治理紧急行动工作开展情况。

是日 河口区召开油田"三供一业"及其他办社会职能分离移交工作调度会议。

13日 全区新的社会阶层人士统战工作会议召

开。

14日 省委常委、组织部部长杨东奇到河口区调研。

是日 省党的十九大安保维稳工作督导组到河口区调研十九大安保工作。

15日 国家商务部综合司司长吴相仁到河口区调研商务工作运行情况。

是日 全区党的十九大安保维稳工作领导小组扩大会议召开。

16日 全区九小场所液化石油气安全集中整治工作调度会议召开。

18日 东营疏港铁路河口段征地拆迁工作第二次现场推进会议召开。

19日 全区经济运行暨金融稳定工作调度会议召开。

是日 全区寄递和危化品物流安全管理工作调度会议召开。

是日 河口区组织收看全国社会治安综合治理表彰大会。

是日 全区召开农村集体产权制度改革试点工作推进会议。

20日 全区召开金融稳定工作座谈会。

是日 区委副书记、区长田兵兵带队考察全区重点工程项目、水气土污染治理项目及神仙沟污染治理工作情况。

是日 河口区组织收看全国社会治安综合治理表彰大会。

是日 河口区组织收看全省第二轮第一书记工作总结暨第三轮工作推进视频会议。

是日 市专项督导组到河口区督查散煤治理工作。

21日 区委书记苟增杰，区委副书记、区长田兵兵一行赴中国石油大学（华东）对接项目。

是日 全区严重精神障碍患者管理服务调度会议召开。

是日 市委宣传部副部长、文明办主任徐教连带队到河口区调研移风易俗工作推进情况。

22日 河口区组织收看省委省政府重点工作推进情况视频会议。

是日 省扶贫办副主任邵国君一行到河口区调研扶贫开发工作情况。

是日 市人大农业农村委到河口区考察农业供给侧结构性改革情况。

22—23日 台商助力河口发展投资说明会召开。

是日 河口区举办助推河口企业转型升级招商引智说明会暨县域电商发展培训班。

24日 全区召开党的十九大维稳安保工作调度会议。

25日 八届区委第21次常委（扩大）会议召开，会议传达全国社会治安综合治理表彰大会精神并听取全区政法综治工作开展情况，听取十九大信访维稳工作情况汇报，传达省委常委、组织部部长杨东奇到河口区调研时的重要讲话精神、全市薄弱村居集中整治行动推进会议精神、全省脱贫攻坚推进会议精神、全市扶贫开发领导小组（扩大）会议精神并研究河口区贯彻落实意见，研究《关于对党员干部实行重点观察的办法（试行）》《关于党员干部和公职人员诬告陷害类信访举报核查处理实施办法》。

是日 广饶县考察团到河口区参观考察。

是日 省督查组到河口区督查化工产业安全生产转型升级专项行动重点工作落实情况。

26日 河口区组织收看全省开放型经济发展大会视频会议。

是日 市委常委、副市长张润国到河口区联系督导基层安全生产工作。

是日 市委改革办、市委农工办到河口区对《东营市深化农村改革综合性实施方案》落实情况进行督察调研。

是日 全区高层建筑消防安全综合治理工作调度会议召开。

27日 河口区组织收看全省秋冬季大气污染综合治理攻坚行动电视会议。

是日 河口区召开迎接市安委会安全生产巡查动员会议。

是日 区政协委派民主监督员暨民主评议部门会议召开。

是日 市公安局政委周海林带队到河口区检查督导十九大安保维稳工作。

是日 全区农业农村重点工作推进会议召开。

28日 河口区召开在京流动党员座谈会。

是日 18-15次区政府常务会议召开。

是日 省民政厅巡视员王建东一行到河口区检查民政服务机构安全管理工作。

是日 河口区举行2017年度食品安全事故应急演练。

29日 市委副书记宇向东一行到河口区走访慰问部分老年人代表。

是日 全区召开扶贫开发领导小组（扩大）会议。

是日 市督导组到河口区调研秸秆焚烧治理工作开展情况。

是日 河口区召开扶贫领域精准监督执纪问责工作调度会议。

30日 河口区举行河口烈士公祭日活动。

是日 全区十九大安全保卫维稳调度会议召开。

是日 副市长刘美华到河口区督导检查安全生产工作。

10月

9日 全区打击恶意逃废银行债务工作推进会议召开。

是日 河口区召开第一轮巡察工作开展情况汇报会议。

是日 河口区组织收看全国贯彻落实《关于深化教育体制机制改革的意见》电视电话会议。

是日 市安委会安全生产第二巡查组到河口区部分企业巡查安全生产工作。

10日 市委常委、市纪委书记孙早军到河口区督导调研十九大安保维稳工作。

11日 区委书记苟增杰，区委副书记、田兵兵会见澳亚集团CEO艾格一行，区委常委、办公室主任刘斌，副区长徐文棠等参加会见。

是日 18-16次区政府常务会议召开。

是日 市人大常委会副主任李永元到河口区调研环境保护工作。

12日 省党的十九大安保维稳工作第四专项督导组到河口区督导十九大安保维稳工作视频会议精神贯彻落实情况。

是日 河口区组织收看全市支持工业发展大会。

13日 河口区举行河民路、海防路竣工通车仪式。

是日 全区一村（社区）一法律顾问工作动员会议召开。

是日 市人大常委会副主任杨梦斌到新户镇督导安全生产工作。

14日 副市长韩利学到义和镇督导检查安全生产工作。

16日 市委常委、副市长张润国到河口区督导安全生产工作。

是日 市人大常委会副主任陈安忠到河口蓝色经济产业园督导安全生产工作。

是日 副市长刘美华到孤岛镇、仙河镇督导安全生产工作。

是日 河口区举行“履职为民、喜迎十九大”政协委员诗歌美文朗诵会。

17日 河口区举办“不忘初心迎接党的十九大”书画作品展。

是日 市发改委主任郭顺先一行到帮扶村义和镇宝一村走访慰问困难群众。

18日 河口区组织收看中国共产党第十九次全国代表大会。

是日 河口区举行驻河口城区胜利油田家属区“三供一业”分离移交协议签约仪式。

是日 八届区委第22次常委（扩大）会议召开，会议传达学习市领导督导安全生产工作讲话精神、传达学习六届市委第一轮巡察工作情况、市委书记申长友同志重要讲话和批示精神并研究河口区贯彻落实意见，听取《关于完善创新人才工作体制机制加快推进“人才强区”战略的实施意见》《河口区促进人才优先发展的若干措施》有关情况的汇报，研究有关干部处分等事宜。

是日 河口区开展区党政班子成员“两学一做”学习教育集中学习。

19日 区委副书记、区长田兵兵到区委党校讲课。

是日 全区秋冬季大气污染综合治理攻坚行动工作会议召开。

20日 省卫计委到河口区就新一轮全国计划生育优质服务先进单位创建工作进行评估验收。

21日 八届区委第23次常委会议召开。

21—22日 河口区举行“百年义和、故道风情”齐鲁名家文学采风活动。

23日 区委书记苟增杰带队到区中心敬老幸福园、新户镇走访慰问老年人，区委常委、办公室主任刘斌，区人大常委会副主任郭玉珍，区政协副主席张兆栋等参加慰问活动。

是日 18-17次区政府常务会议召开。

是日 上海交通大学化学化工学院院长朱新远、上海安诺其集团董事长纪立军一行到河口区考察。

24日 河口区组织部分老干部代表对全区经济社会发展情况进行现场观摩。

是日 市台办主任任增庆一行到河口区调研。

是日 区政府与亨通集团、山东嘉德实业集团举行新能源战略合作签约仪式。

是日 省卫计委到河口区就全省卫生计生综合监督示范区创建进行评审。

25日 市委副秘书长、东营港经济开发区党工委书记杜振波一行到帮扶村义和镇大牟村走访慰问困难群众，并调研驻村帮扶工作开展情况。

是日 区委副书记、区长田兵兵带队到义和镇走访慰问老年人，区人大常委会副主任郭存三、区政协副主席宋卫忠等参加慰问活动。

是日 市委党校第25期中青班学员到河口区观摩经济社会发展情况。

是日 江苏亨通集团等企业负责人到河口区考察。

26日 河口区组织收看全省领导干部会议。

是日 河口区组织市区人大代表集中视察全区社会治安综合治理工作。

是日 河口区举办“百年义和、翰墨金秋”市文联书画家帮扶志愿服务活动。

27日 八届区委第24次常委（扩大）会议召开，会议传达学习中国共产党第十九次全国代表大会精神，听取关于区直单位第十八批干部下派工作总结通报表扬暨第十九批干部下派有关情况的汇报，研究《关于中央和省委、市委下拨及区级留存补交党费使用工作的建议方案》。

是日 市委常委、市纪委书记孙早军一行到帮扶村新户镇和平村走访慰问部分老党员、老年人和贫困群众，并召开座谈会。

28日 18-18次区政府常务会议召开。

是日 区政协举行九届三次常委会议。

是日 浙江萧山考察团到河口区进行投资考察。

30日 区委副书记、区长田兵兵带队赴深圳参加河口区第一届企业家年会暨招商引智推介会。

是日 市委副书记宇向东，市委常委、副市长张润国，副市长韩利学一行到河口区考察刁口河水生态修复与保护工作。

31日 市政府办公室离退休干部到河口区开展秋季参观考察活动。

是日 市委机动巡察组召开巡察专项会议。

11 月

1 日 河口区组织收看全省扶贫对象动态调整和建档立卡信息采集录入工作培训会议。

是日 河口区组织收看全省推进政务信息系统整合共享工作电视会议。

是日 全区水环境规划建设管理工作领导小组成员会议召开。

2 日 河口区开展区委理论中心组学习，集中学习十九大精神及相关社评文章。

是日 河口区招商引智推介会议召开。

是日 全区争创新一届全省双拥模范城（县）动员会议召开。

是日 省农业厅原巡视员张永森一行到河口区考察现代农业示范园区、农业产业化龙头企业发展情况。

是日 省区域办副主任栾健到河口区调研土地项目建设情况。

3 日 河口区召开迎接全市 2017 年度综合考核调度会议。

是日 河口区组织收看全国冬春农田水利基本建设电视电话会议。

是日 河口区召开危化品车辆、重型车辆城区限行工作调度会议。

3—5 日 中国旅游散文创作高峰论坛暨全国人文地理散文颁奖会在河口区举行。

4 日 全市“两打一整治”专项行动现场推进会议在河口区召开。

5 日 八届区委第 25 次常委会议召开。

是日 全区煤炭消费压减工作会议召开。

6 日 河口区组织收看中央宣讲团党的十九大精神报告会议。

是日 区委副书记、区长田兵兵现场调研胜利油田“三供一业”分离移交工作。

7 日 全区非公有制经济组织和社会组织党建工作推进会议召开。

7—8 日 全市统计基层基础建设现场会在河口区召开。

8 日 河口区组织收看省委宣讲团党的十九大精神报告会。

是日 全区落实党风廉政建设主体责任经验交流会议召开。

是日 河口区组织收看全省冬春农田水利基本建设、河长制和造林绿化工作电视会议。

9 日 河口区举行黄河三角洲海洋渔业产业发展高端论坛暨人才对接会。

是日 全区统战工作会议召开。

是日 河口区召开迎接省级食品安全先进区创建验收工作推进会议。

10 日 中国工程院院士李鸿志到河口区调研考察军民融合产业发展情况。

是日 河口区召开迎接省群众满意度调查调度会议。

是日 河口区召开油地军迎接省群众满意度调查工作座谈会议。

是日 八届区委第一轮巡察整改工作会议召开。

是日 市督导组到河口区督导化工产业安全生产攻坚治理等相关工作。

是日 河口区举行“传承好家风·扬帆新征程”主题晚会。

11 日 区委八届二次全体会议召开。

是日 区纪委八届三次全体会议召开。

是日 河口区开展区委理论中心组集中学习活动。

是日 18–19 次区政府常务会议召开。

是日 全区拆违治乱工作现场会议召开。

13 日 市民政局局长、双拥办主任禹金春一行到河口区调研创建双拥模范城迎检工作开展情况。

14 日 区委书记苟增杰到北京洽谈军民融合有关项目。

15 日 河口区举行全市“两打一整治”专项行动成果展（河口站）。

是日 国土资源部济南督察局副巡视员国建业一行到河口区督察永久基本农田划定落实和全域土地督察问题整改情况。

16 日 河口区举行黄河口汽车交易广场启用仪式。

是日 河口区组织收看加快全省社会信用体系建设暨推进涉金融领域失信问题专项治理工作电视会议。

是日 区十八届人大常委会第八次会议召开。

17 日 河口区举行全市“两打一整治”专项行动成果展（孤岛站）暨孤岛区域社会治安突出问题集中整治行动启动仪式。

是日 区红十字会第一次会员代表大会召开。

17—18 日 全省双拥模范城考评组到河口区检查考评。

19—22 日 2017 黄河口报告文学创作高端论坛在孤岛镇举行。

20 日 全区科级领导干部学习贯彻党的十九大精神第一期专题培训班开班。

是日 河口区举行山东理工大学、河口区政府战略合作签约仪式。

是日 全区拆违治乱工作调度会议召开。

21 日 八届区委第 26 次常委会议召开。

是日 省评估组对河口区省规范化中职学校进行中期评估。

是日 中原石油勘探局、濮阳市政府到河口区学习交流“三供一业”移交工作。

是日 市信访局到河口区就《山东省信访条例》贯彻落实情况进行执法检查。

22 日 全区科级领导干部学习贯彻党的十九大精神第二期专题培训班开班。

是日 全区召开扶贫领域监督执纪问责工作推进会议。

23 日 市委宣讲团成员、市发展改革委主任、区域发展战略推进办公室主任郭顺先到河口区进行十九大精神宣讲。

是日 区委书记荀增杰到义和镇五一村调研，并宣讲党的十九大精神。

是日 全区土地综合整治工作会议召开。

24 日 全区干部下派帮扶暨扶贫开发工作会议召开。

是日 河口区组织收看全省今冬明春火灾防控工作动员部署电视会议。

是日 全区科级干部学习贯彻党的十九大精神第三期专题培训班开班。

是日 全区 2018 年度重点党报党刊发行暨报刊发行秩序专项整治工作会议召开。

是日 市社科联党组书记、主席马庆华一行到河口区调研。

是日 河口区学习贯彻党的十九大精神宣讲团成立暨宣讲工作动员会议召开。

26 日 区属国有公司情况调度会议召开。

27 日 市委副书记、市长赵豪志一行到河口区义和镇宝一村调研，并宣讲党的十九大精神。

是日 河口区组织收看省委省政府重点工作推进情况视频会议。

是日 市物价局党组书记、局长邵小龙一行到河口区调研物价管理工作。

是日 全区拆违治乱工作调度会议召开。

28 日 18–20 次区政府常务会议召开。

是日 省检察院副检察长黄敬波带领全省检察机关刑事执行检察人权司法保障理论研讨会与会人员到区检察院刑事执行人权保障中心观摩。

是日 市卫计委督导组到河口区督导健康扶贫工作。

是日 市质量强市督查组到河口区实地核查县级政府质量工作。

29 日 八届区委第 27 次常委（扩大）会议召开。

是日 河口区组织收看全省推进国家监察体制改革试点工作动员部署视频会议。

30 日　河口区组织收看全省社会治安综合治理工作创新暨表彰大会。

是日　河口区组织部分市区人大代表视察全区经济社会发展情况。

是日　市专项督导组到河口区督查散煤治理工作。

是日　市委办公室调研组到河口区专题调研经济工作。

12 月

1 日　全区今冬明春林水会战暨河长制工作会议召开。

是日　区委副书记、区长田兵兵到河口蓝色经济产业园调研企业生产经营情况并开展党的十九大精神宣讲。

2 日　第 18–21 次区政府常务会议召开。

4 日　副市长、市公安局长赵峰带领全市公安机关基层基础建设三年攻坚战现场观摩会与会人员到河口区现场观摩。

5 日　全区领导干部会议召开。

是日　区委第 28 次常委会议召开。

是日　中国石油大学（华东）常委、副校长，校属企业党工委书记、青岛中石大控股有限公司董事长操应长一行到河口区考察洽谈项目。

6 日　市委副书记宇向东到河口区督导检查神仙沟“清河行动”进展情况。

是日　河口区国防动员准备检验评估任务部署会召开。

是日　全区人大工作座谈会召开。

7 日　八届区委第 29 次常委（扩大）会议召开。

是日　区政府与市人民医院签署深化合作共建协议。

是日　河口区组织收看全省就业创业工作电视会议。

8 日　八届区委第 30 次常委会议召开。

是日　河口区召开金融助推河口区新旧动能转换暨 2017 年第二次政银企洽谈会。

是日　市委组织部考察组、市委统战部考察组到河口区召开民主测评会议。

是日　河口区举行东营曦和新能源 100 兆瓦生态高效渔光互补示范基地项目启动仪式。

是日　区政协民主评议部门工作会议召开。

9 日　区委理论学习中心组举行生态环保专题辅导报告会。

11 日　全区村和城市社区“两委”换届选举工作动员部署会议暨骨干培训会议召开。

是日　全区拆违治乱工作调度会议召开。

是日　全区推开国家监察体制改革试点工作动员部署会议召开。

是日　河口区举行区直第十九批下派干部培训班。

是日　市政府督导组到河口区现场督查节能工作。

12 日　八届区委第 31 次常委会议召开。

是日　全区召开创建全域旅游示范区动员大会。

是日　全区召开党外人士座谈会。

是日　河口区组织收看全省中小学幼儿园安全管理工作电视会议。

13 日　全市检察机关到河口区观摩“六型”基层院建设情况。

是日　省检查组到河口区检查贫困重度残疾人家庭无障碍改造项目建设情况。

是日　市安委会考核组到河口区考核安全生产工作。

是日　河口区召开 2017 年第五次招商项目联审会议。

14 日　河口区组织收看国家发改委推进主体功能区建设电视电话会议。

是日　河口区组织收看全省小微企业金融服务电视会议。

是日 市委宣传部督查组到河口区就党的十九大精神宣传、党委（党组）中心组学习和落实意识形态工作责任制有关情况进行督查。

是日 区城乡规划咨询委员召开2017年第二次会议。

15日 全区农村、城市社区主职干部暨换届工作骨干人员培训班举行。

是日 市安委会召开安全生产巡查情况反馈会议。

是日 全区农民工三项三年行动计划终期绩效评估及2017年农民工重点工作督查调度会议召开。

是日 河口区组织收看全市公安机关党的十九大安保维稳工作总结表彰会议。

18日 第18-22次区政府常务会议召开。

20日 全市经济社会发展现场观摩与会领导到河口区现场观摩。

是日 全区安全生产工作紧急会议召开。

21日 省食安办到河口区检查验收创建省级食品安全先进区工作。

22日 全区村和城市社区“两委”换届选举工作领导小组办公室工作会议召开。

22日 河口区国有资产运营有限责任公司移交河口区财经投资集团有限公司。

23日 河口区组织收看2018年春节前保障农民工工资支付工作视频会议。

是日 河口区举行“欢庆十九大，翰墨丹青颂华章”首届京鲁书画艺术名家邀请展暨黄河口美术馆启用仪式。

25日 市委常委、副市长张润国到河口区督导安全生产工作。

是日 副市长刘美华到河口区督导安全生产工作，并就村和社区“两委”换届选举工作及河长制责任段工作进行调研。

是日 副市长韩利学到河口区督导安全生产，并就秋冬林水会战、农村产权制度改革及河长制等工作进行调研。

是日 青岛开发区投资建设集团有限公司党委书记、董事长，青岛华欧集团董事长张金楼一行到河口区对接洽谈工作。

26日 省委政法委副书记、省综治办主任李娥一行到河口区调研社会治安综合治理工作。

是日 市人大常委会副主任陈安忠到河口蓝色经济产业园督导安全生产工作。

是日 河口区组织收看中央第三环境保护督察组督察山东省情况反馈电视会议。

是日 第18-23次区政府常务会议召开。

27日 八届区委第32次常委会议召开。

是日 区十八届人大常委会第九次会议召开。

是日 河口区召开区文学艺术界联合会第二次代表大会。

是日 河口区举行石大科技产业园高端石化新材料项目座谈会议及有关签约活动。

是日 市人大常委会副主任杨梦斌一行到新户镇督导检查安全生产工作。

28日 河口区八届区委第33次常委（扩大）会议召开。

是日 河口区开展区党政班子成员“两学一做”学习教育集中学习。

是日 河口区召开区级党政班子成员向区纪委全会述责述廉工作会议。

是日 河口区召开深化监察体制改革试点工作小组第二次会议。

是日 市督导组到河口区现场督导换届选举工作。

29日 区委副书记、区长田兵兵带队调研全区财税工作，区委常委、副区长陈桂林参加调研活动。

是日 全区工商联（总工会）直属商会和镇（街道）商会换届动员会议召开。

30日 八届区委第34次常委会议召开。

是日 区委副书记、区长田兵兵到河口街道督导村“两委”换届工作，并到六合街道查看协胜村换热站建设及供暖情况。

河口概况

建置区划

【位置面积】 河口区隶属于山东省东营市，位于山东省北部，渤海南岸，黄河入海口北侧。河口区地理位置为北纬 37° 45′～38° 10′，东经 118° 07′～119° 05′。东、北两面临海，西与沾化区为邻，南与利津县接壤，东南面与垦利区毗邻。南北长 43 千米，东西长 79 千米，2017 年，河口区总面积 2267.44 平方千米，海岸线长 214.21 千米。

【行政区划】 河口区境域大部分为渤海退湾土地，自 1830 年始有人居住。清代属武定府沾化区忠信乡和利津县永和乡，新中国成立后至建区前，境域属沾化、利津、垦利县所辖。1982 年 11 月，根据国务院〔82〕国函字 249 号《关于山东省设立东营市的批复》设立河口区为东营市辖区。1984 年 1 月 12 日，河口区人民政府开始筹建。9 月，成立河口区人民政府，辖新户乡、太平乡、六合乡、四扣乡、义和镇、孤岛办事处、河口办事处 4 乡 1 镇 2 个办事处 163 个村民委员会，1992 年 6 月，山东省人民政府第〔92〕鲁政函字 50 号、51 号文件批复，撤销孤岛办事处，设立孤岛镇、仙河镇。2000 年，全区辖 3 镇、4 乡、1 个办事处，共有 178 个村民委员会 234 个自然村、36 个街道居委会。2001 年 2 月，撤销四扣乡建制，四扣乡与河口办事处合并组成河口街道。2009 年 4 月，仙河镇东港村整村划归东营港经济开发区管辖。更名为东营港经济开发区东港村。2009 年年底，全区辖新户乡、太平乡、六合乡、义和镇、孤岛镇、仙河镇、河口街道 3 乡 3 镇 1 个街道、177 个村民委员会、44 个居民委员会（含油田）。2010 年 5 月 8 日，经省政府批准，对区行政区划进行调整。撤销六合乡，设置六合街道，撤销新户乡，成立新户镇，撤销太平乡，将其行政区域并入新户镇。至 2017 年年底，河口区辖河口街道、六合街道、新户镇、义和镇、孤岛镇、仙河镇共 2 个街道 4 个镇。

【历史概况】 河口区境域，清道光十年（1830）始有人居住，属武定府。1931 年为区乡（镇）设置。1941 年东部属垦利县三区。1950 年属沾化区七、八、十区。1961 年属沾化区、利津县。1972 年 7 月，胜利油田在河口境内设立河口指挥部、钻井指挥部、孤岛指挥部。1973 年，沾化区在河口设立河口办事处，1979 年，垦利在孤岛设立孤岛办事处。

人口民族

【人口】 2017 年年末，全区户籍人口 220258 人。全年共出生 3553 人，人口出生率 16.1‰，死亡率 8.0‰，自然增长率 8.1‰。

【民族】 境内居民主体为汉族。至2017年年底，全区共有20个少数民族。境内少数民族主要来自胜利油田的干部、职工及家属，人口较多的少数民族有蒙古族、回族、苗族、壮族、朝鲜族、满族、侗族、土家族。

自 然 环 境

【地质】 河口区所在的黄河三角洲属典型的黄河冲积平原，是中国沿海地区土地、石油、天然气、盐卤、地热、浅海资源最为富集的“金三角”，具有显著的资源优势和巨大的发展潜力。河口区属鲁北平原，为黄河淤积填海形成的陆地。由于黄河尾闾摆动的原因，古河滩高低起伏，地势变化较大，总的趋势是西南向高，北、东部至海平面，地面高程最高6米，最低0米(黄海高程)。境内黄河故道纵横，主要有二河、三河、四河等，其他主要河流有挑河、沾利河、马新河、潮河、草桥沟等常年性河流，由南向北入海。

【地貌】 河口区地势南高北低，地面坡降平缓，比降为万分之一。地表浅层的土壤母质主要是黄河冲积物。由黄河淤积形成的主要地貌类型有：缓岗和河滩高地、浅平洼地、微斜平地、海滩地。

【土壤】 河口区土壤分潮土和盐土两个土类；有潮土、盐化潮土、滨海潮盐土三个亚类；有濒滨海潮土、滨海盐化潮土、滨海潮盐土、滨海滩地盐土四个土属。

【气候】 地处中纬度，属于暖温带，背陆面海，受欧亚大陆和太平洋的共同影响，大陆性季风影响甚于海洋，为暖温带季风型大陆性气候。冬寒夏热，四季分明，光照充足，雨热同季，境内气候差异不明显。

【气候影响评价】 **一、2017年气候概况和特点。**

（一）2017年河口区主要气候概况。2017年（1—12月）河口区主要气候特点是：年平均气温为14.6℃，较历年平均值偏高1.3℃，超历史极值；年极端最高气温38.2℃，出现在7月12日，较历年极端最高值偏低1.9℃；年极端最低气温-8.0℃，出现在1月23日，较历年极端最低值偏高7.7℃。全年总降水量431.2毫米，较历年平均降水量偏少120.5毫米，较历年最多降水量少368.7毫米，较历年最少降水量多180.3毫米。全年大雨(日降水量≥25毫米)日数2天，全年暴雨(日降水量≥50毫米)日数1天。年日照时数2330.5小时，较历年平均日照时数偏少371.5小时。

2017年大部时段气象条件基本正常，但个别时段出现的高温、大风、暴雨等灾害性天气，给人民群众的生产生活带来不同程度的影响和损失。综合评价2017年度河口区气候条件对各行业的影响，属于一般年景。

（二）2017年气候特点。1.气温：2017年，平均气温14.6℃，较历年平均值偏高1.3℃，超历史极值。年极端最低气温-8.0℃，出现在1月23日；年极端最高气温38.2℃，出现在7月12日。终霜日出现在3月15日；初霜日出现在11月4日；无霜期233天，较历年偏少1天；全年气温总体偏高。

河口区2017年四季与全年平均气温统计表

	冬季	春季	夏季	秋季	全年（1—12月）
气温(℃)	1.2	15.5	26.6	15.3	14.6
距平(℃)	+1.9	+2.0	+0.7	+0.9	+1.3

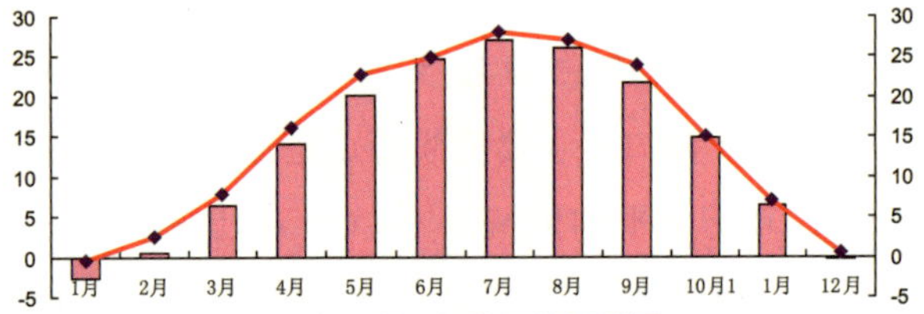

2017年月平均气温与历年月平均气温比较图

2. 降水：2017 年，总降水量 431.2 毫米，较历年平均降水量偏少 120.5 毫米。全年大雨（日降水量≥ 25.0 毫米）日数 2 天；全年暴雨（日降水量≥ 50.0 毫米）日数 1 天；一日最大降水量 59.2 毫米（6 月 23 日）。冬季（2016 年 12 月—2017 年 2 月）降水量偏多 1.1 毫米，其间除 12 月下旬、1 月上旬、2 月下旬降水量偏多外，其他各旬均较历年值偏少。春季降水量较历年值偏少 20.6 毫米，除 3 月下旬和 4 月上中旬降水量偏多外，其他各旬降水量均偏少。夏季降水量总体偏少 53.7 毫米，7 月、8 月降水量偏少，6 月份降水量偏多。秋季降水量较历年值偏少 40.9 毫米，除 10 月上旬偏多外，其他各旬均较历年偏少。

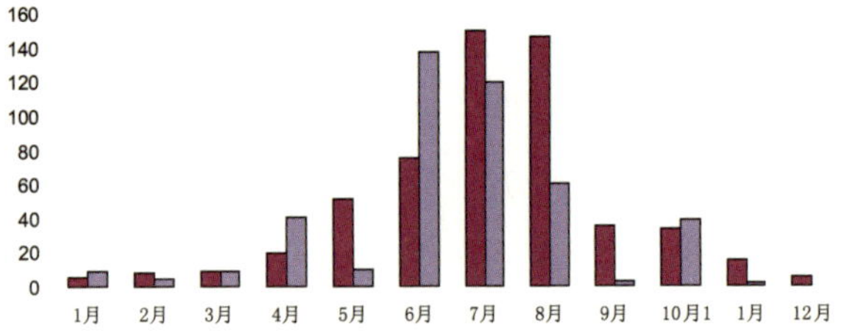

河口区2017年月降水量与历年月平均降水量比较图

3. 日照：2017 年，日照时数 2330.5 小时，较历年偏少 371.5 小时，其中年日照量别≥ 60% 的日数 196 天，年日照量别≤ 20% 的日数 76 天。冬季（2016 年 12 月—2017 年 2 月）日照时数 445.9 小时，较历年偏少 129.6 小时，其间各旬日照时数均较历年偏少。春季日照时数 753.8 小时，较历年偏少 23.3 小时，期间 3 月中下旬、4 月上旬和 5 月下旬较历年值偏少，其他各旬均较历年值偏多。夏季日照时数 529.6 小时，较历年值偏少 189.2 小时，7 月中旬与历年值持平，其他各旬日照时数均较历年值偏少。秋季日照时数 555.5 小时，较历年值偏少 75.1 小时，除 9 月上旬和 11 月中下旬日照时数偏多外，其余各旬日照时数均偏少，12 月份日照时数 176.8 小时，较历年值偏少 3.7 小时。

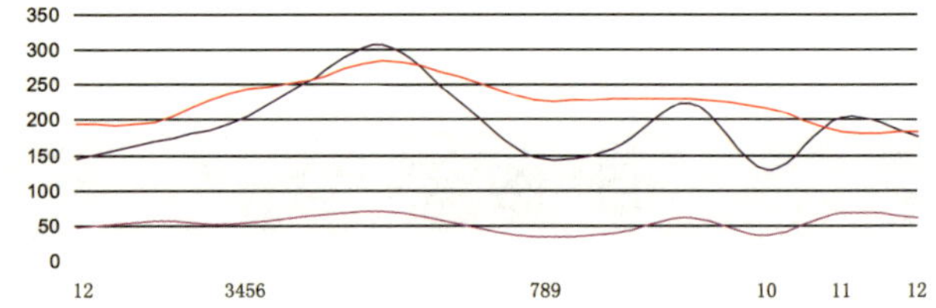

河口区2017年各月日照时数与历年平均比较

二、四季气候特点及影响评价。1. 冬季：（2016 年 12 月—2017 年 2 月）平均气温 1.2℃，较历年值偏高 1.9℃，超历史极值。冬季各月平均气温均较历年值偏高。季降水量 19.6 毫米，较历年平均值偏多 1.1 毫米。季日照时数 445.9 小时，较历年平均值偏少 129.6 小时。冬季共出现大雾日数 23 天。冬季降水量略偏多，日照偏少，气温偏高；大雾天气的出现对交通安全和出行带来不利的影响。

2. 春季：（3—5 月）平均气温 15.5℃，较历年值偏高 2.0℃。春季各月平均气温均较历年值偏高；季降水量 59.1 毫米。季日照时数 753.8 小时，较历年值偏少 23.3 小时。

3. 夏季：（6—8 月）平均气温 26.6℃，较历年值偏高 0.7℃，极端最高气温 38.2℃，出现在 7 月 12 日，夏季各月平均气温均较历年值偏高。季降水量 316.1 毫米，较历年值偏少 53.7 毫米。夏季日降水量≥ 50.0 毫米的降水日数（暴雨日数）有 1 天，一日最大降水量为 59.2 毫米，出现在 6 月 23 日。夏季各镇街降水量为：新户：343.8 毫米，义和：410.3 毫米，六合：426.0 毫米，孤岛：391.8 毫米，仙河 391.6 毫米。季日照时数 529.6 小时，较历年值偏少 189.2 小时。

4. 秋季：（9—11 月）平均气温 15.3℃，较历年值偏高 0.9℃。秋季各月平均气温均较历年值偏高。季降水量 42.9 毫米，较历年值偏少 40.9 毫米。季日照时数 555.5 小时，较历年值偏少 75.1 小时。秋季降水偏少，气温偏高，不利于秋播，日照时数较历年偏少，对大棚蔬菜及秋收作物有不利影响。秋季共出现大雾日数2天。

三、主要天气气候事件。2017年，河口区出现的灾害性天气主要有寒潮、雾霾、干旱、雷暴、高温和大风等，对人民生活与各行业生产造成不同程度的影响。

1. 雾霾：全年出现大雾日数24天、出现霾天气66天，浓雾出现时最小能见度仅为26米，属于近几年来雾霾天气出现频率正常的一年，雾霾天气造成空气污染及交通堵塞，高速公路封闭，给人们的出行安全构成较大威胁。

河口2017年冬季雾霾

2. 干旱：降水量2017年除4月和6月偏多外，其他月份均较历年持平或偏少，但由于6月份降水偏多，土地墒情普遍较好，对夏播影响不大；秋季降水偏少，期内降水量42.9毫米，较历年偏少48.8%，加之同期内大部时段气温偏高，部分无灌溉条件的地块墒情条件较差。入冬以来，一直无有效降水，土壤商情较差。

3. 冰雹：2017年，夏季全区共进行冰雹防御作业3次，每次强对流天气过程来临时，区人影办均密切监视天气变化并积极组织各炮点进行人工影响天气作业，有效防范冰雹袭击。

4. 霜冻：2017年，春季终霜冻日期（地面最低温度≤0.0℃的终日）出现在3月15日，较上年提前11天。秋季初霜冻日期（地面最低温度≤0.0℃的初日）出现在11月4日，较上年出现时间晚3天。2017年无霜期233天，较历年偏少1天。此期内各类农作物无冻害现象发生。

5. 暴雨：2017年，夏季全区日降水量≥50.0毫米的暴雨日数为1天。出现在6月份，全区部分乡镇（街道）轻微雨涝灾害。6月23日受低涡切变影响，河口区部分镇、街道迎来2017年最强降水，城区过程降水59.2毫米。短时的强降雨，缓解前期旱情。

6、大风：全年大风日数为10天，极大风速为20.6米/秒，给当地农牧业及海洋渔业生产造成一定影响。

7、高温：2017年，夏季全区日最高气温≥35℃的高温日数共有17天，比去年偏多10天，日最高气温≥36℃的高温日数有8天，超过37℃的高温天气日数5天。

【河流水系】 河口区主要防洪、排涝河道为潮河、马新河、沾利河、草桥沟、挑河、神仙沟、新卫东河7条河流，控制流域面积1944平方千米，占到全区总面积的90.9%。其中，潮河为东营市与滨州市的界河，马新河、沾利河、草桥沟、挑河等皆为入境河。

（1）马新河。马新河发源于利津县坡庄村北，经沾化县进入河口区，在新户镇西入渤海，全长55.6千米，流域面积275平方千米。辖区内河道长度22千米，该河同时兼有防洪、排涝、防潮之任务。20世纪70年代原惠民地区按鲁北滨海区“1964年”雨型排涝、鲁北滨海区“1961年”雨型防洪对该河进行治理。现状河道底宽为14～28米，河底高程1.9～-1.12米（1956黄海高程系，下同），排涝流量为18～60立方米/秒，防洪流量为30～105立方米/秒。

（2）沾利河。沾利河发源于利津县大李村北，在河口区新户镇郭局村北入渤海，全长60.7千米，流域面积343平方千米。辖区内河道长度25千米，该河同时兼有防洪、排涝、防潮之任务。20世纪70年代原惠民地区曾对该河进行治理，治理标准排涝按鲁北滨海区“1964年”雨型，防洪按鲁北滨海区“1961年”雨型。现状区内河道底宽为8～24米，河底高程为2.48～-1.29米，排涝流量为6.0～70立方米/秒，防洪流量为12～130立方米/秒。

（3）草桥沟。草桥沟发源于利津县北岭乡永阜村南黄河大堤下，在六合街道新合村北于东干流汇合，在河口街道劝学村北入渤海，全长46千米，流域面积472平方千米。辖区内河道长度24千米，该河为防洪、排涝河道。七十年代原惠民地区对该河进行治理，其设计标准为，排涝按鲁北滨海区“1964年”雨型，防洪按鲁北滨海区“1961年”雨型。区内现状河道底宽为15～30米，河底高程1.85～-1.58米，排涝流量为10～80立方米/秒，防洪流量为20～150立方米/秒。

（4）挑河。挑河发源于利津县付窝乡薄扣村，向北经渤海农场、河口区政府所在地，在刁口乡西北注入渤海，全长32.6千米，流域面积504平方千米。辖区内河道长度约24千米，该河排涝设计标准按徒骇河“1964年”雨型。现状河道底宽为38～40米，河底高程1.58～-0.48米，排涝流量为10～60立方米/秒。

（5）神仙沟。神仙沟是20世纪60年代末期，胜利油田利用原黄河故道进行开挖、疏浚而成，原河道全长38千米。胜利油田1996年于该河上游沿河筑堤，利用18千米河道建成神仙沟水库，原神仙沟支流红旗沟加上原神仙沟下游20千米剩余河道统称为神仙沟，全长50.3千米，流域面积243.5平方千米。该河主要承担孤岛镇、仙河镇、济军生产基地及滨海区油田的防洪排涝任务。该河支流新卫东河河长24.7千米，流域面积160平方千米，是孤岛镇、仙河镇的唯一排水河道。河道底宽20～40米，河道排涝流量为15～60立方米/秒。

【海域】 河口区位于渤海湾南岸，是东营市五县区最北面的一个区，东、北两面临海，海岸线长214.21千米。东部沿海是人工岸线55.37千米，是胜利油田在20世纪90年代修建的防潮坝，天然岸线13.08千米。从四河至挑河区间约77.40千米海岸线及海域归利津县管理使用（其中自然保护区占用一部分）。挑河至顺江沟68.36千米，全部为自然岸线。自潮河至顺江沟区间海域按照省政府文件自2009年划归滨州市沾化区管理使用。河口区地处黄河入海口，初级生产力高，海域营养丰富，适合鱼、虾、蟹、贝类生长繁殖。近海的渔业资源种类约有130余种，其中重要的经济鱼类和无脊椎动物50余种。近海滩涂尤其适合多种贝类生长栖息，分布于滩涂的贝类资源近40种，其中经济价值较高的贝类有10余种，蛤中上品—文蛤资源量1万多吨，是全国著名的贝类生产区。河口区还有丰富的其他海洋资源，是全国海上油气主要开发基地；宜盐面积和地下卤水分布广，为全国重要的海盐和盐化工生产基地。渔业、土地、油气、盐卤、港口等丰富的资源，为海洋经济的发展提供独特优势和巨大潜力。全区海域面积2000平方千米，至2017年年底，共发展浅海贝类增养殖用海17763.65公顷，筏式养殖用海3883.19千克，池塘养殖用海7400.83公顷。

自然资源

【土地资源】 （一）全区土地利用现状。2017年，河口区土地总面积为340.12万亩，其中，农用地151.86万亩，建设用地37.67万亩，未利用地150.6万亩。农用地中耕地63.33万亩，园地1.24万亩，林地4.69万亩，牧草地0.11万亩，其他农用地82.49万亩。建设用地中城镇村及工矿用地23.31万亩，公路用地2.32万亩，港口码头用地1.35万亩，水库水面7.30万亩，水工建筑用地3.38万亩，风景名胜及特殊用地0.40万亩；未利用地中其他草地6.69万亩，河流水面6.69万亩，沿海滩涂74.55万亩，内陆滩涂2.46万亩，盐碱地60.21万亩。

（二）全区未利用地现状。全区未利用土地共

150.6 万亩，其中，国有未利用地 120.9 万亩，集体未利用地 29.7 万亩。国有未利用地 120.9 万亩中，其他草地 1.6 万亩，河流水面 6.6 万亩，沿海滩涂 73.2 万亩，内陆滩涂 1.5 万亩，盐碱地 38.0 万亩；集体未利用土地 29.7 万亩中，包括其他草地 5.0 万亩，河流水面 0.1 万亩，沿海滩涂 1.3 万亩，内陆滩涂 1.0 万亩，盐碱地 22.3 万亩。

（三）土地资源特点。（1）土地利用程度低。由于土地成土年龄较晚，开发利用历史短，土地利用率较低，耕地面积 63 万亩，仅占全区土地面积 17%。土地产出率较低，由于地下水位浅，矿化度高，土壤中氮、磷、有机质含量低，生态环境比较脆弱，涝、旱、雹、风暴潮等灾害比较频繁。（2）未利用土地占面积大。全区未利用地面积较大，占全区土地 46%。建区以来，未利用地已经有很大的开发利用，但仍属粗放型，有待进一步开发利用。（3）旅游资源别具特色。本区旅游景点主要有黄河入海口 20 万亩的自然保护区、以万亩刺槐林为主体的森林公园、桩西海堤等，都是很有特色的旅游资源。

【矿产资源】 河口区的主要矿产资源有石油、天然气、地热、煤、贝壳、卤水 6 类。其中石油、天然气利用程度较高。河口区的地热资源主要分布在新户、太平、义和、孤岛以及五号桩地区，埋深 1300 ~ 2000 米，水温在 50℃ ~ 90℃。全区现有利用地热资源企业 5 家，现利用的地热井 11 口，井口水温 80℃左右，随着技术进步，地热资源还可以用于工业、农业、旅游等方面，其替代能源的作用将会越来越明显。河口区煤资源主要分布于孤岛镇、义和镇。其中孤岛—五号桩含煤区位于河口区孤岛镇—仙河镇—五号桩一带，呈北东向分布，长约 28 千米、宽 9.5 ~ 12 千米，面积约 280 平方千米，主要为烟煤，该区煤层埋藏深度为 1800 ~ 2000 米左右义和含煤区位于河口区义和镇—新户镇大王北一带，呈北西向分布，长约 23 千米、宽 6 ~ 14 千米，煤层埋藏深度为 1200 ~ 1800 米左右。河口区卤水属于中深层卤水，分布五号桩一带，分布面积 40 平方千米。矿体埋深 60 ~ 200 米。初步估算储量 2.34 亿立方米。河口区发现的贝壳砂位于新户镇小坨村驻地，矿体东北—西南走向呈条带状不规则形，开采面积 29.67 亩，开采深度自 1 米 ~ –1.5 米，估算资源量 8500 立方米。

【水资源】 河口区地处黄泛平原渤海之滨，淡水资源匮乏。由于区域内主要河道皆为季节性河流，汇流面积小，且径流量主要集中于汛期降水，加之河流源短流急，以及因盐碱土地的盐化，地表水的含盐量较高，故地表径流难以利用。同样，地下水矿化度高，多为苦咸水，也难以利用。黄河水是唯一可供利用的（客水）淡水资源。引用黄河水主要依托辖区内的王庄灌区和东水源灌区，多年平均引水量 8000 万立方米。根据多年实测降雨资料分析，河口区年平均降雨量为 554.6 毫米，年平均径流深 57.2 毫米，地表径流 1.22 亿立方米。

【生物资源】 （1）植物资源。据 2013 年种质资源调查结果显示，共登记木本植物（含禾本科淡竹、百合科凤尾兰）共计 44 科 7 亚科 82 属 180 种。在现有木本植物中，以蔷薇科和杨柳科的种类最多，蝶形花科和木犀科次之。常见的造林绿化树种主要有杨树、白蜡、刺槐、柳树等；经济树种主要有冬枣、苹果、梨、桃、杏、葡萄、石榴、香椿、桑等；灌木树种主要有柽柳、紫穗槐、枸杞、月季等；城区绿化栽植的主要有白蜡、国槐（含垂槐、龙爪槐）、苦楝、合欢、雪松、龙柏、垂柳（含龙爪柳、金丝柳）、石榴、木锦、月季、冬青、女贞、紫荆、紫薇等；藤本植物有爬山虎、凌霄、葡萄等。野生树种主要是以甘蒙柽柳为主，分布面积近百万亩，其他野生树种包括小果白刺、杞柳、馒头柳，分布范围小，仅有少量分布，并且生长环境恶化，生境堪忧。另有部分刺槐、白榆、绒毛白蜡、桑树、构树、紫穗槐、臭椿等树种在类似野生的环境下生长或与野生树种伴生。栽培树种有中绒毛白蜡、杨柳科、白榆、苦楝、国槐、合欢、桑树等。经济林树种有枣树、苹果、桃（毛桃）、杏、石榴等。

（2）野生动物资源。通过调查、考证，结合文献资料，认定河口区哺乳纲动物共有25种，分属7目，15科。其中有5种海洋兽类为国家二级保护动物，即伪虎鲸、海豹、小须鲸、江豚、宽吻海豚；有6种为省级保护动物，即麝鼹、赤狐、黄鼬、艾鼬、狗獾、豹猫。河口区两栖纲动物有6种，分属1目3科3属，即无尾目蛙科的泽蛙、黑斑蛙、金线蛙，蟾蜍科的中华大蟾蜍、花背蟾蜍、姬蛙科的北方狭口蛙。爬行纲动物河口区有10种，分属3目6科6属。即龟鳖目有龟科的乌龟，鳖科的鳖和棱皮龟科的棱皮龟三种，其中棱皮龟属于国家重点保护二级动物，被列入《濒危动植物种国际贸易公约》；蜥蜴目有壁虎科的无蹼壁虎和蜥蜴科的丽斑麻蜥两种；蛇目游蛇科有黄脊游蛇、赤链蛇、白条锦蛇、红点绵蛇和虎斑游蛇5种。鸟纲动物河口区共有鸟类动物265种和12个亚种，占全国鸟类总种数的22.3%。分属17目47科132属。属于国家重点保护一级动物的有7种，即白鹳、中华秋沙鸭、白尾海雕、金雕、丹顶鹤、白头鹤和大鸨，属于国家重点保护二级动物的有33种。被列入《濒危动植物种国际贸易公约》的有40种。在《中日保护候鸟及其栖息环境的协定》中，保护鸟类有152种，占全部种数（227种）的67.0%；在《中澳保护候鸟及其栖息环境的协定》中，属于保护的鸟类有51种，占总种数（81种）的63.0%。鸟类从季节居留型来看，有留鸟32种，夏侯鸟63种，冬侯鸟28种，旅鸟142种。按其生活习性及分布可分为游禽、涉禽、猛禽、陆禽、攀禽和鸣禽6种。

（3）海洋生物资源。河口区沿海浮游植物总量平均为226×104个/立方米，计116种。其中硅藻占88%，其次为甲藻，还有极少量的淡水绿藻。黄河口以北，浮游植物个体数量高峰出现于秋季（9月底，420×104个/立方米），以神仙沟入海口一带的密集度较高。河口区沿海浮游动物月平均生物量249立方米，其中以4月、5月间生物量较高，6月达到最高峰，平均生物量达316立方米后即下降。7—11月稍有起伏，以9月生物量最低（174立方米）。高生物量区（500立方米）常分布于新老黄河口之间的臭水河口一带（5月、6月），强壮箭虫外，还有墨氏胸刺水蚤（Centropages memurrichi）、刺尾歪水蚤（Tortanus spinicaudatus）、中华哲水蚤（Calanus sinicus）和蟹类的蚤状幼体等。8月水温上升为26℃左右，许多无脊椎动物都进入繁殖期，其浮游幼体大量出现于神仙沟入海口一带。9—10月上述水域的优势种虽无大变化，但其生物量都下降到100～250立方米（仍较其他水域略高）。河口区沿海底栖生物包括一些可作为鱼、虾类饵料的种类（如多毛类、小形双壳类、甲壳类等）外，另外还有许多种是可供采捕的对象（如贝、虾、蟹等），有直接的经济价值。共有底栖生物191种，其中以多毛类最多（77种），软体动物及甲壳动物次之（分别为57种和36种），另有腔肠动物9种，棘皮动物7种，鱼类5种和少数卤虫、纽形动物。底栖生物的生物量大致是从沿岸外海递增，高生物量区与高栖息密度区基本一致。

河口区沿海分布有潮间带生物195种，其中动物191种，占总数的97.95%；藻类4种，占2.05%。本区潮间带动物组成以甲壳类最多，其次为软体动物。甲壳类优势种主要有日本大眼蟹、三齿厚蟹、伍氏厚蟹和宽身大眼蟹等，习见种主要有日本关公蟹、豆形拳蟹、秉氏泥蟹和鼓虾、长臂虾、美人虾等。软体动物中双壳类优势种有四角蛤蜊、文蛤、毛蚶、青蛤、缢蛏、近江牡蛎和光滑河蓝蛤等，习见种有日本镜蛤、樱蛤类、绿螂和渤海鸭嘴蛤等；单壳类优势种有托氏娼螺，习见种有织纹螺、纵肋织纹螺、光滑狭口螺、脉红螺等。

河口区国民经济和社会发展

2017年，在区委、区政府的坚强领导下，全区上下深入学习贯彻党的十九大精神，坚持稳中求进工作总基调，践行新发展理念，牢牢把握推进高质量发展的根本要求，以供给侧结构性改革为主线，加快实施新旧动能转换重大工程，全区经济发展实现平稳健康发展，社会各项事业实现新突破。

【综合工作】 经济运行平稳向好。初步核算，全区实现生产总值（GDP）291.13亿元，按可比价格计算，增长6.5%。分产业看，第一产业增加值14.09亿元，增长5.4%；第二产业增加值144.98亿元，增长7.1%；第三产业增加值132.07亿元，增长6.0%。三次产业结构为4.8 ∶ 49.8 ∶ 45.4。人均生产总值188680元，增长4.4%。就业形势保持稳定。全区新增城镇就业3757人，其中，失业人员再就业2520人，困难群体再就业153人。农村劳动力转移就业2448人。2017届高校毕业生截至12月底就业率达99%，年末城镇登记失业人员517人，年末城镇登记失业率1.8%。

【农林牧渔业】 农林牧渔业稳定发展。农林牧渔及其服务业增加值15.15亿元，增长6.3%。其中，农业增加值4.31亿元，增长1.7%；林业增加值0.36亿元，增长1.1%；牧业增加值2.97亿元，增长12.8%；渔业增加值6.45亿元，增长4.9%；农林牧渔服务业增加值1.06亿元，增长20.6%。

粮食生产再获丰收。粮食种植面积29.18万亩，增长23.1%，总产量10.76万吨，增长31.1%。其中，夏粮种植面积9.20万亩，增长10.2%，总产量3.25万吨，增长8.9%；秋粮种植面积19.97万亩，增长30.0%，总产量7.51万吨，增长43.8%。

林业生产发展较快。完成湿地修复面积2700亩，造林面积2950公顷（44250亩），其中，防护林面积2688公顷（40320亩），经济林面积262公顷（3930亩）。年末林地面积5.68万公顷，林木绿化率达到19.2%。

畜牧业生产发展提速。猪、牛、羊、家禽存栏分别达到15.42万头、5.18万头、3.11万只、233.05万只，出栏分别达到17.92万头、0.97万头、5.68万只、1028.25万只。肉蛋奶总产量达到29.00万吨，增长10.1%。河口区国家级标准化示范场4家、省级标准化示范场15家，与上年相比均新增1家。

渔业生产总体稳定。水产品总产量达到15.07万吨，下降2.3%。其中，海水产品产量13.37万吨，下降4.4%；淡水产品产量1.7万吨，增长17.6%。水产养殖面积56万亩。水产品无公害认证面积达到15.3万亩，认证无公害水产品21个。

【工业】 工业生产稳中向好。全区规模以上工业企业123家，年主营业务收入过10亿元的企业9家。规模以上工业总产值增长9.3%；增加值增长7.4%，其中，轻工业下降18.2%，重工业增长9.4%。26个工业行业大类中12个行业实现增长，其中，纺织业增长22.4%，石油加工业增长28.0%，化学原料和化学制品制造业增长14.1%。

工业效益进一步改善。规模以上工业主营业务收入1000.97亿元，增长25.6%；利税总额62.25亿元，增长30.9%；利润总额48.77亿元，增长36.5%。主营业务收入利润率为4.9%，比上年提高0.4个百分点。石油加工、化学制品制造、有色金属冶炼、装备制造四大主导产业，实现主营业务收入944.92亿元、利税54.07亿元、利润42.27亿元，分别占全区规模以上工业的94.4%、86.8%和86.7%。

【固定资产投资和建筑业】 固定资产投资稳步增长。完成固定资产投资344.14亿元，增长6.5%。分产业看，第一产业投资22.87亿元，下降8.1%；第二产业投资207.03亿元，增长12.9%；第三产业投资114.24亿元，下降0.5%。三次产业投资占固定资产投资总量的比重为6.6:60.2:33.2。

房地产市场总体平稳。房地产完成投资9.53亿元，下降30.1%。其中，住宅投资8.27亿元，下降36.2%；办公楼投资0.10亿元，增长880.3%；商业营业用房投资0.25亿元，增长285.2%；其他投资

0.91亿元，增长62.5%。房屋施工面积156.88万平方米，增长0.8%。房屋竣工面积43.63万平方米，增长257.6%。商品房销售面积39.18万平方米，增长26.7%，其中住宅销售面积37.68万平方米，增长22.0%。房屋销售额15.97亿元，增长43.7%。

建筑业平稳发展。全区具有资质等级的建筑业企业34家，其中，资质一级建筑企业1家，资质二级建筑企业12家。建筑业总产值19.83亿元，增长4.3%，其中建筑工程产值12.04亿元，下降13.2%。本年签订合同额21.74亿元，下降1.5%；完成竣工产值16.68亿元，下降0.6%；房屋建筑施工面积39.41万平方米，下降24.8%。

【国内外贸易】 消费品市场增长较快。实现社会消费品零售总额62.76亿元，增长10.5%，其中限额以上社会消费品零售额18.24亿元，增长7.8%。主要商品销势良好，在限额以上单位商品零售中，粮油、食品类零售额3.58亿元，增长17.5%。

对外贸易稳步增长。实现进出口总额27.93亿元，增长15.6%，其中，出口8.25亿元，增长1.6%；进口19.68亿元，增长22.7%。实际到账外资3930万美元，完成全年任务的186.4%。全区具有进出口资格的企业共56家。2017年实现进出口业绩的企业有27家，其中，实现出口业绩的有20家，进口业绩的企业有13家。2017年出口额亿元以上的企业有2家，分别是山东金信新材料有限公司和山东戴瑞克新材料有限公司，出口额分别占全区出口总额的46.2%、26.5%。进口额亿元以上的企业有2家，分别是山东金信新材料有限公司、东营澳亚乳业有限公司，进口额分别占全区进口总额的58.5%、26.0%。与河口区发生贸易往来的国家（地区）有30多个。

【交通、邮电和旅游】 交通运输业平稳发展。完成道路货运量3168.8万吨，增长5.5%；完成客运量504.1万人次，增长5.4%；货运及客运周转量分别完成274283.8万吨千米和30755.9万人千米，分别增长5.6%和5.1%。农村公路投资2.32亿元，新建农村公路61.1千米，改建农村公路95.1千米。年末全区等级公路通车里程1572.8千米，按行政等级分，县道75.7千米，乡道225.7千米，村道859.5千米，专用公路411.9千米。

邮电通信业稳步增长。完成邮政业务总量2365.96万元，增长11.8%；完成电信业务总量4.91亿元，增长20.7%。年末，固定电话用户数3.6万户，增长1.3%；移动电话用户数30.2万户，下降2.2%；互联网用户数7.0万户，增长14.3%。

旅游业蓬勃发展。全区2A级以上旅游景区5家，其中，3A级景区2家，2A级景区3家。旅行社11家，出境组团社3家，其中，5A级旅行社2家，3A级旅行社4家。星级饭店3家，其中三星级3家。接待游客92.6万人次，增长23.8%。实现旅游总消费额3.8亿元，增长18.8%。

【财政和金融】 财政收支稳步增长。完成公共预算财政收入20.08亿元，直比增长11.2%，可比增长12.2%。其中税收收入完成11.74亿元，可比增长7.9%，税收占比为58.5%。实现公共预算财政支出21.02亿元，下降1.8%。其中，一般公共服务支出2.62亿元，下降5.2%；公共安全支出0.99亿元，增长3.2%；社会保障和就业支出1.95亿元，增长13.4%；城乡社区事务支出2.88亿元，增长43.4%。

金融市场运行稳健。年末，金融机构人民币各项存款余额254.59亿元，比年初同口径增加25.82亿元，其中居民储蓄存款余额145.71亿元，比年初同口径增加11.65亿元。金融机构贷款余额188.15亿元，比年初同口径增加42.08亿元。

【教育和科学技术】 教育事业稳步发展。全区共有幼儿园24所、小学8处、初中3处、九年一贯制学校2处、普通高中1处、职业学校1处。在园幼儿3415人、小学在校生5676人、初中在校生4515人、高中在校生2209人，职业学校学生数984人。教职工 1847 人，专任教师 1610 人。省级规范化学校 1 所，市级规范化学校 10 所，市级现代化学校 11 所，省十佳幼儿园 1 所，省示范幼儿园 9 所，市现代化幼儿园 18 所。全年普通小学适龄儿童入学率 100%，巩固率 100%。

自主创新能力不断增强。鉴定科技成果 1 项。获得省科技进步奖 1 项(一等奖)，市科技进步奖 5 项。全区发明专利申请 70 件、授权 42 件，有效发明专利 135 件。山东省北方超级稻产业化中心院士工作站获得省科技厅批复，山东汇海医药省级院士工作站等 3 家省级院士工作站、10 家高新技术企业和 45 家市级科技型企业的创新积极性得到进一步发挥。

质量强区战略深入实施。全区共有山东名牌产品 13 个，山东省服务名牌 8 个。9 家企业通过标准化良好行为企业验收。全区企业参与制修订国家标准 1 项、行业标准 4 项、山东省地方标准 2 项、农业地方规范 12 项。指导 1 家企业申报 3A 标准化良好行为企业。

【文化、广播、体育和卫生】 文化事业繁荣发展。全区共有民间艺术团体 23 个，社会业余文艺团体 10 个，文化馆 1 个，公共图书馆 1 个，农村公益电影放映队 7 支，数字影院 2 家。农村电影放映工程在全区 177 个行政村放映数字电影 2136 场。全区音乐腰鼓队代表东营市参加全省中老年人健身创新项目展演，荣获第一名。歌曲《离别》《怀念》、吕剧《爱我家园》等 13 件作品荣获国家级及各级表彰奖励。

广播事业稳步发展。地方共有广播电台 1 座、广播电视台 1 座。广播人口混合覆盖率和电视人口混合覆盖率均为 100%，无线数字电视用户 1.2 万户，有线电视用户 2.1 万户（不含油田），其中数字电视用户 2.1 万户。

体育事业广泛开展。全年共获得市级以上金牌 7 枚、银牌 12 枚、铜牌 13 枚，省级足球比赛第 6 名。辖区内的体彩站点销量达到 5418.8 万元。积极打造“10 分钟健身圈”，投资 25 万元，为 15 个农村社区购置了篮球架、乒乓球台、台球桌等室内外健身器材 138 件，争取上级扶持为 10 个省级贫困村配置健身器材 150 件，实现了农村、社区公共体育设施全覆盖。

卫生服务水平稳步提升。全区共有各级各类医疗卫生机构 195 家，其中，医院 7 家（其中政府办 2 家），镇（街道）卫生院 4 家（包括中心卫生院 1 家），诊所、医务室、卫生所 70 家，社区卫生服务中心 3 家，社区卫生服务站 16 家，村卫生室 92 家，疾病预防控制机构 1 家，卫生监督机构 1 家，妇幼保健服务中心 1 家。全区各级各类医疗卫生机构卫生技术人员 1697 人，其中，医院 1259 人，镇（街道）卫生院 104 人，卫生室、卫生所等其他医疗机构 334 人；其中，执业（助理）医师 569 人，注册护士 708 人，乡村医生 107 人，其他卫生专业人员 313 人。卫生机构床位设置 1294 张，其中，医院 1206 张，镇（街道）卫生院 88 张。

【城市建设、环境保护和安全生产】 城乡规划工作不断加强。《河口区地下管廊建设规划》完成并实施，《河口区城市近期建设规划(2006—2020)》《湖滨新区城市设计》深化完善工作已完成，《湖滨新区现代商务区规划方案》已确定入围 3 家单位。加强重要地段、重点区块规划审查工作，开展富海朗润园、通海锦绣家园二期、湖滨新区新天地等项目的论证确定，促进河口城市建设的进一步发展。

重点城建项目稳步推进。黄河路改造提升工程市政工程已竣工验收。北片区道路雨污分流改造工程、海宁路东侧绿化苗木种植工程、友谊河海盛路节点改造苗木种植工程、河兴路南侧绿化苗木种植工程已基本完成。地下综合管线信息普查已完成竣工验收，为河口区城市地下空间的合理开发利用、综合管理、城市数字化、智慧城市建设等奠定坚实的基础。

生态环境继续改善。投资 2.78 亿元，实施水气土污染治理项目16项。全年河口区空气环境质量主要污染物SO_2、NO_2、PM10、PM2.5浓度分别为26微克/立方米、35微克/立方米、100微克/立方米、56微克/立方米，分别同比改善29.7%、18.6%、10.7%、8.2%，空气质量优良率达到56.5%，位居全市前列。全面落实国家《水污染防治行动实施计划》和省市关于贯彻落实国家《水污染防治行动实施计划》等方面工作部署，深入推进污染治理，水环境质量明显改善。

安全生产形势总体平稳。发生生产安全事故4起，死亡5人，未发生较大以上生产安全事故。

【人口、居民生活和社会保障】 人口保持平稳增长。年末，全区户籍人口220258人，其中，0-17岁人口占总人口的16.6%，18-34岁人口占总人口的19.0%，35-59岁人口占总人口的42.1%，60岁以上人口占总人口的22.3%。全年共出生3553人，人口出生率16.1‰，死亡率8.0‰，自然增长率8.1‰。年末城镇化率达到77.34%，比上年提高0.98个百分点。

城乡居民生活持续改善。城镇居民人均可支配收入42231元，增长7.7%；城镇居民人均消费性支出26839元，增长7.9%；年末人均现住房建筑面积30.6平方米。农村居民人均可支配收入16959元，增长8.7%；农村居民人均消费性支出11832元，增长8.8%；年末人均住房建筑面积36.9平方米。

社会保障体系进一步健全。全区参加失业保险职工21164人，领取失业保险金2344人次。参加养老保险职工48239人，其中参加养老保险的离退休人员3673人。参加基本医疗保险的职工37429人，其中，参加基本医疗保险的在职职工34512人，参加基本医疗保险的退休人员2917人。工伤保险参保人数47722人。生育保险参保人数24333人。企业职工养老保险月人均养老金和失业保险金分别上调到1916元和1080元。

注：

1.本公报中数据均为初步统计数。

2.全区生产总值、各产业增加值总量按现价计算，增长速度按不变价格计算。自2016年开始，将研究与开发支出计入地区生产总值核算，并对历史数据进行了修改。

3.从2011年开始，规模以上工业企业指年主营业务收入2000万元及以上的工业法人企业。

4.从2011年开始，固定资产投资（不含农户）包括城镇和农村各种登记注册类型的企业、事业、行政单位以及城镇个体户计划总投资500万元及以上的建设项目投资，全部房地产开发经营业法人单位开发项目投资。

5.房地产业投资包括房地产开发投资，还包括建设单位自建房屋以及物业管理、中介服务和其他房地产投资。

6.限额以上批发业企业指年主营业务收入2000万元及以上的批发业企业，限额以上零售业企业指年主营业务收入500万元及以上的零售业企业，限额以上住宿和餐饮业企业指年主营业务收入200万元及以上的住宿和餐饮业企业。

7.从2011年开始，规模以上工业高新技术产业统计采用新口径统计。

8.从2015年开始，城镇居民收支指标调整为城镇居民人均可支配收入和城镇居民人均消费支出，农村居民收支指标调整为农村居民人均可支配收入和农村居民人均消费支出。

机构与负责人

（时间截至2018年6月30日）

一、区级领导班子

中共河口区委员会

书　　记：荀增杰

副 书 记：田兵兵　赵明印

常　　委：曹永湖　秦安忠　张　凌（女）

刘　斌　陈桂林　张作霞　王建文

刘节章　吕国强

河口区人民代表大会常务委员会

主　　任：张胜双

副 主 任：郭玉珍（女）　郭存三　闫长林

孙学诗　王端吉

河口区人民政府

区　　长：田兵兵

副 区 长：曹永湖　陈桂林　李广俊　徐文棠

侯丽霞（女）　胡　琳

党组成员：毕建军　杨立民

政协河口区委员会

主　　席：王永跃

副 主 席：张兆栋　杨　芳（女）　宋卫忠

李寿年　岳桂杰（女）　马德彬

党组成员：王志华　孙卫东

秘书长、办公室主任、党组成员：韩传华

中共河口区纪律检查委员会

书　　记：张　凌（女）

副 书 记：张宝存　杨洪宾

常　　委：张秀峰　王兆伦　杨明亮

荀　珍（女）

二、东营市公安局河口分局、河口区人民法院、区人民检察院

东营市公安局河口分局

局　　长：李广俊

河口区人民法院

院　　长：曹志海

河口区人民检察院

检 察 长：束　斌

三、区人大机关、政协机关

河口区人大常委会办公室

主　　任：黄润超

河口区人大常委会人事代表工作委员会

主　　任：王学军

河口区人大常委会预算工作委员会

主　　任：朱贵宝

河口区人大内务司法委员会

主任委员：宋学峰

河口区人大财政经济委员会

主任委员：李振江

河口区人大教育科学文化卫生委员会

主任委员：李　萍（女）（2018年1月退休）

河口区人大城乡建设环境保护委员会

主任委员：马士文

河口区人大农业与农村委员会

主任委员：王明华

政协河口区委员会办公室

主　　任：韩传华

政协河口区委员会提案委员会

主　　任：韩　东

政协河口区委员会经济科技委员会

主　　任：陈晓棠

政协河口区委员会学习宣传文史资料委员会

主　　任：李同玉（女）

政协河口区委员会社会事业和民主法制委员会

主　　任：宋　冰（女）

政协河口区委员会政协委员联络工作委员会

主　　任：陈丙美（女）

四、区纪委（区监察局）派驻纪检组（监察室）

河口区纪委（区监察局）派驻第一纪检组（监察室）

书记（主任）：赵文泉

河口区纪委（区监察局）派驻第二纪检组（监察室）

书记（主任）：刘云奎

河口区纪委（区监察局）派驻第三纪检组（监察室）

书记（主任）：暂　无

河口区纪委（区监察局）派驻第四纪检组（监察室）

书记（主任）：李玉敏

河口区纪委（区监察局）派驻第五纪检组（监察室）

书记（主任）：史永学

区委巡察办公室

主　　任：薛璐祯

区委第一巡察组

组　　长：王　军

区委第二巡察组

组　　长：吴绍波

区委第三巡察组

组　　长：孙书科

区委第四巡察组

组　　长：付兆忠

区委第五巡察组

组　　长：綦跃文

五、区委工作机构及部门管理机构

中共河口区委办公室

主　　任：刘　斌

中共河口区委、河口区人民政府信访局

局　　长：张守增

中共河口区委组织部

部　　长：吕国强

常务副部长：陈锋之

中共河口区委老干部局

局　　长：刘士成

中共河口区委宣传部

部　　长：张作霞

常务副部长：刘志国

中共河口区委统一战线工作部

部　　长：王建文

常务副部长：杨希孝

中共河口区委台湾工作办公室（河口区人民政府台湾事务办公室）

主　　任：盖凤鸣

中共河口区委政法委员会、河口区社会治安综合治理委员会办公室

书　　记：秦安忠

河口区机构编制委员会办公室

主　　任：刘澎涛

中共河口区委区直机关工作委员会

书　　记：高玉志

河口区扶贫开发领导小组办公室

主　　任：宋国富

六、区直群团组织

河口区总工会

主　　席：郭存三

常务副主席：周玉光

共青团河口区委员会

书　　记：刘　倩（女）

河口区妇女联合会

主　　席：刘凤霞（女）

河口区科学技术协会

主　　席：左志祥

河口区文学艺术界联合会

主　　席：姜瑞祯

河口区工商业联合会

主　　席：胡爱民

河口区残疾人联合会

理 事 长：王宗华

河口区红十字会

会　　长：胡　琳

七、区政府工作部门、部门管理机构、派出机构

河口区人民政府办公室

主　　任：李　露

河口区人民政府法制办公室

主　　任：李　露

河口区人民防空办公室

主　　任：李建柱

河口区发展和改革局

局　　长：缪金学

河口区物价管理办公室

主　　任：刘学东

河口区经济和信息化局

局　　长：高祥涛

河口区教育局

局　　长：王学成

河口区科学技术局

局　　长：崔延军

河口区民政局

局　　长：周义村

河口区司法局

局　　长：卢俊霞（女）

河口区财政局

局　　长：牛培杰

河口区人力资源和社会保障局

局　　长：卢玉峰

河口区住房和城乡规划建设局

局　　长：陈朝霞（女）

河口区交通运输局

局　　长：盖本良

河口区水利局

局　　长：张学亮

河口区农业局

局　　长：高连欣

河口区商务局

局　　长：李绪军

河口区文化广电新闻出版局

局　　长：金建村

河口区卫生和计划生育局

局　　长：牟焕军

河口区审计局

局　　长：卢洪鹏

河口区统计局

局　　长：张仕琴（女）

河口区安全生产监督管理局

局　　长：吴红波

河口区城市管理局

局　　长：李树刚

河口区质量技术监督局

局　　长：宋卫华

河口区民族与宗教事务局

局　　长：王洪凤（女）

河口区综合行政执法局

局　　长：高忠岐

河口区政务服务中心管理办公室

主　　任：崔秀丽（女）

山东河口经济开发区管理委员会

主　　任：陈丰先

八、党委、政府事业单位

中共河口区委党校

校　　　长：苟增杰

常务副校长：孙守山

中共河口区委党史研究室

主　　任：綦崇河

河口区档案馆（河口区档案局）

馆（局）长：刘建峰

河口区民兵训练基地

主　　任：李海军

河口区林业局（柽柳林场）

局长（场长）：孙卫东

河口区孤岛刺槐林场建设管理办公室

主　　任：孙卫东

河口区投资促进局

局　　长：薛传刚

河口区蓝色经济产业园服务中心

主　　任：杨立民

河口区湖滨新区开发建设管理办公室

主　　任：殷爱民

河口区油区工作委员会

主　　任：王树村

河口区畜牧局

局　　长：戴　鹏

河口区海洋与渔业局

局　　长：陈凤和

河口区广播电视台

台　　长：张　林

河口区机关事务管理局

局　　长：孙同秋

河口区黄河三角洲建设办公室

主　　任：薄纯新

河口区金融工作办公室

主　　任：张会安

河口区老龄工作委员会办公室

主　　任：胡友文

河口区供销合作社联合社

主　　任：孟维芳

河口区检验检测中心

主　　任：郭启联

河口区民生热线综合服务中心

主　　任：刘庆华

河口区旅游局

局　　长：张吉胜

河口区国有资产运营管理中心

主　　任：孟维凤（女）

河口区黄河口高新技术企业创业园管理办公室

主　　任：李建军

河口区地方史志办公室

主　　任：张振华

河口区电子政务中心

主　　任：宋　刚

河口区人民医院

院　　长：高玉国

河口区疾控中心

主　　任：杨玉伟

河口区职业中专

校　　长：黄汶民

河口区第一中学

校　　长：王志华

河口区实验学校

校　　长：李延春

国网山东省电力公司东营市河口区供电公司

总经理：崔文泉

九、垂直部门

河口区国税局

局　　长：聂会军

东营市地方税务局河口分局

局　　长：王清华

东营市国土资源局河口分局

局　　长：吴景柱

东营市环保局河口分局

局　　长：韩松青

河口区盐务局

局　　长:吴农中

河口区气象局

局　　长：林杰星

东营市公路管理局河口分局

局　　长：寇　海

河口河务局

局　　长：张明华

河口区邮政公司

总 经 理：任忠跃

东营市粮食局河口区分局

局　　长：王在起

区烟草专卖局（营销部）

局长、经理：赵清湘

十、镇、街道

新户镇

党委书记：荀军松

镇　　长：孙卫祥

义和镇

党委书记：王云涛

镇　　长：綦建成

孤岛镇

党委书记：王　峰

镇　　长：胡友成

仙河镇

党委书记：李建民

镇　　长：韩春亮

河口街道

党工委书记：牟焕民

办事处主任：陈万来

六合街道

党工委书记：张素霞（女）

办事处主任：李吉海

十一、区属国有企业

河口区财金集团

董事长：林金峰　总经理：薄传学

河口区物业和市政投资发展公司

董事长：李大伦　总经理：薄尊海

河口区兴利水务公司

董事长：王贵田　总经理：侯秋林

河口区融资担保公司

董事长：王宏伟　总经理：李　刚

河口区土地储备开发公司

董事长：陈新国　总经理：孟庆辉

河口区油气技术开发有限公司

董事长：卢德勇　总经理：李卫涛

（根据区委组织部提供资料整理）

中国共产党河口区委员会

综　述

2017年全区实现生产总值291.13亿元，增长6.5%；固定资产投资344.14亿元，增长6.5%；社会消费品零售总额62.76亿元，增长10.5%；规模以上工业总产值增长9.3%；一般公共预算收入突破20亿元大关，增长12.2%。

一、加强经济运行精准调度，推动经济健康平稳发展

始终把稳增长作为首要任务，定期听取经济运行情况汇报，加强对经济形势的分析研判，查找问题、综合施策、精准发力，推动经济健康平稳发展。

一是全力保障企业运行。严格落实领导干部联系企业、驻企联络等制度，对企业遇到的困难，坚持“一企一策”、因企制宜，做到措施精准、帮扶有效。积极主动向上为企业争取优惠政策和资金扶持，认真落实“营改增”以及社保、物流等方面降低企业成本的政策措施，积极开展企业用电直接交易试点，为12家企业节约成本3亿元。

二是加大招商引资力度。坚持把招商引资作为经济发展的头号工程，充分发挥六大产业招商组和驻北京、上海、深圳工作站作用，围绕主导产业培育和产业链条延伸，不断创新思路，改进方式，优化环境，全区招商引资工作取得明显成效。分别在北京、萧山、深圳等地举办投资说明会，洽谈推进重点在谈项目59个，计划投资445.67亿元，其中过亿元项目48个；签约（联审）项目20个，计划投资243.5亿元；到位外来固定资产投资52.88亿元。坚持把央企、国企和行业龙头企业作为招商主攻方向，三峡新能源、金风科技、中车永济三方合作总投资160亿元的山东（河口）风电产业园和海上风电开发项目成功落户；与中铁投资集团合作的“户外用品”特色小镇项目纳入国家发改委“千企千镇工程”项目库；中科钢研新材料及节能环保产业园项目加快推进；牵手全球光纤通信前3强上市公司亨通集团，共同推动太阳能开发利用。与齐鲁交通、中建三局山东公司、金城医药、得利斯集团等大企业的合作洽谈顺利推进。

三是全力优化金融环境。深化政银企合作，今年以来引进金融机构4家，成功举办两次政银企洽谈会，总签约金额达180.94亿元，有效支持了实体经济发展。全区13家金融机构存贷款余额分别达到254.59亿元、188.15亿元，较年初增长11.29%和28.81%。加快推进规模以上企业规范化公司制改制，今年已完成改制26家，提前两年完成省下达的任务。冠森科技、北博新能源、三丰香油成功挂牌，全区新三板挂牌企业达到4家，区域股权交易场所挂牌企业9家。多措并举化解金融风险，市级调度的企业逾期及逾期欠息化解工作已全部完成；充分发挥应急转贷资金作用，目前，已为海鑫石油装备、金开实业等13家公司完成转贷、续贷及担保化解等工作。

二、加快新旧动能转换步伐，推动产业结构优化升级

把加快新旧动能转换作为统领经济发展的重大工程，培育壮大新动能，改造提升传统动能，推动

河口经济保持中高速增长、产业迈向中高端水平。

一是大力实施工业强区战略。认真贯彻落实全市支持工业经济发展的十条意见，围绕石油化工、精细化工、装备制造和有色金属等主导产业实施了总投资133亿元的16个重点工业项目，工业经济的规模、质量、效益实现同步提升。中海石油东营石化500万吨升级改造项目达到联运条件，富海集团、中海集团跻身中国民营企业500强，华联石化、富宇化工顺利通过进口原油使用核查评估，核准进口原油指标334万吨。深入推进化工产业转型升级，全区98家化工企业“四评级一评价”全部完成，产业转型升级步伐进一步加快。

二是加快发展现代农业。围绕现代畜牧、生态渔业、绿色种植三大优势产业，实施了总投资30亿元的22个农业重点项目，农业的现代化水平进一步提升。年加工鲜奶20万吨的富友联合澳亚高端乳制品加工厂全面建成，澳亚—奥克斯全国首家奶牛优秀种质创新平台成功落户，正邦三大猪场全面竣工，奶业强区建设迈出坚实的步伐。深化“海生·河口”渔业科技精准对接，海洋生物创新平台加快建设。“锦绣河口·黄河故道”现代农业示范区一期土地开发整治基本完成，项目招引和核心区建设稳步推进。大力培育新型农业经营主体，目前，全区现代农业园区、农业龙头企业、农民合作社和家庭农场分别发展到38家、93家、281家、71家。积极推进农村承包土地的经营权抵押贷款试点工作，累计成功发放抵押贷款630笔、3.6亿元；推进农村集体产权制度改革试点工作，4个试点村已发放《农村集体组织证明书》和《股权证》，农业农村发展活力充分释放。

三是提档发展现代服务业。坚持生产性服务业与生活性服务业并重，推动乡村旅游、节庆展会、现代物流、电子商务四大产业同步发展，集中推进“中海·鸣翠园”等总投资33亿元的10个重点服务业项目。扎实推进全域旅游示范区创建，黄河故道生态家、果园居精品民宿等乡村旅游项目不断涌现，成功举办孤岛湿地槐花节、国际油品贸易洽谈会等大型会展活动。大力实施“互联网+”行动计划，蚂蚁金服、“智慧河口”建设进展顺利，淘河口、供销宜家等新兴电子商务蓬勃发展，电商企业达到76家，黄河三角洲石油交易平台交易额达177亿元，服务业的层次和水平进一步提升。

四是深化科技创新。大力实施创新驱动战略，深化产学研结合，先后与上海交通大学、山东理工大学等高校院所签订战略合作协议，与北京现代产业研究规划院在项目和智力引进等方面开展了广泛合作，与中科院、社科院等58家高校科研院所建立了稳定的产学研合作关系，确立石墨烯研发及推广等87个科研项目，为推动全区经济转型升级注入了强劲动力。强化创新载体和平台建设，做大做强袁隆平院士工作站、澳亚奶牛优秀种质创新平台、海洋生物研究中心等研发平台；加大企业载体平台申报建设力度，先后组织安诺其申报省级工程实验室，组织汇海医药、戴瑞克、华春渔业、金岛环境工程等4家企业成功申报市级重点实验室，各类区域创新机构达到31个。强化创新人才支撑，积极推进柔性引才、项目引才，设立1000万元专项资金，相继在北京、深圳等地召开高端人才对接活动10余次，引进高层次创新创业人才91人，为全区经济发展提供了智力支撑。

三、加快城乡统筹发展步伐，不断优化区域发展环境

坚持城乡统筹，促进城乡一体化发展，进一步提高城乡规划建设管理水平，努力把河口打造成环境优美、生活舒适、魅力独特的现代化宜居城市。

一是全力打造高品质城区。开展新一轮城市总体规划编修，编制完善《河口区城市近期建设规划（2006—2020）》《河口区地下管廊建设规划》等各项规划，全区详规覆盖率达84%。以创建国家园林城市为抓手，实施了总投资59.1亿元的68个城乡建设项目，规划建设管理水平全面提升。加快中心城改造力度，大力推进老旧小区改造，黄河路、河庆路改造竣工通车，海康路、海宁路、河兴路等7

条道路绿化提升工程顺利完成，新增道路绿化面积91万平方米，城市环境更加优美。加快湖滨新区建设，湖滨路、滨四路等道路景观绿化全面完成，鸣翠新天地、朗润园等高端商住项目集聚落户，城市形象进一步提升。坚持油地共兴共荣，稳步推进油田“三供一业”移交工作。强力推进拆违治乱专项行动，累计治理违法建设1410处、53.57万平方米，超额完成年初制定的治理工作任务，城市面貌和形象大为改观。

二是稳步推进小城镇和美丽乡村建设。以创建省、市、区三级美丽乡村建设示范村为抓手，持续推进村庄环境综合整治，着力加强农村基础设施建设，全区农村人居环境持续改善。66个村6438户实现燃气村村通、完成6098户旱厕改造任务；“四化一规”提升工程顺利实施，累计完成137个村庄路域绿化，硬化乡村公路89.23千米，亮化村庄116个，城乡环卫一体化实现全覆盖。同时，我们坚持把新型农村社区建设与迁村并点相结合，孤岛片区、义和颐正家园等8个棚户区及四扣村、东韩村等4个村拆迁改造全面完成，打造农民幸福生活美好家园。

三是加快重大交通基础设施建设。坚持把重大交通基础设施建设作为激活区域发展活力、突破发展瓶颈、改善发展环境的重要抓手，实施了一批道路交通工程。河民路、海防路改造工程建成通车，S231河辛路改线全面开工，河广大道河口段、疏港高速连接线、疏港铁路、环渤海高等级公路等前期工作进展顺利，内通外联的交通大框架全面拉开。

四、狠抓安全环保工作，为经济社会发展筑牢保障

坚持把安全环保作为各项工作的重中之重，警钟长鸣，常抓不懈，确保了区域安全形势持续稳定、生态环境持续改善。安全生产方面，全面压实安全生产各方责任，严格执行区级领导联系督导基层安全生产工作制度，积极推进安全生产网格化、实名制管理，公共安全基础进一步夯实。扎实推进安全风险管控和隐患排查治理“两个体系”建设，深入开展“大快严”集中行动、涉油领域打非治违、化工产业安全生产转型升级专项行动，累计整改安全隐患2万余条，立案处罚企业48家，全面提升企业本质安全生产水平，2017年以来全区未发生较大及以上安全生产事故。环境保护方面，全力做好中央和省环保督察巡视反馈问题整改落实，深入开展水气土污染整治专项行动，投资2.78亿元实施了燃煤锅炉超低排放改造、泄漏检测与修复、挥发性有机物自动监测体系建设等18个水气土污染治理项目。严格落实“河长制”，建立了区镇村三级河长体系，市控以上河流水质稳定达标，城区空气质量优良率比去年同期提升2.7个百分点，“蓝天白云、繁星闪烁”天数明显增多。严厉打击环境违法行为，今年以来立案查处环境违法行为62起，取缔“散乱污”企业18家，集中解决了一批环保热点难点问题，切实维护了群众环境权益。持续加大生态建设力度，深入开展“三年增绿”计划，全年完成投资1.54亿元，造林面积5.11万亩，湿地修复保护2700亩，提前一年超额完成市委、市政府下达的任务，建成了环绕城区、覆盖城乡的绿色生态屏障。

五、坚定不移保障改善民生，持续增进民生福祉

坚持把改善民生作为建设美丽幸福新河口最真切、最生动、最温暖的诠释，持续加大民生投入，实施了总投资11.4亿元的十件民生实事，全面提升群众的幸福感和满意度。全区城乡居民人均可支配收入分别达到42231元、16959元，增长7.7%和8.7%。

一是坚决打赢脱贫攻坚战。把脱贫攻坚作为重大政治任务和第一民生工程，大力推进产业扶贫、金融扶贫、旅游扶贫等特色扶贫工程，实施了总投资921.8万元的11个扶贫产业项目；在全市首创项目收益保障机制，为7个扶贫产业项目购买了保险，保障了贫困户享受项目收益的稳定性和持续性。目前，全区13个省定贫困村和省定贫困人口脱贫成效稳步巩固，11个市定贫困村达到“五通十有”并实现摘帽，55户107名贫困人口达到“两不愁、三保障”

目标并实现稳定脱贫。

二是大力发展社会事业。大力推动社会保障提标扩面，全区城市低保、农村低保分别达到每人每年7200元和4700元，城乡医保财政补助标准提高到每人每年470元，老年人生活救助金标准最高达到每人每年1500元，保障水平继续位居全国前列。优先发展教育事业，仙河镇中心小学建成启用，职业中专续建、河安小学扩建等工程加快实施。大力发展卫生事业，区人民医院门（急）诊暨外科病房综合楼主体竣工，在全省率先实现卫生计生服务管理一体化，成功创建为“省卫生监督示范区”和“省慢性病综合防控示范区”。突出抓好就业再就业工作，今年以来新增城镇就业3168人，城镇登记失业率2.37%。投资4400余万元实施城乡公交一体化和城际公交提升工程，成为全市第一个真正实现“城乡公交一体化”的县区。

三是不断强化社会治理。深入开展“两打一整治”专项行动，投资6600余万元，建设以“雪亮工程”为依托的视频监控“一张网”，营造了和谐稳定的社会环境。严格落实领导干部公开接访、带案下访、包靠重点信访案件等制度，加快信访工作法制化进程，加大矛盾排查化解力度，在全国“两会”、省“两会”、省党代会、“一带一路”峰会和十九大期间，未发生一起进京非正常上访，荣获“全国平安建设先进区”荣誉称号。

六、深入推进全面从严治党，党风政风持续好转

坚持把全面从严治党责任扛在肩上、抓在手上、落在实处，狠抓思想政治、基层基础、干部队伍和党风廉政建设，为加快建设美丽幸福新河口提供坚强保证。

一是不断深化思想政治建设。扎实推进“两学一做”学习教育常态化制度化，全面推行学习研讨、“党员主题活动日”等制度，创新开展“百场送学·万人服务”主题实践活动，广大党员干部党性意识、党员意识和服务意识不断增强。认真学习宣传贯彻党的十九大精神，引导各级领导班子和广大党员干部进一步坚定“四个自信”，增强“四个意识”，有力推动了全区各项事业发展。

二是着力强化干部队伍建设。深入开展“优秀干部选育工程”，注重在实践和一线锻炼干部，选派第十九批下派帮扶干部到村开展帮扶工作，广大干部的思想境界、素质能力、工作作风都有了明显提升。深入开展干部教育培训，统筹指导部门单位举办干部教育培训班，党员干部整体素质得到有效提升。

三是不断夯实基层基础。以“基层组织规范提升行动”为抓手，突出抓好19个薄弱村集中整治，统筹推进村档镇管、非公企业区域党建联建、城市社区区域化党建和特色党支部建设工作，部署开展村、城市社区“两委”换届工作，促进了基层党建工作全面进步全面过硬。

四是深入推进党风廉政建设。全面落实党风廉政建设“两个责任”，推行责任清单、党员领导干部述廉谈话制度，扎实开展不担当不作为以及庸政、懒政、怠政等突出问题专项治理，驰而不息纠治“四风”，有序开展巡视巡察工作，加快推进监察体制改革试点工作，巩固了风清气正的良好政治生态。

重要会议

【区委八届一次全体会议】 1月22日上午，中国共产党东营市河口区第八届委员会举行第一全体会议，选举荀增杰为八届区委书记。

会议分别由荀增杰、田兵兵主持。会议选举产生了中国共产党东营市河口区第八届委员会常务委员会委员和书记、副书记；表决通过了中国共产党东营市河口区第八届纪律检查委员会第一次全体会议选举结果的报告；新当选的区委书记荀增杰发表讲话。

荀增杰指出，新一届区委领导班子正式接过了

七届区委的“接力棒”。新班子要有新形象，新班子要有新追求，新班子要有新作为。我们一定要倍加珍惜组织的厚爱重托，倍加珍惜全区人民的信任期待，倍加珍惜历届区委打下的坚实基础，倍加珍惜河口风清气正的政治生态，团结带领全区广大党员干部群众，不辱使命、不负重托，恪尽职守、砥砺奋进，共同书写建设美丽幸福新河口的精彩篇章。

荀增杰着重从六个方面作了强调，一要坚定信念，对党忠诚。要把对党忠诚融入血液、浸入骨髓，切实增强政治意识、大局意识、核心意识、看齐意识，始终在思想上、政治上、行动上同以习近平同志为核心的党中央保持高度一致，不折不扣贯彻执行中央和省委、市委作出的决策部署。坚定理想信念，严守政治纪律，始终做政治上的明白人。二要勤学笃行，善谋实干。大家要在加强学习上走在前面，把学习当成一种生活态度、一种工作责任、一种精神追求，增强学习自觉性和主动性，用习近平总书记系列重要讲话和党的最新理论成果武装头脑、指导实践。三要牢记宗旨，倾心为民。要牢记为民初心，做情系民生、勤政为民的模范，最大程度实现好、维护好、发展好广大群众的根本利益。四要勇于担当，开拓进取。担当有多大，舞台就有多大，事业就有多大。一定要时刻牢记组织信任和重托，认清自己肩负的职责与使命，把全部心思凝聚到干事业上，把所有精力集中到抓工作上，燃烧激情、昂扬斗志，夙夜在公、勤勉工作，做到在其位、谋其政、尽其责、竭其力。五要精诚团结，和衷共济。人心齐，泰山移。事业的发展，需要志同道合，需要和衷共济。希望大家倍加珍惜汇聚于此的这种缘分，做到大事讲原则、小事讲风格，互相尊重、互相补台，共同营造民主共事、团结协作、群策群力的良好局面，凝聚起推动区域繁荣发展的强大合力。六要清正廉洁，干净干事。公生明，廉生威。要倍加珍惜和正确对待手中的权力，讲党性、讲原则、讲修养，做清正廉洁的表率。要坚持挺纪在前，严把底线，堂堂正正做人，清清白白做官，老老实实干事，让组织放心，让人民满意。

荀增杰最后强调，责任重于泰山，事业任重道远。每一段新征程的开启，总让人充满憧憬和期待。让我们紧密团结在以习近平同志为核心的党中央周围，团结带领全区广大党员干部群众，不忘初心、继续前进，开拓创新、奋发有为，为全力打造“一极两区”、加快建设美丽幸福新河口而不懈奋斗！

区委委员、候补委员出席会议，区纪委委员列席会议。

【全区经济工作会议】 2月20日上午，全区经济工作会议召开。

会议的主要任务是深入学习贯彻中央和省、市经济工作会议精神，科学分析当前形势，研究部署2017年工作任务。区委书记荀增杰出席会议并讲话，区委副书记、区长田兵兵主持会议。

荀增杰指出，2017年是实施“十三五”规划的重要一年，也是区镇领导班子换届后的开局之年，做好今年的经济工作至关重要。前不久召开的区第八次党代会和区“两会”，科学描绘了建设美丽幸福新河口的宏伟蓝图，开启了河口发展新的篇章。我们要按照中央和省、市部署要求，紧紧围绕大会确定的目标任务，牢牢把握稳中求进工作总基调，以提高发展质量效益为中心，以推进供给侧结构性改革为主线，着力抓好稳增长、促改革、调结构、惠民生、防风险各项工作，努力推动经济社会持续平稳健康发展。

荀增杰强调，要突出工作重点，抓好重大项目实，加快转型升级步伐，大力开展招商引资，持续优化发展环境，坚定不移推进工业强区，为实现“双倍增”夯实基础；要壮大优势产业规模，提升产业化水平，改善农业生产条件，集中突破现代农业，让名片更加靓丽；要培育壮大现代服务业，提升产业发展新优势。牢牢扭住提升传统服务业与发展新兴服务业结合这个关键点，加强规划引导，强化政策扶持，创新思路举措，推动服务业水平提升、比重提高、发展提速；要建美城市，打造特色村镇，加快重大基础设施建设，提升生态绿化水平，加强城乡规划建设管理，进一步优化提升人居环境；要持续做好民生保障，持续打好脱贫攻坚战，加强和创新社会治理，持续保障改善民生，让群众生活更加幸福；要提高素质，增强能力。提升境界，振奋精神。勇于担当，狠抓落实。遵规守纪，干净干事。弘扬严实作风，凝聚发展力量。

荀增杰强调，做好2017年的经济工作，任务艰巨，责任重大。我们要更加紧密地团结在以习近平同志为核心的党中央周围，在市委、市政府的坚强领导下，坚定信心，奋发有为，奋力开创河口事业发展的新局面，以优异成绩迎接党的十九大胜利召开。

田兵兵就会议精神的贯彻落实讲了意见，田兵兵要求，各级各部门必须从大局出发，进一步明确任务要求，强化工作措施，建立健全目标责任制，层层细化分解指标任务，压实工作责任，将年度任务落实到镇街、开发区和有关部门，全力抓好经济运行调度；要把项目建设作为最重要的抓手，加快推进重大政府投资项目、重大产业项目、重要民生实事等重点工程、重点项目建设，促进整个经济稳增长、产业结构优化升级；要强力推进园区建设，在加快园区建设的同时，把招商引资工作牢牢抓在手上，完善招商政策，创新招商方式，突出招商重点；各级各部门要牢固树立为企业服务的理念，持续提升政府行政效能，全面落实减税降费政策，创造良好营商环境；要抓好规模企业规范化公司制改制工作，支持企业实施质量品牌战略，支持企业创新发展，支持企业加强技术人才队伍建设，支持企业新上好项目大项目，加强企业家队伍建设，大力支持企业发展；要全面抓好国家生态园林城市创建工作，2017年城市建设的主要任务是以城市建设管理提升年为抓手，统筹推进城市规划建设管理，为争创“国家生态园林城市”夯实基础；要持续深化安全环保工作。安全环保工作事关百姓切身利益，事关全区发展大局，各级各部门要高度重视，毫不放松地抓好安全生产和环境保护工作。各级各部门要对2017年的工作进行深入细致地谋划，总体要求是思路要新、措施要硬、内容要实，确保工作有抓手、有成效、有亮点；要全力抓好春季农业生产、推进重点企业恢复生产、抓好项目开工，做好社会稳定工作，全力抓好当前工作。

田兵兵强调，做好2017年的经济工作，任务艰巨，责任重大。各级各部门要按照这次会议的安排部署，进一步统一思想，振奋精神，乘势奋进，扎实工作，为促进全区经济社会平稳健康发展、全力打造“一极两区”，加快建设美丽幸福新河口作出新的更大贡献！

区委副书记王永跃，区委各常委、区人大常委会各副主任、副区长、区政协副主席级全区在职副县级以上领导干部出席会议，各镇街党政主要负责同志，区直各部门单位主要负责人，区纪委常委、各派驻纪检组书记，区发改、经信、招商等20个经济部门的班子成员和全区40家重点企业负责人、各村党支部书记，部分网吧负责人等470多人参加会议。

会议还书面传达了全市经济工作会议精神，新户镇、义和镇、河口街道、六合街道、孤岛镇、仙河镇、河口经济开发区、河口蓝色经济产业园分别作了表态发言。

【全区组织宣传统战工作会议】 4月6日上午，全区组织宣传统战工作会议召开，深入贯彻落实中央和省市相关会议精神，对2017年的组织、宣传、统战工作作出安排部署。会上，区委常委、组织部部长赵明印作了全区组织工作报告，区委常委、统战部部长刘斌作了全区统战工作报告，区委宣传部常务副部长刘志国作了全区宣传工作报告，区委书记荀增杰出席会议并讲话。

荀增杰指出，2017年是党的十九大召开之年，也是新一届区、镇领导班子任期的开局之年。区第八次党代会和人大政协“两会”研究确定了河口今后五年的奋斗目标和今年的重点任务，科学描绘了全力打造“一极两区”、加快建设美丽幸福新河口的宏伟蓝图。要把宏伟蓝图变成美好现实，关键在各级领导班子，关键在干部队伍，关键要有一个政治稳定、社会和谐、团结向上的发展环境，这对党务工作提出了新的更高要求。全区各级党组织和组织宣传统战系统，要准确把握当前形势任务，进一步提升境界、找准定位、积极作为，努力在新的起点上开创各项工作新局面，为全区经济社会发展提供有力保证。

苟增杰要求，要不断提高组织工作水平，为建设美丽幸福新河口强基固本。要持续抓好“两学一做”学习教育，各级党组织要按照上级和区委的部署要求，把推进“两学一做”学习教育常态化制度化作为全面从严治党的战略性、基础性工程来抓，准确把握常态化、制度化的深刻内涵，严格履行主体责任，在“学”和“做”上不断深化拓展，推动学习教育深入开展。要坚持正确选人用人导向，把重德才的用人导向树起来，把重一线的用人导向立起来，把重实绩的用人导向亮出来。要强化抓党建主责主业意识。基层组织是党全部工作和战斗力的基础，是党执政的根基，必须抓实抓好。要树立人才优先发展理念，大力实施人才强区战略，进一步完善引才、育才、用才机制，加快把河口区打造成为人才高地。要切实做好宣传思想文化工作，为建设美丽幸福新河口凝聚正能量。要深化习近平总书记系列重要讲话精神学习宣传贯彻，各级党组织要把强化思想理论武装作为提高干部队伍素质的重要举措，把重点放在马克思主义基本原理特别是习近平总书记系列重要讲话精神上，用习近平总书记系列重要讲话精神统一思想、凝聚共识。要着力提高舆论引导能力和水平。要突出围绕落实区第八次党代会精神和区委重大决策部署，广泛宣传重点工程项目、产业转型升级、生态文明建设、保障改善民生等方面的典型事例和先进经验，注重运用故事载体、群众语言，生动阐释党委政府决策部署，充分反映群众鲜活实践。要着力深化精神文明创建，加快推进文化事业和产业繁荣发展，不断壮大文化实力，增强文化活力，满足人民群众日益增长的精神文化需求。要扎实做好统一战线工作，为建设美丽幸福新河口增添新动力。要发挥人才智力优势，助推经济社会发展。紧紧围绕区第八次党代会、区“两会”、全区经济工作会议确定的目标任务，找准统战部门发挥作用的结合点、切入点，组织引导社会各阶层、工商联和党外代表人士，围绕产业转型升级、新型农村社区建设、重大基础设施建设等重点工作，广泛开展调查研究，多提富有前瞻性、创造性、建设性的意见建议，为区委、区政府科学决策当好参谋。要发挥联系广泛优势，扩大对外交流合作，发挥民主政治优势，维护社会和谐稳定。要牢固树立大局意识、责任意识和群众观念，充分发挥职能作用，拓宽联系群众渠道，及时掌握社会思想动态，加强教育引导，着力消除影响社会和谐稳定的因素。

苟增杰强调，做好2017年的组织宣传统战工作，关键在领导、重点在落实。各级党委要切实加强和改进对组织宣传统战工作的领导，压实责任、强化措施，切实做到与业务工作同安排、同部署、同检查、同落实。党组织主要负责同志作为第一责任人，要亲自抓、负总责，及时研究解决工作中遇到的重大问题；分管负责同志作为直接责任人，要盯紧靠上，切实抓好具体工作任务落实。组织、宣传、统战部门，要加强对面上工作的业务指导，主动搞好工作谋划、组织协调和督导检查，推动各项工作有序开展。要牢固树立开拓创新精神，始终坚持创先争优的工作导向，进一步提高思想境界、抬高工作标杆，不断创新思路、创新机制、创新载体，培植更多新的亮点和典型。要高度重视组织宣传统战系统的干部队伍建设，既要严格要求、严格教育、严格管理，也要政治上多关心、工作上多支持、感情上多理解，为广大干部干事创业创造良好条件。全区组织宣传统战系统的同志们，要始终保持奋发有为的精神状态，认真履职、扎实工作，努力争当忠诚、干净、担当的好干部，切实肩负起党和人民赋予的神圣职责。苟增杰最后说，做好新形势下的组织宣传统战工作意义深远、责任重大。希望大家以更加饱满的热情、更加务实的举措，积极扎实工作，奋力开拓进取，不断开创各项工作新局面，以优异成绩迎接党的十九大胜利召开！

区委常委、办公室主任陈桂林主持会议，并就会议精神的贯彻落实讲了意见。各镇（街道）党（工）委书记、副书记、组织委员、宣传委员、统战委员，区直各部门单位主要负责人，区纪委各派驻纪检组书记，区委组织部、宣传部、统战部全体人员，区文联、区文广新局、区广播电视台中层以上干部，各民主党派河口负责人等参加会议。

【全区“两学一做”学习教育常态化制度化工作座谈会】 5月16日下午，全区推进“两学一做”学习教育常态化制度化工作座谈会召开。区委书记苟增杰出席座谈会并讲话，区委副书记、区长田兵兵主持会议并传达了习近平总书记关于推进“两学一做”学习教育常态化制度化重要指示精神和全市推进“两学一做”学习教育常态化制度化工作座谈会精神。区委常委、组织部部长赵明印出席会议。在职县级干部，各镇（街道）党（工）书记、组织委员，区直各部门单位党组（党委）书记和分管负责人，区纪委各派驻纪检组书记，区委各巡查组组长，全区“两学一做”学习教育指导协调小组成员、各督导组组长参加了会议。

【全区信访维稳暨安全生产工作会议】 6月10日上午，全区信访维稳暨安全生产工作会议召开。会上，区信访局、区公安分局、区安监局分别通报了全区信访、社会治安、安全生产工作情况。副区长侯丽霞对当前安全生产工作进行了安排部署。区委常委、政法委书记秦安忠传达了苟增杰书记在区委常委会上的讲话精神，并对全区“信访基层基础建提升年”活动和“信访积案百日攻坚”专项行动进行了重点安排。

区委副书记王永跃在讲话时指出，2017年以来，全区上下认真贯彻落实上级关于安全生产工作的决策部署，紧紧围绕全年安全生产目标任务，切实加强安全风险管控和事故隐患整治，不断夯实安全生产基层基础工作，全区安全生产形势总体稳定。王永跃要求，各级各有关部门要按照“属地管理、分级负责”和“谁主管、谁负责”的原则，抓紧组织开展针对重点人员群体的排查活动，对在信访活动中有违法行为的，要依法作出处理；要抓好矛盾纠纷排查化解，依法妥善解决群众反映强烈的突出问题，对已发生的问题，相关责任部门要做细相关工作，避免留有问题隐患；要严格落实安全生产责任，深入开展安全生产大检查，着力强化企业主体责任，督促企业做到安全投入到位、教育培训到位、日常管理到位，切实提升安全生产本质水平。

王永跃强调，做好信访维稳和安全工作，关键在落实。各级各责任单位要牢固树立大局意识、责任意识，进一步完善工作机制，切实强化工作措施，严格落实工作责任，确保各项工作任务落实到位。副区长李广俊主持会议，并就会议精神贯彻落实讲了意见。

【“七一”前夕重温入党誓词仪式暨全区庆祝中国共产党成立95周年座谈会】 6月27日，举行“七一”前夕重温入党誓词仪式暨全区庆祝中国共产党成立95周年座谈会。

区委书记、区人大常委会主任苟增杰，区委副书记田兵兵，区政协主席李积德，区人大常委会第一副主任张胜双，区委各常委，区人大常委会各副主任，区政府各副区长，区政协各副主席及全区其他在职副县级以上领导干部集体到河口烈士陵园，组织举行“七一”前夕重温入党誓词仪式，大家面对鲜红的中国共产党党旗，举起右拳，庄严宣誓。

田兵兵主持仪式，武警战士向革命烈士纪念碑敬献花篮，苟增杰为花篮整理了绶带。

在随后召开的全区庆祝中国共产党成立95周年

座谈会上，河口街道党工委，区检察院党支部，河宁社区党总支副书记、关爱党支部书记，义和镇艾河村党支部书记，区委办公室驻六合街道六合村第一书记等分别作了交流发言。

区委书记、区人大常委会主任苟增杰在讲话时指出，当前河口正处在全力打造“一极两区”、加快建设幸福新河口的关键时期，我们的使命光荣、责任重大。全区各级党组织、广大党员干部要继承发扬党的光荣传统和优良作风，以更加坚定的信念、更加优良的作风、更加务实的举措，奋力把河口各项事业推向前进。

苟增杰要求，要始终坚持把思想建党放在首位，坚定正确的政治方向。当前，“两学一做”学习教育正在扎实开展，其目的就是为了进一步解决党员队伍在思想、组织、作风、纪律等方面存在的问题，保持发展党的先进性和纯洁性。每一名党员干部都要严格按照“两学一做”学习教育要求，学好党章党规、学好系列讲话，坚定马克思主义信仰，满怀共产主义理想，坚定共产党人的精神追求，努力做“四讲四有”的合格党员。要始终坚持执政兴国第一要务，着力推动发展新跨越。各级党员干部作为推动发展的组织者、带动者，更是先锋队、主力军，既要敢于担当、主动作为，又要强化落实、好中做优，全力推动项目建设、转型升级、扶贫攻坚等重点工作，把各项工作做细做实、做出水平。要始终坚持改革开放政策，持续增强发展动力活力。要紧紧抓住重点领域和关键环节，精准制定改革方案，科学把握时序进度，确保每一项改革都改有所进、改有所成。要始终坚持执政为民理念，不断增进民生福祉。要始终牢记党的根基在于人民、血脉在于人民、力量在于人民，继续保持和发扬在党的群众路线教育实践活动中形成的优良作风，主动回应人民群众对美好生活的新期待，多谋民生之利，多解民生之忧，不断增强人民群众的获得感和幸福感。要始终坚持从严管党治党，营造良好政治生态。要积极推进党的建设制度改革，抓好上级制度落实和本地制度创新，强化督查考核，为全面推进从严治党提供有力保障。

苟增杰强调，回顾党的光荣历史，无比自豪。展望未来美好前景，信心满怀。全区各级党组织和广大党员干部要紧密团结在以习近平同志为总书记的党中央周围，以直面问题的胆识、舍我其谁的气魄、昂扬向上的状态，坚定信念、同心同德，开拓进取、扎实苦干，为率先全面建成小康社会、加快建设美丽幸福新河口做出新的更大贡献。

苟增杰还对下半年经济运行调度、重点项目推进、“两学一做”学习教育等工作做了安排部署。

田兵兵主持座谈会，并就会议精神的贯彻落实讲了意见。李积德、张胜双、侯永强、高立燕、王永跃、王兴法、张学锋、张增洲、张新林、陈桂林及各镇街道党委、党工委书记、组织委员，区直部门单位党组（党委）书记，区纪委各派驻纪检组书记，部分党代会代表、先进基层党组织、优秀共产党员和优秀党务工作者等参加座谈会。

【全区美丽乡村建设、城乡环卫一体化暨创城工作推进会议】 7月21日上午，全区美丽乡村建设、城乡环卫一体化暨创城工作推进会议召开。与会人员观看了创城及城乡环卫一体化暗访专题片，河口街道、六合街道、仙河镇分别作了表态发言。

区委副书记王永跃主持会议。他指出，美丽乡村建设、城乡环卫一体化和创建文明城市工作都是改善城乡环境、提升群众生活居住条件的民生工作，对于工作中出现的问题大家一定要有清醒的认识，坚定信心，常抓不懈，确保各项工作每一个时期都有新进展、新成效、新变化；要强化问题导向、问题意识，针对问题制定对策措施，通过解决问题，推动各项工作向纵深发展，不断取得更大成效。对一些需要长期坚持或容易反复的问题，要探索建立长效机制，从根本上杜绝问题反复；深入推进美丽乡村建设、城乡环卫一体化和“创城”工作，必须高度负责、各尽其责、铁面问责，以硬措施确保硬任务的完成；要细化任务分工，把各项工作都按照责任清单落实到相关责任单位；各部门单位要搞好协作配合，对需要多个部门协同负责的工作，要不推不拖，全力跟进，形成工作合力，确保圆满完成年度目标任务。

区委常委、宣传部部长张凌，区委常委、副区长王晓勇，副区长徐文棠也分别就迎接全国文明城市测评和农村精神文明建设工作、全区城乡环卫一体化工作及美丽乡村建设等工作作了安排部署。河口社区管理中心副主任赵钦勇，各镇、街道党委、党工委书记、宣传委员、美丽乡村建设分管领导，区直各部门单位主要负责人，河口社区生产科负责人，区乡村文明办、区创城办、区城乡环卫一体化办公室全体成员等参加会议。

【全区卫生与健康大会】 8月14日下午，全区卫生与健康大会召开，区委书记苟增杰出席会议并讲话。

苟增杰指出，多年来，区委、区政府始终围绕保障和改善民生，注重保基本、强基层、建机制，全面提高群众健康水平，在卫生与健康工作方面取得了显著成效。苟增杰要求，各级各部门要深化认识、凝聚共识，坚定推动卫生与健康事业发展的信心和决心。要切实增强责任感和使命感，认真贯彻落实中央和省市部署要求，加快推进健康河口建设，真正让人民群众在加快建设美丽幸福新河口的进程中，享有更多获得感、更多幸福感。要突出重点、抓住关键，扎实推进健康河口建设各项工作。要牢固树立“预防为主”意识，把工作重心从疾病治疗转向健康管理、转向提高人民群众健康素养，从影响健康的主要问题入手，追根溯源，构建大健康治理体系，筑牢守护人民健康的第一道防线。要全面深化医改，以优质医疗服务完善健康保障。要完善计生服务管理，促进人口长期均衡发展。各级各部门要加强对新形势的研究，以实施好全面两孩政策、鼓励按政策生育、完善配套政策措施为主线，深化计划生育服务管理改革，促进人口长期均衡发展。要强化领导、压实责任，保障健康河口建设顺利推进。全区上下要树立“一盘棋”思想，树立“大健康、大卫生”理念，强化责任担当，齐心协力抓落实。苟增杰强调，做好卫生与健康工作，事关全区发展大局、事关群众切身利益，责任重大、意义深远。希望大家进一步强化责任意识、担当意识，以更大的力度、更实的作风，全力以赴抓好工作落实，奋力开创卫生与健康工作新局面，以优异成绩迎接党的十九大胜利召开！

区委副书记、区长田兵兵主持会议并就会议精神的贯彻落实讲了意见。田兵兵要求，要全面深化医药卫生体制改革。着力推进分级诊疗、现代医院管理、全民医保、药品供应保障、综合监管五项制度建设，实现重点突破。要全面提升公共卫生服务能力。切实加强公共卫生服务体系建设，不断完善公共卫生服务功能。要努力发展壮大健康产业，既要有前瞻性，适度超前，更要务实切合河口实际。要切实加强人口计生工作。当前最紧要的一方面是结合学习贯彻编制卫生与健康中长期规划；另一方面要科学论证实施一批2018年和“十三五”期间中长期医疗卫生与健康方面的民生实事和重点项目，让广大群众每年都能有看得到、有切身感受的变化。会上，六合街道、区卫计局、区教育局分别作了交流发言。区委副书记王永跃，区委常委赵明印、秦安忠、张凌、刘斌、陈桂林、张作霞及济军基地分管领导，区人大常委会分管副主任，分管副区长，区政协分管副主席，区法院、区检察院、各镇街道党政负责人、卫计系统中层干部，区直有关部门、单位主要负责同志，区人民医院、区中医院、区疾控中心班子成员等参加会议。

【全区经济运行暨金融稳定工作调度会议】 9月19日上午，全区经济运行暨金融稳定工作调度会议召开。区委书记苟增杰出席会议并讲话。

苟增杰要求，要精准调度好经济运行，保证全区生产总值、规模以上工业总产值和规模以上工业增加值、进出口等几个指标稳中向好；要强化推动重点工程、重点项目、招商引资、纳限等工作，对于在建项目新建项目已经建设完成的企业，安全生产环保督政关停的企业，整改到位的要及时恢复生产；要积极做好财税工作，以积极的态度、积极的工作，努力的去挖潜，抓大不放小，咬准目标不放松，保证完成全年任务；要灵活化解金融风险，提早掌控，运用综合手段，及时介入，主动化解；要严厉打击恶意逃废银行债务，打击银行不讲信用，断贷抽贷缓贷等行为；要围绕社会安全、治安安全、生产安全、政治安全，全力做好十九大安保工作，各项工作推进过程中要统筹好矛盾的化解，全力做好安全生产和环境保护工作，以优异的成绩迎接十九大的顺利召开。

区委常委、副区长王晓勇主持会议，副区长侯丽霞就全区经济运行工作讲了意见，区委常委、办公室主任陈桂林，副区长刘冲出席会议。

【区委八届二次全体会议】 11月11日上午，中国共产党东营市河口区第八届委员会第二次全体会议召开，区委书记苟增杰作重要讲话。出席这次全会的有区委委员21人，区委候补委员7人，区纪委委员和有关方面负责同志列席会议。全会深入学习贯彻党的十九大和省委十一届二次、市委六届三次全会精神，听取和讨论了苟增杰同志受区委常委会委托作的工作报告，审议通过了《中共东营市河口区委关于深入学习贯彻党的十九大精神的决议》。

全会指出，学习宣传贯彻党的十九大精神，是当前和今后一个时期的首要政治任务。全区各级党组织和广大党员干部要按照中央部署和省委、市委要求，深刻领会和把握党的十九大精神，牢固树立政治意识、大局意识、核心意识、看齐意识，精心制定学习宣传贯彻计划，研究制定贯彻落实措施，切实把思想和行动统一到十九大精神上来，奋力谱写新时代中国特色社会主义的河口篇章。

全会要求，要以学习宣传贯彻十九大精神为动力，紧紧围绕区第八次党代会确立的“一极两区”的奋斗目标，乘势而上，拼搏奋进，全面开启现代化建设新征程，把河口的事业发展向前推进。要深入贯彻新发展理念，以供给侧结构性改革为主线，加快新旧动能转换步伐，全面提升发展的质量和效益。要全面深化改革扩大开放，大力实施创新驱动发展和人才强区战略，不断增强区域发展活力。要全面加强生态文明建设，加快形成节约资源和保护环境的空间格局、产业结构、生产方式、生活方式，实行最严格的环境保护制度，努力打造天蓝、地绿、水清、景秀的生态家园。要以建设城乡统筹发展先行区为引领，积极创建国家生态园林城市，大力实施乡村振兴战略，努力建设宜居宜业、生态秀美的魅力城市。要始终把人民的利益摆在至高无上的地位，多谋民生之利、多解民生之忧，不断提高群众获得感幸福感。

全会要求，要坚持和加强党的全面领导，扎实推进党的建设，推动全面从严治党向纵深发展。要把党的政治建设摆在首位，坚定“四个自信”，树牢“四个意识”，严肃党内政治生活，牢牢站稳政治立场。要强化思想理论武装，用习近平新时代中国特色社会主义思想武装头脑，扎实开展“不忘初心、牢记使命”主题教育，打牢理想信念根基。要加强基层组织建设，以提升组织力为重点，坚持政治属性和服务功能相统一，把基层打造成为宣传党的主张、贯彻党的决定、领导基层治理、团结动员群众、推动改革发展的坚强战斗堡垒。要坚持党管干部原则，认真落实好干部标准，公平公正选用干部，树立正确的选人用人导向。要持之以恒正风肃纪，坚持把纪律和规矩挺在前面，深入推进党风廉政建设和反腐败工作，营造风清气正的良好政治生态。

全会号召，全区各级党组织和广大党员干部要更加紧密地团结在以习近平同志为核心的党中央周围，高举中国特色社会主义伟大旗帜，深入贯彻习近平新时代中国特色社会主义思想，不忘初心，牢记使命，撸起袖子加油干，奋力开创河口事业发展新局面，为实现党的十九大确定的目标任务不懈奋斗！

【全区干部下派帮扶暨扶贫开发工作会议】 11月24日上午，全区干部下派帮扶暨扶贫开发工作会议召开。会上，与会人员一起观看了第十八批下派帮扶工作专题片《承诺》，区委副书记王永跃主持会议，并宣读了《区委、区政府关于表扬第十八批干部下派工作单位和个人的通报》及《区委、区政府关于表扬全区扶贫开发工作单位和个人的通报》，与会领导还为受到表扬的单位和个人代表进行了颁奖。扶贫开发工作先进单位代表河口采油厂、第十八批干部下派单位代表河口经济开发区、第十八批下派干部代表区司法局派驻义和镇东韩村第一书记徐静、第十九批干部下派单位代表区住建局、第十九批下派干部代表区纪委机关选派下派干部丁希军先后作了交流发言。

区委书记荀增杰出席会议并讲话，他指出，召开这样高规格大范围的会议来研究安排部署扶贫攻坚和下派帮扶工作，体现了区委、区政府对这项工作的高度重视。第十八批下派帮扶工作开展以来，强化了基层基础建设，推动了农村产业发展，锻炼了下派干部。下派帮扶没有止境，河口区连续26年开展下派帮扶工作，已经成为河口一张靓丽的名片，也成为河口发展史上一抹绚丽的彩霞，也会成为继续推动美丽幸福新河口建设的一股强劲动力。

就下步下派帮扶和扶贫开发工作，荀增杰要求，基层是一个大学校，农村是一片大天地、大舞台。第十九批下派干部一定要带着对群众的真情，带着干事的豪情到农村一线去，锻炼自己、成长自己、造就自己。首先要当好宣传员，每一名队员就是一个称职的宣传员，要宣传好党的十九大精神，只有把十九大精神吃透了宣讲到位了，基层群众和党员真正了解、领会了十九大的精神，工作才会有方向、有目标、有动力，宣讲要接地气，要让老百姓听得懂。要当好调研员，到农村、到基层去不仅要帮助农民致富推动农村工作，而且还要广泛调研收集信息，为区委、区政府当好信息员，推动区委、区政府的决策能落地开花结果。要当好组织员，团结组织广大党员，通过下派帮扶工作、主题教育，来唤醒党员的意识，发挥党员的作用。下派帮扶干部要把建好支部、选好两委作为工作的抓手，在广泛调研、团结党员的基础上，树正能量，选好带头人。要当好战斗员，“千说不如一干”，我们只有在干当中才能够长本事、长见识。只有在干当中才能够推动发展，才能够带领群众脱贫致富。

荀增杰强调，各级各部门要关注帮扶工作，参与脱贫攻坚，要发挥协调作用、综合作用。派出的机关和部门要当好后盾，支持好一线的工作，要带头关心好在一线工作的同志，全区油地军港同心同力，确保下派帮扶、脱贫攻坚工作取得更大成绩，加快推动美丽幸福新河口建设。区委常委、组织部部长赵明印，区委常委、办公室主任刘斌，区委常委、纪委书记张作霞，区委常委、统战部长王建文，区人大常委会副主任郭存三，副区长徐文棠，区政协副主席李寿年，承担帮扶任务的油田部门单位分管领导，区直各部门单位主要负责同志，各镇党委书记、街道党工委书记、组织委员、扶贫办副主任和区直第十八批、第十九批下派干部等参加会议。

区委办公室工作

【概况】 围绕中心、服务大局是党委办公室工作的永恒主题、核心要义。办公室积极主动适应新形势新要求，以新状态适应新常态，认真履行参谋助手、综合协调、督促检查、后勤保障等各项职能，在围绕中心、服务大局中发挥更大更好的作用。

【综合文字工作】 （1）高质量做好文字综合工作。坚持以领导满意、基层认同和对实际工作有实际意义性为目标，精确把握区委工作思路，准确领会领导意图，注重在平时多下功夫，注重思考，努力提高文稿质量。全年，共起草领导各类会议讲话、汇报、致辞200余篇，其中，高质量撰写区第八次党代会、经济工作会、八届二次全委会等一系列重大会议讲话稿；撰写全市科学发展半年观摩及年终观摩沿路解说词；撰写经济社会发展情况、市经济运行调度等各类工作汇报40余篇，撰写会议纪要30余篇，整理会议记录30余次，较好地履行以文辅政的职责。（2）开展调研工作。以做好前瞻性、战略性与对策性研究为宗旨，积极主动为区委、区政府重大战略决策和重要工作部署提供参考与建议。根据全区工作重点，精心组织开展调研活动，围绕新旧动能转换等重点课题开展调研，组织撰写高质量调研文章，为领导决策提供依据。以《河口工作》为载体，及时向区委领导推荐优秀调研成果，编发《河口工作》11期，为领导科学决策提供重要参考，同时，积极推动调研成果转化，促进经济社会又好又快发展。（3）认真做好信息服务。紧贴区委中心工作，充分发挥信息主渠道作用，及时反馈区委的亮点工作、重要工作动态、兄弟县区的好经验以及上级重大方针政策、决策部署的贯彻落实情况，反映各职能部门的典型经验、困难问题和工作动态，切实增强信息为区委领导决策服务的针对性和实效性。全年，向省、市报送信息500余篇，采用90余篇，得到省委办公厅、市委办公室信息工作部门的充分肯定。

【综合服务】 （1）组织协调周密高效。注重发挥区委办公室牵头抓总、综合协调作用，加强同市委办公室的联系、衔接、沟通，增强工作预见性，为区委提供超前服务；积极做好与油田、济军综合训练基地和东营港的沟通协调工作，尽心尽力协助区委协调好各方面的关系，调动好各方面的积极性，促进区域融合、实现全面发展；健全完善区各大班子办公室、常委部门办公室沟通协调机制，加大沟通协调力度，经常互通工作情况，定期开展工作交流，增强工作的协调性；加强与区直部门和镇街的沟通协调，完善机制，创新形式，加强工作指导，全面提升全区办公室系统的整体工作水平。（2）办文办会规范有序。始终把规范作为公文处理工作的生命线，从制文、发文、收文、传文等环节入手，切实把好政治关、政策关、文字关和格式关。同时严格按照规范流程处理各类文件，认真做好文件的收发、登记、传阅、催办等工作，做到不积压、不拖延、不误事。2017年，共印发各类公文269份，共处理和传阅各类文件549件，并精心做好各类文书档案的整理归档工作。认真做好会议、活动组织工作，加强会前、会中服务，做到全面细致、主动周到、规范有序。（3）机要保密安全畅通。严格落实保密工作责任制，不断加强对计算机涉密、全区党政部门涉密人员、信息网络的保密指导管理力度，推动保密工作整体上水平。在全区范围内组织开展保密检查活动，重点针对各部门、单位上网终端、涉密设备进行全面检查，有效消除安全隐患。严格执行机要工作24小时值班制度，认真做好密码电报、紧急重要电报、内部明传电报、重要情报信息的收发、登记、分发、传阅、管理工作，保证电报的及时、准确、快速。2017年，共译传办理密码电报633份、明传电报230份，业务电报84份，未发生一起延误、错办、漏办事故，无任何失泄密事件发生。（4）值班后勤工作保障有力。值班工作严格执行24小时值班制度，狠抓服务规范化，一点一滴抓落实，及时高效做工作，确保政令及时畅通，树立起良好的窗口形象。行政接待工作坚持在细节上做文章、在规范上求突破，做到热情周到、勤俭节约。2017年，圆满完成重要行政接待32批次、480余人次。先后组织接待国家、省、市领导调研活动48次，组织筹备迎接全市重大项目观摩活动等大型活动15次，组织筹备各类会议112次。同时，严格执行财经纪律，加强财务规范化管理，有效保障办公室日常工作的正常运转。强化安全保卫工作，实行24小时定人、定岗、定责，突出做好来人登记和晚上值班巡逻，确保党政办公楼、人大政协办公楼的安全。

【督查督办工作】（1）加强重点工作督查督办。将2017年确定实施的重点工程项目和民生实事列入年度重点督查考核内容，采取集中调度与日常调度相结合的方式，实行月调度，月通报，关键时期随时调度，及时了解项目进展情况，及时发现存在的问题，积极提出具体推进措施，确保各项重点工程、重大项目的有序高效推进。同时，针对迎接全市经济社会发展观摩活动、上级领导调研等时间紧、任务重的状况，督查人员工作在现场一线，保证各项重点工作的顺利进行。（2）强力推进重要文件、会议决策的贯彻落实。遵循轻重缓急的原则，对全区经济工作会议、区委常委会、各专题性会议和区委主要领导调研中确定的重要事项以及区委有关文件的贯彻落实情况积极开展跟踪督办，及时报告落实情况，共开展督查活动20余次，下发重点工作立项督查通知16次，编发督查专报54期，有效推动区委重大决策和重要工作部署落实。（3）抓好请示报告、领导批示件的办理落实。对收到的部门请示，严格按照请示报告制度要求快速运转；对领导批示件，做到批必查、查必办、办必果、果必报，件件有落实，事事有回音。共办理部门请示报告15件，办理市委领导批示件49件，区委领导批示件23件。（4）做好人大代表建议政协委员提案办理工作。把人大代表建议和政协委员提案办理工作纳入年终专项督查考核，对涉及党委部门单位的政协委员提案工作进行督促落实，督办人大代表建议及政协委员提案17件，办结率100%。

组织工作

【概况】2017年，全区组织工作以学习贯彻习近平新时代中国特色社会主义思想和党的十九大精神为主线，紧跟区委全力打造“一极两区”、决战决胜全面小康步伐，在服务大局中明确政治站位，在聚焦主业中把握职责定位，在稳中求进中积极干事作为，各项工作取得新的进步，为在全面建成小康社会进程中走在前列、加快建设美丽幸福新河口提供坚实组织保证。

【推进“两学一做”学习教育常态化制度化】坚持把推进“两学一做”学习教育常态化制度化作为重大政治任务抓紧抓好，驰而不息推动学习教育融入日常、抓在经常。（1）抓住关键少数。突出发挥区委常委会表率作用，以上率下，层层示范。区委常委会带头抓好经常性学习，制定《区委常委会常态化学习研讨机制》《区委常委会年度学习安排》，做到年度有安排、月月有计划、次次有主题。按照“七个方面”做示范的要求，推动区委常委所在支部带头建设过硬支部。（2）建立长效机制。围绕学习教育具体化、精准化、差异化要求，推广机关“会前5分钟”、企业班组晨会“微宣讲”、农村“夜间小课堂”等做法，推进学习研讨交流高频次、经常化。灵活运用“河口党建”微信公众号等平台，通过开设“信仰讲堂”、微党课宣讲、微视频录制等方式，多途径多方式推进学习教育经常时常，促进党员干部形成学习自觉。（3）从严从实督导。将抓督导作为推进“两学一做”学习教育的重要抓手，调整督导组设置方式，成立镇（街道）开发区（产业园）督导组，并依托区纪委派驻纪检组设立5个学习教育区直督导组，实现对106个部门单位全覆盖。建立常态化督导工作机制，区委学习教育指导协调小组办公室每月下发1期督导要点，每月各督导组对被督导单位开展一次拉网式、全覆盖式督导，并及时通报督导结果，做到真督实导。（4）创新特色载体。坚持知行合一、学做结合，在“两学一做”学习教育中开展“百场送学、万人服务”主题实践活动，分类型成立政策理论、先进事迹、优秀党员、基层党建、警示教育5支巡回宣讲团，组织开展大规模、高水准、经常化的巡回宣讲活动100场次。依托全区8800名党员，广泛开展形式活、覆盖广、密度高的主题志愿服务、专业志愿服务和特色微服务3100余次，推动基层党支部打造过硬支部，广大党员践行“四个合格”。全面推进过硬支部建设，实行积分量化管理，分领域培育过硬支部典型76个。探索开展“城乡联动”党员主题活动日，机关与农村党支部结对开展活动，区镇村三级联动定主题、定时间、定内容、定指导，相继开展“党性体验”“喜迎党的十九大”“弘扬换届正能量”等特色主题活动，从根本上解决了活动不规范、缺乏吸引力的问题。

【加强领导班子和干部队伍建设】 坚持把“从严治党、从严管理干部”的要求贯彻到干部工作全过程，扎实推进全区领导班子和干部队伍建设。（1）选优配强班子队伍。研究修订《河口区科级干部选拔任用工作流程》，严格动议酝酿、推荐考察、审核与征求意见、研究任职等环节工作要求，落实全程纪实制度，保障干部选拔任用工作规范有序。2017年，全区共调整科级干部262人，其中提拔111人、重用31人。进一步完善政绩考核评价体系和奖惩机制，优化考核等次评定，顺利开展全区科级领导班子和领导干部2017年度考核工作。出台区管企业领导班子和领导人员综合考核评价办法，加强区管企业领导班子建设和领导人员管理考核，促进企业改革发展。组成调研组深入区直部门单位开展干部无任用考察，全面了解掌握领导班子和干部队伍建设情况，综合分析研判，研究提出副科级后备干部初步人选98名，年轻干部、女干部和党外干部人选34名。（2）加强换届风气监督。严格落实中央“四必看”“四必训”“四必谈”要求，在区党代会、“两会”召开期间，持续加强换届纪律宣传教育，营造风清气正的换届环境。畅通“12380”电话、来信、网络、短信和来访“五位一体”综合举报受理平台，坚持24小时值守，确保反映问题及时处理。牵头开展“两代表一委员”考察审查工作，落实党委把关责任，科学制定考察工作方案，严格标准程序，认真审核身份类别、档案等信息，为区党代会、“两会”顺利召开提供坚实保障。（3）深化干部人事制度改革。建立完善干部培养使用机制，印发《关于进一步做好干部在一线锻炼工作的实施意见》《河口区区直机关事业单位遴选工作人员暂行办法》，对选派和遴选工作进行规范，通过以上办法，共遴选17名驻站招商和信访挂职人员，进一步强化干部培养锻炼。出台《河口区推进领导干部能上能下实施办法（试行）》《河口区推动干部干事创业正向激励办法（试行）》，调动全区各级干部担当作为、干事创业的积极性，营造干部干事创业良好环境。（4）从严管理监督干部。深化领导干部报告个人有关事项工作，加强对《领导干部报告个人有关事项规定》《领导干部个人有关事项查核结果处理办法》的学习培训和政策解读，从严组织实施河口区县级干部2017年领导干部个人有关事项填报及问题整改工作。认真做好区管正职领导干部离任交接工作，明确交接对象，细化交接事项，严格交接程序，强化对部门单位“一把手”职务行为和权力运行的管理监督。加强提前离岗返岗科级干部管理，完善“周调度、月报告、半年通报、年终考核”的管理机制，实时掌握返岗干部工作情况，推进返岗干部有效作为。（5）加强干部教育培训。对全区干部教育培训统筹部署，对班次内容、外出培训计划、干部调训范围从严做出具体规定，指导全区干部教育培训工作。邀请省委党校教授、知名国防教育专家、区领导等走上讲台，设计丰富多彩的异地培训、区内考察、学员讲堂和班务活动，提升主体班次吸引力。全年共开展主体班次6期，培训干部300余人次。从计划审批、外出备案、培训总结等方面从严管理部门单位外出培训班次，有效提升部门单位外出培训实效。2017年，统筹指导部门单位举办干部教育培训班45期，培训干部2700余人次。

【全面深化基层党组织建设】 牢固树立大抓党建、大抓基层的鲜明导向，从严从实抓基础、抓短板、抓创新，有力提升基层党建工作水平。（1）抓顶层设计，统筹谋划部署。区委将2017年确定为“基层组织建设规范提升”年，常委会专题研究谋划思路，加强顶层设计，分领域、分层级出台《关于建立区域化党建工作体系的方案》《党支部组织生活标准化建设规范》等8个文件，绘制抓实基层党建的“路线图”。组织召开全区基层党建工作重点任务推进会议，研究制定《基层党建重点任务清单》，明确各项任务推进措施、完成时限，对全年基层党建重点工作进行统筹部署调度。（2）抓规范提升，夯实基层基础。组织开展“基层组织建设规范提升”行动，从管理、工作、活动、保障四个方面确定16项基本标准和规范，狠抓党支部组织生活标准化建设，对“三会一课”等5项基本制度逐一明确操作规范，为规范基层党建提供“标尺”。固定每月5日作为“党员主题活动日”，以“规定动作+自选动作”为主要形式，大力开展主题活动，各基层党组织开展扶贫走访、微党课宣讲、拍摄党员全家福、和党说说心里话等特色活动3100余次。加强宣传发动，综合运用巡回宣讲、信仰讲堂、微信推送、印发小卡片等方式开展宣讲。加强督查考核，组织开展大密度、高频次的巡查暗访30余次，有关结果及时通报反馈，让严格的组织生活成为常态。（3）抓薄弱环节，补齐工作短板。坚持问题导向，精准施策发力，分领域补齐工作短板。在农村，深入开展农村（社区）基层党建大调研、村级审计督查和党务督查“一研双查”，“一竿子插到底”摸实情。重拳整治薄弱村，排查确定19个薄弱村，每村派驻区级领导联系，镇街班子成员担任驻村组长，整合管区、包村单位、第一书记、公安民警多方力量，一村多策综合整治。着力发展壮大村级集体经济，对经济薄弱村逐村分析，综合运用以地生财、盘活资产、有偿服务、发展乡村旅游等多种方式，加大推进村级集体经济增收力度。在“两新”组织，全面深化区域党建联建，健全区域活动轮值、区域述职评议、党员队伍联管等方面9项长效机制，分区域打造“10分钟党建活动圈”，增强了党组织和党员活力。进一步理顺党组织隶属关系，依托市场监管局、民政局、工商联等职能单位成立综合党委，对部分党委所属企业党组织按照属地管理原则调整，构建“行业归口管、镇街属地管”的工作格局，补齐规模小、分布散的工作短板。在社区，着力深化特色党支部建设，深入推进社区服务“微型化、特色化、信息化、精细化”“四化”工程，组建党员志愿服务“微团队”，开展特色“微服务”，着力提升为民服务效能。（4）抓创新突破，提升工作层次。探索开展党群服务体系建设，高标准建设镇街党群服务中心、区域党群服务站、基层党群服务点三级阵地体系。大力推进党建引领社会治理工作，探索“一网一中心四统筹”工作模式，推进社会治理的社会化、法治化、智能化、专业化水平。部署开展两新组织党建“强基础、抓规范、促提升”行动，探索园区非公企业党建“四统三有三提升”工作模式，打响河口两新组织党建品牌。大力实施抓党建书记项目，推动各党（工）委确定智慧党建信息平台、党支部建设星级动态管理、基层党建“五化五提升”精细化管理机制等13个书记项目，为提升基层党建

全区党支部组织生活标准化建设暨党员主题活动日集中宣讲

工作层次奠定坚实基础。结合党建区域化工作体系，围绕示范点划区域，定期观摩交流，推动基层组织资源统筹、共建共享，促进全区服务型党组织建设全面提升。（5）抓思想教育，增强党员党性。创办“信仰讲堂”，组建专业讲师团，围绕习近平总书记系列重要讲话精神、中国特色社会主义理论体系、党的路线方针政策和形势任务等内容进行广泛宣讲，打造遍布区镇村三级的党员理想信念教育主阵地。高标准举办全区农村、城市社区主职干部暨优秀党员示范培训班，邀请区级领导、专家学者为学员授课，促进党员党性意识明显增强。规划建设河口党建可视化管理服务系统，为全区各级党组织、党员以及广大群众提供可视化、系统化、数据化、精准化服务。购置2万余册党建图书建立党建图书馆网络，丰富党建生活频道栏目和内容，为全区党员干部提供“精神食粮”。（6）抓实绩实效，推进下派帮扶。高标准完成第十八批下派帮扶工作，各帮扶部门单位和广大下派干部协调投入资金、物资6146万元，实施帮扶项目132个。为企业协调办理手续560余项，解决实际困难问题230余个，帮助企业融资2600余万元；组织党课1232场，入户走访群众13200余人次，走访困难家庭800余户，开展政策宣传420余次，帮助群众解决实际问题1230余件次。精心谋划开展第十九批下派帮扶工作，选派239名干部到村、企业开展新一批下派帮扶工作。（7）抓培训质量，培育新型农民。以提升培训层次和培训质量为重点，改进新型农民培训方式方法，全面提升培训工作的针对性、系统性和实效性。继续坚持把“精品化”培训作为新型农民学校工作的最重要抓手，区分不同群体和从业特点，灵活运用高效课堂、名师讲堂、流动课堂、基地课堂、实践课堂、空中课堂、网络课堂等多种教学模式，为党员群众量身定做培训“菜单”，不断提升培训实效性。全年共举办新型农民培训1100余期，培训13万余人次。

【人才工作】 坚持把人才工作作为区域经济和社会发展的重要抓手，深入实施“创新活区”“人才强区”战略，为全区经济社会发展提了坚强的人才保障和智力支撑。（1）深化人才发展体制机制改革，激发人才创新创业活力。制定出台《河口区“十三五”人才发展规划》《关于完善创新人才工作体制机制加快推进“人才强区”战略的实施意见》《河口区促进人才优先发展的若干措施》等政策文件，设立1000万元人才发展专项资金。理顺党委、政府人才工作部门职责，制定实施区直部门单位人才工作责任清单制度，将行业、领域人才队伍建设列入相关职能部门“三定”规定。（2）释放企业人才引擎动力，服务新旧动能转换。开展全区企业人才工作、产学研合作跟踪摸底等系列调研活动，赴深圳举办河口区第一届企业家年会，举办“路演大师高峰论坛”，组织区内企业负责人赴上海交通大学、四川大学等高校举办人才班次6个，召开企业家对接交流座谈会8次。高标准打造河口经济开发区、河口蓝色经济产业园、黄河口高新技术企业创业园、澳亚－奥克斯奶牛优秀种质创新平台、海洋科技创新平台等五大创新创业基地。全年新增省级平台3家、市级平台9家。（3）依托人才活动载体，推动灵活引才用才。加强引资引智融合互动，在北京、上海、

举办黄河三角洲海洋渔业产业发展高端论坛暨人才对接会

深圳三地建立引资引智工作站，先后召开深圳招商引资暨招才引智推介会、企业家座谈会等引资引智活动。高标准举办石化产业高端人才专场对接会、东营现代农业高端人才产业需求对接会、黄河三角洲海洋渔业产业发展高端论坛暨人才对接会3场产业人才对接活动，与清华大学联合举办助推河口企业转型升级招商引智说明会，全面推介河口引资引智环境。扎实开展“百名专家进河口”“专家河口行”等活动，先后赴青岛、淄博、成都等地开展产学研活动。2017年，河口区人民政府先后与上海交通大学、山东理工大学、山东省农业科学院等院校签订战略合作协议，多家企业与国内知名院校在项目研发、基地共建、人才引育等领域达成合作。（4）营造人才优先发展良好环境，打造创新创业人才高地。定期召开人才工作会议，对全区人才重大事项进行部署调度，形成组织部门牵头抓总、成员单位各司其职、社会力量广泛参与的工作格局。深化党委联系专家制度和企业人才工作“网格化”管理模式，实现全区企业重点人才联系服务全覆盖。开展志愿服务工作专题分享会、第五届职工职业技能竞赛、就业创业培训等活动，推动本土人才系统化培养。与人才山东网签订宣传合作协议，在人才山东网开辟人才专栏，建立人才河口微信公众号，进一步加强人才工作对外宣传。

宣传工作

【概况】 2017年，在区委、区政府的坚强领导下，在上级宣传部门的正确指导下，全区宣传思想文化战线紧紧围绕学习宣传贯彻党的十八届六中全会和十九大精神，以创建文明城市、公共文化服务体系示范区建设、深化实施“四德”工程为重点，扎实推进各项工作，在理论武装、新闻宣传、文明创建、文化建设等方面取得新的进展，为全区经济社会持续稳定健康发展提供强有力的思想文化支撑。

【理论武装】 把习近平总书记系列重要讲话精神、中国特色社会主义理论体系、中国梦、党的十八届六中全会和十九大精神作为理论武装工作的重点，精心组织区委理论中心组和全区干部理论学习，提高广大党员干部的思想政治水平和科学发展能力。

（1）精心组织党员干部理论学习。加强学习的系统化、制度化建设，制定下发《2017年全区干部理论学习安排意见》，对全年理论学习做出安排部署。结合“两学一做”学习教育，组织区委、区政府领导班子成员集中学习13次；组织开展党的十九大精神专题学习班，对全区科级以上干部及基层党组织负责人进行分批轮训。学习中，注重理论联系实际，与黄蓝经济区建设、“两学一做”学习教育等有机结合起来，做到学习教育与其他工作两不误、两促进。

（2）深入实施理论惠民工程。围绕党的中央全会精神及党的路线方针政策，广泛开展基层宣讲活动，成立党的十九大精神宣讲团，抽调区委党校优秀讲师分赴各镇街和区直有关部门单位完成宣讲工作。加强理论宣讲队伍建设，积极培育基层宣讲骨干。选拔2名优秀宣讲员参加全市“追梦”宣讲团暨“中国梦·党在心中”百姓宣讲比赛，推荐3名理论宣讲人员、2名政策宣讲人员参选全市理论政策宣讲师资库。整合全区宣讲资源，开展“三个五”公益大讲堂活动，招募志愿讲师37人，建设“固定型”宣讲阵地8处，开展公益宣讲40余场，受众达2400余人。充分利用电视、网站等媒体，开辟学习贯彻党的十九大精神、“中国梦·我们的价值观”等专题专栏，开展好理论宣传工作。

（3）做好理论阐释和调研研讨。坚持学习与研究相结合，健全领导干部联系点调研制度，各级干部紧紧围绕学习宣传贯彻十九大精神，结合“两个率先”目标，深入调查研究，撰写一批有价值、有深度的理论文章。报送经验类宣传信息9篇，舆情信息531篇，完成市委宣传部调研约稿4篇，其中，河口区报送的《涉省十一次党代会舆情风险点分析》被省委宣传部《每日舆情要报》采用，省委书记刘家义对该信息作出重要批示。

【舆论引导】 坚持团结稳定鼓劲、正面宣传为主，强化新闻策划，内宣与外宣同步推进，发挥统一思想、凝聚力量、营造氛围、树立形象的作用。

（1）精心组织区内宣传。围绕十八届六中全会精神、十九大精神、“两学一做”学习教育、经济发展、社会民生等内容，开展主题宣传。推进区电台、电视台节目改版升级，扩版精办《关注发展》《快乐梦想》《河口印象》等群众喜闻乐见的节目，丰富自办节目内容，两台收视率持续提升。推进广播电视节目无线数字化覆盖工程，做好“智慧河口”手机电视共享平台管理工作，实施油地新闻定期互换，突出重点工程、民生实事宣传，扩大新闻宣传覆盖面，为各项工作开展营造良好氛围。

（2）加大对外宣传力度。加大与上级媒体的联系沟通，积极向各级影响力大的主流媒体供稿。借助举办“第六届湿地槐花节”等节庆活动，邀请各级媒体参与报道。2017 年，上级媒体到河口采访 20 余次，对河口区多项重点工作开展宣传。截至年底，共在市级以上各级媒体发表稿件 620 余篇，其中，《大众日报》90 篇（重头稿件 26 篇），《东营日报》371 篇（重头稿件 167 篇，头版头条 4 篇），在《黄河口晚刊》刊发系列报道 9 期，对 2017 年全区发展建设中的新思路、新举措、新成果进行有力宣传。

（3）做好网上舆论工作。加强网上正面宣传，运用百姓视角和百姓语言在新华网、人民网、齐鲁网等市级以上重点新闻网站、重点商业网站发稿 1300 余篇。做好“河口资讯”微信公众号、新华社客户端河口专栏的信息发布和日常管理工作。“河口资讯”微信公众号编辑发布 205 期，关注人数上升为 965 人，新华社客户端河口专栏编发 205 期，形成网上正面舆论导向。规范“河口吧”等贴吧的吧规民约，主动设置“鸣翠湖，我们共同呵护”等话题贴，引导文明健康的贴吧氛围。加强网络舆情监控和研判，落实舆情周报和重大舆情专报制度，编发舆情专报 5 期，做出涉稳形势报告 12 期，向有关部门下达舆情通知 50 件。全年共妥善处置涉及河口网络舆情 300 余条，有效维护河口形象。

（4）强化新闻宣传队伍建设。规范新闻宣传队伍管理。重新调整扩充全区新闻通讯员队伍，构建起区、镇（街）一体的新闻宣传队伍网络，加强业务学习和工作调度，举办全区新闻通讯员培训班和网络评论员培训班，提升全区新闻通讯员与网评员队伍的业务能力。规范新闻例会等相关制度，下发近期新闻宣传工作要点 4 期，开展主题宣传 10 期。

【文明创建】 坚持创建为民、创建惠民、创建靠民的原则，动员广大干部群众积极参与各类文明创建活动，城乡文明程度明显提升。

（1）巩固文明城市创建成果。召开创建全国文明城市工作调度会议、推进会议，细化任务分工，落实部门责任，全力以赴迎接第五届全国文明城市评选和省级文明区复审。深入开展市容环境综合整治，针对乱停乱放、乱设摊点等易反弹问题和城乡结合部、农贸市场等重点部位，建立联合执法机制，开展“七项整治”专项行动和文明出行专项行动，取得明显效果。投资 273 万元实施 10 个创城基础设施维护重点项目，解决一批群众关心关注的热点问题。实施网格化管理，组织卫生集中清扫活动 22 次，城区环境面貌和公共秩序得到明显改善。加大创城宣传力度，发放创城海报 2000 余份、市民文明手册 3 万份、致广大经营业户一封信 3000 份、《“文明出行我先行”倡议书》15000 份、设立大型广告宣传牌和板式宣传牌 300 余处，全区各级各部门单位、社区、窗口行业悬挂创城横幅，电子屏滚动播出创城宣传口号，市民知晓率和参与面进一步拓展。加大巡查督导力度，广泛招募市民巡访团志愿者，吸引社会力量参与监督检查。开展集中督导 23 次，下发督查通报 19 期，督办单 36 份，对现有工作机制加以规范，常抓不懈，减少空白点、空档期，在一定程度上实现创城工作的长态化管理。

（2）推进农村精神文明创建。结合乡村文明建设专项行动，抓好乡村基础设施建设、城乡环卫一体化、“新农村新生活”培训、移风易俗等工作，农村环境面貌和文明程度显著提升。突出抓好乡村文明移风易俗工作，利用广播电视、政府网站、“智慧河口”手机台等媒体，广泛宣传移风易俗和殡葬政策，引导广大干部群众摒弃陈规陋习，弘扬节俭新风。全区177个村全部落实“四会、一榜、一公约”，并按照移风易俗重大事务公示制要求，全部设立高标准公示牌加以公示，促进群众自治组织的主体作用，积极培育婚事新办、丧事简办、文明理事的社会新风尚。

（3）加强对各级各类文明单位的动态管理。对照《东营市文明单位建设管理办法（试行）》，切实加强对各级各类文明单位的动态管理和跟踪考核，确保文明单位的先进性。认真做好各级文明单位的评选申报工作，将一批创建效果明显、带头示范性强的单位纳入全区各级各类文明单位范畴。2017年，全区新推荐省级文明单位2个，省级文明村镇2个，市级文明单位10个，市级文明村镇18个，充分发挥示范带动作用。推动文明行业创建，启动实施物业行业“文明服务年”活动，推动行风文明建设。

（4）全面深化志愿服务工作。充分利用区电台、电视台、政府网站等各类宣传阵地，制作播出志愿服务活动公益宣传广告，普及“学习雷锋、奉献他人、提升自己”的志愿服务理念。加强全区志愿服务组织和志愿服务站点建设，全区现有注册志愿者6100余名、志愿服务团队103支、“学雷锋”志愿服务站点17个。年初，召开全区志愿服务表彰暨项目发布大会，确定重点项目37个，表彰2016年度优秀志愿服务项目5个、优秀志愿服务组织7个，优秀志愿者10人。积极推进农村志愿服务工作，15个省级示范村全部建立志愿服务队伍和站点，开展卫生清扫、“代理妈妈”结对帮扶、关爱孤寡老人等志愿服务活动。

【公民思想道德建设】 广泛开展社会主义核心价值观宣传教育，在大众化、具体化上下功夫，公民道德建设取得新成效。

（1）培育和践行社会主义核心价值观。坚持把培育和践行社会主义核心价值观融入到全区精神文明建设工作全过程，贯穿到群众性精神文明创建活动的各个方面，在落细落小落实上下功夫。将核心价值观融入市民文明守则、村规民约和行业规范，全区各级各部门单位组织开展邻里节、喜迎十九大广场舞大赛等多种形式的宣传普及和实践活动，推动社会主义核心价值观落地生根，成为人们的生活态度、生活方式、生活习惯。

（2）深入实施四德工程。深入推进善行义举“四德”榜建设，河口区农村、社区实现四德榜全覆盖，20家学校、23家企业、49个机关单位完成建榜，每个季度进行一次更新维护，同时，严格按照要求做好四德榜网上平台上传工作。广泛开展善行义举四德榜实体榜“优榜”评选活动，引导各单位建优榜、选好人、树新风。开展善行义举四德榜“榜上有名”人物评选活动，共选出11名来自各行各业的先模人物，在河安社区、河宁社区建设“榜上有名”先模人物实体榜，宣扬他们的先进事迹，号召大家学好人、当好人，形成“人人学习道德典型、人人争当道德模范”的良好氛围。

（3）积极选树先进典型。依托善行义举四德榜开展“身边好人”推荐评选活动，大力弘扬传统美德、营造良好社会风尚。持续推进“我推荐、我评议身边好人”“山东好人之星”活动，积极向上推荐典型并做好网络投票工作，河口区李本峰、李凡成荣获第五届全市道德模范称号，丁金红、郭翠平等7人入围山东好人之星评选，王雅琪被评为全市“十佳美德少年”，孤岛镇14岁少年高明杰捐髓救母事迹引起广泛关注，并在中央媒体宣传。

（4）抓好未成年人思想道德建设。在全区各中小学校增设德育课堂，充实道德教育图库，组织开展优秀童谣传唱、“学雷锋，争当美德少年”“童心向党”歌咏比赛、向国旗敬礼等主题活动，未成年人思想道德建设载体更加丰富。深入推进文明校园创建工作，认定和表彰全区第一届文明校园，并做好全市第一届文明校园的推荐工作。广泛开展中华经典诵读活动，成功举办河口区首届“国学小名士”经典诵读电视大赛。抓好乡村学校少年宫阵地建设，完善激励机制和考核机制，加强校园周边环境整治力度，为未成年人创造良好的成长成才空间。

（5）加强企业思想政治工作。组织开展“厚道鲁商”品牌形象榜上榜企业遴选工作，根据省、市要求，积极发动企业参与，经企业网上申报、区“职能部门”审核、社会公示、区“职能部门”一票否决等环节，共15家企业进入河口区“厚道鲁商”品牌三级联创候选企业名单，并有3家企业入选东营市“厚道鲁商”品牌形象榜。组织好企业政工师评选工作，2017年，河口区有9名同志通过全省企业政工师统一考试，现正在进行档案审核工作。

【公共文化服务体系示范区创建】 （1）推进公共文化服务体系建设。积极开展公共文化服务体系示范区创建工作，区图书馆顺利通过国家一级馆实地评估，区博物馆设计方案基本完成。加快图书馆总分馆体系建设，在全区范围内实现“一馆办证、通借通还”。实施镇（街道）综合文化站及村（社区）综合文化服务中心提升工程，统一门牌及服务标示，设立专项奖补资金，有6个镇街综合文化站、134个村（社区）升级达标。推进乡村剧场和乡村历史文化展馆（室）建设，22处乡村剧场建设完成，21处历史文化展馆（室）基本完工，28处数字文化广场正在办理招标手续。

（2）开展群众文化活动。组织开展河口第二十届油地军港闹元宵大联欢、2017河口春节联欢晚会、广场文化艺术节等群众性文化活动，丰富群众文化生活。推进文化下基层，2017年，举办“进千村乐万家”演出200场、乡村大舞台系列活动9场次，农村公益电影放映和公益电影进福利机构放映750余场，观影人数达3万余人。

（3）培育特色文化品牌。依托孤岛万亩槐林，继续打造湿地槐花节品牌，叫响“多彩新淤地，五月槐花香”口号，举办第六届湿地槐花节、全国摄影展和诗歌朗诵会，承办全省社会科学普及周活动，河海湿地文化影响力进一步扩大。

【文化体制改革】 按照省市要求，抓住重点领域和关键环节，落实文化体制改革各项任务。根据市委宣传部和区委改革办要求，共汇总河口区15项文化体制改革任务台账，对照台账目标和要点，推进各项改革任务落实到位。在河口区开展推动新旧动能转换加快文化产业发展专题调研，形成第一手资料。依托孤岛万亩槐林，成功举办第六届黄河三角洲（中国·东营河口）湿地槐花节暨全国摄影大展，促进河口区文化旅游业的发展。

【干部队伍建设】 （1）开展“两学一做”学习教育。按照区委统一部署，开展“两学一做”学习教育，组织集中学习20次，专题讨论3次，党员领导干部讲专题党课5次，向有关部门单位征求意见建议6条，查摆支部班子和党员领导干部问题18个。（2）推进工作创新。根据全市宣传文化工作创新突破年活动统一部署，结合河口区实际，确定社会主义核心价值观进校园提升工程、“三个五”公益大讲堂、“智慧河口”融媒体项目、“悦享阅读”项目等四个重点创新项目，分别细化工作方案，明确责任分工，其中，社会主义核心价值观进校园提升工程被确定为全市重点创新项目。

统战工作

【学习宣传贯彻落实十九大精神】 围绕学习宣传

贯彻党的十九大精神这条主线，组织引导党外人士积极参加学习宣传贯彻落实党的十九大精神各项工作。十九大召开前着力维护统一战线领域和谐稳定，营造喜迎党的十九大的浓厚氛围；十九大召开期间，着力做好统战成员收听收看十九大工作；十九大闭幕后着力做好学习宣传贯彻工作，通过党外人士的亲身参与，加深对党的十九大精神思想政治认同。具体工作中，（1）营造学习宣传贯彻党的十九大精神的浓厚氛围。举办丰富多彩的统一战线喜迎党的十九大召开系列活动，组织引导各民主党派和统战团体，积极举办文艺演出、诗歌美文朗颂会等文体活动。区委统战部协调排练场所，并提供部分费用，解决服装、道具等问题。各民主党派、无党派人士积极参与，加班加点编排节目，民盟河口支部举办的“喜迎十九大文艺晚会”“喜迎十九大健康骑行”和以民主党派成员、无党派人士为主体的区政协“履职为民·喜迎十九大”诗歌美文朗诵会，从党外人士的视角学习宣传贯彻党的十九大，引导党外人士从思想上认同党的十九大；在“河口统战”微信公众号开设“学习十九大，画好同心圆”专栏，发布解读党的十九大精神的文章和党外人士学习宣传贯彻党的十九大精神的心得体会，浏览量达到3000人次；在统一战线成员中开展“学习十九大、画好同心圆”主题征文活动，已征集文章20篇。（2）建立学习宣传贯彻党的十九大精神的长效机制。成立全区统战系统学习宣传贯彻党的十九大精神工作领导小组，区委常委、统战部部长任组长，具体抓好学习宣传贯彻工作。制定《全区统战系统学习宣传贯彻党的十九大精神工作方案》，就全区统战系统深入学习宣传贯彻党的十九大精神做出安排部署。将学习宣传贯彻党的十九大精神情况纳入年度全区统战工作考核的重要内容。建立党派集中活动日制度，分类别组织各民主党派负责人、工商联、党外代表人士和宗教团体负责人开展不同形式、各具特色的学习宣传交流活动。（3）强化统一战线成员学习宣传贯彻党的十九大精神系列培训活动。突出启动快、解读准、内容新三个特点，在市委党校教师完成中央党校党十九大专题培训后的第一周，即邀请其骨干教师来河口做统一战线成员学习党的十九大精神辅导报告，准确、全面解读党的十九大精神，详细解读十九大对多党合作、政治协商等统一战线理论的新要求。着眼系统化推进学习宣传贯彻工作，与东营区委统战部联合在山东大学举办党外代表人士暨统战干部培训班，从经济形势、国际环境、民族宗教、新的社会阶层人士统战工作、多党合作和政协协商等多个方面分项解读十九大报告。党的十九大闭幕以来，河口区统战领域累计举办各类党的十九大精神辅导报告会、培训班、宣讲活动等10余次，培训党外代表人士300余人次，全区党外代表人士普遍全面深刻理解、自觉接受习近平新时代中国特色社会主义思想，学习宣传贯彻工作做到了入心入脑、学懂悟通。

【民主党派和无党派人士工作】 （1）全面深化多党合作和民主协商制度。出台协商计划，完善工作机制，印发《中共河口区委2017年度同区各民主党派无党派人士政治协商计划》，就2017年度区委同区各民主党派无党派人士政治协商做出安排部署，就政党协商提出“222”指标，区委、区政府主要领导参加的协商活动每年不少于2次，区委、区政府分管领导参加的协商活动不少于2次，部门举办的协商活动不少于2次，保证政治协商的层次和质量。（2）采取有效方式，推进协商与民主监督活动。根据计划安排举办区政协换届人事安排工作、区政府工作报告、党风廉政建设和反腐败工作、全区经济社会发展情况、区委八届二次会议等协商会和情况通报会，区委书记、区长先后出席并做重要讲话，显示区委对政党协商的高度重视。对协商成果以两办督查文件向各有单位通报，督促进落实，确保协商成效，为民主党派、无党派人士履行好参政议政职能搭建舞台。高度重视党外民主监督工作，从机制体制上入手，通过向政府部门派出特约监督员，向司法机关派出特约审判员、检察员，向重点工程、重点项目派出民主监督小组，在镇街建立党外人士通报会制度等多种形式为开展民主监督工作创造条件，使民主监督工作走向规范化，实现全覆盖。（3）支持民主党派加强自身建设。下发《中共河口区委统战部关于协助民主党派组织加强规范化管理的意见》，从党派成员入口、党派成员履职、管理考核、退党机制等方面入手促进民主党派健康成长。支持民主党派加强思想建设、组织建设、制度建设、机关建设，新成立九三学社河口支社，新发展民主党派成员5名，解决民主党派办公场所40平方米，进一步提高民主党派集中办公水平。协调50平米办公场所，建成民主党派社会服务实践锻炼基地，依托基地推进“启梦行动”等社会服务工作，为更好地开展民主党派工作、推动民主党派健康成长提供有利条件。

【新的社会阶层人士统战工作】 （1）紧扣主题，建立有效机制。每半年召开一次部务会议，专题研究新的社会阶层人士工作，做到“四个纳入”，初步形成条块结合、多方联动、运行高效、齐抓共管的新的社会阶层人士统战工作格局。召开新的社会阶层人士统战工作会议，印发关于做好新的社会阶层人士统战工作的实施意见，对新的社会阶层人士工作做出统一安排部署。（2）深入调研，摸清底数。采取集中时间、集中人力、集中物力、集中精力“四个集中”的办法，在全区开展为期一个月的新的社会阶层人士大调研活动，重点对全区各类新阶层人士群体开展拉网式普查，建立“一簿四库”，做到一人一档，痕迹管理，建成涵盖600余人的新的社会阶层人士数据库，在此基础上，完成新联会会员推荐工作，成功启动新联会成立工作，奠定新的社会阶层人士统战工作基础。（3）发挥民主监督作用，安排好社会职位。把新的社会阶层人士纳入党外代表人士队伍总体培养发展计划，对想干事、能干事、干成事的新的社会阶层人士加大政治安排力度。同时举荐优秀的新的社会阶层人士到行业商会、新媒体联谊会等社会团体任职。结合换届，先后安排42名新的社会阶层人士担任政协委员、人大代表和工商联副主席等职务。（4）完善工作体系，成立部门机构。从编制、机构、人员和经费上加大倾斜力度，区编办发文成立党外代表人士联络服务中心，并新增3个编制，专门负责新的社会阶层人士统战工作。

【民族宗教工作】 民族工作方面，认真贯彻落实中央、省委、市委民族工作会议经验交流会，扎实推进开展民族宗教工作，使民族工作更上一层楼。（1）以宣传教育为主线，营造民族工作氛围。在居民小区和广场设置“民族之窗”宣传栏、民族风情墙、民族走廊等宣传平台，利用广场文化节、网站、微信、电视新闻、展板、悬挂横幅等形式，宣传中央、省市民族工作会议精神，普及民族知识和民族政策。（2）以搭建平台为载体，丰富民族工作内涵。依托社区工作站，搭建民族之家、民族服务热线、民族情谊联系室、少数民族活动室等平台，定期组织举办活动。（3）以优质服务为手段，增强民族工作合力。围绕民族团结发展这一主题，指导各镇街结合实际，开展“一镇（街）一品牌”优质服务活动，为少数民族群众搞好生产生活方面的服务，取得较好成效，得到少数民族群众的赞许。（4）以化解矛盾为根本，创新民族工作机制。结合河口区结构特点，依托本地活跃网络平台和“3612345”民生热线，搜集掌握民族舆情信息，拓宽利益诉求渠道，召开协调工作会议、各界人士座谈会和网民座谈会，掌握少数民族群众反映的突出问题和重点人群思想动态，做好应急协调处置预案工作，维护社会环境和谐稳定。民族宗教方面，狠抓宗教管理，把安全放首位。与各宗教活动场所签订安全责任状，不定期组织开展安全检查，确保各活动场所安全稳定。对宗教领域进行拉网式排查，实行区、镇（街）、村三级管理机制，落实责任，稳控对象责任到人，保持古尔邦节、圣诞节等宗教节日期间的安全稳定。

【党外代表人士队伍建设】（1）做好教育培训工作，将党外代表人士培训纳入干部教育培训计划。区委组织部印发《河口区2017年干部教育培训计划》，把党外代表人士培训纳入全区干部教育培训计划，规定由区委统战部牵头，举办党外代表人士培训班，该做法将党外代表人士培训上升到区级层面，为提升党外代表人士综合素质提供有力保障。（2）加大党外干部安排力度。圆满完成人大、政协换届中党外代表人士安排工作，党外人大代表、政协委员、政协常委均达到规定比例。加大党外干部安排使用力度，结合政府换届工作，新配备党外政府部门正职1名、党外镇街副职1名，新提拔党外副科级干部1名，保持党外干部配备工作的高质量，充分发挥民主监督作用。（3）深化联谊交友工作。针对换届后区委常委和党外代表人士变化情况，河口区委及时印发《调整区委常委联系党外代表人士安排的通知》，对常委联系党外代表人士做出具体安排。将8月份确定为区委常委联系党外人士工作推进月，区委书记带头，加强联谊交友，及时掌握联系对象的思想工作生活状况，帮助解决工作生活中遇到的困难和问题，为他们开展工作创造良好环境。

【服务经济社会发展】（1）建立统战成员服务基层长效机制。印发《关于建立统战成员联系镇街工作办法的通知》，确定联系镇街工作组人员名单、工作内容和责任分工，根据镇街工作规划、成员特点，确定联系项目任务，确定工作开展内容，指导镇街开展统战工作。（2）多方联动，助推“精准扶贫”深入开展。为更好的服务于社会，发挥统战大联合作用，积极配合上级部门作好“情系齐鲁·同心义诊”儿童视力检查活动。针对筛查结果，区委统战部组织区扶贫办、民政局、各镇街，对建档立卡国家贫困家庭弱视儿童及民政部门确定的贫困家庭弱视儿童进行免费救助，确保贫困儿童享受到优惠政策，治愈眼病。（3）发挥好民主党派作用，促进经济社会发展。结合各党派自身特点，积极开展社会活动，促进经济社会和谐发展。民盟滨海支部从自身医药卫生行业盟员较多的特点出发，组织盟员宣传讲解心肺复苏知识，开展心肺复苏演练，创建“同心·秒速行动”社会服务工作品牌，展现了民主党派在促进经济社会发展中的重要作用。民革河口支部积极引导非公经济人士党员倡树正能量，发挥自身优势促进企业发展，探索一条民主党派服务区域经济发展的新路子。河口街道引导党外人士当好动迁建议的征集员、动迁矛盾的排查员、动迁纠纷的调解员“三员”助力老旧小区改造，加快推进城区建设。（4）发挥联系广泛优势，推进招商引资。在全国对台干部培训中心成功举办招商说明会，40余名台商参会，成功进行项目推介。联系台湾糖业公司专家陈全忠先生一行4人，到河口区台资企业力大王有限公司新建养殖场基地参观考察；介绍河口区对台招商、涉台服务和经济社会发展及有关优惠政策等情况，寻找合作项目的切入点，实现共赢发展。

【统战部门自身建设】（1）积极创建市级文明单位。印发《关于开展创建“四型”机关活动的实施方案》，开设统战大讲堂，邀请区纪委、区委办公室和区委组织部相关科室领导分别举办党风廉政建设报告会、文秘知识辅导会，从思想教育、业务技能、工作作风等方面加强干部队伍建设，创新工作方式方法，完善责任落实制度，大大提升统战干部综合素质。（2）成立统战信息工作领导小组。小组由区委常委、统战部部长刘斌任组长，各统战部门负责人、镇街统战委员、民主党派主委及部分党外干部构成。主要负责对全区统战信息工作情况进行研究部署，发布中央、省市委统一战线信息提报要点，指导镇街、各党派团体、各界别代表报送统战信息，督促各镇街、有关部门、党派团体完成报送任务，讨论研究工作中的重点难点问题。现已召开统战信息工作领导小组第一次会议，调度小组工作。信息小组的成立，完善工作交流平台，丰富工作内容，提高工作质量。（3）加强统战宣传力度。建立微信公众号，推动微信公众号“河口统战”上线运行，部领导带头推广微信公众号，营造浓厚统战工作氛围。建立微信公众号文章学习交流制度，每两周组织部班子成员在统战微信公众平台发布的文章中学习浏览微信公众号信息，提高统战理论素养，增强做好统战工作的能力。依托公众号举办统战知识竞赛，2000余名干部职工参加比赛，营造支持关心统战工作的浓厚氛围。

【中国民主促进会东营市河口支部】 2014年1月17日，中国民主促进会东营市河口支部成立，现有正式会员8人，入会积极分子3人，党内省级先进个人1名，市级先进个人2名，市政协委员1人，区政协委员2人。自成立以来，在民进东营市总支部的直接领导下，在河口区委统战部的支持和帮助下，积极学习，努力作为，坚持以“建设具有凝聚力和战斗力的优秀支部”为工作目标。全面调动每一位会员的积极性和主动性，充分发挥每一位会员的优势和特长。坚持科学发展、参政议政和社会服务为工作主线，履行好参政党的职能，在“顺应形势、发挥特长、典型带动、持续发展”的工作理念指导下进行理论学习、参政议政和社会服务。

（1）主动作为创新工作、积极加强组织建设。参与和参加总支部的活动相对少，仅靠总支活动来带动我们支部的发展远远满足不了基层支部发展的要求，我们必须在总支的正确领导下主动作为积极开展工作，支部才不会落伍才会有出路。一是建立健全各项规章制度。通过集体讨论制订《民进河口支部学习制度》《民进河口支部会议制度》《民进河口支部信息宣传制度》《民进河口支部组织生活制度》等与近期工作紧紧相关的制度。二是认真对待总支部和统战部组织的每次学习、会议和活动。市总支和统战部组织的每次活动河口支部都会积极参加，并争取尽量多的会员参加，让更多的会员能接受到高一级的信息和培训。三是加强理论学习，努力提高会员的政治素养。通过召开会议、参加培训班、听专题报告会等多种不同形式，经常性地组织会员认真学习中国特色社会主义理论体系、多党合作理论、民进会章会史，及时传达中共中央、民进中央、民进东营市总支、区委区政府、区政协、区委统战部重要会议精神，增强广大会员对中国特色社会主义的道路自信、理论自信、制度自信，承担起作为中国特色社会主义事业亲历者、实践者、维护者、捍卫者的政治责任，全体会员的政治素养、政党意识有大幅度提升；学习形式有分散学习和集中学习。分散学习每月一次，由年初确定的学习内容每月由月负责人整理学习材料发到微信群中，网上学习，一周后在群内谈心得体会。每季度组织一次集中学习，集中学习由支部主委或副主委组织。学习内容按照年初计划确定的学习内容由会员轮流准备，轮流领学。四是注重档案收集和整理让支部活动都能留下足迹。从支部成立就注重支部的档案积累和收集。档案分支部建设、社会服务、参政议政、民主监督四个大类。在支部建设中又分支部历史、会员基本情况及会员特长、各级培训、理论学习、各级会议、大事记、上级文件、工作要点、计划总结9个分类。在社会服务中分了举办的活动、图片资料、社会调研3个分类。在参政议政中分参加参政议政的会议情况、撰写的社情民意和提案2个分类。在民主监督中分参加的各级通报会、受聘民主监督员和参与监督情况、撰写的各类信息3个分类。共按4大类17个分类进行收集和整理。基本能达到规范、清晰纪实性强的要求。

（2）积极履职做有作为的参政党。参政议政、民主监督是民主党派两大职能。在推进协商民主政治建设中，河口支部充分利用各种舞台，围绕区委、区政府的中心工作，着眼社会热点、难点问题，深入调查研究，利用各种渠道积极参政议政，建言献策，在有作为中求地位。一是珍惜机会，积极参加各种活动。河口区委、区政府、区政协、区委统战部都十分重视发挥民主党派作用，在组织的征求意见会、专项视察、调研、社会服务与民主监督等活动中，都会优先安排民主党派成员参加。河口支部主要负责人和全体会员积极参加召开的各种会议和各项专题活动。活动前认真筹备，活动中积极建言献策，对党和政府的工作适时提出民进河口支部的建议和主张，充分表达民进河口支部的要求和呼声，扩大社会影响力。二是发挥党派优势，着力打造精品提案。两会前，召开两会期间提案工作专题会议，对提案的内容进行专题研究。2013 年提的《关于加强村级制度建设的建议》，2014 年提的《整合城乡资源促进城乡文明和谐发展的建议》都被列为重点提案。《关于加强村级制度建设的建议》引起区委组织部高度重视，组织八个部门进行专题调研，由民政局牵头对村级制度建设拿出具体方案。三是接地气反映社情民意，为科学民主决策提供重要参考。民进东营总支部、区政协、区委统战部为民主党派反映社情民意提供高效便捷的通道。民进河口支部发挥党派界别优势，发动全体会员观察社会、深入百姓生活，在“接地气”中提炼有价值的社情民意信息。民进河口支部向区政协报送社情民意信息 36 条。4 条被省政协报送全国政协，6 条被省政协采用，12 条被市政协采用，2 条列为市政府转送件。所有投稿均被区政协采用。2014 年在区政协 26 个社情民意信息提报单位中名列第一。四是参与监督拓宽知情渠道。支部会员在民政局、国土资源局、司法局、公安局、交通局、检察院、法院受聘民主监督员。通过参与部门的民主监督更深层次的了解部门工作，拓宽支部的知情渠道，为参政议政和民主监督提供更准确的依据。五是创品牌形成参政新思路。民进河口支部打造“四三二一”参政品牌活动，要求每位会员要从为人民服务、为人民负责的角度出发，每年撰写 4 篇社情民意信息，参加 3 次社会调研，撰写 2 篇提案，完成 1 个调研报告。并由制度作保证，完成情况列入会员考核。

（3）发挥会员优势，体现界别特色，创建社会服务品牌。社会服务是民主党派扩大社会影响，奉献爱心，践行社会主义核心价值观的重要渠道。民进河口支部积极发挥每位会员的优势，积极作为无私奉献，为当地老人和留守儿童做出贡献。一是健康老年行走进河口中心敬老院。2014 年 4 月，民进河口支部到河口区中心敬老院为敬老院老人传授太极拳，利用半年的时间敬老院的大部分老人能掌握 24 式太极拳的基本要领，通过太极拳的学习老年人的精神面貌发生很大的变化。为使太极拳运动能成为切实提高老人健康的水平的方法，并为健康水平能够坚持和得到延续，每年有新入住老人时，支部会员都会为老人们进行太极拳教授辅导。2015 年 1 月，会员王金星到中心敬老院为爱好书法的老人介绍书法知识，并为中心书写春联。11 月份，会员戴国平又以民进河口支部的名誉向养老院捐助价值 2 万元的棉被。2016 年 3 月和 12 月，会员王霞到河口区敬老院为老人讲解老年健康保健知识。在民进河口支部的带动下，河口义工协会、太极拳协会都纳入我们民进的爱心团队，都积极配合到中心服务。河口区中心敬老院专门设立办公室，把河口中心敬老院的利用社工服务工作推到全省前沿。2017 年 10 月 7 日上午，民进河口支部一行十余人，利用国庆长假时间，到河口区中心养老幸福园奉献爱心，开展“老年幸福梦”系列活动。二是打造“启梦行动”品牌活动，服务教育事业。民进河口支部的会员主体是教师，优势就是教育，为唤起家长的教育欲望，帮助家长实现子女成才梦想，创造“启梦行动”帮助家长计划。在河口区图书馆尼山书院为小学生家长举办《弟子规》《论语》的人生智慧分享和学习方法四次。帮助家长从国学和圣人智慧中找到教育孩子智慧。在河安社区市民学校，为家长做家庭教育报告多场，在中考和高考的关键节点还发挥会员的资源优势，邀请会外专家为家长做中、高考期间的心理辅导和方法指导。连续两年为高三学生家长做了如何报考的专题报告，为高三学生家长解决了报考困惑。寒暑假都会为贫困儿童、双职工家庭儿童和留守儿童做义务辅导，在提升社区儿童的学习方法和学习习惯方面做出贡献。

2017年6月25日，由民进河口支部打造的品牌活动“启梦行动”，在区运动场职工之家拉开帷幕，至此民进社会服务活动又迎来新一轮的开始。董国杰主要就高考志愿填报，与参加培训的家长和考生进行了交流沟通。会员王金星，利用暑期每周二上午、周四下午在春和园六合社区、德胜街居委会家长学校，对辖区内的学生进行书画特长培养。8月29日上午，民进河口支部召开“少年成才梦”支教贫困地区座谈会，为会员王丽霞送行。王丽霞将到聊城市东昌府区东关民族小学支教一年。利用河口区关工委组织形式多样的“五老志愿者”进校园活动，民进河口支部以此为契机，多次为河安小学推荐多名高水平校外辅导员。11月2日，民进河口支部在支部办公室召开学习贯彻中共十九大精神座谈会，民进河口支部全体会员及入会积极分子参加本次学习活动。董国杰带领大家学习了习近平总书记所作的十九大报告和十九大精神的主要要点。2014年河口支部被区政协表彰为“信息工作先进集体”。2015年，被东营市总支部表彰为“先进基层组织”。会员中有1人被区政协表彰为“社情民意信息工作先进个人”，2人被民进东营市总支部表彰为优秀会员。

机构编制工作

【概况】 区编委办公室是区机构编制委员会的常设办事机构，在区委、区政府和区机构编制委员会领导下，负责全区行政管理体制和机构改革以及机构编制的日常管理工作，既是区委的工作机构，又是区政府的工作机构，列区委序列。区编办全体工作人员14人，其中，主任1名，副主任2名；下设事业单位监督管理局、行政管理科学研究所。事业单位监督管理局为正科级事业单位，具体承担全区事业单位监督管理工作；行政管理科学研究所为副科级单位，于2011年3月成立，主要负责行政管理体制、机构改革及机构编制管理研究，为区委、区政府和区编委决策提供咨询服务；负责机构编制信息宣传、机构编制统计、编办机关电子政务和信息化建设相关工作；指导规范各级党政群机关、事业单位网上名称工作。2014年3月，根据《关于设立河口区人民政府行政审批制度改革办公室的通知》（东河编发〔2014〕3号）设立河口区人民政府行政审批制度改革办公室，副科级单位，主要负责指导、协调全区行政审批制度改革工作，组织拟订行政审批制度改革相关制度和实施意见、办法，协调落实国务院、省、市取消和下放的行政审批项目等事项，推进区级行政审批制度改革工作，审核区级行政审批项目等事项并提出取消、下放和保留的意见。2017年10月，根据《关于调整县区人民政府行政审批制度改革办公室机构规格等有关事项的通知》（东编办发〔2017〕121号），河口区人民政府行政审批制度改革办公室规格调整为正科级，领导职数调整为1正2副。

【机构改革】 （1）深入推进综合行政执法体制改革工作。按照河口实际，区编委研究拟定综合行政执法体制改革方案，向市编办提交《河口区综合行政执法体制改革方案》请示。2017年5月，市编委（东河编发〔2017〕14号）对河口区综合行政执法体制改革方案进行批复。拟将城市管理、住房和城乡规划建设、市场监管、交通运输、水利、文化、商务、人防等8个领域的全部或部分行政执法权纳入综合行政执法范围。拟设立区综合行政执法局，为区政府直属行政执法机构，将区城市管理行政执法大队更名为区综合行政执法大队，调整为区综合行政执法局所属公益一类事业单位。印发《河口区综合行政执法体制改革工作推进方案》，明确相关工作的总体要求、工作任务、实施步骤、时间安排及责任单位，为下一步工作开展奠定基础。并将按照方案要求，组建综合行政执法机构及执法队伍，清理整顿行政执法队伍，完成行政执法权相对集中报批工作。

（2）持续推进事业单位改革。按照分类推进事业单位改革的要求，河口区撤销河口区建筑设计院、河口区水利勘测设计所等2个生产经营类事业单位，完成生产经营类事业单位的改制调整工作。推进“僵尸”类事业单位清理工作，撤销河口区孤岛镇马场中学、河口区人民调解中心、河口区社区建设办公室、河口区海堤管理站、河口区城市建设投资发展有限责任公司等5个“僵尸”事业单位，编制收回，全面完成“僵尸”类事业单位清理工作。

（3）完成法检、审计管理体制调整及巡察机构设置等工作。根据《关于全省市县两级法院检察院机构编制上划省级统一管理有关事项的通知》（鲁编办发〔2016〕8号），认真梳理区法院、区检察院、区审计局机构编制事项，填写机构编制上划信息审核表和交接表，及时印发区审计局“三定”规定。稳妥推进巡察机构设置，设立区委巡察办、巡察组，明确编制及职责等事项。为加强全区投资促进工作的统筹协调，整合区商务局、区招商局、区黄河三角洲建设办公室相关招商职责，组建区投资促进局，

【政府职能转变、简政放权】 （1）积极推进简化优化公共服务流程工作，编制公开区、镇（街道）两级公共服务事项目录，《目录》共包含46个区级部门单位公共服务事项514项、6个镇街公共服务事项582项。同时，组织各相关部门、单位对照行政许可事项目录、行政权力清单和公共服务事项目录，对相关证照的年检，以及与证照核发、年检等挂钩的政府指定培训等进行全面的清理。通过清理，共有11个部门、单位保留24项年检事项，5个部门、单位保留6项政府指定培训。

（2）健全完善“双随机一公开”抽查制度。按照《山东省全面推行“双随机、一公开”监管工作实施方案》，结合区法制办开展的行政执法主体资格清理规范工作，组织区直有关部门单位制定2017年度双随机抽查工作实施方案，对“一单、两库”进行动态调整更新，汇总公布《河口区区级随机抽查事项清单》，《清单》共涉及区级28个具有行政执法主体资格的部门、单位随机抽查事项239项。

（3）做好区级行政权力清单动态调整工作。为加强区级行政权力清单管理，规范行政权力运行，对区级行政权力清单进行2次动态调整。共确定取消和调整区级行政权力事项223项，其中，取消97项，合并10项为4项，新纳入91项，承接25项，不再纳入《河口区区直部门单位行政审批中介服务收费项目清单》管理的行政审批中介服务收费项目2项。

（4）大力简化优化服务流程。为精简办事程序、减少办事环节、缩短办理时限，河口区编制完成第一批群众和企业到政府办事“零跑腿”和“只跑一次”事项清单，做到方便申请人办理，提升政务服务效能。此外，结合简化优化公共服务流程、规范行政权力运行等工作，最大限度地精简各类证明、盖章环节和申请材料，经过认真清理，河口区共保留村（社区）证明材料19项，提高行政效率，为群众办事创业创造良好环境。

【机构编制管理、监督检查】 （1）开展《机构编制管理证》年审工作，确保实名制信息的准确性。2017年2月中旬，河口区编办在全区机关事业单位中开展《机构编制管理证》年审工作，将各机关事业单位的《机构编制管理证》中各类信息与区编办掌握的信息进行核对校准。经过一周努力，年检工作全面完成，进一步确保机构编制实名制管理各项信息的准确性。

（2）积极开展政府工作部门履职评估和机构编制事项跟踪问效工作。自2017年5月中旬开始，河口区编办按照上级要求继续开展政府工作部门履职评估工作，对区政府办公室、区市场监管局、区发展和改革局3个政府部门分4个阶段开展机构编制评估。同时根据市编办要求，积极开展机构编制事项跟踪问效工作，针对上年度机构编制发生调整的单位进行评估调研，查看各部门单位的落实情况，

主要对区人防办公室、区农业局、区文化广电新闻出版局等 10 个单位开展机构编制事项跟踪问效。截至年底，两项工作均已全面完成，为下一步工作开展打下坚实基础。

（3）认真开展离任干部机构编制审计工作。2017 年 6 月底，根据省审计厅、省编办《关于开展机构编制管理和执行情况审计工作的意见》文件精神和市编办、市审计局《东营市机构编制管理和执行情况审计工作规范》文件要求对有关领导干部任职期间的机构编制管理执行情况进行审计，经过一周努力，区编办认真完成对 12 个部门单位离任干部的机构编制审计工作，维护机构编制工作的严肃性和权威性。

（4）开展机构编制实名制专项检查工作，维护机构编制权威性和严肃性。9 月初，区编办下发《关于开展机构编制实名制管理专项检查的通知》，以全区纳入机构编制实名制管理的部门单位为检查对象，对机构编制综合管理信息系统运用及维护情况、《机构编制管理证》使用情况、实名制公示情况等五个方面进行全面的监督检查，经过部门单位自查及区编办对个别部门的实地检查，及时掌握各部门单位的机构编制实名管理工作开展情况，对维护好机构编制实名制的权威性和准确性起到重要的促进作用。

2017 年 2 月 7 日，全区简化优化公共服务流程方便基层群众干事创业工作会议召开
摄影者：王　明

【事业单位监管与法人治理结构建设】（1）做好事业单位日常监管及党政群机关统一社会信用代码相关工作。根据《事业单位登记管理暂行条例》及其《实施细则》的规定，加强对事业单位法人登记及年度报告公开等日常工作的监管。本年度共受理新设立登记单位 5 家，变更登记单位 48 家，注销登记 1 家，补领证书 1 家。从申请、受理、审查、复核、发证到信息公开备案，各个环节严格把关，提高服务质量，实现了全流程、全事项网上办理。1 月至 3 月，通过山东省事业单位监管信息系统，河口区应参加年度报告公开的 156 家事业单位全部完成年度报告公开，对事业单位的法人登记、业务开展、资质认可、资产损益等情况进行公开；严格按照《山东省事业单位印章管理办法》有关规定，规范印章管理。本年度共收缴各类事业单位印章 5 枚，准刻各类事业单位印章 15 枚，并都进行公示备案；按照党政群机关统一社会信用代码管理办法，及时颁发并对证书刊登信息发生变更的单位办理变更。

（2）圆满完成 2016 年事业单位绩效考核工作，积极筹划部署 2017 年度事业单位绩效考核工作。根据《河口区事业单位绩效考核办法》，制定《河口区 2016 年度事业单位绩效考核工作实施方案》，重点对考核范围、指标及程序进行明确、细化。确定 2016 年绩效考核的单位共 123 家，在认真审核、批复各单位的个性指标后，对公益属性较强的教育、卫生行业事业单位，从区卫计局、教育局抽调人员组成考核组，采取实地考核方式进行考核，其他事业单位采取提报档案材料的方式进行考核。为更好地了解被考核单位职责履行、行政效能、转变作风和文明服务等方面的社会满意程度，向全区 80 多个部门单位发放事业单位绩效考核民主评议问卷，广泛征求“两代表一委员”、机关干部、服务对象的社会评价意见。区事考办汇总被考核单位综合得分情况，在征求纪检、综治、安监等“一票否决”部门意见后，最终评出A级单位21个，B级单位102个，并进行全区通报表彰。在总结上年经验的基础上，积极筹划，于12月份开始2017年度事业单位绩效考核工作，制定实施方案，指导各事业单位制定个性指标，确保考核工作顺利进行。

（3）建立公立医院法人治理结构，落实法人自主权。按照省、市安排部署，为适应区属事业单位法人治理结构建设需要，与组织、卫计、财政等五部门联合印发《河口区公立医院法人治理结构建设实施方案》，明确公立医院法人治理结构建设的主要任务和分工。为规范外部监事和外部理事的管理，联合组织、人社部门，研究出台《河口区区属实行法人治理结构事业单位外部监事管理办法（试行）》和《河口区区属实行法人治理结构事业单位外部理事（董事）管理办法（试行）》，发布区编办关于成立区属实行法人治理结构事业单位外部监事人才库的通知，建立外部监事人才库。根据要求，选派荆向利、张玲玲同志为区人民医院外部监事，刘培学、刘健同志为区中医院外部监事。7月28日下午，区人民医院和区中医院第一届理事会成立并召开首次会议，有效提高河口区公立医院的公益服务质量。

2017年7月28日，河口区中医院第一届理事会第一次会议召开 摄影者：刘 健

（4）精心组织事业单位业务范围清单化管理工作，提高事业单位公益服务水平。为进一步加强对事业单位的监督管理，根据省、市统一部署要求，下发《关于印发〈河口区事业单位业务范围清单化管理工作实施方案〉的通知》，明确事业单位业务范围清单化管理工作的基本原则、范围对象和工作步骤等。根据“统筹安排、分批进行”的思路，本年度选取部分公益性较强、与群众利益关系密切的行业，包括区经信局、区人社局、区教育局、区民政局、区住建局所属事业单位及各镇街所属中小学、幼儿园，共计48家单位，经过梳理上报、审核确认、公示实施、建立健全清单运行机制，于11月底前完成。提高事业单位的公益服务质量，加强对事业单位的事中事后监管。

【河口区机构设置表】

河口区机构设置图(一)

- 区政府派出机构
  - 山东河口经济开发区管理委员会
  - 区政务服务中心管理办公室
- 区政府直属机构
  - 区综合行政执法局
- 区政府机构设置
  - 区民族与宗教事务局（与区委统一战线工作部合署）
  - 区质量技术监督局
  - 区城市管理局
  - 区市场监督管理局（挂区食品药品监督管理局牌子）
  - 区安全生产监督管理局
  - 区统计局
  - 区审计局
  - 区卫生计划生育局
  - 区文化广电新闻出版局
  - 区商务局
  - 区农业局
  - 区水利局
  - 区交通运输局
  - 区住房和城乡规划建设局
  - 区人力资源和社会保障局
  - 区财政局
  - 区司法局（挂区社区矫正管理局牌子）
  - 区民政局
  - 区科学技术局
  - 区教育局（挂区体育局牌子）
  - 区经济和信息化局
  - 区发展和改革局
  - 区政府办公室（挂区政府法制办公室、区人民防空办公室牌子）
- 区委机构设置
  - 区委巡察工作办公室
  - 区委老干部局
  - 区委区人民政府信访局
  - 区委区直机关工作委员会
  - 区机构编制委员会办公室
  - 区委统一战线工作部（区民族宗教事务局与其合署）
  - 区委宣传部
  - 区委政法委员会（区社会治安综合治理委员会办公室与其合署）
  - 区委组织部
  - 区委办公室（区委台湾工作办公室与其合署，挂区人民政府台湾事务办公室牌子）
  - 区纪律检查委员会机关（区监察委与其合署）

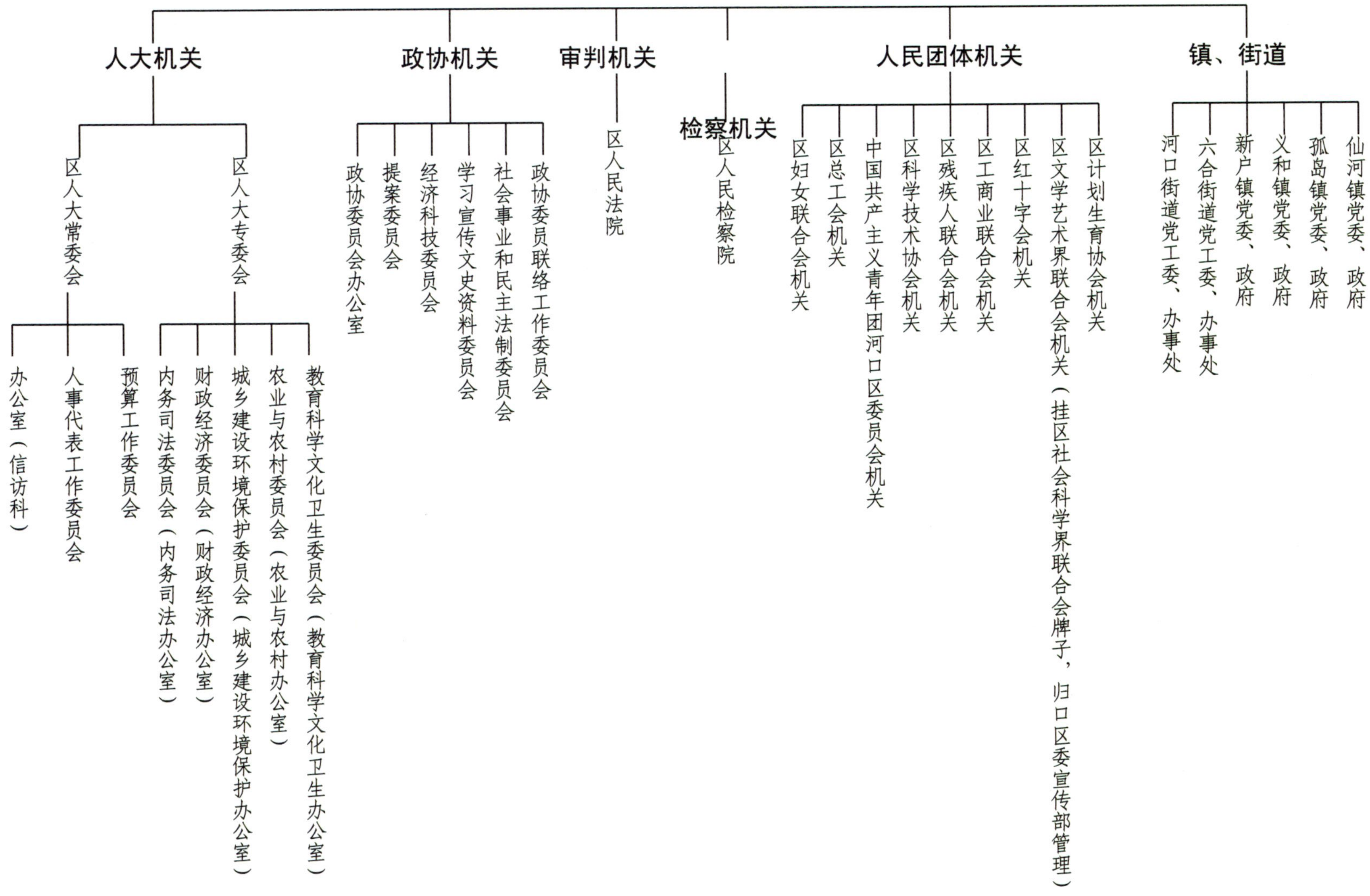
人大机关
区人大常委会
办公室（信访科）
人事代表工作委员会
预算工作委员会
区人大专委会
内务司法委员会（内务司法办公室）
财政经济委员会（财政经济办公室）
城乡建设环境保护委员会（城乡建设环境保护办公室）
农业与农村委员会（农业与农村办公室）
教育科学文化卫生委员会（教育科学文化卫生办公室）
政协机关
政协委员会办公室
提案委员会
经济科技委员会
学习宣传文史资料委员会
社会事业和民主法制委员会
政协委员联络工作委员会
审判机关
区人民法院
检察机关
区人民检察院
人民团体机关
区妇女联合会机关
区总工会机关
中国共产主义青年团河口区委员会机关
区科学技术协会机关
区残疾人联合会机关
区工商业联合会机关
区红十字会机关
区文学艺术界联合会机关（挂区社会科学界联合会牌子，归口区委宣传部管理）
区计划生育协会机关
镇、街道
河口街道党工委、办事处
六合街道党工委、办事处
新户镇党委、政府
义和镇党委、政府
孤岛镇党委、政府
仙河镇党委、政府

河口区机构设置图（二）

- 经济合作组织
  - 区供销合作社联合社
- 政府直属事业单位
  - 区民生热线综合服务中心
  - 区检验检测中心（挂区农产品质量检验检测中心山东省石油助剂产品及轻烃产品质量检验中心牌子）
  - 区孤岛刺槐林场建设管理办公室
  - 区湖滨新区开发建设管理办公室
  - 区蓝色经济产业园服务中心
  - 区黄河口高新技术企业创业园管理办公室（挂区科技成果转化中心牌子）
  - 区老龄工作委员会办公室
  - 区国有资产运营管理中心
  - 区旅游局
  - 区黄河三角洲建设办公室（挂区蓝色经济区建设办公室牌子）
  - 区金融工作办公室（挂区地方金融监督管理局牌子）
  - 区机关事务管理局
  - 区海洋与渔业局(区生态渔业区服务中心，直属区政府，归口区海洋与渔业局管理)
  - 区油区工作委员会（区油地结合办公室与其合署）
  - 区广播电视台
  - 区林业局（区柽柳林场，直属区政府，归口区林业局管理）
  - 区投资促进局
  - 区地方史志办公室（挂区方志馆牌子，归口区政府办公室管理）
- 党委直属事业单位
  - 区民兵训练基地（挂区民兵装备仓库牌子）
  - 区委党校（挂区行政学校、区社会科学研究院牌子）
  - 区档案馆（挂区档案局牌子，归口区委办公室管理）
  - 区委党史研究室（归口区委办公室管理）

注：原则上，人、财、物尚未独立的归口管理单位未列入此图。

河口区机构设置图（三）

对台工作

【概况】 2017年，区委台办以持续推进两岸关系和平发展为主题，以争取台湾民心为主线，以打造“情牵黄河口”对台工作品牌为抓手，以“海峡两岸情·魅力河口行”交流活动为平台，以扩大河台经贸文化交流合作为重点，立足区情，服务大局，开拓创新，积极作为，为深化两岸关系和平发展、推动经济文化强区建设做出积极贡献。

【河台经贸合作】 积极参加省台办举办的潍坊“鲁台经贸洽谈会”，吸引台湾艺殿图书、北京步印文化传播有限公司等文化项目，并达成初步合作意向；邀请并组织台商考察团4批，总计20余人次到河口区参观考察。2017年3月份，区委常委、区委办公室主任陈桂林率团一行9人赴台交流取得丰硕成果，河安社区、河宁社区分别与新北市汐止梦想社区、云林县西螺镇延平老街社区签订友好往来交流协议。7月20—23日，区委台办组织区农业局及相关镇街分管农业的负责人以及台资企业力大王农畜产有限公司一行8人赴河南省三门峡市进行为期三天的交流考察。7月25日—31日，时任河口区委常委、统战部部长刘斌带队到福州、泉州、安吉、昆山进行考察学习，就招商引资项目达成多个合作意向，进一步扩大河口区影响力。

【河台交流交往】 （1）河台交流活动日趋活跃。探索推进河口区重点产业与台湾相关产业建立合作平台，在潍坊省台办举办的第二十九届“鲁台经贸洽谈会”活动期间，组织河口区台资企业及农业大户赴台湾展厅、展馆参展，与参会台商进行接触洽谈，宣传推介河口区，并邀请他们到河口区参观考察，投资兴业。（2）打造河台交流工作品牌。围绕在河台都广具影响力和凝聚力的棋类文化、摄影文化等，精心打造“情牵黄河口”对台工作品牌。2017年12月22日至28日，与东营市台办联合举办第二届“日月潭·黄河口风光摄影联展”顺利开展，河口区摄影家协会30余幅作品参展，南投县县长林月溱、国民党“立委”马文君亲自到场观看摄影展，吸引众多的台湾民众，取得良好效果，被评为全省优秀对台交流项目，搭建文化入岛又一平台。（3）就河台交流提升服务水平。2017年，区委台办组织民政局、河口街道、六合街道等2批10余人次团组因公赴台进行交流考察活动；办理河口区农业局因公应邀赴台两批3人次；办理旅游局因公赴台2批3人次；办理中海石油东营石化有限公司、河口区润合蔬菜农民合作社、富海集团、东营春宏水产科技开发有限公司等非公职人员赴台4批4人次。同时，积极鼓励企业赴台开展经贸活动，为他们提供上门服务，办理赴台手续。

【争取台湾民心工作】 （1）启动“2017台资企业走访季”活动。启动以“进台企、话亲情、助发展”为主题的“2017台资企业走访季”活动，为台资企业提供生产服务和专业辅导，解决台资企业生产经营中的难题。力大王农畜产有限公司反映的信贷难、用地难等问题，已协调有关部门研究解决意见和措施，帮助力大王公司积极推进2018年新厂建设。（2）深入指导台企合理经营。区委台办联合环保部门进台企宣传《中华人民共和国环境保护法》，督促企业发展不出纰漏。多次深入台企排查安全生产隐患，将事故隐患消除在萌芽状态，防患未然。（3）台企走访慰问敬老院获赠锦旗。重阳节期间，组织河口区台资企业力大王农蓄产有限公司走进两家敬老院开展走访慰问活动，与东营市台办合作，对东营辖区定点敬老院进行捐献帮扶工作，带动台资企业为敬老爱老行动做贡献。

【涉台宣传】 （1）做好文化入岛交流宣传。先后推荐河口区特色芦苇画以及非物质文化遗产面塑金陵十三钗、黄河龙等作品入岛交流，并在台湾101大楼永久展出，通过现场展示、展演、制作等方式，加深台湾民众对传统文化的理解。（2）加强网络宣传工作。加强与中国台湾网、华夏经纬网和山东省台湾网等主要网站的联系合作，逐步建立常态化供稿渠道。2017年，共撰写对台宣传和对内涉台宣传稿件40余篇，发表稿件26篇。根据区府办关于开展政务公开和网站建设工作的要求，完善政务公开和网站建设工作，全年共发布政务公开信息20余条。参加2017年山东省台办在国台办举办的信息宣传培训班，对信息宣传、文化交流等项目的发展规划及工作开展提出具体要求，做技术层面的指导，让台湾人民了解河口丰富的旅游资源和地方文化。荣获2017中共中央台办“两刊”对台宣传先进单位荣誉称号。（3）提高对台调研工作水平。根据两岸关系发展面临的新形势，围绕河口区经济文化强区建设和河口区对台重点工作开展调研和台情研究，完成《河口区赴台社区营造调研报告》。

党校工作

【概况】 中共东营市河口区委党校（东营市河口区行政学校，东营市河口区社会科学研究院）成立于1990年，内设机构有办公室、教务处（业教处）、教研一室、教研二室、总务处、行政培训处。2017年，区委党校在区委的正确领导和市委党校有效指导下，深入学习贯彻党的十九大精神，以习近平新时代中国特色社会主义思想为指导，坚持党校姓党，深化教科研改革，加强队伍建设，完善管理模式，全面提高培训宣讲质量和科研水平，推动学校整体工作上一个新台阶。

【“两学一做”学习教育】 深入推进“两学一做”学习教育常态化制度化发展，制定《中共河口区委党校关于推进“两学一做”学习教育常态化制度化的实施方案》，按计划有序推进。（1）有序开展“党员主题活动日”。采取规定动作和自选动作结合的方式组织集中学习、开展志愿服务、进行参观考察。采取和帮扶村联合开展活动的形式，分别与四扣村和坨子村党支部进行城乡联动，开展党性体验，深入学习党的十九大精神。自5月份开始共开展8次学习，其中4次为城乡联动学习。党员和干部讲党课8次，交流研讨4次。（2）保质保量进行集中学习。充分利用周五“固定学习日”，通过集中领读学习、交流心得体会、观看影视资料、专题辅导报告等形式，保证全校党员干部的学习时间、质量和效果。共开展学习近20次，党支部书记讲党课2次，读书活动1次，十九大报告测试1次，提升全体党员的理论水平和党性修养。（3）创新形式争做先锋。充分利用微信等新的科技手段开展灵活学习。积极参与全区“百场送学万人服务”活动，选派2名高级教师参与宣讲，组织主体班次学员100余人参加微心愿捐赠活动。全体党员参加全区“两学一做”知识测试，全部一次性过关，有3名同志获得满分。贯彻落实十九大精神，制订实施方案，安排配档表，开展“四个一”活动。市委组织部组织的学习十九大精神征文比赛中，有4位老师获得二、三等奖。（4）扎实开展宣讲活动。充分发挥党校优势，全力服务全区“两学一做”，开发专题党课课程8节，到各镇街、帮扶村企和有关部门单位开展各类宣讲30场次。十九大以来，专门组织骨干宣讲力量，开发《学习十九大党章》《习近平新时代中国特色社会主义思想》《深入学习十九大精神》等课程，赴全区各地开展十九大精神宣讲，获得普遍好评。

【教学工作】 区委党校全年举办各类主体班次、部门班次12个，培训各级各类干部2000人次，在举办培训班过程中着眼于提高干部教育培训工作科学化水平，从增强干部教育培训针对性和时效性入手，坚持质量立校，干部培训质量和效益得到显著提高。（1）明确培训主体，精选培训内容。一是突出主业主课。“党校姓党”关键在于突出主业主课，突出党的理论教育和党性修养。在科级干部理论研讨班中，中国特色社会主义理论体系、习近平书记系列讲话精神、党史党章、反腐倡廉等理论课和党性教育课16个，占比达64%。在各类班次上，区委主要领导和9位区委常委亲自上课，规格高，培训效果好。二是注重道德品行教育。通过讲授社会主义核心价值观、论共产党人的修养、全面从严治党与家风建设等专题，使学员树立良好的社会公德、职业道德和家庭美德。三是紧扣全区中心大局。全年，共有消防大队、人防办、计生局、安监局等部门领导前来为学员授课，并安排科级干部理论研讨办学员到河口开发区、东营港实地调研一次，到新户镇调研风力发电项目、旅游项目一次。通过系统讲授和实地调研，使学员更好了解河口区现状。四是抓好干部能力教育。开设“领导素质与能力”专题课，重点就提升参训干部新时期做好群众工作的能力、依法办事能力、履职尽责能力等进行讲授，不断提升参训学员综合素质和能力。（2）创新培训方式，提高培训时效性。一是校内培训与异地办学相结合。先后到曲阜市委党校、河南兰考焦裕禄干部学院、威海等地进行异地办学。开阔学员视野，增强发展意识。二是请进来与走出去相结合。聘请省委党校、市委党校及高等院校的专家学者、区委区政府及区直部门领导作专题讲座，全年，共聘请34人次，讲授专题23个。加大教师外出宣讲力度，送教上门。通过推荐骨干教师参加宣讲团，到各部门单位及企业，农村和社区宣讲50余场，受众达6000人次。三是课堂教学与现场教学相结合。先后到检察院廉政教育基地，河口区烈士陵园进行党性教育；到河口区幸福敬老院开展送温暖敬老活动；到民生热线、东营港以及各镇、街道进行现场教学。四是教师专题辅导与学员上讲台相结合。安排学员上讲台12次，提高学习主动性，丰富教师实践知识，还有利于发现优秀的兼职教师人选。五是书面交流与社会实践相结合。培训期间，动员学员编印简报5期，全方位展示学员在培训期间的学习动态。布置调研课题，要求学员“带着问题来学习，带着课题去研究，带着答案回单位”，培训结束时提交调研报告一份，并进行论文答辩。编印《河口党校校刊》学员专刊2期。（3）着眼教学质量，提升授课水平。一是召开集体备课会，每一个教学专题在上讲台前，必须由教师集体“会诊”并调整完善。全年先后召开集体备课会3次，听评教学专题15个，二是实施精品课工程。在主体班次上，发放教学质量评估表，由学员进行打分，在次基础上开展精品课评选。（4）规范学员管理，强化学风建设。一是严肃培训纪律。入学前签订严守培训纪律承诺书，学习期间严格日常考勤，并将考勤情况换算成分数计入学员综合成绩，对优秀学员进行表彰。二是优化学员管理。以更严的制度，更细的标准，更高的要求，更实的作风优化学员管理工作。三是做好培训分析。科级干部理论研讨班结束后，把培训期间学员的学习、考勤、调研、考试、班级活动等情况进行汇总，形成《学员鉴定表》。

【调研工作】 全年在市级以上刊物发表理论文章6篇，省委党校课题结项1个，立项1个，市委党校课题结项2个，立项2个，完成调研报告8篇，其中有2篇被区委主要领导签批。（1）突出问题导向，创新活动载体。以党和国家最新政策为导向，以河口区面临问题为重点，紧跟区委的工作重点和动向，找准科研的重点，做到有的放矢、有针对性地开展科研工作。5月份组织开展调研月活动，班子成员担纲调研组长，承担调研任务，调动全校教职员工的积极性。结合主体班次论文答辩，鼓励全体教师积极参与各种教学新方式的课堂跟训、实践和跟踪研究。今年我校市社科联课题《关于二孩政策的跟踪调查研究》已成功结项。（2）坚持效益为先，着眼策略跟进。用效益“会诊”问题，用“三着眼”“三策略”跟进。着眼于马克思主义中国化最新成果的运用；着眼于区委、区政府的中心工作和群众关心的热点难点问题的研究；着眼于科研成果的转化运用。以已制定颁发的《科研工作奖惩办法》为依据，督促和考核激励科研工作，调动广大教职工调研工作的积极性。加强与市委党校、区直机关、社区、企事业单位等实际工作部门的合作，促成一个左右联动、内外互助、联合攻关、成果共享的良好局面。（3）形成多向沟通，联合开展科研。一是与相关单位联合，做到资源和信息共享，力争出精品力作，以服务河口区经济社会发展之大局为目的，建立常态性规范性科学性的科研联合组织。二是与镇街联合，建立基层科研服务站，打造科研基层信息数据库，在镇街建立基层党校科研服务站。三是与上级党校及相关单位加强交流，掌握科研的动向，找准科研工作的着力点和突破点，为区委党校科研工作上水平打下了较好的基础。四是与科研工作先进基层党校沟通交流，学习先进经验和做法，为党校科研工作提供外来东风，全年，多次到焦裕禄干部学院、济南市委党校、曲阜市委党校、黄岛市委党校等地学习考察，对区委党校科研工作上台阶起到很好作用。

【师资队伍建设】 依据当前师资队伍状况，区委党校转变观念、调整思路、创新体制，打造出一支战斗力强的师资队伍，极大提高办学质量和教学服务水平。一是强化学习促成长。利用周五“固定学习日”为年轻教师提供试讲平台，积极选派年轻教师参加全市党校系统的教学竞赛，增加历练的机会，2017年的竞赛中，区委党校获得二等奖。二是外出学习提水平。全年先后有10余名教师随班学习，参加曲阜市委党校、河南兰考焦裕禄干部学院、威海党性教育基地等培训，学习其先进的教学及管理理念、课程创新形式等。选派9名教师参加北京十九大文件学习研讨，3名教师参加山东省委党校经济论坛，4名教师参加市委宣传部组织的十九大精神学习研讨会。通过培训学习，开阔教师视野，增长教师的才干。三是外聘教师破瓶颈。为进一步充实师资力量，修订完善《区委党校关于向社会聘任兼职教师实施办法》，把有经验的乡镇（街道）党委书记、工作经验丰富的专长人才、学员讲堂表现优秀的领导干部纳入聘任范围。区委领导和部门单位负责同志都登上讲台为学员授课，取得良好效果。

区直机关工委工作

【概况】 区直机关共有党员1763名，区直机关党总支7个，机关党支部104个。2017年，区直机关工委以服务发展大局为中心，深入贯彻落实“两学一做”学习教育常态化制度化要求，以开展“基层组织规划建设提升行动”为契机，全面落实基层党建工作各项任务，全力推进过硬支部建设，提升区直机关基层组织建设规范化、科学化水平。

【基层组织规范建设】 （1）推进支部建设规范化。按照组织健全、制度完备、运行规范、活动经常、档案齐备的要求，全面落实“四规范一提升”标准，固化基层党支部建设的标准和程序，推动基层党建工作全面进步、全面过硬。“四规范”就是为基层组织在管理、工作、活动、保障四个方面确定基本工作规范，具体环节内容实现细化量化，指导基层党组织解决好如何抓党建工作的问题。“一提升”就是深入实施抓党建工作“书记项目”，推动工作创新，促进党建工作全面提升。机关各党组织书记结合各自实际，抓住影响和制约基层党建工作的重点难点问题，每人确定一个项目，集中力量攻坚突破，完成情况作为年底党组织书记抓基层党建述职评议考核工作的重要内容。

（2）推进支部组织生活制度化。以落实《党支部组织生活标准化建设规范》《党员主题活动日制度》等制度为重点，督促各机关党支部把“两学一做”学习教育纳入“三会一课”和“党员主题活动日”的基本内容，严格落实组织生活会、谈心谈话、民主评议党员、党员党性分析、请示报告等制度，把组织生活严起来、规范起来。执行《党内组织生活全程记实记录》制度，强化党建工作痕迹化管理。坚持把每月5日作为党员主题活动日，集中组织开展学习研讨、组织生活、缴纳党费、联系群众、志愿服务等规定动作，推动从严治党从党的基层组织生活严起。

（3）推进党务干部队伍建设科学化。坚持以选优配强基层党组织班子特别是支部书记为重点，选配党员行政负责人担任基层党组织书记，把党性觉悟高、综合素质好、服务能力强的同志选拔充实到基层党组织中来，充分发挥出基层支部班子的“领头雁”作用。2017年5月，对因单位领导班子特别是主要领导调整、支部班子成员出现缺额的23个党（总）支部，及时督促完成补选；对新成立的巡察机构科学设置5个临时党支部，方便各项活动开展。为充分调动和发挥党务工作者的积极性、主动性、创造性，通过组织“走出去”到高校院所培训、到先进地区学习、邀请专家“走进来”开展专题辅导等方式，坚持每年组织党务干部进行系统培训，充实党建业务知识，提升党建工作水平。

【推进“两学一做”学习教育常态化制度化】（1）抓好“关键少数”。突出抓好领导机关和领导干部的学习教育，建立领导干部参加学习教育和组织生活记录报告制度，区级领导同志带头以普通党员身份参加所在支部组织生活、带头研讨交流讲党课，发挥很好的示范带动作用；区直部门单位党组织书记认真履行“第一责任人”职责，亲自谋划、亲历亲为，带头学在平常、做在日常、改在经常、促在时常，影响和带动广大机关党员自觉把“两学一做”学习教育作为锤炼党性的基本功、必修课。

（2）丰富学习载体。立足机关单位实际，综合运用集中学习、研讨交流、巡回宣讲等多种形式，组织党员干部学理论、谈认识、找差距、促工作。自6月份开始组织开展“百场送学”活动，抽调25名机关党员干部，成立政策理论、优秀党员、先进事迹、党建知识、警示教育五个宣讲团，深入部门单位进行巡回宣讲，取得良好效果。注重发挥新媒体平台作用，在河口党建、清风河口等微信公众号开设“每月一测”专栏，要求全体党员实名参与、限期答题。为检验学习成果，8月29日～31日，组织全区836名在编在岗科级党员干部、党务工作者参加上机考试，1610名机关事业单位普通党员参加笔试，共有603人取得满分。

（3）强化督导检查。突出压力传导，注重分类指导，机关工委与区直五个督导组搞好衔接配合，定期开展区直机关学习教育专项督查，每月进行汇总通报，总结推广经验，发现问题不足，持续用力推进工作落实。同时，通过随机列席基层党支部专题讨论、组织生活会、党员主题活动日等方式，对基层党支部学习教育情况进行抽查检验，及时反馈问题，督促抓好整改，确保学习教育落地见效。全年，共印发通报9期，提出整改意见建议70余条，均按期按要求整改到位。

【服务发展大局，争当时代先锋】（1）推进机关党建品牌创建工作。坚持把深化机关品牌创建作为抓党建的一项重要举措，深入挖掘机关单位的文化内涵，以品牌创建促进服务理念转变、规范基层组织建设、提升机关整体工作水平，推动机关党建工作创新发展。全区共有79个各具特色的机关品牌应运而生，39个优秀机关品牌、5个机关品牌示范点引领机关党建新风尚，涌现出“阳光190”“民生热线”“守正明察”等一批全省有名气、全国有影响的优秀服务品牌，推动整体工作上水平、出亮点。

（2）严格落实机关党员联系服务群众制度。完善机关党员直接联系服务群众制度，进一步深化支部联村、干部联户和在职党员到社区报到工作，发挥区直机关和扶贫攻坚、创城创卫等工作中的带头作用，切实帮助群众解难事、办实事、做好事。将驻村联户、扶贫攻坚等工作列入机关党建工作要点和机关党组织责任清单，作为先进基层党组织、优秀共产党员和优秀党务工作者评选的重要内容，促进机关党组织和党员干部直接联系服务群众，融洽党群干群关系。精心组织开展“万人服务”主题实践活动，在全区范围内征集群众“微心愿”“微需求”1500余个，广大党员积极参与、主动认领，产生良好社会效果。

（3）深入开展“时代先锋”创建活动。在区直机关党组织、党员和党的后备力量中深入开展以“一化三带三争”为主要内容的“时代先锋”创建活动，积极引导各级党组织和广大党员争创先进基层党组织、争做优秀共产党员和争当优秀服务标兵。现有80多个党组织申请争创先进基层党组织，200余名党员递交争做优秀共产党员申请，300多名党员和党的后备力量递交争当优秀服务标兵申请。同时，结合“两学一做”学习教育关于做合格党员的各项要求，为每名党员建立《党员积分量化管理台账》，将党员的日常表现进行全过程记实、全方位考核，搭建起激励先进、鞭策后进、全程记实、动态管理的党员奉献新平台，有效调动广大党员履职尽责、服务群众、推动发展的积极性。

信访工作

【概况】 2017年，河口区委、区政府高度重视信访工作，牢固树立“发展是第一要务，稳定是第一责任”的意识，狠抓领导干部公开接访、体制机制创新和基层基础等工作，信访积案化解、信访法治化建设等各项工作成效显著，创建“律师老王”法律服务品牌。善于工作创新，基层网信代办工作经验突出，在构建网上信访主渠道中发挥重要作用。听证、复查工作完成较好，信访宣传、信息调研工作扎实开展，稿件质量和数量比上年有较大提升，综合考核位列全市第一。圆满完成全国“两会”、上合组织青岛峰会安保维稳任务，无进京非访，真正实现“五个不发生”“三个零”的目标，区信访局先后被授予为全省信访工作先进集体、全区十九大安保维稳先进集体等荣誉称号。

2017年，共发生来区上访470起1933人次，起数、人次同比分别下降6.4%、13.9%；其中，集体访82起1398人次，起数、人次同比分别下降8.1%、16.5%。到市上访43起115人次，起数、人次同比分别下降10.4%、65.8%。去省上访29起53人次，起数、人次同比分别下降6.5%、42.4%。进京上访14起34人次，起数、人次同比分别下降30%、24.4%，未发生进京非访。

2017年，山东省信访信息系统共登记办理信访事项310件，其中，群众来信24件，人民来访86件，网上投诉194件，领导信箱6件，人民网留言3件，市级以上满意度评价事项11件，及时受理率、按期办理率、群众满意率均达100%。

【源头预防工作】 （1）加大矛盾纠纷排查化解力度。组织各镇街、区直各部门单位，对可能诱发大规模进京集体上访、可能演变为大规模群体性事件、可能进京非访的矛盾纠纷进行拉网式排查。重点区域、重点行业、重点单位进行反复摸排，做到不留死角和盲点，对排查出来的问题全部建立台账，逐一落实防范化解责任，防止矛盾纠纷升级。2017年，共排查出各类新增矛盾纠纷171件，已有效化解143件，其他都在稳控或化解中。（2）拓宽畅通群众诉求渠道。在重大政治敏感期或信访高峰期，区信访局充分发挥联合接访中心的优势，及时安排区住建局、人社局、法院、司法局、公安局、国土分局、民政局等单位入驻区联合接访中心，真正做到及时、有效、就地处理各类信访问题，减少群众的信访成本。坚持区联合接访中心、各镇街双休日照常接待群众来访，每天都有党政领导干部公开接访，最大限度的方便群众反映诉求。2017年，全区各级领导共接待群众来访125起360余人次。同时，严格落实初信初访首办责任制，依法就地解决群众合理诉求，切实把问题解决在基层、把人员稳控在当地，防止正常访转为越级访和进京非访。

【复杂疑难信访工作】 （1）坚持按照“三到位一处理”的要求化解积案。坚持依法按政策办事，对确实没有法律政策依据的加强教育疏导。针对个别上访老户生活困难的实际情况，主动协调民政局等有关部门给予临时救助，使其基本生活得到基本保障。同时，把握好分寸，防止形成花钱买平安、小闹小解决、大闹大解决的误区，防止引起新的攀比和问题。对一意孤行不听劝阻、滋事闹事的坚决依法处置，绝不迁就。（2）深入推进领导干部包案处理信访突出问题。对中央和省市排查交办的信访积案，特别是进京非访案件、侵害群众利益的重点案件，全部落实区级领导包案，对中央巡视组交办的王利沾案件由区委书记苟增杰亲自包案，对中央巡视组交办的单林元、单深花案件均由区长刘斯杰包案。坚持包案领导带案下访，与上访人面对面交流，组织有关部门现场研究解决办法，让上访人看到党委政府解决问题的诚意。

【信访稳控】 （1）强化教育稳控工作。结合矛盾纠纷排查化解，对民办教师、涉军人员、农电工等各类群体和人员进行集中调度，分级分层压实责任，严防失控，尤其是对重点群体的挑头人员更要看死盯牢，严防跨地区串联。对排查梳理出的可能进京非访的吕东洲、生寿珍等35个重点人员和群体，全部落实“五个一”工作措施。（2）强化情报搜集研判。坚持实行维稳信息日报告制度，特别是在重点敏感时期，各镇街、区直各部门单位严格落实领导带班、24小时值班和信息零报告制度，每天下午3：00前将矛盾纠纷排查和重点人员稳控情况，对可能发生的各类情况准确作出预测和预警，特别是重点人员失控和可能发生的到省进京上访与重大不稳定因素情况，在积极采取应对措施的同时，及时向区联席办报告，为做好防范工作争取时间和主动。

【进京非访依法处置工作】 治理进京非访仍然是信访维稳工作的一项重要政治任务。区信访局认真贯彻落实全国依法处置非正常上访工作电视电话会议精神，合力配合维稳部门搞好风险评估和重点群体防范，做好分流劝返和推动问题化解，在落实工作责任、加强源头预防、建立长效机制上下功夫，推动省四部门下发的《关于依法处置信访活动中违法犯罪行为指导意见》的贯彻实施，进一步明确非正常上访处置的体制机制。同时，努力推动信访问题的解决，将中央和省里交办的长期在京滞留人员、非访人员和其他重点人员落实化解稳控责任，从根本上减少进京非正常上访的发生。2017年，区公安机关已对非访人员依法拘留2人次。

【进京值班工作】 进京值班是做好信访工作的最后一道防线，驻京工作组承担大量的劝返接回任务，工作的好坏在很大程度上决定处置进京非访的成效。（1）日常值班。保持公安一名干警、镇街两名工作人员的值班小组。（2）敏感时期值班。全国“两会”、十八届六中全会等敏感时期，河口区都由一位区领导带队，区公安分局、区信访局、河口街道、新户镇及区直单位共10余人组成驻京工作组，全力做好上访人员劝返接回、突发情况依法处置、信访维稳安全风险化解等工作，真正发挥最后一道防线的作用。2017年以来，河口区未发生信访人员进京滋事丢丑现象，维护河口区良好形象。

【中央巡视组转交案件办理】 中央第三巡视组进驻我省开展“回头看”活动期间，共转交河口区案件共6件。按照区委书记苟增杰批示意见，区联席办对6个案件都积极进行交办处理，责任单位全部按期办结并作出书面答复。6个中央巡视组交办案件全部按期办结，除杨富爱1件涉法涉诉外，其余上访人对处理结果均表示满意。

【信访积案攻坚化解工作】 自4月份以来，河口区开展“百名领导督百案”信访积案化解活动，在全力加快经济社会改革发展的同时，把信访积案化解工作摆上当前突出位置来抓，通过采取高位拉动领导资源上倾斜、综合施策从事要解决上下硬功、动态督导从息诉罢访上抓巩固三项措施，有效确保信访积案化解活动的扎实开展。河口区共确定积案27件，全部得到圆满化解。

【网上信访工作】 全区6个镇街、109个区直部门单位都实现与信访部门及上级业务部门的互联互通，并设立专门的办公场所、配备办公设备，指定专门的工作人员，设立专项经费，制定严格的工作规章制度，确保网上信访信息工作的正常开展。区级成立网络信息中心，专门受理和办理群众网上投诉和信访，2017年，共完成网上登记访73件，比去年全年上升251%，信访部门受理率、责任单位及时受理率、责任单位及时办理率、参评率、群众满意率均达到100%。

【信访基层基础工作】 按照“强基固本抓源头”的总体思路，认真贯彻落实《省委办公厅、省政府办公厅关于加强信访工作基层基础建设的意见》（鲁办发〔2015〕52号）文件精神，结合河口区实际，积极推动六合街道、孤岛镇两个镇街试点工作，各村和社区根据各自的实际，健全以村为基础的基层信访工作信息员和调解员队伍，把信访工作做到基层一线、做到群众家里。

【信访秩序】 为及时劝返、清理和处置有过激行为信访人员，维护好党政大楼周围正常信访秩序，成立由区信访局、治安大队、特警大队、保卫科等单位组成的维护党政楼前信访秩序工作小组，加大对区党政大楼前信访秩序的依法综合整治，长时间滞留、围堵、打横幅等过激行为明显减少，有效规范信访秩序。11月21日，区公安机关依法拘留5人。

【“1+2+N”联合接访】 “1+2+N”的联合接访模式，即是以区联合接访中心为依托，将区委政法委牵头的涉法涉诉信访室、区纪委信访室一并纳入联合接访中心，区住建局、区人社局等多个相关职能部门单位动态进驻，及时有效受理群众各类诉求，提高信访部门处访的办理效率和质量，真正实现群众诉求“一站式受理、一条龙办理、一揽子解决”的目标。进一步制定完善联合接访中心《领导带班值班制度》《接访流程》《工作人员职责》《进驻单位人员管理办法》等各项规章制度，进一步规范信访受理、登记、分流、接谈、交办、答复、网上办理等各个环节的工作程序。2017年年初，区住建局、人社局、城管局、公安局、法院、国土局、交通局、海洋渔业局、湖滨新区等部门先后入驻联合接访中心，实行统一集中办公，及时化解农民工集体讨薪、社区居民物业供暖等信访事项80余件，有效维护群众切身利益。分设涉法涉诉信访室、区纪委信访室，加大各类信访案件分类流转，真正实现一站式接待、一条龙办理、一揽子解决的目标。截至年底，省信访局、省司法厅、市政法委、青岛平度市信访局、东营区信访局、垦利区信访局等单位先后到河口区检查指导、参观交流。

保密工作

【组织领导】 （1）区委领导高度重视。把保密工作列入党委重要议事日程，区委领导、区委保密委领导定期听取保密工作情况汇报，研究解决重大问题，提出加强和改进保密工作的具体意见，为推进全区保密工作顺利开展提供有力指导。8月，河口区委常委会议传达学习全市保密工作会议精神，研究贯彻落实意见。9月，河口区委常委会议传达学习刘家义书记重要讲话。（2）落实领导干部保密工作责任制。按照领导干部保密工作责任制的有关规定，区委对全区各级党政领导干部履行保密方针、政策和法律法规等方面提出要求，并层层落实保密工作责任，明确单位一把手为本单位保密工作第一责任人并签订责任书。（3）加强部署调度。区委保密委组织召开全区保密工作会议，传达全市保密工作会议精神，分析当前保密工作面临的形势，通报临时性工作人员泄密案例，指出河口区保密工作存在的薄弱环节，并对下一步工作进行安排部署。（4）开展督查考核。区委、区政府继续将保密工作考核纳入全区综合考核专项督查内容，充分发挥目标考核的督促作用，调动各级各部门单位做好保密工作的积极性。

【宣传教育】 （1）制定保密宣传工作计划。根据上级文件精神，结合工作实际，制定2017年度保密宣传教育实施方案，并组织全区各部门单位予以落实。（2）开展保密宣传教育培训。在培训对象上，突出以领导干部、保密干部和涉密人员为重点，加大培训力度。在培训内容上，结合案例警示教育，广泛开展保密形势、保密知识和技能培训，强化干部职工的保密意识，丰富保密知识，提高保密技能和本领。在培训手段上，充分运用领导班子中心组学习、党校教育培训、宣传图片展览、保密知识竞赛等方式，开展生动直观的保密宣传教育。（3）组织征订保密杂志。全区共征订2018年度《保密工作》158份、《保密科学技术》14份。通过经常性的学刊用刊，有效提高领导干部和涉密人员的保密意识、保密常识，确保党和国家秘密安全。

【自查自评工作】 全市保密自查自评工作开展以来，区委保密委高度重视，要求抓好贯彻落实。按照上级工作部署和领导指示要求，区国家保密局印发《关于组织开展全区2017年度机关、单位保密自查自评工作的通知》，在全区各镇、街道和区直各部门、单位共99个中开展保密自查自评工作。5月至10月，区国家保密局现场督查共75个单位，考评结果为优秀的19个，合格的54个，不合格的2个；未到现场督查的单位共24个，主要是学校、医院、垂直部门及其他非涉密重点单位。区国家保密局于10月印发《关于进一步加强保密管理工作的通知》，要求全区各级各部门单位再次按照自查自评标准开展工作，及时发现和处理泄密隐患。从督查情况看，全区各级各部门高度重视保密自查自评工作，认真组织开展，成效比较明显，提高保密工作水平。但也发现一系列问题：一是有的单位对开展保密自查自评工作认识不到位，片面的认为本单位没有秘密，也没有收到秘密文件，致使落实自查自评工作标准不高、要求不严。二是有的单位对保密自查自评内容不了解，从自查自评标准所列条目里不能准确确定属于本单位的内容，致使打分分值反映不出本单位保密工作真实情况。三是保密宣传教育不到位，有些同志对保密知识不了解，分不出国家秘密、工作秘密及内部敏感信息的区别。四是利用网络空间传输文件存在安全隐患，由于协同办公网在导出电子版文件时采取刻录光盘的方式，为方便有的单位报送内部及敏感信息时采用互联网邮箱，有失泄密隐患。五是存在着未经审批接入协同办公网、未安装或私自卸载安全防护设备等情况，有的单位在接入协同办公网未安装安全“三合一”的计算机和互联网计算机之间交叉使用U盘，威胁着网络安全。六是落实保密自查自评工作材料不够翔实，台账不清，保密培训记录不全等问题。

【综合防范】 （1）加强涉密文件资料保密管理。按照市委保密委《关于进一步加强涉密文件资料保密管理的通知》要求，区国家保密局在全区范围内组织开展涉密文件资料清理整顿工作。全区各部门单位传达学习文件精神，并对本单位涉密文件资料各个环节的保密管理情况进行全面自查，发现问题，立即整改。区国家保密局组织人员对涉密文件资料较多的单位进行专项检查，发现不符合规范要求的单位责令整改。4月25日，市保密检查组对区委办、区政府办进行现场检查，并核查10个机关单位的涉密文件资料登记本及全市政法维稳会议材料，没有发现较大问题。

（2）开展互联网保密管理专项检查。6月，区国家保密局对全区互联网门户网站、政务微博、微信公众号、互联网办公自动化系统和互联网政务邮箱等刊登、存储、处理和传输的信息进行检查，消除泄密隐患。全区清理互联网门户网站65个，政务微博38个，微信公众号25个，互联网办公自动化平台5个，互联网政务邮箱84个。10月，区国家保密局再次组织网络空间自查清理工作，全区清理互联网门户网站12个，政务微博23个，微信公众号32个，互联网政务邮箱84个。

（3）加强十九大期间保密管理工作。区国家保密局按照市委保密委《关于开展全市保密工作专项检查的通知》要求，加强组织领导，采取全面自查、重点检查、随机抽查相结合的方式进行，重点抓好区安保维稳领导小组各成员单位的保密管理工作。区国家保密局对检查中发现的违规行为反馈给责任单位，督促其落实整改措施，确保整改到位。

党史研究工作

【地方党史著作编撰】 全年，区委党史研究室共编撰出版党史著作5部，服务全区建设大局，发挥党史部门存史、资政、育人的重要作用。（1）编纂出版《中共河口区委纪事（2017）》。该系列图书自2010年以来每年一部，至今已出版8部，分为政治纲要、执政论坛、工作概况、改革与创新等18个部分。《中共河口区委纪事（2017）》全书60万字，全面客观记载2016年河口区发生的大事、要事以及经济、社会、民生、党建等各个方面取得的成就，为各级党组织总结执政经验、探寻执政规律积累宝贵资料。（2）编纂出版《中共河口区委历史大事记》2015卷、2016卷。该系列图书每卷约30万字，以编年体的形式详实记录2015、2016年全区发生的大事、要事，人事变动、组织变动，为区委、区政府及时留存宝贵的党史资料，也为今后科学执政、民主执政、依法执政提供参考借鉴。（3）编撰出版《河口区委执政实录——书记讲话》（2002—2009）卷和（2009—2017）卷。通过多方协调、认真发掘和精心整理，将历任区委书记在重要会议、重大场合上的讲话全部编入史册、永久保存，及时抢救宝贵的地方党史资料，为区委、区政府提供强大的资政支持。（4）启动《河口：辉煌“十二五”》的编撰出版工作。为全面总结回顾河口区“十二五”期间在政治、经济、社会等各个方面取得的重大成就，鼓舞全区党员干部和群众的昂扬斗志，展望“十三五”发展的宏伟蓝图，经领导班子研究，决定编纂出版《河口：辉煌“十二五”》一书，该书的编撰工作已接近尾声。

【发掘和保护党史资源】 （1）深入组织开展河口区党史地情调查走访活动。该活动旨在通过调查走访老革命、老军人、老干部以及相关历史事件的亲历或知情者，挖掘、搜集和整理河口党史地情资料，编写出版《河口革命历史文化丛书》。自活动开展以来，调查走访人员已赴周边县区或邻市档案馆、博物馆、烈士陵园等处现场考察10余次，查阅相关历史资料100余册；完成对河口区170个行政村（居）的调查走访，采访有关人员300余名，收集、扫描具有代表意义的老照片200余张，整理、撰写文稿100余篇，约20万字。（2）精心保护河口区的革命遗址、遗迹。主要领导坚持亲自带队，定期对河口区境内的8处革命遗址和2处其他遗址进行巡查，及时发现和处理存在的问题，出资2万元对全区10处遗址进行修缮和维护。积极参加省、市级党史教育基地评选工作，有4处革命遗址被评为“东营市党史教育基地”。

【上级党史部门各项任务】 一是积极为《中共山东省委年鉴》《中共东营市委纪事》等上级党史著作撰写稿件，先后征集、撰写稿件18篇，约10万字。

二是通过进一步发掘整理和调查研究，为省委党史研究室主编的党史著作《红色齐鲁365》撰写稿件一篇——《义和庄惨案始末》，提供图片资料10余张。三是积极为市委党史研究室主办的党史期刊《渤海风云》供稿，已先后发表稿件7篇，约3万字。四是认真撰写学习宣传贯彻十九大精神的征文和体会文章，积极向上级党史部门投稿。

【党史业务和理论学习】 努力建设学习型党史机关，通过学习为党史干部充电加油，提高“续航”能力。为党史干部出资购买《中国共产党的90年》等优秀党史著作，提供必要的学习条件。完善学习制度，制定学习计划，重点学习习总书记关于新时期党史和党史工作的系列重要论述和党史业务知识，不断提高干部的理论水平和业务能力。加强对干部职工的学习培训，分三批选派领导班子成员参加全区统一组织的综合素质培训班，开阔眼界、提升能力；精心选拔党史业务骨干，参加全省统一组织的党史业务培训两次，有效提升党史干部的专业素质；克服单位人手缺乏，工作力量薄弱的困难，积极选派优秀年轻干部参加全区中青年干部培训，积蓄后备人才力量。

【建立党史工作新机制】 （1）建立党史工作联席会议制度。联席会议由分管党史工作的区委常委担任召集人，全区相关部门单位的党史分管领导担任成员，全体组成人员按规定召开联席会议，共同商议河口区党史工作中的重要问题，研究解决党史工作中的困难，构建党史工作大格局。（2）建立全区党史工作季记年编制度。以正式文件的形式明确哪些属于河口区的党史大事、重要资料，规定由各单位党史信息员负责按照期限对这些党史大事、重要资料进行收集整理并上报党史部门，由党史部门对收集上来的重要党史资料进行总体把握，按年度编撰出版《中共河口区委历史大事记》。

【党史业务指导】 根据人事调整，及时对河口区的党史信息员、联络员队伍进行更新并重新造册登记，通过具体的工作任务加强对他们的业务指导和工作培训，为干好河口区的党史工作提供强大的人才和智力支持。指导区委政法委编著政法系统党史著作《中国共产党东营市河口区政法组织史（2002—2017）》，为河口区政法系统留存宝贵的党史资料，现该书的编撰出版工作已全面启动，正在进行初步的设计。

老干部工作

【“两项”建设工作】 （1）思想政治建设。以贯彻落实（中办发〔2016〕3号）、（鲁办发〔2016〕37号）、（东办发〔2017〕17号）文件精神为契机，结合“两学一做”学习教育，通过编印学习宣传手册、举办专题辅导、座谈讨论、送学上门等形式，引导离退休干部深入学习党的十九大精神、习近平总书记系列重要讲话精神、党章党规和黄大年、廖俊波等先进典型事迹。全年，共开展集中学习210次，召开专题研讨会议12次，集中上党课14次，累计为离退休干部发放各类学习资料1000余册。通过加强思想政治建设，全区离退休干部纪律和规矩意识进一步增强，在大是大非面前旗帜鲜明、立场坚定，更加拥护和支持党委政府重大决策部署。（2）离退休干部党支部建设。健全完善离退休干部工委工作制度和运行机制，充分发挥区离退休干部工委对各离退休干部党支部的指导协调作用。一是创新组织设置方式。按照“一方隶属、多重管理”的原则，根据文化层次、专业特长和兴趣爱好等，将离退休干部党员编入不同的特色党支部，并赋予独特“品牌”。全区632名离退休干部党员共编入“永康”“艺苑”“温馨”等30个城市社区特色党支部和6个镇街离退休干部党支部，为离退休干部发挥作用奠定坚实基础。二是加强班子建设。选配党性强、威信高、身体好、经验丰富、乐于奉献的离退休干部党员任党支部书记，并按时换届。如，以救助生活困难群众、贫困学生等为特色的“关爱”党支部，支部书记由区民政局原局长担任，支部党员多为热心公益事业的离退休干部。三是规范党支部运行。全年，把离退休干部党支部生活标准化建设作为重点，指导全区36个离退休干部党支部紧紧围绕中心工作，结合“两学一做”学习教育，把“三会一课”、组织生活会、民主评议党员、谈心谈话、请示报告等制度规范起来、严格起来。注重坚持和深化“学习活动日”制度，把每月9日作为离退休干部党员集中学习活动日，在开展政治学习的同时，组织离退休干部党员交纳党费、参观考察等，推动离退休党支部组织生活常态化制度化。四是建立健全离退休干部党组织工作经费保障机制。为进一步加强和改进离退休干部党组织建设，贯彻落实(鲁老干〔2017〕19号)(鲁老干〔2017〕20号)文件精神，研究制定河口区离退休干部党组织工作经费和党组织书记工作补助办法，为下一步落实离退休干部党组织工作经费和党组织书记工作补贴提供保障。

【离退休干部服务管理】 根据中办发〔2016〕3号和鲁办发〔2016〕37号文件精神，为及时了解掌握离退休干部的思想状况，积极引导他们为党和人民的事业增添正能量，河口区建立联系离退休干部工作制度。（1）坚持情况通报制度。定期组织召开离退休干部区情通报会，遇重大事项随时通报，注意听取离退休干部的意见和建议。1月17日，举办全区老干部情况通报会，100多名退休干部代表参加，会上通报过去一年全区经济社会发展情况，并向老同志们征求意见建议。5月份，在离退休干部中组织开展“建言十九大”、网上党建平台“双先”板块留言等活动，引导离退休干部党员敢于发声，歌颂党和国家，唱响中国好声音，收到离退休干部建言献策报告20多份，各类意见和建议30余条。（2）坚持参加重要会议、重大活动制度。区级重要会议、重大活动，都邀请县级及以上离退休干部参加。各镇（街道）、区直各部门单位召开的重要会议或组织的重大活动，根据会议和活动的实际情况，也征求本部门单位离退休干部的意见建议，有必要的邀请参加。重阳节组织离退休干部代表观摩全区经济社会发展情况，让老同志深切感受全区各行各业、各条战线的发展变化。2017年，共邀请离退休干部参加区级重要会议和重大活动9次。（3）坚持走访慰问制度。每逢春节等重要节日、离退休干部生日期间和因病住院、家庭出现重大变故时对离退休干部进行走访慰问，使离退休干部深切感受到党和政府的关怀和温暖。通过发放亲情服务联系卡、电话联系、上门看望等形式，建立联系台账，并进一步完善离退休干部信息档案，积极做好离退休干部信息采集工作，确保做到“四清楚”，即离退休干部基本情况清楚、家庭状况清楚、待遇落实清楚、意见建议清楚，切实增强了服务工作的针对性和实效性。春节、重阳节期间，集中对全区38名处级以上退休干部及家属和12名离休干部进行走访慰问，详细征求他们对区委、区政府工作的意见和建议。全年，累计解决实际困难、解答政策疑问35件。（4）坚持健康查体制度。组织离退休干部进行健康查体，并组织符合条件的离退休干部进行健康休养。联合社区卫生服务机构实施家庭医生签约服务，建立辖区内离退休干部健康档案，每季度到县级及以上离退休干部家中进行健康查体一次。全年，累计到离退休干部家中查体120余人次。

【文化养老工作】 （1）推动老干部活动学习场所建设。着眼对接社会化养老服务体系建设，进一步健全“四就近”社区平台，促进离退休干部工作和社区工作的有机融合。现全区已在河宁社区、河安社区等7个城市社区建立阅览室、活动室，并配齐图书、活动器材等，为离退休干部学习、活动提供保障。（2）深入推进老年大学三级办学网络建设。全区已建立老年大学14所，其中，区级老年大学1所，镇（街道）老年大学6所，村（社区）老年大学7所，教学班40余个，每年招收学员近千人，基本形成区、镇（街道）、村（社区）三级老年大学办学网络，实现镇街和重点村居老年学校的全覆盖。现全区已有4所学校被评为“市级示范校”，进一步提升老年教育的影响力。全年，区老年大学在征求学员意见的基础上，根据学校实际开设：书法、绘画、摄影、戏曲、太极拳等12个专业7个班，并定期邀请区委党校教师、区直部门有关专家进行时政、党的十九大精神宣讲、全区阶段性重点工程及区内便民事实讲解等，让学员及时了解当前国际国内发生的重大政治经济文化事件和区内重点工作。同时，投资3万余元对区老年大学各功能活动室进行整合提升，现有多媒体教室1个、电脑教室1个、舞蹈排练室1个、晨练室1个、书画摄影展室1个、棋牌室1个、台球室1个、乒乓球室2个。（3）积极拓展文化养老载体和形式。围绕建党、建军、国庆等重大纪念日，组织丰富多彩、积极健康的文体活动，先后举办第8届学员毕业典礼文艺会演、老年大学象棋、台球、扑克比赛，并组织学员积极参加全市书法绘画文化艺术节、全市太极拳展演和区黄河口文化艺术节、区广场舞大赛等，在2017年区广场舞比赛中，获得一等奖的好成绩。继续开展“进农村、进社区、进敬老院”文化下乡活动，春节前夕组织老年大学学员到帮扶村开展了送春联活动；重阳节组织老年大学学员到区养老服务中心进行慰问演出，为养老服务中心的老人带去精彩节目。

【引导离退休干部发挥正能量】 围绕为党和人民的事业增添正能量的价值取向，搭建志愿服务平台，激励引导离退休干部发挥独特优势。（1）爱心护学活动更具生命力。延伸爱心护学服务内容，在全区筹划建立“四点半学校”5处，并组织发动退休干部党员、“五老”志愿者积极参与“四点半学校”的运行管理，为放学后无人看管的孩子提供一个轻松安全快乐的课后活动场所。（2）才艺培养活动更加广泛。各社区党委为解决社区青少年才艺培养的需求，依托离退休干部党支部，聘请有才艺特长的退休干部、“五老”志愿者，创办假期学校，对青少年进行面塑、绘画、书法等方面的才艺培训。现创办假期学校3个，受益青少年600余名。（3）特色党支部志愿服务活动更加深入。各特色党支部以离退休干部为主体，号召带动社区居民组建成立志愿服务队，开展各具特色的志愿服务活动。如“永康”党支部组建“银发医疗服务队”，开展健康义诊，举办医疗保健知识讲座。现各特色党支部离退休干部带头领建、参建志愿服务队41支，累计开展各类为民服务活动6000余次，救助困难群众1800余户（次）、贫困生900余名（次），受益群众超过2万人。

河口区人民代表大会及其常务委员会

综　述

2017 年，区十八届人大常委会全面贯彻落实党的十八大和十八届历次全会精神，深入学习贯彻党的十九大精神，以习近平新时代中国特色社会主义思想为指导，围绕全区工作大局，认真履行法定职权，圆满完成了区十八届人大一次会议确定的各项任务，实现了本届常委会工作开好局、起好步的目标。听取审议“一府两院”专项工作报告 12 项，开展集中视察 5 次、专题调查 1 次、执法检查 1 次，提出意见建议 80 余条，作出决议决定 5 项。

推动经济持续健康发展。牢牢把握发展第一要务，依法听取审议计划、预算和审计工作报告，并围绕重点企业运营、重大项目建设、主要指标推进等，多次深入镇街、企业调查研究，加强对国民经济运行情况的跟踪和分析，要求区政府按照创新、协调、绿色、开放、共享的发展理念，加快新旧动能转换步伐，推动经济转型升级，着力提升发展质量和效益。围绕深化科技体制改革，听取审议了区政府关于科技工作情况的报告，督促区政府建立科技创新体系，促进科技成果转化，深入实施人才强区战略，发挥科学技术对实体经济的支撑引领作用。立足深化农村产权制度改革，听取审议了区政府关于农村土地“三权分置”工作情况的报告，对“三年增绿”、特色种植、农民增收情况进行调研，建议区政府认真落实强农惠农政策，加快发展现代农业，稳步实现农业增效、农民增收。着眼于加强国有资产管理，组织开展专题调查，要求区政府明确监管机构职责定位，推进监管机构职能转变，突出监管重点，改进监管方式，确保国有资产保值增值。

高度关注民生持续改善。听取审议区政府关于安全生产工作情况的报告，重点围绕增强全民安全意识和安全素质、扎实推进安全生产分级管控与隐患排查治理“两个体系”建设、落实安全生产责任制等方面问题，有针对性地提出意见建议，全力推动平安河口建设。听取审议了区政府关于环境保护工作情况的报告，就落实环境保护主体责任、加大环境违法行为打击力度、维护公众环境权益等提出监督意见，并围绕“打好蓝天保卫战，建设生态宜居城”这一主题，开展油城环保世纪行宣传活动，深入推进全区生态文明建设。听取审议了区政府关于文化惠民活动开展情况的报告，要求区政府完善政策措施，加大推进力度，全面提升文化建设的层次和水平，让人民群众共享更多发展成果。把脱贫攻坚作为最大的民生工程，听取审议了区政府关于精准扶贫工作情况的报告，建议区政府找准症结、精准施策，创新扶贫模式，提高扶贫实效，做到脱真贫、真脱贫，确保超前完成脱贫任务。围绕城乡统筹协调发展，组织部分市区人大代表对全区拆违治乱工作进行了集中视察，督促区政府借助省市拆违治乱工作大势，坚决打赢拆违治乱攻坚战。针对油地之间教育、卫生、社会治安资源不平衡的实际，及时回应群众关切，分别进行集中视察，深入分析问题根源，研究谋划措施办法，督促有关方面树立“大区域”理念，积极推进资源共享机制建设，尽早实现油地双方教育、卫生、社会治安综合治理同步推进。

积极推进民主法治建设。研究制定区人大常委会监督司法机关工作办法，进一步加强和规范对司法机关工作的监督，促进公正司法、规范执法。听取审议了区法院关于执行工作情况的报告，区检察院关于诉讼监督工作情况的报告，督促司法机关认真履行工作职责，不断加大执行力度和提高办案水平。扎实组织开展人大代表旁听法院庭审活动，先后6次组织41名人大代表对法院庭审进行旁听，并现场听取代表对庭审工作的意见，充分发挥人大代表在司法监督中的作用。扎实开展规范性文件备案审查工作，实现应备必备，较好地维护法律法规的严肃性和统一性。对《东营市城镇容貌和环境卫生管理条例》贯彻实施情况进行执法检查，有效保障东营市第一部地方性法规在河口区的贯彻实施。

努力提升监督工作实效。研究制定《区人大常委会讨论决定重大事项的规定》，为今后依法行使重大事项决定权提供重要遵循和制度保障，讨论决定重大事项工作实现重大破题。继续坚持并不断完善专项工作报告满意度测评办法。全年共对“一府两院”12项工作报告进行满意度测评，分项测评满意率为97.1%，综合测评满意率为98.3%，收到良好的监督效果。围绕强化跟踪督办和问效问责，研究制定《审议意见办理办法》，对“一府两院”办理审议意见情况实施跟踪监督，并进行满意度评定。不断改进预决算审查监督方式，提升监督实效。首次听取审议区政府关于审计查出问题整改情况的报告，要求整改不力、整改不到位的部门单位限期整改，促进相关问题的解决和落实。建立预算审查监督专家咨询及联络员制度，出台《预算审查前听取区人大代表和社会各界建议的若干规定》，不断扩大人大代表和社会各界对预算审查监督工作的参与，为做好预算初步审查夯实基础。制定《关于加强区本级部门预算审查监督的若干规定》，并首次对区科技局、人社局等6个部门单位进行重点审查，听取汇报，提出要求，有力地推动了部门预算编制、执行工作。

全区人大自身建设取得新进展。把学习贯彻党的十九大精神作为首要政治任务，进行专题研究部署，结合“两学一做”学习教育常态化制度化，认真开展学习讨论，不断增强“四个意识”，坚持“四个自信”，始终在思想上行动上与以习近平同志为核心的党中央保持高度一致。认真执行民主集中制原则，重大问题集体研究决定，先后召开主任会议21次，党组会议19次，研究决定事项165项。作出关于加强常委会自身建设的决定，对常委会议事规则、专题调查办法等20余项规范性文件进行修改完善。制定《区人民代表大会专门委员会工作规则》，明确各专门委员会的工作职责和组织运行；各专门委员会配套完善议事规则和联系办法，理顺工作程序，为认真履行法定职责奠定了良好基础。密切与市人大的沟通联系，积极配合做好视察调查、执法检查、立法调研等工作。加强对镇街人大的监督指导，出台《基层人大工作规则》《镇级人民代表大会会议筹备和召开实施细则》，先后召开2次镇街人大工作座谈会，规范镇街人大工作，夯实基层基础。正确处理做好人大工作与服务经济社会发展的关系，充分发挥自身优势，积极参与全区中心工作，在包村帮扶、联系企业、重大项目建设等方面发挥了积极作用。

重要会议

【区十八届人大一次会议】 2017年2月13—15日，区十八届人民代表大会第一次会议在河口召开。160名人大代表出席会议。会议听取审议区人大常委会、区人民政府、区人民法院、区人民检察院工作报告，书面审查了计划、财政报告，并作出批准的决定。作出关于设立区十八届人大专门委员会的决定，决定设立河口区第十八届人民代表大会内务司法委员会、财政经济委员会、教育科学文化卫生委员会、城乡建设环境保护委员会、农业与农村委员会。会议选举张胜双为区人大常委会主任，郭玉珍、郭存三、闫长林、孙学诗、王端吉为副主任，张衍军、高照洪、冯勇成、孙明、郭子江、马士文、黄润超、王学军、朱贵宝、宋学峰、李振江、李萍（女）、王明华、刘士成、刘凤霞（女）、周青蓉（女）、王瑞红、吕洪新、魏育智、李希平、李延春、高东、殷鹏霄、王焕青（女）为区十八届人大常委会委员；田兵兵为河口区人民政府区长，王晓勇、李广俊、徐文棠、侯丽霞（女）、胡琳为河口区人民政府副区长；曹志海为河口区人民法院院长；宋继圣为河口区人民检察院检察长。选举产生马少忠、王丹（女）、王光卿、王培祥、田红（女）、田兵兵、成希琴（女）、任尚敦、任艳红（女）、刘士合、刘士勤、孙立峰、孙继光、杜振波、李培智、张仁坚、张树芹（女）、张秋波、张胜双、陈万来、陈长山、陈增辉、苟增杰、罗冰、周林森、周岩（女）、郑建军、荆发茹（女）、郝大山、赵勇、姚海虹（女）、聂建军、郭丽（女）、高长春（女）、韩桂鲜（女）、綦建成为市八届人民代表大会代表（按姓名笔画排序）。表决通过宋学峰为区人大内务司法委员会主任委员，周青蓉为副主任委员，王立江、吴翠婵（女）、戴绍祥为委员；李振江为区人大财政经济委员会主任委员，王瑞红为副主任委员，刘长水、黄秀芹（女）、蒋时祥为委员；李萍（女）为区人大教育科学文化卫生委员会主任委员，吕洪新、李晓为副主任委员会，马海燕（女）、王金柱、刘俊霞（女）为委员；马士文为区人大城乡建设环境保护委员会主任委员，魏育智为副主任委员，李振平、张清海、张善飞为委员；王明华为区人大农业与农村委员会主任委员，李希平、王宏伟为副主任委员，王玉红、董子虎、董召磊为委员。

【区人大常委会会议】 2017年，区十七届人大常委会举行1次全体会议，区十八届人大常委会举行9次全体会议。

（1）1月17日，区十七届人大常委会第四十五次会议召开。会议由区人大常委会副主任闫长林主持。会议听取审议了关于区十八届人大一次会议筹备工作情况的报告；作出了关于召开区十八届人大一次会议的决定、关于区十八届人大一次会议列席人员范围的决定；讨论通过了提交区十八届人大一次会议的常委会工作报告；会议免去了马士文的河口区人大常委会办公室主任职务、李仁玲的河口区人民代表大会城乡建设环境保护委员会副主任委员职务、张希亮的河口区河口街道人大工作委员会主任职务、张兆栋的河口区水利局局长职务；会议任命黄润超为河口区人大常委会办公室主任，朱贵宝为河口区人大常委会预算工作委员会主任，陈建岐为河口区河口街道人大工作委员会主任，张学亮为河口区水利局局长。

（2）2月24日，区十八届人大常委会第一次会议召开。会议由区人大常委会副主任郭存三主持。会议通过了区人大常委会2017年工作要点、区人大常委会关于加强自身建设的决定、区人大专门委员会工作规则；区人大常委会主任张胜双作了重要讲话。

（3）3月1日，区十八届人大常委会第二次会议召开。会议由区人大常委会副主任闫长林主持。会议补选市旅游发展委员会主任、党组书记杜延明和市发改委党组书记、市区域办党组书记、市经信委主任郭顺先2人为市八届人大代表。

（4）4月20日，区十八届人大常委会第三次会议召开。会议听取审议了区政府关于精准扶贫工作情况的报告，区法院关于执行工作情况的报告，并对专项工作报告进行了满意度测评；讨论通过了《河口区人大常委会关于设立河口区第十八届人民代表大会常务委员会代表资格审查委员会的决定》《东营市河口区基层人大工作规则》《东营市河口区镇级人民代表大会会议筹备和召开实施细则》；选举任命沈颖娇为河口区人民法院审判员。区人大常委会副主任孙学诗同志主持会议，应到常委会组成人员30人，实到26人。

（5）5月12日，区十八届人大常委会第四次会议召开。会议作出了关于接受孙继光、陈长山辞去区人大代表职务的请求的决定；讨论通过了《区人大常委会代表资格审查委员会关于补选代表的代表资格的审查报告》；决定任命李露为区政府办公室主任，缪金学为区发展和改革局局长，高祥涛为区经济和信息化局局长，王学成为区教育局局长，崔延军为区科学技术局局长，张宝存为区监察局局长，周义村为区民政局局长，卢俊霞为区司法局局长，牛培杰为区财政局局长，卢玉峰为区人力资源和社会保障局局长，陈朝霞为区住房和城乡规划建设局局长，盖本良为区交通运输局局长，张学亮为区水利局局长，高连欣为区农业局局长，李绪军为区商务局局长，金建村为区文化广电新闻出版局局长，牟焕军为区卫生计划生育局局长，卢洪鹏为区审计局局长，张仕琴为区统计局局长，吴红波为区安全生产监督管理局局长，张军为区市场监督管理局（河口区食品药品监督管理局）局长，杨希孝为区城市管理和行政执法局局长，宋卫华为区质量技术监督局局长，王洪凤为区民族宗教事务局局长；区人大常委会主任张胜双作了重要讲话，对新任命的24名区政府组成人员提出了要求。区人大常委会副主任王端吉主持会议，应到常委会组成人员30人，实到27人。

（6）6月30日，区十八届人大常委会第五次会议召开。会议听取审议了区政府关于文化惠民活动开展情况的报告、关于诉讼监督工作情况的报告；对听取审议的专项工作报告进行了满意度测评；讨论通过了《东营市河口区人民代表大会及其常务委员会宪法宣誓仪式组织实施细则》《东营市河口区人民代表大会常务委员会预算审查监督专家咨询委员会工作规则》《河口区人大常委会关于预算审查前听取区人大代表和社会各界建议的若干规定》；免去了孙学军的河口区人民法院副院长职务，王新宏的河口区人民检察院副检察长职务，李玉敏的河口区人民检察院检察委员会委员、检察员职务。会议由区人大常委会副主任郭玉珍主持，会议应到常委会组成人员30人，实到26人

（7）8月31日，区十八届人大常委会第六次会议召开。会议听取审议了区政府关于2017年上半年国民经济和社会发展计划执行情况的报告、关于河口区2016年财政决算和2017年上半年预算执行情况的报告、关于河口区2016年度区级预算执行和其他财政收支情况的审计工作报告，对专项工作报告进行了满意度测评；审查批准了2016年区级财政决算；讨论通过了区人大常委会议事规则、区人大常委会主任会议议事规则、区人大常委会组成人员守则、代表守则、常委会副主任领衔督办重点建议试行办法、预算工作委员会工作职责、预算工作委员会工作规程；作出了关于批准2017年河口区地方政府债务限额及区级预算调整的决议、关于撤销《东营市河口区人大常委会关于批准设立城市发展基金的决议》的决定；选举任命刘冲同志为河口区副区长，并进行了宪法宣誓。会议由区人大常委会副主任闫长林主持，应到常委会组成人员30人，实到24人。

（8）10月27日，区十八届人大常委会第七次会议召开。会议听取审议了区政府关于农村土地“三权分置”工作情况的报告、关于安全生产工作情况的报告，对专项工作报告进行了满意度测评；讨论通过了《东营市河口区人民代表大会常务委员会审议意见办理办法》《东营市河口区人民代表大会常务委员会人事任免办法》《东营市河口区人民代表大会常务委员会讨论决定重大事项的规定》、区人大常委会代表资格审查委员会关于补选代表的代表资格的审查报告；作出了关于接受王宏伟辞去区人大代表职务的请求的决定；免去了王晓勇的河口区人民政府副区长职务、王宏伟的河口区人民代表大会农业与农委委员会副主任委员职务；决定任命陈桂林为河口区人民政府副区长，王加宁为河口区人民政府科技副区长，赵宝华为河口区人民代表大会农业与农村委员会副主任委员，崔友朋为河口区人大常委会办公室副主任，孙守花为河口经济开发区

人大工作委员会主任。会议由区人大常委会副主任闫长林主持。应到常委会组成人员30人，实到23人。

（9）11月16日，区十八届人大常委会第八次会议召开。会议讨论通过了区人大常委会代表资格审查委员会关于罢免代表的代表资格的审查报告、《东营市河口区人民代表大会常务委员会规范性文件备案审查办法》《东营市河口区人民代表大会常务委员会关于办理区人民代表大会代表建议的办法》《东营市河口区人民代表大会代表建议办理面对面答复办法》《东营市河口区人民代表大会代表考核办法》《东营市河口区人民代表大会代表联系群众制度》《东营市河口区人民代表大会代表述职办法》《东营市河口区人民代表大会常务委员会联系区人民代表大会代表办法》《东营市河口区人民代表大会常务委员会监督司法机关工作办法》《东营市河口区人民代表大会常务委员会会议公民旁听办法》《东营市河口区人民代表大会常务委员会关于对区人民政府、区人民法院、区人民检察院专项工作报告实行满意度测评的办法》《东营市河口区人民代表大会常务委员会工作评议办法》《东营市河口区人民代表大会常务委员会执法检查办法》《东营市河口区人民代表大会常务委员会专题调查办法》《东营市河口区人民代表大会常务委员会专题询问办法》《东营市河口区人民代表大会常务委员会组织区人大代表旁听区人民法院庭审办法》《东营市河口区人民代表大会常务委员会拟任命人员任前法律知识考试办法》。会议由区人大常委会副主任郭存三主持，应到常委会组成人员30人，实到22人。

（10）12月27日，区十八届人大常委会第九次会议召开。会议听取审议区政府关于科技工作情况的报告、关于环境保护工作情况的报告、关于审计查出问题整改情况的报告，并对听取审议的专项工作报告进行了满意度测评；审查了区政府关于2017年河口区区级预算调整方案（草案）的报告，作出了关于批准2017年河口区区级预算调整方案的决议；听取审议区十八届人大二次会议筹备工作情况的报告；讨论通过了《东营市河口区人民代表大会常务委员会关于加强区本级部门预算审查监督的若干规定》《区人大常委会关于召开区十八届人大二次会议的决定》《区人大常委会关于区十八届人大二次会议列席人员范围的决定》、提交区十八届人大二次会议的常委会工作报告。会议由区人大常委会副主任孙学诗主持，应到常委会组成人员29人，实到25人。

【区人大常委会党组会议】 2017年，区人大常委会党组共召开党组会议19次。

4月24日，区人大常委会党组书记张胜双主持召开区人大常委会党组会议。会议宣布了区人大常委会党组组成人员名单。区委决定，张胜双为区人大常委会党组书记，郭存三、闫长林2人为区人大常委会党组副书记，孙学诗、王端吉、马士文、黄润超4人为区人大常委会党组成员；讨论了《区十八届人大常委会党组书记、副书记、成员工作分工》《关于代表辞职与补选区十八届人大代表的安排意见》；就办公室调整、区人大常委会会议人事任免事项提出了要求。

5月26日，区人大常委会党组书记张胜双主持召开区人大常委会党组会议。会议传达了全区推进“两学一做”学习教育常态化制度化工作座谈会精神；讨论了《区人大常委会关于推进“两学一做”学习教育制度化常态化的实施方案》；决定6月初组织40名左右的区人大代表对全区拆违治乱工作进行集中视察。

6月22日，区人大常委会党组书记张胜双主持召开区人大常委会党组会议。会议传达了全区基层党建工作重点任务推进暨“两学一做”学习教育常态化制度化督导工作会议精神。会议要求，进一步梳理细化工作任务，明确工作重点，逐项抓好落实；要结合新的工作要求，对区人大常委会党组推进“两学一做”学习教育常态化制度化活动安排进行调整充实，并扎实开展好各项活动；要做好结合文章，把推进“两学一做”学习教育常态化制度化与业务工作、机关党的建设、作风建设、班子队伍建设等结合起来，确保两促进，互为补充；要把组织生活常态化、长期化、正常化，确保抓长期、抓经常；要采取喜闻乐见、效果较好的方式，开展形式多样的集中学习研讨活动，进一步提高学习的积极性和主动性，确保集中学习效果。

7月28日，区人大常委会党组副书记郭存三主持召开区人大常委会党组会议。会议学习了《中国共产党巡视工作条例》，区人大常委会党组副书记郭存三、闫长林，党组成员孙学诗、王端吉、马士文、黄润超分别做了交流发言。

8月4日，区人大常委会党组书记张胜双主持召开区人大常委会党组会议。会议学习了《中共山东省委关于认真学习宣传贯彻习近平总书记在省部级主要领导干部专题研讨班上重要讲话精神的通知》《刘家义同志在省委十一届一次全体会议上的讲话》；区人大常委会党组书记张胜双，副书记闫长林，党组成员孙学诗、王端吉、马士文、黄润超分别做了交流发言。

8月8日，区人大常委会党组副书记闫长林主持召开区人大常委会党组会议。会议学习了鲁义在《大众日报》上发表的六篇署名文章、《中共山东省委实施〈中国共产党问责条例〉办法》；区人大常委会党组副书记郭存三、闫长林，党组成员孙学诗、王端吉、马士文分别做了交流发言。

8月11日，区人大常委会党组书记张胜双主持召开区人大常委会党组会议。会议听取了关于修订《区人大常委会议事规则》《区人大常委会主任会议议事规则》《区人大常委会组成人员守则》《区人民代表大会代表守则》的说明；讨论了《河口区人大常委会副主任领衔督办重点议案建议试行办法》；就《区人大常委会人事任免办法》修订工作、审议意见办理情况监督工作、制度办法修订完善工作提出了意见。

8月21日，区人大常委会党组书记张胜双主持召开区人大常委会党组会议。会议研究了有关干部事宜，确定张维岩作为提拔副科级干部人选考察对象。

8月22日，区人大常委会党组书记张胜双主持召开区人大常委会党组会议。会议讨论了《河口区人大常委会人事任免办法》《河口区人大常委会审议意见办理办法》。

8月25日，区人大常委会党组书记张胜双主持召开区人大常委会党组会议。会议研究了有关干部事宜，拟推荐张维岩作为提拔副科级干部人选。

9月4日，区人大常委会党组书记张胜双主持召开区人大常委会党组会议。会议学习了《习近平总书记的成长之路》《习近平总书记在福建的探索与实践·党建篇》两篇报道文章。

9月21日，区人大常委会党组书记张胜双主持召开区人大常委会党组会议。会议集体学习了区纪委《关于认真学习贯彻区领导重要批示精神的通知》，就有关工作提出要求。

10月9日，区人大常委会党组书记张胜双主持召开区人大常委会党组会议。会议听取了关于补选区十八届人大代表相关情况的汇报；就包村帮扶和联系企业工作、代表培训工作、常委会2018年度预算安排提出了要求。

10月19日，区人大常委会党组书记张胜双主持召开区人大常委会党组会议。会议讨论通过了《东营市河口区人民代表大会常务委员会讨论决定重大事项的规定》《东营市河口区人民代表大会常务委员会联系区人民代表大会代表办法》《东营市河口区人民代表大会常务委员会监督司法机关工作办法》；听取了关于《东营市河口区人民代表大会常务委员会会议公民旁听试行办法》等十四个规范性文件修改情况的汇报；就学习、宣传、贯彻党的十九大精神和进一步发挥常委会党组核心作用和落实从严治党主体责任提出了具体要求。

10月20日，区人大常委会党组召开党组（扩大）会议，党组副书记郭存三主持会议。会议原文学习了党的十九大报告前三部分，王学军、王明华、吕洪新、王瑞红、扈红卫、张维岩等7人就学习情况进行了交流发言，常委会主任、党组书记张胜双同志作了重要讲话。会议要求，各专门委员会、常委会各工作部门要认真学习领会党的十九大精神，并结合工作实际抓好贯彻落实。办公室要结合“两学一做”学习教育常态化制度化，尽快研究制定党的十九大精神学习计划，并抓好组织实施，确保区人大常委会及机关学习宣传党的十九大精神良好开局。

10月31日，区人大常委会党组书记张胜双主持召开党组（扩大）会议。会议原文学习了党的十九大报告第4～8部分，王端吉、黄润超、李晓、魏育智、赵宝华、颜廷涛等6人结合学习情况进行了交流发言，就学习贯彻党的十九大精神和做好近期几项重点工作提出了要求。

11月13日，区人大常委会党组书记张胜双主持召开区人大常委会党组会议。会议讨论通过了《全区人大工作座谈会筹备方案》《区人大常委会党组及机关党支部深入学习贯彻党的十九大精神工作方案》《关于在人大代表中深入开展贯彻党的十九大精神活动的实施方案》《东营市河口区人民代表大会常务委员会关于加强区本级部门预算审查监督的若干规定》。

11月28日，区人大常委会党组书记张胜双主持召开区人大常委会党组会议。会议讨论通过了《关于召开区十八届人大二次会议有关问题的请示》；并就区十八届人大二次会议的筹备召开提出了具体要求。

12月12日，区人大常委会党组书记张胜双主持召开区人大常委会党组（扩大）会议。会议原文学习了《中共中央办公厅印发习近平总书记关于进一步纠正“四风”、加强作风建设重要批示的通知》，并就加强作风建设提出了具体要求。

【区人大常委会主任会议】 2017年，区人大常委会共召开主任会议21次。

2月22日，区人大常委会主任张胜双主持召开区十八届人大常委会第一次主任会议。会议讨论了《区十八届人大常委会第一次会议筹备方案》《区人大常委会关于加强自身建设的决定》《区人大专门委员会工作规则》《区人大各专门委员会联系区直部门单位分工》《关于区十八届人大常委会主任、副主任工作分工的通知》《区人大常委会主任、副主任工作补位制度》《张胜双同志在区十八届人大常委会第一次会议上的讲话》。

3月13日，区人大常委会主任张胜双主持召开区十八届人大常委会第二次主任会议。会议讨论了《河口区人大代表2017—2021年学习培训规划》《2017年区人大代表学习培训计划》《区人大代表及人大机关工作人员赴四川大学第一期学习安排方案》《河口区第十八届人大常委会代表资格审查委员会组成人员名单》《市八届人大一次会议河口代表团工作方案》《各专门委员会联系办法、议事规则》。

3月27日，区人大常委会主任张胜双主持召开区十八届人大常委会第三次主任会议。会议听取了市八届人大一次会议精神传达提纲；讨论了《区十八届人大常委会第三次会议筹备方案》《关于全区精准扶贫工作的调查方案》《关于区法院执行工作情况的调查方案》。

4月17日，区人大常委会主任张胜双主持召开区十八届人大常委会第四次主任会议。会议讨论了《东营市河口区基层人大工作规则》《东营市河口区镇级人民代表大会会议筹备和召开实施细则》《关于执行工作情况的调查报告》《关于精准扶贫工作情况的报告》。

5月2日，区人大常委会主任张胜双主持召开区十八届人大常委会第五次主任会议。会议讨论了《区十八届人大常委会第四次会议筹备方案》《区十八届人大常委会第四次会议人事任免事项》《关于聘请规范性文件备案审查法律咨询员的建议》《关于国有资产管理工作专题调查方案》；听取了教育科学文化卫生委员会《关于全区卫生计生一体化服务管理工作情况的调研报告》的汇报。

5月23日，区人大常委会主任张胜双主持召开区十八届人大常委会第六次主任会议。会议讨论了《区十八届人大常委会第五次会议筹备方案》《关于文化惠民活动开展情况的调查方案》《关于诉讼监督工作的调查方案》《河口区人民代表大会及其常务委员会宪法宣誓仪式组织实施细则》；传达了市人大常委会加强自身建设工作座谈会精神；听取了关于“代表培训月”活动开展情况的汇报、关于区人大代表综合履职能力提升专题培训情况的汇报；就外出考察学习等几项重点工作提出了具体要求。

6月19日，区人大常委会主任张胜双主持召开区十八届人大常委会第七次主任会议。会议讨论了《关于文化惠民活动开展情况的调查报告》《关于诉讼监督工作情况的调查报告》《东营市河口区人民代表大会常务委员会预算审查监督专家咨询委员会工作规则》《河口区人大常委会关于预算审查前听取区人大代表和社会各界建议的若干规定》《区十八届人大常委会第五次会议人事任免事项》；听取了关于选聘区人大常委会预算审查监督专家咨询委员会成员有关情况的汇报，关于将社会治安综合治理集中视察列入区人大常委会2017年工作要点的建议，关于将教育、卫生工作集中视察列入区人大常委会2017年度工作要点的建议；就预算审查监督工作、纪律作风建设等方面工作提出了具体要求。

6月29日，区人大常委会主任张胜双主持召开区十八届人大常委会第八次主任会议。会议讨论了《区十八届人大常委会第五次会议人事任免事项》，决定将免去孙学军的河口区人民法院副院长职务，免去王新宏的河口区人民检察院副检察长职务，免去李玉敏的河口区人民检察院检察委员会委员、检察员职务，提交区十八届人大常委会第五次会议表决通过。

7月10日，区人大常委会主任张胜双主持召开区十八届人大常委会第九次主任会议。会议听取了各副主任关于重点督办建议办理情况的汇报；讨论了《区人大常委会组成人员集中走访联系人大代表安排方案》《市区人大代表集中视察重点项目建设和便民实事落实情况安排方案》《关于对2016年财政决算及审计情况和2017年上半年财政预算执行情况进行初步审查的工作方案》《关于全区重大疫情防治和畜产品安全监管工作的调查方案》。

7月26日，区人大常委会主任张胜双主持召开区十八届人大常委会第十次主任会议。会议听取了各组关于走访联系人大代表情况的汇报、关于新闻宣传工作情况的汇报；讨论了《河口区人大常委会预算工作委员会工作职责》《河口区人大常委会预算工作委员会工作规程》《关于全区国有资产管理工作情况的调查报告》。

8月2日，区人大常委会主任张胜双主持召开区十八届人大常委会第十一次主任会议。会议讨论了《区十八届人大常委会第六次会议筹备方案》《2017年上半年国民经济和社会发展计划执行情况的调查方案》《关于对区十八届人大一次会议以来人大代表建议办理进行面对面答复工作的安排意见》《关于组织开展〈东营市城镇容貌和环境卫生管理条例〉执法检查方案》；听取了关于对区政府报备的规范性文件进行审查的情况汇报；就镇街人大工作、抓落实抓执行提出了要求。

8月28日，区人大常委会主任张胜双主持召开区十八届人大常委会第十二次主任会议。会议讨论了《区人大常委会议事规则（修订草案）》《区人大常委会主任会议议事规则（修订草案）》《区人大常委会组成人员守则（修订草案）》《区人民代表大会代表守则（修订草案）》《区人大常委会副主任领衔督办重点建议试行办法》《关于河口区2017年上半年国民经济和社会发展计划执行情况的调查报告》《关于河口区2016年区级财政决算和2017年上半年财政预算执行情况的审查报告》《关于河口区2016年度区级财政预算执行和其他财政收支情况的审计工作报告的初审意见》《关于批准河口区2016年区级财政决算的决议》《关于2017年河口区地方政府债务限额及区级预算调整方案的初审意见》《关于批准2017年河口区地方政府债务限额及区级预算调整方案的决议》《关于提请撤销〈东营市河口区人大常委会关于批准设立城市发展基金的决议〉的议案的说明》《关于提请撤销〈东营市河口区人大常委会关于批准设立城市发展基金的决议〉的议案》《河口区人民代表大会常务委员会关于撤销〈东营市河口区人大常委会关于批准设立城市发展基金的决议〉的决定（草案）》《区十八届人大常委会第六次会议人事任免事项》。

9月4日，区人大常委会主任张胜双主持召开区十八届人大常委会第十三次主任会议。会议听取了各组关于人大代表建议办理面对面答复情况的汇报；讨论了《东营市河口区人民代表大会常务委员会审议意见办理办法》《东营市河口区人民代表大会常务委员会人事任免办法》《关于组织镇街人大工作人员赴浙江省湖州市吴兴区等地考察学习的安排方案》《市区人大代表集中视察全区教育卫生工作情况安排方案》。

9月20日，区人大常委会主任张胜双主持召开区十八届人大常委会第十四次主任会议。会议讨论了《区十八届人大常委会第七次会议筹备方案》《关于全区安全生产工作情况的调查方案》《关于全区农村土地“三权分置”工作情况的调查方案》《确定区人大常委会2018年监督议题安排方案》《市区人大代表集中视察全区社会治安综合治理工作的安排方案》；听取了关于赴浙江、江西、河南考察学习的报告，关于《东营市河口区人民代表大会志（1995—2016）》编纂进展工作情况的汇报，关于集中视察全区教育卫生工作情况的汇报。

10月12日，区人大常委会主任张胜双主持召开区十八届人大常委会第十五次主任会议。会议讨论了《关于组织部分区人大代表赴高校培训的安排意见》《2017年区人大代表述职工作方案》《关于检查〈东营市城镇容貌和环境卫生管理条例〉实施情况的报告》；听取了关于组织区人大代表旁听庭审情况的汇报。

10月23日，区人大常委会主任张胜双主持召开区十八届人大常委会第十六次主任会议。会议讨论了《区十八届人大常委会第七次会议建议议程》《关于安全生产工作情况的调查报告》《关于农村土地“三权分置”工作情况的调查报告》《东营市河口区人民代表大会常务委员会讨论决定重大事项的规定》《东营市河口区第十八届人民代表大会常务委员会代表资格审查委员会关于补选代表的代表资格的审查报告》《区十八届人大常委会第七次会议人事任免事项》《东营市河口区人民代表大会常务委员会联系区人民代表大会代表办法》《东营市河口区人民代表大会常务委员会监督司法机关工作办法》《东营市河口区人民代表大会常务委员会会议公民旁听办法》《关于加强“人大代表工作站”建设的实施意见》。

11月3日，区人大常委会主任张胜双主持召开区十八届人大常委会第十七次主任会议。会议讨论通过了《区十八届人大常委会第七次会议审议意见》《区十八届人大常委会第八次会议筹备方案》《关于组织部分市、区人大代表对全区经济社会发展情况进行视察的安排方案》《关于2017年下半年区人大代表建议办理面对面答复工作的安排意见》《关于组织区人大代表旁听区人民法院庭审活动的安排方案》《关于外出考察学习任前法律知识考试及内务司法监督工作的安排方案》；听取了关于2018年监督议题征集情况的汇报、关于集中视察全区社会治安综合治理工作情况的汇报。

11月17日，区人大常委会主任张胜双主持召开区十八届人大常委会第十八次主任会议。会议讨论通过了《关于确定常委会2018年度监督议题的建议》《东营市河口区人民代表大会常务委员会关于加强区本级部门预算审查监督的若干规定》《2018年部门预算审查工作方案》《关于审计查出问题整改情况的调查方案》《关于全区科技工作情况的调查方案》《关于组织科技工作调查组赴广州市高新区等地考察学习的安排方案》《关于全区环境保护工作的调查方案》；听取了关于赴四川大学学习培训工作情况的汇报、关于组织区人大代表旁听法院庭审工作情况的汇报。

12月7日，区人大常委会主任张胜双主持召开区十八届人大常委会第十九次主任会议。会议讨论了《河口区人大常委会2018年工作要点》《区十八届人大常委会第九次会议筹备方案》《区人大常委会机关和各镇、街道人大新闻宣传工作考核办法》《区人大代表先进事迹电视专栏宣传方案》；会议听取了人代工委、预算工委、各专门委员会关于2018年工作计划的汇报，关于代表建议办理面对面答复情况的汇报，关于2017年区人大代表述职评议工作情况的汇报，关于赴郑州、徐州考察学习的报告。

12月15日，区人大常委会主任张胜双主持召开区十八届人大常委会第二十次主任会议。会议讨论了《区十八届人大常委会第九次会议建议议程》《关于科技工作情况的调查报告》《关于环境保护工作情况的调查报告》《关于审计查出问题整改情况的调查报告》《区十八届人大二次会议筹备工作情况的报告》《关于召开区十八届人大二次会议的决定》《关于区十八届人大二次会议列席人员范围的决定》《2018年驻河口区市人大代表述职工作方案》《关于2017年预算执行情况和2018年财政预算（草案）的审查方案》；听取了关于赴青岛、广州、深圳考察学习的报告。

12月21日，区人大常委会主任张胜双主持召开区十八届人大常委会第二十一次主任会议。会议讨论了《2018年区人大代表旁听庭审工作计划》《区人大常委会工作报告》。会议听取了筹备处关于区十八届人大二次会议筹备情况的汇报。

【全区人大代表建议工作会议】 3月10日，全区人大代表建议工作会议召开。会议由区人大常委会副主任孙学诗主持。区人大常委会主任、党组书记张胜双作了重要讲话；区人民政府副区长徐文棠就政府系统建议办理工作提出明确意见。

【全区人大工作座谈会】 3月3日，全区镇街人大工作座谈会召开。会议由区人大常委会副主任孙学诗主持。区人大常委会主任、党组书记张胜双作了重要讲话。区人大常委会副主任郭存三对全区镇街人大工作提出明确要求。区人大常委会党组成员、办公室主任黄润超宣读了镇街人大考核办法及有关事项。各镇街人大负责人就全年工作计划作了汇报。

12月6日，全区镇街人大工作座谈会召开。区人大常委会副主任郭存三主持会议。区人大常委会主任张胜双、副主任孙学诗讲话。副主任郭玉珍、闫长林、王端吉等参加会议。

【区人大常委会机关全体干部职工会议】 3月13日，区人大常委会机关全体人员会议召开。会议由区人大常委会副主任闫长林主持。区人大常委会主任、党组书记张胜双作了重要讲话。区人大常委会党组成员、办公室主任黄润超宣读了区十八届人大常委会主任、副主任分工等有关事项。

人事任免

2017年，区人大及其常委会任命国家机关工作人员31名，接受辞职、免职6名。

东营市河口区第十八届人民代表大会常务委员会第三次会议，根据区人民法院曹志海院长提请，于2017年4月20日任命沈颖娇为河口区人民法院审判员。免去陈晓峰的河口区人民法院审判委员会委员职务。

东营市河口区第十八届人民代表大会常务委员会第四次会议，根据区人民政府田兵兵区长提请，于2017年5月12日决定任命李露为河口区人民政府办公室主任；缪金学为河口区发展和改革局局长；高祥涛为河口区经济和信息化局局长；王学成为河口区教育局局长；崔延军为河口区科学技术局局长；张宝存为河口区监察局局长；周义村为河口区民政局局长；卢俊霞为河口区司法局局长；牛培杰为河口区财政局局长；卢玉峰为河口区人力资源和社会保障局局长；陈朝霞为河口区住房和城乡规划建设局局长；盖本良为河口区交通运输局局长；张学亮为河口区水利局局长；高连欣为河口区农业局局长；李绪军为河口区商务局局长；金建村为河口区文化广电新闻出版局局长；牟焕军为河口区卫生和计划生育局局长；卢洪鹏为河口区审计局局长；张仕琴为河口区统计局局长；吴红波为河口区安全生产监督管理局局长；张军为河口区市场监督管理局（河口区食品药品监督管理局）局长；杨希孝为河口区城市管理和行政执法局局长；宋卫华为河口区质量技术监督局局长；王洪凤为河口区民族宗教事务局局长。

东营市河口区第十八届人民代表大会常务委员会第五次会议，根据区人民法院曹志海院长提请，于2017年6月30日免去孙学军的河口区人民法院副院长职务。

东营市河口区第十八届人民代表大会常务委员会第五次会议，根据区人民检察院宋继圣检察长提请，于2017年6月30日免去王新宏的河口区人民检察院副检察长职务；李玉敏的河口区人民检察院检察委员会委员、检察员职务。

东营市河口区第十八届人民代表大会常务委员会第六次会议，根据区人民政府田兵兵区长提请，于2017年8月31日决定任命刘冲为河口区人民政府副区长。

东营市河口区第十八届人民代表大会常务委员会第七次会议，根据区人民政府田兵兵区长提请，于2017年10月27日决定任命陈桂林为河口区人民政府副区长；王加宁为河口区人民政府科技副区长。免去王晓勇的河口区人民政府副区长职务。

东营市河口区第十八届人民代表大会常务委员会第七次会议，根据主任会议提请，于2017年10月27日决定任命赵宝华为河口区人民代表大会农业与农村委员会副主任委员；崔友朋为河口区人大常委会办公室副主任；孙守花为河口经济开发区人大工作委员会主任。免去王宏伟的河口区人民代表大会农业与农村委员会副主任委员职务。

代表工作

【代表变动】 区十八届人大代表名额164名，换届选举产生代表163名。2017年1名代表病故，1名代表因工作变动调离本行政区域，接受3名代表辞职请求，1名代表被罢免，补选5名区人大代表。至年底，实有区十八届人大代表162名。

【代表活动】 2017年，区人大常委会始终把代表工作作为基础性工作来抓，认真贯彻落实代表法，不断完善代表工作机制，创新代表工作方式，发挥代表主体作用，支持和引导代表为推动河口发展贡献力量。坚持邀请代表列席常委会会议，参加常委会组织的执法检查、视察调研等活动，不断扩大代表对常委会工作的参与。一年来，邀请约60名人大代表列席常委会会议，组织约200人次人大代表进行集中视察，组织约80名人大代表参加各类调研和执法检查活动。同时，积极推荐代表参加民主测评、行风评议等社会监督活动，进一步拓宽代表工作的广度和深度。制定区人大常委会联系人大代表办法，修订完善代表联系群众制度、代表述职评议办法，努力在密切联系人民群众上下功夫，在畅通社情民意反映渠道上做文章，在使人大工作接地气、得民心上求实效。一年来，对100多名基层人大代表进行了集中走访；组织引导区级人大代表与500多名群众建立经常性联系；组织41名人大代表进行了述职，选民对代表的评议满意率均在96%以上。出台《关于加强“人大代表工作站”建设的实施意见》，本着“便于代表开展活动、便于代表联系选民、便于代表发挥作用”的原则，把省市区镇四级人大代表科学分组，规划建设“人大代表工作站”26处，并按照“十个有”标准进行统一规范，不断丰富代表联系群众的内容和形式，增强联系实效，使“人大代表工作站”真正成为代表履行职责、发挥作用、联系人民群众的载体和平台。

【代表培训】 2017年，区人大常委会精心制定代表学习培训计划并认真组织实施。4月，以镇街为单位，组织开展“代表集中培训月”活动；4月和11月，分两批组织95名人大代表赴四川大学开展素质提升专题培训；在各级人大代表中深入开展学习贯彻党的十九大精神活动，代表们的思想政治水平、法律政策水平和专业知识水平进一步提高。充分发挥代表履职管理服务平台作用，人大代表服务保障信息化水平不断提升。

【代表建议督办】 2017年，区人大常委会继续实施《办理区人民代表大会代表建议办法》和《代表建议办理面对面答复暂行办法》，着力抓好代表建议办理工作。突出抓好建议的征集、归纳和整理工作，使代表建议有情况、有分析、有具体措施，做到准确可行，便于操作。出台常委会副主任领衔督办重点建议试行办法，并选择10件影响面大、代表始终关注的重点建议，由各位副主任领衔督办，有针对性地促进问题解决。分两次对区十八届人大一次会议以来121件代表建议办理情况进行面对面集中答复，办理结果代表满意率96.7%，促进代表建议办理质量的整体提升。

视察调研与信访

【视察调研】 4月12日，区人大常委会副主任郭存三带队对区法院执行工作进行调查。

4月5—6日，区人大常委会副主任孙学诗带队对全区精准扶贫工作进行调查。

5—6月，区人大常委会成立专题调查组，对全区国有资产管理工作进行专题调查。

6月6日，区人大常委会组织部分市区人大代表对全区拆违治乱工作情况进行集中视察。

6月1—2日，区人大常委会副主任郭玉珍带队对文化惠民活动开展情况进行调查。

6月13日，区人大常委会副主任郭存三带队对区检察院诉讼监督工作进行调查。

7月25日至8月8日，区人大常委会副主任王端吉带队对2017年上半年财政预算执行情况、2016年区级预算执行和其他财政收支的审计情况进行调查。

7月27日，区人大常委会组织部分市区人大代表对全区重点工程和为民办实事情况进行集中视察。

8月8—9日，区人大常委会副主任王端吉带队对河口区2017年上半年国民经济和社会发展计划执行情况进行调查。

9月份，区人大常委会成立执法检查组，对《东营市城镇容貌和环境卫生管理条例》实施情况进行执法检查。

9月14日，区人大常委会组织部分市区人大代表对全区教育卫生工作进行集中视察。

10月11—12日，区人大常委会副主任孙学诗带队对全区农村土地“三权分置”工作进行调查。

10月11—17日，区人大常委全副主任王端吉带队对全区安全生产工作进行调查。

10月26日，区人大常委会组织部分市区人大代表对全区社会治安综合治理工作进行集中视察。

11月23—24日，区人大常委会副主任郭玉珍带队对全区科技工作进行调查。

11月28日—12月5日，区人大常委会副主任闫长林带队对全区环境保护工作进行调查。

11月30日，区人大常委会组织部分市区人大代表对全区经济社会发展情况进行集中视察。

11月下旬—12月上旬，区人大常委会副主任王端吉带队对审计查出问题整改工作进行调查。

【信访工作】 认真做好信访工作，全年共受理群众来访38人次，处理群众来信12件，依法维护人民群众合法权益。

重大活动

【上级人大领导莅临指导】 5月31日，市人大常委会副主任、民侨外委员会主任委员李金昆带领市人大常委会调研组到河口区调研民族宗教工作。在区委书记苟增杰、区人大常委会主任张胜双、副主任郭玉珍及相关负责人陪同下，李金昆一行先后到孤岛油地军民族工作示范窗口、仙河镇基督教活动场所等进行实地查看，详细听取相关情况汇报，并对下一步工作提出意见和建议。

7月21日，市人大常委会人代工委蒋炜主任一行到河口区调研镇街人大工作开展情况。区人大常委会副主任孙学诗及人代工委负责人陪同调研。调研组先后到六合街道代表中心活动室、新户镇代表中心活动室、新户镇太一村代表小组活动室现场观摩指导，对代表活动室建设情况、代表小组活动开展情况、代表履职情况、代表经费保障情况等进行了详细了解。随后，召开由各镇人大、街道人大工委负责同志参加的座谈会。

7月25日，市人大常委会主任郑建军一行到河口区调研经济社会发展和人大工作开展情况，走访联系驻基层市人大代表，并督导联系重点企业安全生产情况。在区委副书记、区长田兵兵，区人大常委会主任张胜双，副区长侯丽霞等陪同下，郑建军一行先后来到中海石油东营石化公司、山东胜利通海集团等联系企业督导安全生产，并实地查看六合街道人大代表中心活动室、区人民医院门（急）诊暨外科病房综合楼和感染性疾病科项目、支付宝+河口区运营体验中心后，郑建军主持召开座谈会，听取区委书记苟增杰关于全区经济社会发展情况的通报和张胜双关于全区人大常委会工作开展情况的汇报，市人大常委会秘书长杜延明通报了上半年全市经济社会发展和市人大常委会工作开展情况，并征求了人大代表的意见建议。

7月27日，市人大法制委李明安主任、市人大常委会法工委扈新安主任及法制委部分委员一行到河口，就《东营市养犬管理条列（草案）》进行立法调研。调研以座谈会的方式进行。区人大常委会副主任郭存三及区人大内司委负责同志参加座谈。

8月31日，省人大常委会委员、农业与农村委副主任委员宋玉山一行到河口区调研海洋渔业工作。在区委副书记王永跃，区人大常委会副主任孙学诗及市区海洋与渔业局相关负责同志陪同下，宋玉山一行到河口中心渔港进行实地调研，听取河口区有关情况汇报。宋玉山对河口区海洋渔业工作给予充分肯定，他强调，渔业要发展，渔港建设须先行，这是一项民生工程。因此，在渔港建设管理上，要进一步提高服务标准，超前筹划好经营管理的科学方法。在产业发展方面，要一、二、三产业融合发展，使渔业产业链向价值链的高端延伸，提升产业的质量效益，辐射带动渔港经济区发展。同时，要扎实做好渔港码头禁渔开渔期间停港渔船安全工作，确保渔业安全形势的持续稳定。

9月7日，东营市人大常委会委员、财经委主任委员徐荣华，财经委副主任委员、预算工委主任张树芹一行7人到河口区调研《中华人民共和国预算法》贯彻实施情况。在区人大常委会副主任王端吉同志的陪同下，调查组先后到湖滨新区、蚂蚁金服等地实地考察，听取了有关情况介绍。随后进行座谈，王端吉、区财政局、区审计局分别汇报河口区贯彻落实《中华人民共和国预算法》的有关情况。

9月13日，东营市人大常委会法工委主任扈新安带领调研组，到河口区就立法联系点工作开展调研。区人大内务司法委员会有关人员参加调研。

【其他重要活动】 4月10日，区人大常委会主任张胜双到东营汇泰养殖有限公司督导检查安全生产工作。

4月11日，区人大常委会主任张胜双到山东栋明铝业有限公司督导检查安全生产工作，到六合街道小义和村督导视察包村帮扶工作。

4月25日，区人大常委会副主任郭玉珍带队对《关于增加办公幼儿园解决孩子入园难问题的建议》办理情况进行督导。

4月26日，区人大常委会副主任孙学诗到仙河镇胜利油田仙河投资发展有限公司督导安全工作。

5月25日，区人大常委会副主任郭玉珍对《关于加强食品安全监管的建议》办理情况进行督导。

5月31日，区人大常委会组织镇街人大负责人及工作人员就新出台的相关工作规则进行闭卷考试。区人大常委会副主任孙学诗到场巡视。

6月29日，区人大常委会主任张胜双到孤岛镇、仙河镇走访慰问新中国成立前入党老党员和生活困难党员。

6月30日，河口区人大机关党支部到六合街道小义和村走访看望生活困难党员，并代表区人大常委会送上慰问金。

7月6日，举办预算审查监督专家咨询委员会成员聘任仪式。区人大常委会副主任王端吉为预算审查监督咨询委员会成员颁发了聘书，并作重要讲话。

7月18日，区人大常委会主任张胜双带领部分区人大常委会组成人员到新户镇开展集中走访联系人大代表活动。

7月21日，区人大常委会党组书记、主任张胜双围绕“通过两学一做应该解决什么问题，怎样才能达到一名合格党员的标准”和“如何增强四个自信”两个方面，为人大机关全体党员讲一次生动的党课。

8月下旬，区人大常委会各副主任分赴各镇、街道，就区十八届人大一次会议上代表们提出的82件建议办理情况进行面对面答复。

9月27日，区人大常委会副主任孙学诗在区安监局负责同志陪同下，到胜利油田仙河投资有限公司督导企业安全生产工作。

10月24日，重阳节来临之际，区人大常委会主任张胜双到六合街道走访慰问老人。

11月下旬，区人大常委会各副主任分赴各镇、街道，就年中集中走访联系基层人大代表时提出的建议办理情况进行面对面答复。

11月29日，滨州市阳信县人大常委会副主任宋德昌一行15人到河口区考察学习人大工作。

12月18日，区人大常委会主任张胜双就“人大代表工作站”建设情况分别到各镇、街道进行调研。

12月20日，区人大常委会主任张胜双到山东栋明铝业有限公司、东营汇泰养殖有限公司督导检查安全生产情况。

专门委员会工作

【区人大内务司法委员会】 加强工作监督，推动民主法治建设。4月份，根据省、市人大内司委三级联动监督议题的安排，对区法院执行工作情况进行调查，通过发挥人大审议监督职能，助力法院破解“执行难”，提升司法公信力。6月份，对区检察院诉讼监督工作进行了调查，提出了提高认识，着力营造诉讼监督氛围；健全机制，努力形成诉讼监督工作整体合力；创新方法，促进诉讼监督科学发展；加强队伍建设，着力提升检察干警执法能力和水平等意见建议，进一步推动诉讼监督工作创新发展。10月份，组织22名市区人大代表对全区社会治安综合治理工作情况进行集中视察，针对维护社会治安的合力不够，全社会群防群治观念有待于强化；人防物防技防的建设投入不均等问题提出具体的意见建议。对区人民政府制定并发布的《河口区政府重大行政决策程序规定》（东河政发〔2017〕2号）进行备案审查。对拟任命的区政府副区长、政府组成人员、法院审判人员、人大工作人员共33人进行任前法律知识考试。组织41名区人大代表旁听区人民法院公开审理的贪污、受贿、所有权确认纠纷、聚众斗殴、生命权纠纷6起案件。积极协助市人大做好立法相关工作，认真提出立法建议；配合市人大做好《东营市养犬管理条例（草案）》调研工作；做好立法联系点推荐工作，河安社区被确定为全市8个立法点之一。

【区人大财政经济委员会】 依法加强经济工作监督，促进经济社会平稳健康发展。高度关注国民经济和社会发展计划执行。在区十八届人大第一次会议期间对2017年国民经济和社会发展计划进行初审。8月，组织开展2017年上半年国民经济和社会发展计划执行情况调查，对取得成绩、存在问题、面临形势进行系统分析，并提出一系列意见建议。5—6月，对全区国有资产管理工作进行专题调查，并形成有分析、有建议的调查报告。调查报告引起区委主要领导高度重视，并作出重要批示，责成区政府加强国有资产管理，最大限度发挥国有资产的效应和作用。规范财经秩序，扎实做好预决算审查监督工作。加强财政预决算审查监督工作，对2017年河口区地方政府债务限额及区级预算调整方案草案、2017年上半年财政预算执行情况报告进行初审。在区十八届第一次会议期间，对河口区2016年财政决算（草案）和2017年财政预算（草案）的报告进行初审，向大会主席团提交审查报告。8月，对2016年度区级预算执行和其他财政收支情况的审计工作进行初步审查。12月，首次对审计查出问题整改情况进行跟踪监督。加强与审计部门沟通，提出审计建议，确定审计重点，要求审计部门依法审计上年度区级预算执行和其他财政收支情况的同时，延伸审计部门的预算执行情况，推动全区预算执行和各类财政资金管理向安全规范轨道迈进。围绕群众反映强烈的热点难点问题，加强专项工作监督。10月11日至17日，深入到危化、物流、建筑、安装、商场、燃气经营等企业对全区安全生产工作进行调查，有力促进全区安全生产工作深入开展。

【区人大教育科学文化卫生委员会】 为健全村级卫生计生管理体制，提升村级卫生计生服务效率，最大发挥卫生计生资源最佳效益和整体功能，3月份对镇街卫生计生整合及卫生计生服务一体化推进情况进行调研，提出可行性意见和建议，为全区卫生计生健康持续发展打下良好的基础。为保证审议意见落实到位，4月份对《中华人民共和国食品安全法》执法检查情况进行跟踪督办；5月份对全区职业教育调研审议意见的办理情况进行跟踪督办，确保人大工作的监督实效。为满足群众精神文化需求，6月份对全区城乡文化惠民活动工作情况进行调查，实地听取群众的意见建议，并提出意见建议，督促区政府及相关部门加快文化产业发展、加大对文化事业的投入、加强文化人才队伍建设，统筹推进城乡公共文化服务均衡发展，确保让人民群众共建共享文化发展成果，推动全区文化事业迈上新台阶。8月份对广播电视节目无线数字化覆盖及其配套二期工程工作情况进行调研。通过调研，督促区政府和相关部门加大力度，强化措施，不断提高广播电视的公共服务能力，充分发挥现代媒体作用，让广大人民群众充分享受到基本的文化权益，推动广播电视事业协调健康发展。针对生育政策的调整，二孩的全面放开，为提前应对“入园难”的问题，9月份对全区学前教育工作进行调研，督促区政府及相关部门对幼儿教育发展的需求和资源的布局等方面提前规划，保障适龄儿童接受基本的、有质量的学前教育服务。针对近两年油田职工及居民对就学难、就医难等问题反映较多，现有油地教育卫生机制不理顺的情况，9月中旬对全区教育卫生工作开展情况进行视察，通过视察座谈，充分了解全区教育、卫生整体工作的情况，征求各位代表的意见建议，促进教育卫生工作的融合和均衡发展。为维护民族团结和宗教稳定，10月份对民族宗教工作进行调研，充分发挥民族宗教工作在促进社会和谐发展中的积极作用。12月份对全区科技工作情况进行调查，提出意见建议，督促区政府及相关部门大力实施创新驱动战略，打造转型升级新引擎，不断增强经济发展的核心竞争力，为建设美丽幸福新河口提供有力的科技支撑。并全力做好人大及其常委会交办的走访联系代表、代表建议督办和新闻宣传等工作。

【区人大城乡建设环境保护委员会】 围绕与人民群众密切相关的热点难点问题，深入基层，突出实效，扎实开展调查研究。8—9月份，围绕职责落实、规划编制、标准制定、机制建立、工作运行、专项治理等内容，对《东营市城镇容貌和环境卫生管理条例》贯彻实施情况进行执法检查，重点围绕加强监管体系建设、加强市容和环卫设施建设、加强保障能力建设、加强突出问题整改等提出意见建议，有力地推动东营市第一部地方性法规的有效实施。12月份，建议区人大常委会听取审议区政府关于环境保护工作情况的报告。通过会前调查、审议报告、跟踪督查等形式，督促区政府及相关部门着力加强环境法治建设，加大环境执法力度，不断改善环境质量，有力地推进全区生态文明建设。5月份，对全区城乡公交一体化工作进行调研。在2017年专题调研的基础上，进一步加大督导力度，助推区城乡公交一体化工作在全市县区中率先全面落实。6月份，对湖滨新区建设管理工作进行了视察，提出意见建议，推动湖滨新区建设管理工作。受市人大城环委委托，7月份，对《中华人民共和国环境保护法》《中华人民共和国固废法》进行执法检查；对《东营市城乡规划条例（草案）》进行立法调研；8月份，对《东营市城镇容貌和环境卫生管理条例》实施情况进行调查。根据市人大城环委的要求，分别形成高质量的执法检查报告和调查报告，受到市人大城环委的好评。10月份，配合市人大城环委开展环境保护工作调查。积极开展以“打好蓝天保卫战、建设生态宜居城”为主题的油城环保世纪行宣传活动，营造人人爱护、人人参与环境保护的浓厚氛围。

【区人大农业与农村委员会】 做好人大常委会审议议题调查工作：4月份，对全区精准扶贫工作开展专题调研，提出意见建议，推动全区实现稳定脱贫；10月份，对全区农村土地“三权分置”工作情况进行调研，提出意见建议，为推进农业规模化、产业化，促进农村经济转型跨越发展，提供有力支撑。委员会进行的调查研究：3月份，委员会对全区“三年增绿”工作情况进行调研，督促区政府及林业部门加强城镇绿化、农村绿化和三网绿化，改善生态环境，实现生态、经济效益双赢；7月份，委员会对全区重大疫情防治和畜产品安全监管工作情况进行调研，提出意见建议，确保养殖业健康发展，推动全区畜产品质量安全工作再上新水平。

河口区人民政府

综 述

2017年，全区上下以习近平新时代中国特色社会主义思想为指导，深入学习宣传贯彻党的十八大、十八届历次全会和十九大精神，在市委、市政府和区委的坚强领导下，紧紧围绕打造“一极两区”，建设美丽幸福新河口的奋斗目标，解放思想、攻坚克难、真抓实干，产业强区迈出坚实步伐，生态立区打下坚实基础，富民兴区走出新路径，幸福河口又有新收获，发展的质量和水平稳步提升。

（一）积极应对困难挑战，综合实力迈上新台阶。面对宏观经济下行压力，把稳增长作为首要任务，超前研判，综合施策，精准发力，经济保持平稳健康发展。初步统计，2017年全区实现生产总值278亿元，增长7%；完成固定资产投资354亿元，增长6.5%；一般公共预算收入突破20亿元，增长12.2%；城乡居民人均可支配收入达到42140元、16940元，分别增长7.5%、8.6%；实际利用外资2.53亿元，完成全年任务的151.5%，实现出口8.38亿元，增长3.2%；各项存贷款余额246.36亿元、189.87亿元，比年初分别增加17.59亿元、43.8亿元。规模以上工业企业发展到123家，总产值增长10%，销售收入过百亿元企业3家，过50亿元的6家，富海集团跃升至“中国企业500强”435位、“中国民营企业500强”165位，中海化工位列“中国民营企业500强”337位。华联石化、富宇化工顺利通过进口原油使用核查评估，核准进口原油指标334万吨，全区综合炼化能力突破1000万吨。经济作物、粮食作物产量分别达2.22万吨、8.4万吨，肉蛋奶总产量29万吨。园区经济加速膨胀，蓝色产业园扩规升级，落户企业达到53家，实现产值270亿元，综合税收达1.16亿元，增长43%；河口开发区着力转型发展、提质增效，实现财政收入9430万元，增长5.8%。区域融合发展取得新成效，蝉联全国文明城市、全省双拥模范城，荣获全国平安建设先进区等荣誉称号。

（二）加快产业转调步伐，产业升级有了新突破。深化供给侧结构性改革，积极化解金融风险，全力保障企业运行。精准落实市委、市政府支持工业经济发展的“十条意见”，出台25项支持企业发展的政策措施，投入扶持资金1.05亿元。扩大设立3亿元应急转贷资金，组织召开两次政银企洽谈会，全年落实银企签约资金172亿元。产业项目加快推进。实施总投资30亿元的22个重点农业项目，仙河澳亚高端乳制品加工厂全面建成，澳亚—奥克斯全国首家奶牛优秀种质创新平台成功落户，奶牛全产业链发展迈出新步伐。正邦三大猪场全面竣工，年出栏生猪32万头。深化“海生·河口”渔业科技精准对接，海洋生物创新平台加快建设。“锦绣河口·黄河故道”现代农业示范区一期土地开发整治基本完成，项目招引和核心区建设稳步推进。实施总投资133亿元的16个重点工业项目，中海石油东营石化500万吨升级改造项目即将投产，海螺型材PP建筑模板等项目建成投产，彩客化学DSD酸等12个项目加快建设。实施总投资33亿元的10个服务业项目，全省首个蚂蚁金服“千县万亿”项目落户运营，淘河口、供销宜家等新兴电子商务蓬勃发展，电商企业达到76家，黄河故道生态家、果园居精品民宿等乡村旅游项目不断涌现。招商引资成效显著。把央企、国企和行业龙头企业作为招商重点，中国三峡新能源有限公司联合中车永济电机和金风科技，共同投资160亿元建设山东（河口）风电产业园和风电综合开发项目；中科钢研节能科技有限公司新材料及节能环保产业园项目加快推进；牵手全球光纤通信前3强上市公司亨通集团，共同推动太阳能开发综合利用；与得利斯集团达成合作意向，围绕肉制品深加工开展全面合作。全年累计到位外来固定资产投资42亿元，引进过亿元项目15个。经济结构更加优化。三次产业比例调整为5.1 ∶ 47.8 ∶ 47.1。96家化工企业全部完成第二轮“四评级一评价”，27家企业成功改制，提前两年完成省市下达的任务；冠森高分子材料科技股份有限公司成功登陆新三板，北博新能源有限公司、三丰香油有限公司在齐鲁股权交易中心挂牌。全域旅游示范区创建扎实推进，成功举办第六届黄河三角洲湿地槐花节暨摄影大展等系列旅游活动。黄河三角洲石油化工交易中心交易额突破190亿元，成为华东地区最大的石油交易平台。深入实施“质量强区”战略，新申请马德里国际注册商标8件，新增国内注册商标130件，欣马酒业入选全省首批“山东老字号”。

（三）推进重大基础设施建设，城乡环境展现新面貌。全力创建国家生态园林城市，实施了总投资59.1亿元的68个城乡建设项目，规划建设管理水平全面提升。中心城区重大工程加快建设。投资2.8亿元的黄河路改造竣工通车，拆除沿路老旧建筑2.6万平方米，同步实施雨污分排、景观绿化和美化亮化等工程。对河庆路进行道路及雨污分排改造，对海宁路两侧行道树进行整体规划提升，对海康路、海盛路进行雨污分排、绿化提升改造，全年改造城区道路18千米、雨污管网34千米，新植绿化树木9万株，新增和提升改造绿化面积91万平方米。阳光花园等3个老旧小区改造任务顺利完成。高标准实施城市北部片区改造，4条油田小区道路及周边环境大为改观。强力推进拆违治乱专项行动，治理各类违法建筑1634处、62.26万平方米，实施立面改造10万平方米。湖滨新区进入深度开发新阶段，湖滨路、滨四路等道路景观绿化工程全面完成，鸣翠塔项目开工建设，朗润园等高端商住项目相继落户。“户外用品+”特色小镇成功纳入国家发改委“千企千镇工程”项目库。交通网络建设加快推进。河民路、海防路改造建成通车，打通了城区西向、蓝色产业园南向两条对外通道。河辛路改线加快建设，河广大道河口段、疏港高速连接线前期各项工作进展顺利，疏港铁路开工建设，环渤海高等级公路工程可行性研究报告通过省交通厅专家评审。美丽乡村建设成效显著。孤岛片区、义和颐正家园等8个棚户区及四扣村、东韩村等4个村拆迁改造全面展开，66个村完成燃气村村通改造，5181户旱厕改造完成；实施137个村庄路域绿化，硬化乡村公路133.6千米，亮化村庄116个，农村居民生活条件不断改善。环境保护攻坚克难。以开展中央和省级环保督察为契机，加大环境突出问题整治力度，深入推进水气土污染整治专项行动，总投资2.78亿元的18项环保工程全面完成，取缔“散乱污”企业18家，完成畜禽禁养区关闭搬迁任务，城区空气质量优良率比去年提高2.7个百分点，“蓝天白云、繁星闪烁”天数明显增多。率先建成区镇村三级河长体系，开展“清河行动”和入河排污口综合整治，市控以上河流水质稳定达标，水气环境改善各项指标位居全市前列。深入开展“三年增绿”行动，新增造林5.11万亩，保护修复湿地2700亩，两年累计造林9.58万亩，植树1053万株，提前一年完成市下达的绿化任务，构筑起了环绕城区、覆盖城乡的绿色生态屏障。

（四）着力深化改革创新，经济发展焕发新活力。农村综合改革卓有成效，农村集体产权制度改革和农村承包土地经营权抵押贷款试点任务顺利完成，累计发放抵押贷款642笔、3.62亿元。积极推进“放管服”改革，取消和调整行政权力事项223项，编制公开公共服务事项1096项。推动政府机构改革，整合城管、住建、市场监管等部门行政执法职能，组建区综合行政执法局。成立区财金投资集团、土地储备开发等5家区属国有公司。恒丰银行、灵猫有数网商银行等4家金融机构成功落户，金融服务体系更加完善。深入实施创新驱动战略，胜利油田金岛实业石油污染土壤生物修复工程技术获省科技进步一等奖，常青树胶业技术研发中心被评为省级企业技术中心，汇海医药等4家企业成功申报市级重点实验室，各类区域创新机构达到31个；新登记各类市场主体3130户，增长17.7%；创新“三户联保”机制，办理担保贷款8243万元，全区创新创业活力持续迸发。加快实施人才强区战略，相继在北京、深圳等地开展高端人才对接活动，先后与上海交通大学化工学院、山东理工大学等4所高校院所签订战略合作协议，新引进10余名高层次人才。

（五）倾力保障改善民生，广大群众收获新幸福。总投资11.4亿元的10件民生实事全部完成年度计划。全面落实就业再就业政策，新增城镇就业3618人，城镇登记失业率控制在1.79%。全区城市、农村低保，城乡医保财政补助标准，老年人生活救助金标准继续走在全市全省前列。强化住房保障，完成公共租赁住房货币补贴303户。优先发展教育事业，建成启用仙河镇中心小学，加快实施职业中专续建、实验学校改造提升、河安小学扩建等工程。大力发展卫生事业，区人民医院综合楼和感染性疾病科项目主体竣工，与市人民医院共建紧密型医联体，分级诊疗体系稳步推进，家庭医生签约服务全面推开，在全省率先实现卫生计生服务管理一体化。文化事业繁荣发展，积极创建国家公共文化服务体系示范区，建设24处乡村剧场、20处村级历史文化展室，文化馆建成投用，图书馆通过国家一级馆验收。坚决打赢脱贫攻坚战，11个市定贫困村全部摘帽，55户107名贫困人口全部脱贫退出。提升城乡公交一体化和城际公交运营水平，推行全域公交两元一票制，成为全市第一个真正实现城乡公交一体化的县区。加强平安河口建设，“1+2+N”社区警务和“一村一警务助理”农村警务模式在全省推广，“两打一整治”专项行动成效显著，广大群众平安满意度位居全市前列。妥善化解各类矛盾，全面维护群众合法权益，圆满完成十九大安保维稳任务。扎实推进安全生产隐患大排查快整治严执法集中行动、化工产业安全生产攻坚治理紧急行动和打非治违专项行动，积极开展安全专家查隐患活动，安全生产形势持续稳定。积极开展“七五”普法，法律援助工作不断加强。食品药品安全监管、统计基层基础、妇女儿童青年、对台工作、外事侨务、民族宗教、史志档案、人民防空、双拥共建、气象地震、残疾人、对口援疆等各项事业均取得新进步。

坚持油地军港共兴共荣，全力支持济军训练基地发展和油田改革发展。为济军训练基地发放农机购置、耕地地力保护、适度规模经营、防护林建设等各项农林补贴267.7万元，保障用水3000万立方米；建立油田勘探开发手续办理“一窗口受理、一条龙服务、一站式办结”长效机制，服务效率大幅提高；率先开展“三供一业”移交，全力做好政策资金争取，统筹推进油田小区维修及职工住房棚户区改造；为油田、济军训练基地60岁以上老年人办理免费公交乘车卡，为154名济军训练基地低收入职工办理最低生活保障，为东营港企业职工子女解决入学难问题，为油田“孝心少年”高明杰实施爱心帮助，油地军港感情更加深厚、更有温度。合力打好脱贫攻坚、拆违治乱、环境治理三大战役，全面完成脱贫攻坚任务，彻底拆除滨港路一期、孤岛大市场等片区9.4万平方米违法建设，集中力量综合整治神仙沟。一年来，一家人、一条心、一股劲、一盘棋，广大人民群众享受到了更多、更实在的发展成果。

2017年，深入推进“两学一做”学习教育常态化制度化，政府工作人员作风进一步转变。自觉接受人大及其常委会法律监督、政协民主监督和社会公众监督，办理市区人大代表建议和政协委员提案260件。加强对重点领域、关键环节的监督督察，问责22人，给予党政纪处分55人，政府工作人员责任意识、效率意识、自律意识进一步增强。高度重视群众呼声，认真解决群众合理诉求，通过民生热线、群众来信来访等渠道办理群众反映问题8万余件。设立了河口政务微信公众号，搭建了公开亲近群众的全时空移动平台。

重要会议

2017年，区政府共召开27次政府常务会议。

1. 第17–71次，1月7日召开。研究2017年拟实施政府投资项目和重点工程项目、制定科学素质行动计划方案（2016—2020年）、出台分类推进事业单位改革配套政策、传达上级维稳安保工作会议精神有关事宜。

2. 第17–72次，1月13日召开。研究组建东营市河口区兴利水务有限责任公司有关事宜。

3. 第17–73次，1月18日召开。研究2017年计划指标及未来五年部分预期目标、财政收支预算等有关事宜。

4. 第17–74次，1月25日召开。研究《政府工作报告（讨论稿）》、2016年国民经济和社会发展计划执行情况与2017年国民经济和社会发展计划（草案）、2016年财政预算执行情况和2017年财政预算（草案）等有关事宜。

5. 第18–1次，2月15日召开。研究城乡公交一体化项目运行方案、河口至东营城际公交绕行荣乌高速运营方案、安全生产工作、规模企业规范化公司制改制及上市挂牌工作、增加政府专职消防人员编制及人员经费、2017年国民经济和社会发展主要奋斗目标及未来五年“双培增”计划目标等有关事宜。

6. 第18–2次，3月4日召开。传达学习全市水气土污染整治专项行动暨创建国家生态园林城市动员会议、全市创建省级食品安全城市动员会议、全市农村工作会议精神，研究《区政府工作规则》《区政府重大行政决策程序规定》、农村旱厕改造实施方案、2017年度招商引资任务分配等有关事宜。

7. 第18–3次，3月20日召开。研究全区环境保护工作、组建河口区财金投资集团有限公司、组建东营市河口区土地储备开发有限责任公司、河口区行政执法主体资格清理审核情况、解除李炳岭、吴峻山行政处分等有关事宜。

8. 第18–4次，4月6日召开。研究落实胜利油田退役士兵安置政策、组建区物业和市政公用事业投资发展有限公司等有关事宜。

9. 第18–5次，4月21日召开。传达全市消防工作会议、省全域土地督察通报问题整改工作和闲置低效用地盘活利用专项行动会议、省政府第五次廉政工作会议有关精神，研究创建国家公共文化服务体系示范区、省环境保护督察、申请追加部分老旧住宅小区基础配套设施改造费用、“三支一扶”大学生等有关事宜。

10. 第18–6次，5月2日召开。研究全面加强招商引资工作、招聘2017年公益性岗位工作人员等有关事宜。

11. 第18–7次，5月15日召开。听取2017年全市化工产业转型升级暨煤炭清洁高效利用工作会议精神及河口区工作开展情况和贯彻落实意见、全面实施“河长制”河渠流域管理、《支持规模企业规范化公司制改制和企业上市挂牌若干政策措施》、组建大型融资性担保公司、河口区西黄河故道精准扶贫土地整治项目变更及资金问题解决的汇报。

12. 第18–8次，5月27日召开。听取贯彻落实《东营市安全生产工作考核办法》和《东营市安全生产巡查工作制度》《河口区招商引资优惠奖励办法》等四个文件、《东营市河口区农村集体产权制度改革试点工作实施方案》起草情况、开展“村级公路网化示范县”活动、蚂蚁金服金融服务项目、区管企业劳动用工和薪酬管理、河口区公共安全视频监控系统建设的汇报。

13. 第18–9次，6月16日召开。研究对油田勘探开发建设项目实行“一站式”服务，政府投资项目建设变更、概算审批、计划外项目，加强公安特警工作，推进畜禽粪污资源化无害化处理，参股设立东营市金融风险缓释基金等有关事宜。

14. 第18–10次，6月26日召开。研究落实退役士兵安置和权益保障工作有关政策。法官、检察官和司法辅助人员工资制度改革有关问题等事宜。

15. 第18–11次，7月8日召开。传达全省环保工作紧急电视电话会议精神、近期山东省安全生产事故有关情况，研究全区安全生产工作、全区融资工作、《河口区政府投资建设项目管理办法》、取消和调整区级行政权力事项，听取黄河三角洲第九届油品贸易洽谈会暨河口区招商引资引智说明会有关情况的汇报。

16. 第18–12次，7月14日召开。研究全区安全生产工作，听取迎接化工产业安全生产转型升级专项行动重点工作落实督查的汇报。

17. 第18–13次，7月29日召开。听取全市卫生与健康大会精神传达暨河口区贯彻落实意见、省市环境保护突出问题综合整治攻坚动员大会精神传达暨河口区重点环保工作整改、宁阳县肥城市统计违法案件通报，研究加强液化石油气安全监管、全区安全生产工作、补发审判检察津贴、解除姜凤军行政撤职处分等事宜。

18. 第18–14次，8月21日召开。听取全市创建全域旅游示范市动员大会精神传达及河口区贯彻落实意见、中央环保督察情况、2017年全区扶贫开发工作情况、2017年全区重点工程项目及为民办实事有关情况、政府投资项目建设变更、计划内项目变更有关情况的汇报。

19. 第18–15次，9月28日召开。听取全市违法建设治理（拆违治乱）工作调度会议精神传达及河口区贯彻落实意见、燃气村村通工程、全市深化“放管服”改革提升政务服务效能保障新旧动能转换工作会议精神传达及河口区贯彻落实意见、取消和调整区级行政权力事项、优化全区投资环境、化工产业转型升级、散煤清洁化治理、公立医疗机构医疗服务价格调整等有关情况的汇报。

20. 第18–16次，10月11日召开。听取区安监局吴红波同志关于全区近期安全生产重点工作开展情况的汇报。

21. 第18–17次，10月23日召开。听取2018年第一批拟实施政府投资项目，整合建立河口区统一的公共资源交易平台，区职业中专、实验学校运动场项目追加投资等有关事宜。

22. 第18–18次，10月28日召开。听取区属国有公司组建方案的汇报，安排部署当前工作。

23. 第18–19次，11月11日召开。听取与山东理工大学开展全面合作、制定《河口区家庭医生签约服务实施方案》、落实公立医院控制总量内人员有关政策问题、河口区“三支一扶”大学生等有关情况的汇报。

24. 第18–20次，11月28日召开。听取全区经济运行情况、支持工业经济发展的实施意见、企业应急转贷专项资金额度调整、促进外贸出口稳定增长、河口蓝色经济产业园污水处理项目保底服务费、《河口区商标品牌发展专项资金使用管理办法》、相对集中行政处罚权开展综合行政执法等有关情况的汇报。

25. 第18–21次，12月2日召开。听取区财政局牛培杰同志关于2018年收支预算安排的汇报。

26. 第18–22次，12月18日召开。听取全区化工产业安全生产转型升级专项行动，支持山东澳纳纺织科技有限公司司法重整招募重整投资人扶持政策，制定《河口区区级产业基金设立方案》及《河口区区级政府引导基金管理办法》，全区2017年退役士兵安置工作，全区扶贫领域精准监督发现问题情况，城区居民生活用气和农村居民生活、取暖用气价格等有关情况的汇报，传达学习《山东省人民政府关于保障人民群众温暖过冬的紧急通知》。

27. 第18–23次，12月26日召开。听取《2017年度河口区招商引资工作考核办法》，区生活垃圾综合处理厂，2017 年财政预算执行情况和 2018 年财政预算（草案），《政府工作报告（讨论稿）》，2018 年拟实施政府投资项目、民生实事及重点产业项目，2017 年国民经济和社会发展计划执行情况与 2018 年国民经济和社会发展计划（草案）等有关情况的汇报。

2017 年区政府文件目录

【东河政任文件目录】 2017 年，区政府共印发东河政任文件 9 个。

1. 东河政任〔2017〕1 号，河口区人民政府关于公布张学亮等工作人员任免职的通知；

2. 东河政任〔2017〕2 号，河口区人民政府关于任免张学锋等工作人员职务的通知；

3. 东河政任〔2017〕3 号，河口区人民政府关于公布任命河口区人民政府组成人员职务的通知；

4. 东河政任〔2017〕4 号，河口区人民政府关于任免李露等工作人员职务的通知；

5. 东河政任〔2017〕5 号，河口区人民政府关于任免李建柱等工作人员职务的通知；

6. 东河政任〔2017〕6 号，河口区人民政府关于任免李玉敏等工作人员职务的通知；

7. 东河政任〔2017〕7 号，河口区人民政府关于任免张佳明等工作人员职务的通知；

8. 东河政任〔2017〕8 号，河口区人民政府关于任免曹春庆等工作人员职务的通知；

9. 东河政任〔2017〕9 号，河口区人民政府关于王江泉任职的通知。

【东河政发文件目录】 2017 年，区政府共印发东河政发文件 16 个。

1. 东河政发〔2017〕1 号，河口区人民政府关于印发《河口区人民政府工作规则》的通知；

2. 东河政发〔2017〕2 号，河口区人民政府关于印发《河口区政府重大行政决策程序规定》的通知；

3. 东河政发〔2017〕3 号，河口区人民政府关于印发《河口区 2017 年国民经济和社会发展计划》的通知；

4. 东河政发〔2017〕4 号，河口区人民政府关于转发《东营市政府性债务管理暂行办法》的通知；

5. 东河政发〔2017〕5 号，河口区人民政府关于加强农村留守儿童关爱保护工作的意见；

6. 东河政发〔2017〕6 号，河口区人民政府关于加快全区化工产业转型升级的实施意见；

7. 东河政发〔2017〕7 号，河口区人民政府关于印发《河口区妇女发展“十三五”规划和河口区儿童发展“十三五”规划》的通知；

8. 东河政发〔2017〕8 号，河口区人民政府关于印发《支持规模企业规范化公司制改制和企业上市挂牌若干政策措施》的通知；

9. 东河政发〔2017〕9 号，河口区人民政府关于印发《河口区政府投资建设项目管理办法》的通知；

10. 东河政发〔2017〕10 号，河口区人民政府关于印发《河口区保护发展森林资源目标责任制实施意见》的通知；

11. 东河政发〔2017〕11 号，河口区人民政府关于进一步健全特困人员救助供养制度的实施意见；

12. 东河政发〔2017〕12 号，河口区人民政府关于加快推进商标品牌建设的实施意见；

13. 东河政发〔2017〕13 号，河口区人民政府关于印发《河口区商标品牌发展专项资金使用管理暂行办法》的通知；

14. 东河政发〔2017〕14 号，河口区人民政府关于授权东营市河口区财金投资发展有限公司出资成立东营市河口区融资担保有限公司的决定；

15. 东河政发〔2017〕15 号，河口区人民政府关于印发《河口区残疾人事业发展“十三五”规划》的通知；

16. 东河政发〔2017〕16 号，河口区人民政府关于公布区政府规范性文件清理结果的通知。

【东河政字文件目录】 2017年，区政府共印发东河政字文件126个。

1．东河政字〔2017〕1号，河口区人民政府关于张学亮等工作人员任免职的提请报告；

2．东河政字〔2017〕2号，河口区人民政府关于以市政府名义发布河口区2016年第1批次建设用地征收土地公告的请示；

3．东河政字〔2017〕3号，河口区人民政府关于收回5宗国有建设用地使用权的请示；

4．东河政字〔2017〕4号，河口区人民政府关于同意收回5宗国有建设用地使用权的批复；

5.东河政字〔2017〕5号，河口区人民政府关于《河口区燃气专项规划（2015—2020年）》的批复；

6.东河政字〔2017〕6号，河口区人民政府关于《东营市河口区水利发展“十三五”规划（2016—2020年）》的批复；

7．东河政字〔2017〕7号，河口区人民政府关于山东富宇化工有限公司申报进口原油使用资质有关材料核实情况的函；

8．东河政字〔2017〕8号，河口区人民政府关于申报山东省旅游产业发展资金的函；

9．东河政字〔2017〕9号，河口区人民政府关于组团赴台湾进行交流考察的请示；

10．东河政字〔2017〕10号，河口区人民政府关于河口区2016年度节能降耗工作自查情况的报告；

11．东河政字〔2017〕11号，河口区人民政府关于以市政府名义发布河口区2016年第2批次建设用地征收土地公告的请示；

12．东河政字〔2017〕12号，河口区人民政府关于以市政府名义发布河口区2016年第3批次建设用地征收土地公告的请示；

13．东河政字〔2017〕13号，河口区人民政府关于以市政府名义发布河口区2017年第1批次建设用地征收土地公告的请示；

14．东河政字〔2017〕14号，河口区人民政府关于共同实施河四路改造项目的请示；

15．东河政字〔2017〕15号，河口区人民政府关于收回2宗国有建设用地使用权的请示；

16．东河政字〔2017〕16号，河口区人民政府关于同意收回2宗国有建设用地使用权的批复；

17．东河政字〔2017〕17号，河口区人民政府关于关停部分环保违规建设项目的通知；

18．东河政字〔2017〕18号，河口区人民政府关于同意山东沃融化工有限公司1000t/a芳纶及聚合物单体项目（一期工程）启动试生产的批复；

19．东河政字〔2017〕19号，河口区人民政府关于关于山东沃驰化工有限公司30000t/a三氯氢硅及其配套有机硅系列产品项目（三期、四期）启动试生产的批复；

20．东河政字〔2017〕20号，河口区人民政府关于收回13宗国有建设用地使用权的请示；

21．东河政字〔2017〕21号，河口区人民政府关于同意收回13宗国有建设用地使用权的批复；

22．东河政字〔2017〕22号，河口区人民政府关于以市政府名义发布S231河辛线孤滨路口至许家桥段改建项目（河口段）建设用地拟征收土地公告的请示；

23．东河政字〔2017〕23号，河口区人民政府关于收回2宗国有建设用地使用权的请示；

24．东河政字〔2017〕24号，河口区人民政府关于同意收回2宗国有建设用地使用权的批复；

25．东河政字〔2017〕25号，河口区人民政府关于挑河人工湿地水质净化工程管理房项目用地的请示；

26．东河政字〔2017〕26号，河口区人民政府关于以市政府名义发布河口区2017年第2批次建设用地拟征收土地公告的请示；

27．东河政字〔2017〕27号，河口区人民政府关于河安小学改扩建工程用地的请示；

28．东河政字〔2017〕28号，河口区人民政府关于同意实施《东营市河口区“十三五”基础测绘规划（2016—2020）》的批复；

29. 东河政字〔2017〕29号，河口区人民政府关于将利六路建设工程列为油地共建项目的请示；

30. 东河政字〔2017〕30号，河口区人民政府关于将仙河镇镇东路维修列为油地共建项目的请示；

31. 东河政字〔2017〕31号，河口区人民政府关于预支2017年新增建设用地年度计划指标的请示；

32. 东河政字〔2017〕32号，河口区人民政府关于成立河口区投资项目服务委员会的通知；

33. 东河政字〔2017〕33号，河口区人民政府关于李露等同志任职的提请报告；

34. 东河政字〔2017〕34号，河口区人民政府关于区政府领导同志工作分工的通知；

35. 东河政字〔2017〕35号，河口区人民政府关于转让东营黄河三角洲综合开发有限公司股份及拨付股权分红的请示；

36. 东河政字〔2017〕36号，河口区人民政府关于以政府购买服务方式运作“S231河辛路改线建设工程”等项目的批复；

37. 东河政字〔2017〕37号，河口区人民政府关于以政府购买服务方式运作“河口区政务服务中心改造提升工程”项目的批复；

38. 东河政字〔2017〕38号，河口区人民政府关于以政府购买服务方式运作“河口区河安小学改造扩建工程”项目的批复；

39. 东河政字〔2017〕39号，河口区人民政府关于以政府购买服务方式运作“河口区人民医院门（急）诊暨外科病房综合楼和感染性疾病科”项目的批复；

40. 东河政字〔2017〕40号，河口区人民政府关于以政府购买服务方式运作“河口区贸易市场提升改造”项目的批复；

41. 东河政字〔2017〕41号，河口区人民政府关于以政府购买服务方式运作“河口区职业中等专业学校改扩建道路、硬化和绿化工程”项目的批复；

42. 东河政字〔2017〕42号，河口区人民政府关于以政府购买服务方式运作“海康路（河滨路至河庆路）绿化提升及道路改造工程”等项目的批复；

43. 东河政字〔2017〕43号，河口区人民政府关于以政府购买服务方式运作“河口区实验学校整体改造工程”项目的批复；

44. 东河政字〔2017〕44号，河口区人民政府关于以政府购买服务方式运作“海洋生物研究中心”项目的批复；

45. 东河政字〔2017〕45号，河口区人民政府关于以政府购买服务方式运作“河口区城区绿化提升工程”项目的批复；

46. 东河政字〔2017〕46号，河口区人民政府关于以政府购买服务方式运作“河口区广播电视台演播大厅改造工程”项目的批复；

47. 东河政字〔2017〕47号，河口区人民政府关于以政府购买服务方式运作“河口区公益性公墓”等项目的批复；

48. 东河政字〔2017〕48号，河口区人民政府关于以政府购买服务方式运作“河口区涝洼片治理工程”等项目的批复；

49. 东河政字〔2017〕49号，河口区人民政府关于以政府购买服务方式运作“湖滨新区景观塔”等项目的批复；

50. 东河政字〔2017〕50号，河口区人民政府关于以政府购买服务方式运作“永兴路改造工程”“北一路改造工程”项目的批复；

51. 东河政字〔2017〕51号，河口区人民政府关于以政府购买服务方式运作“新户镇龙四路农村公路改造”项目的批复；

52. 东河政字〔2017〕52号，河口区人民政府关于以政府购买服务方式运作“河口区经济开发区基础设施配套”项目的批复；

53. 东河政字〔2017〕53号，河口区人民政府关于以政府购买服务方式运作“河口区疾控中心实验室改造工程”项目的批复；

54. 东河政字〔2017〕54号，河口区人民政府关于以政府购买服务方式运作“河口区利六路改造工程”“六合街道安六路改造工程”项目的批复；

55. 东河政字〔2017〕55号，河口区人民政府关于以政府购买服务方式运作“东营市河口区义和镇颐正家园二期”项目的批复；

56. 东河政字〔2017〕56号，河口区人民政府关于以政府购买服务方式运作“河口区林业生态建设工程”的批复；

57. 东河政字〔2017〕56号，河口区人民政府关于2017年度水气土整治重点工程部分建设项目和时间节点调整的请示；

58. 东河政字〔2017〕57号，河口区人民政府关于河口区2016年度耕地保护责任目标执行情况的报告；

59. 东河政字〔2017〕58号，河口区人民政府关于以市政府名义发布河口区2016年度胜利油田生产及配套设施项目建设用地拟征收土地公告的请示；

60. 东河政字〔2017〕59号，河口区人民政府关于在东营港疏港高速增设收费枢纽的请示；

61. 东河政字〔2017〕60号，河口区人民政府关于2017年第一批调整区级行政权力等事项的通知；

62. 东河政字〔2017〕61号，河口区人民政府关于调整完善河口区土地利用总体规划的请示；

63. 东河政字〔2017〕62号，河口区人民政府关于举办黄河三角洲第九届油品贸易洽谈会暨河口区招商引资引智说明会的报告；

64. 东河政字〔2017〕63号，河口区人民政府关于同意垫付山东澳纳纺织科技有限公司职工社会保险费用的批复；

65. 东河政字〔2017〕64号，河口区人民政府关于申请解除对河口区涉及NO2废气排放建设项目环境影响评价文件区域从严审批的函；

66. 东河政字〔2017〕65号，河口区人民政府关于以市政府名义发布河口区2017年第3批次建设用地拟征收土地公告的请示；

67. 东河政字〔2017〕66号，河口区人民政府印发《关于在全区范围内对油田勘探开发建设项目实行“一站式”服务的实施方案》的通知；

68. 东河政字〔2017〕67号，河口区人民政府关于审批草桥沟挑河神仙沟河流水质达标方案的请示；

69. 东河政字〔2017〕68号，河口区人民政府关于110KV河义输变电工程用地的请示；

70. 东河政字〔2017〕69号，河口区人民政府关于以市政府名义发布东营港疏港铁路（河口段）项目建设用地拟征收土地公告的请示；

71. 东河政字〔2017〕70号，河口区人民政府关于祥河路道路建设工程用地的请示；

72. 东河政字〔2017〕71号，河口区人民政府关于110KV北李输变电工程用地的请示；

73. 东河政字〔2017〕72号，河口区人民政府关于对环保督察第9批819-06号转办件办理情况的报告；

74. 东河政字〔2017〕73号，河口区人民政府关于草桥沟水污染综合整治攻坚实施方案的批复；

75. 东河政字〔2017〕74号，河口区人民政府关于关于城区雨污混流和环城水系综合整治攻坚实施方案的批复；

76. 东河政字〔2017〕75号，河口区人民政府关于刘冲同志任职的提请报告；

77. 东河政字〔2017〕76号，河口区人民政府关于区政府领导同志工作分工的通知；

78. 东河政字〔2017〕77号，河口区人民政府关于以市政府名义发布胜利油田生产及配套设施工程建设用地征收土地公告的请示；

79. 东河政字〔2017〕78号，河口区人民政府关于《山东省东营市河口区农田水利项目县建设方案（2018—2020年）》的批复；

80. 东河政字〔2017〕79号，河口区人民政府关于印发河口区节水灌溉项目资金整合方案的通知；

81. 东河政字〔2017〕80号，河口区人民政府关于以市政府名义发布河口区2017年第1批次建设用地征收土地公告的请示；

82. 东河政字〔2017〕81号，河口区人民政府关于对环保督察第31批4128号转办件办理情况的报告；

83. 东河政字〔2017〕82号，河口区人民政府关于对环保督查第31批910–90号转办件办理情况的报告；

84. 东河政字〔2017〕83号，河口区人民政府关于以市政府名义发布河口区2017年第4批次建设用地拟征收土地公告的请示；

85. 东河政字〔2017〕84号，河口区人民政府关于同意收回1宗国有建设用地使用权的批复；

86. 东河政字〔2017〕85号，河口区人民政府关于收回1宗国有建设用地使用权的请示；

87. 东河政字〔2017〕86号，河口区人民政府关于河口区义和镇等四镇土地利用总体规划调整完善的请示；

88. 东河政字〔2017〕87号，河口区人民政府关于2017年第二批调整区级行政权力等事项的通知；

89. 东河政字〔2017〕88号，河口区人民政府关于同意收回1宗国有建设用地使用权的批复；

90. 东河政字〔2017〕89号，河口区人民政府关于同意河口蓝色经济产业园总体规划（修编）和产业发展规划（修编）的批复；

91. 东河政字〔2017〕90号，河口区人民政府关于以市政府名义发布河口区农村路网改造及安全提升工程（河民路改造项目）建设用地征收土地公告的请示；

92. 东河政字〔2017〕91号，河口区人民政府关于印发河口区燃气村村通工程实施方案的通知；

93. 东河政字〔2017〕92号，河口区人民政府关于调整河口区财政委员会组成人员的通知；

94. 东河政字〔2017〕93号，河口区人民政府关于同意实施东营和顺源新农村建设投资开发有限公司2宗闲置土地处置方案的批复；

95. 东河政字〔2017〕94号，河口区人民政府关于成立河口区光伏应用领跑基地工作领导小组的通知；

96. 东河政字〔2017〕95号，河口区人民政府关于同意收回1宗国有建设用地使用权的批复；

97. 东河政字〔2017〕96号，河口区人民政府关于陈桂林等同志任免职的提请报告；

98. 东河政字〔2017〕97号，河口区人民政府关于河口区兴利水务有限责任公司组建工作有关事宜的批复；

99. 东河政字〔2017〕98号，河口区人民政府关于河口财金投资集团有限公司组建工作有关事宜的批复；

100. 东河政字〔2017〕99号，河口区人民政府关于河口区土地储备开发有限公司组建工作有关事宜的批复；

101. 东河政字〔2017〕100号，河口区人民政府关于河口区物业和市政公用事业投资发展有限公司组建工作有关事宜的批复；

102. 东河政字〔2017〕101号，河口区人民政府关于河口区融资担保有限公司组建工作有关事宜的批复；

103. 东河政字〔2017〕102号，河口区人民政府关于区政府领导同志工作分工的通知；

104. 东河政字〔2017〕103号，河口区人民政府关于实施疏港高速连接线建设工程的请示；

105. 东河政字〔2017〕104号，河口区人民政府关于河口蓝色经济产业园公共租赁住房配套工程用地的请示；

106. 东河政字〔2017〕105号，河口区人民政府关于经九路北延建设工程用地的请示；

107. 东河政字〔2017〕106号，河口区人民政府关于山东省中小河流水文监测系统东劝学龙王仙河水文站工程用地的请示；

108. 东河政字〔2017〕107号，河口区人民政府关于河广大道G340以北段进行高标准规划建设的请示；

109. 东河政字〔2017〕108号，河口区人民政府印发关于在市场体系建设中建立公平竞争审查制度的实施方案的通知；

110. 东河政字〔2017〕109 号，河口区人民政府关于将河口蓝色经济产业园列入全市申报省化工园区认定名单的请示；

111. 东河政字〔2017〕110 号，河口区人民政府关于解决部分雨污分流道路改造及绿化提升项目资金问题的请示；

112. 东河政字〔2017〕111 号，河口区人民政府关于审批河口蓝色经济产业园总体规划（修编）的请示；

113. 东河政字〔2017〕112 号，河口区人民政府关于将增减挂钩指标纳入省域内流转的报告；

114. 东河政字〔2017〕113 号，河口区人民政府关于合作建设河口区残疾人康复中心方案的批复；

115. 东河政字〔2017〕114 号，河口区人民政府关于东营市河口区海域使用权挂牌出让方案的批复；

116. 东河政字〔2017〕115 号，河口区人民政府关于解决油地共建路部分建设资金的函；

117. 东河政字〔2017〕116 号，河口区人民政府关于对畜离养殖禁养区关闭搬迁工作验收的请示；

118. 东河政字〔2017〕117 号，河口区人民政府关于相对集中行政处罚权开展综合行政执法的请示；

119. 东河政字〔2017〕118 号，河口区人民政府关于石大科技产业园高端石化新材料项目推进情况的请示；

120. 东河政字〔2017〕119 号，河口区人民政府关于推荐罗冰等 7 名同志作为东营市政府企业家顾问人选的报告；

121. 东河政字〔2017〕120 号，河口区人民政府关于以市政府名义发布河口区 2017 年第 5 批次建设用地拟征收土地公告的请示；

122. 东河政字〔2017〕121 号，河口区人民政府关于以市政府名义发布河口区 2017 年第 3 批次建设用地征收土地公告的请示；

123. 东河政字〔2017〕122 号，河口区人民政府关于河口区 4 宗土地补缴土地出让金差价方案的批复；

124. 东河政字〔2017〕123 号，河口区人民政府关于彩客化学 DSD 酸缩合废水处理工程建设工期延期的请示；

125. 东河政字〔2017〕124 号，河口区人民政府关于给予王树卿行政开除处分的批复；

126. 东河政字〔2017〕125 号，河口区人民政府关于电力总公司 35 千伏基地变迁址的请示。

【东河政办发文件目录】 2017 年，河口区政府办公室印发东河政办发文件 27 个。

1. 东河政办发〔2017〕1 号，河口区人民政府办公室关于印发《河口区重污染天气应急预案》的通知；

2. 东河政办发〔2017〕2 号，河口区人民政府办公室关于印发《市安委会安全生产专项巡查反馈意见整改方案》的通知；

3. 东河政办发〔2017〕3 号，河口区人民政府办公室关于印发《河口区禽畜养殖布局规划》的通知；

4. 东河政办发〔2017〕4 号，河口区人民政府办公室关于印发《河口区医疗卫生服务体系规划（2016—2020 年）》的通知；

5. 东河政办发〔2017〕5 号，河口区人民政府办公室关于印发《河口区创建全省慢性病综合防控示范区工作方案》的通知；

6. 东河政办发〔2017〕6 号，河口区人民政府办公室关于印发《2017 年度全区政府系统重点调研课题》的通知；

7. 东河政办发〔2017〕7 号，河口区人民政府办公室关于印发河口区危险化学品安全综合治理实施方案的通知；

8. 东河政办发〔2017〕8 号，河口区人民政府办公室关于印发《河口区化工产业转型升级第二轮评级评价工作方案》的通知；

9. 东河政办发〔2017〕9 号，河口区人民政府办公室关于进一步加强原盐计量及涉盐税收征管工作的通知；

10. 东河政办发〔2017〕10 号，河口区人民政府办公室关于印发《河口区公共安全视频监控系统建设方案》的通知；

11. 东河政办发〔2017〕11 号，河口区人民政府办公室关于统筹整合使用财政涉农资金支持脱贫攻坚的意见；

12. 东河政办发〔2017〕12 号，河口区人民政府办公室关于印发《河口区危险货物运输联合执法紧急行动方案》的通知；

13. 东河政办发〔2017〕13 号，河口区人民政府办公室关于加强税收保障工作的实施意见；

14. 东河政办发〔2017〕14 号，河口区人民政府办公室关于印发《河口区畜禽养殖禁养区关闭搬迁工作实施方案》的通知；

15. 东河政办发〔2017〕15 号，河口区人民政府办公室关于印发《2017 年河口区政务公开工作要点》的通知；

16. 东河政办发〔2017〕16 号，河口区人民政府办公室关于加强地热资源管理的通知；

17. 东河政办发〔2017〕17 号，河口区人民政府办公室关于认真做好 2017 年度河口区公共租赁住房申报审核工作的通知；

18. 东河政办发〔2017〕18 号，河口区人民政府办公室关于深入开展“食安山东”品牌建设的实施意见；

19. 东河政办发〔2017〕19 号，河口区人民政府办公室关于印发《河口区食品安全事故应急预案》的通知；

20. 东河政办发〔2017〕20 号，河口区人民政府办公室关于印发《河口区农业水价综合改革实施方案》的通知；

21. 东河政办发〔2017〕21 号，河口区人民政府办公室关于印发《河口区推行行政执法公示制度执法全过程记录制度重大执法决定法制审核制度工作方案》的通知；

22. 东河政办发〔2017〕22 号，河口区人民政府办公室关于做好政府向社会力量购买公共文化服务工作的实施意见；

23. 东河政办发〔2017〕23 号，河口区人民政府办公室关于印发《河口区防震减灾“十三五”规划（2016—2020 年）》的通知；

24. 东河政办发〔2017〕24 号，河口区人民政府办公室关于印发《河口区基层政务公开标准规范化试点工作方案》的通知；

25. 东河政办发〔2017〕25 号，河口区人民政府办公室关于印发河口区粮食应急预案的通知；

26. 东河政办发〔2017〕26 号，河口区人民政府办公室关于印发《河口区政府科学技术顾问工作规则》的通知；

27. 东河政办发〔2017〕27 号，河口区人民政府办公室关于印发《河口区区级政府投资引导基金管理办法》的通知。

【东河政办字文件目录】 2017 年，河口区政府办公室印发东河政办发文件 79 个。

1. 东河政办字〔2017〕1 号，河口区人民政府办公室关于增加档案管理有关经费的请示；

2. 东河政办字〔2017〕2 号，河口区人民政府办公室关于进一步加强职业病防治工作的通知；

3. 东河政办字〔2017〕3 号，河口区人民政府办公室关于增加对口支援新疆工作有关经费的请示；

4. 东河政办字〔2017〕4 号，河口区人民政府办公室关于印发河口区 2016—2017 年度冬春大气污染防治工作实施方案的通知；

5. 东河政办字〔2017〕5 号，河口区人民政府办公室关于成立河口区困难群众基本生活保障工作领导小组的通知；

6. 东河政办字〔2017〕6号，河口区人民政府办公室关于成立河口区退伍军人和军队离退休干部安置工作领导小组的通知；

7. 东河政办字〔2017〕7号，河口区人民政府办公室关于进一步做好政府信息公开工作的通知；

8. 东河政办字〔2017〕8号，河口区人民政府办公室关于建立完善风险分级管控和隐患排查治理双重预防机制的通知；

9. 东河政办字〔2017〕9号，河口区人民政府办公室关于进一步加强应急管理工作的通知；

10. 东河政办字〔2017〕10号，河口区人民政府办公室关于调整河口区全民科学素质工作领导小组成员的通知；

11. 东河政办字〔2017〕11号，河口区人民政府办公室关于列支2016—2017年部分考核经费的请示；

12. 东河政办字〔2017〕12号，河口区人民政府办公室关于印发《河口区扶持村级集体经济发展工作实施方案》的通知；

13. 东河政办字〔2017〕13号，河口区人民政府办公室关于建立河口区规模企业规范公司制改制和企业上市挂牌工作联席会议制度的通知；

14. 东河政办字〔2017〕14号，河口区人民政府办公室关于完善河口区政府研究室内设机构的请示；

15. 东河政办字〔2017〕15号，河口区人民政府办公室关于调整河口区城乡规划委员会组成人员主要职责及议事规程的通知；

16. 东河政办字〔2017〕16号，河口区人民政府办公室关于呈报所属事业单位岗位设置调整方案的请示；

17. 东河政办字〔2017〕17号，河口区人民政府办公室关于增加调研专项经费的请示；

18. 东河政办字〔2017〕18号，河口区人民政府办公室关于加强2017年全区伏季休渔管理工作的通知；

19. 东河政办字〔2017〕19号，河口区人民政府办公室关于印发《2017年河口区消防工作重点任务》的通知；

20. 东河政办字〔2017〕20号，河口区人民政府办公室关于成立河口区农村饮水安全巩固提升工程建设领导小组的通知；

21. 东河政办字〔2017〕21号，河口区人民政府办公室关于印发《河口区农村饮水安全应急预案》的通知；

22. 东河政办字〔2017〕22号，河口区人民政府办公室关于印发《全区化工和危险化学品企业安全生产专项检查方案》的通知；

23. 东河政办字〔2017〕23号，河口区人民政府办公室关于印发《河口区全域土地督察通报问题整改工作方案和河口区闲置低效用地盘活利用专项行动方案》的通知；

24. 东河政办字〔2017〕24号，河口区人民政府办公室关于调整河口区招生委员会组成人员的通知；

25. 东河政办字〔2017〕25号，河口区人民政府办公室关于印发《河口区环境监管执法年工作方案》的通知；

26. 东河政办字〔2017〕26号，河口区人民政府办公室关于印发《区政府领导工作补位制度（暂行）》的通知；

27. 东河政办字〔2017〕27号，河口区人民政府办公室关于调整河口区防汛抗旱指挥部组成人员的通知；

28. 东河政办字〔2017〕28号，河口区人民政府办公室关于区领导外出精准交流经费的请示；

29. 东河政办字〔2017〕29号，河口区人民政府办公室关于成立河口区“十三五”土地整治项目实施管理工作领导小组的通知；

30. 东河政办字〔2017〕30号，河口区人民政府办公室关于印发《河口区工业盐市场整顿专项行动工作方案》的通知；

31. 东河政办字〔2017〕31号，河口区人民政府办公室关于印发《河口区投资项目和便民服务项目代办工作实施方案（试行）》的通知；

32. 东河政办字〔2017〕32号，河口区人民政府办公室关于区领导外出考察学习经费的请示；

33. 东河政办字〔2017〕33号，河口区人民政府办公室关于印发《河口区电网大面积停电事件应急预案》的通知；

34. 东河政办字〔2017〕34号，河口区人民政府办公室关于选派人员赴德国参加现代服务业发展能力专题培训班的请示；

35. 东河政办字〔2017〕35号，河口区人民政府办公室关于印发《河口区安全生产百日攻坚治理行动和执法大检查方案》的通知；

36. 东河政办字〔2017〕36号，河口区人民政府办公室关于成立河口区粮改饲示范县试点项目领导小组的通知；

37. 东河政办字〔2017〕37号，河口区人民政府办公室关于印发《河口区清理整顿各类交易场所“回头看”工作方案》的通知；

38. 东河政办字〔2017〕38号，河口区人民政府办公室关于成立河口区海洋经济调查工作领导小组的通知；

39. 东河政办字〔2017〕39号，河口区人民政府办公室关于调整河口区“智慧河口”建设工作领导小组的通知；

40. 东河政办字〔2017〕40号，河口区人民政府办公室关于印发《河口区化工产业安全生产转型升级专项行动领导小组办公室组建方案》的通知；

41. 东河政办字〔2017〕41号，河口区人民政府办公室关于调整河口区地方史志编纂委员会等64个区政府议事协调机构（临时机构）负责人和成员单位的通知；

42. 东河政办字〔2017〕42号，河口区人民政府办公室关于成立河口区政府和社会资本合作（PPP）工作领导小组的通知；

43. 东河政办字〔2017〕43号，河口区人民政府办公室关于加强涉税信息采集使用工作的通知；

44. 东河政办字〔2017〕44号，河口区人民政府办公室关于区领导外出考察学习经费的请示；

45. 东河政办字〔2017〕45号，河口区人民政府办公室关于印发《河口区液化石油气安全综合整治工作方案》的通知；

46. 东河政办字〔2017〕46号，河口区人民政府办公室关于区领导外出考察学习经费的请示；

47. 东河政办字〔2017〕47号，河口区人民政府办公室关于支付援疆干部家属探亲补助的请示；

48. 东河政办字〔2017〕48号，河口区人民政府办公室关于印发《河口区金融突发事件应急预案》的通知；

49. 东河政办字〔2017〕49号，河口区人民政府办公室关于印发《河口区自然灾害救助应急预案》的通知；

50. 东河政办字〔2017〕50号，河口区人民政府办公室关于成立河口区“海上粮仓”工作领导小组的通知；

51. 东河政办字〔2017〕51号，河口区人民政府办公室关于关于做好法治政府建设情况报告工作的通知；

52. 东河政办字〔2017〕52号，河口区人民政府办公室关于印发《首届河口文化惠民消费季实施方案》的通知；

53. 东河政办字〔2017〕53号，河口区人民政府办公室关于成立河口区现代渔业发展平台项目领导小组的通知；

54. 东河政办字〔2017〕54号，河口区人民政府办公室关于成立河口区农田水利建设与管理领导小组的通知；

55. 东河政办字〔2017〕55号，河口区人民政府办公室关于启用东营市河口区仙河镇人民政府新印章的通知；

56. 东河政办字〔2017〕56号，河口区人民政府办公室关于区政府办公室主任副主任和其他科技干部工作分工的通知；

57. 东河政办字〔2017〕57号，河口区人民政府办公室关于印发《河口区政府投资建设项目管理实施细则》的通知；

58. 东河政办字〔2017〕58号，河口区人民政府办公室关于印发《河口区餐饮场所燃气安全专项整治实施方案》的通知；

59. 东河政办字〔2017〕59号，河口区人民政府办公室关于支付视频会议系统建设服务项目费用的请示；

60. 东河政办字〔2017〕60号，河口区人民政府办公室关于印发《河口区2017—2018秋冬季大气污染综合治理攻坚行动实施方案》的通知；

61. 东河政办字〔2017〕61号，河口区人民政府办公室关于河口区人民政府办公室工会五届二次委员会会议选举结果的报告；

62. 东河政办字〔2017〕62号，河口区人民政府办公室关于转发《区民政局等部门全区养老院质量安全问题集中整治方案》的通知；

63. 东河政办字〔2017〕63号，河口区人民政府办公室关于印发《河口区水上砂石运输安全专项整治工作方案》的通知；

64. 东河政办字〔2017〕64号，河口区人民政府办公室转发《人力资源社会保障局关于规范河口区区管企业劳动用工管理工作的意见》的通知；

65. 东河政办字〔2017〕65号，河口区人民政府办公室关于因公出访经费的请示；

66. 东河政办字〔2017〕66号，河口区人民政府办公室关于成立推进河口区与亨通集团、嘉德实业集团战略合作工作领导小组的通知；

67. 东河政办字〔2017〕67号，河口区人民政府办公室关于印发《河口区2017—2018年度冬春农田水利基本建设实施方案》的通知；

68. 东河政办字〔2017〕68号，河口区人民政府办公室关于成立河口区冬季天然气保障供应调度协调小组的通知；

69. 东河政办字〔2017〕69号，河口区人民政府办公室关于印发《河口区政府系统调研工作考评办法（试行）》的通知；

70. 东河政办字〔2017〕70号，河口区人民政府办公室关于成立石大科技产业园开发建设推进服务领导小组的通知；

71. 东河政办字〔2017〕71号，河口区人民政府办公室关于印发《2017年度全区政府系统政务信息工作考核办法》的通知；

72. 东河政办字〔2017〕72号，河口区人民政府办公室关于成立河口区保障群众温暖过冬工作领导小组的通知；

73. 东河政办字〔2017〕73号，河口区人民政府办公室关于河口区人民政府依法行政工作领导小组更名为河口区法治政府建设工作领导小组的通知；

74. 东河政办字〔2017〕74号，河口区人民政府办公室关于印发《河口区政府性债务风险应急处置预案》的通知；

75. 东河政办字〔2017〕75号，河口区人民政府办公室关于启用东营市河口区人民政府行政执法监督局等新印章的通知；

76. 东河政办字〔2017〕76号，河口区人民政府办公室关于印发《河口区外经贸工作政企联席会议制度》的通知；

77. 东河政办字〔2017〕77号，河口区人民政府办公室关于成立河口区渤海粮仓科技示范工程推进工作领导小组的通知；

78. 东河政办字〔2017〕78号，河口区人民政府办公室关于印发《河口区区级产业发展基金设立方案》的通知；

79. 东河政办字〔2017〕79号，河口区人民政府办公室关于编纂《河口年鉴》《河口掠影》2018卷有关问题的通知。

区政府办公室工作

【概况】 2017年，坚持把加强理论学习作为增强党性观念、提高业务水平和促进工作的重要抓手，持之以恒抓学习、坚持不懈促落实。加强政治学习。重点学习党的重要思想理论、党的十九大及各级会议精神和《党章》《中国共产党廉洁自律准则》《中国共产党纪律处分条例》等，增强“四个意识”，自觉在思想上行动上与党中央保持高度一致。加强党性修养。按照“两学一做”学习教育活动要求，积极参加党组织生活，带头上党课、做研讨，从修身律己、工作办事等方面严格要求自己，从思想深处提高理想信念和党性修养。注重业务学习。认真学习依法行政、突发事件应急管理、督查督办、政府信息公开等办公室业务工作知识，拓宽知识面，提高领导和指导办公室工作的水平和能力，为区政府当好管家。

【提升以文辅政】 始终坚持围绕区政府工作，发挥文字材料辅助决策作用，当好参谋助手。综合文字方面，坚持精品意识，每一篇文稿都求深、求实、求精，切实增强文稿的政策性、指导性和实践性，出色地完成全区经济工作会、区政府工作务虚会等综合材料160余篇。公文方面，公文制发坚持质效并重、优中求精，严格执行“十关六查制”，力求每个环节严密有序；公文运转稳中求快，推行办文限时制和岗位责任制，建立快捷高效的运转系统和办文机制；机要传真工作严格时限、严格手续、严格保密、严格责任，确保不发生疏漏、误时、失密现象。全年制发各类公文251件，处理各级来文来电1020件，完成档案立卷归档756件。调研方面，围绕年初筛选确定的事关全区经济社会发展的54个重点调研课题，先后赴福建、天津、大连等地考察学习，形成一批质量较高的调研成果。其中，在市级以上刊物发表调研文章近20篇，刊发《河口政务工作》25期。信息方面，坚持抓重点、抓难点和跟踪反馈的原则，深入挖掘有特色、有价值的经验类、问题类、建议类信息，共编辑《河口政务信息》55期、《河口政务要情》63期，上报信息300余条。

【强化督导检查】 紧扣区政府重大决策和重要工作部署，全力抓好重要会议精神和重点工作的督查，共刊发《河口政务督查》、督查专报、督办通知151个，促进政府决策有效落实；对政府工作报告及重点工程项目和便民实事进行重点督查，通过定期督查、随机抽查等形式，及时反映情况、解决问题，有力保障重点工程项目快速推进；对区长办公会及领导交办、批示的事项，及时分解落实任务，实行全程跟踪督查；组织开展十九大应急值守、拆违治乱提升行动等专项督查，确保区政府工作决策部署落实到位；认真做好代表建议和政协提案办理工作，办理代表建议、政协提案260件。

【加强机关规范化建设】 始终把提供全方位的优质高效服务作为工作目标和要求，以整体职能作用发挥的最大化，确保办公室高效运转。（1）加强规章制度建设。本着简化办事程序、提高工作效率的原则，修改完善办文办会制度、调研与信息工作制度、政务督查制度、应急值班制度、财务后勤管理制度等，对办文、办会等业务工作的运转程序进行合理调整，促进政府工作提速。（2）会务接待有条不紊。认真做好会务组织工作，保障区政府常务会议、区长办公会及赴深圳、浙江、杭州等地学习考察重要活动的有序组织。（3）值班工作日益规范。值班工作实行24小时AB角轮值制度，全面负责应急值守、来文来电办理、会议通知传达下发、机要通信车辆管理调度等各项工作，积极妥善处理各类突发事件信息、苗头性信息，有效提高河口区应急处置能力。（4）统筹抓好其他工作。按照严细勤紧的原则，加强后勤管理工作，规范财务报销和后勤用品购置，有效节约办公经费；加强车辆管理，实行派修、定点维修等制度，保证安全、正常用车；法制、人防、外事侨务、打私等各项工作统筹推进，均按照要求高标准地完成各项任务。

调研工作

【概况】 2017年，区政府办公室围绕全区中心工作，认真组织开展调研活动，力求多出精品、多出成果，共组织撰写《河口政务工作》24篇，在《山东经济战略研究》《现代文秘》《黄河三角洲研究》等省、市级刊物发表调研文章近20篇，发挥参谋助手作用，对外大力宣传河口的经验做法。

【重视调研工作】 （1）区政府领导高度重视调研工作。年内多次听取调研工作情况汇报，专题研究部署调查研究工作，出课题、交任务，亲自确定五大专项课题，推动全区调研水平显著提升，整体工作实现站位高、层次高、立意深。（2）发挥调研表率作用。区政府领导多次亲自到镇街、区直部门进行实地调研，了解第一线情况，掌握第一手资料，为调研工作出思路、指路子，亲自修改调研文章，为全区调研工作树立榜样和模范。（3）鼓励支持外出学习。2017年，区政府办公室与区发改局、农业局等组成多个调研小组，就打造临港产业腹地、建设生态食品名城等课题先后赴福建、天津、大连、烟台等地考察学习，拓展，视野、吸取经验、开阔思路，形成一批高质量的调研报告，推动河口区各项工作的深入开展。

【调研服务决策】 围绕区委、区政府2017年重点工作部署，充分发动全区各级各部门积极开展调研活动，在上下结合的基础上广泛征求意见，将全区普遍关注的热点难点问题归纳汇总，确定全区政府系统重点调研课题57个，以办公室红头文件形式印发落实调研工作责任制，将调研课题明确责任单位和责任领导，确定完成时限，并加强对各单位调研工作的指导和调度，严把调研文章质量，推动全区调研工作水平的不断提高。现各部门单位确定的重点调研课题已全部完成，择优在《河口政务工作》进行刊发。同时，充分调动办公室人员参与调研的积极性，鉴于各方面秘书了解基层情况全面、调研问题准确的优势，明确每位区长秘书承担2篇调研成果任务，其他人员每人承担1篇调研成果任务，完成情况计入年底考核，使办公室调研能力不断加强，形成一批高质量的调研报告，充分发挥“聚智辅政”作用。

【发挥参谋助手作用】 坚持适应新形势、新任务、新要求，紧紧围绕全区中心工作，精心选题、认真研究、打造精品，充分发挥调研工作以文辅政作用，有效推动工作开展。（1）紧跟重点，强化政策性调研。针对事关产业发展、转型发展、统筹发展的各项重点工作，坚持快谋划、快介入、快调研，先后形成《关于深化区港一体融合打造临港产业腹地的调研与思考》《关于发展高端精致农业打造生态食品名城的调研与思考》《关于构建新常态下河口区服务业发展新格局的思考与对策》《关于全区财政收入情况的调研分析》等调研成果，快速及时地为领导决策提供有价值的参考，使各项部署更加符合科学发展的要求。其中，《关于发展高端精致农业打造生态食品名城的调研与思考》《新常态下加强政府投资项目管理工作的思考》《关于科学推进地热资源开发利用的调研与思考》3篇文章区政府领导进行重点批示。（2）深入热点，搞好对策性调研。坚持把民生领域作为政务调研的重点，抓住群众关注的难点和热点问题，有的放矢地搞调研、出主意、定对策，先后形成《关于加快推进全区养老服务体系建设的思考》《关于加快推进我区基层卫生计生服务一体化的调研分析》《关于构建现代公共文化服务体系情况调研分析》等报告，有效推动民生领域问题解决。（3）突出亮点，搞好典型性调研。深入挖掘河口区改革发展稳定的经验做法，对相关职能部门的工作开展情况及典型事例进行深入发掘，先后形成《关于实施全域旅游战略促进一、二、三产业融合发展的调研报告》《关于赴外地考察学习现代渔业的调研报告》《关于实施名牌战略打造品牌强区的调查与思考》《联合办税提质增效服务管理深度融合，全面构建四位一体办税新格局》等调研报告，全面展示全区各行各业的工作业绩，引导全区形成向标杆看齐、向优秀学习的干事创业良好氛围。

人事工作

【概况】 2017年，河口区2家企业申报2017年度黄蓝两区人才发展项目资助经费计划的项目评估获得省人社厅批准，分别是东营福庆永牧业有限公司、山东通和水产有限公司，共争取资金20万元。完成2017年度省市突贡专家评选工作，截至年底，全区有省突贡专家1人、市突贡专家6人、区突贡专家15人。稳步开展2017年事业单位公开招聘工作，共招聘165人，其中区直镇街事业单位45人，卫生系统49人，教育系统71人。完成2017年事业单位人员岗位聘用工作，共聘任初级491人，中级17人，副高级17人，正高级1人。完成2017年度政府系列科级以下公务员职务与职级并行审核工作，共有21人符合晋升副科级要求，1人符合晋升副县级要求。

【事业单位公开招聘工作】 2017年，河口区初级岗位公开招聘实行以全省为单位在同一时间进行笔试考试，考试时间与省同步，全省同步组织网上报名，确保事业单位招考更加公平、公正、规范、有效。根据教育类和卫生类事业单位招聘计划空缺情况及实际工作需要，组织教育类和卫生类的第二次事业单位考试。共招聘165人，其中区直镇街普通事业单位招聘45人，卫生系统49人，教育系统71人；具备普通全日制学历硕士研究生4人，大学本科118人，大学专科学历43人。

【事业单位人事管理工作】 扎实做好岗位设置调整工作，及时组织符合条件的事业单位进行岗位设置方案的调整和上报，共提报35个事业单位的岗位设置方案，重新调整岗位977个，其中专业技术岗位880个；深入开展人员聘用工作，根据事业单位人员竞聘政策的调整和细化，2017年，共新聘任初级职称491人，中级职称71人，副高级职称17人，正高级职称1人。有序推进日常聘用工作，全年办理事业单位人员流动手续108人，其中辞聘14人，区内调整68人，区外调入5人，调出河口13人，安置“三支一扶”大学生6人，安置退役士兵2人。

【职称考试报名工作】 根据省、市统一安排，认真做好计算机应用能力考试、职称英语考试、初中级卫生专业技术资格考试、翻译专业资格（水平）考试等专业技术资格考试和注册消防工程师、环境影响评价工程师、注册税务师等40余种人事资格考试的网上报名、报名材料审核、发放等工作，全年共组织1520人报名。集中办理各类人事考试合格证书及资格证书296份，计算机应用能力合格证书33份，及时办理2016年度河口区评审通过高、中、初级专业技术职务58人，发放初级专业技术职务确职121人，以上证书在办理过程中认真做好信息核对、证书查验、材料退还及归档工作。

【公务员管理各项工作】 顺利完成2016年度全区机关事业单位一般工作人员的年度考核工作，共考核3641人，其中优秀600人，称职（合格）2790人，不合格3人，不定等次222人（其中217人是2016年新录用人员），离岗超过6个月不参加考核26人。对2016年考录的7名公务员进行转正考核，经过考核全部予以转正任职。收集、整理、入档河口区科级以下工作人员2016年年度考核表、工资调整审批表、职称、学历、奖励表彰材料 7000 余份。2017 年，经过笔试、资格审察、面试，递补后共招录公务员 5 人。

【高层次人才管理服务工作】 创新人才评价机制，进一步落实加强基层专业技术人才队伍建设的实施意见，在基层专业技术人员申报职称时，不受所学专业限制，把品德、知识、能力和业绩作为衡量人才的主要标准，淡化论文、奖项等要求，形成科学化、专业化、社会化的专业技术人才评价体系，为基层人才的发展提供更优良的服务环境。积极组织河口区相关企事业单位从事专业技术工作的人员参评，经过推荐评审程序，最终推荐 5 人参评全市突贡专家评选、2 人参评省突贡专家评选工作。河口区第三届突贡专家评选丁来成等 7 人获选。

【高技能人才队伍建设】 建立高技能人才选拔试点企业，富海集团、欣马酒业制定企业技能人才选拔办法，全年共培养高级工 230 人，技师、高级技师 17 人。努力做好高技能人才推荐选拔和技能鉴定工作，截至年底，共选拔推荐东营市有突出贡献技师 1 人；金蓝领培训组织选拔 141 人；组织技师、高级技师 17 人，高级工 230 人，组织初级工鉴定 101 人，考取证书 75 人，合格率为 75%。成功举办河口区第五届职工职业技能大赛，全区 39 家企业 114 名选手参加大赛。

外事侨务工作

【概况】 2017 年，区外侨办全区外事侨务工作取得新的进展，因公临时出国（境）“三严（严格出访规定、严肃出访纪律、严密申报审批程序）”目标管理取得实效，实现出访任务计划完成率 100%、出访团组无违纪违规率 100%、出访效率达标 100% 的“三个百分之百”目标，受到省、市外办充分肯定。河口区河安社区被国务院侨办命名为“全国社区侨务工作明星示范社区”、河口区外侨办被省人社厅、省侨办、省公务员局评为全省侨务工作先进单位。

【因公涉外管理】 2017 年，共办理全区因公临时出访 8 批 16 人次（其中，随团 6 批 6 人次），严格落实年度出访计划，满足全区对外开放和招商引资的实际需要。圆满完成区委、区政府主要领导出访任务两批次，全区 9 家涉外企业、2 个乡镇、5 个区直部门主要负责人出访 5 个国家，实地考察国外企业 12 家，拜访外企高管 8 人、当地侨商侨领 6 人，达成合作意向 5 个，达成海外收购合作协议一个，达成区内产品出口协议一个。与加拿大华商会、澳大利亚山东总商会、印尼中国商会雅加达分会建立联系并达成合作协议。

【外事侨务对外交流】 春节、中秋节等中国传统节日和国外圣诞节等节日期间，为与河口区建立友好联系的美中国际商会、加拿大华商会、澳大利亚山东商会、韩国三陟市文化艺术总联合会、阿联酋酋长办公室、意大利总商会等 16 个国（境）外机构或团体和华人华侨组织发出电子贺卡、慰问信 200 余件。近两年与韩国两市共互派人员进行文化交流 3 批 6 人次，从而为全区经济、文化对外开放和交流搭建起桥梁和平台。

【服务涉侨涉外企业】 2017 年，帮助山东旭业新材料有限公司、胜利油田胜利仪表厂、胜利油田通海股份有限公司、富友联合食品等办理邀请外国人来华审批业务 4 件 6 人次。

【境外领事保护工作】 在国际反恐形势严峻和局部地区动荡不稳的现实情况下，外侨办积极探索建立河口区公民境外保护咨询服务保障工作机制，积极为全区居民和企业海外投资企业提供信息咨询、风险提醒、联络协调服务，及时发布国别风险、地域风险，提高企业海外风险意识和安全防范意识。

健全完善全区28名在国（境）外商务、求学人员档案，保持定期联系和沟通，通过手机信息等形式，进行当地宗教信仰、风俗习惯、人身安全和企业安全自我保护常识等领事保护知识宣传和教育；依托省领事保护信息服务平台，向有关河口区在国（境）外人员和企业发送境外安全提醒信息22条；深入全区3家外资侨资企业提供效益型和预警性外经贸信息8条；为外资侨资企业与海外华人华侨牵线搭桥10批次。

机关事务

【概况】 2017年，河口区机关事务管理局在区委区政府的正确领导下，以习近平新时代中国特色社会主义思想为指导，认真学习贯彻党的十九大精神，紧紧围绕“科学管理、依法保障、高效服务、清正廉洁”的目标要求，全面落实中央“八项规定”和“两《条例》、三《办法》”（《机关事务管理条例》《山东省机关事务管理办法》《党政机关厉行节约反对浪费条例》《党政机关办公用房管理办法》《党政机关公务用车管理办法》），做好机关办公用房、公务用车管理、公共机构节能、物业服务、能源供给以及区委区政府后勤保障等管理服务工作，圆满完成各项任务目标，先后获得市级文明单位、东营市节水型单位、创建文明城市工作先进单位、民生热线工作先进单位、下派帮扶工作先进单位等称号。

【后勤服务】 积极探索后勤管理市场化运作机制，解决本单位人手少、管项多、专业人员缺乏等困难，实现管理与服务分离的运作方式。区直机关单职工公寓建设之初即采用BOT模式管理运营，将党政办公楼区块物业管理和黄河广场绿化、保洁等进行公开招标，托管予专业公司，将区直机关餐厅委托河口宾馆运营管理，将直接管理的负责老干部住宅区的临时用工，委托给物业公司管理，将河安小区、河宁小区移交至社区管委会管理。与各服务企业签订合同，制定规章制度，明确服务标准，加强监督考核，充分实现后勤服务的专业化、规范化、精细化。

【后勤保障】 黄河广场于2002年4月开工建设，2003年12月建成并向社会开放，整个黄河广场用地面积13万平方米，绿化面积5万平方米，区党政楼建筑面积14750平方米，进驻单位23个，区人大政协楼建筑面3588平方米，进驻单位3个。两楼现由万事成物业公司负责保洁、设施维护维修工作。（1）加强日常管理，完善黄河广场景观设施。围绕全国文明城市、全国生态园林城市创建工作，适时开展春季绿地浇水、施肥、病虫害防治工作。实现维修及时率和完好率达到95%以上。每年配合相关单位完成“广场文化艺术节”为主要内容的各项文化宣传活动40余场次，迎接各级视察活动10余次，完成元宵节彩灯安装、供电、安全保卫、秩序维护、环卫保障工作。广场同时作为楹联广场、黄河口摄影家协会、文化交流中心、区爱国教育基地、中老年广场舞、交谊舞、青少年儿童健身广场，为油地双方老中青幼各类人群提供多方面的服务。（2）加强党政办公大楼区块管理工作。每年保障各类大中型会议200余场次。利用周末、假期及八小时以外实施党政楼部分楼层大理石翻新、楼梯楼道维修、各类会议室装修改造、视频设备安装等工程。建立完备的智慧用电、智慧消防工程。面向社会公开招标，完成区人大政协办公楼电梯安装工程，已正式启用。

【贯彻落实《厉行节约反对浪费条例》】 每年多次配合区委办公室、区纪委对各镇街、区直单位落实中央八项规定精神情况督导检查。（1）加强办公用房监督管理。负责区直部门81个部门，21栋办公楼调配、监督管理工作。自2013年以来共腾退办公用房11595平方米。严格遵循《党政机关办公用房建设标准》（发改投资〔2014〕2674号），使各级各部门单位人员办公室的使用面积标准、基本办公用房及附属用房面积指标均达到规定要求。根据工作需要，为区人大、区政协等11个单位调配办公用房3200平方米。（2）全面做好公务用车管理工作。完成21辆平台直管车辆资产划拨过户手续，自劳务公司派遣5名司勤人员开展平台值班工作。开展公务用车标识化管理工作，实施车辆标识统一尺寸、统一颜色、统一角度喷涂工作，共喷涂公车105辆，统一安装“北斗”定位系统。11月30日河口区公务用车智能化管理平台正式运行。为区委、区政府购置2部调研接待用车。（3）参与机关餐厅管理。对全区78个部门单位的食堂采取不打招呼、不定时间的形式进行明查暗访，确保各单位食堂规范文明就餐。现机关餐厅保障30个单位、人员600人，每天用餐人数达100人。

【公共机构节能工作】（1）完成公共机构人均综合能耗、单位建筑面积能耗、人均用水量同比分别下降2.5%、2.2%和3.5%的年度节能目标。（2）创新宣传方式，紧紧把握“节能有我，绿色共享”的节能宣传主题，在黄河广场、银座超市开展大型宣传活动，累计发放各类节能宣传册2000份。（3）加大检查力度，成立督导组对全区公共机构节能工作进行督查，进一步降低行政运行成本。（4）加强废旧商品回收的工作，有计划地实施办公建筑节能改造。（5）持续做好能源安全供给保障工作。严格按照物价部门核发的《收费许可证》批准的收费项目、收费标准、收费范围收取水费。每年完成供水120万立方米，收取水费350万元左右，收支基本平衡。同时对管线进行巡回式检查，确保发现问题及时更换、抢修。

油区工作、油地结合工作

【概况】东营市河口区油区工作委员会与河口区油地结合办合署办公，为公益一类事业单位。内设办公室、油气开发管理办公室、综合管理股、工农股、财务股、管道监管股、协调股、调研股8个股室；下辖仙河、孤岛管理中心，区油田物资稽查大队3个直属副科级单位。主要工作职责：油地结合共建、工农关系协调、油区秩序治理、油气开发、石油天然气管道的监督管理，统一协调处理全区油地关系，统一组织协调办理全区涉及油田的行政审批、征地手续、工农纠纷事宜，统一严格按照政策、标准执行各类赔付、结算。独资经营东营中新石油技术开发有限责任公司（天然气生产销售）、东营河口光达运输有限责任公司（危化品运输）两个法人独资企业；创办民办非企业单位东营市河口油区人才交流中心（人员劳务派遣）；成立区属国有独资企业河口区油气技术开发有限责任公司，承担油工委相应服务业务。与区国土分局联合组建油田钻井工程地方办公室，实现油区工作“三统一”管理机制新突破。在全区范围内对油田勘探开发建设项目实行“一站式”服务顺利实施，全新油地协调服务模式开始实施。

【油地结合工作】建立2017年油地共建项目库，将河四路、利六路、仙河镇镇东路列为重点油地共建项目，通过管理局立项批复，共建资金已拨付到位。根据区政府安排，开展油田毕业生就业情况调研，形成调研报告提报区政府。高效落实区政府交办的油田单位食堂安装油烟净化设备任务。参与完成油地军闹元宵活动、槐花节、清明节缅怀革命先烈等6项大型油地活动的会务工作。刊发《河口油地工作动态》3期，促进油地信息资源共享。

【工农协调服务】2017年，区油工委与区国土分局组建油田钻井工程地方服务联合办公室；经区政府同意，正式印发《关于在全区范围内对油田勘探开发建设项目实行“一站式”服务的实施方案》，并迅速分层级、分类别召开座谈会议，有力的促进全区各镇街、各油田单位快速统一思想，转变思路，开展工作，油区“一站式”服务中心筹建工作基本完成，全新油地协调服务模式开始建立。通过赴镇街开展调研交流，推进各镇街强化软硬件建设，提升服务水平。在全区推行《石油企业工程施工补（赔）偿现场报告书》档案管理制度，确保矛盾纠纷处理过程有据可依、有档可查。全年累计办理《施工备案书》185份，协调安排钻井井位51口，完钻41口。

【油区秩序工作】 以“两打一整治”为切入点，综合开展油区秩序治理。在做好油区法制宣传的基础上，强化油地联合，强化与公安机关协作配合，开展油区环境集中整治行动。全年共组织参与集中宣传活动2次，出动检查车辆70余台次，出动检查人员700余人次，查扣各类涉油车辆38台，收缴落地原油130余吨，有效净化油区环境。

【管道保护工作】 召开全区油气管道安全保护工作会议，与镇街及辖区内各采油厂签订《河口区石油天然气管道保护安全生产责任书》，充分落实油气管道安全属地管理和主体责任，进一步强化管道监管工作。全面梳理排查各类油气管道的安全隐患，对已完成的200处整治隐患开展“回头看”工作，确保油气管道安全运行。积极开展现场执法，成功处置7起涉及油气管道安全事件和1起区政府督办的排水管道冒油事件。完成石油天然气管道储运突发事故应急预案备案2份，油气管线改造施工批复2份。对新建91千米的油气管线进行精准测绘并充实至石油天然气管道动态监管信息系统。积极做好“安全生产月”“百日攻坚治理”和多级别安全生产检查等工作，确保辖区内石油天然气管道安全运行。

【油气生产】 （1）经过与油田单位积极协调，协议油油井置换取得新突破，为增储上产打下坚实基础。充分发挥蓝区储油项目的重要作用，根据市场波动情况采取应对措施，有效缓冲低油价冲击。（2）多领域开展天然气业务营销，以“燃气村村通”为突破口，积极发展新用户。全年新增工业用户12家，完成义和镇8个村庄共计1591户农村居民的天然气安装工作。孤岛增压站在胜利油田天然气销售中心正式开户、蓝区增压站取得土地使用权、河口开发区减压站改造设计完成。

【包村帮扶工作】 （1）投资131万余元，在大英村开展基础设施、光伏发电等项目的建设，提升大英村整体发展水平。荣获区直第十八批干部下派工作先进单位、全区扶贫开发工作先进单位称号。（2）充分发挥党建群团作用，积极参与社会公益活动，共投入资金2.5万余元，捐赠衣物45件，15人积极参加无偿献血。及时办理民生热线转办事项88件，满意率100%。（3）积极落实各项双拥政策，走访慰问人武部、武警中队、消防大队等多家驻军驻警单位，累计安排慰问金7万余元。扎实做好迎检材料、双拥工作站维护、舆论宣传等各项准备工作，确保争创新一届全省双拥模范城工作落到实处。

民生热线工作

【概况】 2017年，河口区“3612345”民生热线紧扣“服务发展”和“保障民生”两大主题，以提升群众诉求满意率、优化社会管理机制为目标，在解决群众困难的基础上，加强机制制度建设，加大督办工作力度，实现部门单位工作效率的再提高，工作作风的再转变，促进全区经济社会全面发展。截至年底，区民生热线共受理群众诉求8万余件。按期办结率99.32%，群众满意率99.21%。先后获得“山东省服务名牌”“山东省青年文明号”“全省女职工建功立业标兵岗”“省级妇女维权服务示范站”“山东省巾帼文明岗”等20余项荣誉称号。

【群众诉求受理】 （1）敏感时期每日呈报。在“环保督政”、迎接十九大社会维稳等敏感时期，区民生热线坚决落实“诉求不办结、督办不停止”的工作标准，依靠频繁督办、协调协商、现场盯靠等措施，及时化解大量信访苗头性问题。坚持每日梳理汇总敏感诉求办理情况，及时报区委区政府，为部门单位工作着力、发力提供正确指向，带动全区强有力维护社会和谐稳定。（2）重点诉求每周专报。坚持每周梳理汇总群众诉求事项及办理情况，形成工作专报报请区相关领导审阅，为区委区政府科学决策提供参考依据。截至年底，已呈阅48期每周工作专报。（3）热点难点问题每月通报。实行舆情定期专报制度，每月从受理的群众诉求事项中，突出共性、重点、热点、敏感问题的分类梳理，从办理情况、问题原因、工作难点等方面进行汇总分析，同时汇总承办单位群众诉求办理情况，撰写每月工作情况通报在全区印发。（4）难点问题调研直报。组织人员深入基层一线对群众关心关注的热点民生诉求进行全方位、细致地摸底调查。与诉求群众面对面沟通交流，充分听取群众的意见建议，在与相关部门单位充分沟通交流的基础上，撰写群众难点诉求呈阅件，直报区有关领导并督促相关部门单位落实领导批示意见，督促相关部门从细微处入手，抓早抓小，防微杜渐，尽最大努力减少社会难点问题的社会影响。

【整治办理】（1）实行重点治理，推动效能提速。针对个别承办单位办理群众诉求频繁出现的推拖应付、延期办理、谎报群众满意度等问题，区民生热线实行待办诉求每日必催、规定时限内全部办结的工作制度。要求全体工作人员直接督办承办单位具体承办人员，由管理人员对难点诉求进行重点督办，着力提升群众诉求按时办结率和群众诉求满意率。（2）下移工作重心，实行重点整改。立足于镇街居民诉求量多、办理难度大的实际，重点提升镇街民生工作效能，区民生热线实行镇街诉求每件必督、问题发现即改、热点苗头每个必除工作制度，只要3名以上镇街居民重复反映的问题，必须向镇街值班书记通报，由值班书记亲自协调、亲自调度，提升镇街诉求办理成效。短时间内，各镇街在沟通协调、工作效率、群众满意率等方面都有较大提升。（3）提升工作标准，加大督办力度。坚持每天梳理群众诉求事项及办理情况，加大督办频率和力度，尽全力防止出现相关问题。严肃督促整改部门单位办理群众诉求相互推诿扯皮、敷衍塞责、效率低下导致群众不满等方面的问题，严格做到发现一起、查处一起、通报一起、整改一起，不断提高办事效率，推动工作提速。

【工作机制】（1）充分发挥“六方联动”机制作用。依托“六方联动”工作机制，盘活用活全区群众工作资源，解决了大量事关群众切身利益的困难和问题，强化了热线工作成效，提升了服务水平。（2）油田居民诉求“油地联动”机制。加强与油田单位的沟通对接，在服务方式、回应机制、信息反馈等方面，探索建立行之有效的联动机制，拓展民生热线的职能范围和服务空间。（3）高效运行“农民工工资快速通道”制度。区民生热线2017年以来通过电话、面对面受理多件农民工工资讨要诉求，在区住建局、人社局等相关部门的积极配合下，全部得以妥善处理，有效维护农民工合法权益。

【实施名牌提升工程】（1）高效解决难点问题。针对社会管理空白点问题及部门职责划分不清事项，组织相关部门单位频繁召开协调会，划清职责分工，明确办理时限，强力推进解决。2017年，针对羊栏河水位升高河水外溢污染农田问题、仙河商贸城私搭乱建问题、鑫河洗浴锅炉排放废气污染环境问题、河安小学东侧夜间施工问题等召开专题协调会107次，会后相关部门积极做为，及时有效解决相关问题，强力推动社会矛盾化解。（2）积极回应社会关切。区民生热线配合相关部门积极回应自来水有沉淀物、水压减小、住房拆迁、暖气供应、空气异味等方面问题，强力维护社会和谐稳定。（3）用好宣传媒体。通过区人民政府网回应关切栏目对于群众关注的道路维修、相关政策、公交线路等问题作出及时回应。

政协河口区委员会

综　述

2017年，政协河口区委员会把握团结和民主两大主题，围绕中心、服务大局，扎实履行政治协商、民主监督、参政议政职能，紧密结合实际，以新理念引领新发展，不断发挥政协优势，增强履职实效，为决胜全面建成小康社会，加快建设美丽幸福新河口贡献智慧和力量。

【政治协商】　（1）重点推进专题协商。围绕党政中心工作，就完善综合交通运输体系、美丽乡村建设、推动工业内涵式发展等课题进行专题协商，制定了优化交通网络、实施“交通+”战略、大力发展现代农业、完善公共服务体系、组建炼化产业集团、引导企业弘扬工匠精神等具体的工作措施。（2）积极开展对口协商和界别协商。围绕全域旅游研究、村级卫生服务一体化、社会治安防控体系建设、加强综合文化场馆建设、推进养老服务体系建设、促进企业科技成果转化等课题，开展对口协商和界别协商，所涉及部门积极采纳协商意见，并落实到具体工作中。（3）加强提案办理协商。严格落实提案答复机制，召开面对面答复会议，增强提案办理实效。联合区委、区政府督查考核办公室，对承办部门办理情况进行督促，做到“件件有着落、事事有回音”。实行主席领衔督办重点提案，筛选6件提案作为重点提案进行督办，“关于加大中小学基础设施投入力度的建议”等提案得到有效落实。关于打造特色农产品品牌、优化中小企业融资环境、推进“海绵城市”建设等方面的提案，得到有关部门采纳和落实。2017年，审查立案的122件提案，并全部办复完毕。

【民主监督】　（1）注重视察监督。发挥视察监督“面对面”的优势，就河口区现代农业发展、学校文化建设、食品药品监管、生态环境保护等方面，集中组织开展视察活动，有针对性地提出意见建议50余条。围绕行风政风转变，通过委派特邀监督员、参加听证会、民主评议等形式，就科学发展、改革事项、居民燃气价格调整等，组织委员开展视察监督活动60余人次，坦诚提出意见建议，促进党政部门工作改进。（2）加强评议监督。将委派民主监督员作为民主评议重要载体，出台《开展委派民主监督员工作的实施意见》，首批确定24个被监督单位、6个民主监督小组。参加民主监督活动的委员认真履行职责，通过参加部门会议、听取情况通报、督办政协提案等形式，提交监督建议书12件，协助推进工作。坚持民主评议与促进部门工作相结合，组织委员对区农业局、环保分局、海洋渔业局等部门进行民主评议，现场提出意见建议，相关部门逐一采纳，促进被评议部门工作的更好开展。区农业局等9个部门被评为2017年度民主评议满意单位。

【参政议政】　（1）搞好专题调研。按照“求精品、重实效”的要求，选择党政重视、群众关注、政协有条件做好的题目进行调查研究，提出有价值的意见建议。先后围绕全区工业转型升级、美丽乡村建设等课题开展专题调研，形成的调研报告引起区委、区政府高度关注。（2）主动参与中心工作。按照区委统一安排，区政协领导班子成员分别参与全区重点工程、企业安全生产监管、信访稳定、包村帮扶、联系党建薄弱村等重点工作。全年以高度负责的精神，深入现场统筹协调，帮助解决遇到的困难和问题。认真做好义和镇六顷村精准扶贫工作，协调资金100余万元，实施文化广场建设、村内道路改造等工程，开展结对帮扶活动，协调推进惠民政策措施落实，帮扶村基础设施建设以及民生各项事业得到全面发展，2017年被评为全区下派帮扶工作、扶贫开发工作先进单位。（3）及时反映社情民意。出台《关于加强区政协社情民意信息工作的意见》，在全区聘任40余名特邀信息员，构建完整的信息网络。2017年，共收到涉及民生保障、特色农业、教育科技、旅游环境改善等方面社情民意信息400余条，其中“关于加强河道生态化治理的建议”等信息，得到省市领导的批示及有关部门的重视。

【委员主体作用发挥】（1）制定《河口区政协委员管理办法》等制度，对委员行使权利、履行义务、参加活动提出明确要求。建立健全委员履职档案，印制《政协委员履职手册》，履职情况作为评先树优和是否留任的重要参考依据。建立委员联络机制，强化同委员所在单位的沟通，及时了解委员工作情况，为委员履职创造条件。建立工作通报机制，组织市区政协委员开展调研视察、参加政情通报会等活动，拓宽知情明政渠道。建立表彰奖励机制，开展优秀政协委员评选活动，35名委员被评为优秀政协委员。（2）搭建委员履职平台。发挥委员联系群众的桥梁纽带作用，引导委员积极参与捐资助学、扶贫帮困等履职为民活动。发挥示范引导作用，各位副主席开展微心愿认领活动，为12名儿童送去书籍和学习用品，帮助他们实现愿望；成立区政协志愿者服务队，定期到区中心敬老幸福园开展“孝心助老”活动，为老人们提供物质帮助和精神慰籍。开发区联络室组织委员参加造血干细胞捐献志愿者征募活动，区直一室到济军训练基地与留守儿童一起过“六一”儿童节，进行心理疏导等等。全年，共开展文化下乡、法律援助、爱心救助等各类扶贫济困活动50余次，关爱困难群体600余人。

【文化建设】坚持以文化人，发挥传承引领、团结育人的作用，做好文史资料征编工作，编辑出版全市首部《村落记忆》，在省政协优秀文史书刊评选中获得一等奖；坚持开门办文史，共同出成果，正式启动《援疆纪实》征编工作；支持推动村级展览馆建设，为“留下印鉴，记住乡愁”贡献政协力量。组织开展“全民阅读·委员先行”活动，向社会各界分享委员读书故事和读书成果，引领助推读书活动的深入开展。组织举办“不忘初心——喜迎十九大”诗歌美文朗诵会和书画作品展，充分抒发对党和祖国的热爱之情，激发广大政协委员的履职热情。

【团结联谊】坚持求同存异、体谅包容，加强与民族宗教界人士沟通交流，实地调研宗教场所建设等问题，促进民族团结、宗教和睦。加强同各民主党派、工商联和无党派人士的团结合作，出台发挥其作用的意见，制定领导班子成员联系制度，定期联系走访，经常性协商交流。鼓励支持通过政协发表意见建议，累计提出提案、社情民意信息等履职成果30余件。加强对外联谊交流，组织部分委员到油田井下大队走访慰问一线工人，为促进油地共建共荣贡献力量。与东营市其他县区，以及青州市、湖北省通山县、宁波市奉化区等10余个兄弟县区政协建立工作联系，增进友谊，促进工作。

【宣传工作】创新工作方式方法，开通河口政协微信公众号，提高机关工作效能，已成为凝聚正能量、传递好声音的重要平台。与区广播电视台联合制作播出“委员风采”8期、“提案追踪”5期，在《人民政协报》《联合日报》《东营日报》等媒体发表稿件200余篇，宣传政协工作，扩大社会影响，被评为2017年度全省政协宣传工作先进单位。

重要会议

【区政协九届一次会议】 2017年2月12日至14日，政协第九届东营市河口区委员会第一次全体会议召开。13个届别的148名委员出席会议。会议听取并讨论了区委书记荀增杰在开幕会上的讲话，审议通过了区政协八届常委会工作报告和提案委员会工作报告。委员们列席了区人大十八届一次会议，听取了区政府工作报告和其他报告。会议期间，委员们对事关河口区经济社会发展和人民群众关心的重要工作和热点问题，提出了许多建设性的意见建议。在充分酝酿，广泛协商的基础上，选举产生了区政协主席、副主席、秘书长和常务委员会委员。

【区政协常务委员会会议】 2017年，政协第九届东营市河口区委员会常务委员会共召开4次会议。

九届一次常委会议。3月3日，区政协九届一次常委会议召开。会议审议通过了《政协东营市河口区委员会常务委员会工作规则》《政协东营市河口区委员会2017年工作要点》《政协东营市河口区委员会2017年协商工作计划》《政协东营市河口区委员会管理办法》等文件。区委副书记、区长、区政协主席田兵兵出席会议并就加强常委会建设和做好2017年政协工作讲了意见。

九届二次常委会议。7月29日，区政协九届二次常委会议召开。会议听取并审议了区政府今年以来全区经济运行情况的通报以及全区重点工程、重点项目和民办实事情况；听取并审议了区法院、区检察院今年以来工作开展情况的通报；协商通过了有关人事事项。

九届三次常委会议。10月28日，区政协九届三次常委会议召开。会议听取了区委办公室、区政府办公室2017年度政协提案及咨询类报告办理情况的通报，审议通过了《关于加强和改进人民政协民主监督工作的实施意见》，表决通过了有关人事任免事项。

九届四次常委会议。12月29日，区政协九届四次常委会议召开。会议审议通过《关于召开政协第九届东营市河口区委员会第二次会议的决定（草案）》；审议《政协第九届东营市河口区委员会第二次会议议程（草案）》；审议通过《政协第九届东营市河口区委员会第二次会议日程（草案）》；表决通过有关人事事项；协商《政协第九届东营市河口区委员会第二次会议选举办法（草案）》；审议通过政协第九届东营市河口区委员会第二次会议秘书长及副秘书长名单（草案）、委员分组及各组召集人名单（草案）、常务委员轮值名单（草案）、大会秘书处各组负责人名单（草案）、会议列席人员（单位）名单（草案）；审议通过政协第九届东营市河口区委员会常务委员会工作报告（讨论稿）、提案工作报告（讨论稿）。

重要活动

1. 2017年3月31日，区政协开展完善综合交通运输体系专题协商。区政协各位副主席及部分委员对河口区交通运输局2017年承建的重点项目进行实地调研并召开专题协商会议。先后到济东高速连接线、g340东子线改建项目，海防路改造工程，河广大道建设工程，河民路改造工程建设现场等地进行实地视察，听取了相关情况介绍。视察结束后召开了专题协商会议，听取了区交通运输局、区发改局等部门关于完善综合交通运输体系情况的汇报，并围绕这一主题进行了专题协商议政。

2. 2017年5月5日，区政协机关党支部组织全体党员开展“党支部组织生活标准化建设”集中宣讲活动，学习贯彻《党支部组织生活标准化建设规范》《关于建立党员主题活动日制度的实施方案》等文件精神，提升机关组织生活标准化水平。

3. 2017年6月21日，区政协召开美丽乡村专题协商会议。区政协副主席张兆栋、杨芳、宋卫忠、岳桂杰等带领部分区政协委员，先后到新户镇新兴村、南六合社区，义和镇寿光村、大英村，河口街道三合村、六合街道于家村等地进行实地查看，详细了解美丽乡村建设工作进展情况，副区长胡琳等陪同活动。座谈会上，区乡村文明办、区城管执法局、河口街道、新户镇分别汇报了工作开展情况，部分区政协委员就美丽乡村建设提出意见建议。区委副书记、区长、区政协主席田兵兵出席会议并讲话，宋卫忠主持座谈会，副区长徐文棠参加座谈会并就美丽乡村建设和会议精神的贯彻落实讲了意见。

4. 2017年6月29日，区政协机关组织党员干部到广饶县刘集党支部参观学习，探寻红色足迹，重温入党誓词，接受革命传统教育。

5. 2017年7月6日，宋卫忠副主席带队就学前教育规划进行界别协商。

6. 2017年7月11日，区政协副主席李寿年带队就社会治安防控体系对口协商；区政协副主席杨芳带队就全区村级卫生计生一体化建设开展对口协商活动。

7. 2017年7月19日，区政协召开委员企业家座谈会。

8. 2017年10月16日，区政协、区委宣传部、区文广新局共同举办“履职为民·喜迎十九大”政协委员诗歌美文朗诵会。朗诵会以区政协委员为主体，同时吸纳热爱诗歌朗诵活动的各界人士参与。朗诵内容共包括了诗词古韵、情感家园、祖国颂歌等三个篇章。朗诵会以迎接党的十九大胜利召开，大力弘扬社会主义核心价值观为主题，充分展现全区政协委员热爱祖国、热爱家乡、热爱生活的精神风貌，营造昂扬向上、积极和谐的深厚氛围，助推“书香政协”“文明政协”创建活动深入开展。

9. 2017年10月17日，由河口区政协、区委宣传部、区文联、区社科联、区文广新局主办，河口区书法家协会、河口区美术家协会承办的“不忘初心——喜迎党的十九大”书画作品展在区文化馆开幕。区委常委、宣传部部长张凌，区政协副主席、党组副书记宋卫忠出席开幕式。展览共展出作品80余幅，为党的十九大胜利召开营造了良好的文化氛围。

10. 2017年10月21日，区政协委员走进敬老院开展庆祝重阳节活动。由区政协医药卫生界委员、中国农工民主党东营市总支成员组成的政协委员志愿服务队到区中心敬老幸福院开展义诊活动，提前与老人们一起庆祝重阳节。区政协副主席宋卫忠参加了活动。政协委员志愿服务队为老人们带去了米、面、油等慰问品，送去了节日的祝福。

11. 10月26日，区政协副主席杨芳、宋卫忠带领部分政协委员到胜利油田井下大队走访慰问一线工人。委员们首先到作业井场现场听取了施工情况介绍、安全操作流程等，并为一线工人送去了慰问品。在井下作业大队，参观了生产指挥中心，现场观摩了监控体系，实地察看了基层队的文化制度建设、文体中心建设、工会建设等，实地察看结束后，召开了座谈会，听取了井下大队领导的工作情况介绍，委员会们结合视察情况，畅谈了自己的深切感受和体会，进一步加强对外联谊交流，为促进油地共建共荣贡献了力量。

12. 2017年10月27日，区政协召开推动工业内涵式发展暨化工企业转型升级专题协商会议。区政协副主席杨芳、宋卫忠、岳桂杰，党组成员孙卫东，秘书长、办公室主任韩传华及部分政协委员、相关委室负责同志参加调研活动。副区长刘冲等陪同调研。视察组先后到中海石油东营石化有限公司、山东金信新材料有限公司、东营市科德化工有限公司、富海集团有限公司、山东海螺型材有限公司、山东汇海医药化工有限公司等地实地察看，详细了解相关情况。视察结束后，召开推动工业内涵式发展暨化工企业转型升级专题协商会议。区政协副主席张兆栋主持会议，副主席宋卫忠出席会议并讲话。

会议听取了区经信局、发改局、河口经济开发区、蓝色产业园服务中心、科技局等部门关于推动工业内涵式发展既化工企业转型升级情况的汇报，并围绕这一主题进行了专题协商议政。

13. 2017 年 11 月 3 日，区政协副主席张兆栋、宋卫忠带领机关党员干部到河宁社区参观学习。河口街道党工委书记牟焕民陪同参观。河宁社区党委副书记、关爱党支部书记王玉清用亲身经历、亲眼所见、亲耳所闻，通过做报告，看图片，观视频，谈体会，为大家上了一堂生动感人的党课。

14. 2017 年 11 月 9 日，区政协副主席张兆栋主持召开促进企业科技成果转化界别协商会议。

15. 2017 年 11 月 15 日，区政协副主席宋卫忠带队，先后到新户镇南六合村、东鲍井村，义和镇博兴村，河口街道新建村、八吕村，仙河镇海星村，孤岛镇西韩村，六合街道大夹河村、于家村等地督导村级展览馆建设工作。

16. 2017 年 12 月 7 日，区政协邀请市政协委员集中视察全区经济社会发展情况。委员们实地察看了澳亚高端乳制品加工项目、中海石化升级改造及配套项目、区人民医院门（急）诊暨外科病房综合楼和感染性疾病科建设、湖滨路景观工程、河民路改造、S231 河辛路改线工程、蚂蚁金服金融服务建设项目、国道 340 海防路口公路沿线综合治理等全区重点工程、重点项目和便民实事建设情况。视察过程中，委员们每到一个地方，都认真听取相关情况介绍，详细察看了项目建设情况。

17. 2017 年 12 月 16 日，河口区政协“爱心助老”志愿活动暨志愿者服务基地启动仪式在区中心敬老院举行。区政协副主席出席仪式并致词，副主席岳桂杰与区民政局局长周义村为志愿者服务基地揭牌。启动仪式结束后，委员们根据分工，分别开展志愿服务活动。医疗界的委员为老人讲解保健知识，健康查体；有书画专长的委员与老人一起泼墨书写；部分委员辅助老人进行康复锻炼并与老人交流谈心；部分委员与厨房师傅一起为老人们包水饺，共同度过了一个充实而美好的一天。

18. 2017 年 12 月 25 日，区政协副主席宋卫忠带领部分政协委员志愿者到太平中心小学开展“关爱留守儿童”帮扶活动。活动中，委员们与学生亲密交谈，了解学生的学习和生活情况鼓励他们好好学习、励志成才，并为留守儿童带去了书包、文具、书籍等学习用品，委员们还与留守儿童一起制作了新年贺卡。

中国共产党河口区纪律检查委员会

综　述

【机构、职能概况】　2017年，中共河口区纪委深入贯彻落实中央和省、市纪委全会精神，聚焦党风廉政建设和反腐败中心工作，深化纪检监察体制改革，于4月20日设立区委巡察办、区委巡察组等6个区委巡察工作机构。12月，正式启动全区推开国家监察体制改革试点工作，经区深化国家监察体制改革试点工作小组会议研究决定，不再保留东营市河口区监察局，设立东营市河口区监察委员会机关，与中国共产党东营市河口区纪律检查委员会机关合署办公，实行一套工作机构，两个机关名称，简称区纪委监委机关。区纪委监委机关内设12个职能部室，分别为：办公室（挂研究室牌子）、组织部（纪检监察干部监督室与其合署）、宣传部、党风政风监督室（挂区纠正行业不正之风办公室牌子）、信访室（挂区监察举报中心牌子）、案件监督管理室（信息技术保障室与其合署）、第一纪检监察室、第二纪检监察室、第三纪检监察室、第四纪检监察室、第五纪检监察室、案件审理室（挂案件申诉复查室牌子）。区纪委（监察局）派驻纪检组（监察室）更名为派驻纪检监察组。

【管党治党工作】　（1）强化高位推动抓落实。区委制定落实主体责任清单，并把主体责任落实到班子成员分管的各项工作中，渗透到全区重大事项、选人用人、工程实施等各方面。区委主要领导对落实管党治党责任高度重视、亲力亲为，研究重点工作时，都连同廉政建设一并考虑、一并部署。（2）强化压力传导抓落实。建立以“问题抄告全方位、履责过程全留痕、汇报部门全覆盖、动态考核全过程”为主要内容的责任落实体系，做到任务明确、履责有依、考责有据。2017年，对19个典型违纪问题，抄告10名分管或联系的区领导。实行责任清单推送制度，每月推送1至2项主体责任项目。召开全区落实主体责任经验交流会议，总结成绩、交流经验、点出问题，对转变观念、统一认识、压实责任发挥了积极作用。（3）强化责任追究抓落实。成立6个问责工作组，强化责任追究，对7个党组织和21名党员干部、1名纪检监察干部履责不力问题进行问责。

【助推经济社会发展】　（1）落实党委政府重要决策部署。将落实区委区政府决策部署领导不力、制度执行不到位、监督管理不严格等问题，作为日常监督的重点，发现问题，坚决纠正。针对干部作风方面的问题，开展政治生态、干部作风建设专题调研，深入分析形成调研报告。有针对性地开展不担当不作为以及庸政、懒政、怠政等突出问题专项治理。（2）保障区委区政府重点工作顺利推进。开展“美丽河口、廉政护行”专项行动，围绕招商引资、拆违治乱、安全环保、十九大安保维稳等工作，深化再监督、再检查。在枫林绿洲小区拆违治乱中，提前介入、主动作为，对涉及的10余名机关党员逐一约谈，一天内全部拆除违建，发挥很好的示范带头作用。开展区政府投资重大工程建设项目廉政监督，筛选20项工程进行重点监督，廉政约谈、提醒89人次，项目建设廉洁氛围日益浓厚。制定《关于营造良好环境助推招商引资工作的意见》，加强正向引导，激发招商干劲，严肃查处虚假招商行为，全力助推招商引资工作开展。（3）旗帜鲜明爱护干部干事创业。把握“三个区分开来”，制定《关于党员干部和公职人员诬告陷害类信访举报核查处理实施办法》，试行党员干部重点观察办法，将31名存在失职失责问题，违纪情节轻微的干部纳入重点观察，督促其认真整改、将功补过，把组织的关心融入到干部成长的全过程。

【作风建设】（1）明察暗访全面覆盖。区委成立检查组，对各镇街和20余个部门单位开展专项检查。区纪委成立落实中央八项规定精神监督检查办公室和3个常设暗访组、5个机动暗访组，组织集中性、不间断暗访，纠治力度前所未有。（2）专项检查梯次展开。结合专项整治，对各村滥发津补贴或福利、违规使用村集体资金吃喝、奢侈浪费等问题进行重点检查。同时，集中开展对基层站所违规配备使用公务用车、办公用房等问题的专项检查，共检查38个基层站所、单位，发现问题线索12个、立案4起。（3）执纪问责寸土不让。对违反中央“八项规定”精神的问题，发现一起、查处一起、通报一起。2017年，共查处违反中央“八项规定”精神问题26起，处理39人，给予党政纪处分11人，通报曝光14起。每查结一起，都分析原因，查找漏洞，有针对性地提出整改建议。在查处两所学校办公用房超标问题之后，在全区开展专项治理，检查部门单位81个，做到不留死角。

【监督执纪】（1）挺纪在前抓早抓小。更多地运用警示教育、诫勉谈话、组织处理等方式开展执纪工作，受理群众信访举报157件，处置问题线索157个，立案审查63起，给予党政纪处分55人、免予或不予处分9人、延长预备期1人，第一、第二种形态运用占比分别为67.2%、28.9%，较好地实现关口前移、防微杜渐。（2）监督网络织牢织密。发挥信访、巡察、派驻监督和廉政舆情监测作用，及时纠正一批苗头性、倾向性问题。比如，针对农村“五保”方面的问题线索，部署开展专项检查，发现34名“五保”对象合法权益未得到落实，立即责成落实权益保障，并对相关责任人进行廉政谈话。（3）源头预防治标治本。坚持审查一个问题，治理一类现象，深入分析查摆制度漏洞、责任缺失、管理松散等原因，较好地发挥纪律审查的治本功效。比如，在查处某街道多起农村违纪问题中，发现其实行的“先拨款、后报账”方式，存在廉政风险。对此，责成其修订完善财务管理规定，出台农村财务管理失职问责办法，堵塞制度漏洞，取得很好的预防效果。

【党规党纪教育】（1）传递反腐倡廉正能量。开展廉政党课宣讲活动，为全区副县级干部赠阅《习近平讲故事》，编印《党纪条规“应知应会80问”》，向1500余名干部发放学习。拍摄纪检干部《本色》宣传片，推送廉政微视频16部，在全市评选中包揽前两名。（2）打造“指尖上”的宣传平台。着力打造“清风河口”微信平台，关注人数达到5700余人，推送图文信息1100余条。开展“党规党纪每月一测”活动，机关、农村党员定期测试，实现廉政教育的常态化。制作展播《全面从严治党面对面》四集系列随访片，从群众视角展现全面从严治党成果。（3）用好直抵人心的教育手段。创新实行“三书两报告一方案”制度，实现以“身边事”教育“身边人”。开展家庭助廉、“枕边风”访谈、亲情寄语征集等系列活动，使廉洁精神在学校、家庭、社会全面开花。开展“我看全面从严治党新气象”系列活动，以主题演讲、征文比赛、微视频征集等形式，传播廉洁正能量。举办第四届“清风河口”廉政文化创作大赛、“传承好家风，扬帆新征程”主题晚会，让廉政文化走出“文件”，走向社会、走入人心。

【基层从严治党】（1）开展专项整治工作。利用

3个月时间，开展集中查处侵害群众利益不正之风和腐败问题专项整治，全面排查问题线索，共查处问题61个，给予党政纪处分35人，通报曝光问题19个，挽回经济损失16.48万元。（2）加大扶贫领域监督执纪问责力度。成立5个执纪审查组和8个明察暗访组，对扶贫领域问题线索进行起底排查，着力查处贪污侵占、虚报冒领、截留私分、优亲厚友等行为。针对贯彻脱贫攻坚决策部署不坚决、政策落实不到位以及底数不清、情况不明等问题，开展全面普查和摸底，走访贫困村24个、贫困户和低保户512户。共查处扶贫领域问题34起、处理43人，其中给予党政纪处分5人，其他形式处理38人，挽回经济损失8.3万元。（3）健全维护群众利益长效机制。找准违规违纪问题易发多发的环节、领域和风险点，推行村级财务“多会计”“明白纸”“直交入户”“双追责”和纪律处分宣布“五人到场”等五项制度，严把监督、公开、管控、责任、警示五个关口，发挥应有的警诫预防作用。

【巡察工作】 （1）精心谋划部署。按照1个巡察办公室、5个巡察组的模式，设置巡察机构，配齐人员力量。研究制定巡察工作流程，配套制定线索移交、问题反馈等4项具体办法及2项纪律规范。（2）精准发现问题。6月份启动首轮巡察，发现农、林、牧等8个党组织在党的领导弱化、党的建设缺失、全面从严治党不力等方面问题98个，移交问题线索32个。10月下旬，聚焦扶贫领域，开展第二轮巡察，对区人社局等8个扶贫相关职能部门开展巡察，现已发现问题106个、反馈即知即改问题27项、移交问题线索8个。（3）深化成果运用。巡察过程中针对民主议事不健全、党建工作不规范等问题，督促被巡察单位立行立改。针对财务管理不严格、下属单位监管不到位等突出问题，分析研判制度性缺失，向有关职能部门提出合理化建议。结合市委、区委巡察发现问题，在全区部署开展自查自纠工作，对共性问题，未巡先改，对照查摆，举一反三，放大延伸巡察效应。

【监察体制改革试点工作】 （1）统筹谋划，加强组织领导。认真传达学习、准确深入理解中央和省委、市委决策部署，认真制定具体实施方案，经省市审核审批后下发执行。成立深化改革试点工作小组及办公室，明确责任人和工作职责、阶段任务和完成时限，确保每项工作有人盯、有人促。（2）狠抓节点，稳妥推进人员转隶。对转隶部门的机构设置、职能职责、编制职数、实有人数及案件线索、资产等情况进行全面摸底，建立台帐。对拟转隶人员完成档案审核。按照检察机关现有政法专项编制26%的比例进行划转，划转14个行政编制、1个科级领导职数至区监委。完成区纪委监委内设机构设置工作，转隶工作人员13人。把加强思想政治工作贯穿始终，纪委、检察院领导分别开展谈心谈话，实现对转隶人员谈心谈话全覆盖。（3）倒排工期，狠抓重点任务落实。将改革试点工作划分为基础准备、人员转隶、组建挂牌、深化融合4个主要环节，细化为17项具体任务，明确任务分工和完成时限，形成便于操作的“施工图”。落实办公场所，确定1处面积为4000平方米的办公楼作为区纪委、监委办公场所，满足纪委、监委和巡察机构集中办公所需。

重要会议和重要文件

【重要会议提要】 （1）2017年3月21日，召开河口区纪委机关自身建设工作会议，会议传达学习了《中共河口区纪委、河口区监察局关于进一步加强机关自身建设的实施意见》，并具体就纪检监察机关规范化建设、开展“素质能力提升年”活动、机关文化建设三个方面进行了总体部署和具体安排。

（2）2017年4月10日，召开全区集中开展查处侵害群众利益不正之风和腐败问题专项整治工作会议，会议要求，要通过专项检查，全面了解情况、查出问题、发现线索、完善机制、堵塞漏洞，推动全面从严治党主体责任落到实处，切实解决侵害群众利益不正之风和腐败问题，提升党风廉政建设和反腐败工作的整体水平。

（3）2017 年 4 月 21 日，召开全区政府投资重大工程建设项目廉政监督工作会议，会议主要任务是，发挥派驻监督作用，对政府投资重大工程建设项目开展针对性廉政监督，进一步预防工程建设领域违纪违法问题发生，促进包靠领导、工程建设单位等履行主体责任，督促发改、财政、审计等监管部门监管到位，打造廉洁安全工程。

（4）2017 年 5 月 22 日，召开区纪委监察局推进“两学一做”学习教育常态化制度化工作座谈会。会议对推进“两学一做”学习教育常态化制度化工作的总体目标、基本原则、主要内容及组织保障等内容进行了传达，并对开展“淬火”主题活动之“自警自觉”活动进行了安排部署。

（5）2017 年 6 月 7 日，召开区委巡察工作部署会议，标志着河口区巡察工作正式启动、全面铺开，会议主要对巡察的认识、巡察定位以及巡察的重点进行了安排部署。

（6）2017 年 6 月 19 日，召开区纪委机关党总支委员会调整选举大会，会议选举党总支书记 1 名，委员 2 名，新当选区纪委机关党总支书记张宝存向全体党员作表态发言。

（7）2017 年 8 月 31 日，召开全区扶贫领域精准监督执纪问责工作会，会议对本次全区范围内开展扶贫领域监督执纪工作的主要任务、主要措施和有关要求进行了安排部署，此次全区扶贫领域监督执纪问责工作共成立了 6 个明察暗访组，6 个组实行交叉互查，重点是发现和查处扶贫领域的违规违纪问题。

（8）2017 年 12 月 28 日，召开区级党政班子成员向区纪委全会述责述廉会议，责述廉对象依次就落实“一岗双责”情况、廉洁自律规定执行情况、作风建设情况、对党员干部教育管理和监督情况、个人重大事项等依次向区纪委全委会进行了报告，区纪委委员从主体责任履行情况、作风情况等 9 项方面对述责述廉进行现场评议。

【重要文件提要】 （1）印发《2017 年查处侵害群众利益不正之风和腐败问题专项检查工作方案》（东河纪发〔2017〕9 号）文件，在全区开展侵害群众利益不正之风和腐败问题专项检查。

（2）印发《关于在全区开展无越级集体访镇街创建活动的意见》（东河纪发〔2017〕10 号）文件，在全区开展无越级集体访镇街创建活动，进一步夯实信访举报工作镇街领导责任体制，探索建立集预防、发现、解决涉及群众利益问题为主要功能的长效工作机制。

（3）印发《河口区农村违纪党员纪律处分宣布“五人到场”制度（试行）》（东河纪办发〔2017〕15 号）文件，进一步规范纪律处分宣布工作，确保纪律处分决定执行到位，切实发挥案件警示教育作用，使纪律处分宣布现场成为警示教育的课堂。

（4）印发《关于开展“我看全面从严治党新气象”系列活动实施方案》（东河纪办发〔2017〕19 号）文件，在全区开展“我看全面从严治党新气象”系列活动，使全面从严治党理念以一种更贴近时代、贴近生活、贴近群众的方式深入到广大干部群众中去，激起全社会的共鸣共识，激发崇廉尚廉、风清气正的廉洁正能量。

（5）印发《关于开展落实党风廉政建设主体责任督导检查的实施方案》（东河纪办发〔2017〕21 号）文件，对各级党委（党组）落实党风廉政建设主体责任进行督导检查。

（6）印发《全区扶贫领域精准监督执纪问责工作方案》（东河纪办发〔2017〕40 号）文件，在全区组织开展扶贫领域监督执纪问责工作。

（7）印发《关于实行典型案件“三书两报告一方案”制度实施办法（试行）》（东河纪办发〔2017〕60 号）文件，做足做好纪律审查的“后半篇文章”,以“身边案”教育好“身边人”,实现“文”“武”之道有机结合。

（8）印发《关于学习宣传贯彻党的十九大精神廉政党课宣讲工作的实施方案》（东河纪办发〔2017〕66号）文件，认真学习宣传贯彻党的十九大精神，继续深化廉政党课宣讲工作，推动宣讲“到农村去、到基层去”，推动全面从严治党向纵深发展。

（9）印发《2017年落实党风廉政建设责任制考核办法》（东河纪发〔2017〕8号）文件，深入推进党风廉政建设和反腐败工作，督促各级党委（党组）落实全面从严治党责任。

（10）印发《关于进一步加强农村基层党风廉政建设的实施意见》（东河纪发〔2017〕14号）文件，健全完善农村基层党风廉政建设责任体系和各项机制制度，为促进农村经济社会发展稳定提供坚强的作风和纪律保证。

（11）印发《关于以宣传教育引领新形势下党风廉政建设和反腐败工作的实施意见》（东河纪发〔2017〕15号）文件，不断为监督执纪问责营造氛围、创造环境，为党风廉政建设和反腐败工作扩大影响、壮大声势，切实构建起“不敢腐、不能腐、不想腐”的工作体制机制。

（12）印发《关于限制执纪审查对象转出党员组织关系的规定（试行）》（东河纪发〔2017〕42号）文件，保证执纪审查工作的严肃性，确保每个党员都能及时接受党组织的教育、管理和监督。

（13）印发《关于对党员干部实行重点观察的办法（试行）》（东河纪发〔2017〕59号）文件，进一步督促党员干部尽职尽责、担当作为，对存在的问题自查自纠、认真整改，鼓励建功补过、干事创业。

人民团体

河口区总工会

【概况】 河口区总工会是河口区各级工会组织的领导机关，受中共河口区委和东营市总工会领导，成立于1984年6月。1985年1月召开第一次代表大会，选举产生了河口区总工会第一届委员会，至今已召开五次代表大会。现有在职在编职工8名，常务副主席1人，副主席1名，主任科员2名，工作人员3人。下辖6个镇（街道）总工会、2个开发区工会，23个产业（系统）工会。全区共有机关、事业单位工会组织96个，独立企业工会组织331个，联合基础工会39个，涵盖法人单位604个，职工3.5万人，建会率98.6%，入会率98.2%。

【工会组织建设】 （1）开展基层工会组织规范化建设落实年活动。制定河口区总工会《基层组织规范化建设落实年活动实施方案》。深入推进社会组织工会组织建设，与区民政局积极联系，对辖区内社会组织及职工数量进行摸底排查，现新建社会组织工会6家。继续开展农民工入会集中行动工作。积极与区邮政局沟通，出台加强物流（快递）业工会组织建设工作意见，进一步推动物流（快递）业建会工作，在保持稳定的基础上，确保新增农民工入会比例不低于农民工增长比例。新建汇通利华、新户澳亚牧场等18家企业工会组织，发展会员1840人。截至年底，全区基层工会组织434家，工会会员3.6万人，工会建会率达98.5%，职工入会率达97.8%。（2）深化以“五个统筹”为主要内容的非公有制企业“党建带工建”工作。扎实开展非公有制企业党支部书记、工会主席“双任”模式，提升企业工会主席政治地位和话语权。党、工组织领导班子实现交叉任职的非公有制企业达60%以上。重点打造山东汇海医药有限公司、山东金开实业集团、山东泰富实业集团等企业典型。（3）开展企业职工之家建设。区总工会为天正化工、海螺型材等6家企业拨付建设资金18万元，打造符合企业自身实际的职工之家，受到职工欢迎。现各级工会投入资金80余万元，新建、扩建企业职工之家16家。重点打造外商独资企业东营仙河澳亚现代牧场有限公司，高标准建设职工活动室、职工之家和文化长廊，购买图书和健身器材，受到职工的欢迎和外商的高度认可。（4）推进基层工会规范化建设工作。开展“六有”工会建设和“四双”活动。广泛开展“五个一”活动，即每年召开一次会员代表大会、一次职工代表大会，开展一次工资集体协商、一次劳动竞赛、一项职工文体活动。（5）开展“齐鲁文化大道”品牌省市区三级联创活动，开展区级“齐鲁文化大道”品牌评选活动。（6）广泛开展各项活动。开展第四届庆“五一”职工运动会和第五届职工乒乓球比赛，组队参加全省第七届职工运动会跳绳比赛。举办全区职工工间操培训班。

【职工技术创新竞赛】 （1）认真开展职工技术创新竞赛。动员全区广大职工深入开展“提升职工技能素质助推企业转型升级”主题劳动竞赛活动。9月份，联合区人社局、区职业中等专业学校举办全区第五届职工职业技能竞赛。截至年底，全区职工职业技能竞赛已连续举办五届，共计发放奖金 15.6 万元。河口区技能竞赛分 A、B 两类进行，A 类是全区层面的竞赛，B 类是产业（系统）层面竞赛。通过 A、B 两类竞赛的充分开展，有力激发职工练技能的热情。有 24 名选手在全市职工职业竞赛中获奖，其中 3 名选手获一等奖。11 月 21 日至 22 日，山东金开实业集团有限公司员工李利代表东营市参加中德“山东·巴伐利亚”产业工人焊接技能大赛，荣获大赛银奖，成为河口区获得的最高奖项。继续联合行业工会组织金融系统职工技能大赛、河口区卫生计生系统护理技能比武大赛等一系列工种的职工职业技能竞赛。区总工会将竞赛活动与各项评先树优工作考核结合起来，特别是在评选工人先锋号和企业负责人参评各级先模时，作为重要的评价指标。建立健全奖励激励制度，充分调动职工积极性，形成正确的工作导向和激励导向，使竞赛活动真正成为一线职工创新创造的舞台。（2）丰富创新竞赛内容。立足企业实际情况，引导职工树立“创新不分大小，改善也是创新”的理念，让职工认识到“创新就在身边，处处都有创新，事事都有改善的空间”。深入开展“金牌员工”评选和“五小”创新竞赛活动，组织全区职工深入开展技能培训、岗位练兵、技术革新、技术攻关、发明创造、改进管理、提升服务等创新竞赛活动。2017 年，在层层上报，严格审核的基础上，评选 8 名河口区第四届“金牌员工”和 37 项“五小”竞赛优秀成果，并在全区庆“五一”暨表彰会议上进行表彰奖励，有力激发全区职工练技术、学本领、强素质的热潮。截至年底，河口区连续评选四届“金牌员工”，有 34 名一线职工成为“金牌员工”，打造区工会的“品牌工程”，受到企业和职工的欢迎。同时，“五小”竞赛活动已连续开展 2 年，区总工会对职工的“小发明、小创造、小革新、小设计、小建议”进行奖励，企业很支持，效果很明显。在区总工会带动下，许多企业也对职工的小革新、小建议进行奖励。山东汇海医药有限公司对职工的小建议进行 100 ~ 500 元不等的奖励，累计发放奖金 5 万余元。全区已有 430 余家企业，2 万余名职工开展职工技术创新竞赛活动。

河口区第五届职工职业技能大赛

【“查保促”群众性安全生产】 （1）完善“查保促”活动保障机制。将“查保促”活动纳入区政府安全生产监管体系，增强“查保促”活动的力度。（2）完善“查保促”活动运行机制。召开深化“查保促”群众性安全生产长效机制动员会议，制定详细的实施方案，做到方法步骤、目标任务、措施要求明确。印制“查保促”活动典型案例汇编，并发放到职工手中，提高职工群众的知晓度和安全意识。（3）完善“查保促”活动教育培训机制。联合区安监局举办河口区“安康杯”安全生产法律法规知识竞赛，增强职工安全意识。7 月份，邀请省安全专家举办全区“查保促”群众性安全生产培训班。（4）完善“查保促”活动安全生产隐患排查奖励机制。修改完善《河口区总工会职工排查安全生产事故隐患奖励办法》。区总工会安排专项资金，对发现、排除、举报重大安全事故隐患的职工进行奖励。在全区庆“五一”暨表彰工作会议上对9名“查保促”活动先进工会主席和30名全区“查保促”活动查隐患典型案例先进个人进行表彰奖励，收到良好效果。

【工资集体协商】（1）开展工资集体协商“履约落实年”活动。按照市总工会要求，制定《河口区总工会工资集体协商提质增效工作实施方案》，积极开展工资集体协商“春季要约集中行动”。4月份，举行全区工资集体协商“春季要约集中行动”，东营仙河澳亚现代牧场有限公司等15家企业进行现场签约。积极开展《山东省企业工资集体协商条例》宣传活动，发放宣传材料1000余份。6月份，召开工资集体协商工作推进会议，对工资集体协商工作、厂务公开民主管理和企业工会与行政沟通协商机制建设进行安排部署。规范开展女职工劳动保护专项集体合同签订工作。（2）加大工资集体协商指导员队伍建设。建立35名全区工资集体协商指导员队伍。举办工资集体协商指导员培训班。（3）做好厂务公开民主管理工作。开展职代会规范化建设，落实职工的知情权、参与权和监督权。将职工权益保障事项纳入对各镇（街道）、开发区的综合考核指标体系。连续两年在全市考核中名列第一。召开河口区女职工权益保护专项集体合同规范化建设推进会议，专项集体合同的签订工作圆满完成。迎接省总女工委的检查。建设爱心妈妈小屋11个，并投入使用。开展女职工维权行动月活动。组织举办全区非公有制企业女职工“开展权益维护，立足岗位建工”演讲比赛。开展幸福大讲堂活动，在基层工会举办讲座7场。

【企业工会与行政沟通协商机制建设】为推动企业工会与行政沟通协商机制，在企业中把这次工作抓好做实，区总工会主要采取了以下措施。（1）三级联动，领导沟通。区总工会首先召集各镇街、开发区工会、企业工会领导共同学习“一制”的文件会议精神要求，充分认识“企业工会与行政沟通协商机制”的意义。就如何把这项工作抓好做实、加强沟通达成共识，解决了领导层的认识问题。（2）无缝对接、便于操作。区总工会会同各镇街工会一起深入企业，现场调研、现场指导、现场对接，使具体工作人员熟悉、熟知“企业工会与行政沟通协商机制”的程序和具体的操作步骤，一入手就是高起点，一入手就是高规范，解决如何操作、怎样操作的问题。（3）直选人才，落实要求。各项工作的开展、最关键的是选好人、用对人的事，现行企业的领导大部分比较重视工会的工作，并且在他们的支持下，企业工会直选出各自企业的工会主席、工会干事，这就对落实好工会工作有强有力的保障，从而解决工会工作有谁干、有谁能干的问题。（4）培育典型，以点带面。区总工会认真贯彻落实《山东省企业职工代表大会条例》《山东省厂务公开条例》，以打造“推行协商民主强化社会责任”工作品牌为抓手，积极推动企业工会与行政沟通协商机制建设。6月份，召开专题会议，进行安排部署，要求每个镇（街道）、河口经济开发区、河口蓝色经济产业园重点打造2～3家示范企业。现已有东营天正化工有限公司、山东戴瑞克新材料有限公司、山东海螺型材有限公司等11家企业成为企业工会与行政沟通协商机制建设示范企业。山东戴瑞克新材料有限公司健全以职代会为基本载体的厂务公开民主管理制度，完善企业工会与行政沟通协商机制，保障职工合法权益，解决职工合理诉求，推动公司健康和谐发展。

【困难职工工作】（1）精准识别。对河口区困难职工进行摸底排查，为每一名困难职工建立档案卡，提高建档立卡的真实性、准确性。（2）精准施策。发挥工会组织优势，积极开展有针对性的分类帮扶服务。确定帮扶项目5项，让困难职工真正得到实惠。（3）精准监管。加强对帮扶资金的筹集、使用、管理的监督，坚持专款专用，主动公开帮扶资金的来源和走向。（4）精准脱困。按照分类帮扶原则，10名困难职工合法权益受到侵害的得到法律援助和维权服务，160名困难职工因病致困的得到医疗救助，8名困难职工遭受意外灾害的解决燃眉之急，50名子女入学困难的享受到及时救助和跟踪服务。（5）认真抓好“惠员工程”的落实。发挥全区各级职工服务中心的作用，发放工会会员服务卡2324张，签订特惠商家12家。开展“春风行动”“夏送清凉”和“金秋助学”活动。开展困难职工救助工作，确定困难职工70名，为困难职工发放慰问金46万元。

共青团河口区委

【概况】 共青团河口区委成立于1984年，内设学少部、青农部、青工部、组织部、宣传部、权益部、办公室。截至2017年年底，全区青少年10万余人，团员12000人，少先队员8979人。设6个镇街团委、9个系统团委、42个团支部，7个学校团委，13个少先大队。2017年，共青团河口区委落实团市委第八届代表大会的工作部署，围绕党政大局，发扬改革创新精神，以“不忘初心跟党走，青春建功中国梦”为主旨，加强队伍建设、阵地建设，突出服务实效，力争河口区青年工作实现创新突破。

【队伍建设】 （1）加强基层团组织建设。坚持“党建带团建”，开展“两学一做”学习教育常态化制度化工作，每月5日开展“党员活动日”。加大建团力度，推进团组织全覆盖，深化实施机关团工委、教育团工委、金融团工委、卫生团工委等行业团建制度。继续督导基层落实“共青团组织党员主要负责人按照党章规定列席同级党的委员会和常务委员会的会议”和“镇（街道）配备专职团委书记”的规定。

（2）加强团干部队伍建设。结合全团“一学一做”学习教育，深入实施团干部、团员培养工程，突出思想建团，7月份举办全区团干部党性教育培训班，围绕共青团改革、青年志愿服务、网络新媒体等到陕西省团校进行学习深造。深入开展“走基层、访青年、转作风”调研活动，结合“1+100”团干部直接联系青年制度，确定每名机关干部联系三至四个镇街、学校，定期开展座谈交流。推进镇村两级团组织集中换届，协助党组织配齐配强基层团的领导班子。

（3）做好学校团队建设。召开区少工委五届二次全委会，下发工作要点，改选红理会理事。成功举办第十四届“星星火炬”全国青少年艺术英才大赛河口分赛区海选、第三届“曹灿杯”全国青少年朗诵大赛河口分赛区海选，吸引200余名青少年报名参与，为青少年展示自我提供平台。做好团员发展工作，推动90%以上团员成为注册志愿者，推动入党积极分子成为志愿者骨干。规范团内组织生活，落实“三会两制一课”制度。

【阵地建设】 （1）学习宣传贯彻党的十九大精神。召开河口共青团系统学习党的十九大精神专题部署会议，印发《河口共青团系统学习党的十九大精神实施方案》，围绕“不忘初心跟党走、青春建功新时代”主题，开展党的十九大精神专题学习活动和主题宣讲活动，以主题团队日、专题报告会、分享交流会等方式，在各行业青年中掀起学习党的十九大精神热潮。在河口共青团微信公众号、青年之声、新浪微博等团属宣传阵地开设“青春感悟十九大”专栏，通过新闻报道、理论文章、青年感悟等形式，持续开展对党的十九大精神的宣传解读。

（2）深化“中国梦”主题教育。举办“青春喜迎十九大、不忘初心跟党走”入团示范式暨五四表彰大会、“喜迎十九大、我向习爷爷说句心里话”新队员入队仪式、“油地军携手、清明祭英烈”等活动，筑牢理想信念，分层分类凝聚思想共识。

（3）青春担当，河口青年廉洁过节。“五四”当天，举行河口区“廉洁有我、青春担当”五四青廉节启动仪式，发布河口区“廉洁有我、青春担当”主题教育活动方案，公布首批“青廉使者”名单并颁发聘书，展播《廉洁有我、青春担当》河口青年为廉洁代言宣传片。

（4）“一学一做”主题团课进基层。团区委机关干部走进学校，围绕网络、微信、微博等新媒体，针对如何正确看待互联网事件，青年人应该如何积极发声，进行正面引导和宣传，打造清朗网络空间。

（5）举办青年之声·河口青年沙龙。将“青年之声”线上平台进行延伸，打造线下载体。针对不同层次、不同身份的青年，先后举办了新媒体专场、大学生专场、企业青年专场，开展“向高明杰同学学习”“青年廉洁宣言”“见义勇为优秀共青团员史龙龙”“喜迎十九大·对党说句心里话”等线上主题活动，畅通与青年交流沟通渠道。

区少工委五届二次会议暨学校共青团工作会议

（6）志愿服务阵地建设。联合区委宣传部、区文明办举办2017年全区志愿服务表彰暨项目发布大会，表彰2016年度优秀志愿服务项目、组织和个人，发布全区2017年度首批志愿服务项目33个，进一步完善河口区志愿服务项目库。继续深化“志愿者+”服务模式，充实河口区青年志愿者协会力量，定期开展志愿者培训，提升服务技能。2017年，开展“青春家园”青少年成长训练营、青春志愿·爱在槐林、温暖橘红·关爱环卫工等特色活动25余场，打造槐林微笑驿站小屋1处，服务群众7000余人。

（7）全方位服务青年。围绕青年实际需求，结合镇街特色，打造创业青年之家、企业青年之家、文化青年之家、田园青年之家等，让共青团的服务直达青年身边关注青年婚恋交友，开展第四届“五月槐林·相约青春”青年素质训练营、“团聚青春”青年联谊交友等活动，吸引油地军港50多个企事业单位的百余名青年参加，为广大单身青年搭建一个轻松、健康的交友、交流平台。开展青春共筑城市公共安全活动，举办“安康杯”安全生产法律法规电视知识竞赛，吸引全区30个企事业单位参与，进一步增强企业职工安全法律意识。举办青年文明号风采展示暨选拔大赛、青年文明号开放周、机关开放日、创建团员先锋岗示范活动等，进一步吸引凝聚青年，增强团员青年的光荣感和使命感。

【服务实效】（1）助力精准扶贫。围绕全团“青春扶贫行动”，开展“青春扶贫·益暖河口”精准扶贫志愿服务行动，4个志愿服务团队精准对接132户签约贫困户、269户其他贫困户，实现河口区精准扶贫志愿服务全覆盖。组织广大青年志愿者深入社区、学校和家庭，先后开展“送金融知识下乡”“青年文明号助千家”结对帮扶等活动，积极宣传东青基准贷、青年时贷等优惠政策，为贫困家庭、创业青年提供帮助，解决实际问题。截至年底，发放东青基准贷500万元，开展金融知识宣讲6场，吸引返乡创业青年、大学生村干部、农村青年电商等500余人参与，新户镇农村创业大学生王超当选为第十届“全国农村青年致富带头人”。

（2）萤火虫学堂、牵手关爱、心愿直通车等品牌活动。在各镇街设立“萤火虫学堂”7处，招募青年志愿者20名，为200名留守儿童、农民工子女提供学业辅导、亲情陪伴，促进河口区青少年健康成长。开展“牵手关爱行动”，更新结对青少年信息库。“六一”期间，举办“喜迎十九大我向习爷爷说句心里话”集中圆梦仪式，来自60个爱心单位的青年志愿者为210名青少年实现心愿，送上节日祝福。在高考期间，连续6年举办“爱心送考”活动，招募爱心车辆，累计为百余名考生提供免费服务，受到一致好评。组织开展青年之声·“远离毒品、阳光一生”青少年禁毒教育系列活动，举办主题团课、体验互动、宣传讲解等6场次，收到良好效果。

（3）“小手拉大手 共筑碧水蓝天”行动。按照全省统一安排部署，采取宣传发动、专题培训、主题队课、假期实践、活动拓展“五步走”，确保垃圾分类减量、禁燃烟花爆竹、绿色出行、低碳生活、植绿护水五项活动落到实处。截至年底，召开专题会议、推进会4次，举办主题宣讲、培训3次，组织青少年实践活动16次，创作“拒燃烟花爆竹”图片故事连说，发布《大手拉小手 共筑碧水蓝天》倡议书，举办微队课大赛，在区电视台进行为期半月的专题播报，收到良好的社会效果。

河口区妇女联合会

【概况】 1984年河口区妇联成立。2017年底有工作人员8人，其中主席1名，主任科员（副书记）1名，副主席2名（2016年新调入一名），妇儿工委办公室主任1名。现河口区妇女联合会党组，由1名党组书记、1名党组副书记和2名党组成员组成。

全区共有65个区直妇委会，6个镇街妇联，会改联工作开展以来，河口辖区内177个行政村、7个社区，共选举产生村级妇联组织177个，其中，妇联执委1423名，妇联主席177名，妇联副主席354名；选举产生社区妇联组织7个，其中，妇联执委72个，妇联主席8个，妇联副主席16个。同时，全区共选聘镇（街）兼职副主席10名，村（社区）兼职副主席362名，新增村（社区）执委570名。2017年，河口区妇联1人被全国妇联评为全国巾帼建功标兵，1人被市委、市政府表彰为全市妇女儿童工作先进个人，河口区妇联被市委市政府评为全市妇女儿童工作先进集体、在山东省儿童少年“传承好家风·共圆中国梦”书画摄影大赛中荣获优秀组织奖（省妇联儿童工作部、芙莲网上家长学校表彰）、荣获2017年度全国妇女新闻阵地建设“先进单位”、全区扶贫开发工作先进单位称号。

【妇女组织服务】 （1）村改妇联工作全面完成。2016年10月，根据省妇联《关于在全省开展村（社区）妇代会改建妇联工作的通知》精神，河口区将河口街道作为全省试点镇街之一，开展村（社区）妇代会改建妇联试点工作。11月，河口街道完成村改妇联工作，随后，村改妇联工作在全区全面展开，截至2017年4月，全区各村（社区）村改妇联工作全面完成，全区基层妇联组织建设进一步加强。（2）探索开展全区妇联系统改革工作。按照《全国妇联改革方案》和《山东省群团改革方案》要求，结合区妇联实际，制定《河口区妇联改革实施方案（讨论稿）》，主要从改革组织机构和领导机构、改进干部管理、创新服务妇女工作载体、创新工作机制、夯实工作基础五个方面进行改革部署。区妇联成立改革筹备工作领导小组，负责统筹协调推进区妇联机关和全区妇联系统改革工作，分步有序实施。同时，于11月16日成立河口区巾帼创业联盟妇委会，实现妇女组织和工作的纵深扎根覆盖。

【服务型妇联组织建设】 群众性是群团组织的根本特点。只有积极为广大妇女办实事、做好事，妇联工作才会得到妇女群众的真心欢迎、真诚参与，才能把广大妇女吸引过来、凝聚起来。区妇联始终坚持问题导向，聚焦薄弱环节，在服务上下功夫、做文章，各级组织的战斗力和先进性得到充分体现。（1）开展巾帼创业工程，引领广大妇女在一线建功立业。积极采取组织观摩学习、结对帮扶、精心服务等措施，为广大妇女干事创业出思路想办法，共组织各类观摩学习 54 场次，举办各类实用培训班 42 期次，为 84 名妇女发放小额担保贷款和低息贷款 825 万元，帮助解决场地、资金、技术等问题 68 个，积极推进妇女创业项目与院所合作步伐，现已帮助新盈食用菌合作社等 6 个项目与高校院所达成合作。同时，深入开展“精准扶贫 巾帼先行”专项行动，帮助贫困妇女扶志气、扶技能、扶特困、扶实事，进一步增强广大妇女干事创业的能力和水平。全区新增妇女创业项目 60 个、新注册以女性为主的家庭农场 3 个。（2）深入开展女性素质提升培训，着力提升广大妇女素质能力。自 2015 年在全市率先探索建立“三千米培训圈”100 个，实现各类课题培训全覆盖，其中，市级课题培训 391 场；公开招选 20 名“草根讲师”创新开展“舞前半小时”培训 561 场；多方协调配齐全区 184 个村居的广场舞音响，并招选专业老师到村面对面开展广场舞培训 436 期，实现村村有音响、村村跳起广场舞的目标；创新举办广场舞片区小赛事 12 场，连续三年举办全区广场舞大赛。2017 年，组织各类培训活动 155 场次，培训妇女 3725 人，有效提升广大妇女整体素质。（3）推进妇女儿童维权工程，营造良好环境。积极推动“两癌”检查及救助机制落实，2017 年，对“两癌”患病妇女进行全面摸排，初步建立起河口区“两癌”患病妇女信息库，共有“两癌”患病妇女 197 人（低保户 15 人，省定贫困户 4 人，市定贫困户 1 人）。争取各级资金 14.9 万元救助“两癌”贫困妇女 27 人（全国“两癌”救助专项资金 3 万元，救助妇女 3 人；省级“两癌”基金 1 万元，救助妇女 1 人；市级慈善总会救助金 0.9 万元，救助妇女 3 人；区级“两癌”救助专项资金 10 万元，救助妇女 20 人）。对河口区贫困儿童进行调查摸底，建立“春蕾计划”贫困儿童信息资料库，共有贫困儿童 125 名（其中，孤儿或类孤儿 15 人），通过开展“代理家长”结对认亲、走亲结亲等活动，走访慰问困难儿童 44 人，协调爱心企业捐款 1.35 万元。推动出台妇女儿童发展“十三五”规划，并进行目标责任分解，河口区被确定为全省妇女儿童“两个规划”省级示范区，生育妇女返岗培训工作被确定为省级示范项目，现进展顺利。

【家庭文明建设】 家庭是社会的细胞，家庭文明则社会文明。区妇联把家庭文明建设作为推进社会文明建设的着力点和切入点，广泛开展形式多样的文明建设活动，教育引导广大妇女群众弘扬主旋律，传递正能量，为营造文明和谐的社会风尚奠定坚实基础。（1）开展文明创建活动。聚焦身边文明人、文明事，扎实开展“四个一”活动（举办一次谈文明家风家规活动、开展一次晒家庭幸福生活活动、组织一次讲“最美家庭”故事活动、推出一批“最美家庭”典型），让好家风好家训深入人心。先后评选表彰“最美家庭”“好媳妇、好婆婆”等先进典型 216 个，选树全国“五好文明家庭”1 户，全国“五好文明家庭”标兵户 1 户，全省首届“文明家庭”3 户，市级“最美家庭”11 户。（2）开展家庭教育培训。着力打造河口区“家优宝贝”0 ~ 3 岁家庭教育品牌，创建“思想引导 + 亲子互动 + 家庭教育”社区家庭教育新模式，有效填补河口区儿童 0 ~ 3 岁家庭教育的空白，形成“政府主导、立足公益、专业引领、强化服务”的 0 ~ 3 岁家庭教育工作新格局。（3）引导广大妇女积极投身美丽乡村建设。积极开展“美丽庭院”巾帼志愿服务和植绿护绿行动，依托各镇街、村（社区）“妇女之家”“道德讲堂”等阵地，组建巾帼保洁队、监督队，动员广大妇女积极投身农村面貌改造提升。同时，教育引导广大妇女群众与时俱进、转变思想，从自身做起，从家庭做起，推动移风易俗，弘扬时代新风、建设文明乡村。

【巾帼宣传】 （1）注重分级组建团队，全力助推安全生产。组建由区安监、消防、交警、市场监管等部门单位宣传骨干为主要成员的区级安全宣传专业团队，到各镇街针对巾帼安全宣传员集中开展安全知识培训班 15 场次。组建区直部门妇委会主任、社区楼长、村（社区）妇联主席、草根讲师为主要成员的巾帼安全宣传员团队9支，巾帼安全宣传员300余人，在各单位、村(居）开展安全生产知识宣传215场次，发放安全生产相关知识彩页、安全知识小册子30000份。各村（社区）分别组建3～5人的巾帼安全隐患排查团队共184支，排查队成员700余人，对村（居）道路、住户室内线路、煤气使用等进行安全隐患排查，共组织排查隐患235次，受教育群众20000余人次，巡查出安全隐患35处，已全部整改。（2）注重特色创新，开展丰富多彩的助推安全生产系列活动。开展“安全家书”“安全短信微信”和“亲情安全寄语”征集展示活动。活动开展以来，全区共征集“安全家书”500余封，“安全短信微信”2000余条，家庭“亲情安全寄语”1000余条，企业“亲情安全寄语”1000余条。区妇联通过筛选，对部分优秀作品通过河口妇联微信、河口妇联微博等各类宣传载体进行了集中展示。联合区广播电视台拍摄“发挥妇女作用，助推安全生产工作”宣传视频。已通过电台和智慧河口区手机台进行播放。下发《关于评选2017年度河口区“安全幸福家庭”示范户、巾帼安全示范岗、巾帼安全标兵、巾帼安全监督员的通知》，现区直各部门、各镇（街）、开发区、蓝色经济园区都在积极报名参与，11月底召开全区总结表彰大会。

9月12日，召开河口区“发挥妇女作用 助推安全生产”行动动员大会

河口区工商业联合会

【概况】 截至2017年年底，全区会员总数达到826家，其中，直属企业会员65家，直属商会18家，镇（街道）商会6家；2人当选为市政协委员，22人当选为市工商联执委，2人当选为区人大代表，7人当选为区政协委员。积极推进区级组织及镇、街道基层组织建设，全区6个乡镇（街道）全部成立工商联分会，形成比较健全的基层组织网络，按照“建立组织、发挥作用、科学管理”的原则，全面加强行业商会建设，在全区建立直属商会18家，各基层工商联组织和行业商会在维护行业权益、加强行业自律、促进交流合作、推动行业健康发展等方面发挥积极作用，为河口区域经济社会发展作出重要贡献。2017年4月，受省工商联表彰，荣获全省工商联系统“五好”县级工商联，计算机商会、仙河家居建材商会荣获省工商联系统“五好”商会，1名同志荣获省工商联系统先进个人，提报的《加强商会组织建设的问题研究》理论文章荣获全省工商联系统理论调研成果优秀奖。

【河口区商会行业党委成立】 按照区委组织部和区两新组织党工委《关于同意成立中共东营市河口区商会行业委员会的批复》（东河经社党工委

〔2017〕6号）和《关于同意中共东营市河口区商会行业党委组成人员的的批复》（东河经社党工委〔2017〕7号）文件要求，11月6日，对河口区两新党组织关系进行重新理顺，决定依托工商联成立商会行业党委，下辖16个商会党支部，区工商联机关党支部归区直机关工委管理。

【组织建设】 按照中央和省、市要求，2017年5月，河口区工商联完成换届工作，推选新一批副主席、副会长、秘书长班子队伍；围绕商会换届，制定《加强区工商联直属商会、镇街商会组织建设管理工作实施意见》和《区工商联直属商会、镇街商会换届工作实施意见》，于12月份召开区工商联（总商会）直属商会和镇、街道商会换届工作动员会，全面部署和安排商会换届工作。

【经济服务】 按照年初确定的目标任务，主动对接有关部门，搭建服务企业发展平台，为企业发展营造良好营商环境。4月，与区检察院、区人大联合召开座谈交流会，就如何发挥检察职能促进非公有制经济发展进行座谈交流。5月，与区物价局联合开展规范河口区餐饮行业明码标价工作，对河口区规模较大的餐饮企业进行集中整顿，引导餐饮行业规范化管理。7月，对会员企业、商会融资需求进行了集中调研，并与金融办对接，帮助企业解决融资难题。9月，集中两周时间对130家执委企业开展民营经济转型升级专题调研，主要调研企业在创新、品牌建设、民营企业运行成本、企业融资、企业服务需求五个方面的现状和存在的问题，收集意见建议32条，并形成调研报告上报上级工商联。12月，下发关于区委、区政府支持非公有制经济发展征求意见的通知，对如何促进全区非公有制经济发展工作广泛征求意见建议12条。

【对外联络】 2017年5月，东营区工商联主席张龙潭带领东营区部分石油行业企业家到河口区石油业商会考察学习，到黄河三角洲石油化工交易中心进行参观，并召开座谈交流会，分享石油行业发展方面的经验。7月，青州市工商联党组成员、非公企业党委副书记崔广明带领部分企业家到河口区就服务会员、非公企业党建、对外交流等方面的进行学习考察。7月上旬，根据部分会员企业的发展需求，区委统战部副部长、工商联主席胡爱民带领部分会员企业一行7人到江苏新沂市工商联考察学习电子商务行业发展经验。7月下旬，区委常委、统战部部长刘斌带队，带领仙河家居建材商会会长、盐业商会会长、农业产业商会会长、糖酒业商会会长到浙江安吉县工商联、福建晋江市工商联考察学习非公经济发展、商会建设经验。通过这一系列的考察学习，在促进行业发展、提升企业家发展境界和水平方面取得显著成效，为工商联服务会员企业发展开拓新思路，提供有效借鉴。

【非公党建工作】 围绕全市非公有制经济组织和社会组织党建“百日提升”行动实施方案要求，通过健全机构、抓实覆盖、强化保障、创新载体、示范带动等一系列措施，落实好行业商会党组织各项工作，开展好每月5日的“党员主题活动日”，组织党员集中学习、开展讨论，党员凝聚力和模范带头作用明显提高，指导各党支部“灯塔—党建在线”平台的管理和使用工作，促进党组织管理规范化、基础保障有效化、活动经常化，以党建带动商会健康发展。

【光彩扶贫】 深入开展“双百行动”（“百企帮百村”“百企帮百户”脱贫攻坚行动），引导和鼓励广大非公经济人士参与脱贫攻坚，通过前期的结对和认领，现已有18家商会、30家企业参与“双百行动”，通过公益帮扶、产业帮扶、商贸帮扶、就业帮扶等多种形式的帮扶措施，共投入帮扶资金230余万元，带动贫困户79户，贫困人口156人走上脱贫致富的道路，扶贫开发取得阶段性成果。

【参政议政工作】 把深入调研作为参政议政和推动工作的基础环节，在提升参政议政的精准性和实效性上下功夫。在全区政协、人大、经济工作等重大会议期间，组织召开企业家座谈会，就政策落实、营商环境、政府工作报告等征求意见建议。积极配合省、市工商联，开展民营企业社会责任调研、上规模企业调研等系列调研活动，取得一批有分量的调研成果。全年围绕非公有制经济组织党建、商会建设、非公有制经济人士思想政治工作撰写调研报告4篇，为区委、区政府决策提供参考。

河口区科学技术协会

【概况】 2017年12月底，河口区科学技术协会成立下属事业单位：河口区科普服务中心，核定编制2人。区科协认真学习贯彻十八届五中、六中全会和“十九大”会议精神，结合“两学一做”常态化制度化学习教育，紧扣中心工作，努力在推动服务创新驱动上有所作为，重点人群科学素质提高上有所突破，科普设施建设上不断完善，各项工作取得显著成效。

【科技助推创新】 （1）科技惠企，创新驱动成效明显。2017年，区科协积极引导企业运用科技团体的智力优势，助力开展技术创新、产品研发。全面摸排，通过相关部门了解与个别了解相结合的方式，对全区企业生产情况进行摸底。深入基层，采取座谈会、实地调研等方式，了解企业发展需求。与河口区14家企业签订协议，组织技术培训，扎实推进科技信息企业推广应用服务。主动对接，依托省市科协的专家指导团队，通过在线指导、专家进厂等方式，分批到企业开展一对一跟踪服务，助力企业创新发展、提质增效。

（2）科普惠民，助力全域旅游发展。以全域旅游城市创建为契机，强化科普阵地建设，构建具有地方特色的科普旅游新格局。有效发挥科普示范基地的作用，与区天河湾特色种养殖协会合作，将体验休闲科普作为其基地的建设特色。与上级联系沟通，把新户镇绿野仙踪、孤岛镇槐林科普教育基地作为市、区两级科协重点建设项目，将户外拓展、游玩与科普融合，各基地新建科普宣传栏、科普画廊、指示牌等设施，定期或不定期在景区（景点）宣传科普知识，实现丰富旅游内容、提升旅游品质与提高全民科学素质的有机结合。

【科普工作】 （1）创新活动形式，青少年科技教育蓬勃发展。高度重视青少年科技教育，持续推进青少年科技活动。依托社会力量，与博思明道机器人学校联合，组织全区160余名青少年参加河口区首届机器人大赛，比赛收到良好的社会效果。夯实校园科技教育，与区实验幼儿园联合举办第二届科

5月16日，区工商联第六次代表大会召开

技节，亲子小制作、科技绘画展等9项活动内容，让每个幼儿都能参与进来，感受科学的神奇。校内外结合，加强对校园流动科技馆的管理，2017年，分批次安排2500多人次参观学习。积极争取上级科协支持，为区一中免费配备一台3D打印机。深化特色活动，邀请省青少年科普报告百校行专家到河口区实验学校、河安小学等学校，为600余名师生做精彩报告，专家们风趣幽默的语言、积极互动的方式、深入浅出的讲解，赢得学生的热烈欢迎。打造活动品牌，积极参加青少年科技创新大赛，经过各学校推荐上报，河口区共收到各类作品300余件，经省市组委会评审，河口区获得省级表彰6项，50多件作品获得市级表彰，提高青少年的创新和实践能力。

河口区首届机器人大赛

（2）完善活动载体，社区科普益民行动深入推进。以满足居民科普需求为目标，将社区科普大学建设作为推进社区科普的重要抓手，全年开展科普培训、科普展览等活动40多场次，让科学与生活零距离。以“社区科普益民计划”为契机，建立社区科普宣传员和科普志愿队伍，完善社区科普活动室、科普宣传栏等基础设施，推动社区科普能力不断提高。特别是德胜街社区，在原有设施的基础上进行改造升级，建设科普广场，得到群众的广泛欢迎。2017年，河口区河安社区、德胜街社区被省科协、省财政厅评为省级科普示范社区。

（3）弘扬科学精神，主题科普活动向纵深发展。坚持以主题科普宣传活动为抓手，创新形式，开展一系列内容丰富的科普活动。科普宣传常态化，打造科普活动品牌，根据工作实际，在全区范围内开展“科普月月行”活动，采取每月至少在两个镇街举办科普活动的形式，努力把服务发展、服务基层、服务群众落到实处，全年共开展各类活动40多场次。积极争取外界资源，11月中旬，联合山东科技大学科普课题组先后在华欧商场、孤岛社区举办大型活体爬宠科普展览，共展出蜥蜴类、乌龟类、蛇类等三大类20多种，各类化石标本50余件，吸引3000多人次参观，使广大群众现场领略大自然的神奇与多彩。重点活动多样化，在防灾减灾日、全国科普日等大型科普宣传中，重点开展“消防安全”、健康养生等科普宣传活动，全年共举行各类科普巡展10多场次，展出各类展板500多块次，免费发放各类材料2.5万余份，促进全民科学素质的提升。

（4）整合多方资源，科普基础设施得到加强。充分发挥科普宣传栏的作用，在全区新建科普宣传栏9组，每季度更换一次科普内容，为居民学科学用科学创造条件。同时，制定完善《河口区科普宣传栏管理办法》，明确项目承担方、协管员的责任。提升服务水平，引导建设一批科普教育基地，打造区检验检测中心、区实验学校青春俱乐部、力大王等4处科普教育基地，各基地开放实验室、展示室等科研设施，吸引群众参观学习，其中两家被评为市级科普教育基地。2017年11月，区检验检测中心科普教育基地作为全省首家食品科普教育基地在省农科频道宣传报道。在广泛推荐的基础上，区河安小学被评为市级科普示范学校。强化宣传，在城区安装反邪教宣传挂图60多块，印制科普资料，积极开展网上签名反邪教工作，全区近万名群众参与，有效推进反邪教宣传工作。争取支持，推动区科技馆建设，协助有关部门做好区级综合馆（城市展览馆、科技馆、档案馆等）的前期规划设计。

【科技工作者服务】 （1）注重对接，开展好科技工作者服务工作。为提高服务科技工作者的水平，对全区机关事业单位的科技工作者进行调研，将全区1000多名中级以上职称人员纳入科技工作者信息库，为服务科技工作者奠定良好的基础。10月底，河口区被确定为省级科技工作者调查点。按照全省第三次科技工作者状况调查的要求，通过前期沟通、调研、现场答卷等方式，走访河口区14家企事业单位，发放各类问卷270份，收回有效问卷260份，及时有效的完成调查任务。

（2）突出宣传，开展好“全国科技工作者日”活动。国务院于2016年11月批准将每年的5月30日定为“全国科技工作者日”。在首个“全国科技工作者日”来临之际，区领导先后到山东汇海医药化工有限公司、山东仙河药业有限公司走访慰问一线科技工作者，共同庆祝科技工作者自己的节日。同时，利用区广播电视台、市区科协网站等媒体上，加大对优秀科技工作者的宣传力度。

（3）举荐人才，开展好表彰奖励工作。充分利用上级各类表彰活动，发现、表彰、宣传优秀人才，树立科技工作者典范。经过广泛宣传评比，胜利油田北方实业集团张津的“具有高分子材料多重防腐内衬”项目代表河口区参加全市科技工作者创新大赛。积极参与优秀科技工作者评选，2017年，区科协向市科协推荐杰出工程师4名，其中1人获得杰出工程师称号，1人获得优秀工程师称号。在市级青年科技奖评选中，全区共有10余人上报，经过筛选、公示，择优推荐许家磊、崔利国为候选人。在省级优秀科技教育学校校长评选中，实验幼儿园杨景田获此称号。为促进人才发展，经过不懈努力，将区青年科技奖评选纳入“河口区促进人才优先发展的若干措施”。现正筹备“河口区青年科技奖”评选工作。

河口区文学艺术界联合会

【概况】 河口区文学艺术界联合会（简称河口区文联）成立于2012年12月12日，是中共河口区委领导的人民团体，由全区性的文艺家协会组成的人民团体，归口中共河口区委宣传部管理，是全区各文艺家协会和文学艺术工作者的组织领导机构，是区委、区政府联系全区文艺界的桥梁和纽带，是建设社会主义先进文化、推动社会主义文化大发展大繁荣的重要力量。2014年4月21日，加挂河口区社会科学界联合会（简称河口区社科联）牌子，组织学术研讨和调查研究，深入研究全区经济社会发展中的重大问题，宣传、普及社会科学知识，组织开展社科普及活动。

【文艺活动】 “迎春送福”系列文艺活动，丰富群众文化生活。联合市楹联协会开展“迎春送福过大年”楹联作品征集大赛，共征集全国各地楹联作品1493幅，评出获奖作品10幅。组织开展“送春联、迎新春”书法家进社区、民间文艺家“剪花送福过大年”“迎新春、送欢乐”艺术家走进军营慰问演出等系列志愿服务活动，共创作春联、剪花150余幅，演出节目10余个。文艺聚力扶贫，举办“迎春送福、聚力扶贫”书法家创作暨春联发放活动，书写、印制的1万余幅春联发放到农村困难户和群众手中。

（1）“到人民中去”系列志愿服务活动。先后承办开展“到人民中去”——“迎新春送祝福”文艺家走进义和镇帮扶志愿服务活动、“百年义和——翰墨金秋”市文联帮扶志愿服务活动，共创作春联200余幅、美术作品60余幅；组织摄影家到义和镇五二村开展“到人民中去”——为80岁老年人照全家福活动，系列文艺活动促进帮扶工作。组织开展“5·23”文艺志愿服务活动，在黄河广场为市民创作30余副书画作品、20件剪纸作品。开展文艺家进基层、为人民创作活动，举办河口区书画艺术家走进新户镇采风创作笔会，为基层群众送去书画艺术作品。

（2）举办大型文艺活动提升河口影响力。积极参与配合第六届黄河三角洲湿地槐花节暨全国摄影大展，组织举办有影响力文艺活动。一是4月29日，“黄河口杯”书法作品展在孤岛万亩槐林开展，共收到全国各地书法作品3800余件，评选出入展作品247件。二是5月6日，承办“河海神韵 诗意东营”2017黄河口诗会启动仪式，来自全国的知名青年诗人60余人参加活动。其间，举办黄河口诗人诗歌品鉴会、“寻诗槐林 醉美孤岛”孤岛槐花笔会、黄河口采风活动等系列活动。

（3）“服务大局、助推发展”系列文艺实践活动。一是开展喜迎十九大系列活动。举办河口区“喜迎十九大”“卫生与计生杯”2017书画摄影展，共征集作品691件；与区委宣传部、区直机关工委等部门单位联合举办庆“七一”迎“十九大”第二届硬笔书法大赛，共征集书法作品400余件；联合区政协举办“不忘初心——喜迎党的十九大”书画作品展，共评出优秀作品75件，为党的十九大胜利召开营造浓厚的文化氛围。二是开展文艺助廉活动。联合区纪委开展黄河杯第四届“清风河口”廉政文化书画、摄影作品征集活动，共征集作品393件，评选出82件获奖作品，充分展示河口区油地军港廉政文化共建工作成果；开展“我看全面从严治党新气象”主题征文活动，共征集作品130件，展现全面从严治党战略实施以来发生的新变化、新气象、新面貌。三是文艺活动助推工作。联合区政协、区文广新局等开展“全民阅读·委员先行”活动。其间举办有奖征文、诗歌朗诵会、书画作品展等活动。

【文艺精品创作】 （1）组织开展走基层文艺采风创作活动。区文联组织部分摄影家到各镇、街道开展“摄影家走基层”集中采风活动；组织部分音乐爱好者在孤岛万亩槐林开展“美声知音”相聚槐林采风活动。（2）组织开展第二届“河口文艺奖”评选。本次评选活动共收到参评作品120余件，评出获奖作品50件，调动河口区广大文艺工作者的积极性、创造性，推出一大批优秀文艺人才、优秀文艺作品，有力促进文艺精品创作。（3）文艺创作成绩可喜。2017年，河口区文艺家在各级文艺赛事中表现出众。其中，付同军在“2017香港国际声乐公开赛”总决赛中以一曲《再见了，大别山》获得艺术歌曲组银

“剪花送福 过大年”民间文艺家志愿服务活动

奖；郝守波在全国第八届楹联书法作品展中入展；郭振坤、王文平在“黄河口杯”全国书法作品展中入展；6人在“黄河口文艺奖”评选中获奖。

【文艺队伍建设】（1）打造文艺人才培养阵地。充分利用美术馆、展厅等有效资源，先后举办量洽春风——程志宏新春书法精品展以及“学习贯彻十九大精神，翰墨丹青颂华章”等名家展览、文艺活动5场次，为文艺人才提供交流、展示的平台。（2）加强文艺人才培训。以“三个五”公益大讲堂为主阵地，邀请区内外文艺知名人士、专家学者为广大文艺爱好者授课10余场次，切实提升了文艺爱好者的创作水平。（3）加大区外的交流学习。陕西青年文学协会，省作协，东营市书法家协会、美术家协会等到河口区开展“百年义和——故道风情”齐鲁名家文学等系列采风交流活动。（4）强化对文艺人才推荐扶持力度。2017年1人被评为“东营文化英才”，2人被评为“黄河口文化之星”。

“河海神韵 诗意东营”2017黄河口诗会

【文艺品牌建设】（1）4月29日，在第六届黄河三角洲湿地槐花节暨全国摄影大展开幕式上，河口区分别被命名为“王羲之书法培训创作基地”“山东省音乐家协会采风创作基地”。（2）3月11日，东营市楹联工作河口现场会在河口区召开，义和镇中心学校被授予“山东省楹联教育基地”称号。义和镇积极创建“中国楹联文化镇”，楹联广场、楹联一条街已投入启用。（3）11月18日，成功举办“风鹏正举 扬帆新时代”2017黄河口报告文学创作高峰论坛，对进一步提升河口的知名度美誉度起到积极作用。

【社科工作】（1）开展社科普及周活动。5月23日，河口区第十四届社会科学普及周开幕式在区实验学校举行。期间，组织开展社科集中宣传咨询、社科知识普及进基层、“三个五”公益大讲堂等一系列活动，发放宣传材料5000余份，开展社科讲座12场次，惠及群众8000余人，提高河口区干部群众的人文社科素质。（2）开展“三个五”公益大讲堂活动。组织志愿讲师深入城乡基层开展社科公益讲座40余场次，惠及群众1万余人。（3）组织社科理论研究。积极组织参加市社科课题公开招标及第26次社科成果评选和全市《学习贯彻十九大精神理论研讨》征文活动。其中，中标课题1个；河口区获得社科成果三等奖4个、优秀奖1个；理论研讨征文二等奖3个，三等奖5个。（4）创建省、市社会科学普及示范乡镇（街道）、村（社区）。2017年，新户镇、新户镇果园村获得省第四批命名，六合街道及河口街道三合村等5个村获得市第二批命名。同时，按照省市有关创建要求，对已创建成功和已申报的镇、村进行检查，发现问题及时研究解决，完善提高。

法　　治

政法委及综合治理

【概况】　2017年，河口区政法综治战线在市委政法委的精心指导和区委、区政府的正确领导下，牢牢把握推进社会治理体系和治理能力现代化的总要求，主动适应形势，不断创新理念，扎实推进各项工作，有力地服务保障全区经济社会发展，也得到各级领导的高度关注和充分认可，中央政法委主办杂志《长安》专题记者，省委政法委副书记、省综治办主任李娥，市委副书记宇向东，市委常委、政法委书记田和友先后到河口区进行专题调研并做出高度评价，全市经济社会发展观摩调度会议到河口区综治中心进行现场观摩，济南市章丘区、市中区等外地县区先后到河口区学习考察政法综治工作先进经验，中央电视台《新闻联播》《人民日报》《长安》《大众日报》等国家级和省级媒体对相关的经验做法进行了专门报道。2017年，河口区先后荣获“全国平安建设先进区”“全省社会治安综合治理先进区”“全省信访工作先进集体”等荣誉称号。区公安分局被省委、省政府表彰为党的十九大安保维稳先进集体，区检察院被省检察院授予“‘六型’建设示范院”荣誉称号，区司法局义和镇人民调解委员会和交通事故纠纷人民调解委员会分别被授予全国模范人民调解委员会和全省优秀人民调解委员会荣誉称号。

【机构变化】　2017年7月10日，经区编委会研究决定，成立区维护稳定领导小组办公室，与区国安办合署办公，增加一个领导职数，人员、机构无变动。

【治安防控】　打造“雪亮工程”升级版，构建治安防控新格局。在借鉴外地先进经验和深入调查摸底的基础上，制定总投资6660余万元的“雪亮工程”建设方案，新建各类视频监控2000余处，在全覆盖的基础上，根据不同区域的具体实际，突出海域、

全市“两打一整治”现场推进会

边界、农业种植区、工业生产区、重要道路等重要部位，依托高空瞭望、高清卡口、人脸识别等，打造农村城区一体化、海上内陆全覆盖、高空低空立体化的视频监控覆盖网。全面推进公共安全视频监控建设联网应用，出台全区公共安全视频监控建设联网应用的技术标准和规范，克服不同运营商之间的技术壁垒，实现“区、镇（街道）、管区、村居、群众家庭电视终端”五级的上下纵向联通和“油田、地方”的左右横向整合。不断丰富和完善“雪亮工程”内涵，整合居家视频巡查、一键报警、手机 APP 等九项功能，推进“九位一体”功能设置，群众在家中通过电视机即可查看公共区域监控、查阅村务财务情况，并可以实时监督村级重大事务决策现场，打通群众安全感满意度的“最后一千米”，全面筑牢基层防线。

【平安建设】 推进综治中心标准化建设，强化平安建设基础保障。根据农村和城市社区的分布情况，建设区、镇（街道）、管区、村居四级综治中心。（1）推进区级综治中心建设。建设占地 500 余平方米的区综治中心，依托图像监控系统，实现全区所有道路卡口和视频监控的整合共享；依托移动应急通讯系统，通过无人机、车载视频监控和各类移动单兵，实现对各类应急处置力量的实时动态、可视化指挥；依托综治指挥系统，与北京视联动力合作，建立可视化首长指挥室，实现区、镇（街道）、管区、村居综治中心的实时双向连线和可视化指挥，大大提升统筹调度的能力和水平。（2）因地制宜推进镇（街道）、管区、村居综治中心建设。突出特点特色，分区域、分类别开展综治中心建设。其中，新户镇、义和镇两个农业大镇突出农业、边界、海域特点，结合“雪亮工程”建设，提升治安防控针对性；河口街道、六合街道依托“智慧社区”网格化管理系统，实现城乡一体，统筹管理；孤岛镇、仙河镇以油区治理和流动人员管理为重点，积极打造油地军联防联治信息平台。（3）统筹推进智慧河口建设。在到外地参观学习基础上，召开专门调度会议，总结年度工作，明确明年的工作思路，并将智慧河口建设与综治中心建设统筹纳入 2018 年度全区为民十件实事，作为重点项目强力推进。

【社会面管理】 打造网格化管理新模式，实现社会面管理的精细化和动态化。（1）科学细致划分网格。在细致调研的基础上，根据区情实际，对全区农村和城市社区进行细致的网格划分，织密综治中心布点、网格员扩面、信息化保障的社会管理“网底工程”，实现科学规划、细致划分、统筹推进，全面提升对社会面的管控能力。（2）依托科技信息化手段，打造智慧网格。投资 600 余万元，依托大数据应用和信息化手段，在河口街道开展“智慧网格”建设。建设占地 660 平方米的网格化管理中心，搭载“智慧城市”网格化管理系统平台，依托辖区电子地图，将网格内的人、地、事、物、组织等基础数据全面采集录入系统，并与视频监控、小区卡口、人脸门禁等资源有效对接，实现对各类事件的第一时间感知应对。在河口街道海宁小区开展“智慧小区”试点，在每处楼道单元门安装人脸门禁系统，倒逼居民主动到居委会进行信息登记，彻底解决居住人员底数不明晰、更新不及时、管理不到位的问题。在广场等公共场所安装“智慧树”应急报警系统，发生突发情况时，群众可随时报警，消除管理盲区，提升治安管控水平。通过打造“智慧网格”，实现对网格事项的动态管理和对规律性事件的预警预防，达到网格化布局、信息化管理、快速化处理的目的。（3）配齐网格员队伍，延伸管理触角。投资 300 余万元，在全区所有的农村和城市社区配备以警务助理为主体的网格员队伍，在全市率先实现全覆盖。每名网格员以综治平安为主要职责，兼具信访、调解、宣传、交管等八项职责，全部实现电动巡逻车、通讯手机和制服的标准化配备和每年 4500 元的工资保障，实现职能化运转、职业化保障，在社会管理中发挥巨大作用。

【社会稳定】 坚持以打开路、打防并举，确保全区社会大局持续和谐稳定。推进“两打一整治”专项行动，成立专项行动办公室，从油地相关部门抽调15名人员实行集中办公。强化资金保障，区财政专门列支100万元，作为专项行动运转经费，为打击整治提供充足的人财物保障。加大科技投入保障，建成区级合成作战中心1处，依托人脸识别、图像比对、高空瞭望等先进技术手段及时深挖线索、固定证据，提升打击整治的针对性和时效性。以“两打一整治”专项行动为切入点，油地三家公安机关强化联动，全面开展对各类违法犯罪行为的专项打击整治，全年共侦破刑事案件322起，查处治安案件555起，打击处理违法犯罪嫌疑人385人，打掉涉恶团伙7个，先后组织两次退赃会，退还群众价值20余万元的各类财物，为全区治安形势的持续向好打下坚实的基础。2017年，全市“两打一整治”专项行动现场会在河口区召开，在最后一次群众安全感满意度调查中河口区位列全市第一。

【信访维稳】 立足源头预防、标本兼治，突出抓好信访维稳工作。全力做好重大敏感时期的安保维稳工作，各级“两会”“一带一路”峰会、省党代会、党的十九大期间，全区各级各部门协同配合，连续奋战，确保全区信访维稳总体形势的平稳可控。2017年，河口区成为2017年度全市唯一没有进京非正常上访的县区。完善矛盾纠纷多元化解机制，深化“1+2+N”联合接访调处模式，提升矛盾纠纷化解实效。开展“信访基层基础建设提升年”活动，从村（居）、管区（社区）、镇街及区直部门、区级四个层面进行任务细化，安排部署具体任务，明确责任单位和完成时限，进一步夯实全区信访工作基层基础，提升基层信访问题的化解和吸附能力。开展“信访积案百日攻坚”专项行动，共梳理确定74件信访积案，全部落实区级包案领导，明确责任单位、责任人，实行每周一通报制度，截至年底，有36件信访积案已得到化解（其中，包括9件省交、市交积案），有效清理积案库存，遏制积案增量。深入开展排查安全隐患防范四类风险专项行动，组织全区各级各部门对4大类29项重点风险隐患进行拉网式排查，全部落实责任单位和责任人，限期销号整改。针对当前非正常上访上升态势明显、信访维稳形势严峻的实际情况，组织公安、信访等部门到泰安、菏泽等地就依法打击非访工作进行考察学习，并先后多次召开打击和处置非访工作调度会议，形成打击和处置非访的高压态势，有效确保村“两委”换届、春节、区“两会”、省“两会”、全国“两会”期间的社会秩序稳定。

【政法维稳队伍建设】 全面加强队伍建设，提高政法维稳队伍的凝聚力和战斗力。（1）深入推进机关规范化建设。紧密结合机关实际，积极推行党务公开，完善各项规章制度、岗位规范，严格管理程序，不断改进机关工作作风，努力提高工作效率，促进各项工作任务落实和取得实效。制定并严格落实“三重一大”制度，做到党风廉政建设与业务工作同部署、同推进、同落实。（2）全面提升政法干部队伍素质。举办全区政法综治干部素质提升培训班，分两批组织区政法、信访部门班子成员、中层以上干部和部分业务骨干到浙江大学进行政法综治干部专项培训，全面提升政法干部的业务素质和工作能力。与区委统战部共同设立“政法统战大讲堂”，邀请党校教授和文秘、公文、法律等方面的专业人员开展集中授课辅导，打造一支既政治过硬、又本领高强的政法干部队伍。建设机关“读书角”，购置600余册图书和桌椅等，完善了学习制度，营造浓厚的机关学习氛围。（3）强化社会面宣传动员。通过多种渠道、多种方式，全面展示好队伍形象，不断增强人民群众对政法工作的认同感和满意度。开设“平安河口”微信公众号和微信群，定期发布政法综治和平安建设动态，全面强化工作的统筹调度和立体宣传。开展以“平安河口进万家”为主题的系列宣传活动，设计“平安河口有你有我”手机H5，印制专门的台历、对联、福字、手提袋等，分类分层次发放，有效提升群众对平安河口的关注度和认可度。继续开办“平安河口·政法在线”栏目，围绕群众关心的热点案件，以案说法，反映基层政法干警、综治维稳干部牢记宗旨、无私奉献的精神风貌，受到群众普遍欢迎。

法治政府建设

【概况】 2017年，在区委、区政府的领导下，区政府法制办以党的十八、十九大会议精神为指导，以“深入推进依法行政加快建设法治政府”为目标，以依法履职为重点，严格遵守重大决策法定程序，着力推进制度建设，不断提高行政执法规范化水平，努力化解矛盾纠纷，凝心聚力，砥砺奋进，开拓创新，法治政府建设工作取得新进展。

【把好政府决策关口】 出台《河口区政府重大行政决策程序规定》，对决策主体、程序、责任等进行明确，进一步完善决策法定程序，着重强化合法性审查机制，凡是区政府讨论决定的重大决策事项，必须由法制部门进行合法性审查并出具书面审查意见，决策方案未经合法性审查或者经审查不合法的，不得提交区政府常务会议讨论决策；与此同时，将公众参与、专家论证、风险评估作为合法性审查的前置程序，做到未履行前置程序不进行合法性审查，未经合法性审查不提交集体讨论，从合法性、合理性、可行性以及风险防控等方面进行全方位综合评审。截至年底，区法制办对46件次政府常务会议材料进行审核把关，提出意见建议100余条，确保政府重大行政决策的合法性。

【落实政府重大决策合法性审查】 严格落实政府重大决策合法性审查的有关要求，在重大行政决策上会讨论前，由区政府法制机构对决策事项的合法性、法律风险进行法制审查；做出决策发文前，再从语言表述准确性、逻辑完整性角度，对拟发布的文件、纪要和拟签订的备忘录、协议再次进行审查通过后才能进行发文。2017年，区法制办全程参与14次政府常务会议70余件上会材料的审核把关，提出意见建议150余条；对《关于加强农村留守儿童关爱保护工作的意见》《关于加快全区化工产业转型升级的实施意见》等20余件政府发文以及《东营市河口区人民政府关于设定野生动物禁猎区、禁猎期和禁用方法的通告》《东营市河口区人民政府关于划定森林防火区和发布森林防火禁火令的通告》等政府通告进行审核，提供意见建议60余条，确保政府决策的合法性；对友谊河与海盛路节点改造工程、老旧小区基础配套设施改造、油田“三供一业”项目移交等政府工程、项目涉及的政府合同、非规范性文件进行把关审查，提出意见建议30余条，提供法律咨询和服务20件次，为政府依法决策和科学决策提供优质法律服务，促进相关工作合法有序开展。

【规范文件制发程序和质量】 陆续制定出台《河口区人民政府关于规范性文件制定程序的规定》《关于进一步规范区政府规范性文件制定程序的通知》等规范性文件制定规则，明确规范性文件起草、制定、上会、发布、备案等程序，对全区拟以政府名义发布的规范性文件从制定权限、制定程序以及文件的合法性、合理性等方面进行全面规范。截至年底，河口区出台《河口区政府重大行政决策程序规定》严格按照制定程序进行征求意见、合法性审查、上会集体决定、“三统一”公布，为经济社会发展提供良好的政策保障。

【加强文件备案清理】 自2017年4月1日起，实行制定机关统一登记、统一编制登记号、统一印发并按规定公布的“三统一”制度。政府规范性文件由政府法制机构合法性审查；部门规范性文件，由部门法制机构合法性审查。对此，区法制办印发《关于进一步做好规范性文件“三统一”和备案审查工作的通知》，并结合《山东省人民政府法制办公室关于行政规范性文件认定的指导意见（试行）》的内容，组织部门进行培训，落实好“三统一”制度。截至年底，对部门制发的6件规范性文件进行审查备案，无一件法律法规依据减损公民、法人和其他组织合法权益或增加其义务的文件。同时，扎实做好规范性文件清理工作。按照市办下发的《关于清理规章及规范性文件的通知》要求，对现有规范性文件进行梳理，组织牵头对规范性文件在有效期届满前进行评估，根据需要提出规范性文件废止、修改和继续保留实施的意见，并向社会公布。

【推进行政执法监督体制、机制改革】　根据省市文件要求，为更好地履行政府层级监督职责，区人民政府法制办公室加挂区人民政府行政执法监督局牌子，河口区具体负责组织和领导全区行政执法监督工作的机构成立，为更好的行使执法监督工作，提高行政执法监督效能，申请刻制“东营市河口区人民政府行政执法监督局”“东营市河口区人民政府行政执法监督专用章”，由区政府法制办依法管理使用。机构成立后，为更好的开展工作，已提报组织、人社部门遴选人员，充实法制工作人员，配齐执法监督力量、创新监督机制和方式方法、完善执法监督案件办理程序，推动执法机关和人员严格规范公正文明执法，树立执法监督的权威，提高政府公信力。

【加强执法规范化建设】　（1）对照相关法律规定和部门“三定方案”，通过“部门申报—审查把关—反馈确认”三大环节对全区行政执法主体进行清理规范，确定全区行政执法主体64个，并进行公示，强化对行政执法主体的监督。（2）严格把控执法人员入口关。认真核实行政执法人员资格身份，对因工作调动、退休离职或考试不合格等情况的证件一律予以注销，近年来累计注销执法证件90余件；全面落实行政执法持证上岗制度，组织行政执法人员参加全市网上在线考试，2017年，组织175名行政执法人员参加网上考试，其中，有132名顺利通过考试，取得从事执法活动资格，考试合格率为75%，在全市各县区中位居首位。（3）强化执法案卷管理。积极组织行政执法案卷评查活动，制定出台案卷管理细化标准，对执法案卷“立案事实清晰性、证据资料全面性、执法程序规范性、适用法律准确性、自由裁量合理性”等方面进行评查。2017年，对抽取的海洋渔业、安监、文广新、市场监管、城市管理等20个重点单位的30份处罚卷和17份审批卷进行重点评查，并积极参加市办组织的案卷评查活动。对案卷中存在的具体问题下达《行政执法监督意见书》，要求进行及时整改。（4）以落实行政执法“三项制度”为契机，加强行政执法规范化建设。出台《河口区推行行政执法公示制度执法全过程记录制度重大执法决定法制审核制度工作方案》，督促各执法部门对各部门行政执法事项、清单、流程图进行梳理，着力规范重点执法行为，强化执法薄弱环节。区法制办于12月中旬对各部门落实三项制度情况进行监督检查，确保行政执法行为公开透明，行政执法程序规范，过程记录真实完整，行政执法决定合法合理，提升行政效能，树立执法的公信力。

【加强行政复议规范化建设】　（1）完善行政复议配套制度。制定16项行政复议工作规则，涵盖从当事人权利义务告知到立案、听证、审理等办案流程，进一步完善行政复议听证、行政机关负责人出庭应诉、败诉报告等制度，进一步规范行政复议案前、案中、案后各项工作流程，确保复议工作有规可循。（2）严格办理复议案件，加大行政复议纠错力度。畅通复议受理渠道，按照应收尽收的原则，对符合受案条件的复议案件，当场受理，并详细告知当事人的权利和复议程序。加大对案件的审理力度，重调查研究，重证据，重依据，并允许当事人在一定范围内查询行政复议案卷和被申请人提供的证据，以利于当事人更好地保护自己的合法权益。截至年底，收到行政复议案件27件，受理26件，从行政管理类别来看，交通类的1件，工伤类的2件，投诉举报类4件，土地征收类1件，治安类1件，交警类的16件，限期拆除1件。从行政复议申请事项分类来看，行政处罚17件，占62.9%；行政征收1件，占3.7%；行政确认2件，占7.4%；举报投诉处理4件，占14.8%；不履行义务1件，占3.7%；行政强制类1件，占3.7%；审结21件，其中维持7件，占25.9%；撤销3件，占11.1%，终止审理11件，占40.7%。通过复议工作进一步强化政府内部的自我纠错和监督。（3）加强行政复议应诉管理平台建设。出资10万余元，购置电脑、彩色打印机、扫描仪、手机办案终端等硬件身边，基本满足硬着复议应诉管理平台的要求，确保行政复议信息化建设。

【支持司法机关依法行使职权】（1）落实行政机关负责人出庭应诉制度。积极配合和支持人民法院的审判工作，对各部门涉诉案件进行跟踪督促，截至年底，区政府涉诉的4起行政案件，政府部门涉诉19起行政案件，行政机关负责人皆都出庭应诉，出庭应诉率100%。（2）强化行政应诉培训，提升行政应诉能力。2017年，区应诉人员和行政机关负责人通过案件集中培训、旁听庭审、案例研讨等活动，提升，应诉能力。（3）理顺应诉机制，加强应诉能力建设。出台《关于进一步改进和加强行政应诉工作的通知》，明确各个环节的流程和时限，加强部门之间的沟通衔接，保证及时答辩。（4）进一步加强与法院行政庭的联系。建立健全重大行政应诉案件备案制度、败诉案件分析报告等制度，对发生行政诉讼案件的单位，跟踪督催，自觉执行人民法院生效的行政判决和裁定，认真纠正违法或者不当的行政行为，行政执法水平明显提升。

公　安

【概况】 2017年，河口分局现有正式在职在岗人员，民警244人，其中副处级干部2人，正科级干部31人，副科级干部48人；干部219人；聘用制干部5人；工勤20人。平均年龄40.2岁，大专以上文化程度的238人，占全部人数的97%。

河口分局以学习贯彻习近平总书记系列重要讲话精神为指导，以党的十九大安保维稳工作为主线，按照抓队伍、保安全、促攻坚、树典型的工作部署，坚持忠诚履职尽责、锐意改革发展、狠抓责任落实，圆满完成各项公安保卫任务。以维稳为重心，全警全力打好党的十九大安保攻坚战。采取有力措施加强涉军群体稳控，创新运用的“立体化预警稳控机制”在全市推广，实现零上访、零集访。圆满完成各级“两会”“3·12”涉韩维稳、“4·29”安全警卫、“一带一路”高峰论坛、G20峰会等重大活动安保任务。全区实现进京“零非访、零滋事”，社会面管控实现重大群体性事件、安全生产事故“零发生”，被省委、省政府表彰为党的十九大安保维稳先进集体。以打击为主业，各类专项行动扎实有效。深入开展“两打一整治”专项行动，共侦破刑事案件322起，查处治安案件555起，打击处理违法犯罪嫌疑人385人，打掉涉恶团伙7个，完成省厅目标任务。把侦破大要案特别是命案作为重点，年内，命案发案3起，破案3起，涉枪案件立案3起，破案2起。深化禁毒专项行动，破获涉毒刑事案件10起，抓获毒品犯罪嫌疑人23人，缴获冰毒6800余克。落地核查上级转办涉枪线索15条，破获涉枪案件2起，缴获仿六四手枪1支，子弹5发，气枪5支、零部件及铅弹一宗。深化全警网上追逃行动，抓获网上逃犯36人，其中省督逃犯2人，命案逃犯2人，潜逃15年逃犯1人，历年逃犯11人。严打涉油违法犯罪，查处涉油刑事案件4起、治安案件10起，打击处理10

人，查扣涉油车辆9台，缴获原油40余吨。多项业务工作实现重大突破，禁毒人民战争始终处于全市领先地位，在本序列名列全省前茅；现场勘查“一长四必”考核也已进入全省前列，11月份排名全省第5名。以联动为突破，积极构建立体化治安防控新模式。依托“网格化”巡逻防控体系，组织特警、交警、派出所民警持续实施街面巡防。十九大安保期间，分阶段启动二级、一级、一级加强巡防勤务，购置5台PTU冲锋车专门用于街面巡逻，采取警种分片、划线、驻点相结合、车巡与步巡相结合的方式，全区每天投放街面警力200余人、警车40多部，切实提高街面见警率、警车发现率、警察管事率、与违法犯罪分子的碰撞率和社会控制力。在省公安厅组织开展的模拟调警测试中，区公安分局的街面巡逻警力仅用1分钟时间赶到指定位置，在全省名列前茅。积极争取党委政府重视支持，全区投资6600余万元启动新一轮公共安全视频监控建设，新增各类视频监控2000余个。建成启用合成作战中心，实行多部门联合集中办公，在信息研判、实战维稳、技术支撑等工作中发挥了重要作用。截至12月20日，全区已实现刑事案件零发案114天，“两抢”案件零发案348天。河口区被中央政法委表彰为全国平安建设先进县区。以创新为抓手，引领基层基础工作实现重大突破。3月底，投入资金300余万元，在全区配备警务助理和网格员221人，率先在全市实现“1+2+N”社区警务和“一村一警务助理”农村警务模式。全市、全省基层基础建设攻坚战现场会相继在召开，省内多个市、县（区）公安机关组团到河口局进行参观学习，《人民日报》、中央电视台《新闻联播》等高层主流媒体作宣传报道。在此基础上，创新推行机关干部兼任村支部副书记工作，先后倾力打造了三义和农村警务室、河安社区城市警务室以及新户南楼、仙河海星、孤岛镇苑等多个亮点品牌，实现了三年攻坚战的“开门红”和“遍地花”。以安全为底线，重点抓好安全隐患排查整改。强化交通安全监管，查处交通违法行为59591起，法行政拘留156人；全区发生交通事故757起、死亡19人，分别同比下降4.57%、13.63%，未发生群死群伤事故。强化消防安全管理，56个老旧村庄（小区）完成电气线路改造，68家社会单位完成电气防火技术检测，新增市政消火栓179具，超额完成年度任务目标。检查各类场所、企业1900余家，发现并督促整改火灾隐患410余处。深入开展缉枪治爆专项行动，收缴非法枪支7支、子弹100余发、管制刀具12把，全区未发生涉枪、涉爆、涉毒以及烟花爆竹爆炸等案事件。以便民为追求，充分利用信息化提升服务水平。分局投资120万元改造出入境自助办证大厅，增添自助办证、领证设备，极大地方便了办证群众。车管、户政、行政服务大厅等窗口，依托民生警务平台、公安服务在线等形式，不断拓宽服务渠道，努力构建和谐警民关系。办理流动人口登记6783人，办理居住证3950个，登记出租房屋1298户，比对违法犯罪前科人员3人。受理出国（境）申请8742人次，发放（护照、港澳证、大陆通行证）证件5867本。以从严治警为保障，公安队伍建设迈出新步伐。深入开展“两学一做”常态化制度化教育、“迎接十九大忠诚保平安”等主题教育活动，积极开展“党员主题活动日”活动，通过集中宣誓、交纳党费、送奖上岗等多种形式，进一步增强广大民警的“四种意识”，激发队伍战斗力。

年内，分局被市公安局通报表彰为2016年度全市优秀县级公安局、被市公安局表彰为“‘黄国际马拉松赛’安保工作先进集体”、被区委、区人民政府予以嘉奖、被省委、省政府通报表扬十九大安保先进集体；治安管理大队户政管理中队被省公安厅政治部通报表扬为“全省户口登记管理清理整顿工作成绩突出集体”；经侦大队被省国家税务局、省地方税务局、省公安厅表彰为打击涉税违法犯罪工作先进单位；看守所被省公安厅记集体二等功。新户派出所被省人力资源和社会保障厅、省公安厅、省公务员局授予“全省公安系统先进集体”称号。

【治安行政管理】 强化危爆物品的监督管理，对全区16家剧毒化学品企业、2家烟花爆竹批发企业、29家烟花爆竹常年销售点、2家公务用枪单位采取联合检查、滚动排查、突击检查、暗访抽查等多种行之有效方式，确保全区安全生产形势持续稳定，有效防止了各类治安灾害事故的发生。年内，共开展集中检查17次，发现安全隐患186处，下达隐患限期整改通知书59份。持续深入开展“缉枪治爆”专项行动，全力收缴流散社会的非法枪支弹药、爆炸物品，严防发生重特大治安灾害事故。截至年底，共印发宣传材料10000余份，悬挂横幅10余条，收缴枪支4支、各类子弹1100余发、管制刀具14把。分局着眼“基础、实名、信息”三个关键，强化措施，全面加强了全区27家公共娱乐场所、107家旅馆、59家废旧金属站点、6家开锁业的监管力度，通过严格审批、日常监管、集中清查、严厉打击等方式相结合的方式，严密阵地控制，净化辖区治安环境。全年共审核发放旅馆特行证3个，处罚不按规定如实登记的旅馆6家，发现隐患49处，现场整改31处。做好单位内部安保工作，治安防范能力不断提高。深入推进“护校安园”专项行动，共开展集中检查4次，检查校园200家次、消除安全隐患46处。深入开展金融场所专项检查和安全评估工作，共检查银行业金融网点65个、业务库4个、自助银行18个、离行式ATM机7个，发现安全隐患176处，当场整改82处，下发限期整改通知书94份。加强进京入津车辆源头安检工作。其间共检查车辆780台次，核查登记人员信息9652人次，收缴管制刀具2把。加强保安服务监管工作。共摸排自招保安员单位70余家、保安员400余人。强化寄递物流安全管理。会同综治、邮政、交通等部门，切实加强7家物流寄递业的安全管理，督促落实收寄验视、实名收寄和过机安检“三个100%”工作机制，从源头上防范利用寄递物流渠道实施违法犯罪活动。强化刑事案件侦办活动。刑事拘留1人，办理王某某、刘某某等人扰乱单位秩序、刘海波扰乱公共场所秩序、李景彬扰乱公共场所秩序治安案件3起，行政拘留4人。积极侦办食药环类违法犯罪活动。侦办污染环境刑事案件3起，逮捕1人、刑事拘留2人、取保候审4人，查处利用暗管、渗坑违法排放污染物案件5起，行政拘留7人。加强油区治安管理，严格落实属地排查责任。通过组织开展“地毯式”清理排查工作，全面收集非法收购、炼制、贩运油品等涉油违法犯罪线索，做到底数清、情况明。共排查涉油企业20余家，未发现收购不明来源原油的情况。组织对辖区输油管道沿线出租房屋、闲置厂房、独门院落、暂住人口进行排查。行动以来已排查独门院落100余户，闲置厂房40余处，出租房屋500余间，登记暂住人口2000余人。整治私拉乱接现象。5月份以来多次联合派出所、油工委稽查大队、采油厂护卫队对辖区内私接乱拉现象进行集中整治，共收缴电线电缆100余米，收缴天然气管线近300米，及时消除了安全隐患，维护人民群众生命财产安全。开展路检路查。6月8日至14日，分局在滨州交界处设置执勤点开展联查联控行动。共出动警车30余台次，警力100余人次。检查各类车辆七余台次，查获各类交通违法行为50余起。

【严打整治】 2017年，以十九大安保维稳为主线，以“两打一整治”“三打一整治”专项行动为抓手，忠诚履职尽责，立足打击主业，全警全力，扎实工作，严厉打击各类刑事犯罪，有力维护了辖区社会治安大局稳定。全年，共立刑事案件367起，同比下降15.6%，破获各类刑事案件331起，同比上升6%，抓获犯罪嫌疑人124人，同比上升11%，其中刑事拘留73人，逮捕50人，移诉78人。2017年，辖区共发命案3起，3起命案全部告破，现行命案侦破率达到了100%，共立涉枪案件2起，破案2起，缴获火药动力枪支1支、火药动力子弹5发、气枪5支、气枪弹200发，先后打掉涉恶类犯罪团伙7个，涉案成员58人。紧盯大要案的同时，大队坚持民意主导，以群众反映强烈的多发性侵财犯罪为打击重点，相继侦破盗抢骗案件261起，抓获盗抢骗嫌疑人39

人，打掉盗抢骗团伙 2 个，共抓获网上逃犯 36 人，其中省督逃犯 2 人，历年逃犯 11 人，副市长、市公安局局长赵峰先后四次作出肯定性批示。为严厉打击经济犯罪，贯彻落实上级部署，共受理案件 35 起，立案 28 起，抓获犯罪嫌疑人 14(刑拘 4 人，取保候审 10 人)；移送起诉案件 3 起 4 人，挽回经济损失额 1.47 亿元。多项业务工作受到上级的表彰奖励。严厉打击易制毒化学品违法犯罪。办理 1 起非法制造毒品案件。共抓获嫌疑人 11 人，缴获磷铜 360 千克，羟亚胺 2 千克。侦办一起公安部和省厅毒品目标案件，该案共抓获嫌疑人 11 人，缴获毒品 3.8 千克。加强涉油案件侦办，共办理涉油刑事案件 4 起，移诉案件 2 起，刑事拘留 2 人，逮捕 2 人，抓获网上逃犯 2 人。办理涉油行政案件 11 起，行政拘留 8 人。共查获涉油车辆 10 台，原油 40 余吨，有效打击涉油违法行为，震慑不法分子嚣张气焰。

【边防保卫】 加强执法规范化建设，营造辖区及沿海双稳定。积极开展“盗抢骗”和“两打一整治”活动，指导基层派出所加强执法规范化和程序化建设。共接处警 314 起，立治安案件 54 起，立刑事案件 15 起，无信访、投诉等情况发生，有效的维护辖区治安。协调当地政府以及海警、海洋渔业等相关部门，成功处置海港所“2・25”东营港海域发生渔船民网地纠纷事件，“3・22”东营港海域因网地纠纷撞船致人死亡案件，“5・20”李某某、程某某教唆他人从事邪教组织案件，“10・02”救助被困群众事件，“9・21”群体性事件，“3・03”利津海域发生撞船事件。部署开展大队辖区海上船舶集中清查整治专项行动，调度基层各所对辖区“三无”船舶、具有远洋作业能力的船舶、异地停泊船舶等，采取集中排查、拉网式清查、反复复查等形式，共处罚 62 艘船、渔船民 130 人，共罚款 92400 元。积极协调区、利津县、东营港管委会等政府部门，完成新户所、所、刁口所、海港所海防监控项目，有效的完成对沿海社会面的管控任务。多措并举开展十九大安保工作。共累计巡逻 120 余次，出动警力 230 余人次，查控人员 600 余人次、车辆 430 余台次，清查摸排常住户 187 家，流动人口 260 余人，为党的十九大顺利召开提供坚强的保障。扎实开展创建活动，党建水平大幅提升。修订完善大队党委各项制度规定，先后召开“贯彻民主集中制”民主生活会、开展“坚定跟党走，砥砺新征程”主题授课和各项党日活动，大队党建工作得到进一步加强。持续深化爱民固边，警民关系更加和谐。对所属基层派出所督导检查 50 余次，指导下属派出所围绕“一队一品牌”创建活动，树立品牌意识，全面深化爱民固边活动，群众满意度明显提升。加强执法规范化建设，营造辖区及沿海双稳定。筑牢部队安全防线，确保队伍内部安全稳定。扎实开展安全教育整顿、加强作风纪律养成，不折不扣地执行“禁酒令”“九条铁轨”“十条禁令”等规定，大队无违法违纪案（事）件发生，保持了部队内部的和谐稳定。强化监督检查。建立大队月检查的正规化管理检查机制，对大队各派出所“人、车、枪、酒、财、章、网、密”等重点环节适时进行督导。积极推进营房建设和后勤保障工作。办公营房建设项目已验收竣工，保质保量的完成公寓楼项目封顶工作。积极争取上级和区政府的支持，共投入 300 余万元对办公楼进行装修和信息化建设。

【出入境管理】 加强思想政治工作，确保队伍健康发展组织民警及辅警积极参加省厅、市局举办的各类业务培训班，广大出入境管理民警和辅警的专业素养和实际操作能力明显提升。坚持管理与服务并重，切实加强境外人员管理工作在境外人员实有人口管理、临时住宿登记管理、涉外案件查处等方面实现了无一差错、无一漏管、无一失控。强化出入境动态管控，通过走访为境外人员提供上门服务 40 余人次。河口区共有涉外单位 8 家，常住境外人员 18 人，登记临时入境境外人员 158 人次。开展打击“三非”外国人专项行动。在全区范围内开展严厅打击“三非”专项行动三次，确保行动取得实效。加强对重点国家人员和重点对象的严密管控。严密监控38个重点国家人员，确保了辖区十九大期间的涉外环境稳定、有序。认真完成公民出国境受理工作，投资120余万元对出入境大厅进行了改造。扩建办证大厅，将大厅进行功能分区，分为自助功能区、前台受理区、后台材料整理流转区和群众等待区。全年共受理出国（境）申请9388人次，其中：公民因私出国申请5777人次、公民因私赴港澳申请2668人次、公民赴台湾旅游申请943人次。省内异地办证245人次，省外异地办证31人次，制作港澳通行证签注205人次，发放证件7996人次，为群众提供咨询业务8900多人次，整理装订公民申请资料档案266卷，证件办证、发放中无一差错，准确率达100%。不断创新服务理念，深化文明窗口建设。继续深入推广“网上预约申请”。认真做好签注制作及证件发放工作。出入境做为首批制作签注工作的部门，顺利实现港澳台签注制作、发放工作，全年独立制作签注205人次。加强科技设备的投入，投资近百万元购置自助预约受理机、自助照相机、自助缴费机、自助签注（卡式）机、自助发证机等设备，实现出入境办证全流程自助化、信息化新格局，并建成24小时自助服务室，受到群众的一致好评。建立健全工作机制，努力提高管控能力。接收和变更特殊身份人员327人次。加大法定不批准出境人员通报备案力度。确保河口区控制对象不出现失控漏管现象。严格审查制度，加强出境控制。前台受理民警通过网上身份核查比对时成功查获上网逃犯胡某某。

【户政管理】 强化实有人口管理，积极落实各项户籍管理措施，全面推进户政管理工作和队伍建设。为严密、规范户口登记管理工作，继续按照省厅、市局的统一部署，在原来三年户口登记管理清理整顿工作的基础上，继续开展户口清理整顿工作，彻底堵塞管理漏洞，严密户口登记，强化户政管理执法规范化建设，将清理整治工作引向深入。2017年，清理应销未销户口509个，清理纠正户口登记项目差错92个。自2005年全市启动集中换发第二代居民身份证工作以来，通过开辟办理户口绿色通道等措施，打造便民、利民、廉洁、高效的户籍服务形象，提升服务基层、服务群众的能力，截至12月31日，全区累计受理二代身份证信息273377条。按照省厅《关于在全省开展异地办理居民身份证工作的通知》要求，全年受理省内异地办理身份证544人；审核省内异地办理居民身份证171条；受理省外异地居民身份证140人；审核省外异地办理居民身份证132条。贯彻落实省公安厅《关于进一步规范出生登记管理有关问题的通知》文件精神，全面受理出生落户，彻底将户口管理与计生管理分开，对符合出生落户条件的人口一律不用单位、村居或乡镇开具落户介绍信，全年为3553名婴儿办理了出生落户手续。全面执行山东省范围内跨地域户口网上迁移工作，即申请迁移户口人员只需持迁移事项相关的各类证明材料，到迁入地派出所直接办理，无需到迁出地派出所办理户口迁出手续，大幅提高办事效率，简化办事程序，节约群众费用和时间，避免群众来回奔波之苦，2017年，为省内群众办理网上户口迁移452份。为进一步加强和改进流动人口和出租房屋治安管理工作，分局认真落实流动人口社会化管理机制，落实实有人口管理工作要求，通过强化流动人口涉案人员案前管控倒查，定制度、设标准、强监督、严考评，提高暂住流动人口及租赁房屋常态工作水平，积极开展流动人口服务管理活动，确保系统数据鲜活，截至年底，共录入流动人口41173人，制发居住证3533个，登记出租房屋7314户，注册社会用工单位559个，比对违法犯罪人员219人。严格规范各项户口业务办理和操作规程，认真落实户口登记、居民身份证管理业务机制和倒查机制，转变工作作风、提升服务质量、提高办事效率，全年，共办理区外迁入826人，出生落户3553人，审核并签发身份证12849证次，实现户政管理工作“零差错”，营造良好的户政服务环境，促进警民关系的和谐化建设。

【交通管理】　紧紧围绕防事故、保安全、保畅通的目标，充分发挥职能作用，在推动道路交通安全综合治理、事故预防源头监管、交通安全宣传教育、科技信息化建设、执法服务、队伍建设等方面都取得了新成效，全区道路交通安全形势总体稳定。年内，辖区共发生交通事故 1240 起，死亡 36 人，受伤 465 人，直接经济损失 541200 元，与去年同期相比事故起数、死亡人数、受伤人数、经济损失分别下降 7.53%、12.19%、3.13%、2.81%。累计查处各类交通违法行为 141938 起，其中，超员 808 起，超载 783 起，疲劳驾驶 3054 起，酒驾 313 起，醉酒 77 起，再次饮酒 9 起，涉牌涉证 924 起，不按规定车道行驶 41065 起，违法占道行驶 192 起，逆行 1877 起，闯红灯 8271 起，货车载人 1520 起，改装 142 起。拘留 55 起。道路运输危险化学品万元罚单 47 起，利用智能交通管控平台提取违法数据 66215 起；排查隐患 38 处，有效整治 38 处，整治率 100%。破获逃逸事故 55 起；共办理机动车业务 58636 笔，驾驶证补换证等业务 13356 笔；互联网面签 5694 人。强化路面管控力度，落实“包保责任制”。强化重点企业的监管，在全区范围内集中排查、暗访、约谈问题运输企业，将安全扎根源头；加大路面管控力度，实施错时检查，确保 24 小时不失控，对酒后驾驶、无证、改装改型等重点违法行为严惩严罚。加强对校车的监管力度。对辖区 83 台校车进行全面摸排检查，督促教育局将更新的 12 辆校车及政府许可到期的 38 辆原有校车报区政府领导签批手续。组织民警深入辖区幼儿园开展“拉网式”排查，对幼儿园开展户籍化管理。加强农村道路交通安全管理，全面推行“1+2+N”农村交通网格化管理模式。充分发挥“两站”“两员”的宣传劝导作用，打造交通安全集中教育室、校车乘车点、村出入口、墙体文化“四阵地”，对驾驶人和群众进行道路交通安全宣传和劝导，开启农村道路交通管理服务新模式，实现交通管理全覆盖。圆满完成区中考、高考、十九大交通安保工作。迅速启动 S312 义和公安检查站和临时检查站点，加强对途经车辆及人员排查，做到逢车必查、违法必究，加大巡逻力度和隐患排查力度，做到白天见警车，夜晚见警灯，集中开展夜查整治、早查午查错时整治，全警全力打好道路交通安全整治“四场攻坚战”，有效实现辖区重大交通事故“零”发生。强力打好基层基础建设三年攻坚战。创建区交通安全综合管理中心，有效整合公安、交通运输、教育等部门的技术资源。提升车管服务，规范办事效率。在业务大厅增设“一号窗口”，由一名分管领导专门负责解决群众疑难杂症，让群众足不出户就能解决问题。共办理驾驶证业务 36416 笔，机动车业务 38514 笔。在车管所设立“互联网面签窗口”，群众可以通过个人电脑办理网上预选号牌、驾驶员考试预约等普通的交通管理业务。强化基层交通管理工作，为各勤务中队配备执法记录仪 67 台，350 兆 MTP3150 数字集群手持台 31 部，人车合录仪 6 台，有效保障交通管理工作开展。积极开展交通安全宣传。充分发挥新媒体的宣传引领作用，通过网络直播、微信公众号，第一时间向群众进行交通安全知识普及，倡导文明出行新风尚。共出动宣传警力 200 余人次，深入企业、社区、学校及城区道路开展集中宣传 50 次，悬挂标语 200 余幅，发放宣传材料 10000 余份，在各中央、省、市级新闻媒体刊播稿件 70 余篇。

【消防管理】　强化党政主导、落实部门监管、紧抓综合整治 2017 年度各项工作任务有效落实。先后与安监、商务、民政、教育、文体、卫计等部门组织开展石油化工、商市场、养老机构、学校、网吧及医疗机构等联合检查和治理活动。规范企业管理，进一步明确单位主体责任。对列管的 106 家重点单位开展业务指导，并制作和完善重点单位“一企一档”，明确单位消防安全责任人、管理人，对各单位“户籍化”管理系统进一步加强监督管理。截至年底，共召开消防安全重点单位管理人、负责人培训会4次。强力推进社会公共基础建设，社会防控能力进一步提升。加快微型消防站和区域联防建设。建立“微型站调度群”，落实应急联动联勤联训机制，每周对2家单位微型消防站开展联勤联训。辖区共120家单位完成微型消防站建设，对82家单位微型消防站开展联勤联训。华欧商业街、义和石化区、蓝区等3处建成区域联防协作组织，有效落实扑救初起火灾的力量保障，进一步提高区域应急联动能力。强化市政消火栓和消防水源取水点建设。新增市政消火栓179具，已完成7处取水点建设。紧抓综合整治，多角度全力推进重点工作。对全区172家石油化工企业、12处劳动密集型企业、12处商城市场、49栋高层建筑等进行全面排查，并各自形成书面汇报，全力推进消防安全隐患整改工作。针对化工行业。排查化工企业172家，逐一完善“一企一策”档案，开展实战化演练230家，制定演练记录卡230份，指导建立工艺处置小组25个。推进电气火灾综合治理工作。全区56个老旧村庄（小区）电气线路改造完成，66家社会单位完成电气防火技术检测。加强派出所消防监督指导。对各责任区民警开展集中培训、上门指导30余次，提升消防民警的业务水平，派出所消防工作逐步走向正常化和规范化。加强九小场所综合治理。开展“三义和市场九小场所综合治理”“仙河商贸城九小场所综合治理”等隐患整治工作。拆除影响逃生防盗窗、门头牌16户，收缴不合格液化气瓶39只，完成24家商贸城广告牌、防盗窗的摘除工作。商铺配备规定的消防器材，张贴消防标示，确保消防安全。进一步做好消防宣传工作，推动社会宣传全覆盖。“站门口、立路旁、上大屏、进广场”活动中，印制1000份宣传挂图在人员密集场所张贴，区128辆公交车已实现消防宣传全覆盖。暑期专项行动和消防“进军训”活动中，发放教育读本500余册、各类宣传彩页1400余份。宣传小队深入部门、企业开展消防宣传40余次，利用区委党校学习班对党政机关、事业单位人员开展培训3次，对重点单位开展消防培训4次，培养消防安全“明白人”400余人。在区电视台、广播电台每天8个频次播放消防公益广告、温馨提示。张贴《楼道停放电动车夺命只需100秒！》宣传海报2000余份，利用社会单位户外大型LED、楼宇电视显示屏每天滚动播放消防安全提示字幕。开展创建消防安全社区活动。推行虚拟网格管理。“政府部门消防监管工作联络”“消防安全重点单位管理”“微型消防站建设”等不同层面的公务群18个，人员达到1900余人，通过工作调度、定期通报、案例警示、实战拉动，将“互联网+消防安全”工作理念与实际工作紧密融合。开展“橙色印记·平安快达”活动。制作宣传彩页2000余份，发动区8家快递企业，200余名快递员全面投入到“橙色印记·平安快达”公益宣传活动中。从严治警、精细管理，确保队伍作风实干过硬。严格贯彻执行“五条禁令”和“六个严禁”，坚持依法治警、从严治警，部队保持安全稳定，未发生违反禁令事件、无车辆事故发生。认真开展“坚定维护核心、坚决听党指挥”主题教育，开展“严纪律、正作风、查问题、堵漏洞”集中教育整顿等专项活动，积极引导官兵不断增强“四个意识”，确保部队绝对忠诚纯洁。

森林公安

【概况】 2017年，河口森林公安分局贯彻落实习近平总书记系列重要讲话精神，践行“两学一做”，以保护森林资源和野生动物资源为中心，充分发挥主观能动性，积极开展森林公安工作，严厉打击各类破坏森林和野生动植物资源违法犯罪活动，着力提升执法服务水平，保障河口林区的生态和谐与秩序稳定。

【治安秩序】 （1）警情处置妥善规范。截至年底，河口森林公安分局共接报警180起，立刑事案件1起，行政案件 70 起，治安案件 1 起，调解案件 1 起，救助国家重点保护野生鸟类 10 余只，非重点保护野生动物 300 余只。查结行政案件 12 起，其中毁坏林木案 5 起、违法野外用火案 4 起、盗伐林木案 1 起、滥伐林木案 1 起、非法改变林地用途案 1 起，行政处罚 12 人，单位 2 个，罚款 45188.55 元。（2）积极开展专项行动。贯彻落实上级安排部署，结合辖区林区治安情况，多次开展专项行动，包括“联合林业、工商部门涉野生动物资源违法犯罪专项检查行动”、打击非法狩猎行为“百日专项行动”、打击破坏森林和野生动植物资源违法犯罪“飓风行动”、野生动物保护执法“百日专项行动”等。（3）加大巡逻防控力度。分局民警带领森林防火队员以步巡、车巡相结合的方式加强白天夜间对重点区域、林区的巡逻，及时排除火灾隐患、制止违法野外用火行为、严厉打击涉林违法犯罪活动。5 月份，河口区林业局联合森林公安局对河口城区周边及孤岛林区开展林业消防安全排查活动。据统计进入森林防火期以来，分局共出动防火巡逻车百余次，排除火灾隐患 50 余处，制止违法野外用火行为 20 余起，在巡逻中救助受伤群众两人。（4）强化法制宣传教育。法律宣传是群众学习法律知识、提高法律意识的有效途径。河口局定期开展多种形式的宣传活动，组织民警到辖区古玩市场、商铺开展法制宣传教育活动，并签订保证书；民警带领森林防火队员前往辖区内重点村庄，走访入户，发放宣传材料、讲解法律知识、听取群众意见；参与市直下派驻新户镇工作组开展的普法宣传进基层活动，大力宣传、普及森林防火和野生动物保护相关知识。据统计宣传活动共计发放宣传书册 8000 余份，宣传挂轴、挂历 2000 余件，现场接受教育群众 1000 余人次，取得良好的宣传效果。

检　察

【概况】 2017 年，在区委和上级检察机关的正确领导下，区检察院深入学习贯彻党的十九大会议精神，紧紧围绕全区经济社会发展大局和检察工作主题，忠实履行法律监督职责，各项检察工作实现新发展、取得新成效。被省检察院评为基层检察院建设示范院。

【依法履职】 （1）营造法治化经济环境。密切关注经济社会发展态势，制定《关于服务非公经济发展的意见》，召开促进非公经济发展座谈会，深入东方实业有限责任公司、戴瑞克有限公司等企业调研，了解企业发展状况，帮助解决企业转型升级、规范生产、保障工人权益等发展难题。开展“检察官服务大项目”工作，对东营市生态林建设项目进行跟踪预防，打造廉洁工程。在全国服务非公经济座谈会上作典型发言，区委书记、区长等领导对区

2017 年 5 月 12 日，联合林业区局开展森林防火期林区消防巡查活动

检察院服务非公经济做法作出批示，并转发全区学习。（2）保障改善民生。制定《关于服务全区环境保护突出问题综合整治攻坚的实施意见》，对群众反映强烈的空气异味污染、私设暗管排污问题，发出检察建议5份，5家涉事企业被主管部门依法查处。建立跟踪回访制度，对11名确有困难的刑事被害人家庭发放救助金11.5万元。积极参与“精准扶贫、精准脱贫”，协调资金300余万元，完善帮扶村基础设施建设，解决出行难等实际问题。全额资助贫困户种植防护林，建成扶贫养殖示范棚，贫困户年收入增加3000余元，对口帮扶的17户贫困群众全部脱贫。被区委、区政府评为“下派工作先进单位”“全区扶贫开发工作先进单位”。（3）提升基层法治水平。充分发挥派驻检察室优势，促进法律监督触角向基层延伸，走访油区企业、社区、学校、村居、农户96次，发放法治宣传材料4000余份，提供法律咨询99次，协助化解经济纠纷、邻里矛盾16件。撰写《关于危险驾驶案件特点原因分析及对策建议》调研报告，剖析发案原因并提出解决措施，为党委政府决策提供参考。区长作出批示，要求有关部门采取有力措施，努力减少危险驾驶案件发生，维护广大人民群众生命财产安全。研发“大数据信息研判平台”，对网络信息中有关行政执法信息和涉检信访信息进行实时监测、智能分析、自动研判和预警，实现矛盾隐患的及时检索和处理，提高服务针对性和实效性。被市委、市政府表彰为十九大安保维稳工作先进集体。

预防宣讲走进河口社区

【打击犯罪】 （1）严厉打击刑事犯罪。受理公安机关提请批捕案件103件142人，批捕91件125人；受理移送审查起诉案件340件427人，提起公诉326件404人。开展“两打一整治”专项活动，批捕黑恶霸痞势力犯罪、“盗抢骗”多发性侵财犯罪16件25人。起诉王某某非法吸收公众存款案，判处其有期徒刑十年六个月，追回赃款200余万元，增强人民群众安全感。（2）严肃查办职务犯罪。巩固反腐败斗争压倒性态势，立查贪污贿赂案件12件13人，渎职侵权案件3件4人，判决16件16人。立查东营市特种设备检验所职务犯罪案件4起，犯罪嫌疑人收受贿赂、滥用职权，不按标准对电梯、化工压力容器、天然气钢瓶等特种设备进行质量检测，造成严重安全隐患，通过案件办理，规范了特种设备管理秩序，为人民群众提供有力的安全保障。重点查办热点领域和群众关注的职务犯罪，立查就业补助资金专项领域案件1件2人，涉案金额80万元，及时挽回国家损失，确保国家就业相关政策红利的有效释放。（3）强化预防实效。受理行贿犯罪档案查询4476次，查询单位4951家，开展警示教育、犯罪预防宣讲17次，受教育人数5000余人。对上级拨付的财政专项扶贫资金、“雨露计划”资金到户情况进行监督检查，促进财政专项扶贫资金的有效利用。以帮助涉罪未成年人回归社会为视角，拍摄微电影《回归》，引起广泛的社会反响。根据不同年龄段未成年人生理、心理特点和认知能力的不同，实行分类普法。该做法入选省检察院未成年人检察工作“十大典型事例”。

【检察监督】 （1）加强刑事立案和侦查活动监督。坚持以解决人民群众反映强烈的执法不公、执法不严问题为重点，加强刑事立案和侦查活动监督，监督立案6件7人，其中判处3年以上有期徒刑5人。监督撤案8件。纠正漏捕11人，其中判处3年以上有期徒刑10人。追诉漏犯16人，已判决14人。在办理崔某某等破坏易燃易爆设备案件过程中，依法追诉王某某、张某某，两名漏犯均被判处有期徒刑两年六个月，维护司法权威。（2）加强审判活动监督。纠正定罪不当、量刑失衡、程序违法等问题，依法提起刑事抗诉4件，改判3件。强化多元化民事行政审判活动监督，受理民事行政监督案件70件，发出检察建议54件。与公安、法院、司法行政部门会签《关于建立防范和查处虚假诉讼案件联动机制的实施意见》《关于建立民事行政检察监督与法律援助工作协作机制的实施意见》等文件，为更好地发挥检察监督职能提供保障。办理戚某某、李某某伪造借条逃避债务虚假诉讼监督案，依法提请抗诉，为当事人挽回经济损失22万元，让人民群众感受到公平正义。（3）加强刑罚执行和监管活动监督。开展联合检察12次，集体教育12次，个别教育192人，发出纠正违法通知书24份。开展羁押必要性审查，建议办案部门对23名无羁押必要犯罪嫌疑人变更强制措施。开展财产刑执行监督，发出纠正违法通知书2份。对辖区暂予监外执行人员进行排查，发现1名保外就医人员长期处于脱管状态，及时发出意见书，督促纠正。研发智能约见系统，在看守所安装扫码器，在押人员扫描登记个人信息的二维码卡片，即可实时约见检察官，畅通在押人员权利救济渠道。（4）强化自身监督。打造阳光检务，坚持重点工作、重大事项向人大报告制度，向区人大常委会专题汇报诉讼监督工作，及时落实审议意见。建成检察服务大厅，公开重要案件信息30条，法律文书343份，程序性信息702条。积极邀请各界代表参加“防治校园欺凌，护航未成年人成长”主题检察开放日等活动，增强检察工作透明度，提高接受监督主动性。加强“两微一端”建设，及时发布检察动态。组织人民监督员对6起职务犯罪案件进行监督评议，保障人民群众的知情权、参与权、监督权。

不起诉案件诉讼化审查

【创新驱动】 （1）创新管理方式，强化检务保障。打造“效率”河检，建立项目化管理和“销号”制度，逐项对照检查，推动工作迅速落实，执行力大幅提升。建成视频中心，整合远程提讯、接访、视频会议、办案场所监控等所有视频系统资源，构建“管理无死角、监督无盲区”的检务管理格局。完善检务通、检委会网上平台、用警分析管理等系统，考勤、办公、资产管理、出警等工作全部实现智能化，提升检务管理信息化水平。（2）创新监督举措，提升监督质效。设立派驻公安检察室，选派干警专门负责与公安机关办案部门进行对接，推进侦查工作顺利开展。在区政府法制办设立派驻巡回检察室，实现行政执法检察监督信息共享，确保行政执法检察监督及公益诉讼等工作的有序开展。探索实施逮捕案件、不起诉案件“诉讼式审查”，侦查人员、犯罪嫌疑人及辩护人、被害人到场，就社会危险性和案件事实证据进行公开审查，突出案件司法属性，提升了案件质量。（3）创建“刑事执行人权保障中心”，服务社会综合治理。研发智能监督管理综合平台，全面开展羁押必要性审查评估、刑事执行监督、权益保护和帮助回归社会等工作，系统落实刑事诉讼法尊重和保障人权的规定，打造刑事检察人权保障的“河口模式”。最高人民检察院、省委政法委对该经验予以转发，全省检察机关刑事执行人权保障理论研讨会实地观摩，北京大学等高校教授、省市领导先后到“中心”考察调研，对此项创新给予充分肯定。在全省检察机关创新成果评选中获一等奖，并被作为全市创新项目推荐至省委改革办参加创新成果评选。

【队伍建设】（1）强化四个意识，推进思想政治建设。以习近平新时代中国特色社会主义思想为指引，牢固树立“四个意识”，深化党建工作，持续推进“两学一做”学习教育常态化制度化。举行“学习十九大·筑梦新时代”宣讲交流会，举办“身边的榜样”评选活动，发挥模范带头和示范引领作用。组织开展党员主题活动日、“重温入党誓词”“道德模范评选”活动，筑牢思想防线，坚定理想信念。（2）加强检察文化建设。将司法理念与国学教育融汇结合，打造以“正”为核心的“守正明察”文化品牌，牢固树立检察职业道德。设立检察文化专栏，梳理河口检察发展史，建设书香河检读书吧、党员活动室，刊发《知行》杂志，为培育党建文化、检察文化提供丰富载体。成立文化小组、艺体小组和“星火”读书小组，开展“文化的魅力·思想的光芒”诵读分享会、读书报告会等活动，建成司法警察体能训练中心、干警活动中心，举办各类竞技比赛活动，推动“文化河检”“健康河检”建设，提高干警综合素质。（3）强化队伍素能建设。与石油大学建立重点课题研究合作机制，承担的省检察院重点课题顺利结项。实行青年干警导师制，组织干警到浙江大学等高校进行专项培训，强化干警业务理论和实战能力。建成网络教育中心，开展法律知识在线考试，及时巩固学习成果。开展精品案件、优秀法律文书、业务标兵评选等活动，全力打造一支水平高、专业精的人才队伍。（4）深入推进党风廉政建设。认真落实党内政治生活准则和党内监督条例，层层签订党风廉政建设责任书，严格落实“一岗双责”。依托廉洁事项报告系统，就子女升学、房产变更等情形对干警进行廉洁提醒，与新提拔领导干部进行廉政谈话，邀请区纪委领导上廉政党课，检察长上专题党课，实现廉政教育常态化，增强干警廉洁从检自觉性。

法　院

【概况】2017年，区法院在区委领导，区人大及其常委会监督，上级法院监督指导，区政府、区政协和社会各界的关心支持下，深入学习贯彻党的十八大、十八届历次全会和十九大精神，以习近平新时代中国特色社会主义思想为指导，牢牢把握“努力让人民群众在每一个司法案件中感受到公平正义”的目标，坚持司法为民、公正司法，忠实履行宪法法律赋予的职责，狠抓执法办案，推进司法改革，加强自身建设，各项工作取得新进展。全年共受理各类案件4731件，结案4452件（含旧存），结案标的额19.16亿元，同比分别增长45.03%、29.57%、41.98%，为全区经济社会发展提供司法保障。2017年，区法院获得区直第十八批干部下派工作嘉奖，政工科被市法院授予集体三等功。

【刑事审判】 审结刑事案件331件400人，同比分别增长12.59%、下降1.48%。积极参与“两打一整治”专项行动，严厉打击黑恶霸痞势力和“盗抢骗”等多发性侵财犯罪。其中，审结故意伤害、抢劫等严重暴力犯罪20件21人，盗窃、诈骗等侵财犯罪31件60人，切实增强群众安全感。严惩电信网络犯罪，依法审结一起涉案金额169万元、涉案被告达9人的电信网络诈骗案件。审结“醉驾”等危险驾驶犯罪183件，坚决遏制危险驾驶高发势头。依法惩治职务犯罪，审结贪污、受贿、挪用公款、渎职等犯罪17件17人。坚持宽严相济，准确定罪量刑，确保罚当其罪。强化司法人权保障，依法保障被告人、被害人诉讼权利。刑事附带民事赔偿调解率达87.18%，抚慰了被害人。在一起聋哑人盗窃案件中，为聋哑被告人聘请手语翻译，依法保障其诉讼权利。高度重视未成年人犯罪的审理、矫治工作，推行圆桌审判、社会调查员、跟踪帮教等制度，帮助失足未成年人回归社会，减少和预防重新犯罪。

【民事审判】 审结婚姻家庭、损害赔偿、劳动争议等案件1597件，同比增长6.61%。针对基层法院面向基层、贴近群众的特点，把审判工作的专业化与为民要求统一于具体办案中，建设“当事人接谈室”，要求法官走下审判台，用群众听得懂、易接受的语言和方式做好释疑答惑、矛盾化解工作。针对基层群众证据意识差、诉讼能力弱的实际，特别是对于当事人有理但证据不足的案件，加大依职权调查取证力度，尽可能避免以证据不足驳回等简单化处理。加强诉调对接工作，在诉讼服务中心设立“家事调解室”，与妇联、人民调解组织等配合，诉前化解纠纷162件。对于因拆迁、土地流转等引发的纠纷，探索以委托调解的方式加强与乡镇街道联动，共同做好矛盾化解工作，成效显著。加大民事调解力度，民事案件调撤率为49.32%。

【商事审判】 审结合同、所有权、股东权利纠纷等案件621件，标的额5.33亿元，同比分别增长62.14%、168.40%。坚持把合同纠纷处理作为支持社会信用体系建设的重要切入点，通过正确界定违约责任和法律后果，保护诚实守信者，制裁失信违约者。其中审结金融借款、民间借贷纠纷580件，维护资本市场秩序，防范金融风险。积极探索以法治方式稳妥处置僵尸企业，向区委呈报《关于有选择地确定部分僵尸企业通过破产还债程序退出市场的建议》，把党委政府的政策导向与法律规定结合起来，得到区委主要领导充分肯定。依法审结鑫诚化工、鑫科化工破产案件，其中，鑫诚化工重整成功，为挽救问题企业探索一条重生之路。

【行政审判】 审结行政诉讼案件21件，与上年度持平。认真履行行政行为合法性审查职责，努力实现保护行政相对人合法权益与监督、支持依法行政相统一。注重权衡把握公共利益、公共秩序与局部利益、个体利益的关系，防止出现利益冲突。建立行政案件协调通报机制，案件受理后及时通报涉案行政机关先行化解，其中10起案件经协调和解撤诉。依法支持拆违治乱、环保督政工作，受理申请执行行政处罚决定等非诉行政案件50件，标的额430.33万元，维护政令的严肃性。

【执行工作】 执结案件1822件（其中，新收1036件、恢复执行786件），标的额8.10亿元，同比分别增长54.53%、40.06%。区委、区政府出台《关于支持人民法院基本解决执行难问题的意见》，区人大、区政协以及各级各部门都全力支持法院基本解决执行难的工作，形成综合治理“执行难”的社会格局。

建好用好网络执行查控系统，实现对被执行人银行存款、车辆、不动产等信息的院内网络直接查控，解决被执行人财产难寻的问题。其中，银行存款查控系统覆盖全国3000余家金融机构，全年，共查询存款等信息11.59万条，查控存款4436万元。加大失信惩戒力度，共录入失信被执行人3452人，并通过法院网站、微信公众号、电视台等持续公布失信被执行人信息，428名被执行人迫于压力履行义务。拘留被执行人11人次，6名被执行人以拒执罪移送公安机关，对“老赖”产生巨大威慑力。开展涉民生案件、涉党政机关案件专项执行活动，河口区所有涉党政机关案件全部执行完毕。推进执行工作规范化，新建执行案件管理系统实现流程节点的控制，推动执行人员在规定时限内必须完成规定执行事项。为执行干警配备执法记录仪，现场执行过程全程录音录像。制定出台《执行款物管理办法》，实行“一案一账”，款物管理账目清晰，每笔案款都能确保一个月内及时过付当事人。

【审判质效】　根据年度内敏感时点多、信访压力大的特点，关口前移，制定出台《关于加强信访风险识别和防范的意见》，对容易成访的案件类型进行梳理，明确应对的措施，从源头上避免和减少信访发生。引导法官正确进行价值判断和利益衡量，善于运用普通人视角衡量裁判结果，防止案件处理偏离一般社会预期。充分发挥简易程序、小额诉讼程序、刑事案件简易审程序在快捷处理案件方面的优势，民事案件简易程序适用率达到84.17%。加大办案效率管控，平均办案周期为66.14天，审限内结案率为98.54%。全力做好敏感时期的信访稳控工作，同时积极配合信访局、有关镇街和部门，将难以化解而当事人扬言上访的案件导入诉讼渠道，诉讼程序的法定性、时限性对信访稳控发挥很好作用。2017年，区法院案件经过一审后当事人即服判息诉的达到92.24%。

司法行政

【概况】　2017年，区司法局以党的十九大精神和习近平总书记系列重要讲话精神为指导，开展“两学一做”学习教育活动，围绕机关文化建设一条主线，按照“突出重点、增加亮点、多干实事”的总要求，充分发挥法治宣传、法律服务和法律保障职能作用，推进各项工作开展，为全区经济发展、社会和谐稳定做出积极贡献。义和镇人民调解委员会和交通事故纠纷人民调解委员会分别被授予全国模范人民调解委员会和全省优秀人民调解委员会荣誉称号，局机关被区委、区政府评为全区扶贫开发工作先进单位和区直第十八批干部下派工作先进单位，1名干警荣获全省优秀人民调解员荣誉称号，1名干警获全区扶贫工作个人嘉奖和区直第十八批干部下派个人三等功。

【法律服务】　（1）推进公共法律服务体系建设。区级公共法律服务中心业务用房和部分建设资金已到位，中心建设已列入全区2018年政府投资项目库。镇街公共法律服务工作站已建成5个，仙河镇公共法律服务工作站建设正在有序推进。法律服务队伍进一步壮大。（2）深化“公证帮您办”品牌建设。以“管理规范年”活动为主线，深化“公证帮您办”品牌建设。积极参与全区重点工程，先后为河口区城乡公交一体化河口客运交通、黄河三角洲综合训练基地六分场片基本农田整理工程等全区大型项目进行招投标现场监督，为济南军区黄河三角洲综合训练基地1.5万亩盐池进行现状证据保全，为疏港高铁建设提供公证服务。积极申请办理涉外公证的资格，全面提高服务水平。2017年，办理各类案件665件，其中民事404件，经济261件，收费67万余元。（3）实施“三位一体”法律援助工程。4月份，组织召开全区法律援助工作会议，会上印发《河口区2017年法律援助工作要点》《关于法律服务人员承办法律援助事项的通知》《关于印发山东省法律援助案件质量监督管理办法》等文件，对2017年全区法律援助工作进行全面安排部署。通过采取各项工作措施、调动法律服务人员的工作热情，5月份，法律援助案件受理数量全市排名第一，案件质量全面提升。8月份，区委、区政府出台《关于完善法律援助制度的实施意见》，对下一步法律援助工作进行规范。完善镇街法律援助工作站和村居（社区）法律援助联络点建设，做到“随时随地”受理法律援助申请，解答法律咨询。建立农民工讨薪案件“零门槛、零遗漏、零等待”快速受理机制，拓宽法律援助“绿色通道”。截至年底，共受理特殊群体维权事件95件，包括农民工工伤、讨薪、老年人维权、残疾人维权、未成年人维权、军属维权等。按照省、市要求，认真做好2017年第一批中央专项彩票公益金法律援助案件申报工作，共申报法律援助案件7件并全部通过审核，案件类型涉及老年人维权、妇女维权和农民工讨薪等多个方面。2017年，区法律援助中心共受理诉讼类法律援助案件287件，结案207件，其中民事案件190件，刑事案件14件，行政案件3件。（4）加强律师和法律服务规范化建设。组织申请执业人员培训考核招录工作，招录符合条件的3名法律服务工作者。按照“严管理、保权益、树形象”的工作要求，强化律师和法律服务队伍建设，提升日常监管及投诉案件的查处力度。今年以来，全区法律服务机构共办理各类案件215件，收费52.65万元。

【法治宣传教育】 （1）开展“菜单式”普法。年初调整普法依法治理工作领导小组，整合全区普法力量成立“七五”普法讲师团。通过下发《2017年河口区普法依法治理工作要点》和《河口区菜单式普法工作实施方案》，按照不同群体对法律的不同需求开展“菜单式”普法，由群众按单点题，根据点题开展有针对性的法治宣传活动。（2）打造法治宣传中心。领导干部学法中心计划由法治体验厅、法治影视中心、法治考试中心三部分组成，主要通过声光电等形式进行展示，现设计稿已经完成。（3）开展形式多样的法治宣传活动。“三八”妇女节、“3·15”消费者权益保障日、“六五”世界环境日广泛开展法治宣传活动，发放宣传资料3000余份，制作法律知识展板40余块，解答群众咨询200余人次；在六合街道河安社区挂牌新农校社区培训基地，多次组织律师进社区活动；突出抓好重点对象学法用法，将法治教育作为中青班培训重要课程；从8月份开始，单位第一书记分别受邀到各镇街为村两委成员上法治课；利用“3+N”网络有针对性的对全区各企业进行预防经营风险、劳动纠纷处置、安全法律法规等相关教育活动，组织蓝区等部门，深入企业进行法律法规宣讲活动。开展“法庭开放日·普法零距离”活动，邀请区实验学校40名师生走进法庭参加庭审观摩和现场模拟，让青少年在实践中接受法治教育；开展“法佑青春—法治教育进职校”活动，组织青少年观看真实庭审视频，邀请资深法官对疑难法律问题进行现场解答，通过互动同学们对相关法律概念有更加深入了解。

【人民调解工作】 完善矛盾纠纷多元化解组织体系建设，将人民调解组织网络延伸，扩大行业性、专业性人民调解组织覆盖领域，实现人民调解组织的“全覆盖”。各专业调委会针对交通事故纠纷、医患纠纷、农民工讨薪等具有较大社会影响力的矛盾纠纷，第一时间介入，有效预防和减少上访事件的发生。开展矛盾纠纷集中排查调处专项活动，重点排查调处人民群众关心的社会难点热点问题。各司法所采取以会代训的形式每月对辖区人民调解员进行业务培训，同时，结合各村案例采取以案释法的形式，对调解工作中出现的情况和问题进行指导。2017年，共排查出各类矛盾纠纷237起，疑难复杂纠纷全部建立“重点案件登记台账”，并持续进行跟进、监督，防止矛盾进一步激化。没有发生因矛盾纠纷而引发的群体性事件、上访事件、“民转刑”案件。

【法律顾问工作】 9月底，区委、区政府出台《关于开展一村（社区）一法律顾问的实施意见》，印发《河口区司法局关于开展一村（社区）一法律顾问的工作方案》《河口区一村（社区）一法律顾问工作考核办法（试行）》，拟定《河口区“一村（社区）一法律顾问”补助经费管理暂行办法》，按照市司法局《法律服务机构担任法律顾问分配表》中的法律服务资源配置方案，根据村（社区）数量和法律顾问自愿情况，按照“属地优先、就近服务”的原则，完成法律顾问指派计划。积极向区委、区政府汇报，有关经费开支纳入区财政预算。10月份，召开全区一村（社区）一法律顾问工作动员会议，对在全区开展一村（社区）一法律顾问工作进行具体安排部署。

社区矫正业务培训

【特殊人群管控】 根据省厅和市局工作部署，开展社区服刑和安置帮教“两类”人员安全隐患专项整治活动，对全区社区服刑人员和安置帮教人员集中开展全方位、拉网式排查走访活动，核实基本信息，完善基础数据，共排查“两类”人员1168人次并逐一建立工作台账。2017年，共接收刑满释放人员21人，解除矫正转入安置帮教105人。截至年底，累计管控安置帮教人员436人，其中刑满释放人员133人，社区矫正转入303人，接收、帮教衔接率达100%。联合检察院对6个司法所开展执法检查活动，指导整改问题24项，推动工作规范化运行。建立社区矫正集中教育长效机制，与区法院联合开办“社区矫正法律课堂”，2017年，共举办4场次，受教育人员达300余人次。深化落实《河口区社区服刑人员腕表定位管理规定（试行）》，对暴力性犯罪、暂予监外执行、严管处遇等7类人员佩戴腕表，腕表定位40人，累计佩戴腕表153余人次。2017年，共接收社区服刑人员110人，解除终止115人，现有在册172人。

【基层基础建设】 按照“因地制宜、量力而行、建成特色”的总体要求，加强司法所（公共法律服务工作站）规范化建设和社区司法行政工作室建设，做到司法所（公共法律服务工作站）建设的标识、装饰、装备、制度、流程“五统一”。全区4个司法所达到省级规范化司法所建设标准，5个镇街已建立“一站式”公共法律服务工作站。完成18个农村社区司法行政工作室建设，实现“法律服务零距离”。规范农村集体经济事项法制化管理工作。4月份，开展调研活动，形成调研报告，为区领导决策提供依据。2017年，共办理农村集体经济事项招投标146件，涉及金额1967万余元。

军　　事

人民武装

【概况】 2017年，在军分区党委和区委、区政府的正确领导下，认真贯彻落实党中央、中央军委和习主席决策指示，坚持以改革强军为统领，以履行新职能新使命为着眼点，以军分区年度工作部署为落脚点，举旗铸魂固根本，聚焦中心谋打赢，改进作风求实效，开拓创新抓落实，推动人武部机关和全区民兵预备建设呈良好发展态势。

【思想政治工作】 坚持以深化中国特色社会主义理论体系武装、加强党的建设、推进军事斗争准备等政治工作为抓手，不断创新教育形式，丰富教育内容，提高教育实效。突出抓了学习宣传贯彻党的十九大精神。重点在原原本本学、突出重点学、联系实际学、营造氛围促学、靠制度督学5个方面上下功夫。持续推进“两学一做”学习教育常态化制度化落实。在深化“学”上下功夫。将学习党章党规、习近平总书记系列重要讲话精神融入日常，抓在经常。在突出“做”上求实效。坚持把“做合格党员”落脚到提高觉悟、解决问题、岗位奉献上，贯穿于全体党员日常工作全过程。在解决问题上求突破。围绕党性意识、作风短板、工作指导等方面查找出了学习风气不浓、创新精神不足、指导基层欠实等6个短板问题和不足，下大力抓好整改，在解决矛盾和问题中正作风、树形象。三是扎实开展了“维护核心 听从指挥”主题教育活动。确保了干部职工和全区民兵预备役人员政治上坚定清醒、思想上同心同向、行动上不偏不倚，坚定了维护权威、维护核心、维护和贯彻军委主席负责制的政治自觉，激发了投身国防后备力量建设的工作动力。

【战备训练工作】 坚持聚焦能打仗打胜仗的要求，真抓实练，努力提高整体战备训练水平。按照“现役干部练基础，专武干部练技能、民兵分队练应急、基层建设求规范”的思路，着力抓好日常战备和基础性训练工作落实。先后组织现役干部、专武干部、民兵教练员、民兵骨干开展业务集训，促进武装工作业务能力提升。修订完善作战方案计划和突发事件应急预案，完成年度国防动员潜力调查统计工作。针对基层建设短板弱项，指导各基层武装部对“三室一库”进一步规范。12月，组织全区专武干部到胜利油田民兵训练基地参加全市专武干部军事和业务集训考核，取得优异成绩。围绕快速动员、抢险救灾、应急维稳三大任务，以提高民兵应急为重点的军事训练，提高应急分队训练水平，全面推进区域民兵应急分队常态化专业化规范化建设。6月中旬，组织黄河防汛应急分队开展为期一周的黄河防汛课目训练，并参加全区防汛演练，增强防汛救灾能力。8月，民兵训练基地李海军主任被省军区表彰为优秀“四会”政治教员。

【征兵工作】 坚持依法征兵，狠抓廉洁征兵，较好完成军分区赋予的年度新兵征集任务。采取校园宣传、社区宣传、电视宣传、网络宣传、短信宣传、大棚车宣传和设立宣传咨询服务站等多种形式，全方位多角度开展宣传发动，扩大宣传的覆盖面、渗透力和影响力。抓实兵役登记。对各基层单位采取“划片包干、日统计、周通报”的方式强力推进，全区18周岁男青年兵役登记率达到100%。坚持把优先征集大学生作为重点，宣传大学生入伍优惠政策，激发他们参军报名的热情，超额完成市征兵办赋予的大学生征集任务。组织双合格青年进行为期7天的役前教育训练活动，让预定新兵提前体验军营生活、感受部队氛围，培养基本的军人作风。坚持把廉洁要求贯穿征兵工作全过程，树立兵役机关公正、廉洁的良好形象。

【部队管理】 持续深化条令条例和法规制度学习。组织开展“学法规、用法规、守法规”活动，对季节性、倾向性问题，及时安排开展法纪教育、警示教育，做好经常性思想教育，使各级各类人员进一步明确职责，增强法纪观念，打牢遵章守纪思想基础。狠抓制度落实。坚持靠制度、靠机制、靠规矩管人管事推动工作。狠抓条令条例和规章制度落实，从细节入手，从小事抓起，提高单位的四个秩序管理成效。坚持以“五项整治”“百日安全”“四清两统”等活动为重要抓手，始终抓住重点环节不放松，突出抓好重要时节、重要目标、重要岗位、重要人员的安全管控，做到学习常抓、会议常议、教育常讲、思想工作常做、隐患常查，确保人员思想稳定，打牢安全发展根基。

【国防教育与双拥工作】 以争创全省双拥模范城为契机，充分发挥桥梁纽带作用，组织开展双拥共建活动。积极组织发动广大民兵预备役人员紧紧围绕在打造“一极两区”、加快建设美丽幸福新河口的实践中贡献力量，实现在用兵中练兵强兵，使生产力和战斗力得到同步提升。做好包村帮扶工作，顺利通过区下派帮扶办的考核验收。11月，因在全区扶贫开发和第十八批干部下派工作中成绩突出，人武部和下派第一书记分别受到区委、区政府嘉奖。广泛深入开展全民国防教育，营造全民关心支持国防和军队建设浓厚氛围。6月，协调解放军国际关系学院刘钊教授在区委党校为全区科级以上领导干部上一堂国防教育专题讲座，增强全区党政领导干部的国防观念。11月，区委书记苟增杰被推荐表彰为山东省关心国防建设“十佳个人”；2名镇、街道书记被市委、军分区党委表彰为党管武装好书记，分别有2个单位和2名个人被市国动委表彰为关心国防建设“十佳单位”“十佳个人”。11月，配合区委、区政府迎接山东省双拥创城考核组到河口区检查考核，取得较好成绩。

【后装保障工作】 坚持把经费使用向中心聚集，牢固树立勤俭节约意识，坚持花钱看家底、办事看方向、开支看规定、用后看效果，切实把经费管好用好，提高使用效益。认真对储备的装备器材和战备救灾物资进行维护保养，实现战备设施配套齐全、各类战备物资存放符合要求、使用完好。先后投资5万余元，安装营区门禁系统，解决长期以来营院“有门难禁”问题；安装监控设施，实现营区和办公楼全覆盖；为常备应急分队配齐服装和装备器材；对办公楼用电和通信线路全面实施改造，解决多年来电路故障频发、影响正常办公和不安全隐患。

武警河口区中队

【概况】 2017年，中队党支部在支队党委的正确领导下，坚持贯彻习主席系列重要讲话精神特别是关于武警部队建设发展战略思想，紧紧围绕实现党在新形势下的强军目标，按照三级党委扩大会议部署要求，全面检查分析全年部队建设和完成任务情况，研究制定改进措施，确保年度工作有序推进、高效落实，确保各项任务圆满完成。

【思想政治教育】 （1）抓好党委扩大会议精神的

学习贯彻。在党委扩大会议的学习贯彻上，党支部一班人先学一步、学深一层，对会议精神进行原原本本的学，同时开好军人大会组织全体官兵集中学。充分利用板报、自办小报等载体进行广泛宣传。结合中队实际，开展“去年工作怎么看，今年工作怎么办”为主要内容的政治教育，以及经常性思想教育。通过正面灌输和随机引导，使中队官兵进一步认清中队建设形势，争先创优的意识更加浓厚，工作干劲有了较大的转变。

（2）抓好以改革强军为内容的主题教育。围绕维护核心，听从指挥主题教育，深化理论学习，打牢思想政治的基础。年初以来，主要开展以主题的专题教育、密切内部关系教育、法纪、法规教育、“四反”教育、战备教育、夏防教育、形势任务和党的十九大等教育。教育中，严格落实支部议教制度，做到有计划，有分析，有安排，切实解决好使命感不强、信念不坚定、奉献意识淡化等问题。新兵下队后，上等兵王成，发挥作用明显，真正用兄长情去教新战士、去带新战士干工作，真正做到了帮助、带领和感化，为干部和战士之间的桥梁作用发挥了很大的良好效果。

（3）利用多种形式，调动群众自我教育。一是教育计划周密，认真组织。召开教育准备会，把教育的目的、内容、必须解决的问题作为重点进行研究分析，切实找准教育的切入点。二是利用多种形式，配合教育的开展。结合中队实际，采取多种形式，通过“互联网＋教育”的模式，来配合各项教育；通过学习上级下发的事故案件通报，来配合安全防事故教育。充分利用板报、自办小刊、读书演讲、知识竞赛、影视书评、写上网稿件等形势配合各项教育的开展。上等兵张天保、钱锦红在中队组织出办的每一期板报和红柳卫士报中，不惜牺牲自己的休息时间，加班加点的努力，为中队的文化建设奉献了自己的力量。

【学习《纲要》，按纲建队】 年初，中队党支部根据本中队存在的问题，认真制订符合本单位实际的中队按纲建队计划。深入学习《军队基层建设纲要》和《纲要三十条》的有关内容。中队党支部严格抓好各项工作的落实，重点解决落实《纲要》难、容易走样的问题，理清工作思路。在实际工作中，中队党支部严格落实每月分析制度，结合当月实际工作逐条对照落实，发现未落实的立即研究马上整改，使党支部一班人明确实际工作中要以基层建设的标准和八项经常性工作为重点，狠抓《纲要》的全面落实。全心全意依靠士兵建设部队，提高士兵的自我管理、自我教育的主人翁意识，调动广大官兵参政议政的积极性和主动性，中队官兵的大局观念意识明显增强，中队的正规化建设水平得到全面提高。

【官兵军事训练】 中队的军事训练工作紧紧围绕总队、支队两级党委扩大会议精神，以颁发的《新军事训练与考核大纲》为依据，以中心任务为牵引，加强分类指导，抓好基础训练，搞好应用训练，强化综合训练，提高部队现代化条件下执勤处突的能力。中队党支部在抓好训练工作中始终坚持以落实制度为突破口，狠抓干部骨干的示教能力，加大对训练工作的指导力度，干部坚持跟班作业，及时掌握和解决训练中的难题，认真分析训练形势，制定切实可行的措施，充分发扬民主，广泛听取群众意见，虚心采纳群众的合理化建议，使中队的军事训练工作走上正确的轨道。中队坚持召开训练形势分析会，针对问题及时分析训练形势，严格落实会操、考核制度。在组织干部骨干示讲示教的同时，积极开展“五小”练兵活动，充分调动官兵的训练热情。在训练中适时进行安全常识教育，建立健全安全防范措施，规范训练程序，做到重点难点课目干部必须到场，必须亲自组织，并实施有效的监督。在中队的大小训练中，班长骨干发挥作用明显，在训练中模范带头，以身作则，请示及时，组织严密，时间控制正规，为中队的训练水平作出积极的贡献。

严密组训

育计划，做到有计划、有教案、有提纲，并及时落实教育内容；从规范执勤动作入手，加强“三班、四哨”“三控”的训练，提高执勤能力；从落实制度入手，严格勤务值班、查铺查哨制度，做到每日查勤次数均在六次以上，督促和监督哨兵认真履行职责，遇到战备期还增加查勤次数，确保执勤目标的绝对安全；从双警合一入手，中队每月与看守所、联防单位定期召开联系联防会议、形势分析会，在思想上形成共识，共同防范、防逃制逃的能力得到进一步加强。

【完成执勤、战备和处突任务】 2017年，中队党支部紧紧围绕以执勤和处突为中心的这一经常性工作，落实各项有关制度和规定，狠抓“岗前培训”“专勤专训”“三个一遍”、以及“三员一兵一组一班”的训练，确保目标、哨兵、执勤枪弹的安全。（1）中队广大官兵对中心工作高度重视，组织严密。在执勤工作中，中队广大官兵都始终把执勤工作摆到中心位置。（2）严格标准，深入搞好专勤专训。认真结合有关教材，搞好勤务训练，抓“练哨兵”这个主要环节，增强训练的针对性，扎扎实实地训好每一个动作，提高中队官兵依法执勤、正规执勤、文明执勤和正确处置各种情况的实际能力。认真查摆执勤中的“常见病”“多发病”。中队每月进行一次执勤研究、联系防防，时时事事雷打不动。中队共出动兵力32余人次，完成临时性押解任务11次押送犯人78人。（3）认真贯彻落实八项勤务制度。从执勤教育入手，把执勤教育列入政治教

【依据条令条例管理部队】 （1）抓精细化管理。严格落实以《支队正规化管实施细则》为依据，从难、从严、从细入手，以“四个无处”为目标，在中队基础较差的情况下，注重抓官兵一日生活制度和日常养成，坚持定期检查与突击检查相结合及进纠正

应急拉练

物品摆放不正规、不统一、不整洁等不精细、不落实、标准低等问题。（2）抓党员士官队伍。以《士官管理规定》加强士官队伍建设，充分发挥士官的主观能动性，以《士官量化管理》为管理措施，对士官进行全方面监督管理，定期进行民主测评，听取群众对士官的意见或建议，适时进行讲评。（3）加强枪弹、手机、酒、钱、密等重点问题管理。严格枪弹管理要求，定期检查、擦拭保养，干部始终靠在一线，做到静态管死、动态管严。搞好管装爱装教育，教育引导官兵正确使用、爱护手中武器装备；依据《手机管理规定》加大检查力度，违规使用手机现象有所改变；认真学习《禁酒令》，坚决执行总部、总队要求，无一人违反上级要求；严格落实《保密守则》十不准要求，人人熟知《严密防范网络泄密“十条禁令”》有关规定要求，定期组织保密教育和检查，防止失泄密问题的发生。（4）抓安全防范。每天坚持“四无记时”翻牌仪式，以安全“三小活动”为载体加强安全检查，开展安全工作讲评和安全工作部署会，明确目标和要求，强化责任意识、使命意识，打牢官兵把安全当日子过的思想，使中队的“四个秩序”得到进一步正规。

【后勤设施正规化建设与管理】　围绕保中心、保生活的要求，加强后勤全面建设。（1）严格财务管理。落实财务制度，坚持“双主官签字制度”，每日签字，杜绝不合理开支。遵守财经纪律，合理安排使用各项经费，并使各项经费开支处于支部的监督之下，最大限度地压缩一些非必要开支。（2）做好卫生防病工作。五大场所经常保持清洁，厕所由连值日员随时打扫，厨房值班员监督炊事员打扫厨房卫生，卫生员经常检查并及时消毒。结合季节特点，由卫生员具体负责对营区、厕所、厨房、餐厅等场所每天进行消毒。（3）抓好武器装备安全管理工作。严格落实武器装备安全管理制度，在确保“四无”的同时，按“科学化、制度化、经常化”要求管好用好武器装备，切实把动态枪弹管严，静态枪弹管死，提高枪弹管理的正规化水平。

人民防空

【概况】　河口区人民防空办公室是河口区政府履行战时防空、平时防灾一体化综合协调、救援救助和组织指挥的办事机构，也是区国防动员委员会常设办事机构，接受军地双重领导。区人民防空办公室为正科级行政单位，近年来，区人防办持续加强机构建设，壮大队伍力量，先后成立区人防办党支部和区人防办党组；2011年，新增编制2人；2012年，成立人防直属事业单位——河口区人防信息保障中心，编制3人。2015年，成立河口区人防工程质量监督站，编制2人。现有干部职工13人。

2017年，河口区人防办认真贯彻落实第七次全国人民防空会议精神，按照“长期准备、重点建设、平战结合”的方针，加强高技术条件下信息平台建设，开展人防训练演练，积极融入中心工作，提高履行“战时防空、平时服务、应急支援”使命任务的能力，各项工作跃上新台阶。

【人防工程】　（1）认真贯彻落实省、市、区有关安全生产文件和会议精神，强化红线意识，开展“大排查快整治严执法集中行动”“安全生产月”、夏季人防工程消防检查、汛期人防工程安全检查等活动，深入施工现场进行30余次的安全检查。（2）开展结建人防工程建设管理工作，严格按照《中华人民共和国人民防空法》要求，重点查验施工监理是否具备人防工程监理资质，是否在资质范围内按照相关要求开展工作，结建人防工程安装的防护设备是否具有人防资质等。现已对2个结建人防工程开展审批工作，对14个建设项目进行图纸审查、建设用地勘验等。（3）以提升新成立的河口区人防工程质量监督站（以下简称区人防工程质监站）工作水平为出发点，多次派遣专门工作人员赴市人防工程质监站实地见学相关业务工作；参照上级业务机关设备清单，按照河口区实际，配备相关检测仪器设备；确定区人防工程质监站相关制度、规则、报检手续等，并安排工作场所和人员配置。

【人防指挥】 （1）立足提升保障能力，开展指通业务训练演练。配合市办圆满完成日照人防办来东营举行的联合演练。为迎接十九大胜利召开，10月17日，在新户镇、河口蓝色经济开发区进行实地训练，根据方案演练无人机、单兵与机动指挥车的互联互通、重要经济目标防护、应急救灾信息采集等科目。（2）根据上级禁毒要求，4月份，配合区公安分局出动机动指挥车及无人机在全区范围内展开为期5天的拉网式巡查，飞行32小时查处罂粟23株。同时，为确保党十九大期间全区安全稳定，积极配合区公安分局利用无人机飞行8小时在城区范围内对安保维稳工作进行全面清查。（3）根据全市统一部署，9月18日上午11:30～11:47，成功完成本年度防空警报试鸣任务。为确保此次警报试鸣工作圆满完成，前期及时向区政府请示，制定详细的警报试鸣方案及应急预案，并组织专业人员于8月25日—28日集中对城区内人防警报鸣放系统进行维护和测试，及时解决存在的问题，确保河口区人防警报鸣响率达到100%。

【行政服务】 严格执行权力清单制度和行政裁量权基准制度，落实重大决策合法性审查制度，推进职能、权限、责任法定化、规范化。（1）按照公正规范的要求，所有审批事项实行行政审批联审制度。先由窗口工作人员收件并初审合格后，提请业务股室对材料进行许可环节的审核，业务股室审核后提出许可建议，提报行政审批联审会议讨论研究。召集相关人员定期召开行政审批联审会议，汇报项目相关情况，由参会人员集体研究确定许可意见，办领导签署许可意见。（2）严格按照人防相关法律法规和政策对所有申报项目进行严格把关。凡符合条件修建防空地下室的，坚持要求建设单位按国家规定修建防空地下室，增加人防工程总量，提高战时人员疏散隐蔽防护能力；对于符合条件不能修建人防地下室的项目，严格按照相关规定、标准和程序收缴人防易地建设费，坚决杜绝少缴、免缴、缓缴人防易地建设费的现象。人防窗口共办理审批事项15件。（3）组织行政执法人员采取电话催缴、到企业下达《执法文书》、移交法院启动行政强制执法程序等多种形式对未缴或欠缴人防易地建设费的企业进行全方面的催缴工作，现各节点人防易地建设费目标任务已基本完成。（4）推行“一线工作法”。11月28日，由区人防办党组书记、主任李建柱同志带领相关工作人员赴仙河镇，就桩西采油厂2008年10月开工的光明二小区住宅补办人防手续一事到相关企业开展上门服务。期间，就相关项目人防审批手续办理问题与企业负责人进行交流，详细了解项目建设情况，就国家有关结合民用建筑修建防空地下室的政策进行说明，帮助建设单位充分了解人防政策，并针对该项目实际情况对审批手续办理流程进行指导，拉近与房地产开发企业的关系，为人防工作的全面开展创造良好的氛围。

【平台建设】 按照国务院、中央军委、省政府、省军区相关要求，根据河口区人防指挥现实应用需求，投资980万元建成地上应急指挥中心，完成专家验收工作并投入使用。2017年，按照“政府主导，人防搭台，综合集成”的总体思路，推进人防应急指挥平台与全区“智慧城市”建设、综治工作等的有效融合，公安、党建等部门已完成相关网络的接入，实现视频、语音互联互通和数据资源共享，满足防空袭作战指挥的需要，符合“平时服务”的需求，提高城市综合管理能力。地上应急指挥中心自投入使用以来，保障区智慧城市、区综治中心等全区重点工作，承担省委组织部、省人防办领导到河口区调研等相关活动20余次。现地下人防基本指挥所指挥信息系统完成并通过专家评审，并进行施工招标。

【人防宣传】 （1）按照人防“五进”要求，以学校、社区人防教育工作为侧重点，围绕“5·12防灾减灾日”这一节点，联合区应急办、地震局、科技局、教育局等单位，在河安小学开展河口区2017年防灾减灾周启动仪式暨河口区河安小学地震应急疏散演练。演练中，无人机成功完成灾情探测，并与人防应急指挥车和指挥大厅顺利联通，进行实时图传。（2）以“9·18”警报试鸣为契机，积极开展内容多样的警报试鸣宣传工作。协调各镇、街道在中心城区、居民聚居区域、人员流动密集区域及时张贴《河口区人民政府关于第十八次防空警报试鸣的通告》。通过区政府网站、电视台等广泛发布《通告》和防空警报鸣放信息。9月13日，带领全市宣传车队，组织干部职工走上街头，深入社区、学校、市场等地，向群众发放《人民防空知识手册》和《防空防灾知识手册》，为大家普及人防知识，耐心讲解防空警报试鸣时间、试鸣范围及防空警报信号种类等内容，共发放宣传资料1000余份。各项演练和宣传工作，进一步强化广大群众的国防战备意识，增强防灾防空技能，扩大人防知晓度和在全区群众中的影响力。（3）11月23日上午，联合区直关工委组织全区入党积极分子共103人在区人防应急指挥中心开展国防教育技能训练。训练主要采取理论辅导和实际操作的形式，共分为观看教育片、疏散演练、队列训练、相关器材演练等6个科目。区人防办派出专门人员分别就“应急疏散演练”“防毒防化服装穿戴与操作”“常见灭火器的使用”“救灾帐篷搭建”等内容进行详细解说。随后，全体参训人员共同参与完成应急疏散、灭火器实际操作、队列基础训练、帐篷搭建等内容，到达预期目的，为下一步人民防空技能训练打下良好的基础。

改革开放

体制改革

【改革主体责任】 把全面深化改革作为"一把手工程"，区委、区政府主要负责同志认真落实改革主体责任，自觉从全局高度谋划推进改革，定好盘子、理清路子、开对方子，推动改革落地见效。2017年，组织召开区委全面深化改革领导小组会议12次，及时学习贯彻中央和省委、市委全面深化改革领导小组会议精神，对全区各项改革工作及时安排部署，推进改革工作有序开展。坚持问题导向，健全调研机制，区委、区政府主要负责人带头抓调研，围绕事关全区发展大局的重点问题、影响和制约科学发展的突出问题、人民群众反映强烈的热点难点问题，拿出有底气、接地气的方案，实施行之有效的解决办法和措施。针对实施农村集体产权制度改革试点、深化"放管服"改革提升政务服务效能、实行"河长制"、推进群团改革、全面加强招商引资、国家公共文化服务体系示范区创建、基层党组织建设提升等工作，从改革方案制定到部署实施、政策配套、督察落实的每个关键环节，提出明确意见，组织推动改革进展。建立区级领导干部领衔推进重点改革事项工作机制，围绕新旧动能转换、深化"放管服"改革、推进农业供给侧结构性改革、健全稳定脱贫长效机制、全面深化基层党组织建设等重点改革事项，每名区级领导确定2项重点改革工作，开展督察调研，加强协调调度，确保各项改革任务完成实效。健全协调配合机制，定期组织召开调度会议，推进区委改革办、各改革专项小组、区直部门协调配合，强化调度推进落实，形成工作合力。各改革专项小组认真落实本领域改革的主体作用，定期召开小组会议，前期牵头研究《支持规模企业规范化公司制改制和企业上市挂牌若干政策措施》《关于进一步健全特困人员救助供养制度的实施意见》《关于支持人民法院基本解决执行难问题的意见》《关于建立区委巡察制度的实施意见》等方案。先后印发《关于进一步加大改革督察力度狠抓改革落实的通知》《2017年改革督察工作计划》《集中督察行动实施方案》，针对《关于深化城乡建设用地增减挂钩试点工作的意见》贯彻落实情况、农业三项补贴政策改革试点情况、建立健全国有文化资产管理和工作机制改革举措落实情况、《关于深化教育领域综合改革的意见》贯彻落实情况等25项内容进行重点督察，形成督察报告和反馈意见，有力推进工作开展。

【改革重点】 坚决落实中央、省委和市委改革决策部署，紧密结合河口实际，年初研究制定区委全面深化改革领导小组2017年工作要点及改革任务台账，细化为188项具体改革任务。实施改革工作台账制度，对确定的改革事项明确任务内容、责任单位、完成时间，实行每月调度、销号管理，截至年底完成169项，其余正在开展前期工作，待省、市出台相关意见后推进实施。建立提示单、交办单、催办单"三单"制度，及时与有关部门对接，确保上级重大改革方案出台后及时跟进落实，先后研究出台《河口区全面实行河长制工作方案》《深化"放管服"改革提升政务服务效能保障新旧动能转换工作方案》《河口区农业水价综合改革实施方案》《关于开展“一村（社区）一法律顾问”通知的实施意见》等一系列改革方案和文件。针对农村治安防范工作薄弱、基层警力严重不足等问题，在全区探索实行“一村一警务助理”农村警务模式，在全市率先实现警务助理全覆盖，有力推动基层社会治安和谐稳定。“一村一警务助理”农村警务工作经验做法，被市委常委、政法委书记田和友，副市长、公安局局长赵峰作出肯定性批示，在全省公安基层基础建设三年攻坚战现场会、全市公安机关基层基础建设攻坚战现场会上进行推广。在深入总结特色品牌“黄河驿站”经验基础上，立足检察监督职能，探索刑事执行检察工作环节的人权保护机制，创新建立刑事执行人权保障中心，推动刑事执行人权保障工作内涵式发展，取得明显成效。11 月 28 日，全省检察机关刑事执行检察人权司法保障理论研讨会与会人员到区刑事执行人权保障中心进行现场观摩。充分发挥党组织在基层治理中的领导作用，推动党建工作和社会治理深度融合，有效提升社会治理精细化、法制化、科学化水平，河口区先后荣获“全国平安建设先进区”“全省社会治安综合治理先进区”荣誉称号，其经验做法得到省委常委、组织部部长杨东奇肯定性批示。

【改革试点】 坚持以试点作为深化改革的重要任务和方法，积极探索创新，精心组织实施，发挥好试点对各领域改革的示范、突破和带动作用。印发《关于进一步加强改革试点工作的通知》，加大改革试点推进力度，有序推进全区改革试点工作。2017 年，推进实施的重点改革试点有六项。（1）关于农村承包土地的经营权抵押贷款试点。健全配套政策措施，深化农村金融改革创新，截至年底，累计发放农村承包土地经营权抵押贷款 630 笔 3.6 亿元，支持各类新型农业经营主体和农户 466 家，缓解农民贷款“抵押难、担保难”问题。（2）全省农村集体产权制度改革试点。成立河口区改革试点工作领导小组，研究出台改革试点工作方案，确定新户镇肥城村、义和镇六顷村、河口街道南旺村、六合街道闫家村为试点村开展改革试点工作。开展清产核资、成员身份确认、资产分类量化、合理股权设置和股份管理等工作，四个试点村发放农村集体经济组织证明书，成立股份经济合作社，发放股权证。试点共清查资产 951.78 万元，其中，经营性资产 59.49 万元、非经营性资产 892.31 万元，清查资源性资产 9445.32 亩，量化资产 951.78 万元，股份配置 12364 股，界定村集体经济组织成员 1124 人。（3）第三批公立医院改革国家联系城市试点。编制出台《河口区医疗卫生服务体系规划（2016–2020 年）》，优化全区医疗卫生资源。加大对医疗机构投入力度，加快推进总投资 1.8 亿元的河口区人民医院综合楼和感染性疾病科项目建设，不断提升公立医院服务能力。深化医联体建设，与市人民医院共建紧密型医联体，分级诊疗体系稳步推进。出台《河口区家庭医生签约服务实施方案》，组建家庭医生签约服务区级专家团队，家庭医生签约服务全面启动。开展公立医院医疗服务价格调整，完善补偿机制和运行机制的改革联动。积极推进现代医院管理制度建设，探索实施公立医院法人治理结构，全区 2 家公立医院均建立起法人治理结构。印发《关于下达医疗费用增长幅度控制目标的通知》，自 2017 年 11 月 1 日起全部公立医院在药品购销中全面推行“两票制”，加强各项费用控制和监管。（4）农民专业合作社信用互助业务试点。河口区新泰花生专业合作社于 2016 年 12 月经河口区地方金融监督管理局批复同意开展信用互助业务，并获得省地方金融监管局认定编码，进入完善提高阶段。顺利完成 100 万元的信用互助业务。（5）基层政务公开标准化规范化试点工作。基层政务公开标准化规范化试点工作是省政府新安排的试点任务，试点期限从 2017 年 11 月至 2018 年 10 月，制定印发《关于印发河口区基层政务公开标准化规范化试点工作方案的通知》，在全区推开试点工作。（6）深化国家监察体制改革试点。作为全市深化国家监察体制改革试点县区，提高政治站位，严格对标要求，聚焦关键环节，先行先试一步，全力推进改革试点工作。

【改革先导作用】 坚持问题导向，围绕谋划发展抓改革，解决制约经济社会发展的体制机制问题，推动形成引领经济发展新常态的制度体系和发展方式。牢牢抓住供给侧结构性改革这条主线，把加快新旧动能转换作为统领经济发展的重大工程，全力推进加工、海洋生物创新平台等总投资189亿元的48个重大产业项中海石油东营石化500万吨升级改造、欧米勒电气、澳亚乳制品目，改造提升传统动能，培育壮大新动能，优化经济结构提升发展质量。健全招商工作机制，研究出台招商引资优惠奖励等办法，加大招商引资力度，与中国三峡新能源、中车永济电机、金风科技签署合作协议，成功落户总投资160亿元山东（河口）风电产业园和海上风电开发项目，实现与央企合作重大突破；与全球光纤通信前3强，中国民企100强上市公司亨通集团牵手共同推动太阳能开发利用；与得利斯集团达成合作意向，围绕肉制品深加工开展全面合作。积极推动规模企业规范化公司制改制和企业上市挂牌，从税费优惠、负担补偿、财政补助等方面提供有力支持。2017年，完成改制企业22家，超额完成市下达的11家的年度任务；山东北博新能源有限公司、山东冠森高分子材料科技股份有限公司相继在齐鲁股权交易中心、新三板挂牌。深入推进“放管服”改革，研究出台《深化“放管服”改革提升政务服务效能保障新旧动能转换工作方案》《简化优化公共服务流程方便基层群众办事创业工作方案》等文件，积极做好上级下放权力承接工作，先后制定公共服务事项目录、村（社区）证明材料两张清单，推广“代办服务”制度，开展国地税联合办税，服务效能进一步提高。全面推进国资金融改革，组建成立区融资担保公司、财金投资集团等5个区属国有企业，恒丰银行、青岛银行等金融机构落户，金融信贷实力不断增强。注重人才科技体制创新，与上海交通大学、山东理工大学、省农科院签署战略合作协议，举办了东营现代农业发展高端人才产业需求对接、黄河三角洲海洋渔业产业发展人才对接等系列活动，为经济发展提供坚实科技保障。持续推进生态文明建设，全力推进总投资2.78亿元的18项环保工程，提前一年完成市下达的三年增绿任务，建立区镇村三级河长体系，市控以上河流水质稳定达标，城区空气质量优良率比去年同期提升2.7个百分点。

【改革惠民】 坚持把保障和改善民生的改革落到实处，重点抓好总投资9.6亿元的10件民生实事，率先成为全市第一个真正实现“城乡公交一体化”的县区，让群众感受到实实在在的改进改善。健全扶贫脱贫机制，坚决打赢脱贫攻坚战，全区11个市定贫困村已全部达到摘帽条件，55户107名贫困人口已全部达到稳定脱贫标准和“两不愁、三保障”目标。充分利用广播电视台、网站、微信公众号等多种媒体，拓宽宣传思路，创新宣传方式，多形式、多渠道、全方位广泛进行宣传引导，在全区营造想改革、谋改革、善改革的浓厚氛围。在区电视台设置“关注改革”栏目，组织开展集中宣传活动，发动群众关心改革、支持改革、参与改革。同时，积极总结报送改革工作的好经验、好做法，《精准施策合力攻坚，着力打造可复制的河口扶贫模式》《河口区探索区域党建联建全面激发非公有制企业党建活力》等文章在省级改革刊物上刊发，“一村一警务助理”农村警务工作经验做法在中央电视台新闻联播栏目播出、在《人民日报》《大众日报》上刊发，创新建立刑事执行人权保障中心经验做法在《检察日报》《法制日报》《山东政法综治简报》上刊发，创新开展党建引领社会治理经验做法在省委组织部《山东基层组织建设工作情况通报》上刊发，充分展示改革成果和群众获得感。

项目推进

【黄蓝经济区建设】 强化措施，全力推动黄蓝经济区建设工作纵深发展。（1）谋划黄蓝两区重点建设目标任务。根据市区域办要求，结合实际，对2017年度黄蓝经济区区域发展战略推进目标任务进行分析汇总和上报。制定区域对接计划。按照全市加快融入京津冀协同发展的要求，研究制定《河口区2017年融入京津冀协同发展工作计划》并完成上报。把工作信息报送作为服务领导决策的重要手段和向上反映情况、互通信息的重要渠道，报送大量有价值的信息，对推动全区黄蓝经济区建设做出积极贡献。截至年底，共向省、市报送信息120余篇。（2）持续抓好黄蓝规划成果评估与落实。认真收集整理规划成果档案、图片等资料，积极配合市区域办做好黄蓝规划成果展，全面做好迎接省市规划成果检查验收准备工作。积极做好迎接省电视台、大众日报社等新闻媒体的采访、宣传和报道工作，宣传黄蓝经济区建设工作的新经验、新做法。（3）推进项目储备库建设。按照省市关于区域战略项目储备库的建设要求，筛选一批符合《黄》《蓝》规划和市、区十三五规划要求的以未利用地开发、临港产业区、高效生态特色园区和海洋特色产业等为主的大项目、好项目，优先入库，跟踪推进。动靠上服务，推动区域经济发展。组织开展调研活动，先后深入中海石油东营石化、彩客化学、澳亚乳制品加工、沃驰化工、神舟澳亚、百万亩渔业区等项目现场进行调研，及时掌握项目建设情况和企业运行情况。（4）抓好区域合作交流工作。积极组织策划外出招商活动，年内共组织开展外出招商活动14次，接待客商100多人次，较好地宣传河口区的投资环境和招商政策。推进山东万安药业股份有限公司在建项目，截至年底，投资300万元对厂区内排水管道进行改造、对生产车间内外墙进行阻燃材料更换装修、硬化地面2000平方米，投资40万元种植决明子1200亩。同时该企业投资1200万元左右收购唐贝宁医药科技（北京）有限公司，完成公司注册变更、股权收购等相关事宜，现正在做好企业上市前期工作。做好山东中塑化学科技有限公司80万吨/年环保增塑剂项目推进工作，编制完成项目申请报告，完成公司注册手续，租赁办公用房12间，现正就燃料替代等问题进行积极对接。（5）下派帮扶工作。2017年，先后到新户镇新华村走访群众100余户，摸清村情民意。加强党建工作，规范完善村两委工作职责、工作程序，开展村两委定时定点办公，实施无职党员设岗定责。协调资金4万元，新建村级道路400多米，修缮太阳能路灯2盏。投资3万余元，治理村庄环境，村庄环境面貌焕然一新。全区第十九批下派帮扶活动开展以来，积极与义和镇千二村进行沟通对接，及时掌握村里的基本情况和存在问题，并根据村里的实际情况计划对全村2000亩土地进行树木种植，积极协调区林业局纳入三年增绿计划。积极做好结对帮扶贫困户扶贫工作，经常性到贫困户家中进行走访调研和慰问，了解情况，解决实际生活困难，获得帮扶户的好评。

【干部队伍建设】 实现新常态下新发展，关键要强班子、建队伍。领导班子率先垂范，认真学习宣传贯彻十九大精神，着力推进制度的改革与创新，带头认真遵守各项规定，开展“两学一做”，全力打造坚强有力的领导集体和高素质干部队伍。（1）加强政治理论学习。坚持把思想政治建设摆在首位，创新党内学习制度，以开展“两学一做”学习教育为契机，认真组织学习贯彻习近平总书记系列讲话精神和党章，特别是是党的十九大胜利召开后，坚持把学习宣传贯彻党的十九大精神作为重大政治任务和头等大事，认真抓好抓实，深入推进“两学一做”常态化制度化建设，全体干部职工带着问题学、联系实际学，边学习边讨论，真正使学习入心入脑、触及思想和灵魂，增强解决问题和处理问题的能力。

认真抓好“党员活动日”活动，把“党员活动日”作为“两学一做”学习教育的有力抓手，促进党组织生活经常化和规范化。（2）加强党组织建设。建立健全思想政治制度、学习制度，将党建知识列入学习重要内容，不断推进学习型党组织建设的科学化、制度化和规范化。完善党员干部管理制度，认真组织好民主生活会、组织生活会，党支部书记亲自去所包村上党课、开展谈心活动，规范支部建设和党员管理，认真组织积极参与“百场送学，万人服务”“灯塔——党建在线”党的十九大精神学习竞赛等各类活动，提升党员干部的创新意识，有力地促进组织体系建设。（3）加强精神文明建设。积极开展创城及复审工作，全体干部职工克服人手少、工作忙、工作量大、经费紧张的困难，主动放弃了休息时间，轮班轮岗、死盯紧靠，圆满完成各项创城工作任务。积极开展党员干部进社区活动，每名党员干部按照各自社区要求利用周末的时间开展志愿者服务活动，扮靓生活环境，融洽了邻里氛围。同时，积极开展“七一”慰问老党员、“贫困群众结对帮扶”等活动，累计捐款捐物2万余元，为群众送去温暖，密切群众关系，提升干部职工的文明道德水平。（4）加强社会治理工作。开展社会治安综合治理工作，严格实行领导24小时带班制度和专人值班制度，特别是认真做好十九大期间安保维稳工作，采取得力措施，没有发生任何问题，圆满完成十九大期间安保维稳任务。认真开展安全宣传教育，定期安排部署综治工作，强化治安综合治理，加大防火、防盗等隐患排查整治力度，认真排查事故隐患，提高安全防范意识，提高治安防范能力。抓好信访工作。认真落实领导班子带案下访制度，全面做好群众来信来访工作，全年未发生上访事件，确保社会大局的和谐稳定。

招商引资

【概况】 2017年7月，根据《河口区机构编制委员会关于组建东营市河口区投资促进局的通知》（东河编发〔2017〕）15号），组建东营市河口区投资促进局，为区政府直属事业单位，正科级，编制20人；撤销东营市河口区招商局建制，所有工作人员划转到区投资促进局。区投资促进局在区委、区政府的正确领导下，以十九大精神为指导，紧紧围绕“一极两区”目标定位，努力改进招商机制，创新招商方式，全区招商引资工作取得了新成效。

【招商成效】 （1）引资总量保持增长。全区在建项目30个，计划投资额120.14亿元，预计全年累计到位固定资产投资42亿元，引进过亿元项目15个。其中，中海石油东营石化升级改造及配套项目即将建成；正邦生态农业产业园等项目进展较快；冠森10000吨/年重结晶法生产高纯度二氨基二苯醚、汇通利华5000吨/年乙基麦芽酚（二期）项目等待验收；澳亚乳制品加工、欧米勒电气断电器生产、海达鱼粉鱼油仓储综合等项目正在进行试生产；大明集团集中供热站项目已投产供热。签约（联审）项目25个，计划投资339.7亿元；在谈项目59个，计划投资273.15亿元。（2）招大引强取得突破。坚持把央企、国企和行业龙头企业作为招商主攻方向，三峡新能源、中车永济、金风科技三方合作总投资160亿元的山东（河口）风电产业园和风电综合开发项目成功落户；总投资390亿元的石大科技产业园高端石化新材料项目已签协议；计划投资60亿元的上海安诺其精化产业园项目已签约；与中铁投资集团合作的“户外用品+”小镇（东营·河口）项目纳入国家发改委“千企千镇工程”项目库，已正式获批；中科钢研新材料及节能环保产业园项目正在起草框架协议；亨通集团100兆瓦高效生态渔光互补项目已完成环评等前期工作。与中建三局山东公司、金城医药、得利斯集团等大企业的合作洽谈顺利推进。（3）招才引智卓有成效。与上海交通大学、山东理工大学等高校院所签订战略合作协议，与北京现代产业研究规划院开展广泛合作，与中科院、社科院等58家高校科研院所建立稳定的产学研合作关系，确立石墨烯研发及推广等87个科研项目，建立博士后科研工作站、院士工作站等各类区域创新机构达到31个，引进国家“千人计划”、山东省泰山系列人才工程等高层次创新创业人才91人，为推动全区经济转型升级注入强劲动力。

【招商措施】 （1）领导带头外出招商。区领导高度重视招商工作，带领相关部门赴澳大利亚、印尼、瑞典、上海、北京、深圳等多地洽谈招商，推进富友联合食品乳制品深加工、戴瑞克新材料产品销售、佳发肉牛养殖及牛肉制品加工、彩客化学东营生产基地等重点产业项目。各级各部门积极联络，共计外出招商195批，接待重要客商来访252批，举办第九届油品贸易洽谈会暨河口区招商引资引智说明会、全国对台干部培训中心招商说明会等专题招商活动，组织参加“中国化工园区与产业发展论坛”“丝博会暨西洽会”等展会，开展招商宣传。区投资促进局结合招商工作体制机制改革，多次赴北京、深圳及省内重点城市开展招商活动，组织萧山企业投资合作恳谈会、深圳招商引资暨招才引智推介会等活动，联系洽谈中油路博特润滑材料产业园、中国网库产业集群电子商务基地等项目30个，重点推进威海金泓集团CPE生产等项目6个。

（2）开展产业招商。组建六大产业招商组，以河口经济开发区、蓝色经济产业园、湖滨新区、百万亩生态渔业区、“锦绣河口·黄河故道”现代农业示范区等园区为招商载体，重点引进建链补链强链型项目。工业方面，突出抓好石油化工、精细化工、装备制造和有色金属四大主导产业项目招引，重点推进东营华联石化产品质量升级、亚邦化工乙酰舒泛钾等项目；农业方面，重点招引现代畜牧、生态渔业、特色种植等优势产业项目，推进澳源肉牛加工、力大王年出栏20万头商品猪等项目；服务业方面，积极招引生态旅游、电子商务、现代物流等新兴产业项目，落户八吕汽车城、蚂蚁金服、恒丰银行河口支行等项目；基础设施方面，正在推进东营港—河口输油管道、中建三局山东公司疏港高速连接线等项目。

（3）开展借力招商。开展以商招商，彩客化学、汇通利华等企业吸引上下游企业到河口投资合作；开展大使招商，招商大使罗冰积极对接，促成富海集团与齐鲁交通、石大科技集团等五方合作；开展乡情招商，借助河口籍党政人员、企业家、专家学者等在外人士对外推介河口；开展融媒体招商，通过山东途瀚论坛直播、微信公众号等方式宣传推介河口，在《东营日报》发表“强化招商引资，蓄力跨越发展”系列报道，编印河口投资指南、重点产业招商项目册，制作投资环境PPT、专题片等资料，广泛对外发布。

（4）开展驻站招商。北京、上海、深圳招商工作站自9月份调整以来，在区投促局的管理指导下，按照“前方牵线、后方织网”的思路迅速铺开工作，共联系企业1000多家，拜访企业115家，邀请20多家企业来河口考察，洽谈项目15个，签约项目4个。其中，北京站成立动党员党支部，组织一次招商说明会，重点推进中科钢研新材料及节能环保产业园项目、中铁“户外用品”特色小镇等7个项目；上海站促成上海交大化学化工学院与区政府签订科技合作协议，上海安诺其精化产业园、北京江西建筑商会智能门窗产业园2个项目签约，洽谈上海依电电气高低压成套产品及专业配件生产等6个在谈项目；深圳站组织开展招商引商暨招才引智推介活动，推进山东贵邦生物高端原料药生产项目、神飞电子安全检查检测仪器生产研发中心2个项目签约，洽谈深圳沃兰德药业药品生产等2个在谈项目。

（5）优化招商环境。一是加强政策引领。制定全面加强招商引资工作的意见，配套出台招商引资优惠奖励办法、社会化招商奖励办法、招商大使（顾问）管理办法、招商引资工作考核办法等一揽子政策办法，释放政策红利。二是创新审批机制。健全项目联审等制度，召开5次联审会议，山东亚邦化工科技有限公司20000吨/年1,1-二甲基乙胺和10000吨/年乙酰舒泛钾等7个项目通过联审，计划总投资44.34亿元，其中欧米勒年产10000台成套开关设备项目已投产。三是创新服务机制。出台《进一步优化投资环境的意见》，努力打造“审批最少、流程最优、效率最高”的审批服务环境。四是创新考核调度机制。密切跟进上级部门调度，加强项目信息统计，及时完善项目信息，积极上报工作动态，1—10月全市考核第一名，1—11月全市考核第二名，力争年终考核取得优异成绩；对各招商责任部门实行“周调度、月通报、年终考核”调度机制，定期召开招商引资调度会议，印发工作情况通报10期、工作动态9期，督导各项工作落实到位。

【重要专业招商活动】 （1）3月9—10日，区委副书记、区长田兵兵，副区长侯丽霞一行7人赴陕西西安中车集团永电捷力风能有限公司、山西运城永济电机有限公司洽谈推进项目。

（2）4月13—16日，区委副书记、区长田兵兵率队赴北京，先后到彩客集团、中粮集团、中国海外控股集团对接项目。

（3）5月18日，区委副书记、区长田兵兵带领有关部门单位在杭州萧山举办“东营河口·杭州萧山企业投资发展恳谈会”。杭州宏峰集团有限公司、杭州钱江印染化工有限公司、浙江中栋控股集团、杭州萧山潘氏纺织有限公司等14家重点知名企业和意向企业参加会议。

（4）6月6日，区委书记苟增杰，区委副书记、区长田兵兵会见了上海富友联合食品（中国）有限公司首席运营官宋雪峰一行，洽谈乳制品加工项目进展情况，并聘任其为河口区招商大使。

（5）6月7日，山东得利斯食品股份有限公司董事长郑思敏到河口区考察现代农业发展情况，区委副书记、区长田兵兵，副区长徐文棠等陪同考察。

（6）6月7日，中建五局第三建设有限公司齐鲁区域总经理助理郭友志一行到河口区考察。

（7）6月20—23日，区委书记苟增杰带队赴印尼开展招商引资，拜访绿田园有限公司、佳通投资（印尼）有限公司、印尼佳发集团，推进戴瑞克新材料产品销售、佳发肉牛养殖及牛肉制品加工等项目。

（8）6月24—25日，区委书记苟增杰带队赴澳大利亚开展招商引资，拜访澳亚集团、澳润石油化工有限公司悉尼代理商，洽谈推进河口澳亚三大现代牧场后续产业链深入合作项目、摩托车润滑油及其他产品出口澳大利亚等项目。

（9）6月28日，副区长胡琳带领有关部门和15家科技型企业负责人赴青岛开展“东营市河口区—青岛高校院所招才引智暨产学研合作对接交流会”。

（10）7月22—24日，黄河三角洲第九届油品贸易洽谈会暨河口区招商引资引智说明会在东营举行。全国20余家省市石油业商会，30余家大专院校、石化院所、科研机构，600余家企业共计1500余人参加洽淡会。区委副书记、区长田兵兵主持开幕式，区委书记苟增杰发言并致辞，副区长侯丽霞作河口区投资环境说明。

（11）7月31日，东营市人民政府、河口区人民政府分别与三峡新能源、金风科技、中车永济签署战略新能源战略合作协议。

（12）8月21日，山东河口2017招商说明会在北京怀柔全国对台干部培训中心举办，来自台湾的30多位企业家参加。

（13）9月21日，区委书记苟增杰，区委副书记、区长田兵兵一行赴中国石油大学（华东）推进有关项目。

（14）10月23日，河口区人民政府与上海交通大学签订战略合作协议。

（15）10月24日，河口区人民政府与亨通集团、山东嘉德实业集团进行新能源战略合作签约。

（16）10月30日—11月2日，河口区在深圳开展集中招商推介活动，同期举办河口区第一届企业家年会。其间，区领导带队拜访香港东营商会、深圳市企业联合会、深圳市山东商会，中广核节能有限公司等企业、商会，参观考察华大国家基因库、华为总部坂田基地、深圳市盐田港集团、深圳工业展览馆城市规划和工业发展成就展厅、深圳博物馆等地，宣传河口，推介项目，学习了经验。11月2日，由河口区人民政府主办，区投资促进局、驻深圳招商工作站承办的山东·河口（深圳）招商引资暨招才引智推介会成功举办。

（17）11月20日，山东理工大学与河口区人民政府签署战略合作协议。

（18）12月2—4日，区委书记苟增杰，区委副书记、区长田兵兵带队赴北京开展招商活动。期间，陪同市委副书记宇向东，先后拜访中国钢研科技集团、中国海洋石油集团等企业，推进中科钢研新材料及节能环保产业园、军民融合等项目。

（19）12月20日，上海安诺其集团精化产业园项目举行签约仪式。

（20）12月27日，齐鲁交通服务开发公司、青

3月10日，区长田兵兵（左）带队到中车永济电机考察

【重点项目选介】（1）中海石化升级改造及配套工程项目：该项目位于河口区中海工业园，总投资38.97亿元，新建350万吨/年原料精制、200万吨/年催化裂化、35万吨/年气体分馏、6万吨/年MTBE、180万吨/年柴油加氢、90万吨/年催化汽油加氢、100万吨/年连续重整、18万吨/年苯抽提、产品精制、2×0.5万吨/年硫磺回收、20万吨年工业异辛烷装置、2万Nm3h制氢装置等12套装置及配套工程。项目建成后年可实现主营业务收入170亿元，上交各类税金45亿元。现该项目设备安装完成，正在进行调试。

（2）澳亚集团高端乳制品加工项目：该项目位于河口区仙河镇，占地300亩，总投资10亿元。主要建设日处理生鲜乳1000吨加工生产线及实验室、仓库、办公生活区、污水处理厂等设施。全部建成后可实现销售收入200亿元，提供就业岗位500个，成为国内单体日处理能力最大的乳品生产企业。现该项目正在试生产。

（3）正邦生态产业园项目：该项目计划总投资9.18亿元，建设地点新户镇，分别建设三泉繁育、育肥场，牟桥5000头祖代种猪场，南王繁育、育肥场及污水处理及配套设施。其中，三泉繁育育肥场项目主要建设保育舍、育肥舍、办公区、饲料加工等，生猪年出栏量30万头。南王繁育育肥场项目主要建设繁殖舍、保育舍、培育舍、公猪站、育肥舍、员工宿舍等，生猪年出栏量40万头。现南王场8栋繁殖舍已具备投用条件，4栋繁殖舍、18栋育肥舍、6栋保育舍、污水处理厂及其它附属设施正在施工。三泉场10栋繁育舍已完成81%，饲料厂已竣工。牟

桥场全部竣工。

（4）东营海达海洋科技有限公司鱼粉鱼油生产、仓储和制冰厂综合项目：该项目计划总投资2.76亿元，主要产品设计生产规模年产鱼粉30000吨，年产鱼油3000吨，年产虾粉10000吨。项目建成后，预计可实现年营业收入4.65亿元，可解决就业100人。现该项目已开始试生产。

（5）山东铭鼎新材料科技有限公司10000吨/年高铁专用DETDA项目：该项目计划总投资3.53亿元，建设生产车间、原材料车间、产品出库、综合楼，总建筑面积21700平方米，配套完善污水处理、绿化、道路、管网、电力等附属设施。2017年底，该项目开工前手续已全部完成。设备采购已完成，厂房基础施工完成，车间墙体彩钢板施工基本完成，正在进行钢结构施工、设备基础施工。

（6）欧米勒电气有限公司年产10000台成套开关设备项目：该项目计划总投资1.2亿元，主要以固封极柱、底盘车、触臂触头、弹簧机构及其他零部件为原料生产真空断路器、智能框架式开关、测控保护装置及高低压成套配电设备。现该项目投产。

政务服务

【概况】 区政务服务中心共进驻中心共有常驻窗口单位28个、综合窗口单位19个、中介机构13家，能办理各类行政审批服务事项337项，事项进驻率已达到71.7%。2017年，共办理各类行政审批服务事项404252件，其中即办件380010件、承诺件7718件，接受群众咨询件168432件。

【科学化管理】 （1）建立健全管理考核办法。结合工作实际，制定并下发《2017年度全区政务服务集中办理工作考核实施细则》，主要从“三集中三到位”工作开展情况、业务管理、人员管理等方面对入驻部门单位进行考核。截至年底，中心共有常驻窗口单位27个、综合窗口单位19个、中介机构10家，能办理各类行政审批服务事项337项，事项进驻率已达到71.7%。（2）加强电子监察工作。借助“东营市政务服务云平台”，对纳入网上办理的区级行政许可事项进行实时监控。严密督查办理时限仅剩余1个工作日以及超时办件等情形，以告知部门单位按时办结或下发《电子监察督办单》的形式责令其限期办结。截至年底，已向3个部门单位下发《电子监察督办单》。（3）推进标准化管理工作。结合中心工作实际，制定并下发《河口区政务服务中心标准化建设工作实施方案》（东河政办发〔2017〕19号），着重从中心大厅设施标准化、事项办理标准化、人员管理标准化、岗位职责标准化、窗口管理标准化、效能建设标准化和政务公开标准化等7个方面进行规范化管理，旨在解决中心的内部管理和外部服务的问题。中心于6月1日起，严格依照《标准化实施方案》的要求督查入驻部门单位的贯彻落实情况。同时，根据中心标准化工作实际，积极做好国家级标准化试点单位申报工作。（4）加强群众投诉处理工作，全面提升服务品质。设立专门的效能投诉电话，确保投诉渠道畅通。2017年，共受理举报、投诉事项5项，对受理的举报、投诉事项，及时做好记录，认真调查核实，处理结果及时向投诉人进行反馈。不属于行政效能范围内的投诉，及时告知其投诉事项的受理机关。

【“放管服”改革】 （1）继续做好区级事项的承接落实工作。结合《河口区人民政府关于2017年度第一批调整行政权力事项的通知》(东河政发〔2017〕60号)文件要求，配合区编办、法制办对区级无法律依据的审批事项予以清理，确保“清单之外无审批”。同时，建立动态调整机制，即根据国务院、省级、市级取消、下放、合并行政审批事项工作要求，及时配合区编办更新区级事项目录清单。（2）简化审批流程。配合区编办、法制办梳理区级行政审批事项的审批流程，着重对无法律依据的审批环节予以清理。同时，中心根据自身职能，加大对入驻部门单位的考核力度，将“精简审批流程”作为日常考核重点，并于2017年将“事项办理效率”作为新增考核内容纳入日常考核办法，明确要求部门单位进一步压缩承诺时限，尽可能的缩短办事时间、提高现场办结率。（3）加大业务督查力度。结合中心工作实际，定期组织工作人员对入驻窗口单位的服务现场运行、业务办理情况以及窗口工作人员的业务熟练情况进行督查，并通过日督查、月反馈、年考核等方式，督促部门单位进一步提升服务质量、改善服务环境。

【服务模式】（1）开展代办服务。中心按照建立服务型政府的要求，出台《河口区投资项目和便民服务项目代办工作实施方案（试行）》，专门为符合产业政策且注册资本超过500万元的中小微企业及由于老、弱、病、残等特殊原因不便到中心窗口办理业务的特殊群体提供代办服务。同时，专门设立“代办窗口”，实行“代办员＋专办员”服务模式，对办理事项涉及2个以上窗口单位且符合代办条件的服务对象，实行“一窗对外、内部运转、限时办结、一窗出件”服务模式。代办服务队伍成员共计30名，其中专办员16名，自开展以来已经为两家企业顺利代办并受到好评。（2）开展联审联批服务。根据《河口区区级重大投资项目模拟审批暂行办法》和《河口区投资项目和便民服务项目代办工作实施方案（试行）》的有关规定，对涉及多个部门的审批事项实行并联审批制，即对法律法规无明确规定互为前置的审批事项，一律改串联为并联审批模式。由中心依照特事特办原则，负责组织相关窗口单位召开联审会议，一次性告知符合条件的企业办事流程及所需提交的申请材料，并按规定为其提供快速通道服务。截至年底，为东营市大明热源有限公司的2项集中供热项目提供模拟审批服务。（3）开展“绿色通道”服务。为减少服务对象等候时间过长等问题，中心创新推出延时服务、预约服务、上门服务等弹性工作制度。截至年底，已开展延时服务500余小时、预约服务300余次、上门服务200余次。（4）打造基层便民服务示范点。中心严格依照市政务办《关于进一步加强基层便民服务工作的意见》的要求，加大对全区6个镇（街道）的便民服务场所的培育和推荐工作。2017年，全区共建成3处基层便民服务示范点，争取到市级专项资金3万元。

8月9日，咨询台工作人员耐心接待办事群众

【政务公开】 根据省、市、区政府通知要求，严格要求区直29个部门单位进一步提升区级行政许可事项的网上申办率，通过采取印发宣传手册、网站宣传以及服务现场主动引导等方式帮助办事群众通过网上政务大厅（即“山东政务服务网”）进行在线申报。截至年底，区级行政许可事项全程网办率由55.3%提升为82.5%。（1）推进公共服务事项网

上办理。按照省、市统一部署，中心积极配合区编办、法制办对全区6个镇（街道）的582项、区直54个部门单位的549项公共服务事项进行梳理汇总。同时，结合部门单位实际，联合区编办对涉及镇街的6项、区直部门单位的10项公共服务事项予以取消，并于9月上旬完成全区1115项公共服务事项的发布工作，年底前将实现公共服务事项的网上办理。（2）推行证照寄送服务。按照省、市统一部署，积极与市政务办做好对接，了解并推进相关快递公司的进驻工作，全面提供证照和有关资料第三方物流寄递服务，尽可能减少办事跑腿次数。9月底，已做好与邮政EMS的前期对接工作，并参照市政务办推行的证照寄送服务的具体做法，拟定《“政务服务邮寄送达”战略合作协议》。10月初，邮政EMS已作为中心常驻窗口单位入驻办公，由邮政EMS与相关入驻部门单位做好对接，推广、宣传证照寄送服务，12月底前实现证照寄送服务。

商　务

【概况】 2017年，全年实现出口8.25亿元，同比增长1.6%；实际到账外资3.11亿元，完成全年目标任务的186.4%；实现社会消费品零售总额62.76亿元，同比增长10.5%。

【外经贸工作】 （1）实施企业大调研行动。为摸清全区外经贸发展现状，全局实施企业大调研行动，采取领导班子成员、中层干部联系企业的形式，以服务企业、推动经济转型升级、促进外经贸持续向好发展为目标。采取上门走访、问卷调查等形式，深入了解企业现状，对企业每个月进出口增幅变化逐一做出分析，帮助企业解决生产经营中遇到的困难和问题。

（2）培育外贸新增长点。组织企业参加国内外知名展会，国内重点参加广交会，国外重点组织企业参加市商务局“境外百展计划”中的重点展会。通过对外宣传，提升企业产品的市场占有率。澳润石化和三丰香油参加121届春季广交会，澳润石化参加122届秋季广交会，出口成交额呈回稳向好态势。戴瑞克新材料出口增长势头良好，成长为河口区第二大重点出口企业，出口额仅次于金信新材料。1—12月戴瑞克出口21884万元，同比增长59.39%。新增进口企业2家。澳亚乳业进口奶制品加工设备27919万元，占前区进口总额的27.3%；宝鑫石油化工进口5954万元，占全区进口总额的5.82%。富宇化工和华联石化进口原油使用权已公示完毕。

（3）强化政策服务支持。鼓励企业参加国内外知名展会，给予参展企业全额补助。对外贸企业投保出口信用保险保费给予补助，为出口300万美元的10家小微企业整体一揽子打包投保出口信用保险。对出口与企业实行增量奖励。成功创建“山东省出口农产品质量安全示范区”。2017年，落实中小企业国际市场开拓、出口信用保险补助、出口奖励、出口农产品质量安全示范区补助资金共633.53万元。

（4）培育外贸新业态。组织外贸出口企业参加省商务厅举办的跨境电商进万企之“2017互联网+外贸”营销实战培训3期。邀请阿里巴巴一达通外贸综合服务平台山东分公司为河口区21家小微出口企业进行外贸新业态培训。帮助企业提高运用第三方平台和政策拓展国际市场、加快跨境电子商务发展，进一步提高企业对外贸易的能力和水平。飞翔橡胶、胜利石油仪表厂、三丰香油3家公司与阿里巴巴跨境电商平台达成初步合作协议。

【外资工作】 （1）实行联系企业制度。成立实际利用外资工作推进小组，对项目落地过程中的每一个细节和需要解决的具体问题，跟踪督促落实，实施监督、刻刻督促，确保外资资金早到位、早投产；坚持对在建的外资项目，继续不折不扣地做好跟踪服务。（2）优化投资环境。积极帮助、协调解决外商投资企业在审批运营中遇到的困难，加强对重点

河口区苏宁易购开业庆典

领先的网络零售型企业平台，淘河口、买卖惠、供销宜家、黄河故道生态家农产品网等。逐步打造起集“网络代购＋平台批销＋农产品返城＋公共服务＋物流配送”为一体的特色电商服务体系，有效促进农业农村发展。“互联网＋品牌”创建工程实施成效明显。山东欣马酒业有限公司被认定为“山东老字号”企业，这是河口区首家荣获这一称号的企业。东营市静影网络科技有限公司荣获2017年度最受欢迎电子商务服务机构称号，电子商务园区建设步伐加快，电商发展规模集聚效应明显。投资1500万元建设河富电商物流创业中心，设立综合创业服务区、电商服务区两大功能区块，开通自有电商平台—河富网，实现线上线下融合发展。（4）招商引资工作实现新突破。2017年，立足部门职能和优势，坚持产业招商和以商招商，全年开展外出招商活动10次，联系客商20人，收集项目线索6条，接待四川、济南、淄博等5个批次客商考察队到河口考察、洽谈项目，累计接待客商50人次。共达成意向项目5个，在谈项目4个，在建项目2个，总投资3亿元。其中，总投资1.5亿元的孤岛商务综合体、总投资8000余万元的金岛明珠商务综合体2个项目被区投资促进局列为2017年重点招商项目。

联系企业的政策指导和业务沟通。以“服务企业，服务项目、服务投资者”为核心，健全岗位责任制、首问负责制、限时办结制、服务承诺制，提高服务水平，依法保护外商的合法权益，确保各项优惠政策的稳定和按时足额兑现。为推进项目建设，河口区为外资企业积极完善配套基础设施，实施“五通一平”建设工程。营造亲商、安商、富商的良好氛围。（3）鼓励现有外资项目增资扩股新上项目。2017年，以澳亚乳制品加工项目为核心，推进东营和利时燃气有限公司与神舟、仙河澳亚量大牧场合作沼气提纯及LNG、CNG加气项目、澳美纸箱包装厂项目，打造澳亚集团高端乳制品综合加工产业园。

【商贸流通工作】（1）消费品市场稳中趋旺。总额62.76亿元，同比增长10.5%。限额以上商贸流通企业95家，其中批发零售企业69家，住宿餐饮企业26家。（2）电子商务发展迅速，电子商务交易规模不断扩大。全区已注册登记电子商务企业76家，建设本土电子商务平台9个，专业从事电子商务的企业和个体网店共120余家。（3）本土电商企业发展壮大。涌现出一批拥有自主品牌、在同行业保持

【商务综合行政执法】（1）做好行业执法和安全生产。全面推开“双随机一公开”工作，将56家企业纳入监管名录库。加强再生资源回收工作，排查再生资源经营户64家。加强行业安全生产，深入开展“安全生产百日攻坚治理行动”“安全生产活动月”

等工作，出动执法人员224人次，检查企业233家次，督促整改隐患286项。

【商务工会工作】 河口区商务工会自成立以来，围绕“服务大局、服务基层、服务职工”这一根本，制定河口区商务工会2017年工作计划，强力推进“企业工会组织建设、工资集体协商提质增效、厂务公开民主管理法治推进、惠员工程、‘查保促’活动”等5项重点工作，主动作为，开拓创新，工会整体工作水平和质量得到迅速提升。加强企业工会组织建设。开展以“五个统筹”为主要内容的非公有制企业“党建带工建”工作。在区委组织部、区工会的大力支持下，通过深化“五个统筹”建设，在13个会员企业中构建起党工共建的工作格局，党组织作用增强，工会舞台变大。其中，会员企业山东汇海医药化工有限公司被区委组织部确定为“党建带工建”工作重点培育对象。积极培育先进职工文化企业文化，组队参加河口区“中国梦·劳动美”主题演讲比赛，获得二等奖；成功组织开展河口区商务工会庆“五一”第一届职工运动会，参赛职工有200余人，受到广大职工好评。2017年4月11—15日，联合区安监局、区总工会深入13家会员企业开展“查保促”活动，查处隐患76项，并及时进行整改，收到企业领导的高度评价。4月22日举办一期安全生产培训班，300余名职工参加。“五一”期间，对会员企业4名劳模进行走访慰问，并为他们进行免费查体。积极推进工资集体协商工作。加强工资集体协商指导员队伍建设，在区总工会的指导下，河口区商务工会成立5人的工资集体协商指导员队伍到会员企业指导工资集体协商工作。13个会员企业工资集体协商建制率达100%。提前完成区总工会工资集体协商目标考核任务。深化厂务公开民主法治推进年活动，商务工会13家会员企业民主管理工作质效提升活动的参与率达100%。开展创建“推行协商民主、强化社会责任”品牌活动。积极开展工会会员普惠制工作。与新华书店、区人民医院协商提供打折等优惠服务。开展2017年度困难职工摸底工作，对13家会员企业困难职工进行摸底并建档立案。

山东河口经济开发区

【概况】 2017年，在区委、区政府的坚强领导下，河口经济开发区上下紧密团结在以习近平同志为核心的党中央周围，深入学习贯彻党的十八大、十八届历次全会和十九大精神，以习近平新时代中国特色社会主义思想为指导，主动适应新常态，积极应对新挑战，牢固树立创新、协调、绿色、开放、共享的发展理念，全力以赴抓经济运行、招商引资、安全环保、重点项目和重点工程建设，经济社会保持平稳健康发展，各项工作取得新成绩。

【园区发展】 面对宏观经济下行压力，开发区沉着应对，综合施策，精准发力，综合实力显著提升。

（1）经济总量迈上新台阶。全年实现规模以上工业总产值57亿元，同比增长14%；主营业务收入55亿元，同比增长15.21%；实现增加值8.6亿元，同比增长3.3%；实现利税4.5亿元，同比增长3.3%；实现财政收入9430万元，增长6%。

（2）产业集聚取得新成果。推动园区生态集约发展，引导优质资源向优势企业集聚、相似产业向园区汇集。世界最大的清洁能源生产企业中国三峡新能源有限公司联合中车永济电机和新疆金风科技，共同投资160亿元建设山东（河口）风电产业园和海上风电开发项目；北京建盛天成商贸有限公司投资10亿元，与海螺型材、栋明铝业、北玻节能科技等企业形成完整门窗制造产业链，优势产业集聚实现高效发展。

（3）创新工作实现新突破。以“党建聚心、服务聚力、发展谋局”工作理念为抓手，创新区域化党建新模式，打造开发区“红立方”品牌，党建工作经验在全市得到推广，海螺型材、汇海医药等企业支部承接省委组织部党建观摩2次，成为全省非公企业党建典范；推行最严格的环境保护制度，构建环保网格化监管体系，河口经济开发区作为全市唯一的开发区代表，迎接国家环保督察，获得高度认可；坚持把创新作为新形势下做好基层工会工作的着力点和落脚点，先后5次代表东营市迎接省总工会验收，被表彰为“山东省职工体育工作先进单位”，各项工作的创新发展，促进园区经济融合发展。

【企业发展】 深化供给侧结构性改革，积极推进新旧动能转换，认真落实区委、区政府《河口区支持工业经济发展的实施意见》，全力保障企业运行，区域经济快速发展。

（1）加快新旧动能转换。利用先进技术改造升级传统产业，促进传统产业和新型产业整合，培育新的经济增长点。海螺型材PP建筑模板、北玻科技节能安全玻璃等项目建成投产，西安中车永电捷力风能有限公司3兆瓦直驱电机生产、江西建筑商会智能门窗制造产业园等项目顺利推进，进一步激发经济增长新动能。

（2）深入推进科技和品牌战略。鼓励引导企业创建各类科技平台，开发区共有市级科技型企业19家、高新技术企业7家、省级企业技术中心2家、院士工作站1个、国家级博士后科研工作站1个，为人才发展和企业转型升级提供有力支撑；培育自主品牌，创建山东名牌产品6个，山东著名商标2个，品牌经济贡献突出。

（3）金融风险化解取得新突破。准确研判形势，主动防范化解，深入摸排辖区内非法集资、互联网金融、担保圈贷款情况，建立科学的企业资金链风险预警、处置联动机制，优化金融生态环境。2017年，累计为企业使用应急转贷资金4笔共5380万元，办理抵押贷款14笔共20260万元，兑现扶持资金1439万元，有力保障企业生产经营和区域金融稳定。

【招商引资】 把招商引资作为经济发展“头号工程”，围绕高端装备制造、新型建筑建材、风电设备制造等主导产业，瞄准京津冀、江浙沪两大产业转移区域，实施产业招商、精准招商，全面提高招商引资质量规模。

（1）外招内引结合。聚焦大型国企及行业领军企业，重点引进一批投资大、层次高、带动强的好项目，先后赴深圳、上海、北京等地开展招商活动40余次，洽谈推进项目19个。上海安诺其集团精化产业园等项目已完成签约；上海依电电气有限公司配电柜、通威集团高档饲料、北京思锐达金属制品有限公司汽车零部件等生产项目正在积极推进，胜利万和、金色河口、管具公司等油田企业搬迁项目正在进行对接，招商引资工作有序开展。

（2）狠抓项目建设。紧盯关键项目，探索有效方法，争取项目早落地、早动工、早投产。山东（河

北京江西建筑商会智能门窗制造产业园项目签约仪式

口）风电产业园项目一期 3 兆瓦直驱电机生产设备正在安装；欧米勒电气年产 2.5 万套电气开关设备项目、北玻科技新上防爆夹胶、丝网彩印、3D 彩墨印刷生产线已达产运营；北博新能源 8 兆瓦屋顶分布式光伏发电项目已并网发电，重点投资企业落地见效。

（3）加大闲置资产盘活力度。为提升项目承载力，实现闲置资产高效利用，对园区内闲置厂房、土地逐一分析特点、成因、潜在优势，借助税务、住建、工商等部门职能，加大盘活力度，为精准招商提供“大数据”服务。北玻科技、伟业棉油、海蓝德、谊诚实业等企业 6.5 万平方米的闲置厂房得到有效利用，实现企业降本增效。

【园区管理】 主动适应发展新常态，狠抓安全、硬抓环保、严抓社会管理，将开发区划分为 8 个片区、95 个企业网格，严格落实网格化监管责任，提高综合管理水平。

（1）安全生产扎实推进。结合“大快严”和“百日攻坚”行动，突出隐患排查治理，强力推进“打非治违”，重点落实企业“两体系”建设，全年共执法检查企业 104 家次，隐患排查整改 1567 条，拆除企业自用加油站点 9 处，完成企业可燃液体、液化烃装卸区改造和高清卡口建设 6 家，建设的 2 处消防水源顺利通过验收，涉及“两重点一重大”的企业隐患整改率达到 100%，安全生产形势持续平稳。

（2）环境保护成效显著。认真贯彻绿色发展理念，打好水气土环保三大战役，严格落实环保“三同时”制度，深入开展环保“打非治违”工作。全年开展异味排查整治 22 次，检查企业 126 家次；羊栏河开发区段污水实现稳定达标排放；汇海医药泄露检测与修复、挥发性异味有机物治理及燃煤锅炉淘汰改造全部完成；安诺其燃煤热风炉改气、厂界特征污染物在线监测系统建成投用，环境治理得到加强，环境状况明显改善。

（3）高效开展社会管理工作。为维护良好社会治安秩序，投资 236 万元实施“天眼”工程；完善信访预案机制，妥善协调处理各类信访纠纷 61 件、民生热线及市民心声转办事项 380 件、电话转办事项 260 件；创新流动人口管理措施，严格落实计生目标责任制，圆满完成计生管理工作；开展“七五”普法工作，法律援助工作不断加强；开展依法行政、食品药品管理、应急管理和慈善救助工作，按时完成人大代表建议和政协提案办理工作，社会管理工作平稳推进。

【发展环境】 以建设特色型、生态型、集约型园区为目标，配套完善硬环境，优化提升软环境。

（1）推进重点工程建设。按照创建国家生态园林城市标准，借助全市“八纵八横”、S231 河辛路改线、河广大道河口段等重大基础设施项目实施的机遇，扎实推进开发区重点工程建设，投资 7538 万元实施顺河街西延、河庆路绿化、祥河路道路建设、海宁路两侧绿化提升 4 个政府投资工程项目，各项工程进展顺利，园区综合承载能力全面提高。（2）加大基础设施管护力度。全面完善园区市政设施配套，维护路灯 1607 盏，养护绿化 120 万平方米，保洁道路 66 万平方米，管护泵站 6 座，维护隔离护栏 4852 米，修补道路 9000 平方米。扎实推进拆违治乱活动，完成拆除违法建筑任务 7 处，清理非法占地 6.5 万平方米、违法建筑面积 3.4 万平方米，圆满完成拆违治乱任务。（3）优化提升服务效能。以制度建设为基础、以强化教育为抓手、以绩效考评为依据，建立和完善限时办结、服务承诺制和首问负责制等制度，为企业办理职工子女入学、入托、户口迁转手续 20 件，引导企业招聘员工及引进技术人员 40 余人，提升公共服务水平。

【区域党建】 创新区域党建模式，强化学习教育、责任落实、队伍建设，打造创新型、服务型、学习型党支部。

（1）提升党建工作水平。开发区党工委按照“区域统筹”理念，探索“四统三有三提升”工作模式，努力构建园区党工委、区域党总支、基层党支部“三级联动”党建工作新格局，实现党组织、党工作在园区企业全覆盖。（2）提升党组织凝聚力。部署推进“两新”组织党建“百日提升”行动，开展“党员示范岗”“党员责任区”“红色车间”等主题实践活动，增强党员的角色意识和主体意识；组织全区“百场送学 万人服务”开发区专场主题实践活动6场，党的十九大精神学习研讨及专题讲座20余场，推进“两学一做”教育常态化、制度化，全面贯彻落实党的十九大精神。（3）精准帮扶惠民强村。投入160余万元，帮扶六合街道梅家村完成蔬菜大棚、文化大院改造提升、水库扩容清淤、棚区集中供水等四个建设项目，得到广大村民的肯定和好评。开发区被区委、区政府表彰为下派帮扶工作先进单位，帮扶人员记三等功。（4）扶贫攻坚力度加大。实施精准扶贫，8名科级干部联系帮扶义和镇博兴村8户贫困家庭，投入10余万元帮助贫困家庭发展经济林，开展“扶贫问暖”慰问活动，全面完成扶贫攻坚任务，被评为扶贫工作先进单位。

河口蓝色经济产业园服务中心

【概况】 河口蓝色经济产业园始建于2010年，地处河口城区以北6千米，距东营港35千米，规划的环渤海高等级公路、河广大道贯穿园区，一期规划面积50平方千米，远期规划面积180平方千米，规划布局了高端精细化学品、新型聚酯、化工新材料及材料加工四大主体产业区，是全市重点打造的国家级临港石化产业基地组成片区之一，是黄蓝两大国家战略规划重叠交汇的核心区，是最具成长活力的生态经济园区，是推动区域经济发展的重要增长极。2010年，河口区委、区政府从河口街道、新户镇、义和镇部分未利用土地中规划出50平方千米建设北部工业基地。2011年3月，成立河口蓝色经济开发区开发建设指挥部。2011年4月，区政府批复河口蓝色经济开发区总体规划。2012年6月，根据东编办字〔2012〕86号、东河编发〔2012〕9号文件，成立河口蓝色经济开发区管理委员会。2015年9月，根据鲁编办〔2014〕23号、东河编发〔2015〕30号文件，成立河口蓝色经济产业园服务中心，为区政府直属事业单位，副处级，核定编制人数35名，主要负责园区内经济管理、规划建设、安全环保监管、社会事务管理等工作。

【服务与监管】 （1）全面提高服务质量。一是强化项目服务。由班子成员带队，集中到企业调研，了解企业生产经营情况，摸清发展中存在的困难和问题。2017年，共协调区直有关部门为20余家企业解决手续办理和市场开拓等问题，对加快项目建设进程、企业快速发展起到积极的推动作用。强化融资服务，组织召开银企洽谈会，为企业拓宽融资渠道。二是突出决策服务。鼓励广大干部职工积极深入企业调研，为领导决策提供参考，撰写《关于河口蓝色经济产业园产业发展现状与发展趋势的调研报告》等多篇调研文章。强化宣传，在区内各类信息刊物发表文章，政务网站建设不断完善，日常信息动态更新及时，进一步展示园区良好形象。（2）努力提升管理水平。严格落实“企业宁静日”“涉企检查备案”等制度，营造高效、和谐的服务环境。完善信访预案机制，及时摸底排查信访苗头，掌握工作主动权，全年共处理信访案件40件次，办结率达97.5%。安全生产、环境治理形势总体稳定。投资20万元委托中国石油和化学工业规划设计院建立企业项目准入评估机制，对拟入园项目安全方面重点评估，严把项目入园关。投资60万元委托中国安全生产科学研究院，编制规划安评及制定生产安全事故综合应急预案。投资789万元建成应急指挥中心，内设园区监控及VOC监管系统，安排专人24小时值守，对园区实施全方位监控，有效预防和遏制安全生产事故的发生；建设门禁及抓拍系统，委托专业化安保公司对进出园区车辆人员实行登记、入册。积极开展园区29家化工和涉油企业43个项目安全摸排，组织专家查摆出企业隐患2091条，完成整改2060条。逐步落实“一企一管”排污政策，所有企业实现单管排放，污水处理厂实现稳定达标排放。2017年，全省安全生产检查5个批次6家企业，园区企业实现“零”关停。迎接省环保督政、中央环保督政期间，环保工作实现“零”投诉。全年，园区范围内未发生一般及以上安全生产事故和环境污染事故，安全和环保工作形势持续稳定。完善计生管理责任体系建设，计生协会加强对育龄妇女的管理服务。成立河口区第一家“企业慈善工作站”——山东海跃化工慈善工作站，累计募集善款63915元。开展“爱心妈妈”“微心愿”等志愿帮扶活动，结对帮扶贫困儿童、学生30余对，实现产业园人口与经济社会的协调可持续性发展。

【重点工作】 （1）企业运行稳中有进，经济总量持续膨胀。2017年，面对日益严峻的安全环保形势、经济下行压力等多重因素影响，产业园加强运行调度，提前预警，提早谋划，确保经济平稳较快增长。一是工业经济较快增长。产业园14家规模以上工业企业累计实现产值233.74亿元，主营业务收入227.92亿元，利税13.84亿元，按现价分别同比增长42.72%、27.19%、32.69%。2017年，14家规模以上工业总产值突破273亿元，按现价同比增长52.17%，主营业务收入达到267亿元。二是固定资产投资完成区级任务。完成固定资产投资33.30亿元，预计年底固定资产投资达到37.5亿元。三是对外贸易持续增长。3家外贸企业累计实现进出口总额11.45亿元，同比下降33.32%，其中进口5.94亿元，同比下降49.67%，出口5.51亿元，同比增长2.52%。四是第三产业平稳发展。泰富石油等7家贸易企业累计实现商品销售额25.86亿元，同比增长7.13%；海跃物流等3家服务业企业实现主营业务收6794万元，同比增长26.61%。五是税收实现新突破。2017年度共实现乡镇级财政收入11613万元。（2）招商引资成效显著，发展后劲明显增强。推进招商引资和招才引智，秉承产业链、上下游、可循环的理念，充分发挥区位优势、地位优势，瞄准国内外产业转移重点地区和重点企业，招商选资、优化项目，着力引进投资规模大、发展后劲足的大企业、大项目形成产业集群。圆满完成年初区委、区政府下达的招商引资任务，园区在建项目5个、在谈项目10个、签约项目4个。汇通利华5000吨/麦芽酚项目，彩客化学2万吨/年DSD酸、1万吨/年DMS、5000吨/年DMSS、3000吨/年DMAS项目，盈泽环保蒸汽热源厂项目，冠森1万吨/年重结晶法生产高纯度二氨基二苯醚项目二期等积极推进；创蓝180万吨/年石脑油烷烃芳构化及综合利用项目，戴瑞克高性能橡胶助剂建设项目，亚邦1万吨/年乙酰舒泛钾项目、2万吨/年1，1-二甲基乙胺项目等正在积极办理消防验收等开工前手续，近期将开工生产；胜利油田方圆防腐材料7万吨/年环保型涂料项目、泰安华阳迪尔30万吨/年硝酸生产项目、山东德密特1万吨/年各类香精调味品及天然香料项目、天津中香鸿昇1.5万吨香兰素系列项目等正在加紧编制项目申请报告等建设前相关手续，争取尽早动工建设。（3）基础配套逐步完善，载体功能不断提高。共承担区政府投资项目8项，其中，包含区政府重点工程3项，总投资7340万元。道路建设工程方面，滨园路西延建设工程已完成工程招标，配合区国土分局做好土地征用手续；纬六路建设工程、庆园路北延及桥梁建设工程概算编制已完成，尽快加快手续办理，组织工程招标；经九路北延建设工程正在办理土地手续。配套绿化工程方面，明园路绿化工程改碱完成，给水管线完成80%；经三路配套工程、庆园路配套工程人行道铺设已完成。智慧园区建设方面，投资416万元，建设产业园安防门禁及抓拍系统。投资90万元委托石油和化学工业规划院对产业园总体规划和产业规划完成修编。

湖滨新区

【基础设施】 2017年，湖滨新区开发建设管理办公室共承担区政府投资项目5项，完成总投资近4000万元，新增绿化硬化约16万平方米。为加快建设进度、加强管理控制、确保工程质量，（1）严格规划，反复论证。根据湖区总体发展思路和方向定位，有针对性地研究编制相应的工程项目，明确项目谋划提报重点，召开专题会议，集思广益，就项目的必要性、可行性、经济性、社会效益等各方面反复论证，有利于提升整体景观效果，有利于改善民生，有利于实现社会效益最大化。（2）积极协调，加快推进。对于立项、概算、预算等前期工作早入手、早准备，及早进入招标程序，力争尽快开工。施工过程中，注重设计方案评审及施工图会审，召开设计方案评审会9次，杜绝设计漏项；科学编制工程项目概预算，控制投资，节约成本。（3）建章立制，加强管理。组织制定完善并严格实施《湖滨新区监理工作管理实施办法》《湖滨新区绿地养护管理实施办法》等专业规章制度6部，加大对工程质量、进度、成本、安全施工等几个重要环节的控制力度，下达质量整改通知书11份，组织专题学习教育培训4次，累计培训安全员36人次，开展安全生产大排查，排除安全隐患20余处。截至年底，塔工程桩基、消防水池主体、地宫、塔身主体一层均已完成；河庆路绿化景观工程、湖滨路绿化景观工程、滨四路绿化景观工程适宜冬季苗木栽植均已完成。

【管理服务】 湖滨新区现有绿化面积105万平方米，道路广场等保洁面积为70万平方米，公厕5座，泵站3座，路灯1520盏，景观灯3万余盏，信号灯11处，管护养护工作面广量大，始终坚持“高起点、高标准、严要求”的总体思路，坚持从大局着眼，从细微入手，立足实际，开拓创新，基本实现物业管护养护精细化。（1）严格环卫保洁标准。实行环卫保洁网格化管理，将湖内湖外近70万平方米的道路、广场、园路等划分为49个网格，责任到人，垃圾、水草等随产随清，加大督查力度，严格奖惩。结合文明城市创建工作，开展环境卫生综合治理，出动机械50余台次，清理外运垃圾1300余吨，平整场地3.4万平方米，清理小广告430余处。（2）严格安保服务水平。聘请专业安保队伍，实行24小时全天候值班备勤，昼夜不间断巡逻；安装高清监控摄像头105个，实现重点路口全覆盖，成立监控总值班室，安排专职人员24小时值守，及时发现问题，及时处置。加强保安管理，定期对保安公司服务进行考核，依据考核办法核算管护费用。（3）加大城市管理力度。开展拆违治乱专项行动，对辖区内所有临舍进行登记造册，下达搬迁拆除通知书11份，拆除违规板房11处，查处乱设乱建行为19起。开展水电、地下管网摸排清查行动，修订完善《湖滨新区水电管理办法》，规范流程，节约成本，保障了地下管网有序畅通。（4）强化市政设施维保。聘请专业电工5名，对音乐喷泉、彩色雾喷等设施定期巡检，并开展初步维修，有效延长了设备设施使用寿命。委托专业公司对路灯、景观灯进行管养维护，利用智能控制系统进行远程控制，随时发现问题，及时处置解决，确保湖内外景观亮化效果。（5）严把绿化管养标准。投资200多万元开展绿化苗木大补植，共补植苗木12000余株、地被6600余平方米，鸣翠湖绿化景观效果进一步得到提升。进一步健全完善绿化管理养护制度，按照划分区片，责任到人，定期巡查评比，发现问题及时反馈，限期整改，并组织复查，确保整改落到实处。量化考核责任，每周一汇总、每月一总结，按考核结果拨付管护费用。（6）开展水质综合治理。前三个季度，完成换水2次，累计引进新水485万立方米，外泄湖水180万立方米，为环城水系供水382万立方米。总投资440万元，开展水生植物种植、割草船购置、水土流失治理及植被恢复、水环境治理等4个项目。水生植物种植、割草船购置、水土流失及植被恢复项目已完成；水环境治理项目已与省海洋所签订合同，现正在对湖内水资源进行调查研究；投资57.5万元，新安装鸟类雕塑小品10组。

【招商引资】 湖区始终把招商引资作为“一号工程”、头等任务来抓，把推动全区现代服务业和房地产业发展作为重点目标任务。截至年底，到上海、南昌、河北等地开展招商活动10余次，接待外地来访企业20余家，在谈项目3个（众城地产开发项目、星级酒店、金融港现代商务中心及住宅开发项目、幸福文化产业园项目），在建项目1个（鸣翠新天地项目）。（1）走出去，请进来招商。开展外出招商活动10余次，分别与河北承德建筑集团有限公司、江西德鑫投资有限公司、上海摩玛兄弟有限公司等10多家企业进行对接交流，并实时推介湖滨新区招商引资项目；通过产业招商、专业招商、以商招商等方式，邀请山东众城地产有限公司、颐高集团、中建八局、江西德鑫集团等外地企业来访20余家，外商对湖滨新区整体规划、环境、资源优势及市场等方面进行实地考察与分析。（2）加快在谈项目推进。积极与山东众成地产有限公司对接沟通，现基本选定拟投资地块，达成初步投资意向；全面对接跟踪湖滨新区星级酒店、金融港现代商务中心及居住小区开发项目，该项目用地面积约280亩，建筑面积约30万平，估算投资约10亿元，现投资方完成此项目的初步规划；幸福文化产业园项目，与上海摩玛兄弟艺术有限公司多次对接，现公司已对项目完成初步概念性规划、市场分析。（3）促进项目落地。确定落户项目一个，计划总投资约2亿元的鸣翠天地项目，占地面积约42.8亩，现土地手续已办理完成，正在按照规委会意见调整方案。（4）加快土地开发。对滨四路以西、河兴路以北104亩住宅地块、湖滨路西侧，河兴路以南152亩地块正进行挂牌出让，现分别由东营鸿景置业有限公司以6770万元，众城地产和富海有限公司以8900万元摘牌。

【社会治安综合管理】 围绕创建“平安湖区”工作目标，落实工作责任制，立足实际，认真摸排调查，将矛盾纠纷解决在萌芽状态，坚持“打防结合”不断增强防控能力，全力维护新区社会稳定。（1）学法用法，坚持依法行政。2017年是“七五”普法开局年，湖区管理办结合工作实际，组织机关干部有重点的学习《合同法》《建筑法》《招投标法》《建设工程安全生产管理条例》等相关法律法规，对单位干部职工的法制宣传教育和思想道德建设起到进一步的推动作用，广大干部职工的法律素养和知识水平明显提升，聘请专业律师作为单位法律顾问，法制化管理水平不断提高，干部职工没有违法违纪行为。（2）健全矛盾纠纷排查调处机制，着力构建维稳防线。针对湖区负责重点工程项目建设和整个景区的管理维护工作的特殊情况，管理办公室在矛盾源头上下功夫，日常工作中，坚持排查矛盾、化解纠纷、分析原因、妥善处理、消除隐患等工作措施，定期排查分析矛盾纠纷，及时发现和处理矛盾纠纷，全年受理民生热线、市民心声107件，办结率达到100%，没有发生越级群体性和个别上访事件，确保一方稳定。（3）完善防控体系建设，打造平安湖区。加强制度、人防、物防三个层次的防控体系建设，坚持节假日值班领导带班、干部职工安排值班制度，强化对综治工作的领导，杜绝安全隐患，收到良好的效果。重点强化景区安全保卫工作，治安办实行24小时轮流值班巡逻，景区配置保安36名，均匀分布于主要节点并实现无线对讲联动。实施“天眼工程”，安装视频监控137部，安排专人24小时值守，确保问题早发现、早处理。

【下派帮扶】 按照全区扶贫开发工作安排部署，帮扶的是新户镇太平村，该村是全区14个省定贫困村之一，在实际工作中，坚持“精准扶贫，发展产业”工作思路，现该村已摘帽脱贫。（1）加强领导，健全组织。领导班子对帮扶工作高度重视，将帮扶工作列入重要的议事日程，成立主要领导为组长、分管领导为副组长、各部室部长为成员的包村帮扶工作领导小组，选派业务骨干任村党支部第一书记，从帮助该村农业增产、农民增收、经济增效的实际出发，从密切党群关系、干群关系的高度出发，把扶贫开发作为重要工作来抓。（2）抓重点项目，促进产业发展。加大基础设施建设投入，整修道路4路，总长1200米；拨付专款5万元，对村容村貌、基础设施进行整治修缮；积极协调有关部门、油田单位，拟投资110万元，在马新河东边的集体土地建设120亩水库一座，目前该项目图纸设计已经完成。（3）多措并举，关爱弱势群体。2017年，元旦春节期间走访老党员、困难群众、送去了价值2400元的慰问品；“六一”节前夕，开展贫困学生、留守儿童走访慰问活动，送去1500元助学金；“七一”建党日之际，走访慰问贫困老党员2户，送去慰问金1000元；重阳节期间，走访慰问7户80岁以上老人，送去慰问金2100元；利用本单位自身优势，帮助解决部分剩余劳动力的输出，增加村民收入，完成劳动收入10余万元。

【其他工作】 湖滨新区管理办牢固树立“人才资源是第一资源”的观念，紧紧围绕湖区开发建设工作大局，完善人才工作制度，尊重知识、培育人才、使用人才，建立与美国AECOM公司定期会晤协商机制，聘请老专家作为工程顾问，组织全体干部职工赴厦门大学参加“干部素质提升培训班”，工作能力和水平不断提升。高度重视统战工作，建立统战工作制度，把统战理论学习纳入中心组理论学习和机关学习中，完善党外人士联系信息，积极主动征求意见建议，能够及时召开无党派人士的协商会、座谈会、情况通报会，与党外人士代表保持经常性联系。高度重视政协委员和人大代表提案办理工作，全年受理政协委员提案7件，完成7件，办结率100%，代表满意率100%，被区政协评为“提案办理工作先进单位”。成功举办“三八”健步行“五一”运动会“广场艺术节”等大小40多场活动，提升景区的知名度和影响力。同时，湖区高度重视并较好地完成信息调研、保密、电子政务、两办督查、应急管理、档案管理等各项工作。

旅　游

【全域旅游】 （一）形成一个浓厚的全域旅游创建氛围。（1）经过前期精心准备，召开河口区创建全域旅游示范区动员大会，会上下发《河口区全域旅游发展三年行动实施方案（2017—2019年）》，成立由区委、区政府主要领导任组长，油地军各方分管领导任副组长的领导小组，统筹推进各项工作开展。（2）区委、区政府将全域旅游工作作为重要章节列入2018年政府工作报告。（3）人大代表、政协委员对旅游工作高度重视，2017年，共提出代表建议、政协议案10个，比往年增加2倍，其中，全域旅游的农业发展列入专题协商事项。全域旅游已引起全区各级领导干部的高度关注，在全区营造良好的舆论氛围和强大的宣传声势。

（二）形成一个全民参与的创建格局。（1）将全域旅游创建工作纳入对各镇街、区直各部门单位的年度综合考核范围，极大地调动起各镇街、区直各部门单位参与创建的主动性和积极性，使“旅游＋”“＋旅游”有抓手和制约，提高创建工作的合力和动能。（2）制定《河口区关于促进全域旅游的奖励办法》，提出涉及旅游项目建设、旅游景区（点）创建、旅游饭店、旅行社和旅游商品企业奖励扶持政策11条，使旅游从业单位、企业、人员等有制度保证和依托，调动起大家的从业热情和信心。该实施意见提交区委、区政府运转。（3）实施旅游基础设施配套工程。规划提出包括旅游集散中心、咨询服务中心、旅游公共服务站、旅游引导标识系统、乡村旅游点旅游厕所改造提升、公共旅游信息咨询和服务平台以及编制《河口区全域旅游发展规划》等10项基础设施配套工程，列入2018年全区拟实施政府投资项目，预计投资1400余万元。通过各项工作的深入开展，全区形成领导高度重视、部门协同配合、企业积极参与的旅游发展新格局。

2017年12月12日，全区创建全域旅游示范区动员大会

（三）激活一个年富力强的创新团队。（1）优化班子结构。区旅游局2名班子副职全部得到工作认同，1人得到提拔，1人交流重用，同时组织选派一名年轻有为的同志充实到班子，使班子结构得到进一步优化。（2）中层队伍得到提升。4名科室长中2人被区委组织部列入后备干部培养，其中1名同志参加后备干部集中培训。（3）强化干部队伍。针对区旅游局人员少的实际情况，通过大量做工作，以政府购买服务的方式新招录4名大学生专职全域旅游创建工作。（4）协调各镇街旅游队伍已具雏形。解决各镇街旅游干部队伍缺失、拼凑、工作失续等问题。（5）强化业务能力学习，每周一上午集中学习旅游发展最新政策，学习研究上级关于旅游工作的一系列文件精神，提升干部职工的业务能力和水平。经过一年的学习成长，河口区已初步打造一支年富力强、开拓创新的旅游新团队。

（四）培育一批全域旅游新业态。（1）结合全域旅游创建工作，河口区推陈出新，创意发展旅游新业态产业，推出新户镇果园居精品民宿、槐林精品民宿等旅游发展新模式，引领旅游新业态破题发展。其中，果园居精品民宿成为全省平原精品民宿的标杆，同时带动新户镇果园村创建成为省级旅游特色村。（2）新户镇肥城村黄河故道生态家现代农场。探索“互联网＋现代农业”的运作模式，实行互联网线上平台与线下体验相结合，配套建设私家菜园、果树认养、教育基地、生态旅游、民宿体验和生鲜配送等项目，实现“农业旅游＋现代信息科技”的创新发展。（3）通和海洋牧场旅游项目。通过建设海上平台、体验馆、海钓等实现河口海上旅游的破题。（4）抓住军民融合契机，推动军垦小镇的规划、建设，打通全域旅游的壁垒。（5）深入调研、协商多个部门整合区内资源，研学修学旅游有新突破。

（五）构建一个融合发展的新局面。2017年，按照“资源整合、项目共建、利益共享”的原则，组织召开军地旅游工作座谈会，邀请国内知名旅游专家召开军地旅游研讨会。在区油工委的支持下，与油田各二级单位进行对接。通过推进旅游景区市场化运作、企业化经营，重点规划发展以东营港、中心渔港为中心的海洋渔业旅游，以油田历史文化为特色的工业体验游和科普教育游，以军垦文化为特色的红色教育游和拓展体验游，以黄河文化为特色的湿地生态游，实现油地军港各方的资源、人力、财力和市场融合发展，在河口区域内已初步形成齐心协力，共谋旅游发展的良好局面。

（六）创建一套宣传营销新模式。（1）发挥区内主流媒体作用，宣传推介河口旅游工作，在全社会形成舆论热点和焦点，形成良好的正面引导效果。（2）注重加强与自媒体合作。每月编制推出河口旅游攻略，针对赏花踏青、果蔬采摘、农家体验、休闲垂钓等活动通过网站、微信、微博、贴吧、东营日报等途径对外宣传推介。与《大众日报》、东营日报社东营网、鲁中晨报等新型旅游组织的联系，邀请媒体及游客走进旅游点进行亲身体验，开展全域旅游进行时旅游宣传活动。（3）加快旅游与文化融合发展。举办第六届湿地槐花节、全国摄影大展、首届槐林风车艺术节、万亩槐林帐篷节、“好客义和·金秋采果”美丽乡村休闲汇活动、新户冬枣采摘节、第七届孤岛郁金香文化游园活动、中国旅游散文创作高峰论坛暨全国人文地理散文颁奖会和“黄河故道之约”百名作家大型采风活动、“百年义和、故道风情”齐鲁名家文学采风活动等旅游宣传营销活动30余场次，成功助力河口区全域旅游创建。

（七）打造一套规范的行业监管体系。（1）开展旅游安全攻坚集中行动。召开多次河口区旅游安全工作会议，区安监局、旅游业安全委员会成员单位、各镇街、湖滨新区分管领导以及全区旅行社、星级饭店和景区主要负责人参加会议，为春节、“五一”“十一”等节庆活动营造稳定的旅游安全生产环境。（2）抓好旅游行业培训工作。2017年，组织培训累计80人次，全面督促检查旅游企业及其从业人员落实“行前教育、行中引导、行后总结”等各项制度，提高旅游服务水平。（3）指导企业创星评级。指导山东黄河口旅游集团争创山东服务名牌，指导河口宾馆参加主题文化饭店评选。2017年，东营蓝钻酒店成功创建为三星级饭店。

【重点工作】 （1）4月29日—5月1日，第六届黄河三角洲（中国·东营河口）湿地槐花节暨全国摄影大展在孤岛槐树林温泉旅游区举办，区旅游局具体承办首届槐林风铃风车展。（2）为开拓黄河三角洲综合训练基地旅游市场，重塑基地旅游形象，推进基地全域旅游发展，4月15日，在东营市旅游发展委员会主任宋家敬带领下，国家及省级旅游专家一行7人对黄河三角洲综合训练基地进行了实地调研，召开军地旅游产业研讨会。（3）5月12日—5月14日，第六届孤岛万亩槐林露营大会暨林间马拉松活动在孤岛槐树林温泉旅游区举办。（4）11月3日—5日，中国旅游散文创作高峰论坛暨全国人文地理散文颁奖会在河口区举行。活动分为开幕式、颁奖式、研讨会、“作家眼中的河口区”大型文学采风活动等内容。（5）12月12日，河口区创建全域旅游示范区动员大会顺利召开，会上下发《河口区全域旅游发展三年行动实施方案（2017—2019年）》，成立由区委、区政府主要领导任组长，油地军各方分管领导任副组长的领导小组，统筹推进各项工作开展。

【行业情况】

河口区旅行社一览表

序号	企业名称	联系电话	地址
1	山东黄河口旅游集团有限公司	8678588	河口区黄河路85号
2	东营市金桥国际旅行社	8677899	河口区黄河路85号
3	东营市金秋国际旅行社	8055655	河口区河安小区春和园
4	东营市海洋国际旅行社	8376868	河口区河庆路179号
5	东营市天汇国际旅行社	3997678	河口区黄河路85号
6	东营市印象旅行社	8671691	河口区海盛路188号
7	东营市飞扬旅行社	8671788	河口区步行街中段
8	东营市隆程旅行社	3996666	河口区黄河路53号
9	东营市鑫源旅行社	3668597	河口区海宁路220号
10	东营銘石旅行社	3661199	河口区海康路39号
11	东营市景灏旅行社	8670819	河口区海盛路凤凰城市场8～19号
12	东营市隆腾旅行社	3692088	河口区孤岛镇永和路

河口区星级宾馆一览表

序号	星级宾馆	电话	地　址	地址
1	河口宾馆	3888888	河口区海宁路 285 号	河口区海宁路 285 号
2	桩西宾馆	8589108	河口区仙河镇汉江路 13 号	河口区仙河镇汉江路 13 号
3	东营蓝钻酒店	3333666	河口区商场街 38 号	

全区旅游景区、工农业旅游示范点、强乡镇、特色村名录

序号	景区类别	景区名称	等级	创建时间
1	A 级景区	孤岛槐树林温泉旅游区	AAA	2012 年
2		鸣翠湖湿地风景区	AAA	2014 年
3		仙河蓬莱公园	AA	2008 年
4		孤岛植物园	AA	2009 年
5		军马场农博园	AA	2009 年
1	农业旅游示范点	军马场农博园	省级	2008 年
2		新户百枣园	省级	2009 年
3		孤岛果园	省级	2009 年
4		新户志鹏珍禽养殖	省级	2012 年
5	农业旅游示范点	仙河海星集团	省级	2012 年
6		义和镇申丰农业	省级	2012 年
7		东营天天有鱼有限公司	省级	2015 年
8		新户镇新芹果蔬果蔬合作社	省级	2016 年
9		六合街道伍岳生态园	省级	2016 年
10		孤岛镇神仙园	省级	2016 年
11		新户镇苗丰林木经济旅游示范点	省级	2016 年
1	旅游强乡镇	孤岛镇	省级	2009 年
2		仙河镇	省级	2009 年
3		新户镇	省级	2012 年
4		义和镇	省级	2015 年
1	旅游特色村	仙河镇海星村	省级	2008 年
2		河口街道八吕村	省级	2009 年
3		新户镇东鲍井村	省级	2010 年
4		河口街道长青村	省级	2011 年
1	星级农家乐	义和镇锦绣庄园	三星	2014 年
2		义和镇申丰农庄	三星	2014 年
3		河口区孤岛槐林人家	三星	2014 年
4		河口区仙河临槐园	三星	2014 年
5		仙河镇槐林农家	三星	2016 年
6		孤岛镇神仙园	三星	2016 年
1	精品采摘园	义和镇锦绣庄园	省级	2014 年
2		义和镇申丰农庄	省级	2014 年
3		孤岛绿康蔬菜	省级	2015 年
4		义和镇西韩无花果采摘园	省级	2016 年
5		义和镇年丰家庭农场	省级	2016 年
6		义和镇北大屋葡萄采摘园	省级	2016 年
1	工业旅游示范点	孤岛欣马酒业	省级	2014 年
2		黄河王酒业	省级	2015 年
1	原生态旅游区	孤岛槐树林温泉旅游区	省级	2014 年

经济管理与监督

发展与计划管理

【概况】 截至年底，区发展改革局在编在岗人员23人，内设办公室、综合发展股、产业推进股、招投标管理股、河口区服务业办公室、重点项目管理办公室、行政审批股和招商工作办公室8个股室，并对股室职责进行调整。

【经济运行】 经济保持平稳运行。（1）强化规划引领。紧紧围绕五年“双倍增”目标、“十三五”规划和年度计划，牵头编制“十三五”重点项目实施规划和全区服务业发展规划；起草制定全区新旧动能转换五年规划及三年实施方案，千方百计加快新旧动能转换。（2）突出经济精准调度。坚持经济运行月调度、季分析制度，针对性不间断地到镇街、经济园区、重点企业进行详实细致的调研，定期召开经济运行分析会议，认真查摆存在问题，提出合理建议，全区经济增长平稳向好。初步统计，2017年，全区实现地区生产总值278亿元，增长7%，与年计划持平。（3）开展“发改调研年”活动。紧扣服务决策目标，积极开展专题研究，形成多篇调研报告，综合治税等数条工作建议、《新常态下加强政府投资项目管理工作的思考》等文章受到区领导肯定和批示。

【项目投资】 牢牢抓住项目建设这个“牛鼻子”，坚持以项目建设带动投资的稳定增长。（1）抓好重点项目督导推进。针对年初制定的投资目标任务，与区政府督查办、统计局联合制定联网直报项目、拟开工重点项目清单，细化分解落实任务，到各镇街、开发区现场督导、推进，有力促进全区投资稳步增长、指标逐月向好，全年84个重点工程项目，年度完成投资53.6亿元。（2）注重项目谋划储备。征集2018—2020年政府投资项目188个，总投资106.5亿元，充实政府投资储备项目库；结合河口区实际，按照“储备一批、成熟一批、运作一批”的模式，分两批研究确定2018年实施续建和新建政府投资项目76个，总投资77亿元，年度总投资43.89亿元；拟实施产业项目39个，总投资736亿元，年度计划投资94.8亿元。

【产业升级】 （1）新能源和新兴产业蓬勃发展。光伏方面，做好光伏应用领跑者基地建设项目申报工作，拟争取建设指标20万千瓦，力争河口真正成为光伏发电行业的“领跑者”。截至年底，全区建成光伏发电项目10余个，装机容量突破100兆瓦，并全部实现并网发电；风电方面，与央企合作项目进展顺利，三峡新能源、金风科技、中车永济三方合作投资15亿元、年产值50亿元的山东（河口）风电产业园项目，于7月31日签约，公司注册、不动产过户手续已办理完成；高新技术产业方面，以创新平台为载体，加快高新技术发展，组织华联石化高清洁油品研究、金信新材料冶金监控2家工程实验室认定为市级工程实验室，全区市级工程实验室（工程研究中心）达到8家。（2）传统产业规模不断增强。扶持炼化传统产业提档升级，华联石化、富宇化工顺利通过进口原油使用资质核查评估，核准进口原油 334 万吨 / 年，将有力推进河口进出口大幅增长，实现区内地炼企业原材料供应和油品质量的双提升。（3）服务业加快发展。聘请中介编制全区服务业发展规划，起草支持服务业发展的政策措施，积极推进中海·鸣翠园等 10 个重点产业项目和疏港铁路、蚂蚁金服等重大项目建设，谋划中国“户外用品 +”小镇等区域性项目建设；实施企业非主营业务剥离和服务业企业公司制改制，全区剥离新注册服务业企业 38 家，上报纳限企业 17 家；富海物流、河口宾馆、振河劳务等 3 家企业完成公司制改制。前三季度，全区服务业实现增加值 97.49 亿元，增长 6.6%，占地区生产总值的比重为 43.09%。

【经济发展】 （1）依托新旧动能转换，推动河口区重大工程项目建设。抓住全省建设泛济青烟新旧动能转换综合实验区重要机遇，积极策划重大项目、安排专题调研，通过多次与上级对接，12 项重大事项被市里采纳，现已报省，力争挤入规划盘子。（2）做好国家级“千企千镇”和农村产业融合发展示范园申报工作。委托北京现代产业规划研究院编制“户外运动”特色小（城）镇项目申请报告和概念性规划，项目成功纳入国家发改委“千企千镇工程”项目库；加大项目洽谈，现已与四川巨能、中铁集团初步达成合作意向；胜利通海产业融合发展示范园项目已上报省发改委。（3）积极争取项目资金。呈报大中型病险水闸除险加固工程 2 个，拟争取中央、省财政补助资金 223 万元。（4）全力开展招商引资。加大招商联络，2017 年，共引进在谈、签约及在建项目 10 个，计划总投资约 261.4 亿元，其中：在建项目 3 个、签约项目 3 个、在谈项目 4 个，投资过十亿元项目达 60%。现引进的蚂蚁金服金融服务项目初见成效，成为半年全市经济社会观摩和各级观摩的重要场所，全年迎接观摩达 30 余次。（5）调度推进疏港铁路建设。牵头组织疏港铁路迁占推进工作，实行集中办公，落实日通报制度，现红线内征地拆迁工作基本完成，边角地正在清点核实中，项目建设已经启动，项目的建成将为河口经济社会发展注入新的活力。

【审批服务】 （1）全面提升审批服务效能。深化“放管服”改革，全面推行网上审批，配套事中事后监管措施，项目审批进一步规范、高效。共核准、备案企业和个人投资项目 340 个，总投资 48.1 亿元；上报市发改委核准、备案项目 11 个，投资 6.6 亿元；立项审批政府投资项目 90 项，估算投资 16.6 亿元；概算审核政府投资项目 70 项，审减值 7602 万元，审减率 6.3%。（2）强化政府投资项目监管。修订《河口区政府投资建设项目管理办法》及实施细则，增加政府投资项目储备制度，完善政府投资项目建设变更审批程序。强化项目过程监管，加强项目招

中国工程院院士李鸿志（左四）到河口区考察军民融合产业发展情况

投标管理，核准招标方案70项，审查并发布招标公告85项、全程监督招投标现场近80次；创新推进全区公共资源交易平台建设，牵头将分散在各部门的公共资源交易职能划转至区国有资产运营管理中心，拟在国有资产运营管理中心加挂河口区公共资源交易中心牌子，为全区公共资源交易提供独立集中的办公场所，公共资源交易中心建设项目列入2018年全区重点建设项目，正在积极推进，加快建设。严格项目建设变更程序，组织查看项目变更现场30余次，为28个项目办理变更手续，涉及金额5043万元，杜绝随意变更。（3）加强节能审批监管。围绕打造绿色产业，立足源头把控，分解落实任务，严控煤炭消费增长，年内全面实现市下达煤炭消费量净压减4万吨，全区2017年煤炭消费总量控制在8.4万吨以内的任务目标。加大节能审批改革，企业节能审查变事前审批为事后监管，自3月份，严格执行上级关于对1000吨标准煤或者500万千瓦时电以下项目不再进行节能审查规定，全年仅受理节能审批33项，相比去年减少75%以上。

全市统计基层基础建设现场会议

统计工作

【概况】 2017年，河口区统计局持续推进“两学一做”学习教育常态化制度化，以构建现代化服务型统计为目标，积极构建“大统计”格局，开拓创新，真抓实干，以更优质的服务，更专业的队伍，更长远的发展，发挥统计“风向标”“晴雨表”作用，全区统计工作实现“大突破、大提高、大发展”。截至年底，连续3年荣获“山东省文明单位”，连续8年荣获“省级统计系统文明单位”，连续6年荣获“全区目标管理考核一等奖”。

【统计基层基础工作】 统计工作根在基层、实在基础。（1）夯实镇街统计基础工作。以强化统计源头数据质量控制为着力点，积极推进统计规范化建设。截至年底，河口区是全市唯一的“文明、五星级”统计站双覆盖的县区，且是示范统计站数量最多的县区。（2）加强企业统计基础工作。按照“六有”要求，全面积极推进企业统计基层基础建设。在全省连续5年开展的企业星级管理创建工作中，河口区5星级企业达到72家，5星级企业占符合星级管理单位数的31.3%，基本实现统计基层基础规范化建设的全面覆盖。（3）全面拓宽基层统计队伍。以建立高素质队伍为标杆，在全区187个村居全面推行村级统计员聘用制，对包括村级统计员的选聘、职责制定和聘期待遇等基层机制进行创新尝试和进一步的规范落实，实现村居、企业调查补贴无缝隙覆盖。11月7日—8日，全市统计基层基础现场会议在河口召开，学习交流河口区统计基层基础工作先进经验，并实地观摩安诺其、六合街道统计站、中海石化、仙河澳亚和仙河统计站等五个观摩点，引起强烈反响。

【经济运行】 围绕全区工作中心，区统计局充分发挥统计部门信息资源优势，聚焦稳增长、调结构，全程跟踪研判经济走势，不断提高统计服务的针对性和实效性，为全区经济健康平稳运行提供统计保障。(1)加强事前预调预警，开展经济形势超前研判。从统计角度出发对工业、农业、投资等实际形势进行超前研判，重点加强季度预调分析工作，提高对宏观数据的把握能力，做到事前预测重效率、提速度。(2)加大事中监测力度，开展半月度重点企业监测。2017 年，在全区选择 15 家具有典型代表性的重点规上企业开展半月度经济运行情况监测，加强对重点工业企业的监测，做到事中监测重举措、讲方法。(3)提高事后分析力度，开展经济形势调研分析。加强对重点领域的统计分析力度，向社会公开各类统计信息 280 余条，向决策层和服务对象提供各类调研分析 20 余篇，做到事后统计重分析、探规律。

【普查调查】 （1）全国第三次农业普查后续工作。2015—2018 年开展的全国第三次农业普查工作是一项庞大的社会系统工程，是全面了解“三农”发展变化情况的重大国情国力调查。普查的行业范围包括：农作物种植业、林业、畜牧业、渔业和农林牧渔服务业等。2017 年，全国第三次农业普查工作数据处理及发布阶段，现完成乡镇表和行政村联网直报、登记质量抽查、查遗补漏、数据质量检查验收、审核汇总普查数据和数据质量评估等工作。（2）全国 1% 人口抽样调查工作。根据省市工作安排，重新调整 1% 人口抽样调查工作协调小组，制定详细的工作计划、目标和任务，落实调查经费，对人口调查工作进行全方位的指导和跟踪督导。11 月 1 日零时开始，1% 人口抽样调查入户登记全面启动，全区 42 名调查指导员、调查员使用手持移动采集终端，入户完成对 899 户 2235 人基础数据的采集。现顺利通过省局事后质量抽查验收。（3）新常态统计工作。高质量开展“三新”统计调查、文化产业调查、城乡一体化住户调查等统计调查任务以及其他常规统计工作，积极推动地区生产总值统一核算改革、投资统计改革以及资产负债表编制等相关统计方法制度改革工作。

【统计服务】 用数字说话，为发展服务。河口区统计局始终坚持创新引领，在提升统计服务水平上下功夫，有效提升统计工作的服务效能。（1）紧盯中心任务“做实”统计服务。积极深入一线，了解掌握经济发展特点及存在问题，密切关注农业、工业、投资、贸易、服务业等重点领域指标走势，第一时间以《统计快讯》《统计月报》《领导参阅》等形式向区委、区政府报送重要统计数据和统计信息，为领导科学决策提供参考依据。(2)聚焦热点重点“做精”统计服务。紧贴区委区政府中心工作，积极开展供给侧结构性改革、三新经济、重点产业、服务业、工业强区等方面调查研究，找准企业经营中的亮点和困难，为精准施策当好智库。（3）突出问题导向“做优”统计服务。积极完善统计服务方式，加大信息发布力度，提升统计服务时效，及时向各级领导、有关部门、社会公众提供各类统计信息，并充分运用网络媒体，加大数据解读和统计宣传力度，提高统计影响力，有力打响“区情信达”统计新“名片”。

审 计

【概况】 2017 年，区审计局在职人数 28 人，下设办公室、财政金融审计股、行政事业审计中心、政府投资审计办公室、任期经济责任审计办公室，其中任期经济责任审计办公室为副科级事业单位。河口区审计局实行双重领导，对本级人民政府和上一级审计机关负责并报告工作，审计业务以上级审计机关领导为主。履行《中华人民共和国审计法》规定的职责及工作程序。2017 年，共完成审计项目 91 个，其中，政府投资审计项目 67 个，预算执行审计项目 6 个，经济责任审计项目 16 个，稳增长跟踪审计调查 2 个。在区委、区政府考核中列社会政务和执法监督类第 7 名，在市局举办的“强基层铸铁军”成果展获得优秀奖，河口区政府投资审计办公室被评为“区级青年文明号”，并获得河口区市级“青年文明号”选拔暨风采展示大赛三等奖。

【财政金融审计】 以优化财政预算管理为目标，做“细”财政审计。在 2017 年的预算执行审计中，重点关注财政全口径预算管理、专项资金管理、存量资金盘活、资金绩效评价等内容，发现管理不规范问题金额 14372 万元，积极向财政提出合理化建议，推动完善相关制度。

【政府投资审计】 （1）以提高政府性资金使用绩效为目标，做“深”政府投资审计。创新政府投资审计理念，探索“五六七”审计模式，取得良好效益。完成竣工结算审计项目 43 个，审计工程造价 47558.53 万元，审减 4306.29 万元；完成跟踪审计项目 24 个，涉及造价 18290.76 万元；正在开展的跟踪审计项目 11 个，涉及金额 59852.70 万元。

（2）探索“1+123”投资审计外聘机构管理模式。河口区审计局积极深化政府投资审计项目层级化管理，加大规范政府购买社会审计服务力度，加强工程项目审计过程管控，创新“1+123”投资审计外聘机构管理模式，即每季度召开 1 次工作总结会、1 次现场观摩会、2 次业务大讲堂，3 次专题调度会，提高政府投资审计项目质量。通过严谨规范的管理，不断优化队伍建设。

【经济责任审计】 以监督权力运行为目标，做“优”经济责任审计。工作中按照聚焦责任，突出重点原则，强化工作指导，取得积极效果。现开展经济责任项目 18 个，完成 16 个，正在开展的经济责任审计项目 2 项，审计发现管理不规范问题金额 31685 万元，非金额计量问题 59 项，提出规范管理建议 56 条。

国土资源管理

【概况】 截至 2017 年底，河口区耕地保有量和永久基本农田保护面积分别为 4.22 万公顷和 3.35 万公顷。完成黄河三角洲综合训练基地六分场基本农田土地整理项目，项目总规模 348.3 公顷，新增耕地 2.21 公顷。立项实施河口街道西五片土地整理项目，项目总规模 395.88 公顷，新增耕地 21.81 公顷。全区落实新增建设用地指标 68.2136 公顷公顷。农村集体土地、宅基地发证率分别为 100%、100%。

【年度土地利用计划指标】 2017 年，上级下达河口区新增建设用地年度计划指标 385 亩，其中农用地 300 亩（包括耕地 230 亩）。通过积极争取实际使用新增建设用地年度计划指标 1026.2 亩，先后保障了全区农民建房、滨园路西延、曙光汇泰升压站、北方实业、康地化工、双瑞化工等全区基础设施、重点项目的用地需求。

【建设用地管理与土地市场】 2017 年，全区供应土地 24 宗，面积 186.1465 公顷（其中招拍挂出让 18 宗，面积 81.0029 公顷；划拨用地 6 宗，面积 105.1436 公顷）。供地率 78.49%，盘活存量建设用地 10.3462 公顷，储备土地 170.4995 公顷。

【永久基本农田划定】 2017 年 7 月，永久基本农田划定成果经省厅验收完成。划定后河口区基本农田保护面积 501845 亩，耕地保有量为 579285 亩，基本农田保护率为 86.63%。

【建设用地批次报批】 2017年，河口区上报城市分批次建设用地3个，面积56.3394公顷（其中耕地1.3251公顷）；上报单独选址项目1个（河民路改造），面积14.9655公顷（其中耕地8.6159公顷），耕地占补通过土地开发整理项目实行先补后占。

【耕地保护】 2017年，河口区同6个镇街签订“十三五”前三年度（2016年、2017年、2018年）耕地保护目标责任书，把永久基本农田落实到村到户，登记造册，上图入库。年初耕地3.94万公顷，年末耕地4.22万公顷，年度增加耕地2200公顷。永久基本农田划定3.35万公顷，占耕地总面积的79.25%。连续15年实现耕地占补平衡。基本农田保护率100%。

【土地开发整理复垦】 （1）推进高标准基本农田建设。2017年，完成黄河三角洲综合训练基地六分场基本农田土地整理项目，项目总规模348.3公顷，新增耕地2.21公顷。立项实施河口街道西五片土地整理项目，项目总规模395.88公顷，新增耕地21.81公顷。（2）推进宜农未利用地开发。开展推进东营市河口区挑河东河口片土地开发项目、河口区西黄河故道精准扶贫土地整治项目、河口街道民生片土地开发项目等7个未利用地开发项目。其中，已完成项目1个，在建项目6个。项目建设总规模5297.44公顷，预计新增耕地1028.21公顷。

【矿产资源管理】 2017年11月16日，市国土资源局党组成员、副局长刘国光、市国土资源局副调研员王峰，地矿科科长王辰雨，山东省地矿工程集团有限公司总工程师刘桂仪一行在市国土资源执法监察支队副调研员、河口国土资源分局局长赵广民及河口区、胜利石油管理局新能源开发中心负责同志等人的陪同下，对全区合作开发地热资源的可行性进行讨论研究，深入交换意见，为科学高效综合开发河口区地热资源提出积极可行的建议。2017年11月底12月初，在各镇、街国土资源所人员的陪同下，河口国土资源分局地矿股对全区地热井进行逐一排查，对地热开发利用单位及个人进行安全知识普及教育，并对地热资源使用过程中可能存在的安全隐患进行现场纠正。

【测绘管理】 投资20万元完成了基础地理信息数据采集与更新项目，该项目获得了2017年度山东省优秀测绘地理信息工程三等奖；数字河口地理空间框架项目运维持续跟进，2017—2019年每年投资40万元做好项目的运维工作，确保各系统的正常运转与持续改进。积极与区政府智慧城市办公室对接，已将急需升级和改进的890万元预算项目列入2018—2020年度智慧河口项目建设计划；利用三天时间，对全区各测绘资质单位进行测绘成果监督检查和成果保密检查。联合文广新局和市场监管局对地图市场进行拉网式检查，净化地图市场环境；为江苏煤炭地质物测队等8家单位提供测绘成果，并按相关规定签订保密协议。

【执法监察】 2017年，制止各类土地违法行为60起，立案查处51起违法用地案件，涉及土地面积335.38亩，收缴罚没款311.78万元。组织开展了2017年土地矿产卫片执法监督检查工作，提起党纪处分建议4人，落实党纪处分4人，查处整改到位率达95%以上，连续8年实现了“零约谈、零问责”。2017年，根据国家土地督察济南局关于开展永久基本农田划定落实和全域土地督察问题整改专项督察的要求，重点对河口区不实耕地、违法用地、拖欠征地补偿费、欠缴土地出让金等五类问题进行督察，针对督察内容，制定并印发全域土地督察整改实施方案，逐宗明确整改责任主体和时限，按要求认真完善整改卷宗资料、基本农田划补资料等，已通过济南督察局的实地督察。2017年全天候遥感监测河口区共下发图斑19个，面积540.80亩（耕地405.98亩），通过实地核查，将19个图斑进行分类统计汇总，向济南督察局举证说明的，及时完善举证说明材料，查处整改的，已依法进行立案查处。

【土地变更调查】 2017 年度土地变更调查遥感监测图斑下发后，立即组织相关股室和技术人员召开土地变更调查专题会议，以镇街、园区、蓝区为单位展开实地调查，做到每个图斑都到现场核实，对照地类，逐个拍照，填写土地变更调查表，前后多次接受省级矢量数据的修改完善，最终通过各级检查验收，为土地卫片执法检查、用地报件提供基础资料，实现"一查多用"的目的；2017 年，国土资源部分两次下发河口区遥感监测图斑共 853 个，面积 13763.7 亩，在对逐个图斑现场勘察分析和核对后，逐级上报接受审核，于 2018 年 1 月 23 日，通过省级核查。

市场监督管理

【概况】 河口区市场监管局负有全区食品药品安全监管和维护市场经济秩序职能。共配置人员编制 99 人，其中：行政编制 68 人，工勤编制 6 人，事业编制 25 人。2017 年 12 月，核减编制 7 人。内设办公室等 12 个职能股室局，下设河口等 6 个派出机构和河口区食品药品稽查大队和河口区消费者投诉中心 2 个事业单位，现局班子成员 8 名，全局在编人员 103 名，其中行政人员 78 名（含内退 1 人），事业人员 25 名。

【创建省级食品安全先进区工作】 深入开展"三小"行业整治，投资 180 万元在三义和市场建立食品小作坊园区，对面点行业小作坊进行聚集，实行集中管理，逐步实现小作坊的集约化生产、规范化管理和标准化入市，设立食品小作坊产品检验室，配备专职检测员，负责园区产品的检验工作；重点对鱼市口、活禽市口、公厕等进行升级改造项；投资 46 万元在河口蔬菜批发市场建立食用农产品"电子化"追溯管理体系，为 45 家批发业户配备智能化电子秤，每台电子秤接入互联网，建立追溯管理平台，通过进场登记、打印销售票据，后台保存销售数据，实现全区批发环节蔬菜来源可追溯、去向可查询，把好蔬菜进入流通环节的源头关；通过实施"互联网 +"，建立食品安全在线智慧监管系统和食品安全监控指挥中心，在全区所有学校幼儿园食堂、部分食品生产企业、大中型商场超市、农贸市场等共 60 家单位安装 120 个在线监控点，指挥中心通过与各监控单位网络链接，实现对重点业态、重点部位、关键环节的 24 小时远程监控，对于发现的食品安全隐患可实时进行语音调度，通过实施智慧监管系统，实现了区监控中心、移动终端、企业现场的亮化"三同步"。加大宣传力度，提高群众知晓率和满意度。综合运用报纸、广播、电视台等传统媒介和微信、公众号等新兴平台，对食品安全知识进行广泛宣传，在区电台播出"市场监管在行动"专栏 20 期，全区打造食品安全主题宣传街 7 条，在各镇街、社区、行政村、公交站点等人口密集场所设置灯箱、宣传牌墙标 2000 余个。12 月 21 日，省食安办委托山东财经大学公共管理学院作为第三方机构对河口区创建省级食品安全先进最终验收。

【食品安全监管】 2017 年，共出动执法人员 13260 人次，检查食品经营单位 9640 户次，共查办食品违法案件 77 起，84 起，罚没款 46.2 万元。全区未发生重大食品安全事件。坚持问题导向，强化风险防控，以落实企业主体责任为核心，督促企业建立原料购进查验、索证索票、生产记录、出厂检验等食品安全管理制度，提高食品来源和去向的可追溯性。同时，在生产环节以打击"两超一非"为重点，在流通环节以查处无证经营、"三无"食品、假冒伪劣食品为重点，在餐饮服务环节以学校食堂、建筑工地食堂、农村集体聚餐为重点，开展日常监管和专项整治，强化隐患排查，加强风险防控，打

食安、公安、农安“三安联动”办公室，联合开展食品专项整治行动

击违法行为。

【药品安全监管】 严格按照审查标准，对7家新开办药店和变更经营范围的5家药店进行现场验收。配合市局对13家药店开展GSP认证检查，并跟踪其整改到位。对辖区内药品生产经营使用单位开展全面检查，共检查225家，针对不规范的生产经营及使用药品的行为，下达责令改正48份，查处涉药涉械案件8起。开展二类、三类医疗器械经营企业82家，下达责令改正27家。

【保健食品化妆品安全监管】 组织开展29批不合格祛痘类化妆品排查，提升保健食品化妆品监管水平。上报药品不良反应248例，其中新的22例，严重的81例，一般的145例；医疗器械不良事件106例；化妆品不良反应6例。

【食品药品监督抽检】 年初制定2017年度食品安全监督抽检计划1300批次，覆盖食品生产、流通、餐饮三大环节。完成区本级抽检1237批次，检出不合格食品40批次，完成药品抽检74批，对检出的不合格食品药品依法进行查处，有效防范食品药品安全隐患。推进食品药品信用体系建设。开展食品药品安全信用分级分类管理，组织监管人员召开专题培训班，确保信用信息的及时归集录入，为食品药品安全风险评估提供依据。

【“食安山东”品牌引领】 河口区A级餐饮服务经营单位102家，明厨亮灶120家，清洁厨房532家。新增2个省级“食安山东”示范学校食堂，2个省级“食安山东”餐饮服务品牌示范店，及1个市级“食安山东”餐饮服务品牌示范街，截至2017年底，河口辖区内共有8个省级“食安山东”示范学校食堂，6个省级“食安山东”餐饮服务品牌示范店，2个省级“食安山东”餐饮服务品牌示范街，1个市级“食安山东”餐饮服务品牌示范街。

【商事制度改革】 按照上级部署，河口区市场监管局在落实“五证合一”的基础上及时跟进，迅速在全区推行“多证合一”改革，通过组织人员培训、制定操作规程、梳理提交材料目录和制定办事指南等各项准备工作，确保“多证合一”改革顺利推进。截至2017年底，全区市场主体总量达到16783户。其中，各类企业达到3969户，同比增长26.83%，个体工商户达到12447户，同比增长11.76%，农民专业合作社达到367户，同比增长6.12%。

【年报及企业信息公示】 通过在区电视台、广播电台发布年报提示、开通年报专线、电话告知、短信提醒和上门催报等形式提高年报的知晓度和参与度。2016年度应公示企业3300户，已公示2993

户，企业年报公示率 90.69%；应公示农民专业合作社 348 户，已公示 340 户，年报率 97.70%；应公示个体工商户 10974 户，已公示 10165 户，年报率 92.63%，企业、农合、个体年报均居全市前列。

【品牌建设】 开展“商标助企大走访”活动，帮助企业解决实际困难和问题，共走访重点企业 53 家。举办 120 家企业分别参加的商标注册推进会 3 场次，收到良好效果。积极协调区政府，出台《河口区人民政府关于加快推进品牌建设的实施意见》和《河口区商标品牌发展专项资金使用管理办法》，对河口区商标品牌工作将起到极大的推动作用。加大对重点行业、企业的品牌培育力度，指导 32 家涉外企业加快推进商标国际注册工作。截至 2017 年底，全区拥有有效注册商标 1340 件，省著名商标 7 件，有 1 件商标正在申请注册驰名商标，1 件商标正在申请地理标志商标，新申报马德里商标国际注册申请 62 件。挑选重视商事活动信誉和合同管理工作的企业作为重点培育对象，上门现场指导。全年推荐 6 家市级“守合同重信用”企业。全区有国家级“守重”企业 4 家，省级守重”29 家，市级守重”41 家。着力破解企业融资瓶颈，办理动产抵押 45 笔，融资金额达 62 亿余元。

【事中事后监管】 制定《2017 年度双随机抽查工作实施细则》，结合工作实际，及时对执法检查人员名录库、市场主体名录库和随机抽查事项清单进行梳理调整，实现过程严管、风险严控。对省工商局抽取的企业的注册登记、年报信息、备案信息、股权出资等公示信息的真实性进行检查。同时开展企业即时信息、出资信息公示定向抽查，引导、督促企业及时公示相关信息。省局共抽查市场主体 421 户，对存在问题的 92 户市场主体在国家企业信息系统（山东）中予以公示。深入开展打击侵犯知识产权和制售假冒伪劣商品专项行动，查处侵权“杏花村”“牧童牛”“老白汾”“汾酒”“竹叶青”白酒和阿尔卑斯散装牛奶糖，办理商标侵权案件 19 件，罚没款 2.67 万元。开展清理整治含有“特供”“专供”国家机关等内容广告专项行动，共排查生产企业、商店、超市、专卖店 106 家，下架商品 15 件。印发《河口区市场监管局关于推进网络市场线上线下一体化监管工作实施方案》，对全区范围内的网络交易平台信息进行调查、筛选，对全区 6 家具备相对规模的平台进行统计造册，所有网络经营主体建档 1481 户，研判率 100%。

【消费者权益维护】 围绕“网络诚信·消费无忧”年主题，会同有关部门组织开展“3·15”国际消费者权益日主题活动，召开新闻发布会，与区电台联合开办专栏，广泛宣传法律法规和维权知识，提升消费维权的社会影响力。先后投资 10 万元对区局“12315”“12331”举报投诉网络平台进行维护和完善，

基层执法人员加强节日市场食品安全监管

配备专职热线接听员，积极做好“12315”消费者投诉举报系统和全国“12315”互联网平台的信息接收、受理、分流、转办、回复工作。深入推进“12315”“五进”规范化建设，促进消费纠纷源头解决。全年，受理各类消费投诉、民生热线转办件170余件，处结率90%，为消费者挽回和避免经济损失约60余万元。配合市局开展流通领域学生用品商品、电线电缆、服装、床上用品等商品26批次，对3个批次抽检不合格的产品依法进行处理。加强成品油质量监管，配合市工商局对河口区内加油站以及储油企业进行随机抽检，共抽检41个单位119个批次的成品油，对两家加油站涉及3个批次的成品油不合格的企业进行立案查处。

物　价

【概况】　河口区物价管理办公室现有正式在编干部职工26人，其中领导班子成员5人。内设办公室、价格与收费管理股，下设价格监督检查局、价格成本调查队、价格认证中心和价格监测中心。主要工作职能是：宣传、贯彻国家价格方针政策、法律、法规和规章；依法对全区范围内价格行为进行监督检查，查处价格违法行为；推行明码标价制度，指导行业价格自律；受理价格方面的举报；负责本区行政事业性收费和经营性收费管理、监督、年审工作，制止乱收费行为；搞好工农产品成本调查测算、成本监审及价格管理工作；做好涉案、涉纪、涉税物品价格鉴定工作；负责全区交通事故车辆及财物损失的价格认证；负责市场物价监测，搞好价格信息服务。

【价格管理】　（1）开展价格认定。发挥权威性、公信力、不收费的优势，依法创新开展涉税财物价格认定工作，探索建立了符合河口实际的工作路径。2017年，接受涉税财物价格认定94件，包括商业用房、办公用房、工业厂房和用地等，认定金额1.05亿元，增加财政收入2329万元（含因开展此项工作而补缴的土地出让金），挖掘税收增长潜能，赢得税务机关和纳税当事人的信任。自主研发“涉税财物价格认定管理系统”，提高工作规范化、标准化水平。配合公安、纪检监察机关办案，2017年，共接受涉案、涉纪财物价格认定案件53件，认定金额384.88万元，为办案提供了充分价格依据。（2）加强价格监测预警。定期监测农副产品、药品、日用品、农资等重要商品价格，通过网上“晒价格”平台、“河口阳光物价”微信公众号、每月监测报告等渠道发布。密切跟踪生猪、肉类、禽蛋价格变化，及时发布信息，基本实现发布信息“多渠道”“多形式”“多视角”，为党委、政府和上级物价部门科学决策提供第一手资料，为群众生产生活提供参考。（3）协助企业争取补贴资金。为发电企业提供国家和省价格政策，协助国华、华能等4家企业争取省级价格政策优惠补贴到位资金2442.89万元，促进企业发展。

【清费治乱】　围绕推进“三去一降一补”，积极开展清费、治乱、减负工作，严格落实放开、取消、停征、减免等收费政策，规范收费行为。根据上级部署，2017年，按时取消或停征10个部门单位的13个收费项目，为企业和个人减轻缴费负担352万元；降低特种设备检验检测收费标准；两次下调非居民用管道天然气最高销售价格0.14元/立方米，非居民用气购销差价每立方米均控制在0.90元以内；对各部门涉企经营性收费、行政审批中介服务收费、行业协会商会收费、电子平台收费、建筑领域收费进行调查梳理，推动企业降本增效、群众减负受益。

【价格监管】　（1）开展涉企收费价格专项检查。按照市局安排，开展涉企收费和农资、电力、医用耗材价格专项检查，责令整改存在的问题13项，对违规行为依法作出处理。在“3·15”消费者权益日和主要节日，深入市场一线宣传价格政策，开展价格提醒告诫8次，解答群众咨询50多人次，规范明码标价，打击牟取暴利、价格欺诈等价格违法行为。会同区工商联、餐饮业商会集中开展“餐饮业明码标价规范行动”，规模以上餐饮业明码标价率达到90%以上，促进诚信经营。初审商品住宅价格，总建筑面积18.48万平方米，综合平均申报价4405元/平方米，对11家商品房销售价格行为进行检查，推动房地产市场健康发展。（2）落实公平竞争审查制度。根据市政府《关于在市场体系建设中建立公平竞争审查制度的实施意见》要求，制定实施方案，建立联席会议制度，开展增量审查、存量清理工作。（3）维护群众合法权益。深入社区开展“价格服务进万家”宣传活动。坚持“有诉必理、有案必查”的原则，以对人民群众高度负责的态度处理各类价格诉求。2017年，受理价格投诉举报82件，集中发生在物业费、水电费、车辆救援收费、驾校退费等方面，退还价款9170元，价格诉求按时办结率、群众满意率均达到100%，消除群众疑虑，维护群众合法权益。

【物价服务】 充分发挥物价部门服务职能作用，积极拓宽服务领域，努力为政府分忧，为群众解难。（1）成本调查工作更加注重民生。圆满完成小麦、棉花、玉米、大豆、冬枣、散养奶牛和小规模散养生猪等7个品种的常规成本调查任务。4月，对河口区农民种植意向进行了调查，10月上旬对农村燃气取暖进行调研，分别写出专题调查报告，为政府决策献计出力。（2）加强成本监审工作。加大成本监审力度，先后开展城市管网供气成本监审、物业服务成本监审，为定调价提供可靠依据。

质量技术监督

【概况】 河口区质量技术监督局主管全区质量、计量、标准化、特种设备工作，履行综合管理和行政执法职责，主要负责全区质量管理工作、生产环节产品质量安全监督工作；负责统一管理全区标准化工作、计量工作；负责监督管理认证认可工作；承担全区特种设备安全监察和监督工作；负责用于食品的包装材料、容器、洗涤剂、消毒剂和用于食品生产经营的工具、设备生产加工环节的质量监督管理工作。科室设置情况，现内设办公室、标准计量股、质量监督管理股、特种设备安全监察股4个行政股室以及稽查队、计量检定测试所2个事业单位，并在区行政服务中心设立质监窗口。人员编制情况，现有工作人员39人，其中编制内24人、劳务派遣员工15人。党组成员5人，设局长1人、副局长2人，主任科员、副主任科员各1人。

【质量强区建设】 （1）构筑全区质量共治格局。充分发挥质量强区工作领导小组办公室牵头抓总职能，加强与各责任单位间的协调配合，扎实做好质量强区各项工作。以“改善供给结构、提升供给质量”为主题，以“增品种保障基本消费、提品质增加优质消费、创品牌满足高端消费”（以下简称“三品战略”）为主攻方向，以突出工业产品、商品、农产品质量合格率稳定提升为抓手，制定《2017年度质量强区工作要点》，增强质量强区工作的计划性和可操作性。在组织对镇街、开发区、区直相关单位2016年度质量考核工作的基础上，进一步细化完善《质量强区考评细则》，增强工作的指导性。（2）深入推进质量强企工作。狠抓企业质量管理能力建设，帮助华联石化等企业完善质量技术基础条件，组织企业质量管理人员参加业务培训等，提升质量管理水平。推进企业质量信用报告制度实施，以获得名牌产品以及拟申报政府质量奖、名牌产品的10家企业为重点，指导企业编写企业信用报告并主动向社会发布，自觉接受社会监督。（3）实施品牌战略。积极推进2017年度山东名牌（山东服务名牌）争创工作，推动出台《河口区关于支持工业经济发展的意见》《河口区品牌建设五年规划（2017—2021年度）》等一系列激励、奖励政策，明确质量奖、名牌、标准制修订等财政奖励政策。充分利用部门职能优势，跟踪协调，积极做好上级有关部门工作，加大信息搜集和沟通力度，帮助企业争创名牌，山东常青树胶业股份有限公司产品获得“山东名牌产品”称号，富海能源连锁获得“山东省服务名牌”称号。指导富海集团申报第四届东营市市长质量奖，经过资格审查、资料评审、现场评审等环节，评审组通过听汇报、查资料、看现场等形式，按照GB/T19580-2012《卓越绩效评价准则》和《东营市市长质量奖评审通则》的具体要求，从领导、战略、顾客与市场、资源、过程管理、测量分析与改进、经营结果等七个方面对富海集团进行全面评审，并给予高度评价。富海集团有望获得本年度市长质量奖，实现河口区零的突破。积极推荐“张吉平工作室”参加中国质量奖评选，截至年底，河口区1名个人分别荣获2011年度首届市长质量奖、2012年省长质量奖和2013年度首届中国质量奖提名奖荣誉称号。

【产品质量监督管理工作】（1)做好质量评级工作。聘请山东省质量评审评价中心有限公司，在全市率先启动质量评级工作，并完成98家企业的质量评级评价，其中企业等次“优”17家、“中”56家、“差”25家。针对在质量评级工作中发现的392项问题，要求企业及时整改落实，确保评级评价工作实效。在此基础上，全面形成企业质量评级报告，为下步化工企业产品质量监管奠定坚实基础。（2）突出重点产品质量监管。开展成品油专项整治，牵头组织区经信局、市场监管局等部门对24家涉油产品生产企业、47家加油站、6家油库进行全面检查，共抽取车用柴汽、油样品36个。开展电线电缆专项监督抽查，对聚乙烯绝缘电线和架空线两种产品进行抽样，确保电线电缆类产品出厂质量安全。开展地条钢排查，对涉钢企业进行现场核查，督导六合街道清理2处地条钢非法生产窝点。开展危险化学品包装物专项检查，严把产品出厂质量关口，督促生产企业建立健全销售台账。（2）突出重点企业产品质量监管。委托第三方机构对全区实验室和CCC认证机构开展专家检查工作，并对查出的问题进行分析应用，对存在问题逐一督促整改到位。对认证认可行政执法人员数据库和取证产品质量监督系统进行维护更新。开展危险化学品生产企业专项检查，对20余家成品油生产企业、液化石油气生产企业、盐化工生产企业等开展执法检查，督促东营万泽盐化有限公司、东营安盛盐化有限公司、山东红海化工有限公司等多家企业完善条件办理工业产品生产许可证。推进“双随机”工作，建立双随机工作细则和企业数据库、检查人员数据库、抽查事项清单（两库一单），分组对全区工业产品生产企业开展执法检查。借助各级监督抽查和省质监局组织的炼化企业专家检查，对炼化企业的装备、工艺、检验检测能力以及生产许可等方面的情况进行全面检查，及时帮助炼化企业查找产品质量等方面的问题和差距，推动炼化企业提升日常产品质量管理水平。2017年，在各级专项监督抽查中，河口区炼化企业汽柴油合格率达到100%。（3）注重产品质量监督机制的建设。对全区工业产品获证企业采取现场抽查和网上审查相结合的措施完成年审工作。严格落实取证企业施行年度自查报告公示制度，依照《山东省工业产品生产企业监督检查实施细则》实施情况自查出的问题进行整改完善，显著提高工作有效性。

【实施标准化战略工作】（1）加强工业标准化，促进工业转型升级和提质增效。引导企业主导和参与制定国家标准、行业标准、地方标准，掌控标准话语权，增强市场竞争力。自2010年以来，河口区企业先后参与制（修）订1项国家标准、1项行业标准、2项山东省地方标准。指导山东汇海医药化工有限公司主导起草的《N,N'-二环己基碳二亚胺（DCC）》《工业用5-乙酰乙酰氨基苯并咪唑酮（AABI）》《三嗪环（TTZ）》等3项行业标准被工信部批准立项，现已进入起草阶段。截至年底，全区共有21个产品采用国际标准和国外先进标准，9家企业曾获得标准化良好行为企业。深入推进标准化工作改革，督促区内企业全面实施产品标准自我声明公开，已有133家企业上报595项标准。（2）推动农业标准化，促进现代农业发展。充分发挥标准化在农业生产中的引领作用，完善农业标准体系，夯实特色农产品品牌的质量基础.按照“有标贯标、缺标补标”的原则，围绕特色农产品开展农业标准的制（修）订工作，完善农业标准体系，组织区林业局制定农业地方规范2项。积极开展农业标准化示范项目，在仙河镇奶牛养殖农业综合标准化示范区项目通过省质监局专家组验收的基础上，2017年，组织山东通和水产有限公司、东营裕丰生态农业科技有限公司申报的两项山东省农业综合标准化示范区项目被省质监局批准立项。（3）拓展服务标准化，实现规范提升。围绕全区服务行业特点，着力在物流、家政、餐饮、金融和政务服务等领域推行服务标准化试点项目建设。河口区民生热线综合服务标准化试点项目被省质监局批准立项，现正在积极推进中，该项目的创建有力促进基本公共服务标准化、均等化、优质化，更好地保障和改善民生。（4）培育发展团体标准。选择区重点领域和市场化程度高、技术创新活跃、产品类标准较多的领域，鼓励开展团体标准试点工作。在富海集团东营华联石油化工厂有限公司参与制定《车用汽油》《车用柴油》2项团体标准的基础上，积极引导富海集团东营华联石油化工厂有限公司主导起草《节能清洁车用汽油》团体标准，于2017年10月正式通过全国团体标准信息平台发布。这是全国首个节能清洁车用汽油团体标准，标准的制定实施填补国内清洁车用汽油标准的空白，有利提升车用汽油产品的节能清洁水平，有效促进新型标准体系构建，推动标准化改革步伐。（5）加大标准化宣传力度，助力质量提升。加大标准化培训学习力度，通过以会代训的方式，组织辖区内65家企业120余人次参加标准化知识普及宣讲培训班；举办新标准化法培训班，邀请山东方圆认证中心专家专题解析新标准化法和新版质量管理体系知识培训，有80余家企业代表参加培训。积极开展标准化宣传活动，采取现场咨询、发放宣传资料、张贴宣传画和标语等形式，为群众讲解、宣传标准化相关知识，扩大标准化工作的社会影响，增强全社会的标准化意识。

【特种设备安全监管】 （1）建档造册，夯基固本。建立使用登记台账。严格审核注册登记资料，强化现场核查，严把登记、停用、注销关，从源头抓好设备管理。结合新实行的《特种设备使用管理规则》，制作一次性服务告知书，同时积极化解新规则、新系统带来的新问题，确保企业按期注册，保障企业生产运营。2017年，共办理特种设备业务12137件，其中，注册登记业务2386件，停用业务423件，注销业务392件，告知业务8443件，车用气瓶更换电

加油机检定

子标签等其他业务493件。建立设备台账。截至11月3日，全区在用锅炉208台、压力容器5556台、电梯456台、叉车84台、起重机械347台；大型游乐设施14类；压力管道11350条、533.483千米；各类气瓶25838只；停用设备1785台。以盛装危害介质压力容器和压力管道为重点，摸排输送极度和高度危害介质的压力容器82台、压力管道1244.7米，涉及企业14家。对化工企业球罐罐区和纳入特种设备管理的储罐罐区进行调查摸底，摸排球罐51台，涉及企业6家；摸排储罐68台，涉及企业8家。建立问题隐患整改台账。将监管落脚点放在隐患整改上，严格落实“排查建档、治理销号”制度，定期向镇街反馈，企业按照整改期限上报见证材料，同时注意分析隐患规律，逐步建立起以检查覆盖率、隐患排查率、隐患消除率“三率”为检验标准，执法推动、属地管理、企业落实“三位一体”的隐患查改机制。2017年，共实地检查特种设备相关单位180家（次），发现问题和隐患270项，下达《特种设备安全监察指令书》55份，并通过现场验证、提报资料、约谈企业以及与镇街联合等方式，督促企业抓好隐患整改，现已整改260项，整改率达到96.2%。（2）严格监察，全力整治。开展化工企业专项整治。深刻汲取垦利燃气锅炉燃爆事故教训，自5月5日开始，先行一步聘请4名专家，以锅炉、压力容器、压力管道为重点，以镇街作为片区，按照“查一家、改一家、完善一家”的工作原则，从制度建设、设备运行、人员操作、教育培训等方面入手，抓住超期设备、人员持证两个关键环节，截至年底，共检查83家，全部填写和留存《特种设备现场安全监督检查记录》。开展锅炉专项整治。自我加压、主动出击、加班加点，积极落实燃煤锅炉政策要求，自7月16日开始，集中人力物力，对辖区内10蒸吨/及以下燃煤锅炉进行了全面排查，通过协调镇街、协调部门、约谈企业和现场检查等方式，圆满完成63台锅炉注销手续。同时为防止企业非法使用，利用1周时间对已注销锅炉进行集中现场核查验证，查封1台。抓施工队伍。对中海石油东营石化的5个安装现场进行执法检查，要求企业立即将超期气瓶清除出施工现场；对海达海洋安装现场进行检查，当场下达指令书停止施工；对甲子化工燃气锅炉安装现场进行检查，当场责令施工队伍停止施工；对金诺化工、中新石油压力容器安装现场进行检查，责令安装队伍拆除已安装的设备；摸排露天起重机械38台，现场检查1家外来施工队伍并责令拆除。抓移动式压力容器运营和充装单位。深刻汲取临沂金誉石化“6·5”爆炸着火重大事故教训，制定印发《关于开展移动式压力容器运营和充装单位自查自纠的紧急通知》，各单位在开展自查自纠的基础上，专门进行一次针对性业务培训和应急演练。在华联石化组织开展了移动式压力容器应急演练，提高企业快速反应和应急处置能力。对全区移动式压力容器情况进行摸排，建立起移动式压力容器台账，22台全部在检验有效期内。对恒达化工、孤岛集输等未取得充装许可的单位进行暗访，现正在对恒达化工进行调查处理。抓涉氨制冷企业。对海星长盈、金峰冷藏厂、胜岛石油机械厂等7家企业进行了检查，责令海星长盈、金峰冷藏厂停止使用压力管道。对仙河兴源冷库下达指令书，并通知仙河镇政府给予停电。强化人员密集场所特种设备监管。始终将人员密集场所特种设备监管作为重中之重来抓，多次深入现场检查，采取四不两直方式，检查银座商城、蓝钻酒店、河安小区、馨园小区等单位电梯，关停龙庭商务宾馆、创业园电梯，督促西湖印象、行政服务大厅等单位对应急电话进行修复，约谈宏海实业百货大楼电梯维保公司。在督促抓好日常维保基础上，7—9月组织13家维保单位进行自查自改，保障节日期间电梯安全。组织2家大型游乐设施使用单位进行自查自纠，并对孤岛社区管理中心进行重点抽查，设备全部在检验有效期内。（3）强化监管，规范提高。一是积极探索监管新模式。强化系统谋划、源头管理，率先在全市推广液化石油气气瓶产权置换。主要是回收河口辖区内用户现有废旧气瓶，由气站向用户提供安装智能角阀的合格气瓶，并对产权变更后的自有气瓶进行注册登记，做到经常维护、定期检验。通过气瓶产权置换，实现气瓶的智能化、信息化管理，确保充装、使用安全，保障广大人民群众生命财产安全。二是全面抓好特种设备“两个体系”建设。截至年底，已有 38 家企业上报体系建设资料。并对企业备案的 1、2 级风险点作为重大风险点进行管控，定期对重大风险进行研判，做到有备无患、遇事不慌，牢牢把握主动权。三是全面推进特种设备使用单位安全管理标准化评价工作。已有 114 家企业完成自评，上报自评报告。并将对企业特种设备主体责任落实情况进行复评检查，推动特种设备使用单位实施分级管理，增强安全责任意识，实现从“要我安全”到“我要安全”的转变。（4）强化宣传，增强意识。一是加强宣传教育。制定印发《河口区质监局 2017 年“安全生产月”活动实施方案》，组织培训 90 家企业 195 名锅炉安全负责人；组织召开特种设备使用管理经验交流暨安全宣贯会，交流工作经验做法，并对《特种设备使用管理规则》进行宣贯；组织“走进身边的特种设备”志愿服务活动，通宣传特种设备法律法规和安全使用常识，倡导居民正确使用电梯、气瓶、游乐设施，该活动在区电视台播放。二是提升应急处置能力。根据设备特点和发生事故概率，为加强特种设备应急体系建设，聘任 10 名应急处置专家，组成承压设备组、气瓶组、电梯组，切实提高应急处置能力。制定印发《河口区质量技术监督局 2017 年特种设备使用单位应急演练工作方案》，组织各特种设备相关单位开展应急演练，普及安全知识，提高安全意识。（5）做好群众投诉处理工作。截至年底，处理“12345”民生热线和“12365”质监热线交办投诉 30 余起，均高质量办结答复。

【计量管理和服务】（1）加强对工业计量的指导。以安全防护计量器具为重点，组织开展检查治理，摸清安全防护计量器具底数，加强对安全防护计量器具登记造册、备案、申请检定等环节的监督管理，全面建立起辖区内安全防护计量器具台账，113 家企业的 7270 台（件）安全防护计量器具完成备案。加强强制检定计量器具监督管理，对强制检定计量器具实行动态管理，已有 175 家企业的 9573 台（件）强制检定计量器具进行备案。开展计量检定校准工作监督检查，对计量校准机构 2016 年以来的计量器具检定工作进行全面检查。开展重点用能单位富海集团有限公司能源计量器具监督检查，从能源计量管理、能源计量人员、能源计量器具、能源计量数据管理、能源计量工作五个方面进行现场查看，对于检查中发现的问题，及时督促企业整改。开展环境监测计量器具监督检查，发挥计量在生态文明建设和环境保护中的基础性作用。指导山东戴瑞克新材料有限公司、山东汇海医药化工有限公司、山东常青树胶业股份有限公司 3 家企业申报工业计量标杆示范单位。（2）做好计量类行政许可工作。完成计量标准器具核准、（非重点）制造（修理）计量器具许可、计量检定机构授权 3 项市级下放事项的移交、承接工作。共有两家企业办理相关业务工作，分别是山东胜利通海集团东营天蓝节能科技有限公司关于压力变送器制造的许可，东营华联化工厂有限公司关于压力表标准器具核准。（3）按期开展周期检定工作。积极克服停征计量收费带来的业务量大幅增加、经费不足等问题，进一步加强检定人员队伍建设，提升检定水平，截至年底，共检定计量器具 11618 台，保障计量器具量值传递正确。

【职责领域内环保工作】 围绕工作职责和环保责任分工，落实“党政同责、一岗双责”规定，将环保工作列为重中之重，召开多次会议专题研究，制定《河口区质量技术监督局 2017 年环境保护突出问题综合整治攻坚实施方案》（东河质发〔2017〕42 号），明确工作职责和各项工作任务，责任层层分解，压紧压实，各项工作均取得较好的工作效果。燃煤锅炉整治工作，与区环保分局、各镇（街道）做好衔接，及时办理注销63台10吨及以下燃煤锅炉。对全区环境监测计量器具使用单位和环境监测机构进行专项检查，全区环境监测计量器具使用单位共21家，2家企业停产，其余企业正常运营；废水在线监测设备16台，其中停用2台；废气在线监测设备14台，其中未运行4台，停产3台，其余设备均正常使用。由区环保部门设立的环境监测机构1家，在用计量器具10台（件），均在检定周期内。开展散煤及洁净型煤质量治理、机动车环检机构、车用尿素生产企业、成品油质量监督检查，未发现违法问题。通过抓履职尽责，有效促进全区环境保护工作。

检验检测

【概况】 2017年，区检验检测中心以推进“全国第二批县级食品安全检验检测资源整合试点项目”实施为抓手，提升检测能力；以“实验室开放日”“你送我检”活动和市级食品安全科普基地建设为载体，着力提升为民服务能力；以“靶向抽检”为手段，开展食品农产品风险检测，为食品安全总体平稳提供强有力技术支撑。

【项目推进】 二批试点项目提前完成投资计划并顺利通过省级验收。实施的“全国第二批县级食品安全检验检测资源整合试点项目”总投资805万元，提前半年完成投资计划。（1）投资716万元，按照政府采购程序购置气质联用仪、生物安全柜等先进仪器设备79台（套）；（2）投资87万元，完成供排气系统、新建P2微生物实验室等实验室改造工程。（3）投资2.98万元配备电脑、打印机等设施，完成信息化建设。6月14日，省食品药品监督管理局副局长廖发银带领省食药局、省财政厅工作人员就单位承担的该项目进行实地考察和调研，对项目实施和完成情况给予充分肯定。11月24日通过省级验收。

【产品检验】 （1）制定详细的食品农产品抽检计划。根据相关部门曝光的不合格农产品及上年检验中出现问题较多的产品，按照不同月份、不同季节、不同区域制定详细的食品农产品靶向抽检计划。（2）做好产品检验检测工作。2017年，开展检测工作，通过自购、监管部门送样、委托送样等方式检验各类样品578批次。其中，共计检验农产品345批次，不合格1批次，合格率99.7%；检验食品233批次，不合格22批次，合格率90.5%，不合格项目为冰糖中的二氧化硫、鸡柳中的山梨酸等；检验化工产品37批次，不合格2批次，合格率94.6%，不合格项目为燃料油的闭口闪点；检验金属材料产品65批次，全部合格。（3）搞好检验数据分析。通过对2016年蔬菜水果检验数据进行系统分析，编辑形成《河口区2016年度瓜果蔬菜检验情况报告》，通过《政务要情》和《政务信息》为区领导科学决策提供第一手资料；通过对2017年食品农产品检验结果进行分析，编辑完成《检验检测分析》，为领导决策提供参考依据，为食品农产品安全监管提供精准的数据支持，为民众生产生活提供科学指导。

【资质扩项】 9月份，区检验检测中心上报实验室资质扩项材料，为确保资质扩项工作顺利进行，积极做好实验室食品农产品资质扩项相关工作。（1）对实验室的质量手册、程序文件、作业指导书及相关记录进行编写整理，编制完整的质量体系文件。（2）结合当地产业发展现状和现有检验设备情况，初步确定食品农产品资质扩项产品和参数，届时在食品检验方面将达到380项产品11478个参数的检测能力，涵盖食品和农产品常规理化指标、部分食品添加剂、常见微生物指标、重金属、农残、兽残等检验项目；（3）按照资质扩项要求做好比对报告、典型报告的出具工作。（4）根据检验标准中的要求，对检验工作中需购置的药品、易耗品、标准溶液及仪器辅助配件进行统计整理。（5）做好仪器设备的计量检定工作。联系相关检定机构对实验室已检定到期的部分仪器设备和新购置的仪器设备进行检定，并出具检定证书。（6）联系省、市质监局，按照相关程序和要求做好检验标准变更工作。10 月 22 日通过省级专家组现场评审。

【便民服务活动】 打造公共实验平台，积极做好开放实验室等便民服务活动。（1）开展“你送我检”活动，在每月的实验室开放日免费为市民提供检测服务，累计接受群众送样 60 批次。让群众买的放心、吃的安心。（2）积极建设市级食品安全科普基地，推广食品安全知识，引导公众关注、参与食品安全工作，科普基地已获东营市科协批复，科普基地的各项硬件设施建设基本完成。（3）针对群众关心的、需求迫切的问题，新增室内环境、饮用水等方面的检验服务，检群众之所想，圆群众之所愿。（4）通过省仪器设备网，对企业开放价值 10 万元设备 20 台（套），为企业产品质量提升和产业转型升级提供技术支持，同时与山东金开实业有限公司共建实验室，实现资源节约和技术共享的双赢局面。（5）立足本地，检验助农，扶持本地种养殖业，为新户镇多家农民专业合作社、种养殖基地及散户的冬枣、苹果、桃等提供免费的产品检测服务，帮助把好质量关，拓宽消费市场。

【迎检工作】 （1）做好省质监局组织的第一季度检验检测机构飞行检查前期准备和后期整改工作，按时提交整改报告。（2）做好省质监局组织的实验室能力验证工作。（3）根据市质监局的相关要求，做好检验检测机构专项整治工作，并提交专项整治自查报告。（4）及时参加并顺利通过省质监局组织的食品中着色剂及水质检验能力验证工作。

【争创工作】 （1）配合区市场监管局完成河口区省级食品安全先进区创建的中期评估工作。（2）配合农业、商务等部门完成省级出口农产品质量安全示范区的争创工作。（3）配合农业部门积极做好省级农产品质量安全县的争创工作。（4）配合经济开发区做好开发区内企业产品检验工作。

【结对帮扶工作】 年初区委安排结对帮扶新户镇三合村 3 个市级贫困户，在确定扶贫人员后，专门召开班子会议研究结对扶贫安排及扶贫计划，经多次入户调研，并与村书记及贫困户沟通后，最终制定帮扶计划，投资 6000 元为 3 个贫困户购买 13 只山羊，并与贫困户子女进行养殖产业对接，直接提高贫困户收入，另外投资 700 元利用节假日到贫困户家中开展走访慰问。同时单位筹措资金 900 元，资助 3 名实验小学贫困学生助其能顺利完成学业。

安全生产监管

【宣传教育培训】 通过形式多样、内容丰富的活动，深层次、全方位开展宣传教育工作。在区广播电视台开辟“安监之声”专栏，对安全生产法律法规、规章制度及安全生产常识等进行广泛的宣传，现已播出 242 期；6 月份，开展内容丰富、形式多样的第十六个“安全生产月”活动，通过组织专题培训、知识竞赛、文艺演出等活动，集中宣传落实企业安全生产主体责任，努力提高企业员工安全能力；深入推进企业全员安全教育培训，举办落实企业安全生产主体责任专题培训班，培训企业安全负责人 360 人。与中国石油大学合作办学，举办 2 期全区企业安全生产分管负责人专题培训班，培训企业分管领导 106 人。举办落实企业安全生产主体责任专题培训班，全区 360 家企业安全负责人参加培训。共组织和指导培训学校开展各类培训班 15 期，共培训各类人员 2000 余人。

【安全生产风险分级管控和隐患排查治理】 坚持“政府引导、标杆示范、分级推进、全面实施”的原则，加快推进全区 63 家危化品生产、储存企业、41 家非危化企业开展“两体系”建设。现有104家企业已全部完成“两体系”建设，共排查风险点38470个，所有风险点全部落实管控措施。通过“两体系”建设，实现关口前移，由被动防控事故到主动防控隐患，提升企业的风险隐患排查管理水平。此项工作，推进进度和排查质量都走在全市前列，获得市局的肯定。

【化工产业安全生产攻坚治理】 聘请中国化学品协会专家对46家“两重点一重大”企业进行评估，查出隐患885条，全部整改完成；诊断涉及液化烃类企业10家，查出隐患86条，全部整改完成；80处化工装卸平台改造全部完成，40处装车区一卡通智能装卸管理改造全部完成，43家需设置高清卡口企业已全部完成；对7月1日前摸排发现的58家资质证照和手续不全的企业全部责令停产整顿，除6家不具备生产能力的企业外，全部派驻驻厂安全生产监督员52名。充分发挥安委会办公室综合协调调度作用，推进运输企业本质安全水平提升、危险化学品道路运输车辆专用停车场建设、危化品运输车辆专门行驶路线规划、消防水源建设等工作。需加装紧急切断装置、防溢出报警装置和将上装口改为下装口的危险货物罐车共计240辆，已经全部完成改装；在全区规划专用路线危化品运输车辆专门行驶路线7条，总计里程近200千米；改造提升消防水源8处，实现涉及“两重点一重大”企业的4千米范围内建设消防取水点的要求。建成1处危化品运输车辆专用停车场。

【安全生产专项检查】 （1）做好规定动作。配合好国家、省、市对河口区11家企业的检查，共查出隐患186项，全部整改完成。配合好省、市开展的四轮异地执法检查，共检查企业37家，排查各类安全隐患555条。开展好执法计划，共检查企业112家次，查出问题和隐患906条，全部督促整改完成。（2）规划落实好自选动作。每月至少一次开展夜查活动，对正在生产企业的领导带班、职工在岗等情况及已关停企业的停产情况进行夜间检查。共检查企业32家次，发现隐患和问题51条。（3）加大处罚力度。按照“检查必执法，执法必处罚，处罚必到位”的要求，立案处罚60次，共处罚金413.8万元。通过处罚，倒逼企业落实主体责任。

【职业病危害防治评估】 上半年全市职业病危害防治评估评估活动，先后邀请7名专家对26家企业进行2轮评估，共发现问题和隐患86项，在全市评估活动抽查评比中，抽查的14家企业均为优秀。下半年开展全区职业病防治评估工作，采取资料审查与现场查验相结合的方法，共抽取74家企业进行评估，评估共检查隐患368条。

专家现场检查

【基层保障】 充分发挥安委会办公室职能，在认真分析全区安全生产形势的基础上，分别向区委常委会、政府常务会专题汇报安全生产工作5次和6次；落实区级领导督导联系基层安全生产工作制度，每季度提醒39名区级领导对所联系督导的重点企业进行检查；发挥184名村级安全协管员的监督作用，把基层监管工作做细做实，密织安全监管网络，累计发放协管员工作经费18万元；设立安全生产专项资金50万元，专项用于基础设施建设、宣传教育培训等项目支出。

2017年6月30日，全区化工产业安全生产转型升级专项行动动员部署会议召开

【技术支撑】 公开选聘涉及化工、机械、安全工程等16个专业领域的52名安全专家，建立优质专家队伍。在危化品等重点领域，实施政府购买服务方式，与中国化学品安全协会建立常态合作机制，定期聘请专家对化工企业开展隐患排查，逐步建立专家查隐患的长效机制，充分发挥安全生产专家对安全监管工作的技术支撑作用。全面推广数字化安全监管平台使用，全区已有296家生产经营单位纳入平台管理，安全生产执法、企业自查自纠和量化考核、投诉举报等工作已经全面依托平台开展，逐步形成安全监管大数据，全区安全监管信息化水平得到进一步提高。

【隐患排查】 安全事故隐患排查体系建设作为区政府2017年度为民办实事之一，由区政府拨付资金343万元，用于企业隐患排查治理。现已聘请中国化学品安全协会专家126人次，开展全区危化品企业安全检查141家次，共计排查隐患3796条，并全部进行复查。开展工贸企业涉氨、涉粉等重要危险点专项排查治理，聘请专家对87家涉粉、涉有限空间、涉煤气发生炉、涉熔炼炉企业开展专项检查，排查各类安全隐患998项，全面摸清工矿商贸涉氨涉粉、涉有限空间企业底数及经营状况。通过聘请高水平专家查隐患，同步提升安全监管人员和企业安全生产管理人员排查隐患的能力。

【应急救援】 依托河口蓝色经济产业园消防站及东营华联石油化工厂、中海石油、富宇化工、军胜化工等大型化工企业消防队伍，进一步整合应急救援资源，构筑区域性的专业安全生产应急救援队伍。定期开展不同层级、形式多样的应急演练，提高现场作业人员的自防自救和应急处置能力。共组织各类应急演练30余次，大型演练5次，其中危险化学品生产安全事故应急演练1次。严格执行24小时值班制度和信息报送标准，拓宽信息收集渠道。

国有资产监管

【概况】 河口区国有资产运营有限责任公司于

2017年12月22日正式移交河口区财经投资集团有限公司，今后将不再承担政府融资职能，并不再为任何单位和个人提供信用担保。

河口区国有资产运营管理中心根据《国务院办公厅关于印发整合建立统一的公共资源交易平台工作方案的通知》（国办发〔2015〕63号）、《山东省人民政府办公厅关于贯彻国办发〔2015〕63号文件整合建立统一的公共资源交易平台的实施意见》（鲁政办发〔2015〕52号）、《东营市人民政府关于印发东营市公共资源交易平台管理实施细则的通知》（东政发〔2016〕31号）要求，整合建立统一的公共资源交易平台。把工程建设项目招标投标、政府采购、土地使用权和矿业权出让转让、国有产权交易、药械（医用耗材）采购等八大类公共资源交易项目，纳入公共资源交易平台公开交易。平台将按照上级要求，建立全封闭式交易活动场所，购置电子评标设备及软件，实现与东营市公共资源交易中心做好数据对接。另外各场所全部安装录音录像设备，配备高清监控屏幕，建立音频视频档案，实现互联互通，以满足公共资源交易需要，并与监察监督部门联网，实现实时监督，为全区各类交易活动提供专业化场所、设施和服务。

区国有资产运营管理中心拥有较为成熟的公共资源交易体系。区建设工程交易中心、区药品采购管理服务中心相关职责将划入区国有资产运营管理中心，履行公共资源交易机构相关职责：（1）负责公共资源交易平台的建设、管理和维护；（2）为公共资源交易活动提供场所、设施和服务；（3）提出公共资源交易管理制度、交易规则建议方案；（4）受委托或授权实施公共资源交易目录范围内的交易工作；（5）收集、发布和存储各类公共资源交易信息，建立公共资源交易信用档案，为公共资源交易的综合管理、行政监督、监察审计提供支持等；（6）承办区政府交办的其他事项。

2017年，国资中心共组织政府采购活动232项，采购预算金额36613.16万元，合同金额33162.73万元，比年初确定的10000万元增加26613.16万元，节约资金34504.38万元，比年初确定的1000万元多节支33504.38万元，节支率9.42%。实现资本运营收入209.99万元，圆满完成2017年本职工作目标任务。

【政府采购】 采购工作严格执行政府采购有关规定，依法办事，加强政府采购规范化管理，提升政府采购工作水平。为提升河口区政府采购的公平性，中心不断加大政府采购硬件投入，采购谈判室、采购候谈室分别安装全套视频、音频监控设备，走廊、大厅公共场所休息处增装2部摄像头和1台拾音器，以全面加强对采购活动现场内部和外部公共区间管理。2017年，为实现多项目同步进展，全面压缩采购时间，新增政府采购询价室，有效提高政府采购效率。2017年，共组织政府采购活动232项，采购预算金额34016.25万元，合同金额29614.03万元，节约资金4402.22万元，节支率12.94%，各项采购工作正常进行中，为全区经济和社会各项事业的发展提供良好的服务。

【资产运营】 搞好资产运营，确保国有资产保值增值。截至年底，参股东营银行股份有限公司4056.64万股，现金分红81.13万元，配股324.53万股；参股东胜石油精攻公司429.56万元，现金分红收入128.86万元。

【还款付息和贷款担保】 截至年底，区国有资产运营有限责任公司为山东中海化工集团有限公司在天津银行股份有限公司东营分行提供2亿元信用担保，担保期限为1年，重点缓解区重点工程、项目建设、企业发展资金困难。积极与各银行加强沟通联系，按期归还到期贷款，确保政府信用。

财税·金融

财　政

【概况】 2017年，河口区财政局坚持以党的十九大精神特别是习近平新时代中国特色社会主义思想为指导，深入开展“两学一做”教育实践活动。工作上主动适应和把握经济新常态，积极应对复杂多变的宏观经济环境，牢牢把握稳中求进的工作总基调，全面落实积极的财政政策，推进财税体制改革，依法加强财政管理，攻坚克难，奋力拼搏，为全区经济和社会事业的健康、有序发展提供强而有力的支持。2017年，全区一般公共预算收入突破20亿元大关，达到200798万元，完成预算的104.8%，可比增长12.2%。；其中，税收收入为11.74亿元，税收占比58.5%。区级一般公共预算收入18.8亿元，完成预算的106.5%，可比增长14.8%。其中，区本级完成15.6亿元，街道、开发区完成3.2亿元。2017年，河口区一般公共预算支出21.0亿元，完成预算的99.97%，增长-1.8%。区级一般公共预算支出19.02亿元，完成预算的100%，增长0%。其中，区本级完成16.40亿元，街道、开发区完成2.62亿元。

【征管工作】 （1）强化收入调度。建立收入分析调度制度，提前研判财税收入形势，定期召开税收保障工作联席会议和非税收入重点部门协调会，及时研究解决收入组织过程中出现的问题，有针对性地改进征管措施，深挖增收潜力，拓宽增收渠道。（2）强化税源控管。区税收保障工作办公室依托云计算和大数据系统，搭建起辐射45个部门单位的涉税信息共享平台，准确掌握税源动态，及时发现纳税疑点，有效堵塞征管漏洞。（3）强化税源培植。发挥财政职能，采取有效措施，支持企业技术改造和科技创新，提升发展效益和竞争力，培植一批支柱税源，夯实财政收入基础。

【资金争取】 围绕河口区总体发展规划，紧盯上级政策动向，准确把握资金扶持重点领域和范围，主动向上汇报衔接，千方百计争取上级的支持，缓解财政支出压力。2017年，全区争取地方政府置换债券3.51亿元，有效化解有存量债务偿债风险。争取上级转移支付资金3.7亿元，新增债券1.08亿元，壮大财政实力，保障民生和重点工程支出，助推全区经济社会平稳健康发展。

【财政支出】 （1）降低行政运行成本。认真落实中央八项规定精神，严格控制“三公”经费及会议费、培训费、差旅费等六项支出。2017年，区本级六项支出为3276万元，较2016年下降11%。（2）加快财政支出进度。加大财政与项目主管部门协调配合力度，全面掌握各支出项目的整体情况，实现事前、事中、事后全方位监管。在确保财政资金安全的前提下，加快项目资金拨付，确保财政资金发挥出最大效益。2017年，全区一般公共预算支出进度每月考核名次均居全市前列。（3）统筹安排财政资金。完善政府预算管理体系，加大各类资金整合力度，集中有限财力办大事。2017年，投入9.7亿元，力保黄河路雨污排改造、海康路、海盛路等多条道路提升改造、鸣翠湖健康岛建设、环城水系建设、集中供暖等一大批重点项目顺利实施。其中，投入道路提升、集中供暖、城市环卫、垃圾处理等城市管护运行支出3.13亿元，比2016年翻一番，提升城市形象，全区人民日益增长的美好生活需要不断得到满足，广大群众的获得感显著增强。

【民生投入】 2017年，全区用于社会保障和就业、医疗、教育、惠农补贴、公共服务等民生方面支出16.1亿元，增长7%，占一般公共预算支出76.7%。（1）提升社会保障水平。2017年，全区用于提升社会保障水平的资金达1.8亿元。其中，投入1500万元，用于提高城乡低保标准，城市低保由每人每年6960元提高到7200元、农村低保由每人每年4320元提高到4700元，农村低保标准全市第一；投入3900万元，用于发放60周岁以上城乡居民基础养老金，保障老年人晚年生活幸福；投入750万元，用于落实退役士兵各项补助、支持创业就业、增加公益岗位等，促进全区就业和再就业工作；投入420万元，用于扶贫专项开发工作，比上年增长62%；对区级15项涉农资金按照不低于20%的比例统筹用于扶贫开发，完善资金备案制度，有效发挥财政资金合力。（2）稳步提高医疗普惠能力。2017年，全区用于医疗卫生支出达1.2亿元。其中，投入3576万元，用于提高城乡居民医疗补助标准，由每人每年430元提高到470元；投入655万元，用于提高基本公共卫生服务人均标准，由每人每年45元提高到50元，免费服务项目扩大到12类，同时把精神病监护人看护管理补贴纳入财政预算，每人每年补助2400元；投入1000万元，用于区疾控中心实验室改造和医疗设备配置，提高疾病防控服务水平。（3）持续助力教育事业发展。投入6000万元，用于河安小学改扩建、区实验学校整体改造、职业中专改扩建配套等项目建设，强化教育基础设施建设；投入5600万元，用于校园安保经费支出、小班化教学补助支出、校车补助支出等多项教育教学支出，优化教育教学环境，全区教育保障水平居全市前列。（4）落实惠农补贴政策。投入1937万元，用于村级公益设施一事一议项目、农村危房改造和旱厕改造等项目，加快美丽乡村建设；投入1150万元，用于保障村级组织工作服务经费和城市社区党组织为民服务专项经费，全面推进基层服务型党组织和法治型党组织建设；投入7559万元，用于富民工程、耕地地力保护等多项补贴，保障惠农补贴政策落地生根。（5）完善公共服务体系。投入1470万元，用于加强城乡文化基础设施建设，区图书馆、区文化馆、区城市书吧、村级综合文化服务中心先后建成投用，河口区顺利通过国家公共文化服务体系示范区中期督查评估；投入6600万元，用于构建公共安全视频监控“雪亮工程”，提升全区治安防控水平；投入1600万元，用于公交车各项补助，在全市率先实现“城乡公交一体化”，以安全、便捷、优惠为出发点，提升群众生活幸福感和满意度。

【财税体制改革】 （1）深化预算管理改革。强化全口径预算体系，完善一般公共预算、细化政府性基金预算。加大对涉农资金等财政专项资金统筹整合力度，充分发挥项目资金的使用效益。（2）加强政府性债务管理。逐步建立“借、用、还”相统一的地方政府性债务管理机制，把政府性债务纳入全口径预算管理，严格控制政府性债务规模，严格限定政府举债程序和资金用途。同时，完善地方政府性债务风险防控机制，制定出台《河口区政府性债务风险应急处置预案》，有效地防范和化解债务风险。2017年，全区债务限额为16.48亿元，政府性债务余额为15.45亿元，债务率为53%，控制在债务预警线以内。（3）研究推进预算绩效评价改革。结合河口区实际，制定出台《河口区区级财政项目支出绩效目标管理办法（试行）》《河口区区级财政支出绩效评价管理暂行办法》，在健全制度的基础上，逐步推行预算绩效评价管理工作，财政资金使用效益不断得到提升。（4）规范政府投资引导基金的管理。为充分发挥财政资金的引导放大作用和市场在资源配置中的决定性作用，全面促进区产业经济转型升级，制定出台《河口区区级政府投资引导基金管理办法》《河口区区级产业发展基金设立方案》，制度框架和政策体系逐步建立完善，全面启动产业基金的筹集和运作。（5）创新政府服务方式。投入1000万元，建立全市首家"一人一窗一机两税通办"运行模式的联合办税大厅，开启以网上办税为主、自助办税为辅、第三方代办为补充、办税服务厅兜底的"四位一体"多元化办税新格局，解决纳税人办税"两头跑"、涉税资料"两处报"问题，最大限度的方便纳税人。该项创新工作获得上级部门的高度认可和充分肯定，并在全市全面推广。

【财政监督管理】（1）完善预决算公开长效机制。除涉密信息外，全区85个区直行政事业单位全部通过政府门户网站，及时向社会公开"三公"经费和部门预决算，公开率100%。（2）加大财政专项资金监管力度。先后开展涉企收费专项清查、"小金库"专项治理检查、会计信息质量检查、财政专项资金检查、涉农资金统筹专项治理等工作，对查出的问题及时督促相关单位整改落实，接受社会监督，提高财政资金使用的安全性、规范性和有效性。（3）加强政府采购监管工作。2017年，完成政府采购项目311个，合同金额12.97亿元，节约资金1.24亿元，节支率8.8%，提高政府采购的质量和效益。同时，依法处理各类政府采购投诉举报案件28件，收缴罚款16万元，处理违规企业8家，维护政府采购的严肃性。（4）推进政府购买服务工作有序开展。2017年，批复完成政府购买服务项目26个，审批资金8775万元用于向社会力量购买公共服务，提高公共服务的供给质量和财政资金的使用效率。（5）强化财政投资评审管理。建立工程造价咨询机构中介库，出台《河口区财政局中介机构库管理使用暂行办法》，通过加强对中介机构的监管，提升财政投资评审质量和效率。2017年，全区完成各类财政投资评审项目118个，审定值10.35亿元，综合审减0.32亿元，综合审减率3%。（6）加大财务人员培训力度。通过以会代训、外出学习、经验交流、网上继续教育等形式，先后组织各类教育培训3000余人次，提高财务人员的综合素质和财政财务管理水平。

国家税务

【概况】2017年，河口区国税局严格按照全年工作部署，坚持以习近平新时代中国特色社会主义思想和党的十九大精神为指针，以社会主义科学发展观为统领，以组织收入工作为核心，全面规范执法行为，加强队伍建设、行风建设和信息化建设，努力服务地方经济发展，促进地方税收收入稳定增长，各项工作进展顺利，荣获2017年山东省模范职工小家、东营市"五一劳动奖章"等荣誉。截至2017年底，河口区国税局共有正式人员112人，其中在职人员84人，退休人员28人，全局下设6个税源管理单位，共包括4个分局，2个税源管理科，管户数量12658户，其中单位纳税人3497户（一般纳税人1607户），个体经营纳税人9161户。

【税收收入】2017年，税收形势异常严峻，中海石化受购入海洋原油税率政策调整和改扩建项目进项集中抵扣影响，全年减收20716万元，下降82.2%，河口区国税局通过以查促管、挖潜增收、应收尽收，税收收入紧跟进度，累计完成税收收入15.89亿元，较去年同期增长36.22%，其中区级收入6.21亿元，较去年增长45.21%，顺利完成区级收入目标，为全区一般预算收入突破20亿元大关打下坚实基础。

【纳税服务】2017年8月15日，河口区国地税联合办税服务厅正式投入使用，实现国地税业务"一窗通办"，联合办税服务工作走在全省前列。联合办税厅增设自助办税终端、查询机等设施，涵盖增值税发票发售、代开、报税、认证、查询业务，实现由办税服务厅实体服务向全天候非接触服务转变。在立足构建“四位一体”办税服务模式的基础上，河口区国税局提出“智心联动，和谐共赢”的服务理念，着力打造“事项全通办、业务全覆盖、窗口全联办、服务全融合”的便捷型、创新型、智慧型联合办税厅。

【税收征管】 2017年，河口区国税局实现工商登记机关登记信息同步变更，减少纳税人“多头跑”和重复报送资料等问题，经验做法被国家税务总局“联合办税操作指南”以合作范例形式转发。先后组织召开营改增大辅导、无纸化办税等各类培训会，定期印发优惠政策宣传手册，利用公众号、电子显示屏等多种手段，做好政策宣传工作，确保国家各项税收优惠政策落到实处。2017年，全区7户企业享受研发费用加计扣除，扣除研发费用1115.22万元，政策性免征增值税合计193.17万元，政策性免征企业所得税合计167.71元，小微企业增值税、企业所得税优惠享受面100%。

【依法行政】 2017年，河口区国税局积极开展法治国税建设，制定“十三五”时期推进依法治税工作实施方案及部分重点工作任务分解表，建立依法行政领导小组议事规则，强化公职律师、法律顾问制度建设，孤岛分局、仙河分局入选东营市国税系统示范点。制定《河口区国税局规范和改进行政审批工作任务分工表》，对行政审批事项实行“一窗式”办理，建立审批事项“绿色通道”，在各办税服务厅公开税收执法权力清单和运行流程，自觉接受社会监督，细化处罚裁量标准，明确税务行政裁量权基准，依法行政工作取得突出成效。

地方税务

【概况】 东营市地方税务局河口分局现有正式干部职工82人，内设8个职能科室及2个直属机构，设置4个中心税务所，主要负责河口辖区内12400余户纳税人(个体:9000余户,企业:3400余户)的地方税收征管服务工作，先后荣获省级文明单位、山东省富民兴鲁劳动奖状、省级青年文明号等多项荣誉称号。2017年，河口地税分局勇于担当、积极作为，通过采取依法组织税收收入、落实税收征管改革、优化纳税服务环境、加强干部队伍建设等措施，有力地推进全局各项工作的开展，共实现组织收入7.81亿元，同比增收6300余万元，增长8.78%，其中：区级以下收入完成6.45亿元，同比增收6800余万元，增长11.83%，为全区经济社会发展提供有力的财力保障。

2017年12月4日，税法宣传员进行税收知识宣传

【税收征管】 (1)强化组织收入考核与督导。经过不断修订和完善，形

成契合工作实际的《河口分局组织收入工作考核办法》，同时在2017年年底，推行收入质量考核网络化，使考核对象、考核税种、考核项目更加全面。（2）做好税收风险分析和应对。深入开展金税三期工程决策二包风险管理应用，率先在全省地税系统实现通过决策二包进行任务统筹和稽查案源推送。（3）深化分类分级分区域征管新模式，推行基础事项网格化管理。主要包括数据采集、户籍管理、审查核实、税源调查、外部协作、委托代征、纳税担保、税收保全、强制执行、税务行政处理和处罚等12项日常征管事项。（4）坚持"抓大不放小"，进一步加大委托代征。加强对自然人、个体经济、村级组织等"末梢经济体"税收管理与服务，使小税种管出大税源，小税源变成大税收。（5）抓好欠税管理。针对经营状态和纳税遵从的差异，采取多种措施清理欠税。2017年，对47户欠税企业采取强制执行措施，共清缴税款及滞纳金407万元；1户欠缴税款纳税人进入破产程序，在认真核实欠税后，申报税收债权，入库税款及滞纳金122万元。（6）加强税务检查、纳税评估增收税款。2017年，借助政府购买中介服务，开展企业所得税汇算清缴、重点税源检查、土地增值税清算、两税（房产税、土地使用税）清查、两税（增值税、消费税）比对、股权转让风险防控及高收入行业个人所得税纳税评估等检查评估工作，查补增收税款1026万元。

河口区国地税联合办税大厅启用

【纳税服务】（1）深化"放管服"改革，认真落实税收优惠政策。及时宣传国家"六项减税政策"，加快推进新旧动能转换的步伐，2017年，共为6户纳税人办理研发费用加计扣除优惠备案手续，让企业享受研发加计扣除额440万元，减免企业所得税近110万元。（2）开展多种形式税收宣传与培训。利用"局长服务日"、纳税人学堂、税企座谈会等形式，为纳税人提供形式多样、内容丰富的涉税培训和辅导，共开展纳税人培训10次，培训纳税人500余人次。（3）深化国地税合作，积极推进国地税联合办税。2017年8月，河口区国地税城区"一窗通办"式联合办税服务厅正式投入使用，加之前期已先行到位的东部两个联合办税服务厅（孤岛、仙河），至此，标志着"以纳税人实际需求"为导向的科学化、人性化、高质效化的"一人一机一窗"国地税全业务通办，实现在全区境内的全覆盖。（4）利用"互联网+"优势，拓展和完善网上办税、自助办税功能，简化办税流程，最大程度地缩短办税时间，减少审批环节，维护纳税人合法权益。

金融市场与金融监管

【金融运行】 2017年年末，全区金融机构人民币各项存款余额254.59亿元，比年初增加25.82亿元，增长率为11.29%；人民币各项贷款余额188.15亿元，比年初增加42.08亿元，增长率为28.81%。全区保险业实现保费收入60791.55万元，同比增长16.58%，其中，财产险实现保费收入20560.59万元，同比增长11.88%；人身险实现保费收入40230.96万元，同比增长19.13%；累计赔付10248.91万元。全区证券业A股、基金成交量384.95亿元，共实现佣金收入2717.70万元。全区证券业累计资金账户67946户，保证金1.91亿元，托管市值57.51亿元。

【金融机构服务】 坚持“抓大不放小”的思路，引导金融机构服务各层次实体经济。（1）组织召开2017年政银企洽谈会。通过深入企业调研，筛选优质企业、优质项目，引导各银行积极参与，达成合作共识。先后组织召开两次政银企洽谈会，签约项目共184个，签约金额达180.94亿元，全年落实银企签约资金172亿元，资金落实率为94.41%，形成河口区银企互信良性互动格局。（2）引进金融机构。恒丰银行、青岛银行、灵猫有数网商银行、安华农业保险4家金融机构成功落户河口区，银行保险证券机构达38家，各类地方金融组织4类9家，金融服务体系更加完善。（3）推进重点企业融资，支持企业重大项目建设运营。督促引导各银行机构树立与企业同兴共荣理念，对信誉好、经营状况良好的企业不惜贷、压贷、抽贷，保障企业正常发展。重点协调落实中海石油、富海集团等项目贷款11亿元。（4）鼓励金融机构加大农业信贷支持。区内金融机构累计发放“两权”抵押贷、再就业贷、青年创业贷、妇女创业贷等贷款7000余笔，贷款金额2.24亿元，多层次满足农村群众融资需求。

【企业改制和上市挂牌】 2017年，通过出台落实企业改制和上市挂牌优惠政策，降低企业负担，帮助企业解决改制和上市挂牌过程中的困难问题；高标准挑选中介机构参与改制和上市挂牌工作，建立河口区改制和上市挂牌专家库；邀请专家授课，组织企业家到知名院校学习培训，提高企业家对资本市场的认识等多措并举，持续推进多层次资本市场建设工作，企业改制和上市挂牌及债券融资方面均取得较好成绩。（1）政策支持企业改制和上市挂牌力度增大。帮助2016年度2家挂牌企业和8家完成改制企业落实市级奖励资金100万元，河口区印发《关于支持规模企业规范化公司制改制和企业上市挂牌若干政策措施的通知》，为现代企业产权制度建立和多层次资本市场对接提供有力保障。（2）企业改制工作超前完成。2017年度共完成改制企业27家，完成年度改制目标任务的245%，截至2017年年末，河口区累计完成48家，提前2年完成省定目标任务。（3）企业上市挂牌氛围浓厚。冠森科技成功在新三板挂牌，北博新能源、三丰香油成功在齐鲁股权交

金融助推河口区新旧动能转换暨2017年第二次政银企洽谈会

易中心挂牌，截至2017底，全区新三板挂牌企业已达4家，区域性股权交易市场挂牌企业已达10家，还有一大批改制企业正在做上市挂牌前的准备工作。（4）企业利用资本市场融资新突破。天擎工贸、北博新能源两家公司分别通过挂牌融资10万元、45万元；山东富宇化工有限公司获批在上海证券交易所分期发行公司债券6亿元，已分三期发行完成并在上海证券交易所公开交易；山东金信新材料正在积极准备发行公司债券10亿元。

【金融监管】（1）加强地方金融组织监管。坚持现场监管与非现场监管相结合，全面做好业务监管及风险预警，确保民间金融机构合规运营。2017年末，2家小额贷款公司累计发放贷款共12030.00万元，贷款余额14760.72万元；2家民间资本管理公司累计完成投资4.68亿元，投资余额1.07亿元；3家资金互助专业合作社共吸收社员753人，累计吸纳农村社会资金4298.36万元，累计发放互助金8085.2万元。（2）做好新型农村合作金融试点工作。积极向上级争取新型农村合作金融试点开办费奖励，同时及时落实区级开办费奖励，鼓励合作社扩大信用互助业务量。1家合作社共吸收社员20人，开展信用互助业务20笔，发放信用互助金100万元。（3）推进地方融资担保机构组建工作。推进注资3亿元的政策性融资担保机构组建工作，公司高管已到位，区委常委会及时通过区财政局提报的融资担保公司组建方案，根据河口区实际情况确定出资方式后尽快完善申报资料、推进审批进度，及时完成公司注册工作。截至年底，河口区各类新兴金融业态达到4类9家，初步形成较为完善的地方金融服务体系，其中，融资性担保公司1家、小额贷款公司2家、民间资本管理公司2家、资金互助社3家、新型农村合作金融试点1家。

【金融市场工作】（1）健全完善工作机制。成立以区委、区政府主要领导任组长的防范化解金融风险工作领导小组，从调查摸底和分析研判、打击恶意逃废银行债务、舆情监测管控、信访维稳安保等方面全面开展防范化解金融风险工作。（2）加强企业风险排查化解。对区内13家银行机构的存贷情况每周进行一次调研分析，同时汇总各镇（街道）、开发区对辖区内企业摸排情况，及时掌握河口区总体金融运行情况的一手资料。坚持“抓早”“抓小”，针对发现的苗头性风险企业及时制定化解措施，有效将企业风险化解在萌芽中。（3）风险化解处置措施有力。针对风险企业“一企一策”研究制定措施，积极协调银行对区内企业续贷、转贷、增贷，并督促企业及时还本付息，帮助多家企业转贷续贷50余笔贷款，共计11.51亿元。特别是市委、市政府下达企业逾期贷款欠息催收目标任务以来，严格按照区委、区政府统一部署，迅速行动，与镇街、园区、公安等部门通力协作，研究制定工作方案，盯上靠上抓催收，率先在全市完成逾期贷款、欠息清收考核目标任务。（4）发挥应急转贷资金作用。完善应急转贷机制，将区级应急转贷专项资金规模由1亿元提高到3亿元，每批次申请使用区级专项资金额度由1000万元调整为3000万元。2017年，共为11家经营困难企业办理应急转贷资金19笔，共计21980万元，有效缓解企业的资金压力，保障企业的正常运营。（5）推进防范和处置非法集资工作。与相关部门联合印发《河口区非法集资案件举报奖励办法》，加强社会监督，有助于及时发现非法集资线索，及时化解金融风险隐患；开展防范处置非法集资宣传活动，共组织大型宣传活动11次，参与群众9000余人，发放宣传单页17080余份；认真开展全区2017年度涉嫌非法集资风险专项排查活动，做到摸清底数、找准症结、突出重点、细化措施、压实责任，对区内262家企业和277家农民专业合作社集资风险情况进行全面排查，并对发现的问题进行妥善化解。

银 行

【中国工商银行股份有限公司东营河口支行概况】 2017年，河口支行全部存款余额为41.65亿元，较年初增长8500万元。2017年，河口支行各项存款41.65亿元，较年初增长8500万元，其中公司存款8.53亿元，较年初增长7600万元；机构存款3.21亿元，较年初增长900万元；同业存款270万元，下降4000万元；储蓄存款27.52亿元，较年初增长8900万元。各项人民币贷款余额24.05亿元，较上年增长5300万元，无新增不良贷款产生；实现中间业务收入2545万元，拨备前利润9100多万元。

（1）公司业务方面。公司存款。截至12月末，公司时点存款余额10.53亿元，较年初减少0.1亿元，其中，保证金存款2.37亿元，较年初减少0.89亿元；一般性公司存款8.15亿元，较年初增加0.79亿元；日均存款10.24亿元，较上年增加0.56亿元。其中，保证金日均存款3.37亿元，较上年减少0.77亿元，一般性公司日均存款6.87亿元，较上年增加1.33亿元。公司（含小企业）贷款。截至12月末，公司贷款（含小企业）余额23.5亿元，较年初增加0.8亿元。其中项目贷款8.46亿元，较年初下降2.7亿元；一般流动资金贷款22.3亿元，较年初减少944万元，主要是不良贷款收回及核销2.1亿元所致。小企业贷款11851万元，较年初增加9472万元。中间业务收入。截至12月末，公司中收入账404万元；国际业务（含结现）599万元。国际业务。2017年12月末，河口支行实现国际结算业务量26228万美元，办理结售汇业务3819万美元，跨境人民币结算量234万元，国际贸易融资客户减少1户。国际收支3000强客户渗透率50%，国际业务精准客户营销完成2户，对公交易活跃客户数完成22户。票据业务。2017年，河口支行实现票据贴现55870万元，实现票据净收益282.89万元，完成市行四季度票据贴现净收益目标的37.72%。（因价格原因，河口支行办理的银承贴现有所减少，但在河口支行办理网上票据池质押贷款，四季度质押票据金额约5亿元。）继续压降保证类贷款，坚持降保增抵。截至12月末，保证类贷款余额126163万元，保证类贷款占比53.68%，抵质押贷款占比为46.32%，较年初下降30.51%。清逾控劣。2017年，打包处置融资本金合计21094万元，批量转让河口支行受偿7880万元，河口支行核销本金13213万元。2017年未发生新不良贷款。客户拓展类指标。截至12月末，河口支行法人（含小企业）有贷户33户，较年初增长5户。

（2）个人金融业务情况。储蓄存款类。截至2017年末，全行储蓄存款余额达273647.44万元，较年初新增9097.31万元，超额完成市行下达的指令性计划，其中，节节高存款余额2985.69万元，较年初新增3463.86万元，全行个人客户资产余额462801.76万元，较年初新增15828万元。日均存款余额266992.83万元，较年初减少384.97万元。客户类。截至2017年末，个人客户总量达234869户，新增6208户，其中100万元以上357户，500万元以上客户13户，800万元以上客户21户。银行卡类。截至2017年末新增发卡2537张，新增分期付款3448.35万元，不良贷款余额14.73万元，不良率0.26%，较年初下降24.63万元。理财类。截至2017年末理财销售209535万元，其中，非保本理财销售145940万元，趸缴保险销售8850.7万元，期缴保险销售2163.57万元，其中，工银安盛趸缴1114.51万元，期缴243.11万元。个金全年实现中收925万元，银行卡中收373万元，私人银行中收157万元，互联网金融实现中收63万元，银行卡实现中收373万元。

（3）机构业务情况。截至2017年年末，机构存款余额3.22亿，较年初增加907万元，完成市行调度任务，较同期增长3820万元；机构日均存款余额3.37亿元，较年初增加3028万元，完成市行计划的101%。

紧扣支行党委发展纲要，从源头抓起，积极推进重点合作项目落地。在成功营销法院"一案一账户"的基础上，通过深入昌乐人民医院实地考察"银医通"业务，与河口区人民医院签订《银医业务合作框架协议》，成为人民医院唯一一家合作银行，为下一步存款、代发工资、融（投）资服务等业务拓展扎实了基础；经市、支行整体联动上门推介取得了港务集团企业年金业务主办行资格，现已通过东营港管委会审批通过，正在区人社局办理报批流程，2017年1月手续办理完成。同时，港务集团年金业务为河口支行办理企业年金业务积累经验，也为办理东营港建投公司、综保区建设发展公司及河口驻地等政府类投资公司企业年金业务营造良好社会影响，争取下一步业务主动；在曹秀山行长关注支持下，经省、市、支行三级整体联运营销，银证合作取得历史性突破，近期将与中泰证券（上海）投资总部签订《银证托管合作协议》，力争在行开立托管实体账户，托管规模初步为3亿～5亿元，根据业务合作及市场运作情况下一步可达20～30亿托管规模，托管费率为万分之五，快速拉动机构存款规模而且也大大提升机构专业中间业务收入，将有力推进机构专业的综合贡献度。拓客户抓源头，增强机构业务发展"张力"，保持持续发展的后劲。2017年，针对河口当地机构客户的现状，召开专题会议将河口驻地、东营港、仙河、孤岛进行逐片分析、甄选，列出新开户和启动"睡眠户"目标客户清单，确定时限、明确到人、限期公关，现东营港管委会中心医院已成功在河口支行开户，已划入150万元资本金、代发工资25户、月代发额12万元；东营港管委会国税局也已于2017年12月底在总局报备后，在河口支行开立基本结算账户和"零余额"专项结算账户，2017年，将增加机构存款1000万元、代发工资36户、月代发额22万元；营销河口驻地6大政府融资平台公司取得突破进展，现已与土地储备开发、财金集团、水利开发等3家建立合作框架，为下一步业务拓展争取主动。发挥机构业务拉动作用，提高营销效能，推动公司、个人业务发展。通过营销东营港中心医院、驻港国税局等机构开户，成功营销代发工资、个人网上银行、POS等金融产品；通过上门营销企业年金业务确定港务集团及其新注册的3家子公司在河口支行开立公司账户；通过营销河口驻地土地储备开发、水利开发、财金投资等政府融资平台公司，拓展公司客户而且也为下一步推进企业年金业务创造条件；通过"智慧校园"活动开展，成功营销公务卡、网上银行、分期付款等业务，机构与公司、与个人业务联动营销取得较好效果。正视困难，积极作为，有力推动重点产品营销。针对河口当地大企业少、当前经济不景气、不具备批量营销太平养老"365全家宝"等机构重点产品的实际，进一步完善考核机制，调动员工的积极性和创造力，发挥聪明才智，全员营销，"在钢板上找溶点、求突破"，做到"每天有单签、小步续时向前推、将工作抓在平时"，较好地完成营销目标。全年，河口支行营销太平养老"365全家宝"308单，超市行计划95单，实现直接收益82390元，其中：中收20790元，净收益61600元；营销三方存管1561户，净增1352户，超市行计划352户，实现中收13.5万元；营销贵金属1744套，第一个超额完成市行时限任务，超计划741套，实现中收8.7万元。

【中国农业银行股份有限公司东营河口支行】（1）风险管控成效显著。坚持把信用风险防控作为第一责任和重中之重，摸清辖内重点集团客户、企业涉足民间借贷等领域的真实风险状况，密切与担保公司、公安经侦部门的沟通，及时化解担保圈风险和资金流动性风险。贯彻"控新降旧"要求，提升信贷管理质量，合理制定风险化解方案。

（2）核心业务指标。一是负债业务保持良好发展势头。对机构类存款全面实施"保、抢、挖"策略，强力营销财政社保、部队政法、交易平台等优质存款源头。与区国税局对接财税库银划缴税款业务，营销客户通过签约网银缴纳税款；抓住为社保上线缴费APP的有利时机，营销河口支行为收款行，扩大社保存款盘子。在企业客户中提高现金服务管理客户端的普及率，增强客户结算和存款的粘合度；延伸核心客户的产业链、客户链和资金链，拓展上下游企业资金在河口支行内循环；把代发工资业务作为战略性工程来抓，抓牢个人存款增长源头。12月末，河口支行各项存款余额41.97亿元，较年初增加2.4亿元；核心存款日均增量5.17亿元，完成市行计划的113.4%。实现国际结算量3.00亿美元、结售汇业务量1.78亿美元。二是调整信贷结构，优化信贷投向。对接全区重点建设项目，做好政府购买和PPP项目贷款业务营销工作，落实营销责任。积极与区财政局对接大班额项目，已放款3.07亿元，亚通石化10亿元银团已发放5.7亿元；重点跟进联合石化大型混合芳烃及配套工程项目40亿元银团贷款担保单位落实情况；对接中铁建港航局东营港港航24.5亿元PPP项目；营销济东高速连接线项目，项目总投资15.6亿元，现正在立项；积极推动国华（河口）新能源有限公司经营性固定资产贷款业务。以新型城镇化建设和化解房地产库存为契机，加大一手房贷款投放，主动与万佳、富海、中海等房地产公司对接，保持住房按揭业务在当地同业的主导地位。12月末，各项贷款余额51.92亿元，较年初增加17.17亿元，存量、增量居四大行第1位；对公贷款余额44.14亿元，较年初增加16.15亿元，存量、增量均居四大行第1位；个人住房贷款余额6.12亿元，新增4个合作楼盘，额度6亿元。把握“三农”业务发展新机遇，投放光伏扶贫贷款35笔、230万元；积极发展农户新居住房贷款业务，发放“农民安家贷”228笔、8001万元；办理农村土地承包经营权抵押贷款5笔、3045万元。

（3）对公业务转型发展取得实效。一是坚持以客户为中心，以扩户提质为主题，推动重点客户规模和效益同步提升。12月末，对公人民币账户新增320户，完成市行年度计划的133%。成功营销河口区物业和市政公用事业投资发展有限公司、河口区财金控股有限公司、河口区土地储备开发有限公司、大唐环境产业集团、东营旷世网联等客户落户河口支行。二是深化政银合作，实现机构业务可持续发展。成功营销河口区人民法院淘宝司法拍卖账户、河口区审计局省级零余额账户、河口蓝色经济产业园服务中心等机构类客户；在社保大厅和各乡镇上线12台社保自助缴费机，协调工商局为东营河鼎建筑工程公司签发我行Key宝签名认证的电子营业执照。三是寻找业务发展突破点，实现多项新产品破题。突破融资租赁、短融、信托、黄金租赁等新型投行业务。为富海集团办理全省首笔内保外贷业务3759万美元，锁定三年期保证金存款2.87亿元；为亚通石化办理货币互存1700万美元。

（4）零售业务综合竞争力持续提升。一是渠道建设取得新成效。支行新办公楼落成并投入使用，实现原中心路分理处的搬迁更名，农行面貌焕然一新，客户美誉度持续攀升。二是网点营销队伍不断优化。成立内训师团队，培养各条线、各产品营销精英，全行营销人员占比36%，建立4大贵宾客户档案，分户管户取得实效。截至12月末，全行累计分户2135户，管户金融资产余额4.5亿元。三是做强“一号工程”，做实重点零售产品储备。对全行重点对公客户进行梳理，各部门协同合作，对符合条件的客户逐户上门营销；制定目标客户清单，瞄准军马酒厂、海螺型材、欣马酒厂、仙河药业、正邦养殖、澳亚奶牛等生产销售类企业及区内较大酒类、饮料批发商，根据企业需求，重点营销“惠农e通”业务；走访油田社区管理中心、河安小学、各乡镇幼儿园，重点营销一键缴费业务，成功打造1户“惠农e商”样板商户、4户“惠农e商”高频商户，拓展3户“惠农e通”客户和3户物业缴费项目。四是以专项活动带动重点指标突破。相继推出“贷记卡弹屏发卡”“真爱玫瑰”、现金分期等专项营销活动，编发“六进”营销动态19期，承办市行“春天行动”信用卡营销推进现场会议。12月末，贷记卡有效新增3343张，其中，鲁通卡新增2453张，完成市行年度计划的102.21%，贷记卡、鲁通卡营销数量和计划完成率均居全市2位；有效收单商户净增28户，完成市行年度计划的102%，居全市第4位。赴各行政事业单位开展年前一次性集中代收代付营销活动，促进市场份额有效提升。四是网点管理再上新台阶。认真研究上级行星级网点评定办法，有3个网点被省行评为“四星级”网点，网点文明标准服务保持全市领先，在全市一季度和三季度文明标准服务检查中分列第二名和第一名。

【中国建设银行股份有限公司东营河口支行】（1）概况。截至2017年12月底，河口支行拥有在册员工58人（另有劳务派遣工2人（司机），建金公司1人，建行退休3人），内设办公室、公司业务部、个人金融部两部一室和营业室、河颐小区分理处、河阳小区分理处三个营业网点。全行设党总支部委员会1个，下设本部党支部、营业室党支部和河阳小区分理处党支部，有正式党员26人（含建金公司1人，退休党员2人，下派包村党员关系转出1人）、预备党员1人，全年实现利润4491万元。

（2）核心业务指标完成情况。存款。截至年底，支行一般性存款余额、个人存款、公司存款分别达到171924万元、114062万元、57862万元，日均新增分别较年初增长3034万元、1080万元、1954万元，居分行系统内第3位、6位、4位。贷款。截至年底，支行一般授信总额度134715万元，各项余额108737万元，其中，对公贷款余额69320万元；个人贷款余额达到39416万元；分别比年初增长22987万元、-909万元、23896万元，居分行系统内第2位、5位、4位。住房公积金委托贷款余额达到60956万元，比年初增长14630万元。中收。2017年，全行实现中间业务收入2138万元，比上年同期增长750万元，增幅达54%，居分行第二位；其中，公司业务实现中间业务收入1061万元，较上年增长460万元，居分行第三位；个人业务实现中间业务收入1077万元，较上年同期增长750万元，居分行第二位。风险。基础管理进一步提升。在2017年第二季度基础管理考中，河口支行历史性的获得分行系统内第一名，摆脱基础管理在十二大支行中处于落后的局面，三季度再获基础管理考核第四名，基础管理保持分行系统前列的优势。合规意识进一步巩固。通过学习新修订的《员工违规处理办法》，组织员工坚持“问题导向”，深入开展各类检查和员工行为排查，强化纪检监察智能，加大整改力度，严肃执纪问责，坚决把纪律和规矩挺在前面，各项规章制度得到有效落实，全行员工合规意识进一步提升，继续保持安全稳定的发展局面。案防工作和安全保卫工作全年无事故。

（3）主要工作亮点。省行文物征集工作。在上半年省行组织开展的文物征集工作中，河口支行以被省行选中37件文物的优异成绩居东营分行各支行、部门首位，占东营分行被省行选中128件文物的近30%。劳动竞赛工作。在东营分行开展的对公金秋竞赛中荣获第一季冠军、第二季第四名的良好成绩。河颐小区分理处、河阳小区分理处均获优胜奖。机构业务工作。成功开立全省首个职业年金基金归集财产托管账户；成功开立全省首个监察委罚没款专户；成功营销新成立国有企业账户河口区兴利水务有限责任公司和河口区土地储备开发公司；工商合作取得重大进展，即将签署战略合作协议并派驻人员进厅。生态建设工作。截至年底，河口慧兜圈pos商户达到500户，列市行第一位；成功营销河口社区幼儿园悦生活平台缴费项目，当年实现交易额700多万元，交易笔数10800笔，列省行同类收费交易双第一；河安社区采暖缴费平台实现多渠道跨行支付，短短一周时间交易笔数370多笔。河口一中高中缴费悦生活云平台项目实现1350笔。以上两项目均列河口同业第一。个贷业务。一是个人贷款增势强劲，在当地新增占比达60%，保持当地绝对领先。2017年年底，个人贷款余额（不含贷记卡透支）达到3.11亿元，较年初新增1.56亿元，并陆续发放助业贷、房抵黛、支农贷、小额信用贷等新的贷款品种31笔，金额556万元，丰富信贷产品结构。二是

"快贷"业务进展加快。当年累计发放5372户，发放金额达7408万元，较年初新增1532万元。三是住房公积金委托贷款一花独秀。当年累计发放732笔、金额2.1亿元，贷款余额达到6亿元，较年初新增1.4亿元，在当地继续保持独家经办公积金贷款业务的优势。

【中国银行股份有限公司东营河口支行】 （1）各项业务健康、快速发展。授信业务健康发展，资产质量稳步提升。加强信贷资产的精细化管理，加大对重点客户和高回报客户的营销力度，高度重视授信客户第一还款来源，信贷结构得到不断优化。截至2017年年末，授信余额47316万元。存款结构得到有效改善。截至2017年年末，人民币各项存款余额63075.19万元。中间业务快速发展，中间业务收入及占比显著增长。实现中间业务收入1231万元。（2）夯实基础，突出特色，统筹规划业务发展。一是始终坚持"存款立行"的经营理念，通过渠道、抓源头、抓新户等措施促进存款持续新增；二是加强与政府合作，依托非税收入账户渠道，加强财政性资金的争揽力度，快速提升行政事业单位存款；三是细化考核导向，引导员工做实有效客户，做细代发工资客户，做宽周边居民客户，做优中小、做多中型、做大公司贷款客户。四是加强公私联动和上下联动，实现业务稳定、协调发展。（3）坚持依法合规，防范各类风险，保证零案件、零事故。强化员工合规经营理念，加强关键岗位人员的教育。持续做好员工异常交易主动申报工作，关注员工八小时外的动态，培养员工良好的工作、生活习惯，远离非法活动。加强日常检查制度，对于自查、上级行检查、GMP系统存在的问题，该通报的坚决通报，该处理的严肃处理，从支行层面决不迁就姑息，在支行形成不敢、不能和不想违规的良好合规氛围。

【中国农业发展银行东营市河口区支行工作概况】 农发行东营市河口区支行作为农业政策性银行，围绕河口区政府战略部署，充分发挥农业政策性金融优势，积极争做主力军，全力服务河口区乡村振兴战略实施，重点支持改善农村人居环境、农业农村现代化、海洋经济发展、生态环境建设、农村路网和棚户区改造六大领域。

（1）信贷支农情况。农发行整体定位是：提升站位，全力服务政府中心工作，紧紧围绕地方政府发展规划，加大资金投入，以贷款投入量体现农发行支农报国的成效，在支农报国中体现家国情怀。

河口农发行自成立以来，始终把服务河口区政府中心工作作为农发行各项工作的重中之重，在服务河口区棚户区改造、农村水利、农村公路、土地储备与整理、城乡基础设施建设等民生项目建设方面作出应有的贡献。截至2017年年底，农发行河口区支行共审批政府中长期项目8个，贷款16.4亿元，实现投放13.71亿元。特别是东营市林业生态建设项目，本项目为系统内单笔最大的项目，贷款金额58亿元，已实现投放20亿元，河口区支行已到位贷款资金1.65亿元，为全区三年增绿工程提供强力保障。

（2）信贷支持范围。农发行是专司支农的政策性银行，产品服务体系完善，业务范围覆盖"三农"的全部领域，具有专业的服务优势、资金优势、利率优势和期限优势。全力服务农业农村现代化。推进一二三产业融合发展。支持农业"新六产"，推进农业与旅游、健康、教育、文化等产业深度融合，支持休闲农业、都市农业、智慧农业、农村电商等新产业新业态。支持现代农庄、现代农业产业园、高标准农田改造、农村土地流转与适度规模经营、田园综合体、农业生态园等项目建设。推进质量兴农、绿色兴农。助力实施食品安全战略，探索支持农产品质量和食品安全体系建设。支持农业绿色生产，推广农业面源污染治理、节水节肥、农作物秸秆综合利用等技术。全力服务改善农村人居环境。以农村垃圾、污水治理、村容村貌提升为主攻方向，建设美丽宜居乡村。满足农民对文教卫生等公共服务的需求。探索支持农村文化建设，促进农耕文化和民俗文化的开发保护。优先发展农村教育。探索支持农村公共卫生项目，健全农村基层医疗卫生服务体系。探索支持多层次农村养老服务体系建设。河口区村镇好燃气村村通、旱厕改造、农村环境整治建设均属于此类支持范围。全力服务生态环境建设。围绕资源节约集约循环利用、环境综合治理、生态产品供给建设等方面，重点支持城乡节水节能改造、城镇垃圾及污水处理、河流综合整治、农业面源污染防治、风景名胜区及城乡生态基础设施建设、与机场公路铁路等相关配套的环保项目。河口区国家生态园林城市建设、湿地工程建设、鸣翠湖生态景区建设、地热资源开发利用、水气土污染整治均属于此类支持范围。全力服务海洋经济发展，积极助推落实《山东省海洋主体功能区规划》，支持海洋经济改革发展示范区建设发展。围绕现代海洋渔业、海洋新兴产业、现代海洋服务业、海洋生态保护和环境治理等，完善信贷支持模式，加快推进“海上粮仓”、海洋生态牧场综合体、海洋经济特色园区工程建设。全力服务农村路网建设。合规支持“四好农村路”等公路主体建设项目和与农村公路配套的绿色生态环保项目。S231 河辛路改线等涉农公路都属于支持范围。全力服务棚户区改造。抓住政策窗口期，加大河口区纳入 2018 年棚改计划项目的营销力度，提高办贷质效，提升棚改贷款市场份额。

（3）信贷支持模式。按照上级行现行信贷政策要求，具体可以通过以下模式进行支持。政府投资建设项目。一是涉农资金整合模式。对政府统筹整合中央、省、市涉农资金建设的所有农业农村基础设施建设项目，以整合的涉农资金补贴作为项目资本金和还款来源，发挥涉农资金整合的杠杆作用，撬动政策性资金投入。农发行负责落实信贷资金，贷款期限最长可达 15 ~ 20 年，实现财政与金融有机融合，助力重点项目建设。二是政府与社会资本合作（PPP）模式。对纳入财政部 PPP 项目库的采取政府付费方式的 PPP 项目，积极提供信贷资金支持，贷款期限最长可达 15 ~ 20 年。三是政府购买服务模式。对棚改、易地扶贫搬迁工程类项目，贷款期限最长可达 20 年；对教育文化、新型职业农民培训、健康医疗等服务类项目，贷款期限最长为 3 年。以上模式，均可采取两种操作方式：一是统贷统还方式。对省、市级政府统筹推进的重点项目，由省级或市级投融资公司作为承贷主体统一向农发行申请贷款，统一拨付到具体县（区）项目实施主体。二是分贷分还模式。对县级重点项目，由县级投融资公司作为承贷主体直接向农发行申请贷款。企业投资建设项目。一是政府与社会资本合作（PPP）模式。对纳入财政部 PPP 项目库的采取使用者付费或政府可行性缺口补助方式的 PPP 项目，积极提供信贷资金支持，贷款期限最长可达 15 ~ 20 年。二是企业自营模式，主要是通过项目未来现金流、政府财政补助、借款人其他收益等综合收益作为还款来源的模式，贷款期限最长可达 15 ~ 20 年。

【中国邮政储蓄银行东营市河口区支行】 中国邮政储蓄银行东营市河口区支行，拥有 1 个一类支行，2 个二类支行，8 个储蓄网点，21 台机具。主要开展储蓄存取款；办理汇兑业务；代理收付款项及代理保险业务；代理发行、兑付政府债券；办理基金代销业务；代理政策性银行；商业银行及其他金融特定业务；办理银行协议存款；办理小额类贷款业务、一手及二手房贷、消费贷款、商务贷款、小企业贷款、公司贷款业务；从事银团贷款业务；办理网上银行业务；办理国内外结算；代理买卖外汇；办理票据承兑与贴现；办理个人存款证明服务。2017 年年底储蓄余额为 164480.71 万元，公司业务存款 64371.39 万元，开办业务以来发放各种贷款 14336 笔，147796.5 万元，信贷业务各类贷款结余 10.78 亿元，年内净增 3.055 亿元。

（1）支持区域经济发展。河口区支行响应国家扶持小微企业及个人创业的政策，与区人社局、财政局等联合推出贴息贷款，小微企业最高贴息额度 200 万元，财政贴息 50%，拓宽企业融资渠道，降低企业的融资成本，有力推动当地企业及个人更好发展。河口区支行已成功为河口区企业发放贴息贷款。为推动新型农业发展，河口区支行推出新型农业主体贷款，对龙头企业、农业合作社、家庭农场、种养殖大户进行放款，授信额度可达200万元，利率最低9%左右。这一信贷产品的推出，将为农业主体提供及时资金支持，将促进当地新型农业的蓬勃发展，为全区农业转型助一臂之力。

2017年，面对河口房市场交易量急剧下跌，客户源匮乏的局面，积极走访二手房中介，房产交易中心，开发商，进居民小区进行地毯式宣传，在保住原有二手房贷款客户的同时，积极拜访各个行政事业单位、油田单位、优质企业大力宣传个人综合消费贷款、信用贷款，努力开拓额度类贷款市场。

为推动当地工业企业发展，河口区支行推出个人商务贷款、经营性车辆贷款、组合担保个人商务贷款及海域使用权抵押个人商务贷款、增信贷业务等，贷款对象涵盖个体工商户、个人独资企业主、合伙企业合伙人等，范围广；担保方式采取抵押、保证、担保公司担保、组合担保等多种方式，灵活多样；还款方式包括等额本息、阶段性等额本息、一次性还本付息等，自愿选择还款方式。

加大小企业贷款发放力度，积极对接当地企业，通过与上级行的积极沟通，争取最大资金额度。现已为石油化工、钢贸、环保材料等类型的企业授信发放企业贷款。

（2）支持重点项目建设。持续做好机构类和油田改制企业项目的维护工作，借助棚户改造项目放款，争取区政府及相关财政、社保等部门支持，实现机构类客户和油田改制企业存款稳步增长。积极配合市行公司业务部公司贷实现突破。大唐电力实现放款4.90亿元，棚户改造项目实现放款2.7亿元；快速启动福费廷业务，与民生、平安银行建立良好合作关系，贴现7亿元，办理全额保证金承兑658.62万元。

（3）提升金融服务水平。作为服务行业，优质的服务对行业的生存和发展都起至关重要的作用。服务是营销的基础，是连接产品和市场的桥梁和纽带，一家银行的口碑是植根于它所提供的服务品质。优质服务是树立信誉的关键。所有为客户提供优质服务的工作人员都要树立全面正确科学的服务观，真正将客户作为上帝，尊重客户的选择和隐私，关注客户的感受，换位思考，站在客户立场为客户办理业务，解决困难。

（4）严守风险底线。强化全面风险管理，确保邮储银行稳健发展，高度重视内控合规工作，强化内控体系建设。2016—2018年三年期间，连续开展“合规大行动”“合规回头看”“合规管理深化年”活动，有效提升内控管理水平，全员合规意识显著增强，内控执行力大幅提高，保障邮储金融持续健康发展。

【东营农村商业银行股份有限公司河口支行】 （1）概况。2016年4月，东营农商银行河口支行成立，是东营农商银行五家一级支行之一，现下设7处机关部室，1处支行营业部，10处二级支行，3个分理处，其中城区10个网点，乡镇4个网点，在职职工163人，是河口区营业网点最多，覆盖范围最广的金融机构。2017年，河口支行立足党建工作的开展，始终坚持“四个面向”的市场定位，以“家庭银行”模式的推广拓展、网点优化转型为抓手，以“强营销、抢客户、筑基础、抓存款、增贷款、降不良”为重点，不断增强经营意识，强化风险防范，各项工作稳步健康发展。

（2）开展党建工作，责任至上促行动。一是始终坚持执行党的八项规定，注意正确行使权力，防止权力异化，不以权谋私，并自觉接受监督，不断增强勤政廉政意识，树立良好形象；二是贯彻落实“从严治党，党要管党”的各项工作要求，集中整治“衙门作风”“坐门等客”以及不作为等思想，引导员工真正把时间、心思和精力用于工作上，形成人心思上、人心思齐、人心思干的良好氛围；三是推进“两学一做”不止步。严格执行“三会一课”等党的组织生活制度，要求每个党支部有计划的组织学习，引导党员认认真真学、原原本本学、理论联系实际学，逐条逐句消化理解。确保学习教育稳步推进，做好学习笔记，规范会议记录，认真写好学习心得体会，把学习教育融入党员教育管理新常态。通过学习党章党规、学习习近平总书记系列讲话重要精神，注重“学”与“做”相互结合，融会贯通，提高党员的政治意识、大局意识。

（3）拓宽存款市场，业务发展基础得到夯实。一是以2017年“首季开门红”活动为契机，组织开展“积分换惊喜 好礼迎新春”活动，拉动储蓄存款的增长，增强存款的稳定性。二是开展以节日为主题的营销活动，借助儿童节、父亲节、中秋节、国庆节”等节日契机，通过进门有礼、微信集赞兑换礼品等形式吸引客户，走进学校与学生家长互动，走进社区参与居民组织的活动，进一步延伸服务触角，拓宽营销思路，深挖潜在客户市场；三是充分利用东营农商银行成立一周年的有利时机，积极组织营销“情谊存”存款产品；四是借助“红马甲”专项活动，开展外拓营销，按照网点自身特点和地域优势，细分市场定位和客户，绘制网格化地图，针对油田居民、市场商户、公职人员等不同的客户群体，制定不同的营销策略，采取有针对性的措施进行营销；五是通过修订贷款利率定价办法，引导客户开立基本账户、办理代发工资业务，提高贷款客户的资金回报率。

（4）加快信贷结构调整力度，信贷管理水平不断提升。2017年，为顺应经济发展形势，防控信贷风险，河口支行加大信贷结构调整力度，严控新增大额公司类贷款，加大零售类贷款的投放力度。一是对零售金融中心运行架构进行调整，由原来的城区全部统一管理模式调整为把城区分为三个区域分中心管理模式，形成“一带二”的管理模式，即由分中心所在的一家网点带动就近另外两家网点形成小区域管理，形成合力；二是对零售类贷款产品进行梳理，并通过信贷例会对客户经理进行培训。对农村承包土地经营权抵押贷款、家庭贷、创业贷、住房按揭贷款、“薪易通消费贷”等12个贷款品种进行培训，对每个信贷产品的贷款对象、额度、期限、利率、担保方式等方面进行详细讲解，让客户经理明晰产品差别，做到能够为客户量身定制信贷产品。

【东营银行股份有限公司河口支行概况】 东营银行股份有限公司河口支行（简称东营银行河口支行）位于河口区商场街3号，下辖孤岛支行、河安社区支行、河口六合支行、河口和平支行四家二级支行，共有员工53人。东营银行河口支行在区委、区政府的领导下，在各级主管单位的大力支持下，根据经济金融形势的发展变化，结合区域特点，不断加大市场营销力度，立足河口服务当地，全面支持全区经济的发展。截至2017年10月底，河口区银行业金融机构各项存款余额为255.37亿元，各项贷款余额为163.38亿元。其中我支行各项存款余额为43.96亿元，占河口区存款总量的17.21%，各项贷款余额为16.67亿元。

（1）加强员工队伍建设，做好年轻员工培养。坚持落实持续性的全员学习制度，狠抓业务练兵，加强业务操作规程及风险控制制度的学习。在2017年举行的青年员工技能大赛、结算业务技术比赛均荣获团体第一名，零售业务知识竞赛二等奖，营业网点规范化服务水平提升活动知识竞赛二等奖。

（2）加强内控管理，促进业务健康发展。东营银行河口支行采取内部监督检查、岗位轮换等措施，防范内控风险，支行建立流程化内控管理模式，将责任明确到人，共同提高服务质量、防范业务风险。2017年，河口支行月均账务类流水3万笔左右，始终保持全行第一位，各类业务未出现任何差错，在各项检查中得到好评。市场营销始终将风险管理放在第一位，坚持双人实地调查，做好贷款“三查”工作，贷款投放以规模以上企业为主，小微企业主推短期贸易融资，严格控制各类风险。

（3）二级支行网点实现突破，践行社区银行取得成效。孤岛支行、河安社区支行在2014年实现稳步健康快速发展，支行秉承自已的优势和特殊性，以服务社区小商户和居民为主，利用河口支行的产品优势，从不同层次、不同角度提供多样化的金融服务，进一步提高二级支行的产能，推动支行业务的转型升级。河口六合支行、和平支行也具规模，客户群体优质，将成为业务发展的中坚力量。

（4）牢记“市民银行”使命，改善网点环境。东营银行河口支行为提升整体形象、改善社区便民服务环境、提高服务群众的能力和水平，于2014年对营业室进行施工改造。改造后营业面积由150余平方米增至近300平方米，现金营业窗口由5个增至8个，自助设备由1台增至4台，服务环境和服务设施得到全面升级。精心布置老年人、残疾人、军人优先办理窗口，创造出焕然一新、朝气蓬勃的精神风貌，得到客户和周边群众的一致好评。

保　险

【中国人民财产保险股份有限公司东营市河口支公司概况】 中国人民财产保险股份有限公司东营市河口支公司，原名中国人民保险公司东营市河口区支公司，是2003年7月19日完成股份制改造的国资委控股非寿险公司，总部设在北京，始成立于1949年。河口支公司伴随着东营市的建立于1985年9月成立。随着黄河三角洲的开发建设不断取得新成果，以组织风险保障和经济补偿为主要职能的人民保险事业也在飞速发展。2017年，河口支公司下设义和营销服务部、仙河营业部，现已开办企、事业单位的财产保险、家庭财产保险、机动车辆保险、货物运输保险、农业保险、建筑安装工程保险、各种责任保险、信用保证保险、短期健康险、人身意外伤害保险等十几类，近50余个险种的保险业务，累计承担风险总额过百亿，业务遍布全区，服务领域遍及全国。2017年河口支公司保费收入6617.61万元，支付赔款近5000万元，上缴税金926万元，为河口地区的经济发展起到保驾护航的作用。多年来，河口人保公司始终恪守“忠诚服务，笃守信誉”的宗旨，以优质的服务、规范的管理、健全的网点和稳健的经营赢得社会各界的赞誉，同时在系统内部的评比中获得较高的荣誉：荣获2017年度市公司先进基层党组织称号、2017年度山东人保财险先进集体称号、2017年度总公司“标杆县区支公司”荣誉称号和2017年度总公司先进集体等荣誉称号。

【中国人寿保险股份有限公司东营市河口区支公司】 中国人寿河口区支公司座落于河口区海宁路208号，由经理室、个险部、团险部、银保部、客户服务部、综合办公室六个科室组成，在孤岛镇、仙河镇分别设有营销服务网点。2017年，河口区支公司拥有六百余人的销售队伍，个险部、团险部、银保部三个销售部门，为大家提供专业化的保险规划。客户服务部为客户提供周到完善的保险售后服务。2017年，河口区支公司总保费达14626.58万元，累计理赔556.95万元。

农 业

综 述

【概况】 区农业局作为主管全区农业和农村经济工作的区政府组成部门，主要承担着指导和服务全区农业和农村经济发展的16项工作职责。共设置10个行政事业单位，其中内设4个行政股室，分别是办公室、农产品质量安全监督管理办公室、农村经济经营管理股、农业产业化股；下属6个事业单位，其中，副科级事业单位3个，分别是河口区农业机械管理中心、河口区农业综合执法大队、河口区农村产权交易中心；股级事业单位3个，分别是河口区农业技术推广站、河口区植物保护站、河口区农村经济经营管理站。人员编制总额56人，其中，机关编制9人，事业编制47人。2017年年底，在编职工57人，临时工6人，公益岗人员2人，退休职工及遗属35人。

【农业农村经济发展情况】 2017年，区农业局坚决贯彻落实区委、区政府农业农村工作的各项决策部署，以加快推进农业供给侧结构性改革为主线，以率先全面实现农业现代化为目标，进一步调整产业结构、延伸产业链条、培育产业形态，努力推动农业由大到强，跨越发展。2017年，全区农林牧渔业总产值实现33亿元，增长5.5%，农村居民人均可支配收入达到16920元，增长8.5%。

【农业经济】 全区农作物种植面积共计43.7万亩，其中小麦12.3万亩，玉米14.3万亩，水稻8万亩，大豆2.5万亩，棉花4.5万亩，高粱1.9万亩，薯类0.2万亩；2017年，农作物总产量19.8万吨，其中小麦4.7万吨，玉米8.6万吨，水稻4.4万吨，大豆0.5万吨，高粱0.7万吨，棉花0.9万吨。从农作物种植总面积和总产量来看，较2016年略有减少；从单产来看，与2016年持平；从种植结构看，玉米、棉花大幅减少，水稻、大豆、高粱等作物大幅增加，全区农作物种植结构趋于合理平衡。

【农业产业化】 实施富民工程，推进重点项目建设。积极培育专业种养大户、家庭农场、农民专业合作社、农业龙头企业为主的新型农业经营主体，全区发展50亩以上种粮大户561个，培育家庭农场71个，培育农民专业合作社281个，农业企业发展到93家，现代农业园区发展到35个。积极引导土地适度规模经营，全区土地适度规模经营面积达到31万亩，占耕地总面积的50%。做强做精一批名牌农产品，实现优势产品品牌化、名牌产品产业化，新户镇和仙河镇海星村分别被推荐为第六批全国“一村一品”示范镇和第四批省级“一村一品”示范村。积极组织农业龙头企业、经济组织开展“三品一标”认证，全区25家龙头企业、合作社以及个人生产的106个农产品获得“三品一标”认证，其中无公害农产品51个，绿色食品43个、有机食品12个、地理标志认证1个，地理标志认证面积28.2万亩。

【农村各项改革】 河口区农村产权交易中心建设完成，在镇、街道建设农村产权交易分市场，各村配备村级农村产权交易信息员。巩固农村土地确权颁证工作成果，河口区170个村全部完成确权颁证工作，确权面积23.7万亩，涉及农户2.4万户。全区有50家经营主体成功申领农村土地经营权证，涉及土地8.8万亩。健全完善各项配套机制，全力推进农村承包土地的经营权抵押贷款试点工作。累计成功发放抵押贷款630笔，共计3.6亿元。全力推进农村集体产权制度改革试点工作，坚持原则，分类指导，节点控制，梯次推进，4个试点村已完成集体资产清查核实，成立股份经济合作社，发放股权证书，基本完成改革任务。

【惠农政策】 严格执行核定政策和办法。落实小麦直补面积11.8万亩，落实补贴资金1469万元；种粮大户补贴工作顺利实施，补贴总面积11.8万亩。做好政策性农业保险入保工作，全区小麦、玉米、棉花、水稻总投保面积28.2万亩。农机购置补贴650万元全部发放到位；落实农机深松补助经费122.5万元，完成深松土地面积12万亩。全区小麦统防统治工作顺利完成，共动用小型直升机2架，无人飞机80架，总作业面积达到12.5万亩，深受种粮大户和农民群众的欢迎。

【农产品质量安全】 加强重点领域、重点环节农产品质量监管，开展为期2个月的农产品质量安全专项整治行动，省、市、区农产品例行监测和监督抽检30次，累计抽检样品420个，合格率均为100%。实行高毒农药定点销售制度和备案准入制度，严格执行投入品市场准入制度，共审核通过产品590余种。健全完善农产品质量安全监管、检测、执法体系，完成出口农产品示范区创建，积极推进农产品质量安全县创建。建设全区农林牧渔农产品质量安全监管追溯平台1个，建立基层农产品质量安全追溯点20处，农业投入品监管点20处，兽药经营监管点8处。

【农业服务】 实施小麦“两深一浅”简化高效栽培技术示范项目、棉花高产创建活动、粮食高产创建等技术推广项目，引进农作物优良品种5个，推广先进生产技术13项。开展农产品产地土壤环境质量例行监测，确定土壤环境质量例行监测点12个；开展水肥一体化技术推广工作，年底全区新增水肥一体化技术推广面积1000亩。搞好农业技术培训和指导，培训农民300人次，及时下发小麦、玉米、棉花等主要农作物田间管理意见8期，编制发放养分及墒情简报15期。加强农作物病虫害预报预警，发布小麦、棉花、玉米等农作物病虫情报4期。加强东亚飞蝗综合治理，建设东亚飞蝗孳生区远程监控站，实施蝗害绿色防控技术，连续10年没有出现高密度蝗片。认真做好省、市、区“乡村之星”推荐评选管理工作，全区拥有省级乡村之星2名，市级乡村之星9名，区级乡村之星15名，11名农村实用人才被评为河口区“百名英才”。

【农业机械化】 实施小麦、玉米机械化保护性耕作技术推广项目，建设全程机械化生产示范基地2万亩，辐射带动面积3万亩，推广小麦“两深一浅”简化栽培技术、玉米机械化免耕施肥直播技术等农机生产新技术7项。实施棉花全程机械化项目，建设示范基地5000亩。鼓励农机合作社开展“大田托管”业务，推广农机社会化服务新模式。全区农机总动力达到22.1万千瓦，实现玉米、小麦、水稻生产全程机械化作业33万亩，综合机械化作业水平达到89%。

【行业扶贫工作】 对全区实施小麦病虫害统防统治项目，为330户贫困户共2818亩小麦进行免费防治。指导13个省定贫困村及11个市定贫困村均建立合作社，通过雇佣打工等形式带动169户贫困户脱贫。举办棉花种植、小麦管理、农资购买、农机维修等方面的培训班4期，发放技术意见和生产明白纸300份，群众的农业技术水平得到显著提升。

对7户有劳动能力的贫困户，摸清情况，进行对接，有5户参加电商培训，帮助贫困户掌握一技之长，实现真脱贫不返贫。

【农业和农村经济结构调整】 （1）产业结构更加合理。2017年，全区粮食作物播种面积39.07万亩、总产量19.45万吨，经济作物播种面积4.89万亩、总产量2.22万吨。（2）品牌结构不断优化。围绕优质林果、畜禽、蔬菜、渔业等主导产业，引导鼓励支持农产品品牌建设，实现优势产品品牌化、名牌产品产业化。新户镇和仙河镇海星村分别被推荐为第六批全国“一村一品”示范镇和第四批省级“一村一品”示范村；100余个农产品获得“三品一标”认证，其中无公害农产品53个，绿色食品49个、有机食品6个、地理标志认证1个，地理标志认证面积28.25万亩。（3）标准化生产加快推进。成功创建省级出口农产品质量安全示范区，建设农产品监管大厅1处，建设全区农林牧渔农产品质量安全监管追溯平台1个，建立基层农产品质量安全追溯点20处，农业投入品监管点20处，兽药经营监管点8处。（4）新型经营主体发展壮大。坚持用工业化理念发展农业，推进农业产业集聚，培植壮大产业集群，增强辐射带动能力。河口区注重培育新型农业经营主体，农业龙头企业、农民专业合作社、农业专业大户等为代表的新型农业经营主体呈现快速发展趋势。全区规模以上农业龙头企业发展到94家，预计年销售收入总额达24.84亿元，年销售收入过亿元的农业龙头企业6家，形成以菌菜生产、渔业产品、畜禽产品、油棉纺织、林果休闲为主的五大支柱产业，带动农户1.4万户，60%以上的农户进入产业链经营。发展家庭农场3家、农民合作社9家，分别达到71家、283家。

2017年，新增1家省级农业产业化龙头企业，全区市级以上农业龙头企业25家。

河口区农业龙头企业基本情况

统计日期：2018-1-26　　　　单位：万元

序号	企业名称	注册年份	注册资本	所在镇街	所有权性质	经营类型	备注
1	山东海星集团有限公司	2000	5000	仙河镇	民营企业	水产品生产加工	省重点
2	山东华春渔业有限公司	2002	1000	新户镇	民营企业	水产品生产	省重点
3	山东通和水产有限公司	2000	6000	新户镇	民营企业	水产品生产	省重点
4	山东三丰香油有限公司	2006	1500	孤岛镇	民营企业	种植业加工	市重点
5	山东澳纳纺织科技有限公司	2000	9000	开发区	民营企业	种植业加工	市重点
6	东营市振宇水产加工有限公司	2009	1350	河口街道	民营企业	水产品生产	市重点
7	东营市东昱肉制品有限公司	1993	300	河口街道	民营企业	畜牧加工	市重点
8	东营市河口区军绿食品综合加工厂	2002	580	孤岛镇	国营企业	种植业加工	市重点
9	东营力大王农畜产有限公司	2004	330万美元	河口街道	外资企业	畜牧生产	市重点
10	东营老船家水产品开发有限公司	2011	50	开发区	民营企业	水产品加工	市重点
11	东营仙河澳亚现代牧场有限公司	2011	2500万美元	仙河镇	外资企业	畜牧生产	市重点
12	山东晨阳菌业有限公司	2011	5000	六合街道	民营企业	食用菌生产	市重点
13	东营胜强牧业有限公司	1998	500	新户镇	民营企业	畜牧生产	市重点
14	东营市千乘粮油有限公司	2012	300	开发区	民营企业	种植业加工	市重点
15	黄河方舟国际贸易有限公司	2011	8000	六合街道	民营企业	畜牧生产	市重点
16	东营市河口区正邦养殖有限公司	2009	4000	新户镇	民营企业	畜牧生产	市重点
17	东营市东海顺达养殖有限公司	2010	3000	六合街道	民营企业	畜牧生产	市重点
18	东营市龙凯水产品养殖有限责任公司	2011	500	新户镇	民营企业	水产品生产	市重点
19	东营嘉农现代农业有限公司	2011	4600	仙河镇	民营企业	水产品生产	市重点
20	东营市申丰农业开发有限公司	2008	1000	义和镇	民营企业	农业休闲观光	市重点
21	东营志鹏珍禽有限公司	2012	1000	新户镇	民营企业	特种养殖	市重点
22	东营市恒源农业开发有限公司	2010	1000	河口街道	民营企业	种植业生产	市重点
23	东营汇泰养殖有限公司	2013	2585	新户镇	民营企业	水产品生产	市重点
24	东营神州澳亚现代牧场有限公司	2013	4000万美元	仙河镇	外资企业	畜牧生产	市重点
25	东营大希望农场有限公司	2013	1000	孤岛镇	民营企业	畜牧生产	市重点

【特色农产品】 河口大米：河口大米颗粒饱满，质地坚硬，色泽清白透亮，腹白较小等独特品质，有自然稻香味，含有丰富的蛋白质、脂肪、维生素、钙、磷、钾等矿物质，可蒸可煮，做各种养生粥，是稻米中的上品。

孤岛槐花蜜：孤岛槐花蜜是孤岛镇知名特产，蜜质水白透明，质地浓稠，果糖含量较高不易结晶，有清淡的槐花香味，甘甜鲜洁，芳香适口，含有人体所需的多种微量元素，享誉大江南北，远销河北、黑龙江、广东、河南等地。

河口冬枣：河口冬枣平均单果重 17.5 克，最大单果重可达 25 克，状如苹果，有“小苹果”之称，个大形圆、皮赭红间有青黄、光亮润泽、皮薄肉脆、汁多无渣、甘甜清香，正在成为拉动河口区农民增收致富的新型产业。

河口大闸蟹：河口大闸蟹是河口区特色水产品之一，蟹膏满黄肥，肉质细腻，味道鲜美，营养丰富，是人们餐桌上的绝佳美食，河口区突出本地渔业资源优势，瞄准发展生态高效产业，推动了大闸蟹产业大发展大跨越。

河口刀鱼：河口刀鱼形似利刀，脊背多刺，腹部银白，鳞片细碎，脂肪丰富，肉质细嫩，刺多而柔软，味道鲜美芳香，可炸、可炖……都是香鲜并佳，远销各地。

河口对虾：河口对虾肉质松软，易消化，含有丰富的镁，吃起有独特的清香，滋味鲜美，回味无穷，含有丰富的蛋白质、钙、铁、硒、维生素 A 等营养元素，对身体虚弱以及病后需要调养的人是极好的食物之一。

河口海蜇：河口海蜇色泽自然，只形完整，肉质厚实有韧性，且口感松脆；富含蛋白质、碘、钙以及多种维生素，具有清热解毒、化痰软坚、降压消肿等功能，对支气管炎、哮喘、高血压、胃溃疡等症均有疗效。

河口梭子蟹：河口梭子蟹体型椭圆，两端尖尖如织布梭，个大肉肥，肉质细腻洁白，味道鲜美，营养丰富，是人们餐桌上的绝佳美食，含有蛋白质、脂肪和多种矿物质，有活血祛淤之功效。

河口文蛤：河口文蛤素有“天下第一鲜”的美称，个大体肥，一只大文蛤可重达 500 克以上，外壳厚而坚实，瑰丽多彩，肉质白嫩细腻，含有丰富的蛋白质、无机盐和多种维生素，味道清香可口、奇鲜无比。

河口小龙虾：河口小龙虾体圆桶形，脚粗壮，1~3 对脚和螯带钳，体长 12 厘米左右，体褐色，肉质白嫩、松软，易消化，含有丰富的蛋白质、钙、锌、碘、硒等营养元素，深受消费者欢迎。

【社会主义新农村建设】 全区已创建省美丽乡村建设示范片区 1 个，省级美丽乡村建设示范村 10 个，省级美丽乡村建设达标村 70 个。（1）推动示范村建设。按照“1+N”集中连片创建模式，着手打造 4 个示范片区，创建 3 个省级示范村、20 个市级示范村和 30 个区级示范村，确保省级美丽乡村达标村占比 60% 以上。（2）推动农村保洁提档升级。全区城乡环卫一体化总投资 2953.66 万元。集中开展公路沿线治理活动，共清理路域 520 千米、林带 480 千米、柴草堆 2000 个、垃圾 4000 余吨，清除沿路违法建设 25.63 万平方米。（3）提高农村生产生活条件。全面排查镇街“断头路”、连村路，在 56 个村新建、改造村级公路 91.7 千米；新亮化村庄 32 个、安装路灯 1196 盏。村庄绿化累计植树 10.95 万株，造林面积 995 亩，完成市年度任务的 102.58%。（4）加快农村生活方式转变。2017 年，全区 5227 户旱厕改造任务全部完成；推进天然气村村通，全区规模养殖场粪污处理设施配建率达 89.93%，粪便处理利用率达 83.89%；完成农村生活污水集中处理项目 3 个。（5）培育引领文明和谐乡风。全区 177 个村全面落实“四会、一榜、一约”，创建省级文明家庭 3 家、市级文明家庭 10 家、区级文明家庭 20 家；组织“新农村新生活”培训活动 280 余场次，开展群众性文化活动 810 场次。（6）推进养殖废弃物无害化处理。

对新建雨污分流、粪便储存场地和污水暂存池的139家规模养殖场扶持406万元，全区149家规模养殖场中已有134家配套建设粪污处理设施，配建率达到89.93%，粪便处理利用率达到83.89%，污水处理利用率达到71%。

【东亚飞蝗监控与防治】 河口区蝗区总面积为210.6万亩，划分为14个蝗区。总面积占全国蝗区面积的八分之一，占山东省蝗区面积的四分之一，占东营市蝗区面积的二分之一，是全国重点有蝗县区之一。河口区治蝗站按照“依靠群众、勤俭治蝗、改治并举、根治蝗害”的方针，详细拉网普查，及时彻底防治，采取化学防治与生态控制相结合，飞机防治与地方防治相结合，专业队伍防治与群众统防统治相结合，实现东亚飞蝗“不起飞、不成灾”的总体目标。2017年，河口区东亚飞蝗中等发生，发生面积58万亩，实施无人机地面防治作业1.3万亩。

种植业

【概况】 （1）粮食作物生产情况。2017年全区粮食作物面积39.07万亩，小麦(夏粮)12.25万亩；秋粮合计26.82万亩，其中，玉米面积14.25万亩；水稻种植面积7.92万亩；大豆种植面积2.54万亩；高粱1.89万亩。全年粮食总产19.45万吨；其中：夏粮总产3.996万吨；秋粮总产14.73万吨。

（2）经济作物生产情况。全区主要经济作物为棉花，2017年播种面积4.47万亩，子棉单产200公斤，子棉总产0.89万吨。（3）蔬菜生产情况。2017年全区蔬菜累计播种面积0.43万亩；蔬菜总产1.26万吨。大田蔬菜主要是种植大白菜、辣椒、茄子、黄瓜等常用蔬菜；设施蔬菜主要种植番茄、黄瓜、辣椒等。

农业机械化

【概况】 2017年，河口区农机总动力22.3万千瓦，农业机械总值原值40773.23万元，净值30446.16万元，电动机615台，19655千瓦，柴油机1393台，9429千瓦，农用拖拉机4879台，91177千瓦，联合收获机398台，25194千瓦，农田基本建设机械300台，26886千瓦，渔业机械2606台，27691千瓦。配套农机具10348台，其中，大中型拖拉机田间作业配套机械3156台，小型拖拉机田间作业配套机械7192台。农机从业人员发展到9725人，农机作业经营总收入达39234.1万元。2017年完成机耕2.15万公顷，完成机播2.61万公顷，其中，免耕播种0.827万公顷，完成机收2.148万公顷，其中，玉米机收0.835万公顷，机械植保2.313万公顷。

【农机供应与维修】 河口区的农机供应与维修基本由各个农机公司和维修点承担。各个点由小到大，由简单到复杂，服务及维修水平不断提高，已经能够承担河口区的主要供应及维修任务。2017年，农机经销点及维修点共有25处，其中，农机经销点17个、维修点8处。

【农机培训与推广】 为加强教学管理，提高农机培训质量，河口区农机培训学校，加强教师队伍建设，选择思想好、有实践经验、适宜教学的同志任教师，注意青年教师培养，有计划地组织教师进行轮训，离职进修和深入生产实践，学习各种专业技术，扩大知识面，经过提高技术和业务水平，健全办学方式，同时制定合理的教学实施计划，全校教职工各司其职，各尽其责，使河口农机校很好地发挥了作用。2017年，为方便农机手学好用好农机新技术、新机具，河口区农机部门利用农闲季节，结合农机补贴工作，深入各乡镇开展农机新技术培训、新技术咨询服务，发放农机操作技术明白纸3000余份，受到广大农机手的一直好评。推广各种各类农业新机械新机具395台（套）。2017年，通过认真落实农机补贴政策，争取购机补贴资金632万元，新增各类农业机械269台套，其中耕整地机械42台，拖拉机99台、收获机械56台。

【农机管理】 （1）加强组织领导。成立农机安全生产工作领导小组，层层签订责任书，落实工作责任。（2）加强安全宣传教育。多次召开安全生产会议，三夏和三秋生产期间深入基层进行安全宣传，向广大农民朋友散发农机防火知识、农机安全行驶知识、农机安全作业、农机维修安全等宣传材料3000余份。“三夏”“三秋”期间检修农机具共500余台，培训机手300余人次。（3）依法实施农机安全监督管理保证农机安全生产。在农忙季节区农机监理员、安检员进行田查路检的同时会同公安、安全等部门开展联合大检查，重点治理无证驾驶、无牌行车、超速、超载等违章现象。对上道行驶的拖拉机要安装反光警示牌，灯光、刹车必须完好，拖车要安装防护网，严厉查处酒后驾车、非驾等违章行为。秋季收获作业预防收割机火灾事故的发生，参加作业的收割机要按规定配备灭火器具，收割机要经常保持清洁，经常检查线路是否完好，2017年，全区田查路检200台次，保证农业机械化的技术状态的完好“三率”，为推进河口区农业机械稳定和谐发展和农业增产增收奠定坚实的基础。（4）严格拖拉机驾驶员培训考试制度，严格对拖拉机驾驶员进行培训和考试，使驾驶员真正掌握驾驶操作技术和简单的农机维修技术。（5）加强拖拉机牌证管理和拖拉机及拖拉机驾驶员的年检工作，全年办理拖拉机及联合收获机械挂牌225台，办理驾驶证72人，年度检验拖拉机454台。

2017年全区配套农具拥有量统计表

项目 单位	拖拉机田间作业配套机械（台）				
	犁	旋耕机	耙	联合收获机	秸秆粉碎还田机
总计	3075	477	1287	398	290

2017年全区农机作业情况统计表

项目 单位	机耕地面积（千公顷）	机播面积（千公顷）	机收面积（千公顷）	机电灌溉面积（千公顷）	机械植保面积（千公顷）	机械铺膜面积（千公顷）	机械化秸秆还田（千公顷）	农田水利建设土方工程（万立方米）
总计	21.45	26.09	19.65	15.23	23.13	10.23	20.25	175.21

畜牧业

【概况】 2017年，河口区畜牧局年末编制39人，在岗人员37人。内设办公室、畜牧股、兽医药政股3个股室，下属畜牧兽医站、草原监理站、无害化处理中心、动物疫病防治监控中心4个事业单位，在镇（街道）派驻6动物疫病防治监控所。负责辖区内防疫检疫、畜牧生产、草地建设、饲料生产、兽医药政、畜禽良种推广、畜牧发展规划、畜牧科技推广、畜产品质量安全、病死畜禽无害化监管、生猪定点屠宰等工作。2017年，畜牧局高标定位，高点起步，努力引导形成量质并重的草食家畜支柱产业，稳量提质发展的生猪优势产业，品牌引领发展的肉禽特色产业格局，全区现代畜牧业实现稳步发展。截至2017年年底，全区生猪、牛、羊、禽存栏分别达到20.15万头、5.30万头、3.55万只、219.61

万羽；生猪、牛、羊、禽出栏分别达到39.98万头、1.76万头、5.16万只、1012.18万羽。全区肉类产量5.80万吨、奶类产量24.03万吨、禽蛋产量0.35万吨，肉蛋奶总量30.18万吨，同比增长12.27%。

【龙头项目建设】（1）澳亚高端乳制品加工项目。综合厂房：土建施工已基本完成；SPX生产设备安装完成95%；灌装间灌装设备已安装完成；SIPAC包装设备已安装完成，正在进行调试。一号和二号宿舍楼：主体完成，内装修已完成。动力中心：锅炉房锅炉已经正常运行；高低压房间已经正常供电；BWT已经安装并调试完毕；空压机已经安装并调试完成；冷却水系统已经安装并调试完成。办公楼：土建施工已完成，内装修已完成。餐厅：土建施工已完成，内装修已完成。10月份试生产。（2）南王、三泉繁育育肥场建设和牟桥5000头祖代猪场扩建项目。南王项目：该项目建设繁育场1个、育肥场1个及污水处理厂1处，分南北2个场区。北场区称为南王繁殖场，建设12栋繁殖舍，员工宿舍、食堂、门卫等附属设施。8栋具备投用条件，4栋正在漏粪板安装，附属设施已投用65%，35%正在装饰。南场区称为南王育肥场，建设18栋育肥舍，6栋保育舍，员工宿舍、食堂、门卫等附属设施。9栋育肥舍已完成漏粪道施工，2栋保育舍已完成主体工程。污水处理厂已完成1个氧化塘建设。三泉项目：该项目建设3个场共10栋繁育舍和饲料厂1处，分南北两处。北面共6栋，3栋完成主体80%，3栋完成主体90%，其中4栋设备安装完成60%；南面共4栋，2栋主体完成70%，1栋完成主体工程，1栋完成主体工程50%，附属设施完成总量的60%。饲料厂已建设完成，等待验收。牟桥项目：该项目建设繁育育肥场一共3个及污水处理站1处，分路南2个，路北1个场区。第一繁殖场，建设4栋繁殖舍，员工宿舍、食堂、门卫等附属设施。目前，4栋钢构安装已完成，其中，3栋主体已完成，1栋完成主体80%。附属设施完成主体。设备安装完成90%；第二繁殖场，建设4栋繁殖舍，员工宿舍、食堂、门卫等附属设施。4栋钢构安装已完成，其中，3栋主体已完成，1栋完成主体80%。附属设施完成主体。设备安装完成70%；第三GP场(6000头祖代)，建设3栋繁殖舍，2栋培育舍，3栋保育舍，员工宿舍、食堂、门卫等附属设施。5栋钢结构已安装，其中，3栋主体完成，2栋主体60%。3栋土建钢构已完成。附属设施完成主体建设。设备安装完成75%。（3）力大王年出栏20万头商品猪项目。已完成选址、签订土地承包合同、设计、立项、注册等手续，下一步办理环评、安评批复手续。（4）澳源肉牛加工项目。屠宰加工厂：土建工程已全部完成，建设屠宰综合车间及配套12666.22平方米，其中，检测中心2587平方米，屠宰加工车间5207平方米，冷冻库2230平方米，配电房等其他车间2203平方米。隔离场：已与厚德隔离场达成租赁

东营仙河澳亚现代牧场有限公司世界最先进的转盘挤奶机

协议。（5）“粮改饲”试点项目。2017年，河口区承担国家级“粮改饲”试点项目，共8个实施主体，其中，5个养殖奶牛场；3个肉牛场。申请财政补助资金1003万元，用于青贮补助753万元，青贮池建设补助20万元，机械补助11万元，技术推广与试验种植19万元，专业扶贫资金200万元，由新户镇政府负责组织实施。

【重大疫病综合防控】 2017年，共调拨猪口蹄疫疫苗40万毫升（合成肽），牛、羊口蹄疫疫苗26万毫升，禽流感疫苗137万毫升，小反刍兽疫疫苗12万毫升，A型口蹄疫灭活苗4万毫升，免疫禽类128.86万羽，生猪21.16万头；牛6.15万头，羊8.81万只。加强重大动物疫病的监测和流调工作。建立疫情档案，对8个区级监测点开展流行病学调查，累计开展流行病学调查易感动物调查猪15000口次，牛5263头次，羊250只次，禽25000羽次，对全区3.15万头奶牛进行布鲁氏菌病、结核病监测，检测合格率均达到95%以上；严格执行疫情报告制度和疫情举报核查制度，达到主动防范动物疫病的目的。加强产地检疫和屠宰检疫。产地检疫家禽982.81万只，生猪37.9万头，牛1.54万头。屠宰检疫生猪7.8万头，完成屠宰环节瘦肉精的检测工作，共抽检样品7160个批次，检疫出不可食用生猪产品折合头数316头，全部做无害化处理。做好无害化处理监管工作。定期汇总无害化处理情况统计表，督促处理厂提升改造无害化设备，购置污水处理一体机规范污水处理，增上臭气生物降解池保证达标排放，协调人保公司搞好保险联动及时理赔，完善镇（街）养猪户病死猪情况登记本及台账，确保达到“四不准一处理”的要求，截至年底，无害化处理病死猪6.66万头，病死牛2700头，提高无害化处理工作水平。

【畜产品质量安全监管】 强化兽药经营环节监管工作。开展兽药市场专项治理行动。出动执法车辆12台次，出动执法人员46人次，检查兽药经营单位12家、养殖单位218家；组织畜产品质量安全抽检工作。按照2017年畜产品质量安全抽检计划，共迎接省、市、区级畜产品质量安全抽检13次，抽检样品218批次，检测结果全部合格。开展兽药经营企业换证与GSP验收工作。全区共有12家兽药经营企业提出GSP验收申请，验收工作正在按计划有序进行中；加强兽药监管培训工作。举办兽药饲料管理培训班1期、组织参加省级无公害内检员培训班3期、市级兽药追溯系统管理使用培训班2期，对全区近百名执法人员和兽药经营企业负责人进行法律知识和业务水平培训。

2017年全区主要畜禽存栏情况表

单位：万头、万只、万羽

<table>
<tr><th>单位</th><th>猪</th><th>牛</th><th>羊</th><th>家禽</th></tr>
<tr><td>河口区</td><td>20.15</td><td>5.3</td><td>3.55</td><td>219.61</td></tr>
<tr><td>新户镇</td><td>11.85</td><td>1.21</td><td>1.09</td><td>72.11</td></tr>
<tr><td>义和镇</td><td>2.26</td><td>0.035</td><td>0.51</td><td>54.01</td></tr>
<tr><td>河口街道</td><td>2.51</td><td>1.14</td><td>0.21</td><td>17.58</td></tr>
<tr><td>六合街道</td><td>1.10</td><td>0.029</td><td>1.26</td><td>45.79</td></tr>
<tr><td>孤岛镇</td><td rowspan="2">2.43</td><td rowspan="2">2.886</td><td rowspan="2">0.48</td><td rowspan="2">30.74</td></tr>
<tr><td>仙河镇</td></tr>
</table>

2017年全区主要畜禽出栏情况表

单位：万头、万只、万羽

<table>
<tr><th>单位</th><th>猪</th><th>牛</th><th>羊</th><th>家禽</th></tr>
<tr><td>河口区</td><td>39.99</td><td>1.76</td><td>5.16</td><td>1012.18</td></tr>
<tr><td>新户镇</td><td>25.60</td><td>0.03</td><td>1.06</td><td>338.77</td></tr>
<tr><td>义和镇</td><td>4.40</td><td>0.03</td><td>0.53</td><td>286.73</td></tr>
<tr><td>河口街道</td><td>4.32</td><td>0.64</td><td>0.23</td><td>115.38</td></tr>
<tr><td>六合街道</td><td>1.83</td><td></td><td>2.89</td><td>185.21</td></tr>
<tr><td>孤岛镇</td><td rowspan="2">3.84</td><td rowspan="2">1.06</td><td rowspan="2">0.45</td><td rowspan="2">132.74</td></tr>
<tr><td>仙河镇</td></tr>
</table>

林　业

【概况】 2017年，全区林业工作以建设“智慧林业、生态河口”为目标，突出抓好一系列生态造林建设，严格保护森林资源，着力加快林业产业发展，通过创新机制、整合资源、造管并重、依法治林等一系列措施，促进全区经济社会发展，促进林农增收。

区林业局广大干部职工，履行工作职责，狠抓生态建设，走出一条生态与产业共进，保护与开发并举，改革与发展互动的可持续发展路子。全区新增片林5.11万亩，完成任务的217.66%；林业育苗0.15万亩，完成任务的100%；森林抚育0.5万亩，完成任务的100%；义务植树35万株，完成任务的100%；开展全省第九次森林资源清查、森林资源管理暨林地变更调查等工作，全面落实森林防火和林业有害生物防治目标，森林资源得到有效管护。

【三年增绿工作】 全市三年增绿计划实施以来，河口区坚持“生态立区，绿色发展”总基调，以建设“美丽河口，幸福河口”为目标，两年来累计完成投资3.41亿元，流转土地44259亩，新增造林面积9.58万亩，湿地修复3844.7亩，完成三年总体任务的132%，提前一年超额完成市下达的任务，造林规模居各县区之首。2017年，全区累计投资1.54亿元，造林面积5.11万亩，完成市年度任务的217.66%，湿地修复保护2700亩。通过采取苗木覆膜、有机肥改良、苗木补植等有利措施，新增造林成活率达到了93%以上，保有率达到100%。大力实施林业重点项目建设。争取中央补贴资金50万元，组织实施0.5万亩中央财政森林抚育项目，进一步优化林分质量，改善林木生长环境，促进林木生长发育，提高森林生态系统整体功能。争取中央补贴资金41.8万元，组织林农、专业合作社实施0.2万亩造林补贴工作，提高造林成活率。实施欧投行贷款山东沿海防护林项目，规划造林3.6万亩。扎实开展各类生态绿化活动。植树节期间，广泛组织全区机关工作人员参加义务植树活动，同时，“青年林”“巾帼林”等纪念林建设活动纷纷展开，结合“乡村文明行动”，院内绿化、城镇绿化及村庄绿化齐抓并重。2017年春季，参加义务植树7万人次，栽植各类苗木35万株。

【经济林产业】 全区以黄河故道为中心，新建苹果、核桃、桃等果品基地4000亩。在新户镇肥城村新建果树科普示范基地100亩，主要采用宽行高干集约化栽培技术，引进国外各类果树品种100多个。举办经济林管理技术培训班4期，培训林农285人次，并现场发放《河口区2017年林木管护技术意见》《当前苹果园管理技术》等资料。组织林业技术人员及造林大户14人，赴诸城、蒙阴、泗水、滕州等地参观学习经济林及林下经济产业先进经验，开拓视野，提高经济林管理水平。强力促进林木种苗产业发展。积极引导育苗企业调整种植结构，新发展白蜡、国槐、中华柽柳等育苗面积1500亩，为三年增绿工作储备好足够苗木。积极宣传种子法等林木种苗有关法规，结合种子法网络知识竞赛活动，提高种苗生产经营者的法制意识。把好苗木质量关，春季造林期间，种苗站抽检造林苗木9批次，苗木合格率100%，杜绝使用不合格苗木。开展林业贴息贷款及林业政策性保险工作。根据东营市林业局、东营市财政局《关于申报2018年林业贴息贷款计划的通知》（东林发〔2017〕34号）要求，经过镇、街道推荐，区林业、财政部门考察、筛选，提报2018年林业贴息贷款计划，全区12户林农计划贷款1460万元。

【林政管理】 根据国家林业局和省林业厅要求，认真组织开展林地变更调查，制作“林地一张图”（林地落界现状图），为今后林地管理工作走上数字化、规范化轨道奠定基础。加强林木采伐管理，实行林木采伐总量控制，全年共审批林木采伐证75份，采伐蓄积4230.83立方米，控制在采伐限额范围内，确保森林资源总量稳定增长。依法保护林业用地，对需要征占用林地的项目，严格按规定办理征占用林地手续，严厉打击非法占用林地等行为。截至2017年12月底，已受理征占用林地上报审批2起，下达停止违法行为通知书5件，征占用林地项目涉及林地9.5907公顷，征收森林植被恢复费237.48万元。

【林业有害生物防治】 2017年，全区林业有害生物中度发生，局部较重，发生面积6万亩，防治作业面积33.3万亩次。其中，实施飞机防治2次，防治作业面积28万亩次；开展生物防治，分二次释放周氏啮小蜂3亿头，防治面积3000亩次；采用常规防治，防治面积5万亩次。加强监测站预警预测能力，对全区14处虫情测报站点进行厂家维修维护，每个检测站点新设置调查样地1处，定期发布病虫情报，全年共发布10期，为指导全区林业有害生物防治提供准确的数据支撑。积极开展林业有害生物社会化服务项目试点工作，对河口区义和镇现有林地5000余亩（不含经济林、三年增绿林）施行全年无缝隙防治，计划通过2～3年的不间断防治力争根除项目区内的疫区、疫点。针对林业蛀干害虫危害严重的现状，成立蛀干害虫防治专业队伍，采购专用药剂，购置专业防治器械，并研制出蛀干害虫注药防治专用设备，防治效率得到大幅度提高。从5月份开始，对滨孤路、辛河路、义新路、河仙路等主干线路两侧路域林及行道树逐一进行注药防治，防治面积约2000余亩，注药区防治效率达90%以上，防治成果显著。

【森林防火工作】 及时调整区森林防火指挥部成员，层层签订《2016—2017年度森林防火目标管理责任书》防火责任状。深入开展隐患排查整改活动，印发《区林业局关于开展冬季林业防火安全生产大检查行动的实施方案》，不定期组织人员深入镇街、育林企业进行全方位督查，共排查登记一般性火灾隐患17处，限期内全部整改到位。加强防火宣传教育，组织赶大集宣传活动10场次，走访育林企业和种林大户10余家，在各村（居）政务公开栏张贴《河口区人民政府关于划定森林防火区和发布森林防火禁火令的通告》200余份，悬挂沿路宣传横幅30余条，发放宣传资料12000余份，出动宣传车辆80台次，巡回播放森林防火广播240余小时。全面落实应急保障，严格执行24小时值班和领导带班制度，严格落实森林火灾信息报告制度，修订完善《河口区森林火灾应急预案》，开展森林防火岗位培训和应急演练。截至年底，全区没有发生大的火灾。

【野生动物保护工作】 开展以“依法保护候鸟，守护绿色家园”为主题的爱鸟周宣传活动，悬挂横幅标语2副，林业技术人员现场向过往市民发放爱鸟护鸟宣传材料800余份，丰富学生和市民在“爱鸟护鸟”、保护生态环境等方面的知识，增强关爱

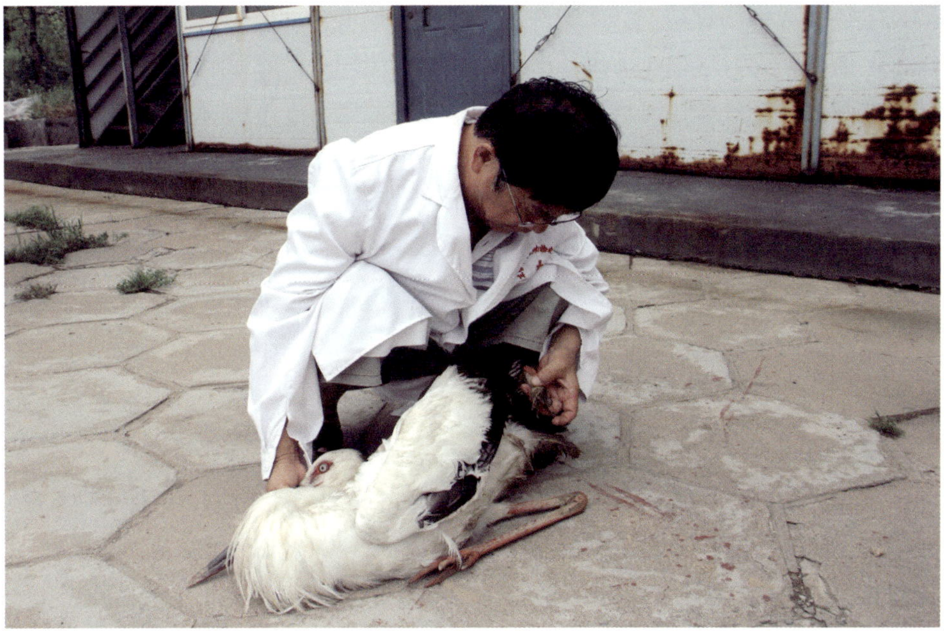

工作人员救大鸟东方白鹤

和保护鸟类的自觉性。及时开展野生动物救护工作，2017年，在广大人民群众的帮助下，成功救护野生动物5起，其中国家一级野生保护动物1只，省重点保护野生动物3只，非重点保护野生动物1只。

【全省第九次森林资源清查工作】 按照省、市林业主管部门安排，2017年，河口区开展全省第九次森林资源清查工作。通过复查2012年调查的固定样地，查清全区森林、林木和林地的数量、质量、结构和分布等基础数据，为上级林业部门制定林业发展方向与科学规划提供依据。

【帮扶工作】 按照安排，去年结对帮扶的义和镇西韩村4户贫困户已全部完成脱贫。为巩固脱贫成果，2017年，安排4名科级干部继续结对联系。春节期间，到村开展走访慰问，为贫困户送去米、面、油等生活用品。春季组织技术人员到村指导做好苗木修剪、肥水管理等工作，并给西韩村贫困户提供了部分化肥，帮助做好苗木管理，确保按时出圃合格苗木，进一步巩固脱贫成果。

【招商引资工作】 全区招商工作动员大会召开以后，区林业局迅速行动，广泛联系，积极寻找招商线索。前期，先后组织4批次外出招商活动，组织部分造林大户到江苏、河北等地考察推介项目。现已完成签约亚邦化工科技有限责任公司新型食品添加剂项目，项目投资约6.6亿元，在谈柽柳封育项目，并积极对外推介现代林业产业园建设项目。

刺槐林场

【概况】 2017年，区孤岛刺槐林场建设管理办公室认真贯彻国有林场改革发展的部署要求，按照“科技营林保生态，完善配套提质量，创新机制促发展，开发资源增活力”的任务目标，进一步细化整体发展规划，完善配套工程建设，创新经营管理机制，发展生态观光旅游，不断丰富绿化树种，展现景观效果，发展林业产业，努力推进林场运营再上新水平，逐步实现生态效益、经济效益、社会效益的有机统一。

【树木栽植】 经过实地调查研究，分类制定实施方案，严把苗木筛选和栽植质量，累计栽植紫穗槐、海棠、金枝槐、月季树等苗木17万株。（1）盐碱地块绿化改造。及时组织林木生长状况排查，集中对枯死树木进行补植，通过开挖躲碱沟、撒施农家肥等措施，栽植紫穗槐、柽柳、木槿等苗木15.3万株。（2）高压线下树木栽植工程。为保障林场生产安全，在林场境内高压线下高大乔木移植后，通过土壤改良，栽植海棠等低矮花灌木1.3万株。（3）主循环路域绿化标准提升。对林场内部柏油路路肩进行标准提升，采取逐穴浇灌、施用农家肥等办法，栽植大规格、耐盐碱的金叶榆、金枝槐、月季树等苗木0.4万株。

【工程项目建设】 严格按照工程项目建设推进计划，认真谋划，统筹分析，7.3千米柏油路、11千米防火通道、6处节点工程、400盏太阳能杀虫灯、1处神仙沟景观桥和瞭望塔等6个项目均在5月中旬前完成招标工作，现有序开展工程项目建设工作。（1）高标准规划设计。委托设计单位分别就各个项目进行规划设计，通过实地勘察、调查论证、征求意见等措施，进一步细化完善工程设计方案，为工程建设奠定基础。（2）规范化组织招标。及时办理工程立项、环评、概算和预算评审等手续，由招标代理公司全程负责项目的招投标工作，提高工作效率和规范化水平。（3）保质量加快建设。多次召开会议安排调度，落实安全生产责任制，细化工作推进计划，倒排工期、责任到人，工程陆续动工。其中，柏油路完成路基工程，防火通道正在进行路基整平，节点绿化正在开展土方施工，景观桥和瞭望塔组织施工放线，太阳能杀虫灯完成底座预制。

2017 年 10 月柏油路项目建设

【林场工程管理】 坚持“精细管理、提升质量”的目标，认真开展林木精细化抚育管理，确保造林绿化成效。（1）分包管护区域。借鉴河仙路分片承包的成功经验，对河仙路南片区、仙河片区和主要循环路进行公开招标，细化分为 14 支管护队伍分片管理，整个林场现由 26 支管护队伍共同管理。（2）强化管护调度。划定管护区域和指导监督责任人，每天由专人负责林场巡逻检查，根据季节和林木生长状况，及时组织召开管护工作培训调度会议，每月进行 1 次管护评比，确保及时的督促和指导管护工作。（3）落实管理责任。在主循环路路口安装高标准伸缩车档 4 个、横杆车档 5 个，实现林场内部的安全管理；充实防火队伍，由林场工作人员和管护队伍负责人共同负责森林防火工作，每天开展巡查，发现隐患及时排查清理，没有出现火灾及危险情况；强化病虫害的日常防控，组织人员定期查看，发布预测预报信息，先后通过飞防人防等措施，对美国白蛾、蛀干害虫进行及时防治。截至年底，累计完成林地浇水 1 次，树木修剪 1 次，旋耕除草 1 次，病虫防治 3 次，护林防火专项巡查 5 次，林地施肥 62 吨，开挖躲碱沟 130 千米，清淤维护沟渠 20 千米。

【林场经营】 制详细发展规划，探索开展形式多样的林场经营，不断增强林场发展活力。（1）完善孤岛刺槐林景区规划。坚持高标准高质量，把新造林区与老槐林，孤岛 1 号、2 号水库，神仙沟以及西韩槐林温泉旅游景区统一纳入孤岛刺槐林景区，景区规划设计初稿已征求多部门意见，现正在补充完善。（2）探索进行林下种养。积极开展招商，引进良正生态农林发展有限公司，划拨土地 500 余亩，建设金蝉养殖示范基地；有序开展林下禽畜养殖，试验进行林下中草药、蔬菜以及食用菌种植，强化技术指导和跟进服务，探索多形式的林下种养。（3）发展生态旅游。协助相关部门，顺利举办第六届湿地槐花节及系列丰富多彩活动，进一步提升林场知名度和美誉度。

海洋与渔业

【概况】 河口区海洋与渔业局，正科级，内设股室 4 个：办公室、海洋股、渔业股、渔港渔船监督管理股（中华人民共和国河口渔港监督、山东省渔业船舶检验局河口检验站）。所属事业单位 4 个：东营市河口区中心渔港管理站，正科级；东营市河口区海洋与水产研究所，副科级；中国海监河口区大队，股级；东营市河口区渔业技术推广站（河口区海洋环境监测预报站），股级。现有在编在岗人员 28 人，其中，科级干部 11 人。大专以上学历 26 人，中级以上职称 8 人。

【水产养殖】 水产养殖业健康发展，产业结构逐步优化。2017 年，全区养殖面积 56 万亩，其中，海参养殖面积 10 万亩，对虾养殖面积 20 万亩，贝类护养面积 20 万亩，淡水鱼养殖面积 6 万亩，工厂化对虾养殖 10 万平方米。2017 年，出产海参 4965 吨，同比增长 11.6%；池塘养殖对虾 5152 吨，同比增长 12.8%；工厂化对虾 1450 吨，同比增长 35.5%。水产品总产量 15.07 万吨，渔业经济第一产值 20.1 亿元，同比增长 3.8%。

【“海生·河口”渔业科技】 推进“海生·河口”渔业科技精准对接。2017 年，投资 9808 万元，实施河口海洋生物研究中心及百万亩生态渔业区路桥配套工程。现研究中心建设已完成招标，路桥工程已完工。实施“海生·河口”渔业提升工程，投入科研资金 350 万元，启动“河口区西部海域数字化海洋建设初步研究”“贝类养殖新品种引进与苗种中间培育技术优化”等 5 项科研课题，全面摸清河口区海域养殖环境，研究开发贝类养殖、对虾工厂化养殖和刺参养殖新技术、新设备，提升河口区三大渔业品种养殖效益。11 月 8 日至 10 日，与省海洋生物研究院、市海洋与渔业局联合承办“黄河三角洲海洋渔业产业发展高端论坛暨人才对接会”，中国科学院海洋研究所、省海洋生物研究院等 11 家高校院所的 34 名专家学者，全市 300 余名渔业企业负责人、养殖大户参加活动，共推介发布各类科技成果 65 个，达成合作意向 25 个。

【渔民培训】 加大渔民培训力度，提升渔民技能素质。根据全区养殖实际和渔民需求，有针对性地组织渔民技能培训，截至年底，邀请中科院、中国海洋大学等科研院所专家到河口区举办渔业技术培训班 4 期，培训渔民 220 人次。组织开展“渔业专家河口行”活动，省虾蟹类、贝类、刺参团队专家 30 余人到河口区开展现场调研指导。组织渔民参加省厅、市局组织的增殖放流、水产养殖技术培训 50 人次。组织养殖企业负责人到河北、大连学习海参养殖技术，到江苏、浙江学习罗氏沼虾养殖，开阔企业发展视野。

【水产品抽样检测】 强化水产品抽样检测，保障水产品质量安全。开展海参、对虾等重点品种的质量安全专项整治行动，实施全覆盖性抽样检测，2017 年共完成农业部抽检 19 个、省级抽检 28 个、市级抽检 18 个、区级抽检 100 个，排除水产品质量安全隐患 3 起，同比下降 20%，企业生产规范化程度进一步提高。

2017 年 8 月 23 日，市委副书记宇向东（左一）考察渔光互补项目

【中心渔港基础设施建设】 完善中心渔港基础设施，规范管理水平进一步提高。进港路道路绿化

工程完成2600米，完成150米码头场地和码头挡墙混凝土预制施工，实施渔港护栏维修工程、办公区域绿化工程等基础设施建设。完成中心渔港港区水深、地形图测绘。同时，为加强港区安全管理工作，积极与区政法委对接，计划在中心渔港港区实施“雪亮工程”建设。

【鱼粉加工厂项目建设】 实施鱼粉加工厂项目建设，增强临港产业活力。加大港区对外招商力度，与荣成海达科技有限公司达成合作协议，注册东营海达海洋科技有限公司，投资1.5亿元建设5000吨虾粉、10000吨鱼粉、5000吨鱼油生产线及制冰厂。2017年9月，项目一期工程竣工，10月至11月份进行试生产。现企业正根据前期试生产情况调试设备。

【渔业安全管理】 强化渔业安全管理，提升安全生产水平。严格开展渔船检验，结合数字船检系统的应用对辖区内应检的229条渔业船舶进行年审，登船检验率100%，检验合格率100%。落实安全管理责任，组织开展“安全隐患大排查快整治严执法集中行动”“渔业企业、渔船安全生产主体责任落实与专项执法检查”“港区安全整治”等活动，出动执法人员80人次，排查隐患5处。加强涉外渔船的管理，维护海上作业秩序，对具有涉外作业能力的6艘渔船及时上报每日渔船动态，核实渔船的每日作业位置等情况，加强监督，规范渔业秩序。现6艘渔船均在规定区域内作业。加强“三无”渔船排查整治，共排查“三无”渔船60条，正在进行前期评估，做好拆解准备工作。

【渔业增殖放流和伏季休渔】 开展渔业增殖放流和伏季休渔工作，保障海洋生物资源可持续发展。积极争取国家和省市水生生物增殖放流资金401万元，放流梭子蟹1210万只、中国对虾9500万尾、海蜇2460万只。认真组织开展落实伏季休渔管理工作。成立河口区2017年伏季休渔领导小组，制定《2017年河口区海洋伏季休渔管理工作实施方案》，进一步加大休渔期间的渔船管控力度，联合公安、边防、市场监管等部门，开展联合执法，严厉打击违规出海捕鱼行为。伏季休渔期间，河口区241条渔船均在港停靠，无违规出海行为。

【海洋环境监测】 开展海洋环境监测，保护海洋生态。对全区重点养殖区域进排水口进行摸底，在浅海布设29个环境监测点、6个海参水源地监测站点、7个入海河流监测站点、24个养殖尾水监测站点进行定期抽样，及时掌握沿海水质状况。根据检测结果显示，河口区近岸海域水质状况较去年同期有较大改善。

【滩涂生态恢复】 实施滩涂生态恢复工程，修复沿海生态环境。争取省级海域使用金700万元，在新户以北沿海种植碱蓬61公顷，整治促淤19.8万立方米。年底，受冬季天气影响，碱蓬种植已暂停，计划明年春季继续实施。

水利与黄河河务

水　利

【概况】 河口区水利局机关内设处室3个，纳入预算管理的二级单位5个，其中：参公管理的事业单位2个、全部财政补助事业单位2个、经费自理事业单位1个。行政编制7人，实有13人；事业编制37人（参公9人、经费自理11人），实有29人（参公13人、经费自理8人）。

【农田水利建设】 2017年，投资4354万元实施农水会战项目、拦河闸除险加固工程、涝洼片治理工程、孤河水库封闭管理工程、挑河老庙桥工程等农田水利工程。项目实施后，改善灌溉面积13.33万亩、新增节水灌溉面积1.52万亩，恢复灌溉面积4.13万亩，改善除涝面积11.1万亩，增加农村坑塘蓄水能力92万立方米。

【防汛抗旱工作】 （1）引水抗旱工作保障有力。做好引黄灌溉工作，2017年，河口区引蓄黄河水1.3亿立方米，保障全区农业生产，促进农村经济的持续健康发展，保障全区灌溉用水需求。（2）防汛形势持续稳定。调整河口区防汛抗旱指挥部成员和辖区内河道、水库防汛责任人；修订完善各项应急预案，搞好防汛物资储备，建立专业抢险和预备防汛抢险队伍，并于6月22日组织开展全区防汛应急演练。同时，对防汛通信、雨情测报系统进行集中运行维护，确保通讯设施运行正常。

【水生态文明建设】 （1）加强水资源管理。最严格水资源管理进一步落实，加强区域用水总量控制管理。积极推行综合执法，代表全市开展水利法治建设示范点创建工作并顺利通过省水利厅验收，积极开展“世界水日”“中国水周”集中宣传活动，不断加大水行政执法力度。截至年底，共巡查河道78次，共计5840千米，严厉查处水事案件8起，办结行政审批事项7件，有效维护全区水事秩序和水利工程设施的运行安全。（2）稳步推进河长制工作。把全面推行河长制作为水生态环境治理的有效载体和手段，2017年6月3日，全区全面实行河长制动员部署工作会议召开，区河长办严格按照河长制工作要求，制定工作方案及相关配套制度，落实河长制办公场所、人员、经费，建立全面推行河长制联席会议制度，形成区、镇（街道）、村三级河长组织体系，建立河长制工作运行机制；完成河道问题排查，整治沿河建筑及违法活动45处，封堵排水口98处；按照“一河一策”原则编制完成全区16条重点河流综合整治方案，设置河长制公示牌，明确整改责任人、整改时限、整改措施，取得阶段性成果。现河口区河长制工作稳步推进，各项工作均走在省、市前列。（3）开展水土保持治理工作。实施水土流失综合治理，采取生物措施、工程措施，投资843.55万元实施孤岛片水土保持生态文明重点建设项目，新户镇胜利片、义和镇薄家片水土流失综合治理项目，治理水土流失15.68平方千米，建设生态安全屏障。（4）实施人工湿地建设。实施面条沟湿地景观工程，对桩埕路面条沟两侧景观提升，绿化面积16100平方米，修建橡胶坝等，总投资888万元，现主体工程已全面完工。

【改革攻坚】（1）推进小型水利工程管理体制改革。按照“产权明晰、责任明确、经费落实、管理到位”的总体要求，深入推进小型水利工程管理体制改革。全区落实“两证一书一台账”管护模式灌溉面积15.5万亩，发放产权证143本，使用权证42本，签订管护协议书26份；建立工程管护长效机制，区财政每年列支80万元用于工程管护，其中，农田水利工程管护专项资金50万元，农田水利工程管护绩效考核奖励专项资金20万元，扶持专业合作组织发展专项资金10万元；再由镇街配套50万元，共130万元。（2）全面推进农业水价综合改革。围绕保障区域粮食安全和水安全、促进农业节水和农田水利工程良性运行，突出问题导向，全面推进农业水价综合改革工作。河口区农业水价综合改革的总目标是：用7年左右时间对全区36万亩农田有效灌溉面积进行改革，逐步建立健全合理反映供水成本、有利于节水和农田水利体制机制创新、与投融资体制相适应的农业水价形成机制。现河口区农业水价综合改革实施方案编制完成，正在编制河口区农业水价综合改革技术方案。

【其他重点工作】（1）扶贫工作。发挥行业优势，结合大中型水库移民后期扶持工作，积极争取上级资金、项目扶持。争取移民资金193.92万元实施新户镇兴合村老年活动中心建设、新户镇中合堂村供水管网智能化改造、新户镇东村新户干下游治理、新户镇西华村排水沟建设、义和镇六顷村智能水表改造、六合街道范家村公路改造等6个项目；争取农村公共供水工程专项资金38万元实施义和镇北大屋村、河口区街道坨子村供水管线改造工程。通过项目实施，改善农业生产、生活条件，为加快群众脱贫致富步伐搭建好平台。（2）规划工作。深刻认识和准确把握党中央国务院的一系列重大部署和对完善水利基础设施网络、加强水生态文明建设、深化水利改革等方面提出的新要求，把规划计划工作提高到新的水平。《“十三五”水利发展规划》已经区政府批复；《移民项目规划》已报省厅待批复；《水土保持规划》初稿完成；区政府投资项目三年滚动投资计划编制工作完成并已报发改、财政部门。（3）人大建议、政协提案办理工作。承担人大建议、政协提案6件，现已完成与人大代表及政协委员的面对面答复，满意率100%。（4）“三争”工作。紧紧抓住各级加大水利投入的重大机遇，加强对水利项目规划的深度研究，搞好筛选论证，找准切入点，“走出去、跑上去”，全面加大项目、资金、政策“三争”力度，及时掌握国家、省和市政策调整、资金、项目安排等工作信息，增强“三争”工作的成效。截至年底，

新户镇东村新户干下游治理

争取河道综合治理、小农水重点县、农村应急体系建设等各类资金1.53亿元，为2018年的农田水利建设奠定坚实基础。（5）基层站所改造项目。实施站所改造及配套水工设施维修更换，并配备自动化控制系统，不断改善基层站所生产、生活环境，总投资965万元。

黄河河务

【概况】 河口黄河河务局是水利部黄河水利委员会在东营市河口区的派出机构，其前身为东营黄河修防处河口管理段，1985年1月1日成立，1991年1月1日更名为东营市河口区黄河河务局，并升格为副县（处）级单位，2004年11月1日，更为现名“黄河河口管理局河口黄河河务局”。河口黄河河务局机关下设办公室（人事劳动教育科、党群工作科）、水政水资源科、工程管理科、防汛办公室、财务科5个机关职能部门，同时下设西河口管理段、孤岛管理段、水政监察大队、东营鹏远工程有限公司四个基层单位及1个双重管理的单位河口黄河派出所。截至2017年底，河口黄河河务局在职职工60人（其中参照公务员管理身份的13人，事业编身份的47人），退休人员41人，在职和退休人员共计101人。其中具有高级职称的12人，中级20人，初级12人；工人中具有技师资格的8人，高级工5人，中级工1人。

所辖防洪工程主要有：黄河现行河道临黄堤41.7千米，险工4处，控导3处，引黄涵闸2座。刁口河临黄堤18.5千米。所辖河道包括50余千米的清水沟现行河道和60余千米的刁口河黄河故道。

黄河河口段现行河道是1976年5月在利津县罗家屋子人工截流后，由刁口河改道清水沟后逐渐形成的。河道呈东西流向，由垦利注入渤海。黄河自1972年开始出现阶段性断流，特别是进入20世纪90年代后，断流频繁，1997年断流13次226天。为此，黄河水利委员会加强对黄河水量的统一调度，2000～2017年，黄河实现连续18年不断流。

【防凌工作】 2016—2017年度河口区的黄河防凌工作，本着“早安排、早落实”的原则，从防凌宣传、防凌预案、防凌队伍组织、防凌物资准备、凌情动态等各方面做了全面部署，认真开展各项防凌工作。2016—2017年度凌汛期，河口区黄河未出现封河现象，发生2次淌凌过程，合计淌凌12天。首次淌凌出现在2016年12月29日凌晨，淌凌期最大淌凌密度为50%，随着气温回升，2017年1月29日河道内淌凌消失，防凌工作顺利结束。

【防汛工作】 2017年汛期，黄河流域来水偏枯，河口区河段出现500立方米每秒以上流量共计22天，8月7日10时，利津站流量660立方米每秒，为本年度汛期最大流量。整个汛期，河口区河道没有大流量过程，河道工程运行正常，未出现险情。2017年防汛准备充分，落实以行政首长负责制为核心的各级防汛责任制，与有防汛责任段的7家单位签订防汛责任书，修订印发《2017年河口区黄河防洪预案》。做好防汛队伍培训及演练工作，派技术人员对全区6个镇街的6支抢险队伍进行防汛项目指导，分别在马新河和八连控导举行防汛演习，河口区黄河专业抢险队参加在利津县崔家控导举行的2017年东营市油地军黄河防汛联合演习，顺利完成演习任务。组织有关技术人员完成汛前工程大普查、汛前、汛后河势查勘等工作，做好防洪工程管理。做好防汛宣传，认真开展5月份“黄河防汛宣传月”活动；严格落实防汛物资，做好黄河防汛石料的统筹与调剂等工作。

【水资源管理与调度】 严格取水许可与用水计划管理，建立健全取水用户管理档案。密切关注水情、雨情及旱情的发展变化，及时向各用水单位通报黄河水情，当好引水参谋，大力实施“两水分供分计”，2017年，全年累计引水1.49亿立米，与2016年同期相比引水总量增加 475 万立方米。加强引水计量校核，与油田供水联合完成大河 100 ~ 500 五个流量级时丁字路开泵引水流量的校核任务。加强引水用途管制，采取定期巡查、不定时抽查、蹲点守候、沿着渠道查等方式，坚决查处违法违规取用黄河水的行为，全年开展昼夜巡查督查 80 余次，其中，领导班子成员带队督查 30 余次，有效避免农水工用情况发生，确保黄河水资源有效利用。因在供水暨刁口河生态修复与保护中工作卓有成效，受到河口管理局通令嘉奖。

2017 年 2 月 20 日，黄河工程普查

【工程建设与管理】 2017 年，春季植树 6260 株。同时加强对树株的除草、浇水、施肥和病虫害防治，提高树株成活率。完成北大堤 22+820 ~ 24+560 段堤坡维修项目和八连控导 6 ~ 8# 坝维修项目、清三控导工程上延水毁修复建设项目，继续保持孤岛（西河口）管理段黄委示范工程称号，顺利通过年度全省黄河工程检查。2017 年，协调油田出资 200 余万元对西河口控导工程进行除险加固。

【黄河水利执法】 2017 年，全面展现推广水行政综合执法改革成果，迎接水利部人事司副处长王建、黄委副主任姚文广及各级领导和兄弟单位考察、参观十余次。加强普法宣传教育，圆满完成河口区“法律六进”示范点创建工作，得到东营市司法局和区委、区政府领导一致好评。强化巡查执法，水政监察大队全年开展河道巡查 354 次，与黄河派出所联合巡查 201 次，现场制止和处理水事违法行为 79 起；年内针对重型车辆碾压大堤的突出问题，探索实施水政科、水政监察大队、黄河派出所、交通、交警联合巡查、联合执法模式，查处违法行为 2 起。强化滩区取水管理，维护滩区引水秩序。

【科技创新】 2017 年，完成创新项目 3 个，《树株打坑定位尺》荣获省局科技火花三等奖。完成管理段、公司、水政监察大队及市场办 4 个基层单位的网络通讯建设，基层单位实现网络全覆盖。

工 业

综 述

【概况】 2017年，面对严峻复杂的经济形势和艰巨繁重的任务，区经信局紧紧围绕“主动适应新常态，稳中求进促发展”的主题，以转型升级为切入点，以重大项目为突破口，强化措施，奋力攻坚，全区工业经济实现平稳健康发展。

2017年，河口区坚持狠抓运行调度不放松，加强对重点产业、重点企业监测预警和分析调度，确保全区工业经济的平稳运行。2017年1—11月份，全区123家规模以上工业企业累计实现工业总产值903.1亿元，同比增长9.4%；工业增加值同比增长7.5%。工业用电累计达到7.6302亿千瓦时，同比增长7.3%；用电量与工业增加值完全匹配，全区工业经济总体呈现运行稳健、质态提升、趋势向好的发展态势。

【重大项目攻坚】 深入开展重大项目攻坚行动，筛选确定总投资122.08亿元的10个区级重点工业项目，逐一落实推进单位、工期计划、服务机制，督促手续快办理、项目快建设、早投产。特别是总投资34.5亿元的中海石油东营石化升级改造及配套工程项目，建成投产后可新增主营业务收入170亿元，新增税金45亿元，这个项目是建区以来一次性投资建设最大的项目，也是河口区税源财源培植的龙头项目，被区委、区政府列为“一号工程”，也是经信局全力盯靠的重中之重的项目。截至年底，其中设备安装已基本完成，常减压等部分装置已达到调试条件，中心控制室、营销楼、变电站等配套工程装修和罐区焊装正在扫尾，项目11月份将达到整体调试条件。

【化工产业安全转型升级】 5月17日，河口区召开全区第二轮化工产业转型升级动员部署会议，印发《河口区人民政府办公室关于印发河口区化工产业转型升级第二轮评级评价工作方案的通知》（东河政办发〔2017〕8号）和《河口区人民政府关于加快化工产业转型升级的实施意见》（东河政发〔2017〕6号）。会后，各镇街、开发区（产业园）按照“谁主管谁负责”和“属地管理”原则，对辖区内的化工生产企业进行多轮拉网式排查，最终确定全区化工生产企业116家，其中，已经批复尚未开始建设项目企业4家，新建未投产企业14家，已经具备生产条件企业98家。按照“选优配强”的原则，确定4家中介公司分别作为安全、环保、节能和质量评级中介机构。截至年底，“四评级一评价”全部完成。

【散煤环境治理】 河口区召开化工产业转型升级暨煤炭清洁高效利用和散煤清洁化治理工作会议，与各镇（街）人民政府、开发区管委会、蓝色经济产业园服务中心签订煤炭清洁高效利用和散煤清洁化治理目标责任书，明确各镇街、开发区（产业园）的目标责任。按照《关于加快推进散煤清洁化治理工作的通知》（东散煤清洁〔2017〕1号）的要求，对河口区煤炭销售经营网点和城乡结合部散煤使用情况进行摸排，经摸排统计，现共有煤炭经营网点30处。针对摸排情况，对相关成员单位下发《关于开展散煤市场集中整治的通知》。在义和镇开展洁净型煤推广示范工作，并对1222个试点户的洁净型煤需求量、节能炉具需求量进行调查统计，现正在按照程序申请洁净型煤替代补助资金。

【企业科技创新】（1）企业技术中心方面。加强服务指导。2017年，到省、市企业技术中心进行调研，掌握技术中心运行情况，对存在问题提出整改意见。做好申报宣传。常青树、金开实业、晨阳菌业3家企业申报省级企业技术中心，其中常青树被评为省级企业技术中心；戴瑞克、通和水产、安诺其3家企业被评为市级企业技术中心。现河口区共有省级企业技术中心4家，市级15家；市级工业设计中心3家。（2）企业技术创新项目方面。2017年，共有东营华力石油技术股份有限公司稠油自动化增产控制系统、山东戴瑞克新材料有限公司橡胶促进剂DM氧气氧化生产工艺技术研究等5个项目列入省级技术创新项目计划。（3）产学研结合方面。结合河口实际，通过上门走访，收集院所成果和企业需求，积极开展“一对一”推介和对接服务。积极支持企业与科研院所、高等学校按照产业技术创新需求建立长期稳定的合作关系。引导企业、高校和科研院所联合开展产业关键技术、共性技术的研究和攻关，提升企业创新能力，加强产业技术协作，提升产业核心竞争力。截至年底，共有35家企业与80余家高校、科研院所建立合作关系，研发项目87个。其中，山东汇海医药化工有限公司生物多肽缩合剂合成关键技术及产业化、头孢曲松关键中间体三嗪环的合成技术及产业化先后获得省科技进步二等奖。技术改造项目方面。上半年共备案技术改造项目2个，总投资2.5亿元。

【节能降耗】积极做好2016年度节能目标考核工作，将节能目标任务分解，落实到镇（街道）、开发区、区直有关部门和全区重点用能企业，积极组织相关单位准备2016年度节能工作档案。认真做好节能评级工作，5月底前已完成全区化工企业的节能排查摸底工作，同时聘请专业机构，对评级评价各条款内容进行分解，对98家化工企业淘汰工艺装备和设备、能耗限额标准、动能设备能效标准、企业能源管理系统等进行评级评价。组织企业开展清洁生产工作，山东金开实业集团有限公司等四家企业被列入东营市2017年度实施自愿性清洁生产审核单位名单。积极做好2017年太阳能集热系统财政补贴工作，河口区第一中学、新户镇太平中学列入2017年太阳能集热系统财政补贴项目计划。组织企业开展淘汰落后用能设备先进单位申报工作，东营市金利石油科技有限公司符合申报条件，已上报市节能监察支队。

【工业化和信息化融合】（1）认真做好两化融合区域评估工作。组织各镇街、开发区选取21家重点企业参加2017年省两化融合区域评估工作。（2）组织企业申报石化行业智能工厂试点示范。根据市经信委通知要求，积极组织辖区内的符合试点条件的企业自愿进行申报。（3）进行化工园区信息化建设情况调研。对孤岛、义和镇、蓝色经济开发区等化工园区进行调研，进一步了解在信息化发展方面存在的困难和问题。

【优化发展环境】（1）加强引导，努力促进黄河三角洲油品交易中心发展壮大。现交易中心已入驻会员企业634家，年交易额迅猛增长，累计实现交易突破666亿元，初步具备规模经营优势，积极推动全区第三产业的快速发展。（2）认真搞好现有物流企业物流统计网上直报工作，并不断提升、扩大物流企业规模和层次。（3）指导河口区供电、油田供电等供电公司做好春季电网检修工作，发现并整改隐患500余处，确保电网安全运行。（4）严格按照相关程序为企业办理转供用电审批手续，为用户提供便捷服务。（5）认真做好河口区电力线路通道隐患治理工作。协助油田三家供电公司修剪树木1万余棵。(6)组织企业申报2017年直接交易试点用户，河口区共有12家企业入选，12家企业成功申请电力直接交易，共为企业申请直接交易电量58498千瓦时，可为企业节约29249万元。（7）严格成品油经营批准证书的管理及成品油市场准入制度。（8）做好成品油经营批准证书的年度检验工作。组织全区47家成品油零售企业和6家批发企业按期参加年检。（9）深入开展成品油涉油领域打非治违行动，净化区成品油市场，维护消费者和经营企业的合法权益。（10）按照区环境整治三大行动的安排，联合区环保分局摸查河口区所有加油站，辖区所有在营加油站都已安装油气回收装置；建成区共有8家加油站，已全部完成改造，其中两家加油站正在原址改造。牵头组织底全区加油站地下油罐全部更新为双层罐或完成防渗池设置。同时完成对加油站厕所进行水冲式改造，全年共改建加油站旅游厕所28座，并已全部通过省市旅游局验收审核。加大公路的明查暗访力度，不断加大源头治理力度，建立治理公路“三乱”的长效机制。

【“地条钢”排查整治】 省、市排查整治“地条钢”和违法违规新增钢铁产能工作开展以来，按照区委、区政府的安排部署，建立区、镇、村三级排查网络，会同发改、供电、安监、市场监管等部门，深入各镇街、开发区（产业园），对生产、销售、使用“地条钢”等违法违规行为开展多轮拉网式联动排查，摸清全区300家涉钢企业基本情况，并逐一登记造册、纳入监管，截至年底，没有发现地条钢生产、销售、使用情况。

石油化工业

【概况】 2017年，河口区境内共有规模以上石油化工企业22家，分别为富海集团有限公司、山东中海化工集团有限公司、东营市科德化工有限公司、山东仕通化工有限公司、东营市丰业化工有限公司和东营市万晔化工有限公司等。全年22家企业完成工业总产值743.4亿元，实现主营业务收入724.4亿元、利税34.1亿元其中利润25.8亿元，以上指标分别占全区规模以上工业企业总量的72.5%、72.4%、54.8%和52.9%。

【富海集团有限公司】 富海集团有限公司成立于1998年3月18日，注册资本金5.201亿元，资产规模200余亿元，总部位于美丽富饶的中国黄河三角洲，是一家集石油化工、煤化工、房地产开发、物流运输、物业管理、新能源开发、产品连锁营销于一体的综合性民营企业。集团自成立以来，先后荣获“东营市十佳民营企业”“东营市十佳青年民营企业”“东营市劳动关系和谐企业”“首届东营市功勋企业”“东营市五一劳动奖状”“山东省工商系统诚信纳税企业”“山东省富民兴鲁奖状”“山东省企业100强”“中国优秀企业”“中国民营制造业500强”“中国民营企业500强”、国家级“守合同重信用企业”等荣誉称号，并拥有中国商务部核准赋予的成品油批发经营资质及燃料油进口配额。

富海集团始终秉承“每天超越自我，时刻追求卓越”的企业理念，不断做强做大，下辖东营华联石油化工厂有限公司、东营联合石化有限责任公司、富海能源服务连锁有限公司、菏泽富海能源发展有限公司、东营富海房地产开发有限公司、东营富海物流有限公司、东营富海物业管理有限公司等几十家公司，旗下多家公司通过ISO9001国际质量体系认证及ISO14001国际环境管理体系认证。2017年，公司实现产品销售收入269.9亿元，实现利税11.86亿元。

【山东中海化工集团有限公司】 山东中海化工集团有限公司（原济军生产基地化工厂）是1989年11月由山东省经委和济南军区批准投资建设的军办化

工企业。山东中海化工集团地处黄河三角洲中心城市山东省东营市河口区，公司成立于2001年，注册资金1亿元，总资产50多亿元，拥有员工1800余人，现已发展成为集石油炼化、精细化工、房地产开发、成品油销售、热电联产、物流运输与仓储和物业管理为一体的综合型企业。2008年，企业积极响应市委市政府的号召，与中海油签署战略合作协议成立中海石油东营石化有限公司。集团公司下设中海石油东营石化有限公司、山东中海精细化工有限公司、东营河口中海利兴石化产品销售有限公司、山东中海利群置业有限公司、东营伟邦新能源有限公司、沾化中海物流有限公司等多个全资或控股子公司。

公司先后获得“安全生产先进单位”“质量管理先进企业”“突出贡献企业”“转型升级一等奖”“山东省守合同重信用企业”“山东省管理优秀企业”等荣誉称号。2017年，中海集团实现产品销售收入232.3亿元，实现利税3.4亿元。

有色金属业

【概况】 河口区有规模以上有色金属企业2家，其中较大的是山东金信新材料有限公司。2017年，河口区规模以上有色金属业共完成工业总产值120.06亿元，实现主营业务收入117.76亿元、利税11.41亿元其中利润9.83元，总产值及主营业务收入指标分别占全区规模以上工业企业总量的11.7%、11.8%、18.3%、20.2%。

【山东金信新材料有限公司】 山东金信新材料有限公司成立于2010年5月，注册资本6亿元，是一家以铜产业为核心，集拆解、回收、提取、熔铸、加工、销售与一体的新型循环经济企业；公司主营产品为“齐信牌”阴极铜，广泛应用于国防、机械、电器、电子、通信等诸多领域，产品销往20余个国家和地区，具备全球化的产品销售网络和售后体系。公司占地330000平方米，现有职工200余人，其中专业技术人才30余人。

公司具备国内先进的生产工艺和设备，企业通过ISO9000质量管理体系、ISO14000环境管理体系、OHSAS18000职业健康安全管理认证。近年来，公司不断优化产品结构，加大研发投入，成立企业技术中心，加强新技术、新工艺、新材料的研究，加大前瞻性技术的开发，已取得国家级实用新型专利11项，处于行业领先位置。为进一步提升企业技术水平和高端产品市场占有率，公司与中国矿业大学、哈尔滨工业大学、中科院金属所、浙江中科院应用技术研究院、中科院沈阳自动化研究院等建立长期“产学研”战略合作关系，极大的提升企业的核心竞争力，同时也为企业赢得口碑和荣誉，先后荣获“山东省循环经济示范单位”“山东省质量管理先进”“东营市诚信企业”“市级科技型企业”“东营市十佳管理创新企业”等多项称号。2017年，公司实现产品销售收入117.76亿元，实现利税11.4亿元。

盐及盐化工业

【概况】 2017年，河口区境内共有规模以上盐及盐化工企业7家，分别是东营春兴盐业有限公司、东营市鑫大地化工有限公司和东营天澄盐化工有限责任公司等。全年7家企业完成工业总产值3.9亿元，实现主营业务收入3.8亿元、利税1.5亿元其中利润1.0亿元，以上指标分别占全区规模以上工业企业总量的0.38%、0.38%、2.4%和2.1%。

【东营春兴盐化有限公司】 东营春兴盐化有限公司，位于东营市河口区北部临海区域，是黄河三角洲高效生态经济园区的核心地带，是一家集工业盐、低钠盐、溴素、融雪剂生产，水产品养殖、销售为一体的多元化、环保型盐化工企业。东营春兴盐化有限公司于2004年11月登记注册，注册资本1238

万元，占地面积11.67万亩。是由天津科技大学，本着“绿色生态环保”及“一水多用”的理念规划设计的，是国家倡导和鼓励产业项目。在设计规划上因地制宜，合理布局。重点以强化特色主导产业地位，促进多种关联产业相互发展为基本原则。公司连续几年被评为省、市盐业系统“先进企业”“诚信企业”“守合同重信用企业”和河口区“十佳招商引资企业”“十佳工业企业”、安全生产“先进企业”等，董事长杨国强在2007年被河口区评为“优秀企业家”，2008年与2009年被评为“明星企业家”。2017年，公司实现产品销售收入1.28亿元，实现利税4671.4万元。

【东营鑫大地化工有限公司】 东营鑫大地化工有限公司是河口区首家“集海水养殖、原盐生产、盐化工”为一体的生态海洋化工企业，公司下设2个水产养殖场，23个制盐分场，2个化工厂，开发规模达8万亩，年原盐生产能力30万吨，溴素生产能力3000吨，氯化镁2000吨，现有资产1.76亿元，拥有职工770人，其中，工程技术人员36人。2017年，公司实现产品销售收入3626万元，实现利税779.2万元。公司坚持“节能减排、科学发展”的原则，走“海水一水多用，洁净生产，循环发展”的路子，精心打造“绿色产业链”，实现资源的合理开发利用，最终达到经济、社会、生态效益三赢。东营鑫大地化工有限公司已与省内外多家知名院校和科研单位建立了人才培养和技术协作关系，实施科技攻关，为企业强筋壮骨。

精细化工业

【概况】 2017年，河口区境内共有规模以上精细化工企业23家，其代表企业有山东汇海医药化工有限公司、山东常青树化工有限公司和东营安诺其纺织材料有限公司等。2017年河口区规模以上精细化工业共完成工业总产值33.7亿元，实现主营业务收入32.2亿元、利税2.7亿元其中利润2.2亿元，以上指标分别占全区规模以上工业企业总量的3.3%、3.2%、4.3%和4.5%。

【山东常青树化工有限公司】 公司成立于2008年，位于山东省东营市河口区经济开发区，是常青树化工集团旗下的一员，与广东常青树化工有限公司、上海固顿化工有限公司并为集团的三大胶粘剂化工生产基地。专业从事健康宝万能胶、喷胶、白乳胶、硅酮玻璃胶、聚氨酯泡沫填缝剂及鞋胶等六大系列共百余个品种化工产品的研发、生产和销售。

公司所属集团是国内胶粘剂产业龙头企业，是行业内首批通过中国环境标志产品认证（十环）、ISO9001国际质量体系和ISO14001国际环境体系认证的企业，2009年集团被国标委聘为SBS万能胶国家标准起草单位，2010年又通过新加坡绿色环保标志认证，“常青树”商标获得广东省著名商标。

2017年公司完成工业总产值8529.6万元，利税983.6万元。

【山东汇海医药化工有限公司】 山东汇海医药化工有限公司（简称“汇海公司”）成立于2005年，是山东金城医药股份有限公司（股票代码300233）全资子公司，以基础化工原料的开发生产为主，是集研发、生产、销售、服务于一体的高新技术企业。占地面积245亩，员工380余人，投资总额为2.83亿元人民币。

汇海医药现有七个车间，主导产品有乙腈、乙酰乙酸乙酯、乙酰乙酸叔丁酯、AABI、DCC、三嗪环等九个常规品种，工艺技术先进，质量稳定可靠，产品销往哈药集团、珠海联邦、齐鲁等国内各大知名药厂，并远销印度、比利时、日本等国家，主打产品AABI、DCC、三嗪环占据国内外市场份额的50%以上。产品建立了现代化、科学化和规范化的管理体系。汇海医药建有山东省乙烯酮及其下游衍生物工程技术研究中心、山东省汇海医药化工院士工作站、省级企业技术中心、市级科技型企业和市工程实验室等，为汇海公司产学研的不断创新发展奠定了基础。公司自成立以来，始终把科技创新放在首位，与济南大学、天津大学、大连理工大学等高等院校建立了长期稳定的合作关系。公司投入558万元新建成技术中心大楼，占地面积3257平方米，主要用于新产品的研发和新工艺的改进。2017年，公司实现产品销售收入3.1亿元，实现利税6431万元。

纺织服装业

【概况】　河口区有规模以上纺织服装业企业3家，其中较大的是山东澳纳纺织科技有限公司。2017年，河口区规模以上纺织服装业共完成工业总产值3.4亿元，实现主营业务收入2.5亿元、利税–662.7万元其中利润–764.1元，总产值及主营业务收入指标分别占全区规模以上工业企业总量的0.33%、0.25%。

【山东澳纳纺织科技有限公司】　公司于2006年5月在东营市河口区经济技术开发区投资建厂，占地430亩，总投资3.5亿元，注册资金9000万元。项目总规模15万枚环锭纺，7000锭倍捻机，拥有员工700余人。是一家集棉花收购加工、纺纱、科研、进出口贸易为一体的新型科技企业。公司主要生产“澳纳”牌高档纯棉及新型纤维混纺系列纱线及“澳纳”牌高档床品。主产纱支为精梳20 ~ 120支单纱股线；提花，印花系列高档床品。纱线质量均达到乌斯特公报5%的水平，年生产纱线能力8000吨以上，精梳棉纱线主要供高档针织、色织布客户使用。公司连续多年被银行评为AAA文明守信企业；被河口区授予“明星企业”“科技进步奖”“安全生产先进单位”；多次被评为“农业产业化重点龙头企业”“用户满意企业”。

石油装备制造业

【概况】　河口区有规模以上机械制造企业14家，主要有胜利油田金岛实业有限责任公司、胜利油田海胜实业有限责任公司、胜利油田北方实业有限责任公司、东东营市海鑫石油装备有限公司等。2017年，河口区规模以上机械制造工业共完成工业总产值28.7亿元，实现主营业务收入28.1亿元、利税1.76亿元，其中利润1.10亿元，以上指标分别占全区规模以上工业企业总量的2.80%、2.81%、2.83%和2.26%。

【东营市海鑫石油装备有限公司】　公司成立于2007年，注册资本5000万元，经过近十年跨越式发展，公司已经发展为占地500余亩，员工400余人，分公司或分设机构近十个，拥有各种加工设备120余台（套），拥有各类科研成果20余项的年产值达数亿元的石油装备企业。

公司是集钻机、海洋石油钻采设备、陆地石油钻采设备、石油机械、石油配件、石油开采油井管、液压抽油机、精密铸造的科研、制造、销售、服务于一体的现代高科技石油装备企业；同时，公司在钻井工程与服务、钻井技术服务、修井工程技术服务等方面有丰富的经验和人才储备，公司有多支油田技术服务与油气工程队伍，为全世界油田提供优质服务。在稳固国内市场的同时，为满足日益增长的国际市场需求，公司分别在印尼、迪拜、肯尼亚等地设立分支机构，为实现产品和服务的全球化迈出坚实的步伐。现在产品远销中东、南美、非洲、俄罗斯、印度、澳大利亚等国家和地区，同时建立完善的售后服务体系，得到了国内外客户的赞誉。

【海胜实业有限责任公司】　胜利油田海胜实业有限责任公司成立于2002年1月1日，公司下设七个管理部室，拥有各类型设备800多台套，主要生产设备400余台套，配有先进的生产、检验、科研设备22台和新开发具有国内先进水平的工艺生产线2条，固定资产总值1.2亿元。员工427人，其中管理人员35人，技术人员20多人。公司成立以来积极推行HSE管理体系，并通过ISO9000质量认证和美国石油学会API认证。生产经营范围：高压管汇、井控管汇、固控设备配件、泥浆助剂、金属结构制品、机电设备等10大类200多个主导产品。产品遍布全国六个省市26个地区，并有部分产品出口到美国、日本、韩国等国家。

【胜利油田金岛实业有限责任公司】 公司成立于2006年，前身为胜利油田金岛实业公司，初创于上世纪90年代初。公司生产经营范围涉足机械制造防腐、工程安装建设、修井作业、采油工程技术服务、油田运输、商贸服务、天然气开发利用等多个领域，下设胜岛石油机械厂、胜鑫防腐有限责任公司、思远工程安装公司、石油工程技术有限责任公司、运输一、二公司、金岛中心超市、石伟涂料公司等企业，曾连续7年被评为“胜利油田多种经营十强企业”，2006年被评为“山东省文明诚信民营企业”。

公司的主要产品及业务：钨合金防腐抽油杆、光杆；钨合金抽油杆；真空氮化防腐油管、抽油杆；防腐耐磨抽油泵；激光割筛管、井下工具、井口装置；工程安装建设；节能电机、变压器；作业井大小修。高效节能技术、新科技产品的开发与推广，油进作业采油特殊工艺技术的开发与推广等。公司先后获得“山东省高新技术企业”“山东省东营市民营科技企业”“中国专利山东明星企业”等荣誉称号。公司顺利通过ISO9001和ISO14001质量环境双认证。

【胜利油田渤海管具有限责任公司】 胜利油田渤海管具有限责任公司始建于1993年，2006年成立股份制公司，是一个集机械加工、制造、修理、销售为一体的综合性公司。公司产品通过国家质量监督检验检疫总局A级特种设备制造许可，获取ISO9001：2008质量管理体系认证证书，美国石油学会颁发的API5DP、API7-1、API16C，6A证书，中国船级社船舶航修单位认可证书，具备中石化、中石油入网证书，荣获省级守合同重信用企业荣誉称号。

公司经营范围：钻井工具、井口工具、井下工具、打捞工具、测录井工具、钻具、套管头、液压控制台、房子、高压管汇、吊钳吊卡、钻杆、钻铤、高压阀门、高压管线、接头接箍、弯管、法兰、井控装置、泥浆泵、石油钻采设备配件等制造修理及销售、机械加工、制造，设备租赁、物资贸易等。公司现有员工330人，其中工程技术人员96人，厂区占地面积152000平方米，拥有完善的各类机械加工设备，设计、开发、生产力量雄厚，冷热加工设备配套齐全，检测手段完备。

【胜利油田渤海固井工程技术有限责任公司】 公司成立于2006年3月，是胜利石油管理局渤海钻井总公司第一家改制分流单位。公司现有员工218人，其中：大中专以上文化程度51人，高级职称2人，中级职称10人，初级职称12人。

公司经营范围：井下工具、固井添加剂系列产品的生产与销售；汽车维修；油田内部劳务输出；设备租赁等油田固井服务领域。注册资金1001万元，具有年产值1.2亿元的生产能力。

曾多次评为“重合同守信誉企业”“消费者满意单位”“诚信单位”“安全生产单位”。同时，通过了ISO9001：2000质量管理体系证证，并取得了山东省安全生产监督管理局颁发的安全生产许可证。

家具制造业

【概况】 2017年，河口区境内共有规模以上家具制造业企业2家，分别是东营豪迈木业有限责任公司、. 东营市河口红星家俱有限责任公司。2017 年河口区规模以上家具制造业共完成工业总产值 5891.3 万元，实现主营业务收入 5802.6 万元、利税 1189.7 万元，其中利润 1016.4 万元。

【企业简介】 1. 东营豪迈木业有限责任公司。公司位于环渤海经济三角洲黄金地带的东营市河口区经济技术开发区河阳路 1 号，位置环境优越，是一家专业生产强化木地板的私营企业。公司始建于 1999 年，注册资金 1050 万元，占地 50 亩，3880 平方米的厂房两间，德国进口先进生产线两条、员工 720 余人，技术人员 136 人，管理人员 45 名。生产：水晶、浮雕、V 型槽仿实木、镜面及麻面等 5 大系列 70 余种花色的强化地板。是山东省境内复合强化木地板生产销量最大的企业之一。二期工程技改竣工，生产车间 8248 平方米，压贴车间 2 间，数码压贴一条，数码浸胶线 1 条，数码开槽线 3 条，数码防水淋漆线 1 条，年生产能力将达到 600 万平方米。

2. 东营市河口红星家俱有限责任公司。公司成立于 1981 年，位于山东省东营市河口经济开发区。公司拥有约 1400 多名员工，占地面积达 50 万平方米，其中，厂房 10 万平方米，原材料仓库面积 3 万平方米，产成品仓库面积 3000 平方米，职工生活区 11 万平方米，年产量达 30 万件（套），产值为 2.5 亿元。黄河口家具拥有世界先进的家具生产设备（5 条流水喷漆线长达 4000 米），以国内外优质木材（平均库存柞木，桦木，榆木，松木，樱桃木，枫木及进口单板等木料约 5000 立方米，刨花板，中密度板等板料约 20000 张）为原料，配以高档进口油漆和国产五金，引用先进的企业管理流程，生产高中档卧室，餐厅，客厅，娱乐以及办公家具等系列配套实木家具。

农副食品加工业

【概况】 2017 年，河口区境内共有规模以上农副食品加工业企业 5 家，分别是东营市东昱肉制品有限责任公司、东营海星长盈水产品有限公司、山东黄河三角洲酒业有限公司、山东欣马酒业有限公司、山东三丰香油有限公司。2017 年，河口区规模以上农副食品加工业共完成工业总产值 3.87 亿元，实现主营业务收入 3.95 亿元、利税 5185.1 万元，其中，利润 3263.6 万元。

【企业简介】 1. 山东欣马酒业有限公司。公司隶属于济南军区黄河三角洲生产基地，2004 年 1 月 17 日改制完毕，是一个具有三十多年酿酒历史的军工企业。最早是为部队服务的，1983 年对外经营，设备先进，技术力量雄厚，检测手段齐全，拥有职工 327 人，总经理 1 名，副总经理 2 名，退休 30 人，内退 50 人。企业现有固定资产 3600 万元，年生产白酒能力 2000 吨。所产的“欣马”牌系列白酒分三个档次二十多个品种，系选用优质小麦、玉米、高粱、大米、小米等优质原料，以传统酿酒工艺和现代化技术相结合精酿而成，具有窖香浓郁、清澈透明、绵甜醇厚、尾净余长等特点，素有军中“小茅台”美称，深受消费者的青睐，年年畅销不衰，被评为东营市“最受消费者欢迎的酒”“放心满意品牌”、省“质量免检产品”、军区“优质产品、军内名酒”等称号，公司先后荣获“十佳质量管理先进企业”“省级消费者放心满意单位”“山东省酒业综合实力百强企业”等荣誉。

2. 山东黄河三角洲酒业有限公司。公司位于河口经济技术开发区，占地 35000 平方米，建筑面积 12000 平方米。拥有总资产 1700 余万元，员工 158 人，其中，国家级调酒师 3 名，高级生产工程师 8 名，专业技术人员 16 名。是东营地区规模最大的纯粮食白酒生产基地，年产量可达 5000 吨。公司拥有雄厚的技术力量，先进的工艺技术设备，采用双轮池二次发酵法，以现代技术与传统工艺相结合，精选上乘五粮（大米、小米、高粱、玉米、小麦）为原料酿制成具有窖香浓郁、酒香纯正等特点的纯粮食白酒。公司利用当地丰富的槐花林资源和先进的科学方法研制成功具有一定保健功能的槐花系列白酒，并申请国家专利知识产权，专利号为200310114449.2。公司生产年需粮食13000吨、酒曲3000吨、稻壳2000吨，公司对粮食的需求量促进河口区农业经济的发展。公司被中国中青产品质量保障中心授予“质量、信誉双保障示范单位”“中国名优家庭用品采购产品”、河口区“十佳招商引资企业”，被评为“文明诚信民营企业”，并通过ISO9001国际质量体系认证。

中小企业及民营经济

【中小企业】 （1）中小企业总量快速增长，发展主体日趋壮大。按照当前企业分类标准，除富海集团有限公司、胜利油田金岛实业有限公司以外，河口区工业企业均为中小企业。2013年，全区私营企业1212户，个体工商户7991户，新登记设立私营企业户267户，同比增速为18.8%；新登记设立个体工商户1179户，同比增速12.3%。（2）从业领域逐渐拓宽，产业结构渐趋合理。经过多年持续不断的发展，河口区中小企业从小到大，由弱到强，已由最初的加工制造业和商贸、餐饮业发展到现在的装备制造、石油化工、纺织服装、医药化工、食品制造等多行业、多领域的产业体系，规模逐步扩大。近年来随着河口区重大项目攻坚行动的实施，为中小企业的发展提供更为广阔的空间。中小企业涉足的领域已拓展到各个行业，初步形成以装备制造、石油化工、精细化工、盐及盐化工和农副产品加工五大产业为主导的产业格局。改善河口区过去经济结构单一、靠石化产业支撑财政的局面，有力地推进全区产业结构的调整和优化。（3）核心竞争力不断提升，持续发展后势强劲。全区多数规模以上中小企业内部各项规章制度和监督约束机制实现科学化、制度化和规范化。一大批懂经营、善管理的优秀企业家进入企业核心领导层，涌现出富海集团、通海集团、常青树化工等一批市场前景好的中小企业。河口区初步建立起以企业为主体、以市场为导向、产学研相结合的自主创新体系。一批拥有自主知识产权、具有较强竞争力的特色产品、高新技术产品、高附加值产品和知识密集型产品脱颖而出，形成一批名牌产品和名牌企业。

【民营经济】 （1）民营经济规模逐步发展壮大，有力支撑经济发展。截至2017年年底，全区私营企业1212家，个体工商户7991户，分别比上年同期增长18.8%。（2）民营经济多元化发展，结构逐步优化调整。民营经济加快产业结构调整步伐，经营领域不断拓宽，逐步向高新技术产业领域迈进，基本上形成以石油装备制造、纺织服装、石油化工、精细化工、盐及盐化工、农副产品加工等几大行业为主的发展格局。随着招商引资工作的深入开展，一批投资大、科技含量高、技术装备先进的企业先后落户河口，进一步优化河口区民营经济的产业结构。（3）功能区建设初现规模，民营经济集聚度进一步提高。新户镇重点发展盐及盐化工，义和镇、六合街道重点发展石油化工，仙河镇、孤岛镇重点发展石油装备制造。基本每个镇街都形成自己独有的产业结构，并形成集群，具备申报省特色产业镇的条件。

电　力

【概况】 区供电公司严格执行上级主管单位确定的机构设置要求，现有7个职能部门，2个业务支撑和实施机构，下辖蓝区、开发区、孤岛、义和、新户5个供电所，担负着全区4.7万余家企事业单位、居民用户的供电任务。经济发展电力先行。2017年，区供电公司以党的十九大精神为指导，严格落实区委、区政府决策部署，积极适应新常态，主动当好先行官，为河口区加快实现“一极两区”目标定位提供可靠电力保障。

截至2017年底，公司拥有35千伏变电站11座；35千伏线路204.9704千米，10千伏线路1293千米；10千伏配电变压器2510台/80.3489万千伏安。全年完成固定资产投资1.51亿元，其中电网基建投资1.15亿元。完成售电量10.2亿千瓦时，同比增长7.46%。其中一产、二产、三产以及城乡居民用电分别为0.92亿千瓦时、7.76亿千瓦时、0.69亿千瓦时和0.83亿千瓦时，分别同比增长43.53%、5.46%、-6.85%、10.54%。实现连续93天“零投诉”，在全省115家供电企业中连续3年保持最长。公司被评为省级档案工作科学化管理示范单位、区第十八批下派帮扶先进单位、区扶贫开发工作先进单位、东营供电公司先进单位，公司团委被评为区五四红旗团委。

【电力优质服务】 （1）增强服务意识，创造全省记录。制定“全能型”供电所建设方案，试点推广“台区经理”制。设置台区经理26人，覆盖409个台区，平均抢修到达现场时间由27分钟缩短至25分钟，平均故障处理时长由56分钟缩短至50分钟，低压故障报修次数同比下降了12%。以视频监控平台为依托，通过电话报修、临柜模拟等方式开展明查暗访9次。组织一线人员开展防投诉培训，着重规范催费和停电行为，从源头上解决供电服务突出问题。2017年，实现连续93天“零投诉”，在全省供电企业中连续3年排名第1位。

（2）聚焦民生实事，回应客户诉求。主动争取应急资金，推进大明供热、槐林双回等线路辐射延伸，用最短时间完成转接。11月5日，大明集团仙河供热站、孤岛供热站设备顺利启动。公司在承诺的时限内向完成供电，确保冬季来临前取暖设备正常运行。坚定“供电市场是企业生命线”理念，深入开展市场调研，准确把握市场动向。对油田居民区、城区油地混供区的用电情况进行摸底，为“四供一业”移交做好充分准备。11月27日至29日，顺利完成河安小区6300余户的接转，为后续河口区其他居民小区的转接移交积累经验，提供借鉴。梳理排查供电服务热点、难点，协调处理民生热线工单87项、电话179个，办理“市民心声”网站留言4则，及时回应客户关切。

（3）坚持客户导向，提供特色服务。提前与中海石化、亚邦一期、华联新增产能等在建大项目进行对接，按照差异化原则逐户制定服务举措。完善线上服务功能，线上渠道覆盖客户5000余户，“e客服”覆盖客户1万余户。积极参与“互联网+”政务服务创新建设，推动供电服务融入“互联网+”政务服务体系，实现数据跨行业互联互通，有效支撑政务工作创新发展。

【构筑智能坚强电网】 （1）强化规划引领，丰富项目储备。坚持打基础，利长远，主动与乡镇政府、招商引资企业沟通座谈，实时掌握经济发展形势和企业经营动态，做好输变电项目远期规划。协调省市公司调整新增110千伏东星、海昌、孤岛等3项输变电工程，并顺利纳入河口区土地利用总体规划。办理110千伏河义输变电工程、北李输变电工程的规划设计条件、建设用地规划许可证及土地划拨手续，为重要输变电项目建设施工提供条件。

（2）加快建设施工，改善主网机构。克服人员短缺、民事阻工以及物资到货滞后等困难，全力推进重点输变电项目建设，竭力满足河口区传统产业高端化、新兴产业规模化、主导产业集群化对电力供应的需求。35千伏六吕站改造工程于6月14日顺利竣工，城区北部电网的供电能力进一步增强。河北－华联35千伏输电线路工程12月14日送电，富海工业园区局部电网更加完善，提前为规划中的华联新增产能扫除供电障碍。

（3）推进配网改造，改善电能质量。聚焦供电质量“最后一千米”问题，稳步推进配农网改造，不断改善配农网健康状况。全年累计新建10千伏线路73.23千米、0.4千伏线路155.14千米，新增及更换配变 55 台 /11.8 兆伏安，增加线路联络点 6 处，有效解决“卡脖子、低电压”问题。7 项工程获得东营供电公司“配电网优质工程”称号，1 项工程被山东省电力公司评为 2017 年度“配电网优质工程”。

【安全用电】 （1）强化责任落实，压力传导到位。逐级签订安全责任书、安全承诺书 331 份，全部职能部门、二级机构、班组（供电所）分层级梳理安全职责清单。加大反违章力度，现场监督和视频监控双管齐下，查纠违章 36 起。强化停电作业现场风险管控，开展停电工作风险分析 2 次。落实作业现场值班带班制度，公司领导到位督察 137 人次，管理人员到位监督 592 人次。

（2）加强隐患排查，提前消除缺陷。将隐患定期排查与日常生产工作有机融合，查改一般隐患 73 项。组织安全生产大整顿、季节性和专项安全大检查、百日攻坚治理行动、安全生产问题清单专项梳理、防外破、分布式电源、拉线断线、接地线等专项排查 16 次，共查处隐患 183 项。联合区公安局开展电力设施和电能保护条例宣贯，持续改善安全用电软环境。

（3）提高应急能力，保障十九大供电。编制应急培训演练三年滚动计划和 25 项应急预案，促请区政府出台《河口区大面积停电事件应急预案》，提升应急处置能力。按计划推进应急指挥中心运维、应急零购等项目，对发电车、化工救援等应急装备进行巡查维保，编发迎峰度夏（冬）应急保障措施方案。加强重要敏感时段的安全、服务、舆情各方面应急管理，圆满完成了党的十九大保电稳定服务工作。

盐　业

【概况】 截至 2017 年年底，河口区形成以沿潮河、马新河、沾利河、草桥沟、挑河等骨干纳潮河道为主的海盐开发区块及济军基地地下卤水开发区块，共新户、城北、仙河三大盐区，盐田总面积 52 万亩，设计总生产能力 350 万吨，已建成投产共 27 家，分三种类型：一是具备制盐许可证的企业有 3 家，分别是东营春兴盐化有限公司、东营东岳盐业有限公司和东营鑫大地化工有限公司，总面积 25 万亩，设计生产能力 120 万吨。二是无制盐许可证的 19 家企业，总面积 27 万亩，总设计生产能力 80 万吨，由河口区盐业公司实行“五统一管理”。三是未批先建、无证开发的企业有 5 家，主要分布在仙河镇区域，盐田总面积为 7 万亩，设计生产能力 150 万吨。2017 年，河口区共生产原盐 240 余吨，占全市原盐总产量的 60% 以上。

【经济指标完成情况】 2017 年，河口区生产原盐 240 万吨，溴素 8000 吨，全行业实现工业总产值 4.8 亿元。河口区盐业公司销售食盐 7016 吨、工业盐 46 万吨，实现销售收入 5547 万元、税金 1278 万元。

【盐行业管理】 （1）制定出台盐业政策。由区盐务局起草的《关于进一步加强原盐计量及涉盐税收征管工作的通知》和《河口区工业盐市场整顿专项行动工作方案》，由区政府办公室进行印发。文件就加强原盐计量、涉盐税收征管工作和工业盐市场集中整顿专项行动进行安排部署。该政策的出台，对规范盐业管理，防止涉盐税收流失，净化工业盐运销环境具有积极推动作用。（2）指导涉盐镇街出台政策。河口区盐务局分别指导仙河、新户两镇政府制定出台《原盐计量管理规定》《关于进一步加强原盐经营工作的通知》等规范性文件，并协调两镇政府组织召开辖区盐业工作会议，通过会议，政策宣传到位，文件发放到位。两大涉盐镇街经营计量管理政策的制定和出台，对维护涉盐税收起到积极推动作用。（3）宏观掌控全区原盐坨存情况。河口区盐务局联合国税局、地税局、涉盐镇街等部门，抽调专业骨干力量，组成专门的测量队伍，对企业原盐坨存情况进行量码计方，建立坨存盐动态监管台账，实施全方位监管，为盐业决策提供可靠依据，为规范辖区盐业运销秩序奠定基础。（4）指导企业抓好原盐生产服务工作。在春秋盐业生产旺季，组成专业技术服务队，深入各企业盐田工区，了解企业生产状况，根据每个场特点和存在的问题，提出具体要求，指导企业抓好生产管理。（5）抓好原盐计量保障工作。在原先全区设立4处原盐计量衡的基础上，通过与企业合作、使用权租赁等方式，增设原盐计量衡4处，现全区共设立计量衡8处，各盐区重要路口，主要干道均能实现原盐计量，为企业和用盐户计量工作提供便利。（6）抓好盐业安全生产工作。2017年，分三次对制盐企业安全生产进行督导检查，对不符合安全操作规程的行为进行全面整改，下达安全整改通知书17份，排查安全隐患20余处，确保盐业安全生产，防止安全事故的发生。

【盐政执法】（1）做好联合执法工作。为落实《河口区工业盐市场整顿专项行动工作方案》，河口区盐务局联合公安、税务、市场监管、涉盐镇街等部门对盐场工业盐运销情况进行多次监督检查，对违规销售、偷逃税收、超吨超载的行为进行依法查处，共查处涉盐案件30余起。联合执法的有序开展，确保涉盐税收及时足额征缴。（2）做好工业盐运销调查取证工作。联合区税务部门对工业盐运销市场进行集中巡查，行动中通过蹲点守候、现场询问、拍摄照片、录制影像、沿途跟踪、目的地调查等方式，保留一整套完整的证据链条，为涉盐案件处理和移交工作收集依据，奠定基础。（3）抓好食盐市场整治工作。2017年，河口区盐务局根据市场特点及时改变工作重心，执法重点由查处私盐向查处制贩假冒伪劣食盐、违规经营食盐转变，重点对无批发资质从事或变相从事食盐转代批业务的企业和个人进行查处整顿。先后对区内城区及乡镇、农村的食盐零售点和餐饮进行四次全覆盖的市场整治工作。工作中以农村、城乡结合部、市区边界为重点，对集贸市场、快餐、食品加工作坊、学校食堂等重点单位实施拉网式普查，盐政执法与市场舆论导向相结合，保障辖区食用盐安全。

【食盐专营】（1）盐业政策宣传工作。抽调全局各科室骨干力量组成两个政策宣讲团，由分管领导带队，兵分两路，通过发放明白纸、现场答疑、登记造册等方式，对当前的食盐采购渠道、盐品品种类别、盐价走势分析等方面进行全面宣传，对于帮助群众了解政策、掌握食盐采购常识起极大推动作用。（2）节日重点宣传工作。5月15日是第24个“防治碘缺乏病日”，河口区盐务局与疾控中心联合在银座购物广场前，开展以“每天多一碘，健康多一点”为主题的宣传咨询活动，向过往群众宣传碘缺乏病防治知识。共接受咨询群众500余人次，发放宣传单3000余份，免费发放食盐100千克。（3）丰富食盐品种。根据市场变化和客户需求，增加低中高端食盐品种，由原来的2～3种，增加到现在的5～6种，并适量加大食盐库存，满足不同消费群体的需求。（4）调整食盐送销模式。对辖区内的原食盐代批点进行整合，对送销能力弱、服务水平低、食盐销量少的配送点进行取缔，新开发两个实力强、送销广的食盐送销大户。2017年，区盐务局与河口邮政分公司签订食盐送销合作协议，全面启动以邮政部门送销为主、原食盐配送为辅的食盐送销模式，增加市场竞争，优化送销结构，提高服务质量。（5）全面启动食盐安全放心专柜工作。按照先城区后乡村、先局部后全面的思路，无偿为零售户定做、配送和启用食盐安全放心专柜。现河口区铺设食盐专柜110个，该项工作走在全市前列，得到市盐务局的肯定和认可。专柜的设立对宣传东营盐业服务品牌，丰富食盐选购品种，确保食用盐安全，保障市场供应起到积极促进作用。

交通·邮政

交通运输

【概况】 河口区交通局成立于1984年10月，2010年3月根据中共东营市河口区委文件（东河发〔2010〕6号）中共河口区委、河口区人民政府关于河口区人民政府机构改革的实施意见，河口区交通局更名为河口区交通运输局，是负责全区道路客货运输管理及农村公路规划建设管理的交通行业主管部门。内设办公室、财务股、规划管理股、法规教育股、行政审批股5个机构，下设交通运输监察大队、道路运输管理处、农村公路管理所、港航管理所、违章处理办公室5个事业单位。

【重点项目】 河民路、海防路改造项目顺利按期竣工。河民路成为西出河口的另一条大通道。海防路直接连通蓝色经济产业园与富海工业园，是对接河广大道的重要通路。10月13日，区委、区政府专门组织举行河民路、海防路通车仪式。河民路、海防路的竣工通车，对于完善全区交通运输基础设施、改善经济社会发展环境、促进城乡经济融合发展具有十分重要的意义。

其他在建项目正在加紧施工，按计划有序推进。S231河辛路改线工程，全长14.9千米，其中，河口段9.8千米、利津段5.1千米。采用一级公路标准设计，路面宽24.5米，双向四车道。蓝埕路西延工程，全长3.8千米。采用二级公路标准设计，路面宽16米，双向四车道。

兴港路砌石护坡、疏港高速连接线、河广大道（河口段）等前期推进项目，正在按程序规范，积极推进各项前期工作，力争早日开工建设。

公交客运枢纽、G340东子线、G228丹东线（环渤海高等级公路）等项目，正在积极调研、搞好论证，争取早日立项推进。

【农村公路】 （1）安全生命防护工程。2017年，主要是以校车通行路线安全防护设施完善为重点，建设校车停靠点232处，安装村庄标志54处、让行标志103处、道口交叉标志188处、护栏32米等安全设施。现已全部完成。提高农村公路的安全通行条件。特别是各村庄校车停靠点设施的设置，对消除学生上下车的安全隐患起到非常重要的作用。（2）村级公路网化示范县创建工程。河口区于2016年10月被省财政厅、省交通运输厅批准实施“村级公路网化示范县”创建工程，目标就是解决农村断头路问题，改善村与村之间、村内主街与临近公路之间的通达条件，改善农村生产生活环境，实现全区农村路网的“村村互通、路路相连、网络示范”。利用三年时间对全区农村公路进行改造升级。2016年已完成14.9千米，2017年计划建设96千米，已完成87.1千米，11月中旬全部竣工。

【客运服务】 公交客运是近年来政协委员关注度比较高的大事。2017年，实施的城乡公交一体化、城际公交提升两个项目，就是充分听取政协委员的意见建议，开展实施的一项体民情、顺民意、惠民生的重大举措，是关系油地军群众出行的重大民生工程。4月27日，区委、区政府专门组织举行启动仪式，正式开通运营，全区公交线路达到23条，实现油地军各单位、各村居的全面覆盖，对全区城乡生活质量和文明程度的提高，发挥积极的促进作用，使河口区成为全市第一个真正实现“城乡公交一体化”的县区。

城区公交、城乡公交均实行无人售票，河口城区和孤岛、仙河镇内循环线路票价1元，其他线路2元。为更好地关爱老年人，方便残疾人、伤残军人出行，区委、区政府将办理公交免费乘车卡工作，作为一项民心工程，于8月8日在孤岛镇举办城乡公交免费乘车卡办理启动仪式。年满60周岁以上的老年人、残疾人、伤残退伍军人可办理公交免费乘车卡，上车刷卡、免费乘坐。截至年底，已办理公交免费卡3.2万多张。自城乡公交开通以来，采取随车监督、学习培训、聘请监督员等措施，加强公交服务质量监管，保障各公交线路运行稳定。截至年底，城乡公交累计运送乘客33万多人次，日均近3000人次，受到油地军各方群众的高度点赞。

【运输安全】 开展危险货物运输安全生产攻坚治理行动。按照省、市、区动员部署会议要求，研究制定攻坚治理紧急行动实施方案，成立领导小组，做好“五个结合”，将上级要求与河口区实际结合好、监管责任与企业主体责任结合好、源头整治与依法治理结合好、网格化责任与全局工作结合好、日常管理与重点治理结合好，扎实推进危险货物运输安全生产攻坚治理紧急行动。（1）进一步细化网格化责任体系，河口区17家危险货物运输企业，成立17个督导组，分工包靠危险货物运输企业，在企业显著位置安装“网格化责任公示牌”，接受社会监督。（2）深入开展运输企业安全隐患排查，严格按照道路危险货物运输相关法规及有关安全标准和要求，全面梳理，现场考试、逐车检查、逐车拍照。对排查出的隐患点下达整改通知书，限期整改。（3）强化从业人员继续教育管理。自攻坚治理行动开展以来，共组织继续教育培训考试525人，考试通过率达到96.7%。严禁考试不合格人员上岗。

【执法监察】 （1）抓好执法队伍建设。加强行政执法培训，通过案例剖析、执法评比等方式，规范执法监察行为，提高队伍执法能力。组织执法队列和内业知识集训，准备参加省市交通运输执法大比武活动，争取取得好名次。（2）完善集中案审制度。进一步规范自由裁量权，严格处罚标准，杜绝处罚数额的随意性。（3）坚持执法公示。采取多种形式，对执法依据、处罚结果等进行广泛公开，自觉接受社会监督。（4）开展专项行动。2017年，多次组织开展超限超载运输治理、打击“黑出租”非法营运等专项行动，有效维护全区交通运输市场秩序稳定。近期，与公安交警等部门联合，开展危险货物运输

4月27日，河口区举行城乡公交一体化启动仪式

联合执法紧急行动，集中整治危险货物运输突出问题，有效管控安全隐患。

公路建设

【概况】 东营市公路管理局河口分局现有事业单位在职在编人员76人，内设办公室、计划科、养护科、路政大队、应急中心等10个科室，负责河口区境内G340、S227、S315三条国、省道干线公路的养护和路政管理工作，管养公路里程108.5千米。2017年，坚持问题导向，强化基础管理，保持各项工作平稳健康发展，全年按计划完成各项工作任务。

【公路养护】 通过不断提高社会购买服务力度，完善公路养护管理制度，突出安全风险点管理、公路险情应急处置、桥梁管理和小修工程管理，实施公路养护网格化管理，狠抓日常养护管理，较好地完成全年养护任务，保持良好的路容路貌。截至2017年底，路面养护优良路率为98.5%。应急修补路面坑槽2967处，路面挖补9271.26平米，路面贴缝15000米，路面微表处处理30000平米，处理桥头跳车2处，边沟维修4500延米，修筑泄水槽、截水坝3012.8延米，修复路基水毁土方2735立方米；粉刷更换百米桩229根，更换示警桩和道口桩805根，更换防撞桶65个，修复护栏287延米；路树补植2000棵，防治钻心虫害14063棵，路树刷白14100棵；封堵河辛路中央护栏开口12处337米；及时完成原油污染路面、水毁抢修、交通事故现场清理、路面路肩障碍物清理等各类应急抢险任务26次，有效保障公路安全畅通，提升公路部门公共服务能力。

【路产路权维护】 在路政管理中，突出抓好执法队伍建设、公路法律法规宣传、路域环境综合整治等重点，倡导阳光执法、文明执法、和谐执法，变被动为主动，变管理为服务，有效维护了路产、路权，树立和谐公路的品牌形象。全年路政巡查58620千米，人员培训26人次，实施广播、电视宣传19次，出动宣传车22台次，发放宣传材料31000余份，张贴、悬挂各类宣传标语、横幅16条；清理小型非公路标志22块/次，清理摆摊设点33处/次，清理占用公路打场晒粮35处/2600平方米；积极配合区政府有关部门开展公路沿线环境综合治理工作，对G340、S227公路两侧建筑控制区建筑物及地面构筑物集中拆除，共拆除建筑物89处/12300平方米，拆除非公路标志63块，清理废弃电线杆25根，清理违章占路建筑物料、垃圾堆放点等56处/490立方米，有效维护路产路权，保障公路通行安全。

【其他工作】 协助区政府相关部门推进G340河口

清除打场晒粮

段（原S312孤滨路河口草桥沟至仙河镇制药厂）拓宽改建工程、河广大道项目工程。由公路局主办的人大《关于对S310省道（仙河城区段）进行道路安全防护的议案》、政协《关于加强重点路段交通管控、遏制恶性事故发生的建议》等7件人大代表议案、政协委员建议，均已圆满完成，满意度100%。

邮　政

【概况】　河口区邮政局成立于1998年9月，2015年7月1日改名为中国邮政集团公司东营市河口区分公司，位于河口区海宁路158号，是河口区经营邮政业务、承担邮政普遍服务义务的公用性企业，下设6个部室营业中心，有11处纯邮政普遍服务网点。现有员工126人，初步形成分布广泛、布局合理的邮政综合服务网络。2017年，公司共完成收入3036.86万元，完成收入的105.77%，同比增幅11.12%，企业盈利能力逐步增强。

【各项业务工作】　（1）金融业务做客户、上高端，发展结构不断优化。坚持以转型发展为指导，紧紧围绕“转变经济发展方式，调整业务发展结构，提升企业经济效益”的工作思路，坚持以金融为主的发展理念，开展大宣传、大走访、大策反、大维护活动，2017年，金融业务实现收入1552.70万元，完成市公司计划的108.09%。（2）保险理财充分利用培训资源，组织开展多期全员保险特训营活动。在重点学习代理保险的业务知识、营销话术、营销技巧的同时，把知识传授与支局之间的对抗赛相结合，员工之间相互学习，共同促进，全年专业收入完成399.90万元，完成市公司计划的104.14%。（3)邮务类业务以抓好专项营销和项目开发为基础，实现收入的稳步增长。函件全年实现收入170.1万元，完成市公司计划的102.48%。集邮共计完成收入171.1万元，完成市公司计划的100.78%。（4）电子商务业务的发展上，充分抓住窗口营销，在前台大力开展短信竞赛、自由一族、票务代理以及高速ETC项目，完成收入68.9万元，完成进度94.33%。（5）报刊发行专业突破校园市场开发，营销期刊文化礼品，完善日常收订，全年实现收入200.4万元，完成市公司计划的100.21%。零售专业整合产品，积极营销，全年完成收入32.8万元，完成市公司计划的205.19%。分销专业利用渠道建设，开发光伏、农资产品等实现收入273.6万元，完成进度115.91%。

信息化建设

电子政务

【概况】 为进一步提高电子政务工作效率和服务水平，经申请，区编办批复《关于调整河口区电子政务中心内部机构的通知》（东河编办发〔2017〕5号），区电子政务中心内部机构调整为3个：办公室、网络与应用股、网站与资源股，各配主任1名（股级）。办公室研究制定年度目标和工作计划；协调电子政务中心各股室的工作；负责文秘、档案、主题学习活动、行政和后勤工作；承担普法、精神文明建设、妇女儿童等工作。网络与应用股负责机房、全区城域网和政务专网等基础设施的管理和维护工作；负责电子政务项目的建设和推进工作；承担机关效能、综治、机要保密等工作。网站与资源股负责网站集群的管理和维护工作；负责协同办公系统的推广和应用工作；承担全区政务信息资源开发和利用，推进政务数据资源的整合和共享；承担党风廉政、机关党建、宣传、信访、依法行政等工作。

制定出台《河口区电子政务中心办公用品管理办法》和《河口区电子政务中心车辆管理办法》，修改《河口区电子政务中心信息宣传工作制度实施细则》《河口区电子政务中心上下班签到签退制度》，完善《河口区机房安全实施办法》和《河口区网络管理办法》等制度，按照工作分工和性质，对中心内设股室及相关职责进行调整优化，明确每个股室的具体职责。积极规范电子政务相关制度和标准，建立健全并完善电子政务工作考核、奖惩机制，促进各项工作落到实处。

【全区政府网站集群建设】 （1）完成区政府网站集群平台建设。建成11个子系统，设置六大导航栏目设置。结合各部门单位需求开发6个镇街、11个部门单位子栏目页，用于业务工作需要。按照市里要求和项目实际需求已将系统部署到市云平台，完成历史数据迁移、新系统环境搭建及网络设置，保证新建集群在部署和试运行期间与现有网站并行正常。（2）组织全区培训。8月3—4日，为全区104个单位网站管理人员开展全区新版政府门户网站培训。会上下发《“中国黄河口”政府门户网站内容保障分工表》和操作指南，参训单位熟练掌握内容管理操作，效果良好。加强区政府门户网站的技术维护工作，持续监测网站安全，确保网站安全稳定运行。（3）做好区政府网站关停工作。按照要求，9月底各镇街、区政府各部门单位、各垂直部门都已关停网站。根据政务公开和各单位工作需要，在区政府网站合理整合各单门单位栏目，各镇街、各部门单位统一利用区政府门户网站现有栏目开展政务公开，提供政务服务。

【协同办公系统应用】 （1）组织协同办公系统培训。为加快新版协同办公系统的熟悉应用，4月14日，邀请专业人员对河口区各单位公文收发员进行培训，培训效果良好，保证协同办公系统新旧版本的平稳转换。（2）做好协同办公系统升级工作。河口区协同办公系统于4月13—14日进行升级。新系统于4月17日正式启用。升级后的各项已有功能模块应用进一步优化，并新增多个业务模块。三是继续推广新版协同办公系统应用。新版协同办公系统各项功能中，公文交换已经在全区范围内广泛使用，收文管理已在区府办各科室陆续使用，系统其他功能正逐步推广中。

【城域网和政务专网安全】 针对网络安全管理的各环节，制定有效的防范措施。对终端设备安全进行维护，要求接入终端定期进行设备体检、病毒查杀、漏洞修复等。定期对党政办公楼和人大政协楼的网络进行线路设备检测，确保汇聚层硬件网络设备正常运行，网络通畅。安装机房网络报警设备，全天侯24小时确保网络互联互通和日常工作正常开展。

【区中心机房管理】 对机房机柜、交换机、配线架、路由器等各类网络设备进行合理地布局，满足计算机、服务器等各种电子设备对温度、湿度、洁净度、电磁场强度、噪音干扰、安全保安、防漏、电源质量、振动和接地等的要求。不定期对机房路由器、交换机等主要设备进行检测，确保硬件系统安全运行。对机房尘土、室温、通风、光照进行监测和巡查，掌握机房的运行情况，加强机房区域的管理，增加机房保障措施，增强机房故障处理能力和响应速度，提升机房承载能力。

【数据资源目录梳理工作】 10月13日，河口区召开政务信息资源目录编制暨政务信息资源目录普查培训会议，邀请市电子政务和信息资源管理中心的同志详细讲解政务信息资源目录梳理工作。同时建立河口区政务信息资源工作QQ群677619392，各有关单位工作人员全部加入QQ群，方便各单位咨询问题。梳理53个单位的4000多条目录，编制河口区政务信息资源目录，并全部录入省政务信息目录管理系统，为下步信息资源的交换共享打好基础。

【精神文明建设】 加大电子政务工作宣传报道力度，加强政府门户网站建设，推广电子政务应用项目，为电子政务事业的发展创造良好的外部环境。鼓励干部职工撰写学习十九大精神心得和业务方面的理论文章，积极为职工开辟渠道发表论文，提高全体干部职工的文化素质。继续保持市级文明单位称号，对东营市文明单位创建动态管理平台实时维护，及时填充新内容，确保各项指标都有文件支撑、有数据显示、有图片展现。全年检查均符合上级要求。维护善行义举四德榜管理平台，将单位所有同志的信息更新到平台上，并根据相应的称号，创建中心善行义举四德榜展板，按照要求，实现每一季度更新一次，有效将精神文明建设和电子政务工作结合起来。

通信业

【信息产业概况】 2017年，全区电信业务总量49134万元，同比增长20.7%，全区电信业务收入21698万元，同比下降1.35%。

【中国移动通信集团山东有限公司河口分公司】（1）概况。2017年，河口分公司围绕渠道建设、4G客户发展、有线宽带发展、流量经营、集团发展、网络建设、综合管理等方面开展主要工作，有效巩固市场主导地位。截至2017年年底，活动用户16.17万户，年新增市场份额47.18%；有效客户份额较年初下降2.6%；4G客户达到9.86万户，4G客户渗透61.11%,；有线宽带到达1.58万户，魔百合0.87万户，覆盖户数10.79万户，核心渠道店面91家，三方渠道份额74.59%，较年初提升1.38%。ABC类集团成员达到47917户，4G客户数39040户，4G渗透率81.47%，较2016年提升6.78个百分点；4G成员资费占比89.27%，较2016年提升13.53个百分点。

（2）市场工作。优化渠道布局、抢占渠道份额。通过竞争对手店面的拓展、抢占商圈房源提升渠道占比，2017 年累计拓展竞争对手店面 5 家；累计新建核心店面 13 家。4G 客户发展。通过组织订货会、渠道驻店、门店补贴等方式提高渠道 4G 终端销售积极性，截至 2017 年 12 月底，4G 终端用户达到 10.53 万户，4G 客户 9.86 万户。存量客户 4G 转化河口存量客户约 3.56 万户，累计转换 46.31%。存量客户 4G 转化，自办月转换比例在 93.85% 左右，代办月转换在 94.88% 左右。有线宽带发展。2017 年，有线宽带工作以扩大宽带市场、捆绑用户提升收入为中心，从选址、建设、渠道营销、用户发展等环节入手，使宽带业务得到一定提升。宽带用户到达 1.58 万户、魔百和用户达 0.89 万户。

（3）集团客户工作。固网业务的发展。2017 年，河口分公司集团专线年累计收入 207.98 万元；受专线销户量大的影响，较 2016 年减少 14.91 万元。集团固话年累计收入 36.74 万元；较 2016 年增长 4.78 万元。重点信息化项目发展。2017 年，顺利完成山东富宇化工 120 部防爆手机签约，年收益 12 万元；东营港经济开发区管理委员会 E 人 E 本项目，项目收益 37 万余元；东营综合保税区国际商品展示交易中心无线覆盖项目，年收益 7.5 万元。回归。集团回归方面顺利完成蓝色经济开发区、孤岛采油厂注汽大队、新户镇人民政府、新户镇卫生院、龙腾水务等集团回归，累计回归他网客户 366 户。

（4）网络建设工作。4G 五期及 NB 站建设。2017 年，LTE 五期基站 36 处，完成 36 处基站建设，完成比例 100%。NB 基站建设 32 处，完成 32 处建设，完成比例 100%。沿海 NB 基站建设 14 处，完成 14 处建设，完成比例 100%。4G 五期项目二阶段建设 16 处基站，建设完成 8 处，完成比例 50%。小型站建设 30 处，完成 30 处，完成比例 100%。网络无线优化 26 处皮站，完成 26 处，完成比例 100%。宽带建设。2017 年，宽带新建热点 77 处，覆盖户数 51153 户。重点攻坚困难小区的建设，在建设中充分利用各种社会关系解决建设中遇到的各种工农关系，与竞争对手斗智斗勇成功突破竞争对手垄断多年的油田和地方小区，最终困难小区 71 处完成 64 处，完工率达 90%。集客及厚覆盖建设。集客类 60 余个单位业务的施工工作。重点完成保税区会展大厅，滨海公安局消防中队，人保财险，河口法院等单位的业务接入及调测工作。完成城区，孤岛镇，仙河镇等重要单位 100 余处的厚覆盖建设工程。网络维护。完成黄河路公司进出局线路迁改，完成河民路、公园街、海康路（河滨路至黄河路）、海昌路（河滨路至黄河路）线路迁改，完成河口至利津第一二路由，河口至垦利第一二路由的迁改，已经把隐患降低到最低。完成网络传输波分主备用优化调测、完成美园业务区裂化分环，三义和汇聚机房选址。累计处理长期退服基站十余处。

（5）综合管理工作。强化落实基础管理工作。2017 年，综合部重点从资金管理、账务管理等方面加强对营业部基础管理工作的检查力度，强化“日事日毕”“日清月结”的制度落实，确保各项规章制度和管理办法得以具体实施。开展特色工会活动。根据市公司工会下达的考核办法，结合分会的实际情况，组织有特色的活动，让员工在紧张的工作中走出来，心情得到释放，培养大家在团队中的协作精神、创新精神，增强员工的集体荣誉感、凝聚力。深化落实党建工作。根据市公司党建要求，结合河口支部实际情况，组织党员进行三会一课的统一学习。根据六好支部的建设要求，健全资料管理、建立人员学习制度。确保安全生产工作。为完善网络应急机制，确保通信畅通。河口公司根据实际情况，制定周密的防汛应急预案、突发事件紧急处理预案，以备各种紧急事件的发生处理。对机房、基站及传输线路加大维护和巡检力度，高度重视交通和资金安全，严格遵守交通法规，严禁酒后驾驶、超速行驶、疲劳驾驶等行为。

【中国联合网通通信有限公司东营市河口区分公司】

（1）概况。2008 年 10 月，中国网通集团和中国联通集团合并为中国联合网络通信有限公司。同时，中国联合网络通信有限公司东营市河口区分公司成立。截至2017年底，公司下辖综合部、行政服务中心、客户服务中心场营销中心、网络维护中心、线路维护中心、自有渠道中心、集团客户中心、社会渠道中心、城区营业部、六合街道营业部、义和营业部、新户营业部。在职员工50人。

（2）经营工作。业务收入稳步增长。2017年，主营收入累计完成3191万，累计完成预算96.78%，全市排名第4名，同比增幅1.2%，排名第4名。重点业务发展实现新突破。宽带业务实现正增长，净增排名全市第4名，IPTV累计发展2000余户，净增排名第三；融合业务累计发展2473户，累计净增674户，累计净增率12.44%，排名第2名。

（3）管理和服务工作。业务经营管理逐步细化。结合各单位实际，合理拟定各项重点业务发展指标以及各项专项营销活动指标，同时做到每天通报、及时调度；定期整理欠费明细表，同时做好调度促进欠费追缴工作；做好业务收入和重点业务的经营分析数据的分析，数据细化到各经营单元，提高业务收入的导向性。考核及流程管理逐步完善。积极完善公司各项流程和制度优化。进一步完善公司内部审批流程，优化合同管理流程，对财务管理成本控制和资金管理有更加精确的把控，确保成本不超进度，营业款日清日结率达到100%，7日回款率达到100%。经营、服务实现专业化管理和考核，在营业、客户经理、维护经理、渠道经理等一线实行积分制改革，员工积极性得到大幅度提高。服务质量明显改善，品牌影响力大幅提升。进一步落实“480”三承诺，完善服务质量综合评价体系，实施服务压力传递，科学评估服务水平，逐步形成“窗口为客户、后台为前台”的良性循环。与2016年度对比，申诉工单量同比下降23%左右，集团、省、市投诉工单量全年下降11.5%，集团微博投诉量全年下降0.5%。

（4）全年网络运行平稳。在2017年工程投资紧张的情况下，通过积极协调，争取资金，加大支撑力度。完成二吕一期回迁房180户小区覆盖、四扣小区226户覆盖并具备装机条件，先后完成河口开发区监控、蓝区富海集团、卫生系统组网、蓝区科德、锦龙石化、新户监控、政法网等重点集团客户建设项目61个，同比增长160%。积极配合区政府城市建设改造工作，制定缜密迁改方案，圆满完成7条城市道路主干通信管道迁改，保证通信畅通无阻断。

（5）发挥联通网络优势，助力河口区“智慧城市”建设。完成开发区管委会的“天眼视频监控”项目，高质量的完成区政法委综治中心单位监控视频接入，并多次配合政法委做好观摩会的网络保障工作，助力河口区综治中心成为全国综治“先进单位”；承建公安交警远程指挥系统的网络项目，为河口区的平安城市建设提供优质的网络支撑；完成区交通局“智慧交通”项目一期工程；完成新户镇政府的“数字新户”项目，完成民俗景区的无线WIFI覆盖，排污企业和重点河流的监控覆盖以及新户镇数字新户APP的开发，有力的推进整个新户镇的数字化进程。

（6）公司基础建设。河口区分公司中心营业厅完成改造，窗明几净，面貌焕然一新，为客户提供宽敞舒适的服务环境；配合区政府“亮化工程”，完成公司办公大楼外装工程；完成公司院内和宿舍区雨污分排工程，解决长期以来院内雨季污水乱流的问题；整修单职工宿舍，改善员工居住环境，建设简易职工食堂，解决单职工就餐问题；建设职工业余健身房、乒乓球室和篮球场地，丰富员工娱乐活动。

城乡建设·环保

基础设施

【概况】 河口区住房和城乡规划建设局是全区主管城乡规划建设和房产管理的重要职能部门，主要负责城乡规划编制审批及组织实施、建筑业和房地产业的行业管理、工程质量监督检测，承担城市基础设施建设、村镇建设管理及指导服务等工作。于1984年6月成立，时称城乡建设环境保护局。1988年11月更名为河口区城乡建设委员会，1998年4月更名为河口区建设委员会。2002年3月机构改革，更名为河口区建设局，原区住房制度改革办公室行政职能划入区建设局，挂河口区房产管理局牌子。2010年3月机构改革，更名为河口区住房和城乡建设局，挂东营市城乡规划局河口区分局牌子。2014年12月机构改革，更名为河口区住房和城乡规划建设局。截至2017年12月底，区住房城乡规划建设局共有干部职工120人，其中，在职在编人员73人。干部构成：科级干部11人(班子成员6人)，中层干部31人。

【城乡规划工作】 《河口区地下管廊建设规划》完成并实施，《河口区城市近期建设规划（2006—2020）》《湖滨新区城市设计》深化完善工作已完成，待组织专家评审后，提报区规委会审议；《湖滨新区现代商务区规划方案》已确定入围3家单位，11月开展方案比选。加强重要地段、重点区块规划审查工作，组织召开规划会2次，开展富海·朗润园、通海锦绣家园二期、湖滨新区新天地等项目的论证确定，促进城区建设。

【重点城建项目】 黄河路改造提升工程市政工程已竣工验收；北片区道路雨污分流改造已基本完工，正在组织验收之前的准备工作；海宁路东侧绿化完成工程量85%，正在种植部分苗木；友谊河海盛路节点改造驳岸碱土外运已完成，正在种植部分苗木；河兴路南侧绿化人行道铺装基本完成，正在进行部分苗木种植；地下综合管线信息普查已完成竣工验收，为河口区城市地下空间的合理开发利用、综合管理、城市数字化、智慧城市建设等奠定坚实的基础。

【房地产业工作】 截至年底，办理房地产开发经营权证5个，分别河口区花满庭居住小区一期、中海新天地项目、河口区花满庭居住小区二期、富海·朗润园，项目总占地面积17.99万平方米，总住宅建筑面积20.17万平方米，计划总投资6.4亿元，较去年开发占地面积、开发项目量、开发投资同比增长-47%、25%、-22.5%；办理商品房预销售许可证11件，建筑面积17.44万平方米2219套，其中住宅1082套，商业88套，办公2套，其他1047套。办件量、建筑面积、预售套数同比增长10%、-47.8%、-54%。商品房预售备案1373套，备案面积16.5万平方米，备案金额7.9亿元。

【建筑业管理】 全区建筑业企业发展到53家。完成建筑业总产值15.47亿元，同比增加12.8%；规范建筑市场秩序，加大违法违规行为查处力度，全年受理行政处罚案件 11 件，送达处罚决定书 12 份，结案 12 件，结案率 93%。稳妥做好清欠工作，签订《建筑企业防范处置拖欠工资目标责任书》62 份，缴纳农民工工资保证金 636 万元，返还保证金 1515 万元，受理投诉 37 件，涉及农民工 1150 余人、涉及金额 1900 余万元，结案率 95%，维护农民工合法权益，促进社会和谐稳定。

【建设工程质量安全管理】 办理质量安全监督 56 项、竣工验收备案 119 项，工程质量终身责任制得到有效落实；开展全区在建工程质量安全生产隐患大检查及专项检查 7 次，重点检查工程建设各责任主体质量安全行为、施工实体质量、安全文明施工、施工扬尘治理及塔吊隐患等方面，共检查 24 个在建项目，涉及建设单位 24 家，施工单位 30 家，监理单位 23 家，查处问题共计 1200 余条，下发责令限期整改通知单 130 余份、暂停施工通知单 12 份。积极做好中央环保督政迎检工作，监督建筑工地做好卫生死角、积存垃圾、零散垃圾清扫，对工地围挡，出入口硬化，洗车设备及洒水降尘等情况进行不定期督查，要求做到“六个百分百”，并及时按要求向有关部门做好报送整改进展。采取专业化检查和网格化督导的方式，全面做好国家安委会安全巡查工作。加强建设工程质量安全创优，申报“市优质结构工程”15 项，“市级安全文明工地”4 项，“省级安全文明工地”1 项。

【工程招投标管理】 截至年底，共有 56 项工程进场交易，工程造价 6.12 亿元。其中房屋建筑工程 5 项，建筑面积 2.8 万平方米，造价 9208.52 万元；市政工程 31 项，工程造价 5.08 亿元；监理及勘察设计工程 20 项，造价 1208.38 万元。积极参与开展招投标秩序专项整治，对涉嫌转包、规避招标的各方责任主体依法进行处罚。

【非税收入征收管理】 2017 年，区住建局共完成各类非税收入 10747.50 万元，其中，征收基础设施配套费 9500 万元、罚没收入 808.27 万元。

【民生实事】 2017 年，完成新增公共租赁住房货币补贴 62 户、续保 241 户，发放补贴 121 万元；8 个棚户区改造项目 806 户，以货币补贴安置为主，拆迁补偿协议签订及拆迁工作已完成。2017 年重点实施老旧小区改造 3 个项目 372 户 4.6 万平方米，总投资 588.9 万元，改造阳光花园、河宁小区（16 户）和富海家园住宅小区，现施工已全部完成，正在准备竣工验收。2017 年，市级下达农村旱厕改造任务指标为 5845 户，截至年底，已完成 5220 户、6148 套。2017 年，危房改造任务为 26 户，补助资金 33.42 万元，现 26 户改造任务已完成并已进行区级公示，正在进行区级验收。

【机关建设】 全局党员干部以推进“两学一做”教育常态化、制度化为动力，更新观念，提升境界，用心搞服务，用情转作风，推出服务群众的务实举措，促进行业作风建设。严格执行“三重一大”事项决策监督实施办法，组织到广饶刘集进行专题党性教育；积极参加黄河口（东营）国际马拉松、各类知识竞赛等文体活动。审批管理服务水平明显提升，将 25 项行政审批事项全部交由政务服务中心审批“窗口”办理，累计受理各类咨询 1000 余次，办理规划建设类审批及服务事项 619 件；全力做好信访维稳工作，办结信访件 36 件、人大建议政协提案 33 件、民声热线 1400 余件，回复率、满意率均达 98%。

建设规划

【制度建设】 （1）规划公示制度。设计统一展示格式、出台《规划公开公示试行意见》，以重点项目、基础设施、房开项目为重点开展公示。2017 年，34 个项目开展公示，12345 咨询投诉减少，同时起到保护作用。对房地产项目，公示后对图纸进行盖章确认，确保相关股室前后一致。(2)项目联审制度。推行“集中受理、联审联批”制度，每周四规划、孤岛、仙河、开发区、审批大厅、设计院在206集体开会，研究规划，确定意见，全年办理选址意见书52件、规划用地许可证34件，工程许可证62件，有效保障重点项目、房地产开发和各类工程实施。(3)规划委员会制度。对河口区城乡规划委员组成人员进行调整，增加规划专家委员名额，同时成立规划咨询委员会，进一步明确规委会的主要职责和议事规程。6月份召开第一次规划委员会会议，研究审议富海鸣翠园方案、海绵城市、防水排涝及地税局住宅容积率超标问题，8月份召开第2次会议，研究审议鸣翠天地、湖滨新区容积率调整及王甲国住宅楼办证问题。规划委员会已成为研究规划、确定方案、解决疑难问题的平台。(4)批后监管制度。3月份，省里出台规划验收办法，规划股组织专门学习，对华凯景苑、盛世豪庭、二吕回迁房、中海嘉园商务公寓、东湖花园二期、油田职工住房河园、彩园、秀园、枫林绿洲进行验收。

【规划编制】 结合城镇建设发展实际，制定《河口区2016—2018年规划编制计划》，涵盖控制性详细规划、专项规划、城市设计等内容，力争2018年底实现城市控规全覆盖。同时，面向全国招标确定中国城市建设研究院等10家单位，成立河口区规划设计单位库，为规划编制奠定基础。(1)总规修编。已与市城乡规划局对接，同意市里启动总规修编时同步考虑河口区2020—2030年的规划编制，现已经资料收集阶段，下一步配合市里开展调研。(2)近期建设规划编制，投资240万元。现已经初步成果，待区领导确定。开展《湖滨新区城市设计》，目前已经形成成果。(3)专项规划编制。完成《城市地下管线综合布局专项规划》，并开展前期手续办理，为地下管廊建设推进打下良好基础；启动《城市地下综合管网建设专项规划》编制，现正在编制中。(4)湖滨新区现代商务区城市设计，通过招标形式，引进天津大学、东南大学等3家设计设计院开展湖滨新区现代商务区方案设计，11月初开展方案比选。(5)重要地块运作。结合城市建设计划安排，积极推进万和地块、河康小区地块、油田大院子改造、河滨路周边及三义和地块规划设计，泰富大厦已开工，中海商务大厦启动方案调整，其他区块正在论证。

镇、街道建设

【概况】 自2003年始结合新农村建设工作要求，各镇街相继开展所辖行政村的村庄建设规划编制工作。因编制年限普遍较长，加之后期新型城镇化发展要求对新型农村社区布局进行调整、迁村并点等原因，大多数村庄建设规划已不适应当前新型城镇化发展需要。已通知各镇、街道制定村庄规划编制实施方案并开展试点工作，义和镇总体规划重新启动，已形成初步成果，7个村庄试点规划正在推进。

农村建设

【农村危房改造工作】 (1)完成2016年农村危房改造任务。2016年9月，市政府下达河口区农村危房改造任务指标为368户(其中，含建档立卡贫困户37户)，要求2017年6月30日前完成。共完成农村危房改造416户(建档立卡贫困户56户)、发放补助资金541.4万元，该资金于2017年3月份由区财政通过银行直接支付到危改户“一卡通”账户。其中，河口街道完成改造18户，涉及补助资金28.1万元；六合街道完成改造160户，涉及补助资金129.8万元；新户镇完成改造153户，涉及补助资金261.8万元；义和镇完成改造85户，涉及补助资金121.7万元。(2)完成2017年农村危房改造任务。3月份对2017年农村危房改造工作进行摸底调查，全区有改造计划的共281户，并于4月中旬进行危房鉴定工作。2017年6月底市下达河口区农村危房改造任务228户，9月底电话通知任务变更为26户、补助资金为33.42万元。截至年底，镇街上报改造完成140户（其中，建档立卡3户），经区扶贫办、区民政、区残联进行身份识别，符合危房改造身份的共46户，现已完成区级公示，正在进行验收工作。（3）农村危房改造资金绩效评价工作。6月底，省住建厅委托第三方机构对河口区农村危房改造工作进行资金绩效评价。村镇办积极与评价小组协调沟通、准备现场、整理档案资料，圆满通过评价工作。（4）扶贫工作。对全区建档立卡贫困户仍居住危房情况进行全面摸排、上报，并完成扶贫改造任务；按照市住建局及区纪委安排开展扶贫领域精准监督执纪问责工作，对农村危房改造工作开展全面自查，并每周上报工作动态及进度。

【特色村镇工作】 开展特色村镇工作，积极推荐有条件的镇（街道）、村庄申报各类特色称号。4月份，推荐新户镇、孤岛镇申报第二批省级特色小镇；5月份，孤岛镇被评选为山东省第四批美丽宜居小镇，并获得补助资金30万元。

【农村旱厕改造工作】 2017年，省市下达给河口区农村旱厕改造考核指标任务为3943户，主要由义和镇、新户镇承担。同时，结合全市美丽乡村工作开展，河口街道、六合街道完成旱厕改造任务1284户，并在六合街道建成市级示范片区。(1)加强宣传引导。充分利用网络、广播、电视、报刊和宣传标语等形式，大力宣传农村改厕对改善农村环境、提高农民生活质量和健康水平的重要意义，宣传工作推进中的好经验、好做法，宣传改厕效果，引导广大农民转变传统观念，积极主动参与改厕，营造良好舆论氛围。（2）建设示范片区。依照2016年，孤岛镇先前完成的典型示范片区，按照区抓示范镇，镇抓示范村，村抓示范户的思路，引导群众主动改厕。六合街道投资260万元，改造637户。采取两种改造模式：以户为单位，采用生态一体化和小型生物一体化污水处理模式，共涉及东坝、闫家、芦山、毕咀、西崔等10个村579户，惠及群众1900余人；以村为单位，投资60万元，采用人工湿地污水处理模式，设计建造了污水氧化池1处，人工湿地1处，管理运行房1间，其中，湿地50平方米、管道长1900米以及配套设施，日处理能力50立方米。经净化处理后，出水达到一级B标准，涉及胡家村58户，惠及群众180余人。（3）落实经费保障。区财政要按照各镇改厕进展情况，分期分批拨付奖补资金。新户镇、义和镇共需改造3943户，区财政奖补资金每户各300元；2017年，河口街道、六合街道参与创建全市美丽乡村的18个村庄1726户必须达到旱厕改造全覆盖，按照市级要求，此项资金由市区两级政府分别承担奖补每户各450元，建成不少于2个村的污水处理与小型生物一体化相结合模式的成方连片示范片区，除按政策兑现省市区三级配套补助资金外，给予每个示范片区25万元资金奖补；根据市长办公会会议纪要要求，河口区参照市级做法对2016年、2017年旱厕改造的8205户通过以每户20元以奖代补的方式补贴购置粪渣收运设备。现资金已全部到位。（4）建立长效管护机制。新户镇投资600万元，建设农村污水处理循环生态园，与旱厕改造相结合采取户收集、镇村运输、定点处理的模式，日污水处理能力350立方米，处理效果达到一级B标准，可用于灌溉和养殖使用，彻底解决西部乡镇的污水处理难题。其他镇街将粪渣清运清理工作纳入城乡环卫一体化工作进行管理运作。做好定期收运、粪渣资源利用等后续工作，形成管收用并重、责权利一致的长效管理机制。

建筑业

【行业管理】 （1）2017年，河口区建筑企业完成建筑业总产值15.47亿元，建筑业增加值4亿元，同比增加35.7%。(2)完成建筑业企业资质考核工作。2017年,共有53家企业。其中,施工总承包企业32家,专业承包企业30家,劳务分包企业4家,市政企业19家。(3)组织全区188人参加二级建造师的考试;组织现场管理人员继续教育800人,技能工人培训92人,完成招标控制价备案28件,推动建筑业企业及建筑市场经济的良性有序发展。

【稽查监管】 以全国建设工程质量安全提升行动为契机,全面推动质量终身责任制的落实,严厉打击转包挂靠等违法行为,健全质量监管机制,提升工程质量水平。(1)科室联动,组成联合执法,形成强有力地震慑力。与质量安全监督站联合印发《关于开展全区建设领域综合执法检查的通知》,6月下旬对建筑市场秩序、工程质量安全进行联合执法检查。(2)按照全区“两打一整治”专项行动专题会议安排部署,开展全区建筑市场领域专项行动活动。重点打击建筑施工领域的强买强卖、强装强卸等严重破坏建筑施工秩序的霸痞类违法犯罪;严厉查处在建筑施工现场及周边寻衅滋事、聚众斗殴以及封门堵路、断水断电、殴打施工人员等阻挠工程正常施工的问题。在施工现场共计悬挂条幅120余条、累计发送群发短信4000余条、设立举报箱23个、公益宣传栏18块,发动群众积极揭发和检举建筑市场中涉黑涉恶违法犯罪线索,营造浓厚的社会氛围。成立孤岛仙河、开发区及蓝区、城区及西部乡镇3个工作组,到建筑工地进行摸排调查,建立在建项目台账。摸排落实,靠前工作,主动作为。截至年底,共计完成2轮线索摸排情况,共计排查在建项目42个(次),调查询问人员560余人。(3)加强对参见各方主体行为的监管,引导业主严格执行法定建设程序。针对建筑市场管理中出现的问题,坚持监防并举,以防为主的工作机制,严把施工许可、施工图审查、农民工工资支付等多道关口;坚持日常检查与联合检查相结合方式,加大稽查力度,严厉查处违法违规行为,引导企业守法经营。2017年,行政处罚企业6家,共处罚款529.5839万元。通过执法稽查监管,保证建设工程质量与安全,未出现建设工程质量与安全事故的发生,为经济发展提供良好的发展环境。

【农民工工资支付监管】 建设单位在拨付工程款之前,由施工总承包企业严格落实农民工工资支付情况,对尚未支付的农民工工资先行支付。在施工现场,严格要求施工企业按要求与农民工签订劳动合同,全部建立务工人员花名册、工资表、班组记录等工资支付保障措施,按要求在指定场所予以公示。逐步建立健全建设领域信用体系,被列入信誉不良企业,暂停招投标资格;对恶意讨薪的包工头一律清除建筑市场,并向社会公示。2017年,共计受理投诉事件37起,涉及农民工1150余人,涉及金额1960余万元,有效维护农民工的合法权益,确保社会的稳定。

【重点建设工程】 黄河路改造提升工程市政工程已竣工验收;北片区道路雨污分流改造已基本完工,正在组织验收之前的准备工作;海宁路东侧绿化完成工程量85%,正在种植部分苗木;友谊河海盛路节点改造驳岸碱土外运已完成,正在种植部分苗木;河兴路南侧绿化人行道铺装基本完成,正在进行部分苗木种植;地下综合管线信息普查已完成竣工验收,为城市地下空间的合理开发利用、综合管理、城市数字化、智慧城市建设等奠定坚实的基础。

房地产业

【房屋登记】 截至年底,初始登记19件,登记面积21.94万平方米;转移登记1438件,交易面积23.25万平方米,交易金额5.2亿元;房屋租赁登记备案证明832件,租赁面积9.3万平方米,档案管理1123件,房屋信息查询交税1826件、个人使用449件、公积金贷款累计576件。累计收缴住宅专项维修资金6995万余元，收缴新建物业质量保修金2565.5万余元。

【房地产开发】 截至年底，办理房地产开发经营权证5个，分别是河口区花满庭居住小区一期、中海新天地项目、河口区花满庭居住小区二期、富海·朗润园，项目总占地面积17.99万平方米，总住宅建筑面积20.17万平方米，计划总投资6.4亿元，较上年开发占地面积、开发项目量、开发投资同比增长-47%、25%、-22.5%。

【商品房预售管理】 截至年底，办理商品房预销售许可证11件，建筑面积17.44万平方米2219套，其中住宅1082套，商业88套，办公2套，其他1047套。办件量、建筑面积、预售套数同比增长10%、-47.8%、-54%。商品房预售备案1373套，备案面积16.5万平方米，备案金额7.9亿元。

【住房保障工作】 （1）棚户区改造情况。根据市住建、市发改、市国土、市财政印发《关于下达东营市2017年度住房保障工作计划的通知》（东建〔2017〕31号）要求，主要实施棚户区改造项目8个806户，主要安置以货币补贴方式。项目分别为济军基地区块11户、孤岛镇360户、区供销社20户、韩家村42户、太平村32户、丁王村44户、奇古村38户、颐正家园二期259户。截至年底，经调整后济军基地区块11户、孤岛镇368户、区供销社14户、韩家村42户、太平村32户、丁王村42户、奇古村38户、义和镇颐正家园二期259户（列入2018年棚改项目在2017年实施改造的），以上项目均已签订拆迁补偿协议，并已拆迁完成。（2）公租房货币补贴情况。截至年底，已发放新增公共租赁住房货币补贴62户（其中含住房困难退役士兵家庭住房补贴17户），续保241户，共计发放资金121万余元。（3）往年经济适用住房货币补贴发放资金7万元2户。

【预售资金监管】 严格按照国家省市商品房预售资金监管办法等相关规定，进一步加强商品房预售资金缴存及使用管理，现监管商品房预售资金楼盘7个，涉及监管资金2000余万元，全年未发生因监管资金引起的信访案件。

【房地产市场检查】 根据省市有关文件要求，为净化房地产市场环境，维护房地产市场秩序，保护消费者合法权益，促进房地产市场平稳健康发展，河口区于2017年12月份开展2017年度房地产市场秩序执法检查，针对河口区范围内2017年新增预售商品房项目进行检查，在检查过程中未发现问题项目。

【棚户区改造资金管理】 上级下达棚户区改造项目资金864万元，根据山东省财政厅、山东省住房和城乡建设厅关于印发《山东省城镇保障性安居工程财政补助专项资金管理办法》的通知（鲁财综〔2017〕13号）文件规定及《关于下达东营市2017年度住房保障工作计划的通知》（东建字〔2017〕31号）文件要求，分别分配孤岛镇济军生产基地地区改造项目17.4万元、孤岛镇棚户区改造项目694.1万元、新户镇韩家村项目63万元、新户镇丁王村项目61.5万元、供销社住宅楼项目28万元。

城市管理

【概况】 2017年，区城市管理行政执法局围绕全区中心工作和发展大局，努力践行“严格执法、科学管理、人性关怀”的工作理念，以“增强城市功能、塑造城市形象、提升城市品位、优化人居环境”为目标，以开展“两学一做”学习教育为载体，充分发扬“苦干、实干”的奋斗精神，凝心聚力、顽强拼搏，攻坚克难、锐意进取，推动全区城市管理工作迈出新步伐。

【全区重点工程项目建设】 2017年，区城市管理行政执法局共承担全区重点项目9个，总投资80112万元。（1）海康路整体提升项目。投资20075万元，实施海康路（渤海路至河庆路段）雨污分流改造；海康路（河聚路至河庆路段挖补罩面）道路改造；海康路（河滨路至河庆路段）绿化提升、立面改造及亮化工程。（2）海盛路景观提升项目。投资17062万元，实施海盛路（河滨路至河庆路段）雨污排改造、绿化提升、立面及亮化工程，建设公厕3座；实施海盛路（河庆路至明河路段）绿化提升；实施海盛路（羊拦河至利津交界处）绿化，沿道路设置排水口。（3）海昌路改造提升项目。投资3608万元，改造海昌路（河滨路至黄河路段挖补罩面）长1000米、宽21米，安装路灯；对两侧节点及西侧绿化进行提升，更换行道树。（4）渤海路改造项目。投资15719万元，东起海昌路、西至湖滨路，改造道路长3.9公路宽27米，铺设雨污排管线，铺装人行道，实施绿化。（5）环城水系贯通及净化治理项目。投资6052万元，对环城水系进行贯通、清淤及净化处理。（6）集中供热中心脱硫脱硝及湿电一体化超低排放改造项目。投资5077万元，对区集中供热中心锅炉进行脱硫、脱硝及湿电一体化改造。（7）城乡拆违治乱行动。投资6290万元，实施拆违治乱专项行动，主要清理露天烧烤、流动摊点、门头牌匾及乱搭乱建等。（8）燃气村村通项目。投资3992万元，分批实现燃气村村通，2017年，实现50个村庄6438户天然气入户。（9）城市环卫管理水平提升项目。投资2237万元，新建和改造公厕及垃圾转运站3座，购置生活垃圾分类收集设施、设备，建设环卫设备配套车库等；修补部分路面及人行道。为确保工程项目建设顺利进行，成立工程建设指挥部，明确任务，压实责任，实行班子成员盯项目、中层干部靠工地、干部职工沉一线，抢时间，勤调度，规范施工程序，严把质量关，全力推进项目建设。这些工程项目的实施，将进一步完善河口区城市综合服务功能，提升城市形象品位。

【城市精细化管理】（1）开展店外经营、流动摊点、违规建设、占道经营专项整治。查处违规经营360余处，其中，立案5起，清理占道店外经营、流动摊点280余处，规范75余处，清理违规建设经营行为33处，其中板房22处，临时搭建11处。涉及精细化管理的行政处罚案件立案7起，结案2起，有5起店外经营案件已走完行政处罚程序，待过6个月的诉讼期后，将依法申请区法院强制执行。

治理店外经营

（2）开展餐饮业油烟污染专项整治。已有17家餐饮业、10家单位食堂更换使用油烟净化装置，43家烧烤摊点全部更换使用带油烟净化装置的烧烤炉具，32家完成入室经营的改造。查处露天烧烤18处，其中，立案3起，取缔4处，规范11处。

（3）开展户外广告和门头牌匾专项整治。实行户外广告和门头牌匾备案登记制度，形成长效管理机制，并严格审批程序及批后监管。清理落地灯箱广告45余块、更新不符合标准或影响市容的户外广告34块、拆除9块。

（4）开展城市扬尘专项整治。加强对建筑工地整治，监管各建筑工地设置1.8米以上的钢性围挡，工地出入口地面要实施硬化处理，出入运输车辆车体要洁净，无撒漏现象。查处渣土运输车辆17辆次，其中，撒漏车辆8辆，带泥上路9辆，现场对违规车辆司机进行批评教育，并对车辆进行规范。

（5）做好城市道路清扫保洁管理。实行机械与人工互补作业，加大道路机械化洗扫率，主次道路每日机械清扫2次、洒水车冲洗2～3次，人工清扫保洁每天8个小时以上。加强城区11个垃圾中转站、480个果皮箱维护管理力度，维修及时，环卫设施功能正常发挥。规范垃圾清运作业管理，定时定点收集、公交式巡回清运，每天出动垃圾车辆20余台次，日清运垃圾150余吨，生活垃圾密闭运输率达到100%。

（6）改造提升基础设施建设。投资251万元，实施城区市政设施改造工程，安装红路灯4处，黄闪灯2处，修补道路路面及人行道1.9万平方米。严格落实市政设施“一日两巡一报”制度，各类设施完好率达到96%以上。加强对城区4座强排泵站的管理，严格24小时值班制度，细化泵站启动时间、连续运行时间，一遇雨情，提前开泵抽升，腾出管道容量，充分发挥强排作用，提升城区防汛能力。同时，对海康路窨井井盖进行提升改造，对城区雨水、污水检查井安装尼龙防坠网500余个，为市民构筑牢固安全屏障。

（7）提升集中供热供气水平。现有运行换热站19座，接入集中供热管网面积200余万平方米，实际供热面积140万平方米，服务热用户1.3万余户，入户维修300余户次，热用户满意率达95%以上，全力保障城区群众温暖过冬。按照维修方案，正在进行锅炉检修和换热站清洗维护工作。扎实推进城镇居民生活用气安全、汽车加气站安全、液化气供应企业安全及无证经营、非法倒气倒罐行为专项整治行动，聘请燃气安全专家8人次，开展燃气安全隐患大排查活动2次，下发限期整改通知书38份，排查安全隐患290处，督促各企业进行彻底整改，消除燃气安全隐患，净化燃气经营市场秩序。

【国家生态园林城市创建】 按照创建标准，聘请高水平设计团队，高标准规划设计，高质量施工建设，先后投资9.6亿元实施黄河路、海昌路、海康路、海宁路、河兴路、海盛路、渤海路等城市主干道路及绿化提升改造工程，截至年底，已完成道路绿化29.4千米，绿化改造总面积66万余平方米，新增绿化面积25万余平方米。道路及雨污分排改造6.4千米。实施环城水系绿化及清淤治理2.8千米，贯通治理水系25.3千米。城市林荫路、道路完好率、水气土治理、公园游园服务半径等主要创城指标得到极大提升，夯实创城基础。

【农村环境整治】 截至年底，全区6个镇街177个村的城乡生活垃圾清运工作已实现全覆盖，共配备保洁员661名、垃圾运输车辆24台、垃圾桶6062个、垃圾中转站9座。其中，2017年，新增保洁员225名、垃圾运输车辆10台、垃圾桶1400个、垃圾中转站2座。孤岛、新户镇对村庄保洁覆盖范围以外区域完成全覆盖招标；河口街道、六合街道、仙河镇正在进行全覆盖招标准备工作；义和镇也同中标运行企业签订定向委托合同，扩大保洁范围。现仙河镇、孤岛镇2个镇已完成农村污水处理全覆盖；新户镇建设村农村污水处理站已经投产，全镇实现农村污水处理全覆盖，全区镇街农村污水处理全覆率将达到50%。至2017年底，将有105个村完成农村污水处理工作，占全区村庄的60%。

【油田“三供一业”分离移交工作】 成立区物业和市政公用事业投资发展有限公司，该公司主要功能之一就是负责驻河口油田职工家属区“三供一业”

设施移交及移交后的运营及管理。结合2013年摸底调查情况，油地双方进行5次对接，就分离移交工作有关事项进行交流沟通，并确定改造标准、双方组织架构、推进计划等事项。10月18日，油地签订“三供一业”分离移交协议，就分离移交事项进行沟通约定，共同推进“三供一业”分离移交，确保圆满完成工作任务。

【环境保护综合整治】 （1）加大水环境治理。制定《河口区环城水系水体达标方案》《河口区黑臭水体专项治理方案》《河口区城镇排水专项规划》《河口区海绵城市专项规划》。检查排水口197处，其中排污口47处，现已全部封堵完毕。实施环城水系2.8千米水系清淤疏浚工程，完成土方清淤9万余立方米，进一步提升河流自净能力，逐步恢复河流水生态环境。办理排水许可证13家，还有14个排水单位正在办理中。调用黄河水对环城水系进行冲刷，将水系内黑臭水体用潜水泵抽至排污管网入污水处理厂进行处理。对较严重区段友谊河（海盛路至海昌路段）、康宁河水系（鸣翠湖北至朝阳河交界口及渤海路至河庆路段）、昌盛河（河滨路至渤海路）进行清淤、疏浚。河口污水处理厂通过不断加强对运行工艺的科学管理，合理调控运行参数，较好的保持工艺运行的稳定，保证出水水质达标排放，合理处置污泥。

（2）加大大气环境治理。编制《河口区热力工程规划》，对辖区内居民供暖的10吨以下燃煤锅炉进行摸底调查，拆除燃煤锅炉3台。编制《河口区燃气专项规划》，根据燃气发展实际，2017年，对部分内容科学合理的进行调整。做好燃气村村通工程建设工作，精心编制《河口区燃气村村通工程规划方案》，确保11月底完成6438户的安装任务，做到以气代煤，减少和压缩农村散煤的使用率，降低大气污染。建立收退费台账明细，供热中心根据不同建筑的供热负荷，合理调节好各供热站的热流量分配，减少热量使用，节约能源，降低烟气排放。

环境保护

【概况】 东营市环保局河口分局现有干部职工32人，内设局办公室、管理股、法制宣教办、行政许可股、固体废物及核与安全管理办公室、环境监察大队（副科级）、环境监测站（副科级）七个科室。主要职责是：受市环境保护局委托，对辖区内的环境保护工作实施统一监督管理。按规定权限负责建设项目的环境保护管理，污染源监督管理，污染事故和纠纷的调查和处理，生态环境保护等。2017年，以党的十九大精神和习近平新时代中国特色社会主义思想为指导，坚决服从区委区政府的统一领导，认真落实生态文明建设和绿色发展的理念，深入开展环保突出问题综合整治攻坚，持续加强生态保护与修复，各项工作取得新的进展，有效地促进全区环境质量的改善。

【组织领导】 成立由区委、区政府主要领导任主任，其他区委常委、副区长和有关区级领导任副主任，40个相关部门单位负责人为委员的河口区环境保护委员会，全面负责全区环境保护工作的综合协调和调度；同时，专门成立由区政府主要领导任组长的水气土污染整治领导小组和环境突出问题综合整治攻坚行动领导小组。年初召开全区环保工作会议，部署安排环保重点工作，强化对重点工作和重点项目的推进。建立完善区党政班子领导联系督导环保工作机制，出台《关于实行区级领导联系督导环境保护工作的通知》，将区级领导联系督导环境保护工作纳入重要议事日程，定期带队督导。为加强流域污染防治工作，全面推行河长制，区委、区政府主要领导任总河长，区委副书记、副区长担任副总河长，河流所经镇街党（工）委主要领导分别担任相应河流河长的河长体系。先后制定出台《河口区市控以上河流水质考核及责任追究办法》等一系列规章制度，对年度环保项目实行责任目标考核制，区政府每年都与责任单位签订责任书，年底纳入科学发展综合考核范围，并严格落实环境保护“一票否决权”；对生态环境质量开展动态检查、督查和巡查，对环保职责落实不到位造成恶劣影响的，依法依纪追究相关单位和人员的责任。省环保督察期间共对11名人员予以问责，中央环保督察期间共对8名人员予以问责。

【环保督察】 为全面推进中央、省两级环保督察工作的落实，2017年3月份以水气土污染整治领导小组办公室为基础，从区住建等5个部门单位抽调5人实行集中办公，迎接省级环保督察。8月，从区发改、住建、城管等23个部门单位抽调57人成立由区委、区政府主要领导任组长的河口区保障中央环保督察联络组暨环保突出问题整改攻坚行动领导小组，全面负责中央环保督察的各项工作，根据工作需要，部分人员实行集中办公。省级环保督察期间，河口区共收到信访交办件27件，涉及企业排放13件、城市管理8件、“散乱污”4件、其他2件，现已基本整改到位。中央环保督察期间，共收到信访交办件18件（其中，合办件3件），涉及畜禽养殖及屠宰污染5件、城市管理3件（油烟污染、噪声污染）、工业企业污染4件、散乱污2件、电磁辐射污染1件、其他3件，现已基本整改到位。

【大气污染治理】 2017年，全年空气环境质量主要污染物SO_2、NO_2、PM10、PM2.5浓度分别为26微克/立方米、35微克/立方米、100微克/立方米、56微克/立方米，同比分别改善29.7%、18.6%、10.7%、8.2%，空气质量优良率达到56.5%，位居全市前列。（1）全面推进煤炭消费压减和散煤清洁化治理工作。制定《河口区散煤清洁化治理实施方案》，2017年，完成更换洁净煤试点工程1220户；完成煤改气6438户。（2）全面推进小吨位燃煤锅炉淘汰和超低排放改造工作。共淘汰或改造10吨/小时及以下燃煤锅炉120台。2017年，计划对10台10吨/小时以上燃煤锅炉（导热油炉）实施超低排放改造工程，已完成改造8台，停用2台。（3）全面推进工业企业挥发性有机物治理。督促彩客化学（东奥厂区）、冠森绝缘制品、汇海医药、戴瑞克新材料4家企业投资6000余万元实施挥发性有机物治理工程，现已全部完成并投入使用。组织华联石化、富宇化工等重点石油炼制企业开展泄露检测与修复工作，严格控制无组织废气的排放。（4）全面强化监管能力建设。投资786万元建设蓝色经济产业园挥发性有机物和特征污染物自动监测站，督促富宇化工等6家重点企业安装厂界挥发性有机物和特征污染物自动监控装置。（5）全面强化扬尘污染防治。不断强化施工扬尘污染整治，特别是中央、省两级环保督察以来，整改扬尘污染问题100余项，各施工工地落实扬尘污染防治措施。为实现城区道路湿法保洁全覆盖，投资380万元新购置18台环卫车，对城区主要交通干道实施湿法保洁，城区道路扬尘污染得到有效控制。（6）全面开展秸秆、垃圾禁烧工作。成立秸秆禁烧工作领导小组，由环保、农业、公安、各镇街组成联合执法队伍，对重点区块、重点部位进行不间断巡查，有效遏制秸秆、垃圾焚烧行为。（7）全面推进秋冬大气污染防治工作。10月16日，省环保厅印发《山东省落实〈京津冀及周边地区2017–2018年秋冬季大气污染综合治理攻坚行动方案〉综合工作方案》的通知，自10月18日至2018年3月16日对10个非传输通道城市实施5轮次的督巡查工作。结合实际情况，制定《河口区2017–2018年秋冬季大气污染综合治理攻坚行动方案》，重点围绕“散乱污”企业综合整治、小锅炉淘汰改造、高污染燃料禁燃区散煤燃烧销售、工业企业治理、危险废物监督管理、燃煤锅炉超低排放改造等方面予以全面自查。

【水污染防治】 全面落实国家《水污染防治行动

实施计划》和省市关于贯彻落实国家《水污染防治行动实施计划》等方面工作部署，深入推进污染治理，水环境质量明显改善。（1）全力推进水质监测。加大对河流断面、污水处理厂出水的监测频次，对全区3条市控以上河流及其支流的20余个点位实施不间断采样监测，特别是自7月21日以来，对挑河、神仙沟部分点位实施加密监测，每天采样监测1次，对污水处理厂每周采样监测1次，为全面掌握水质情况提供了数据支撑。（2）全力规范工业废水排放管理。强化工业园区水污染治理，所有入园企业实行“一企一管、单管排放”模式。所有直接排放河流的工业污染源和污水处理厂出水水质全部达到地表水环境质量Ⅴ类标准。（3）全力推进环境基础设施建设。城区实施海盛路、海康路雨污排分流改造工程。并加快推进镇街政府驻地雨污排分流改造和污水管网配套建设工程。孤岛镇实施的贸易市场、金龙小区、绿海小区、酒厂西区雨污排改造工程已全部建设完成。（4）全力加快城市黑臭水体治理。投资6000余万元实施环城水系综合治理工程，现已完成。（5）强化饮用水水源地保护。投资1000余万元实施孤河水库规范化管理建设工程，实现全封闭管理；孤东水库北侧、西侧分别依托新卫东河和孤东干渠为天然屏障，东侧、南侧开挖长4.5千米人工隔离沟，形成占地1200余亩的“隔离带”，实现库区独立封闭化管理。（6）全力加强畜禽养殖污染治理。依法关闭或搬迁禁养区内的畜禽养殖场（小区）和养殖专业户483户，完成率99.8%。（7）全力改善近海岸水质。2017年，对内陆养殖区尾水排放、入海排污口情况进行全面摸排，制定《河口区近岸海域污染防治方案》，加大海洋环境保护监管力度，确保全区海洋环境持续稳定。

【固体废物管理】 成立固体废物管理办公室，全面负责固体废物的环境管理工作。对29家危险废物产生和处置企业，按照“一企一档”予以建档管理。2017年，共出动执法车辆100台次，检查人员400余人次，全面检查企业危险废物产生、转移、贮存等情况。

【污染治理工程】 制定出台《河口区2017年水气土污染整治专项行动实施方案》。2017年，投资2.78亿元，围绕燃煤锅炉超低排放改造、泄漏检测与修复、挥发性有机物自动监测体系建设、雨污排改造、环城水系治理、企业中水回用等重点环保事项，实施水气土污染治理项目16项。先后组织召开调度会议6次，对2个工程进展缓慢的项目承担单位进行约谈。

【环境执法监管】 制定出台《河口区2017年度环境执法监管年活动实施方案》，明确区住建、城管、交通运输部门环境监管执法工作责任。组织开展夏季执法大检查活动，召开区公安、检察院、环保联勤联动工作座谈会，全力构建环保案件联勤联动长效机制。2017年，共立案查处环境违法行为62起，罚款240万元，移交公安13起，行政拘留14人，刑事拘留4人，取缔“小散乱污”企业18个。同时，发挥社会团体力量，2017年，环保部门邀请环保协会共开展30余次联合行动，开展夜查20余次，共检查企业50余家次，在“散乱污”企业取缔、企业异味巡查、正确引导社会舆论等方面发挥巨大作用。

国内贸易

粮油购销

【概况】 1984年4月，根据东政办发〔1984〕28号文件成立东营市粮食局河口区分局（东营市粮食局的派出机构），1996年6月迁至公园街42号，电话为0546-3661001，邮政编码为257200，正科级行政单位，隶属于市粮食局和河口区委、区政府领导，负责河口区原粮产、购、销，收购资格审核等，业务上由市粮食局直接领导，实行人、财、物、产、供、销统一管理，现有编制6人。

【粮油工作】 （1）放心粮油工程。2017年3月，创建成立东营市放心粮油工程军绿粮油食品配送中心，实现区配送中心从无到有的突破。对全部9家粮油店门头店标、货架、杂粮柜、垫板等经营设备进行更新更换。（2）粮食应急体系建设。根据实施方案，区应急配送建设内容严格按照时间节点要求顺利进行，现已全部完成，下达河口区省级应急体系建设补助资金150万元已全部拨付至承建单位，粮食应急配送建设项目顺利通过市级验收。

【统计调查】 完成全区2016年度粮油供需平衡调查；组织开展粮油经营、转化企业经营数据统计，全区粮油工业、贸易业季度统计等工作；完成收购网点的调查摸底和设点工作；完成夏秋粮预产调查和相关的抽样工作。

【监督检查】 完善粮食经营者名录库和执法人员名录库，扎实推进“两随机一公开”监管工作。组织工作人员深入各夏粮收购网点进行夏粮收购期间的专项检查。加强对放心粮油店的日常监督检查。采取多种形式深入开展世界粮食日和爱粮节粮宣传周等系列宣传活动。

【行业安全生产管理】 签订安全生产责任状，严格落实“一岗双责”工作责任制，认真研究制定实施方案，突出工作重点，做到任务明确、责任到人、措施到位。深入开展《安全生产法》宣传周系列宣传教育活动，积极组织工作人员参加“一规定两守则”集中培训，提高思想观念、技能素质和防护、处突能力。组织开展粮油流通行业安全生产检查，细化各级责任，实施责任倒查，对发现的问题及时提出整改措施和时限要求，补齐短板，补上漏洞，持续保持全区粮食行业安全稳定工作局面。

【亮点工作】 （1）完善放心粮油物流配送体系，建立互惠共赢、安全可靠的配送机制，健全放心粮油食品供给网络，新建1家放心粮油配送中心，实现河口区配送中心从无到有的突破。（2）根据《山东省粮食局山东省财政厅关于在流通领域实施“优质粮食工程”的通知》（鲁粮字〔2017〕100号）精神，做好“优质粮食工程”相关落实工作。为加快区粮食行业供给侧结构性改革步伐，更好发挥粮食流通对生产和消费的引导作用，满足人们对优质粮油产品的需求，制定关于实施“中国好粮油”行动计划的实施方案。（3）为东营市河口区军绿食品综合加

对军绿食品综合加工厂进行检查

工厂协调省级财政补助资金 150 万元，引导企业在现有的成品库、配送设施的基础上，改造原有成品库，增加产成品存储、装卸、运送等相关设备设施，全面改善成品库存储条件，加大存储能力，提高装卸速度、提升运送能力，为应急供应提供有力保障。

【粮油购销】 2017 年，河口区粮食流通工作紧紧围绕粮食安全行政首长负责制要求，以服务区域经济社会发展，方便市民群众日常生活为出发点，转变粮食行政管理职能，增强对粮食经营者的服务与指导，帮助企业建立购销存台账，加强粮食宏观调控，加大市场的检查力度，规范粮食市场主体的经营行为，加快推进依法管粮，强化粮食市场监管，维护种粮农民、粮食经营者和消费者的合法权益，保证全区粮食流通市场的基本稳定，促进全区粮食流通的科学发展。（1）新型粮食流通业态。年内新建 1 家放心粮油配送中心，实现河口区配送中心从无到有的突破，全区共有放心粮油配送中心 1 处，放心粮油示范店 5 家，放心粮油店 4 家，放心粮油专区专柜 2 处；加快推进区主食产业化项目建设，延长企业产业链条，丰富市场需要和消费者需求。（2）粮食市场监管。认真组织开展粮食收购资格审核，全区有 5 家从事粮食生产加工及转化用粮企业办理《粮食收购许可证》；加强粮食收购市场监管，夏秋两季粮食收购期间，以收购价格、收购资格等为检查重点，加大对各类粮食经营主体的检查力度。（3）应急体系保障。加强储粮指导，积极承担为农储粮服务的社会责任，至年底，累计推广使用小康仓 2000 个，逐步健全起覆盖全部示范农户的档案信息系统；加强应急供应网点建设，应急保障能力不断增强，确定城区 12 家粮油超市、零售业户为应急供应网点，明确权利义务；加快推进区粮食应急配送项目建设，提高粮食应急状态下粮油应急保障能力和粮食安全保障水平。

供销合作

【概况】 河口区供销合作社联合社为正科级事业单位，机关工作人员待遇及经费于2005年5月1日纳入区财政预算，2008年12月，按程序报批为参照《中华人民共和国公务员法》管理的事业单位。机关设理事会、监事会，内设办公室、财务审计股、业务股3个职能股室。在职干部职工24人，其中，党员15名。2017年，始终把信访维稳工作作为第一要务来抓，特别是在2017年“两会”和重大活动期间，认真做好预警机制和应急处置预案，认真及时完成信访局布置的各项任务。2017年，共接待来访25人次，受理信访案件9件，调处9件，调处率100%。依法行政水平不断加强，因往年遗留问题，全年发生涉诉案件11起。认真抓好机关文明创建活动，2017年9月，成功创建为全省供销社第一批文明行业创建试点单位。

【合作社监管】 坚持从利益分配机制、内部规章制度、经营服务范围等方面，对近年来领办创办的河口区金果葡萄种植农民专业合作社、河口区润合蔬菜种植农民专业合作社、河口区新盛冬枣专业合作社等6家合作社，从规范章程、业务拓展、财务管理、收益分配等方面，加强对合作社的规范引导和提升，合作社运营管理水平得到明显提升。

【土地托管规模化服务】 按照市供销合作社统一部署，区供销合作社联合社联合已建成的4家为农服务中心，以农业适度规模经营的形式，在义和镇、新户镇、孤岛镇等镇街继续为农民提供“全托式”或“半托式”土地托管服务。截至10月上旬，全区已累计完成托管服务面积15万亩。

【电商服务】 按照总社、省社“全国供销一张网”布局要求，在供销e家河口区电子商务综合服务中心一楼，完善扩建黄河口农产品展销馆，对接运营山东供销e家河口区板块（即河口区供销e家平台），店内整合上架各镇街及其他县区等50多家合作社、种养大户的无公害农副产品，共计260多个农副产品单品，实现线上、线下融合运营。在2016年度全省电商综合运营成绩总排名第12名的基础上，2017年，线上线下营销额已突破500万元大关，有望冲击山东省供销e家2017年度电商运营“十佳”桂冠。，在仙河镇辐射发展的电子商务服务网点正在进一步建设中，11月中旬建成营业。

【农资经营服务】 积极推广测土配方、智能培肥，把“卖农资”变成“卖服务”，提高农民科学种、管、收水平。2017年，依托义和镇为农服务中心等4家为农服务中心共完成土地取样8000余份，测土配方6000余份，为全区110多个村4200多户农民进行智能配肥160多吨，配肥面积超过1.9万亩，飞防面积0.8万亩。

【“社村共建”创建】 坚持把供销社的服务优势、村两委的组织优势、农民专业合作社的经营优势和农户的参与优势紧密结合起来，通过共建项目、共上产业等形式，开展“社村共建”示范创建活动。截至年底，通过实地摸排筛查，初步确定河口区天河湾生态农业专业合作社、河口街道洪斌玉米种植专业合作社等3个合作社作为2017年“社村共建”示范创建点，现正在按照平台、共建、队伍共建等方面扎实推进。

【新农民培育培训工程】 2017年，围绕测土配方、智能培肥、病虫害统防统治、现代农机作业、林果管理等方面，区社联合有关镇街共开办各类培训班11场（次），分层次、分类别对各镇街道（村居）的农机手、种（养）大户及农民专业合作社的负责人等836人进行专题培训，受到广大群众欢迎，提升涉农团体及农民群众科学务农的技能。

【为农服务】 区供销合作社联合社前期通过在各镇街认真摸排调研，决定把2017年新建为农服务中心选定在河口区新户镇东鲍井村，该村依托冬枣产业成立的河口区新盛冬枣专业合作社现有社员400多户，建成无公害冬枣基地5000多亩。经据现场测量，中心占地约3000余亩，为农服务业务以农资直供、冬枣冷储、农民培训、统防统治为主。

【工程拆迁回迁工作】 2017年，区供销合作社联合社抽调精干力量成立以党组书记、理事会主任为总指挥，分管主任为副总指挥的拆迁回迁工作指挥部，并下设专门办公室，配齐配强办公室力量，具体负责原供销社老院开发回迁和河口区实验学校西侧供销商厦住宅楼拆迁工作。截至年底，经指挥部与老院房产建筑商洽谈，老院剩余24户回迁户的房源已经落实，待下一步分配住房。已与实验学校供销商厦住宅楼14户签订拆迁协议，其他5户6套房的协议签订工作正在沟通推进。

【重要活动和工作事项】 （1）全市供销合作社工作会议在河口区召开。

2月28日，全市供销合作社工作会议在河口召开，市供销社、各县区社及为农服务中心负责人共100余人参加会议。

上午，在副区长徐文棠等陪同下，市供销社党委书记、理事会主任王延德带领各县区供销社负责同志先后到河口区供销e家河口电子商务综合服务中心、河口区润合农民专业合作社、东营市博元小麦种植专业合作社、河口供销社义和配方站进行实地查看。下午，在河口宾馆四楼会议室召开全市供销合作社工作会议，河口区区委副书记、区政协主席、区长田兵兵出席会议并致辞，各县区社交流发言；各典型单位交流发言；最后市供销社党委书记、理事会主任王延德讲话，讲话中首先肯定了河口区供销社2016年以来的工作，对实地查看的4个点进行高度评价，总结各县区供销社2016的工作汇报，并安排部署2017年重点工作。

（2）河口供销e家仙河服务社开业。2017年11月28日，河口供销宜家仙河服务社开业。省区供销社和仙河镇领导及东营市供销社商主任对供销宜家仙河服务社开业以及运营表示祝贺，并提出愿景。

石油营销

【概况】 河口区具有成品油批发资质的企业共7家，分别是东营河口中海利兴油品销售有限公司、富海集团有限公司、东营市河口区实业发展有限公司、山东海跃化工有限责任公司、东营市世创石油化工有限公司、东营市泰富石油化工有限公司、山东军胜物流有限公司。全区成品油零售企业（加油站）49家，其中，中石化加油站4家、中石油加油站2家，壳牌加油站1家。

【山东东营河口第九届油品贸易洽谈会成功举办】 自2009年举办“山东省首届成品油贸易洽谈会”以来，该会议已经成为河口每年展示形象、扩大影响、深化合作、促进发展的重要平台，是全市油品贸易市场的一大盛会。2017年7月21日—23日，由东营市石油业商会主办的黄河三角洲第九届油品贸易洽谈会暨河口区招商引资引智说明会在蓝海国际大饭店成功召开。大会吸引全国工商联石油业商会，河北、江苏、安徽、海南、福建等20多家省市级石油业商会的嘉宾，30多家大专院校、石化院所和科研机构的知名学者和专家，东营市直有关部门单位领导，市内金融机构负责人，全国知名地炼企业、燃料油供应商、石脑油、MTBE、芳烃、烷基化生产企业、船舶代理物流公司及成品油批发企业、仓储企业、油品质量提升企业和油品终端用油大客户1200余名客商参会。为贸洽会取得丰硕成果，大会注重实效，通过专家对未来能源发展趋势、市场、原油走向的讲解和分析及交流洽谈，使客商们对炼油企业及各型号产品有了更深的了解，掌握了更多的信息资源。同时，充分利用黄河三角洲石油化工交易中心的资源优势，两个方面相得益彰，互相促进。本次大会油品交易活动活跃，据初步统计，成交额247亿元，取得丰硕的成果。

烟草专卖

【概况】 河口区烟草专卖局（营销部）主要负责河口街道、六合街道、仙河镇、孤岛镇、义和镇、新户镇的973户卷烟零售客户的专卖管理和卷烟销售工作。局内设综合办公室、专卖监督管理科、营销科、财务科、法制科、内管派驻组6个职能科室和稽查大队、2个稽查分队（所）。

【经营管理】 2017年，河口区局（营销部）统一思想、凝聚共识、抢抓机遇、奋勇争先，圆满完成全年各项任务。全年共销售卷烟10890箱，单箱销售额27251元，实现利税7498万元，增幅0.83%。

【专卖管理】 2017年，共查处涉烟违法案件106起，共查获卷烟40.22万支，案值19.82万元，其中，真烟案件62起，涉案卷烟27.96万支，案值11.72万元；假烟案件43起，涉案卷烟12.18万支，案值8.06万元；走私案件1起，涉案卷烟0.08万支，案值0.04万元。一万元以上案件1起，三万元以上案件1起，国标网络案件1起，逮捕1人，拘留2人。（1）加强联合执法力度。完善与公安、工商、交通等执法部门之间的执法协作机制，深入开展四个季度的专项行动，检查范围实现关键区域的全面覆盖。行动开展以来，联合相关执法单位共出动人员385人次，检查重点对象803个，共查获违法案件10起，查扣涉案卷烟5.84万支（292条）。（2）严管卷烟销售大户。开展违法违规卖烟大户专项治理行动，严厉打击大户“二次批发、左右价格、扰乱市场”等违法违规经营活动，建立健全依法严管大户的长效机制。确定10户卖烟大户，取消1户违法违规大户的经营资格，其余9户定为每月重点监管对象。（3）加大预防互联网涉烟违法活动宣传力度。以“创业有道，向互联网售烟说不”为题，走进河口区职业中专，开展“预防大中专学生互联网涉烟违法犯罪宣传活动”，采取专题法律辅导讲座和发放宣传资料等形式，引导大中专学生树立正确的择业观，强化互联网法制意识，自觉遵守烟草专卖法律法规、抵制互联网售烟、购烟行为。（4）做实许可证管理工作。严厉查处一户多证、证址不符等违法违规现象，严格做好入网、注销等相关工作，确保依法行政。共办理行政许可案件299起，其中：新办80起、延续46起、变更3起、注销154起、暂停4起、恢复营业2起、歇业8起，登记注销2起。

新华书店

【概况】 东营市河口区新华书店于1988年1月10日在东营市工商局注册成立，注册资本为54万元。是一家国有企业，东营市河口区新华书店法人是刘云田，主要面向全国市场，客户群为中小型企业。员工人数16人，公司经营模式为商业服务，提升企业的核心竞争力，使企业在发展中树立起良好的社会形象。主营范围：图书、音像、教材、电子产品。

【门店综合经营】 在转型上下功夫，推进门店综合经营。门店升级改造后，仍跟不上发展要求，边学习边改进，及时进行小范围调整。（1）实现一个目标。在认识和观念上由经营图书向经营读者转变。通过到诚品等书店参观学习，深刻感受差距，让员工充分认识到转型升级的重要性、紧迫感。增加项目、完善功能，逐步向具有多功能文化体验的综合文化服务商转变。（2）提升四个水平。互联网化。书店的转型就是书店大数据、互联网化的过程。当前，互联网无处不在，进行互联网线上推广+线下活动，实现“新华阅购”销售近6300余元。充分利用微信公众号，并结合智慧书城、新华阅购等网络平台，不断提升门店互联网化水平。体验化。2017年，加大新项目的引进，以“文书苑”为载体，先后新上了9D体验、海瓷手绘体验、文房四宝等，让读者充分体验到国学文化的浓厚氛围。多元化。开设“漫书坊咖啡”，增加牛排、披萨、咖啡等饮品，带动人气，提升层次。同时增设办公用品与电子产品专柜。个性化。与区旅游局、商务局携手共同建立河口旅游纪念品“芦苇工艺画”销售点，宣传当地文化，彰显门店个性，受到市民的普遍好评，认可度和满意度进一步提高。（3）狠抓五个关键点。规划。2017年，在义和中学建成校园书店一所，服务走进校园，让学生不出校园有新书看、有新书读，力争1500人以上5所学校两年内全部开设校园书店。数据是2017年工作的重点，通过对数据的收集分析，用数据指导销售，重点做好大客户、VIP读者的服务引导、信息收集，努力实现精准营销。抓温馨。在完善布局提升功能的同时，从柔和的灯光、一杯热饮、优雅的音乐、亲切的问候做起，努力营造温馨、舒适的阅读环境，给读者家的感觉。丰富营销，带动销售。根据计划，2017年周周有营销，月月有总结。结合与区有关部门成立的“河口区青少年阅读基地”。先后开展河口区读书节、“世界读书日”河口区“四点半学校”中共山东省委宣传部、山东省新闻出版广电局、山东省贸促会、山东出版集团有限公司联合主办，以“喜迎十九大书香润万家”为主题的“齐鲁书香节暨2017山东书展”，于7月28日至8月6日隆重举行。四月和九月分别进行作家进校园活动，日销售均在三万元以上，认真做好十九大文件、文献发行工作，备足货，服好务。与图书馆开展的“你选书，我买单”活动半年销售4.5万元，促进一般书销售的提高。抓服务。实施联销计酬办法，严格考核，不断提高服务质量，课前到书率达99.9%，每月进行服务之星评选，同时严格落实投诉处理机制，连续三次被投诉者停岗学习，服务水平有进一步提高。

科　学

科　技

【概况】 2017年，区科技局现内设办公室、科技计划股（高新技术产业化办公室与其合署，挂可持续发展办公室牌子）、科技管理股（技术市场管理办公室与其合署）3个职能股室，下设区地震局、区知识产权局2个副科级事业单位。区科技局机关编制7人，区地震局编制3人，区知识产权局编制5人。区科技局共有正式职工20人，其中，党员18人。

【科技发展环境】 积极整合优惠政策、金融扶持、社会资本等要素资源，全面优化创新创业环境，促进企业健康发展。区财政专项列支经费用于引导支持企业技术创新、产学研合作开发、引进技术人才、加快科技创新平台建设等，初步建成财政投入稳步增长、企业投入持续增长、社会投入大幅增长的科技投入机制，全力支持企业自主研发和转型升级。2017年，获得东营市科学技术进步奖一等奖1项、二等奖2项、三等奖2项。推荐弘力生物科技申报2018年山东省重点研发项目，组织华春渔业、汇海医药等11个项目申报2018年东营市科技发展计划。新增科德化工、渤海管具、晨阳菌业等3家企业加入大型仪器共享平台，截至2017年底，已有26家企业入网。冠森高分子材料获得省科技厅研发补助26.5万元、市科技局补助7.95万元、河口区补助18.55万元，并获山东省小微企业升级高新技术企业财政补助资金10万元。华联石化、北方实业等13家企业享受2016年度研发费加计扣除税收优惠政策，共计1556.08万元。

【发展高新技术产业】 围绕石油装备、精细化工、生物医药、新材料、现代农业等产业，开展科技创新调研活动，学习先进地区经验做法，研究推进创新的具体措施。积极发挥科技特派员作用，深入开展“科技创新调研”活动，重点为企业讲解高新技术企业、科技信贷、知识产权等优惠政策。科技创新平台建设取得新进展，2017年，新增省级企业技术中心1家、东营市重点实验室4家、东营市工程实验室2家，东营市企业技术中心3家。新认定海螺型材、北玻节能等5家市级以上科技型企业，全区总数达到45家；弘力生物科技、汇海石墨烯等7家企业加入山东省科技型中小微企业信息库，全区入库企业达到25家；华力石油、常青树胶业等8家企业成功申报高新技术企业；山东省乙烯酮下游衍生物工程技术研究中心被省科技厅评估为良好等级。1—9月份，全区高新技术产业实现产值161.7亿元，增长10.95%，占规模以上工业总产值比重24.06%。

【推动政产学研用】 采取“走出去，请进来”等形式，广泛开展对接交流活动。与山东理工大学、上海交通大学化学化工学院等高校院所签订战略合作协议，在加强科技项目引进、合力攻关重大课题、高新技术转移、高层次人才培养、科技创新服务等方面开展深度合作。带领科技企业赴青岛、成都、淄博等地高校院所开展对接交流，组织中国海洋大学、西南石油大学、山东理工大学等多家高校的40余名专

河口区与山东理工大学战略合作协议签约仪式

家教授发布科技成果100余项，与企业达成初步合作意向20余项。汇海医药与青岛科技大学就三嗪环收率提高项目，与清华大学就石墨烯及下游产品的研发项目开展合作。冠森高分子材料与哈尔滨工业大学（威海）合作，依托国家海洋工程材料及深加工技术国际研究平台，投资60万元对下游产品聚酰亚胺材料进行研发。华春渔业与山东省海洋资源与环境研究院就刺参良种场建设项目开展合作。戴瑞克新材料与南京工业大学就橡胶助剂应用微反应技术开发建立项目纽带合作模式。北方实业与中国石油大学（华东）共同研发油田采出水及钻井泥浆处理新技术。石大油服聘请中国科学院理化所赵榆霞教授联合开展微球性能研究。产学研活动的深入开展，提高企业创新意识和研发投入，带来显著的经济和社会效益。

【引资引智】 坚持以产业招商为主线，以产业链条延伸和新兴产业培育为重点，围绕高端装备制造、新能源、新材料、现代服务业等产业，改进方式，加快引进一批投资规模大、科技含量高、带动能力强的高新技术产业化项目。区政府承办黄河三角洲海洋渔业产业发展高端论坛暨人才对接会，邀请中国科学院海洋研究所、中国海洋大学、省海洋生物研究院、青岛农业大学等11家高校院所的34名专家学者，全市300余名渔业企业负责人、养殖大户参加活动，现场签订合作协议4个，推介发布各类科技成果65个，达成初步合作意向25个。积极发挥高层次人才的智力优势，帮助企业解决技术难题，为全区主导产业发展提供技术支持。加大人才培养培训力度，先后组织科技企业主要负责人赴浙江大学、上海交通大学、四川大学等高校开展教育培训，进一步提升科技企业负责人创新与管理水平。鼓励企业高薪聘请学科领军人才开展合作，建成河口区科技人才库，积极引进两院院士、泰山学者、泰山产业领军人才、黄河三角洲学者等高端人才。制定《河口区科技顾问工作规则》，聘请高校院所知名专家教授担任河口区科技顾问，为全区创新创业提供坚强保障。高度重视本土人才培养，挖掘现有人才创新潜力，北方实业王宏伟、戴瑞克新材料董瑞国等4人获得东营市创业创新奖，山东汇海医药张忠政获得东营市科技成果转化促进奖。

【知识产权保护】 深入开展"专利扫零工程"，举办知识产权培训班、知识产权论坛、知识产权公益讲座，多次邀请专利事务所到企业现场办公，指导企业组织、申报发明专利，引导企业把知识产权工作纳入企业管理的各个环节，分类指导，梯次推进。开展"3·15""4·26"等宣传活动，提升群众的知识产权保护意识；开展2017"全国科普日"知识产权宣传活动，围绕“创新驱动发展、科学破除愚昧”主题，设立“专利咨询点”和“12330知识产权投诉点”，指导消费者如何识别专利产品真伪。联合市知识产权局对河口区域内的建材市场、购物商场开展专利行政执法检查，维护专利市场秩序。常青树胶业成功注册覆盖83个国家的马德里商标，2017年，新增“山东名牌产品”称号；汇海医药荣获2017年东营市“厚道鲁商”品牌荣誉；金开石化“金开设备及图”荣获山东省著名商标。截至年底，全区共有“贯标”认证企业5家。天正化工、胜岛石油机械厂等企业被评为省知识产权示范企业。1—10月全区发明专利申请55件，授权发明专利34件；截至10月份，全区拥有有效发明专利130件，同比增长51.2%。

【农业精准扶持】 实施“海生·河口”渔业科技精准对接，建设海洋生物创新平台，包括海洋海域环境动态监控中心、海洋遗传育种实验室、生理生态实验室、技术实验室、分子生物学实验室等9大功能分区的海洋生物研究中心，现正在积极建设。华春渔业、通和水产、丰旺貂狐貉合作社各获得东营市重点研发计划（科技特派员）项目10万元资金支持；坤泽农业科技获得2017年山东省“渤海粮仓”科技示范工程项目专项资金310万元扶持。建立区镇村三级联动的科技培训需求调查体制，选派11名科技指导员与我区市定扶贫工作重点村签订帮扶协议，进行长期技术指导和服务。组织50余名农业科技人员、致富能手赴沂南县、兰陵县考察农业科技创新工作，开拓工作思路。深入基层、农村开展“送技术、送政策、送信息”服务活动，组织农业科技培训10余期，邀请科技特派员、农业专家到田间地头现场指导20余次。

【防震减灾体系建设】 做好地震监测工作，做好深井测震台的维护、保养，保证地震测报信息的连续性、准确性。严格建设工程抗震设防要求监管，组织地震应急演练和进社区、进学校等活动，切实提高防震减灾意识。调整更新河口区防震减灾工作领导小组，完善震情速报网络、群测群防网络、地震监测预报网络和防震减灾助理员，组织召开全区防震减灾工作会议，进一步安排部署全区防震减灾工作，对应急救援、地震监测、抗震设防等工作提出明确要求，推进工作顺利开展。

【科技成果】 2017年，河口区科技局申报科技成果1项，获得市级以上科技进步奖励6项。详见下表。

2017年科技成果鉴定统计表

序号	成果名称	完成单位	评价水平	备注
1	颈后路术式对颈椎曲度及椎间高度的中期影响的临床研究	东营市河口区人民医院	国内领先	

2017 年获得市级以上科技进步奖励统计表

序号	项目名称	完成单位	获奖情况
1	石油污染土壤生物修复工程技术体系构建与应用项目	胜利油田金岛实业有限责任公司	山东省科学技术进步奖（经济发展类）一等奖
2	生态堆修复系统及工程示范	东营金岛环境工程有限公司 山东省科学院生态研究所 迈科珍生物技术有限公司	东营市科学技术进步奖（经济发展类）一等奖
3	黄河三角洲刺参池塘养殖度夏关键技术研究	山东华春渔业有限公司 山东省海洋资源与环境研究院 河口区海洋与水产研究所	东营市科学技术进步奖（经济发展类）二等奖
4	水性 PVC 封边胶粘剂的研发	山东常青树胶业股份有限公司	东营市科学技术进步奖（经济发展类）二等奖
5	氯化聚氯乙烯树脂（CPVC）生产新技术	山东旭业新材料股份有限公司	东营市科学技术进步奖（经济发展类）三等奖
6	张忠政		东营市科技成果转化促进奖

【专利统计】 2017 年，全区发明专利申请 70 件，授权发明专利 42 件，拥有有效发明专利 135 件，同比增长 48.4%。

创业园

【概况】 黄河口高新技术企业创业园（以下简称创业园）成立于 2002 年 8 月，是东营市第一家科技企业孵化器，2004 年 12 月被评为东营市首家国家级科技企业孵化器。园区占地面积 88 亩，建有创业大厦、综合楼、职工公寓、车间、仓库等基础设施，总建筑面积 23060 平方米，其中，归区创业园使用面积 19053 平方米。先后被认定为省级高新技术创业服务中心、国家级科技企业孵化器、山东省专利园区、山东省重点服务业园区、山东省最佳投资园区、山东省服务名牌、省级创业孵化示范基地、市级创新公共服务平台等十几项荣誉称号。先后与中科院理化技术研究所、中国石油大学（华东）、中国海洋大学、天津大学等 30 余家高校院所建立产学研合作关系，为企业提供研发、技术及人才等科技与智力支撑。2008 年 12 月，创业园管理办公室升格为正科级事业单位，现编制 8 人，由区政府直属管理，开创创业园全面快速发展的新局面。自成立以来，创业园共计入驻企业 317 家、吸纳创业、就业人数 2200 余人。累计毕业企业 224 家，其中，山东汇海医药化工有限公司、东营市天正化工有限公司等 6 家企业被认定高新技术企业，山东汇海医药化工有限公司、东营安诺其纺织材料有限公司、山东旭业新材料股份有限公司等 6 家企业成功上市。截至年底，创业园现有入驻企业 55 家，行业涉及电子商务、软件信息、节能环保、新材料、农业科技、生物医药及体现黄河口特色的文化创意产业等领域。2016 年，区创业园累计实现主营业务收入 169.7 亿元，实现税收 3637.9 万元，其中，黄河三角洲石油化工交易中心企业实现主营业务收入 168.09 亿元，实现税收 3245 万元。2017 年，累计实现主营业务收入 177.82 亿元，其中黄河三角洲石油化工交易中心实现主营业务收入 177.00 亿元；实现税收 3756.64 万元，其中，黄河三角洲石油化工交易中心实现税收 3600.00 万元。创业园已成为河口区创业创新、企业孵化的重要基地及经济增长的新亮点，为区域经济社会发展提供强有力的科技支持和项目支撑。

（1）加大项目引进与扶持力度。立足国家级科技企业孵化器要求，严格准入门槛，2017 年，新入驻企业 20 家，毕业企业 9 家，在孵企业达到 55 家。黄河三角洲石油化工交易中心注册企业突破 600 家。加大企业扶持力度，先后为企业奖补房租、减免水电费等各类资金 11.65 万元，扶持企业快速成长。预计 2017 年，园区企业主营业务收入突破 180 亿元，税收突破 3800 万元。（2）深化产学研结合。开展“企业院校行”活动，组织参加“第十五届中国国际人才交流大会”等活动，帮助企业引进技术、项目和人才。先后转化实施科技成果 10 项，帮助企业引进硕士以上人才 9 人。山东万安与山东中医药大学药学院院长田景振签订了合作协议，由田院长研发的万枝灵养心茶、万枝灵清心茶、万枝灵消渴茶产品已在万安药业公司投产，年可创产值 1600 万元。（3）推进企业转型升级。加强与上海股权托管交易中心、北京新三板的合作，助推企业对接国内顶尖科研机构，对接资本市场。万安药业北京新三板（创新层）挂牌上市工作现正在积极推进，2017 年第一季度完成。积极帮助企业申报高新技术企业，东营华力石油公司成功通过省级高新技术企业审核。（4）逐步完善基础设施配套。实施监控系统升级改造、厂房维修、绿化和整体设计提升工程，优化功能布局，凝练品牌理念，规范服务标准，打造园区文化，将创业园建设成为环境优美、服务完善、宜居宜业的创业孵化园区，进一步提升项目承载能力与服务环境。（5）推进电子商务。先后到济南、滨州、菏泽等地考察学习，结合实际，依托万安药业公司，建立河口区电子商务产业园。2017 年 11 月 14 日—16 日，区委组织部、区创业园管理办公室围绕教育引导广大群众、企业及社会各界充分认识什么是电商、为什么发展电商、怎样发展电商，在各镇街开展“河口区农村电商创业大讲堂”培训活动，提高全区对电商的认识和参与意识。电子商务公司已注册完成，淘宝、京东和 1 号店的地方特色馆开店证明已开具并交予企业，正在办理注册手续。（6）加强科技培训与服务交流。组织举办“创业担保贷款等扶持政策解析”“企业合同风险防范”“四川大学互联网 + 形势下的创新创业专题培训班”“河口区‘专利消零’企业知识产权培训班”等创新创业培训 5 场次，受益人员 300 人次，有效提高创新创业意识和经营管理能力。

【完善基础设施】 （1）综合楼、职工公寓地源热泵接入与职工公寓维修工程已完成，较好地改善园区企业职工的住宿条件，工程审计验收已接近尾声。（2）厂房维修工程已经完工，解决园区厂房因年久失修导致的漏雨等问题，改善园区企业的生产环境。（3）园区绿化工程已经完工，绿化工程的实施，将为创业者打造一个三季有花、四季常绿的办公环境。（4）落水管和空调架维修工程正在施工，落水管和空调架的更换维修，将改善之前雨水排通不畅和外墙锈迹严重问题。

【园区发展规划】 经前期考察和对比，确定由山东枫云国际文化创意管理有限公司对区创业园进行整体设计，通过整体设计，力争达到优化功能布局，凝练品牌理念，规范服务标准，打造园区文化，将创业园建设成为环境优美、服务完善、宜居宜业的创业孵化园区的目的。园区标志、公寓楼外部形象及公共会议室、接待室等设计已完成图样，其他设计 11 月底完成。

【项目引进】 2017年，区创业园加大宣传力度吸引项目入驻，并积极响应国家“互联网+”发展战略，落实区委、区政府大力发展电子商务产业的决策部署，通过外出招商、企业招商等多种方式和途径招引项目入驻。先后引进京东商城河口运营中心、黄河故道生态家、稻丰网络等项目12个，园区在孵企业达到53家。稻丰网络以自主开发的“稻丰网络”为平台，将认养农业与其他产业有机结合，开展“认养农业+N”多元发展方式的探索，全力“打造中国最大的认养农业平台”。石油化工电子交易中心注册企业达到635家，1—9月份实现营业收入134.08亿元，纳税2102万元。

【产学研结合工作】 充分利用2015年7月与中科院老专家技术中心合作成立的中科院老专家技术中心河口科技工作站，主动到企业调研了解困难和需求，开展“企业院校行”活动，帮助企业引进技术、项目和人才。带领山东泰克曼到中科院化学所进行对接，就聚酯粉末涂料添加剂合作进行洽谈。与山东万安与山东中医药大学、天津医科大学等高校进行对接，与山东中医药大学药学院院长田景振签订合作协议，由田院长研发的万枝灵养心茶、万枝灵清心茶、万枝灵消渴茶产品已在万安药业公司投产，年可创产值1600万元。

【电商产业园区】 通过到江苏新沂、济南、滨州、菏泽等地考察学习，区创业园结合实际，与入驻企业山东万安药业有限公司合作，准备建立河口区的电子商务产业园区。电子商务公司已注册完成，淘宝、京东和1号店的地方特色馆开店证明已开具并交予企业，正在办理注册手续。其中，京东河口运营中心与区创业园管理办公室签订合作协议，落户区创业园，通过京东商城和京东物流，打造可信、便利的一站式综合购物平台，并实现“村村通”“门到门”的特色服务，有效解决农村物流网络的“最后一千米”问题。这些项目的成功落户，对于区创业园引进优势电商平台、电商企业，将起到很好的示范作用，同时可有效增强电商事业在全区经济社会发展中的地位，提升河口区的知名度，带动全区电商产业加速发展。

【园区管理】 （1）制定出台园区企业考核办法和职工考核办法，进一步修改完善包括考勤、卫生、物业管理、督办等在内的工作制度20项，规范工作程序和标准，提高工作效率和服务水平。（2）实施市创新公共服务平台计划项目，整合资源，探索以专业化服务提高孵化发展成效，解决河口区创业文化氛围不够浓、场地功能不够完善、服务模式不够灵活等问题，构建集场地空间、企业开办、创业辅导、创业培训、财务法务、知识产权、技术转移、沙龙路演、上市融资等功能于一体的创新创业服务体系，营造有利于“大众创业、万众创新”的良好环境，提升公共服务能力，释放市场活力，促进小微企业加快发展。（3）组织开展企业合同法律风险防范、人社相关政策培训班2期，促进企业依法、依规、规范发展。加大企业扶持力度，先后为企业奖补房租、减免水电费等各类资金11.65万元。

地震工作

【概况】 河口区地震局，副科级事业单位，隶属河口区科学技术局，现有编制3人。2017年，河口区地震局坚持经济建设与防震减灾工作一起抓的工作思路，认真贯彻落实上级地震工作会议和文件精神，围绕河口区委、区政府中心工作，加强自身和社会防御地震灾害的能力建设，加强地震监测预报、灾害预防、应急救援三大工作体系建设，强化措施，突出重点，开拓进取，开展防震减灾工作，各项工作稳步推进，为服务全区经济发展和维护社会稳定做出积极的贡献。

【健全地震工作体系】（1）河口区高度重视防震减灾工作，召开全区防震减灾会议，充实调整全区防震减灾工作领导小组，进一步明确成员单位、人员的职责和分工，明确要求进一步加强建设工程抗震设防管理和地震群测群防工作，为防震减灾工作的顺利开展提供了强有力的保障。（2）将2016年度突发事件应对工作总结评估和2017年度突发事件趋势分析形成书面资料，并报区政府审核备案。（3）为进一步加强地震安全社会管理、公共服务和基础能力建设，提高综合防震减灾能力，在充分了解把握中国地震局、省地震局、市地震局“十三五”规划总体思路、目标任务、重大工程、政策措施的基础上，河口区集思广益，充分征求社会各界意见，精心编制《河口区防震减灾“十三五”规划》。（4）作为区招商引资项目联审和区城市规划建设委员会成员单位，2017年，共参加区政府组织的项目联审会和城市建设规划委员会共计15次，就抗震设防提出意见，为领导决策提供科学依据。

【地震应急体系建设救援】（1）推进各职能部门、镇街、企业、学校和医院等单位的地震应急预案建设，建成“纵向到基层，横向涵盖所有社会组织”的地震应急体系。（2）制定《河口区地震应急演练方案》，有计划、有步骤地推动应急演练工作。督促各级各有关部门单位制定相应的预案演练方案，组织开展不同类别、不同形式的地震应急预案演练，通过演练发现问题、改进不足，不断提高应对突发地震事件的实战能力。（3）认真做好“12322”防震减灾公益服务热线接听工作。组织有关人员学习防震减灾服务热线礼貌用语及常见问题解答，制订《河口区“12322”防震减灾公益服务热线管理规范》，安排专人接听“12322”防震减灾公益服务热线，扎实做好群众咨询、解答工作。（4）为区黄河广场、鸣翠湖广场、体育场、银河公园、气象广场等10处重新定制应急避难场所标识牌，真正能够帮助市民在遇到地震等重大突发灾害时尽快到达安全的避难场所。

【防震减灾工作】（1）加强业务知识学习，熟知上级政策，同时加强与市地震局的请示与沟通，学习先进经验。在市地震局的指导下，积极探索工作方式方法，推动行政执法工作的顺利开展。（2）主动的将地震安全性评价工作纳入河口区行政审批模拟程序，严格新建、改建、扩建工程抗震设防要求管理，把好抗震设防质量关，明确要求所有建设工程抗震设防要求核准手续统一到区行政服务中心办理，工程咨询部门在编制项目可行性研究报告时，必须增加抗震设防章节。（3）加大地震执法力度，依法加强对地震安全性评价工作的监管。加强与发改、经信、住建等部门的合作，建立行政执法网络，共同做好重大工程地震安全性评价和一般建设工程抗震设防要求的监督管理。

【地震监测】（1）为保证地震测报信息的连续性、准确性，在市地震局的帮助和支持下，河口区地震局加强地震监测台网中心运行管理，每周进行一次测震台的维护和保养工作，预防事故发生。2017年，未发生一起因设备故障导致河口区地震数据空白的事件发生。（2）根据省地震速报信息交换共享平台自动定位信息，搜集有价值的信息，第一时间通过手机短信转发区委、区政府20余人次，及时为领导传递震情信息，加强领导防震减灾意识，为领导科学决策提供依据。（3）建立震情速报网络，各镇、街道明确一名分管地震工作的领导，每个村（社区）明确一名防震减灾工作助理员（同时兼任村级震情速报员、宏观异常测报员），具体负责地震灾情速报、地震科普宣传、地震应急等工作的联络协调，确保地震信息上下畅通，加强了防震减灾网络建设。（4）坚持统一规划的原则，与区畜牧局、海洋与渔业局密切配合，认真筛选，在全区畜牧、水产养殖大户中筛选设立震前动物异常信息测报网点。各观测点明确一名责任心强的社会地震观测员，在地震部门和防震减灾助理员的指导下开展地震宏观异常的观测，每周一向市台网中心发送动物是否异常短信。安排专人负责，定期到观测点查看，了解情况，指导搞好观测记录，严格实行逐级上报制度和发现异常及时上报制度，提高河口区短临地震预报水平和综合防震减灾能力。

【宣传教育】（1）加强业务知识学习，努力提高队伍整体素质。注重对干部职工的教育和培训，将防震减灾法律法规和业务知识学习列入年度学习计划，利用每周五下午集中学习日，加强对地震工作法律、法规和业务知识的学习，使广大干部职工进一步熟知上级政策，掌握业务知识。并积极参加省、市地震局举办的各类培训班，加强学习，强化业务知识培训，提高执法人员素质和执法水平。（2）通过网络开展地震知识宣传。在网站开辟了防震减灾知识专栏，介绍地震知识，宣传防震减灾法律法规，公开地震行政执法程序。（3）制作宣传展板，采购宣传资料，制作幻灯片，充分利用《中华人民共和国防震减灾法》颁布实施日、“5·12”防灾减灾日、国际减灾日和科技活动周等活动，通过图片展览、悬挂横幅标语和赠送图书、科技下乡等宣传方式，结合“六进”，在区政府、实验学校、河宁小区、海宁小区、河安小区摆放展板5场次，向群众发放防震减灾宣传资料1000余份，加大对单位职工、基层群众、学校学生、居民家庭等人群的宣传，增强群众的自我防护意识、公共安全意识和社会责任意识，提高公众对地震安全知识和应急知识的知晓率。（4）河口区义和镇中学、新户中学被评为2017年度山东省地震科普示范学校，河口区省级“地震科普示范学校”已达到7所；河口区六合街道河安社区被授予“2017年度山东省防震减灾科普宣教基地”。

气象工作

【气象防灾减灾】 国突发布系统安全运行，发布准确率100%。气象探测环境得到良好保护；地面气象观测综合指数为99.87%，按规定开展气象装备检查和巡检，对出现的故障在规定时间内及时恢复正常运行，完成土壤水分观测站的参数测量任务。

【人工影响天气】（1）加强管理和调度。年内召开4次人影调度会议，与各镇街、各作业点签订安全生产责任书，协调各乡镇成立气象防灾减灾和人工影响天气工作领导小组，明确人员机构和任务。（2）实施义和作业点硬化和大门改造。彻底改善作业点的办公条件，为作业点更换办公桌椅总计58张。（3）加强安全管理。开展安全隐患排查，更换电台等通讯设备和消防器材，为作业人员购置意外伤害保险，购置公众责任险。（4）加强人员管理培训。辞退8名不适合从事人影工作的人影队员，组织炮手集中培训，组织作业人员健康查体；与人社局联合组织首届人工影响天气技能竞赛，三名同志获得“河口区技术能手”荣誉称号。2017年，全区共组织作业6次，防护区内没有雹灾出现。

【气象服务】（1）抓好预警信息平台号码更新，累计更新全网发布系统短信号码库信息35万条；（2）升级完善“智慧河口”气象服务平台，丰富内容、增加栏目；（3）开发应用河口气象微信公众号，关注用户达340余户，扩展气象服务覆盖面。（4）高标准的对机房、值班室进行改造，更换机柜、ups等设施；对电路、监控、网络线路重新铺设，安装楼宇门门禁。通过改造，极大提升了业务、服务能力。2017年，综合利用专题材料、短信、微信公众号、手机客户端等方式做好决策服务和公共服务，区主要领导多次听取气象工作汇报，区长田兵兵到区气象局视察工作。针对6月份强降雨、11月份寒潮天气，提前利用手机短信、微信、“智慧河口”等方式及时进行决策服务，区政府主要领导在微信群里做批示和安排。11月12日，区长田兵兵对区气象局微信公众号提出表扬，认为公众号内容全面、可用性强，要求各部门主要负责人均要关注。

【审批改革】 完成与住建部门的防雷行政许可交接，公示权力清单；深入推进行政审批改革，改变审批结果取得方式，由企业到窗口领取审批结果变为利用邮政 ems 邮寄上门，为企业节省时间；行政审批案卷更加规范，代表河口区参加全市审批案卷评比，获得审判案卷优秀奖第二名。

【安全监管】 （1）加强施放气球安全监管。4 月份在政府网站、广播电视台发布发布了施放气球管理的公告；联合河口区公安、安监、质检、城管、食品药品监督部门联合发布《关于进一步加强施放气球安全管理的通知》，利用书面送达、网站公告、电视播报等方式将通知精神传递到各单位和有关企业。（2）加强防雷安全管理。2 月底，协调区安委会办公室、东营港安监局分别下发《关于规范开展防雷装置安全检测的通知》，送到辖区内各有关企业，对防雷检测市场的混乱行为进行澄清和规范。（3）按照“专家查隐患、部门促整改”的思路，开展化工产业转型升级防雷安全大检查。与安监部门配合，从市、区安全专家库中抽取具有资质的专家组成专家组，由区安委会办公室统一安排部署和安监部门联合出动，对全区企业开展拉网式检查。从 8 月中旬至 9 月下旬，无缝隙的检查河口区和东营港全部 193 家企业。下达书面整改意见 74 份，截至年底，所有企业均开展整改，整改完毕 35 家。通过严格监管、规范服务，保持了在全区防雷检测市场较高的影响力，全年共出具报告检测报告 205 份，验收报告 32 份，上交区财政预算外收入 102.6 万元。

【重点项目建设】 年内，圆满完成河口区 2017 年政府投资项目加密自动气象系统的建设，新安装六要素自动气象站 12 套，开发 app 预警软件 1 套，实现将大监站、区域站、新建加密站资料有机整合，实时调阅、监控报警等功能。此外，完成柴油发电机组的采购任务，实施院内雨污分排改造等零星维系项目。

海洋与水产研究所

【概况】 河口区水产研究所成立于 1998 年 10 月，隶属河口区海洋与渔业局，为副科级事业单位，编制 5 人，建有实验室和试验基地。近年来，河口区海洋与水产研究所紧紧围绕全区海洋渔业的中心工作，加大力度，强化措施，（1）开展技术服务。针对夏季极端天气灾害，加强海参养殖指导，降低损失；继续开展渔业病害测报、渔户调查及池塘信息采集工作，定期采样调查，按时上报数据；开展渔业技术培训活动，聘请中科院海洋所王雷博士、山东省海水养殖研究所李成林研究员等组织培训班 7 期，培训渔民 500 余人次；推广海参、贝类、对虾等主导品种，建设养殖示范基地 1 处，集中培训基层渔技人员 50 名，培育渔业科技示范户 150 户。（2）加强水产疫病及水产品安全质量监督检测工作。顺利完成育苗、养殖企业摸底；配合省质检中心抽检水产苗种 10 个样；水产品抽检 46 个样；开展水质化验分析 7 次，沿海岸线均匀分布 6 个点。（3）推进海参品牌基地和项目建设。建成对虾养殖基地 20 万亩、海参养殖基地 10 万亩，实施“海参健康养殖”等 3 个示范项目。规范无公害等产地，推行“两项登记、五项制度”；汇泰省级水产健康养殖示范区通过验收；隆翔公司申请无公害农产品认证已全部完成；开展卫生状况监控及贝类划型试点工作，抽检贝类苗种 36 个样。（4）引进推广新品种、新技术、新工艺，重点引进推广扇贝等品种筏式养殖，同时，搞好各项养殖试验，实施省级农业技术推广项目，促进全区渔业的发展。

教　育

综　述

【概况】 2017年，河口教育工作坚持以提高教育质量为中心，以深化教育改革为动力，以强化教育管理为主线，努力办好人民满意的教育。截至2017年9月，河口区共有幼儿园19所、小学8处、初中3处、九年一贯制学校2处、普通高中1处、职业学校1处；在园幼儿3449人、小学在校生6016人、初中在校生5019人、高中在校生2164人，职业学校学生数1085人；教职工1911人，专任教师1693人；现有省级规范化学校1所，市级规范化学校11所，市级现代化学校11所，省十佳幼儿园1所，省示范幼儿园7所，市现代化幼儿园17所。2007年，被省教育厅命名为全省“教育示范区”；2010年，被省政府授予“全省教育工作先进单位”；2014年，在全市首批创建为“全国义务教育发展基本均衡区”；2015年，被省精神文明建设委员会授予“省级文明单位”。教育工作在历年的全区综合考核和全市教育系统考评中均位于前列。

【素质教育】 坚持立德树人，实施素质教育。把德育工作放在素质教育的首要位置，弘扬社会主义核心价值观，加强对德育工作的督导和考评，德育教育制度化、规范化、科学化水平不断提高。全面落实国家课程方案，科学整合课程资源，推出一批有特色的校本课程。坚持因材施教，组织首届“国学小名士”经典诵读电视大赛、参加市第九届中小学生读书活动，开展中小学艺术展演、经典诵读、艺术节、科技节、运动会等系列活动，获得“山东省家庭教育示范基地”称号。

【教师队伍】 以师德建设为重点，完善教师评价、考核各项制度。强化教学教研工作力度，抓好“一师一优课，一课一名师”活动，获市级优课一等奖41节，二等奖62节，三等奖103节；组织河口区优质课评选活动，择优上报40人参加市级优质课评选；充分发挥8个市级名师工作室的带动作用，开展丰富多彩的区域教研培训活动；落实教师培训培养计划，实施骨干教师、名班主任、学科带头人培养工程，外聘名师、专家讲学20余场次。进一步优化师资队伍结构，落实中小学校长职级制改革、城乡教师交流轮岗和乡村教师支持计划，完成71名教师的招聘工作，师资队伍整体素质得到提高。

【均衡发展】 加强幼儿园规范化管理，组织召开全区幼儿园师德建设专题工作会议，现有省十佳幼儿园1所，省示范幼儿园9所，市现代化幼儿园18所；整合区域学前教育资源，胜利油田驻河口社区学前教育移交分离工作有序进行。提升义务教育发展水平，解决中小学“大班额”问题，大力实施“小班化”教育，全区70%的学校被列入全市“小班化”试点学校。扎实推进教育现代化建设，全区80%以上的学校被评为市级“现代化学校”，4个镇街被评为东营市“教育现代化乡镇”。高考、中考成绩稳居全市中上游，高考录取率、上线率实现新突破，本科上线率为72.8%，较2016年提高0.2个百分点。职业教育健康快速发展，加强校企合作、联合办学的发展模式。

【办学条件】 全力抓好教育重点工程、重点项目，全区办学条件得到显著改善。投资167万元完成教育软实力提升项目，购买负载均衡设备、教学资源库、素质教育评价云平台等软硬件设备，大力提升教育信息化工作水平。总投资6328万元完成仙河镇中心小学建设工程，9月份完工并投入使用，有效解决多年来仙河镇地区入学难问题。解决城区义务教育资源不足问题，投资6280万元实施河安小学扩建工程，投资1570万元实施实验学校改造提升工程。提升农村学前教育办园条件，投资250万元新建新户镇太平幼儿园教学楼1栋，投资180万元新建新户镇中心幼儿园功能用房1栋。

【教育环境】 把学校安全作为重中之重，落实校园安保措施、规范校车运营、加强疾病防控和食品卫生安全，与公安、消防、药监、卫计等相关单位密切配合，积极开展校园安全检查活动，做到每月开展一次专项检查，每学期开展一次综合检查，为广大师生创造一个安全、和谐、稳定的教育环境。解决贫困家庭、进城务工人员等弱势群体子女的上学问题，落实各项资助金328.06万元，受益学生8446人次。提升群众健康水平，组织参加省市区各类培训、交流、比赛、展演等活动25场次，参加人数达1614人次；投资43.32万元，铺设河安社区塑胶标准篮球场1片、河凯小区草坪标准足球场1片，为18个行政村及社区购置健身器材260余件。

【学校简介】 （1）东营市河口区第一中学简介。东营市河口区第一中学成立于1985年，2015年迁址新校。新校坐落于河口区湖滨新区，占地面积162530平米，总投资达4亿元，设计在校生规模80个班，建筑面积1.6万平方米，分教学、生活、运动三大功能分区，包括教学楼、艺术楼、实验楼、体育场、行政图书楼等12栋单体建筑。

河口一中是东营市重点高中、省级规范化学校。学校现有教学班44个，在校生2300余人，教职工239人，其中，全国劳模1人，全国优秀教师1人，省特级教师1人，省劳模1人，省先进工作者1人，省优秀教师3人，市名校长1人，市道德模范1人，市最美人物1人，市特级教师1人，市功勋教师1人，市名师4人，市级优秀教师、教学能手60余人。

近年来，学校紧紧围绕“以人为本，和谐发展”办学理念，大力实施“名师兴校、质量立校、特色强校”战略，积极建设“规范一中、人文一中、青春一中”，倾力打造“齐鲁名校”，教育教学质量每年都有新突破。先后荣获山东省校本培训示范学校、山东省普通高中课程改革定点联系学校、山东省十大影视文化教育基地、山东省高中教学示范学校、山东省素质教育工作先进单位、山东省艺术教育示范学校、山东省文明单位，是北大附属实验学校合作发展示范校、教育部信息管理中心理事单位。

（2）河口区实验学校简介。河口区实验学校是河口区直驻地唯一一处九年一贯制义务教育学校，成立于2003年6月。学校占地面积17万平方米，总建筑面积5.2万平方米。理化生实验室、微机室、录播室、电教室、综合实践活动室、图书阅览室、音美舞蹈教室、医务室等功能教室配备齐全，仪器设备、音体美器材、微机、多媒体等教学设施达到省普通中小学基本办学条件标准要求。现有86个教学班，在校学生4329人。现有教职工306人，具有高级职称教师36人，中级职称教师124人。拥有省级优秀教师4人，市级优秀教师、优秀教育工作者4人，市级师德标兵1人；省优质课获奖者7人，省级教学能手1人，省特级教师1人，齐鲁名师1人，市级教学能手52人。市级重点培养对象29人，市级学科带头人7人，东营名师4人。

近年来，学校以科学发展观为指导，认真学习和实施《国家中长期教育改革和发展规划纲要》，以创建省级规范化学校和教学示范学校为目标，以与北大青鸟集团、北大附属实验学校合作办学为抓手，进一步理清工作思路，强化工作措施，大力加强教职工队伍建设和学校德育工作，进一步规范办学行为，全面推进素质教育。不断深化学校内部管理体制和课堂教学改革，积极构建和谐高效课堂，稳步提高教育教学质量。实施学校标准化建设工程，大力改善办学条件。狠抓学校安全工作，创建平安和谐校园，为全面实现教育现代化奠定了坚实的基础。学校先后荣获全国德育科研工作先进学校、全国和谐校园建设典型学校、全国文化创新示范学校、中华优秀传统文化艺术传承学校、全国校园足球特色学校、中国楹联教育基地、全国职工书屋、山东省文明单位、山东省少先队工作规范化学校、山东省心理健康教育先进学校、山东省示范家长学校、山东省语言文字规范化示范学校、山东省绿色学校、山东省富民兴鲁劳动奖状、山东省卫生先进单位、山东省楹联文化教育先进学校、东营市教学示范学校、东营市规范化学校、东营市文明校园、东营市师德建设示范学校、东营市群众满意基层窗口单位、东营市古诗文诵读工程示范学校、东营市依法治校示范学校、东营市未成年人思想道德建设先进单位、东营市素质教育工作先进单位、东营市教育现代化学校、河口区教育工作先进单位等多项荣誉称号。

（3）河口区河安小学简介。河口区河安小学始建于2009年5月，2010年9月正式启用，占地面积7万多平方米，是一所环境优美、设施一流、充满活力的年轻学校。负责接收渤海路以南，并继续招收南旺、广河、三义合、协胜、新合、新胜等六个村的学生。现有教学班39个，在校学生1558名，专任教师119人，其中高级教师7人、一级教师36人、初级教师58人，合同制教师18人。全国优秀教师1人，省级优秀教师1人，市级优秀教师2人，市区级学科带头人、教学能手、师德标兵20余人次。学校先后荣获第一批全国学校体育工作示范学校、全国校园足球特色学校、全国零犯罪学校、教育部国防教育特色学校、山东省少先队先进集体、山东省科普示范学校、省级文明校园提名奖、东营市规范化学校、东营市教学示范校、市级文明单位、市级德育工作先进单位等荣誉称号。

学校遵循“让每一个生命都绽放精彩”的教育理念，坚持课程引领发展的办学思路，确立了“传承—信仰—未来”为主线的课程体系，划分11个专题，分解30个主题和78个课题，涵盖了传统文化教育、党史国史教育、社会主义核心价值观教育、科技创新教育等内容。以“传承课程”为载体，开设国学诵读课程、传统文化特色课程；以“信仰课程”为载体，开设行为习惯养成课程、主题实践教育课程；以“未来教育”为载体，开设航模课程、3D打印课程、机器人课程、无人机飞行拍摄课程，对学生进行人文素养、学习能力、实践能力、创新能力等核心素养的阶梯式培养，帮助学生们从课程中、实践中、生活中、自然中传承传统文化，坚定理想信念，学会创新创造。同时，把课程建设与校园文化建设有机结合，构建“我们的传承”“我们的信仰”“我们的未来”校园文化体系，对学生进行潜移默化、熏陶渐染的文化教育。

职业教育

【概况】 2017年，学校内设办公室、教导处、总务处、招生就业办公室、培训办公室、省农业广播电视学校河口分校等6个机构。主要职能是：承担全区初、高中职业技术学历教育及各级各类人才的中短期培训工作；运用广播电视手段，培养农业中等专业人才；承担农民科技教育培训工作。

学校现有教职工58人，其中“双师型”教师24人。全日制在校生856人，开设机电技术应用、化学工艺、会计、计算机应用、护理等5个专业，机电技术应用专业是市级品牌专业。学校建筑面积21157平方米，其中在建11942平方米。资产总值1955万元，建有金属焊接与切割实验实训室、化学工艺模拟实训室、电工电子实训室、汽车实验实习室、多媒体网络教室、微机室等10多个实验、实训教室，教学仪器设备总值272万元。

【教育教学工作】（1）规范工作流程建设。采取职责梳理、确定流程目录、内容审核等措施，建立完善工作流程76项，每项工作流程包含流程、流程说明、工作依据和资料归档四部分，学校工作都能按照程序运转，规范化管理程度显著提高。规范学校业务范围清单，确定业务事项15项，其中行政辅助事项2项，公共服务事项12项，日常管理事项1项。（2）强化师资培养培训。开展教师培训活动，组织全体教师参加“互联网+教师专业发展”工程学习，18人参加全国师资培训上海基地——同济大学、景格职业技术培训——班主任综合能力提升研讨会，7人参加全国职业教育文化课程改革高级研讨会，6人参加省级培训，4人参加东营市“金蓝领”技师培训。加强骨干教师培养，推荐1人参加市级学科带头人评选，1人荣获全国信息化说课大赛二等奖，2人荣获省信息化说课大赛二等奖，1人荣获省级微课制作二等奖，2人荣获省级微课奖项，2人荣获市级优质课奖项，5人荣获市微课制作奖项，6人荣获市精品开放课程制作奖项，1人被评为区突出贡献的中青年专家，2人荣获区安全优质课、优秀论文奖。强化新教师培养，开展新老教师结对拜师活动，签订帮扶协议，通过骨干教师上示范课、信息化教学说课比赛交流、新教师上汇报课、教案设计评比、课件制作评比，有力提升新教师课堂教学水平。（3）推进教学改革。开展“教师一人一课”听评课活动，坚持推门听课制度，组织教研组长走进课堂，随时听课，了解教师上课情况。对机电专业进行教学改革，按参赛项目组织教学，加大学生的技能训练量，采取专项指导训练的教学方式，有效提高学生的实践能力。省级课题《中职学校校园文化建设研究与实践》被确定立项。（4）狠抓技能培养。以技能大赛为引领，对学生进行精心选拔、梯队培养、细心辅导、强化训练。“走出去”，到兄弟学校交流、对抗、练兵；“请进来”，让知名专家现场检阅、指导。组织100名机电专业学生参加初级电工职业资格技能鉴定，合格率100%。机电一体化专业通过市级品牌专业验收。在东营市中职技能大赛中，5人荣获二等奖，3人荣获三等奖。在山东省化工设备维修技能大赛中，2人荣获二等奖，学校荣获团体二等奖，设备装调项目代表东营市参加了山东省中职技能大赛。（5）春季高考成绩显著。邀请专家作报告，开展专业建设研讨活动，教学质量显著提升。2017年，65人参加春季高考，17人被普通本科院校录取。其中：机电专业有34人报考、9人过线，王观旭同学以635分的成绩位列全省本专业第139名；化工专业有7人报考、3人过线，王钟坤同学以650分的成绩位列全省本专业第54名；会计专业有24人报考、5人过线。

【办学规模】（1）在校生总量实现新突破。学校加大宣传力度，采取春季招生与夏季招生相结合的办法，完成招生280人，在校生达到856人，在校生总量实现突破。（2）实现毕业生全面就业。密切与企业联系，积极构建全方位就业网络，为毕业生提供更优质的就业推荐服务。采取推荐就业和自主择业相结合的办法，推荐92名毕业生到富海集团、金开石油装备公司、安运汽车公司、常青树化工、润正商贸等企业就业。对口就业152人，占毕业生的87.35%，非对口就业27人，占毕业生的15.5%。（3）合作办学进展顺利。与潍坊工程职业学院、滨州职业学院联合办学，开设机电一体化专业、化学工艺专业“3+2”五年一贯制高等职业教育专业点，实现学生不出校门就可以上大专的愿望。（4）积极拓宽培训渠道。先后赴青岛农大、山东牧院、临沂农校、山东科技职业学院等高校参观学习现代畜牧养殖业培训工作经验，深入正邦集团、澳亚牧业等企业调研用工需求和培训意向，制定新型职业农民培训实施方案，为新型职业农民的培训工作打下坚实的基础。培训机电一体化、化学工艺和护理专业200人。

【基础设施建设】（1）基建工程进展顺利。以省级规范化学校建设工程为抓手，抓住机遇，埋头苦干，学校基础设施建设迈上新台阶。现公寓楼、餐厅、实训楼、体育场等建设项目已完工，管网及配套工程已完成90%，2018年春季可投入使用。2018年实施综合楼及周边配套、运动场地及消防工程建设，估算投资3472万元，现已进入勘察设计招标阶段。（2）实训设备购置进展顺利。通过全省集中采购、公开招标采购、单一来源自行采购和自行询价采购等方式，购买大批实训设备及办公家具，共计685万余元。其中，投资92万元配备会计、化工实训设备，配置158台微机和2台笔记本电脑；投资50万元配备餐厅设备及厨具；投资5万元购置图书1300册；投资27万元购置无人机、电气安装与维修、气焊净化器等设备；投资25万元购置办公桌椅25套、书橱28个、打印机11台、复印机1台、微机8台、摄像机2台、扫描仪1台、点钞机1台、书架和报刊架各10组，并增添了部分校园文化设施；投资5万元安装实训楼窗帘；投资12万元购置学生宿舍用床150套、课桌凳150套、定制55个微机凳子；469万元的实训设备采购正在招标公示中。

【校园文化建设】（1）加强学生管理。实施自主管理，加强养成教育，举行“与文明握手，向陋习告别”系列活动，积极倡导活动育人、实践育人、文化育人，通过班会、国旗下演讲、黑板报、壁报栏等形式，深入开展中国特色社会主义和中国梦宣传教育，大力加强社会主义核心价值观教育，帮助学生树立正确的世界观、人生观和价值观。邀请法制教育人士开展专题讲座，加强法治教育，增强学生法治观念，树立法治意识。广泛开展“文明风采”竞赛、校园歌手大赛、广播体操比赛、军训会操表演、演讲征文等丰富多彩的校园文化和主题教育活动，把德育与智育、体育、美育有机结合起来，努力构建全员、全过程、全方位育人格局。（2）加强文化设施建设。加强对橱窗等文化阵地的指导管理，精心布置宣传阵地，力求主题突出，图文并茂，充分发挥宣传教育功能。在班级建立特色宣传栏，营造了生动活泼、洁净素雅、健康文明、催人奋进的良好育人氛围。（3）广泛开展社团活动。组建社团20个，包含文化体育、文学艺术、学科专业等三大类，丰富学生校园生活。文化体育社团举办乒乓球和篮球赛等体育活动。文学艺术社团开展“诗词摘录”活动、“学习雷锋精神，构建和谐校园”活动、“弘扬中华传统文化，展现汉字艺术魅力”汉字听写大赛、“迎端午庆节日畅想和谐”游园活动、“献唱祖国飞扬青春喜迎十九大”歌唱大赛等活动，出版《阅读文萃》12期、《知行》校报6期。学科专业社团组织开展技能大赛、英语词汇比赛、汉字录入大赛等活动。社团活动的开展为学校增添活力，促进学生综合素质的提高与发展，为学生的全面发展打下坚实基础。

文化·体育

文　化

【概况】 区文广新局现有在编在岗干部职工41人，有电话16部，在编执法执勤车辆1部，另有图书流动服务车1辆、流动舞台演出车1辆、电影放映车1辆。下设河口区文化馆、河口区图书馆、河口区博物馆、河口区文化市场综合执法大队4个事业单位，承担大量的公共服务职能。2017年，区文广新局顺利通过省级文明单位复审，5月受到区委、区政府通报表扬，11月被区委、区政府授予“区直第十八批下派工作先进单位”“全区扶贫开发工作先进单位”称号。

【领导班子建设】 （1）构建责任体系。为促进管党治党主体责任落实，制定《2017年党风廉政建设工作方案》，召开党风廉政建设工作会议，签订主要领导、分管领导、股室长、党员干部廉政责任书，制作《履行党风廉政建设主体责任记录簿》，半年召开一次局党组履行党风廉政建设主体责任专题会议，建立抓班子、带队伍、做表率的责任体系。（2）筑牢思想防线。组织学习各级纪委全会精神、《中共河口区纪委关于以宣传教育引领新形势下的党风廉政建设和反腐败工作的实施意见》等，组织观看专题片《担当》，组织党员参加党风党纪“每月一测”、廉洁亲情寄语征集活动，1人荣获全区廉洁亲情寄语最佳影响奖，3人荣获优秀奖。撰写党风廉政建设工作信息，20篇被市文广新局网站、“清风河口”微信公众号采用。每周在省纪委网站留言、在市纪委网站跟帖，每月报送网评文章，在全区纪检监察信息前“十佳”评选中，区文广新局多次位列前三名。创作、展演廉政题材小品剧《良心》，被区纪委推荐参加“清廉东营”微视频评选活动。山东快书《门房闲话》、吕剧选段《百姓是咱头上的天》在河口区“传承好家风·扬帆新征程”主题晚会上演出，为打造“清风河口”做出积极贡献。

【党员队伍建设】 （1）组织学习研讨。集中学习廖俊波先进事迹、鲁义署名文章、习近平总书记七一讲话、习近平总书记的成长之路、《全面从严治党面对面》《党的十九大报告》《中国共产党章程》；组织观看专题片《将改革进行到底》《不忘初心继续前进》、庆祝建军90周年大会；组织“不忘初心，牢记使命”“贯彻党的十九大精神，勇担新时代使命”专题研讨，举办“信仰讲堂”，扎实开展“党员主题活动日”“党员读书月”活动。在全区“两学一做”学习教育知识测试中，17名党员有6名考得满分。（2）广泛宣传十九大精神。开展“喜迎十九大”优秀作品展映展演展览活动，以农村电影放映、广场文化艺术节、文化下乡演出、区图书馆、农家书屋为平台，开展优秀电影展映、优秀戏曲歌曲展演、优秀出版物展览展示，营造宣传氛围。通过两馆电子显示屏、两馆微信公众号进行十九大精神宣传。元旦前夕举办学习贯彻十九大精神业务技能比武大赛，由十九大精神学习竞赛、演讲比赛、主题文艺演出三部分组成，检验干部职工对十九大精神的学习成果，激发学习宣传贯彻十九大精神的热情，践行党的十九大“讴歌党、讴歌祖国、讴歌人民”以及“推动中华优秀传统文化创造性转化创新性发展、继承革命文化、发展社会主义先进文化”的要求。

【干部队伍建设】 （1）狠抓思想政治建设。组织学习新时代中国特色社会主义思想，开展中国梦、公民道德、核心价值观、文明礼仪教育。（2）强化道德建设。组织道德模范、身边好人评选活动，制作善行义举四德榜、光荣榜，积极申报“学雷锋活动示范点”和“岗位学雷锋标兵”，10余人受到上级表彰奖励。（3）开展文体活动。举办两次业务技能比赛，组织大家唱红歌、做广播操、参加马拉松赛和健步行活动，增强凝聚力，提振精气神。（4）巩固文明创建成果。及时向山东文明网、东营文明网、东营志愿服务网上传材料，通过省级文明单位复审。配合全国文明城市、省级文明区复审工作。

【人才队伍建设】 （1）加强文化阵地建设。区文化馆内设小剧场、舞蹈排练厅、音乐教室、数字文化体验区15个功能厅室，向社会免费提供培训、讲座、演出、展览、文艺辅导、数字文化体验等公共文化服务。（2）组织外出学习培训。组织全局干部职工、镇街文化服务中心主任到西安交大参加公共文化服务专题培训。配合区人大调研文化惠民工作，到青岛市、成都市考察学习，开阔眼界和思路。（3）全面实施“基层文化人才培训工程”。在继续举办社会文艺团体业务素质、音乐腰鼓、暑期少儿曲艺培训班的基础上，新增剪纸、面塑、吕剧、威风锣鼓培训班和琵琶演奏欣赏公开课、影视制作公开课，城乡文艺爱好者踊跃报名参加。（4）组织各类比赛。举行“喜迎十九大·吕韵唱河口”吕剧票友大赛、全区音乐腰鼓大赛，选拔音乐腰鼓队代表东营市参加全省中老年人健身创新项目展演，荣获第一名。（5）开展评先树优活动。组织河口区2017年“十佳社会文艺团体”和“十佳社会文艺带头人”及“百团千场乐万家”巡演活动优秀文艺团体评选活动，促进基层文化活动开展。（6）鼓励支持精品创作。出版两期《新淤地》，为广大文学艺术爱好者搭建展示才华、学习交流的平台。歌曲《离别》《怀念》、吕剧《爱我家园》等13件音乐舞蹈、戏曲曲艺作品荣获国家级及各级表彰奖励。

【基层文化设施】 区委、区政府将国家文化示范区创建列入2017年为民办实事，区政府领导带队，多次到镇街、村督查调研。区创建办和政府督查办对各镇街周调度、月通报，有力促进创建工作。加大对村级文化设施建设的扶持力度，按每村2万元的奖补标准，为85个村（社区）综合文化服务中心配备电脑或图书；为11个市定贫困村每村拨付1.2万元用于文化服务中心建设与提升；扶持建设22处乡村剧场、21处村级历史文化展室；为60处乡村儒学讲堂配备6000册国学图书，弘扬优秀传统文化；新增城市书房、悦读书社5家，方便大家借阅书籍。在全省村（社区）综合文化服务中心建设第三方考核中，河口区名列前茅。顺利通过国家公共文化服务体系示范区创建工作中期督查评估。

【文化活动】 槐花节期间举办美丽幸福新河口——河口全国摄影大赛历届获奖作品展暨河口历史文化展；启动“迎庆十九大 聚焦新河口”第五届河口全国摄影大展征稿活动。举办迎新春文艺巡演、油地军港闹元宵大联欢活动，组织广场文化艺术节演出60场次、“进千村乐万家”“百团千场乐万家”文化惠民活动1100场、农村公益电影放映2140场，丰富城乡群众的精神文化生活。

【图书服务】 （1）办馆条件明显改善。区图书馆设立12个功能窗口，增设24小时自助图书馆、自助借还书机等数字化服务设备，先进的设施设备受到评估组的好评。区图书馆微信公众平台升级改版，启动微信图书续借、新书公告、在线阅读等服务功能，应邀在全省图书馆新技术、新媒体、新服务展示交流会做题为“河口区图书馆在微时代下的微服务”典型发言。（2）广泛开展读者活动。推行“你选书，我买单”“图书馆+书店”模式和“图书馆，我想对你说”自助式文化活动意见征集，举办河口区第三届读书朗诵比赛，促进全民阅读。举办古琴体验、沙画体验、书画培训、折纸培训、老年计算机培训、围棋公开课等公益活动。中国文明网、中国图书馆学会、省文化厅网站等宣传报道河口区读者活动。（3）志愿服务品牌获省市表彰。招募志愿者88名，悦读妈妈讲绘本故事志愿服务活动被市委宣传部授予首批优秀阅读推广项目，区图书馆志愿服务品牌获省文化厅表彰。

【文化执法工作】 坚持安全重于泰山、稳定压倒一切，开展影响社会稳定矛盾问题摸排调研活动、排查影响社会隐患防范四类风险专项行动。举办文化市场安全经营暨法律法规培训班、安全生产咨询日活动，开展安全生产大检查行动。调整区“扫黄打非”暨文化市场管理领导小组，持续深化开展“扫黄打非”五大专项行动。十九大期间，加强对广播电视等播出机构安全播出监管和新闻出版市场监管。开展打击侵权盗版及非法出版物集中专项治理行动、“迎世界知识产权日”打击非法盗版出版物、卫星电视地面接收设施、互联网低俗色情信息专项整治，营造健康向上的社会文化环境。

广播电视

【概况】 河口区广播电视台是区政府直属正科级事业单位，下辖河口人民广播电台、河口电视台2个副科级事业单位、技术保障中心1个股级单位，内设办公室、总编室两个部室。现有在编在岗干部职工35人，临时人员34人。有线电视实现模拟、数字双路传输，自办电视节目二套、广播节目一套，负责全区广播电视新闻宣传工作。2017年，区广播电视台紧紧围绕区委、区政府中心工作，按照“新闻立台、栏目兴台、事业强台”的工作思路，突出抓好新闻宣传、节目制作、队伍建设、创新创收、廉政勤政五项工作不断提高新闻宣传水平，深化媒体融合，认真做好主流媒体宣传，加强党的建设，圆满完成全年各项工作任务。

【内宣工作】 坚持围绕区委、区政府的重大战略部署和中心工作开展宣传，立足服务广大人民群众，突出民生实事进行报道，营造浓厚舆论氛围，传播正能量。全年，电台、电视台共编发共编发《河口新闻》626组，播发稿件5800余条。策划《新春走基层》《贯彻市区党代会、区“两会”精神、加快建设美丽幸福新河口》《深入开展“两打一整治”专项行动》等大型系列报道120多期、专题节目316期。高质量完成全区“两会”现场报道、播音等工作，高水平完成垦利区党政考察团到河口区观摩学习电台直播解说任务。

【外宣工作】 针对河口区经济总量相对偏小，新闻热点少的难题，提出抓住特色、突出重点、单项突破的工作思路，积极向央视、省台、市台新闻联播等影响力大的媒体供稿。2017年，在中央台发稿3条，省电视台发稿95条；市电视台、市电台508条，联播东营626条。6月15日，在央视新闻频道《朝闻天下》“寻找最美孝心少年”中播出《高明杰：我只想让妈妈好起来》。

【节目创作】 时刻把创新和接地气作为节目制作引进的根本。（1）引进精品节目。在引进播出《有一说一》《说一不二》等精品节目的基础上，根据观众需求，引进《话山论见》《健康有约》等节目。（2）精办自办栏目。牢固树立“内容为王”的理念，精办《河口新闻》《关注发展》《快乐梦想》《街头巷尾》《我读您听》《平安河口，政法在线》《环保视窗》等乡土气息浓厚的自办栏目，节目影响迅速扩大。

截至2017年年底，《快乐梦想》已播出226期，《关注发展》已播出155期，《街头巷尾》已播出96期，《我读您听》已播出163期。同时制作播出《平安河口，政法在线》65期、《环保视窗》26期。广播电台随着听众的品味办节目，深化节目形式和内容，加大力度增加赏析服务功能，开设生活类新栏目，丰富节目内容，不断提高电台节目的收听率。新开办《致富路上》《食品监管在行动》等专题栏目，深受广大听众的喜爱。同时，配合节气、节日搞好活动，在电台在每月开展一个活动，做到月月有惊喜，节日有专栏。（3）提高节目质量，积极参加广播电视作品评选活动。先后有10件作品分别在国家、省、市评选中获奖，由中国电视艺术家协会举办的第五届“全国市县电视台推优活动暨全国二十强市县电视台评选中”，区广播电视台选送的《我读您听》荣获栏目类一等奖、《神奇的蘑菇》荣获专题类一等奖、《头雁高飞筑梦艾河》荣获专题类二等奖。（4）播出公益宣传片。先后制作播出公益宣传片9部、播出公益宣传字幕3000多条（次），时长达15000分钟。由区广播电视台拍摄的公益广告《夕阳伴暖阳，爱心永相传》《心细则安》被山东省新闻广电出版总局表彰为2016年度优秀公益广告。（5）服务群众需求，全方位拓展群众性活动。2017年5月，在全台启动“记者下基层、精品上荧屏”活动，面对面与群众交流。成功举办2017年河口春节联欢晚会，油地军主要领导与社会各界代表共同观看演出，给予高度评价。与有关部门联合主办河口区“国学小名士”经典诵读电视大赛、“廉洁有我 青春担当”河口区五四清廉节启动仪式、“中国梦 校园情”河口区2017年庆“六一”暨山东省中小学生校园艺术节文艺展演、河口区“安康杯”安全生产法律法规电视知识竞赛。

【安全播出】 播出安全是广播电视的生命线，广播电视台严格实行安全播出责任制。（1）严把节目审查播出关，建立健全审查播出制度，节目播出必须由制作人员初审，总编室复审，分管领导终审方可播出，做到分工明确，责任到人，环环相扣，确保广播电视节目内容安全、健康、向上。（2）认真履行职责，加强安全管理。健全完善广播电视安全播出应急预案，坚持24小时值班制度，每逢重要保障期，对“两台”播出部、发射机房等重点岗位实行领导带班和巡查制度。圆满完成春节、两会、十九大等重要安全保障期的安全播出工作。

【事业建设】 （1）实施广播电视节目无线数字化覆盖二期工程，在一期工程免费转播16套节目基础上免费为全区所有电视用户再提供12套电视节目，共计28套节目，进一步提高河口区广播电视的公共服务能力。区委、区政府高度重视，列入河口区为民办实事之一。区广播电视台积极行动，迅速制定切实可行的工程施工计划，专人靠上负责。先后完成发射机的招标采购，播出机房及发射机房改造等各项工作，现工程建设已经全面完成。（2）做优做强“智慧河口”手机台。积极进军新媒体，构建传统媒体和新媒体相互融合、携手并进的发展新格局。2016年5月1日，河口区城市公共服务无线应用平台“智慧河口”手机台正式上线，手机用户在全国任何地方都能同步收听收看河口“两台”和全国150多套电视、电台节目。2017年，手机台发布信息2800余条，其中，书记、区长活动400条，电视点播栏目共1200余期，河口生活圈发布180余条话题。截至年底，总访问量达322万次，注册用户5000余人。在手机台开设专栏专题，发布专题信息204条。开展活动图文直播，2017年对区委区政府对外县区观摩学习、2017年高考、国学小名士选拔大赛、“三八”巾帼健步行等12个活动进行图文直播，直播活动都获得较高的社会关注和点击率。同步直播区委、区政府主要领导带队赴东营区、广饶县等4县区观摩学习，让全区干部群众即时了解区委区政府工作，直观感受兄弟县区发展情况。直播2017高考前，手机台工作人员进行大量的筹备和策划工作，提前深入区一中考点，记录备考情况，并搜集各类有关高考的信息，在直播河口区高考时适时插入，丰富内容，增强可读性。特别是针对2017年黄河路改造工程，在改造各个阶段，手机台工作人员走进现场，以图片配以文字说明的方式记录并发布黄河路改造进度。在竣工通车前夕，在竣工当天中午即对黄河路各段进行多角度拍摄，第一时间全面发布该消息。此外，手机台还对河口图书馆新馆功能、鸣翠湖景观等进行图文报道，均取得良好的政治和社会效果。（3）实施1号演播厅改造提升工程。投资389万元对1号演播厅进行了改造，对灯光、座椅等进行优化，由原来容纳140人增加到360人，现工程已基本完工。（4）做好广电中心后续工程。（5）投资200余万元，购置电台编播机、摄像机、无线数字发射机等设备，提高公共服务能力。

史志工作

【概况】 2017年，河口区地方史志办公室围绕区委、区政府中心工作，发挥史志“资政、存史、教化”的功能，履职尽责，服务现实，各项工作实现新突破。全年，出版发行《河口年鉴2017卷》、三部基层村志《新户镇东六合村志》《新户镇郭局村志》《义和镇同合村志》、首部专业志《东营市河口区水利图志（1984—2016）》，两部为现实服务类书籍《近代黄河三角洲成陆志考》《河口区投资服务手册》。

【《河口年鉴（2017）》出版】 6月，《河口年鉴（2017）》由方志出版社出版，这是自创刊以来出版的第16卷年鉴。主编张振华，副主编张泽红，执行主编潘春芳。设特载、大事记、区情概况、中国共产党河口区委员会、东营市河口区人民代表大会及其常务委员会、河口区人民政府、政协东营市河口区委员会、中国共产党河口区纪律检查委员会等31个栏目，130个分目（子分目），随文图片130余幅。大16开，76.2万字，印数1000册，定价200元，书号ISBN 978-7-5144-2575-8。该卷年鉴将“政党·政务”中的“中国共产党河口区委员会、东营市河口区人民代表大会常务委员会、河口区人民政府、政协东营市河口区委员会、中国共产党河口区纪律检查委员会、河口区监察局”升格作为栏目处理，下设分目。将“群众团体“改为“人民团体”“社会管理 人民生活”改为“社会生活”。书名冠东营市名称，方脊精装，全书彩色印刷，提升了年鉴的美观度和内在质量。

【基层村志出版】 （1）《新户镇东六合村志》出版。9月，东营市河口区地方史志编纂委员会编纂的《新户镇东六合村志》由线装书局出版发行。主编邢兆义，执行主编张成儒，潘春芳。全志为通志，上限追溯事物发端，下限截至2015年，全面记述本村90多年的发展脉络。全书68万字，图片1000余幅，印数1000册，定价369元，书号ISBN978-7-5120-2884-5，共分为建置区划、自然环境、居民、村庄建设、农业、渔业、农村经济、村务管理、中共基层组织的建立与发展、基层政权组织、群团组织、文化教育卫生、居民习俗、荣誉、村民家族15编，其中，“村民家族”编主要以家庭为单位，以图片的方式展现每个家族的生活现状。前设概述、大事记，另收录附录等相关资料，是社会各界了解新户镇东六合村发展历程的一部详实的资料文献。

（2）《新户镇郭局村志》出版。11月，新户镇郭局村志编纂委员会编纂的《新户镇郭局村志》由线装书局出版发行。主编陈景先，副主编王新华，陈守明，宋淑梅。全志为通志，上限追溯事物发端，下限截至2015年底。全书47.5万字，图片100余幅，印数1000册，定价299元，书号ISBN978-7-5120-2956-9，共分为建制、自然环境、居民、村民家族谱牒、新农村建设、农业、渔业、经济、综合管理、党群组织、基层政权与村民自治组织、文化教育卫生、民政与社会保障、驻军兵役、社会生活、人物16编，前设概述、大事记，后设后记，真实记述郭局村的历史与现状。

（3）《义和镇同合村志》出版。12月，东营市河口区地方史志编纂委员会编纂的《义和镇同合村志》由济南出版社出版发行。主编孟维芳，刘志刚，执行主编张成儒，副主编孙青华，崔清双。全志为通志，上限追溯事物发端，下限截至2015年12月。全书30万字，图片400余幅，印数1000册，定价360元，书号ISBN978-7-5488-2472-5，共分为建置、自然环境、居民、村民家族、村庄建设、农业、中共基层组织的建立与发展、基层政权组织、群团组织、村务管理、文化教育卫生、村民习俗、东营市精诚无缝钢管有限责任公司13编，前设概述、大事记，后设荣誉、人物、附录、后记等资料，真实记述同合村的历史与现状。

【专业志、特色志编纂】 《东营市河口区水利图志（1984—2016）》出版。5月，张兆栋、张成儒编纂的《东营市河口区水利图志（1984—2016）》由线装书局出版发行。主编张兆栋、张成儒。上限追溯事物发端，下限截至2016年12月。全书29.7万字，图片2500余幅，印数1000册，定价618元，书号ISBN978-7-5120-2750-3，共分为七大水利体系建设、黄河、胜利供水、水利基本建设、水利科技普查、水利执法、机关建设、领导关怀八编，前设概述、大事记，全志用照片资料真实记述河口区水利建设的发展脉络。

2017年出版的书籍

【河口区信息化建设】 （1）史志产品电子化。河口区史志工作坚持资料征集、编辑加工、排版设计全程电子化处理，史志产品印刷出版后，注重收集、整理、保存史志产品初稿、定稿电子文档。2016年，为史志资料更永久性存档，将首部《河口区志》《河口区志（2001—2010）》《河口区地方史志志》《河口街道志》《新户镇志》《六合街道志》《河口街道新建村志》7部志书刻成光盘。2017年，又把《义和镇志》《孤岛镇志》《仙河镇志》《太平乡志》《河口年鉴2016卷》5部志书、年鉴刻成光盘，作为永久保存的电子资料。

（2）地情网站建设。2017年，河口区史志办按照区政府办公室的要求，单位取消了独立网站，在河口区人民政府网上单设“走进河口”栏目，“走进河口”栏目下设“河口概况、历史沿革、行政区划、自然环境、年鉴区志”子栏目。原网站以二级域名的形式挂靠市情网站。定期进行更新上传资料。域名 http://hkq.dysq.gov.cn/。年内，河口区地情网共录入1部志书、1部年鉴，发布100余篇信息、60余幅图片、100余万字。网站设有河口史志、史志动态、外埠史志信息、河口概况、镇（街道）风采、油田单位等14个一级栏目，20个二级栏目。

（3）对外信息宣传。加大对外信息宣传力度，向省情网、市情网、河口区人民政府网、区委、政府信息室投稿，沟通信息，宣传工作，促进交流。年内累计投稿210余篇。

【河口区方志馆】 河口区方志馆面积100平方米。截至2017年年底，河口区方志馆新购和交换志书50余种100余册，馆藏1550余种，6700余册。年内，新增进馆书籍100余册，其中，交换20余册，接收赠送50余册。接待查阅、借阅人员160人次。

【为现实服务】 （1）《近代黄河三角洲成陆志考》出版。12月，东营市河口区地方史志办公室编纂的《近代黄河三角洲成陆志考》由中国文史出版社出版发行。主编张成儒，全书32.4万字，印数1000册，定价36.9元，书号ISBN978-7-5034-9764-3。该书以黄河变迁、黄河改道、海岸线、三角洲等准确史料为铺垫，找准形成黄河三角洲的历史脉络，主要考略内容分为地域考、故道考、成陆考、古今河道考、地名考、村落考、移民考、镇街新考，为使考证更加准确，并具有连贯性，最后加“辅考”。

（2）《河口区投资服务手册》出版。10月，东营市河口区地方史志办公室编纂的《河口区投资服务手册》以内部资料的形式出版发行。主审张振华，主编王景忠，全书12.6万字，印数500册。该书旨在更好地服务全区经济建设和社会事业发展，实现富民强区新跨越，向外来投资客商介绍河口区的基本情况，尤其是为全区招商引资工作提供便捷服务，为河口区社会各界提供一个简约可读的区情“小百科全书”。该书内设河口名片、河口政区图、经济发展、交通旅游等图片，主要内容包括区情综述、投资平台、投资领域及主导产业、投资优惠政策、投资项目洽谈、制度保障、风景名胜等共计12个部类。

（3）河口区史志工作服务社会概况。2017年，河口区史志办继续开展史志成果进基层、进社区活动。每年到河口区视察、检查工作的上级领导，新到领导，凡需要志书、年鉴的，立即奉送。年内，为帮扶村新户镇南李村农家书屋捐赠《河口区志》(两部)《河口区大事记》《河口概览》《河口区情》《河口年鉴》等书籍100余册。全年累计捐赠史志成果150余册。

【理论研讨】（1）理论研讨活动。2017年11月7—8日，全省方志理论研讨会在山东省济宁市曲阜召开。东营市河口区地方史志办公室副主任王景忠参加理论研讨活动。研讨活动的主题为“深入学习贯彻党的十九大精神，传达第二次全国地方志工作会议要求，总结全省史志事业转型升级的实践探索经验，展示理论创新成果”。大会收到理论文章80余篇，大会交流10余篇。参选理论文章：《新修志书如何避免“政治化”倾向——浅谈志书文风问题》。

（2）理论文章。作者王景忠，《新编地方志如何避免“政治化”倾向》（《湖南地方志》总第82期2017.01第4期，《安徽地方志》总第62期2017.12第四期）；作者王景忠，《新方志编纂必须坚持实事求是的思想路线——浅议志书的政治考量》（《湖南地方志》总第79期2017.01第一期）；作者王景忠，《浅谈志书“概述”的编写》（《安徽地方志》总第60期2017.06第二期）。

【其他工作】（1）积极开展贫困户帮扶工作。按照区委、区政府的工作安排，认真做好贫困村的帮扶工作。开展走访慰问活动、党员主题日活动，为所包贫困户出谋划策，帮助尽早奔小康。（2）按时完成上级交办的各项任务。围绕区委、区政府2016年度工作特点和社会经济发展的亮点，组织收集资料，于5月底前完成省、市年鉴河口区供稿任务，按照市政府要求按时完成《东营市志》河口区供稿任务。

档　案

【概况】　河口区档案局、档案馆成立于1985年10月（东河发〔1985〕55号文件），是局馆合署办公的正科级全民事业单位，隶属区委、区政府。区档案局为档案行政管理部门，主管机关、团体、企事业单位和其他组织的档案工作并实行监督和指导；区档案馆是河口区的科学文化事业机构，负责接收、收集、整理、保管和向社会定期公布开放及提供利用全区范围内的重要档案。2006年8月28日，河口区委办公室所属事业单位清理整顿（东河编发〔2006〕10号文件），保留东营市河口区档案馆，加挂东营市河口区档案局牌子。隶属中共河口区委，归口中共河口区委办公室管理，内设管理股、业务指导股。编制9人，领导职数2人。2012年8月27

日，河口区委办公室所属事业单位清理（东河编发〔2012〕18号文件《关于中共东营市河口区委办公室、中共东营市河口区委台湾事务办公室（东营市河口区人民政府台湾事务办公室）所属事业单位清理规范方案的批复》），保留东营市河口区档案馆，加挂东营市河口区档案局牌子。隶属区委，归口区委办公室管理，机构规格正科级，内设机构管理股、业务指导股，人员编制9人，人员结构管理人员3人，专业技术人员6人，领导职数：档案馆配馆长（局长）1名、副馆长（副局长）2名；内设机构管理股、业务指导股配股长1名，经费形式为财政拨款。2014年4月21日，河口区机构编制委员会《关于精简事业编制的通知》文件中，河口区档案馆（局）精简压缩编制1人，核定编制数为8人，其中人员结构为管理3人，专业技术5人。至年底，档案局实有人员7人，其中局长1人、副局长2人，专业技术人员5人（管理岗兼专技人员2人），司机1人。机构性质和隶属关系保持不变。2016年12月16日，河口区机构编制委员会办公室下发关于为区档案馆核增事业编制的通知文件（东河编办发〔2016〕90号），为区档案馆核增事业编制2名，编制总额达到10名，其中管理人员3名、专业技术人员7名。

【区档案馆简介】 （1）区档案馆库基本情况。2017年6月，按照区委区政府的要求，区档案馆已将办公地点迁至原区供销社办公楼。现利用的是一楼四间办公室作为临时库房及目录检索室。在现有条件下，对临时档案库房门窗、照明进行维修，配备灭火器、空调、防磁柜、消毒柜、去湿机、温湿度记录仪、吸尘器等基本设施设备。（2）馆藏情况。自1988年河口区档案馆开始征集、接收第一批档案入馆，至2017年底，馆藏档案已达76个全宗、20多个门类，共计54427卷（册、件、张、枚），其中馆藏资料9000册，另有录音录像带773盘、照片1088张。（3）山东省档案管理科学化测评工作。河口区档案系统严格按照《山东省档案工作科学化管理规范》的要求，进一步加强对档案工作的领导，在档案管理制度建设、资源建设、信息化建设、安全保障、服务利用、工作创新等方面，取得显著成效，涌现出一批档案工作科学化管理表现突出、成绩优异的单位，至2017年底，已有6个单位被评为山东省档案工作科学化管理示范单位，有5个单位被评为山东省档案工作科学化管理先进单位。

【归档文件整理】 加大监督指导力度，全力做好归档文件整理工作。（1）做好机关档案工作。印发《河口区档案局关于做好2016年度归档文件整理工作的通知》文件，明确归档要求、任务、时间，促使各单位及时做好归档文件整理工作。同时，针对基层档案室基本情况，通过电话咨询、上门指导建档，并对档案员进行专门培训等方式，开展具体指导。对新户镇、仙河镇、孤岛镇、区供电公司等单位，主动联系督促，上门指导建档，并对档案员进行专门培训。对区司法局、区交通运输局、区地税局等重点单位档案特别安排帮助整理，避免重要档案的损失。（2）加强档案干部培训教育。4—6月，先后3次派出档案人员10人次分别赴济南、哈尔滨、上海等地参加培训活动，对新修订《归档文件整理规则》、山东省档案工作科学化管理规范、档案信息化建设、档案馆建设等相关知识进行学习。5月24—26日，区档案局在油工委七楼会议室举办全区档案业务培训班。来培训区直各部门、镇（街）档案专兼职档案员83人。聘请市局业务骨干对档案专业知识进行详细讲解。以“档案与社会记忆”为题开展理论研讨会征文，“6·9”国际档案日期间，又以“档案——我们共同的记忆”为主题，组织开展全区档案工作者征文活动，通过筛选，向市档案局报送并推荐优秀论文10篇。（3）开展档案工作科学化评估前期准备工作。加强工作推进力度，年初举办专门的科学化评估工作培训班。通过摸底调查，确定3个示范单位、4个先进单位，参加2017年的科学化评估。进一步加强调度和指导，10月

26—27日市局孔祥利科长带队对河口区科学化测评工作进行预检，提出建议意见。11月29日，区档案局局长刘建峰带队，对4个先进单位进行测评验收。12月6日，市档案局副局长张鸿文带队对河口区3个示范单位进行测评，确保示范、先进单位都顺利通过测评。

【档案服务】 （1）开展日常的档案查阅利用服务。通过完善档案利用工作机制，公开档案服务事项，编制服务指南，进一步简化档案查阅手续，坚持档案查阅零收费等多项便民举措，为查档利用者提供优质便捷服务。截至年底，已接待各类查阅档案者780人次，为查档者复印并开具各类证明材料近2000余页。（2）精心打造档案编研成果。开展《河口档案文献资料》（2017卷）一书的组稿工作。3月，提报区委办公室印发《中共河口区委办公室关于做好〈河口档案文献资料〉（2017卷）组稿工作的通知》文件，为编研工作提供基本的组织保障，同时明确专门人员负责材料的收集工作。共接收到全区63个部门、单位报送的图文资料。经过前期编纂、招投标，该书已进入校对印刷阶段，争取年底出版。

【档案宣传】 （1）利用黄河口网、河口档案信息网等网络、各级新闻媒体、《东营档案》等平台，加强对档案法律法规的学习宣传。以“七五”普法和“6·9国际档案日”为抓手，组织开展档案宣传活动。在城区及镇街重要街道悬挂档案法制宣传标语和宣传横幅、印发档案宣传材料、组织档案人员开展档案法制知识竞赛等形式，广泛宣传档案法律法规，取得较好的社会效果。（2）及时向各级各类新闻媒体报送反映工作情况的档案信息稿件。2017年，发表档案信息稿件32篇：其中，新华网15篇、《东营档案》3篇、东营档案信息网7篇、东营档案微信公众号3篇、黄河口政府门户网站3篇、河口党建微信公众号1篇。

【档案信息化建设】 （1）加强河口档案信息网站建设。进一步明确责任分工，安排专人做好日常的维护更新，全力打造档案信息化网络平台，初步实现档案信息资源共享。（2）积极打造数字化档案馆。以档案微机录入为重点，继续推进馆藏档案著录工作，截至年底，馆内已完成档案扫描119854页、档案目录著录22467条、刻录光盘66盘，馆藏文书档案全文数字化率达到95%以上。（3）推进部门档案信息化进程。把机关档案数字化工作纳入统筹考虑，聘请专家对档案管理软件进行系统培训，积极推进各部门单位的档案数字化建设。2017年，已有六合街道办事处、新户镇、仙河镇、孤岛镇、区供电公司、交通运输局、区地税局等多个单位开展档案数字化全文扫描工作。

【档案安全管理】 （1）做好档案安全保护工作。加强对档案安全工作的日常管理，建立档案安全岗位责任制，制定安全防范预案，落实人防、技防、物防措施。2017年6月，按照区委、区政府的要求，区档案馆已将办公地点迁至原区供销社办公楼，用两周时间搬运各类档案5.3万卷，各种资料1.5万册。在现有条件下，对临时档案库房门窗、照明进行维修。同时要求档案管理人员严格履行档案查阅手续，定时对档案库房进行通风、换气、排湿，确保库房温湿度控制合理，定期对档案进行检查修复，确保馆藏档案的安全。（2）积极推进区级国家综合档案馆建设工作。按照全省国家档案行政执法整改落实会工作暨县级档案馆建设推进会精神，2017年，计划利用两年时间总投资4.1亿元选址建设总面积75000平方米区综合馆1处，并配套室外景观。项目选址湖滨新区，地上建筑5层，地上建筑面积55600平方米，包括规划展览馆、科技馆、演艺（会议）中心、图书馆、书画摄影展馆、青少年活动中心、电影院、配套服务、工人文化馆、档案馆、管理办公室等；该项目已列入全区2017年度重点工程，由湖滨新区管理办公室主建，区档案局配合建设。8月28日工程勘察、设计招标完成，10 月份完成工程设计，2017 年年底开工建设。因该项目主体有楼堂馆所 10 月 24 日被上级叫停。区委、区政府迅速组织重新论证建设，区档案馆与区委党校一起建设，项目选址湖滨新区，区财政投资 1.2 亿元，建筑面积 20000 平方米（档案馆 6800 平方米），包括档案馆和党校办公楼及教室等，征地已完成，现进行规划设计。由湖滨新区管理办公室主建，区档案局和党校配合建设。下一步将配合其他部门联合推进，全力加快项目设计、建设。

【承担市级工作】（1）做好《山东档案年鉴》河口区部分材料撰写工作。根据省、市档案局编写要求，责成专人，对河口区档案事业发展综合概况、档案编研成果等工作情况进行认真总结，及时撰写并完成相关材料的提报工作。（2）做好档案统计年报工作。结合河口区实际，制定周密的工作方案，同时下发通知，就统计年报工作要求、填报范围、配套软件的使用作出详细安排，并举办一期档案统计年报培训班。共计 55 个部门单位通过全国档案事业统计年报计算机管理系统及时上报相关统计项目及数据报表。（3）做好利用效果汇编工作。按照市档案局通知要求，组织开展全区利用效果征集活动，征集典型实例 30 余例，及时向市局进行报送。

体　育

【概况】 2017 年，河口区体育工作认真贯彻落实国务院《全民健身条例》和各级《全民健身计划》，加快推进公共体育基础设施建设，广泛开展全民健身进农村、进社区、进企业、进学校、进机关“五进”活动，群众体育工作呈现出新亮点、新局面。

（1）创新活动方式多元化。按照“经常自愿、重在参与、就地就近，大小型多样、文体结合、科学文明、有益健康”的原则，不断创新活动方式，使群众文体健身活动长年化，常态化，据统计全年组织参加省、市、区、各类培训、交流、比赛、展演等活动 25 场次，参加人数达 1614 人次。会同有关部门，组织百人太极拳培训班，大型综合展演活动，庆“三八”健步行，庆“五一”暨河口区第七届全民健身运动会，千乡乒乓球、万人象棋、百县篮球、音乐腰鼓等全民健身系列活动。组织区机关事业单位 200 余人参加黄河口国际马拉松赛。

（2）提升竞技体育水平。以基地建设促人才培养。督促区实验学校为创建市级基地打基础。根据体育五项联赛项目设置，在全区中小学建立 10 支特色运动队。积极做好运动员注册管理工作，共注册 150 余人。根据省市局《关于进一步推进全市中小学生普及游泳运动工作的通知》文件要求，为使更多的中学生获得培训机会，区体育局在市局分配 320 人的基础上，在区级体育彩票公益金中拿出一部分资金，把培训名额扩大到 600 人，把参与机会扩大到镇、街道中学，让农村的孩子们也有参加培训的机会。以人才输送促人才提升。加大运动员输送力度，共向市体校输送 18 人，为建设体育强市做出应有的贡献。

（3）公共体育设施不断完善。根据省定贫困村体育健身设施建设达标通知要求，投资 22 万元，为新户镇龙泉村、义和镇大营村等 9 个村进行健身广场达标建设。12 月 11 日，完成省定贫困村提升工程场地建设资金 50 万元拨付工作，分别为义和镇颐正社区、新户镇镜湖社区健身场地提升进行标准建设。公共体育设施不断完善，进一步完善全民健身公共服务体系，推动公共体育设施城乡一体化建设，保障广大市民基本的健身权益。11 月 7 日，通过政府公开招标，投资 43.32 万元，为河安社区铺设塑胶标准篮球场 1 片，河凯小区草坪标准足球场 1 片，购置健身器材 260 件，为 18 个行政村及社区进行健身器材更新及安装，为群众健身搭建新的平台。

卫生·计划生育

医疗卫生

【概况】 2017年，深入推进医药卫生体制改革，积极稳妥落实“全面两孩”政策，努力提升医疗服务水平，加强公共卫生服务体系建设，人民健康水平和人口素质明显提升。全区2家公立医院门诊人次37.56万，同比增长27.3%；住院人次13632人12622人，同比增长8%；药占比持续下降，区人民医院由36.01%下降至33.5%，区中医院由39%下降至28.91%，群众就医负担进一步减轻。全年出生人口2121人，人口自然增长率19.01‰，出生人口性别比103.36。年初，在全省计划生育协会工作会议上作表态发言，省计划生育协会将卫生计生一体化服务管理经验做法写入2017年省计生协会工作要点，在《全省计划生育和健康扶贫工作综合督查情况的通报》中给予通报表扬。2017年12月，被授予“全省卫生计生系统先进集体”荣誉称号。

【医药卫生体制改革】 全面推进公立医院综合改革，2家公立医院法人治理结构全部建立。积极推进医联体建设，推动分级诊疗制度落实。2家公立医院分别与市人民医院建立医联体，与省立医院、千佛山医院、济南军区总医院建立协作关系，与镇街卫生院、社区卫生服务中心实现医联体全覆盖，基层首诊、双向转诊运行机制效果明显。加快人口健康信息平台建设，二级医院全部建成远程医疗会诊中心，医疗服务能力明显提升。积极推进“医养结合”项目，区中医院与区中心敬老幸福园签约协作，为老人提供定期体检、上门巡诊、健康管理等服务，实现养中有医；河口街道卫生院与日间照料中心同规划、同建设、同运营，实现医中有养；鼓励支持村卫生室与所在村敬老幸福院建立托管服务或提供基本医疗服务，开展居家巡诊等服务，医养结合运行机制逐步形成。

【卫生计生重点项目推进】 承担的6个区政府投资项目进展顺利。区人民医院门（急）诊暨外科病房综合楼主体框架施工已完成，正进行二次结构和砌体施工。感染性疾病科和设备用房基础已完成，正在进行回填土；区疾控中心实验室进展顺利，相关设备购置正由市卫计委统一组织采购；投资700余万元完成区中医院彩超、口腔CT、数字化X线诊断机等医疗设备购置；完成老年人免费查体16112人；独生子女意外伤害保险投保3280户，计生特殊家庭综合保险投保132人；综合措施防蚊控虫项目完成灭蚊灯安装1611台。

【计生服务管理效能】 全面两孩政策有序实施，强化日常管理服务，以孕期服务管理为主线，建立待孕、在孕、分娩台账，建立“周抽查、月考核、季通报”等制度，推动计划生育基层基础工作。加大出生人口性别比综合治理力度，全面落实利益导向政策和流动人口均等化政策。深化村级卫生计生服务管理一体化，实行局科级干部包镇街制度，建立镇街卫生计生例会制度，举办一体化培训班5期。投入1300余万元，实施村级卫生室标准化建设，92

处村卫生室全部实现产权公有化、建设标准化、服务规范化、运行信息化、管理一体化，并在全省率先实现了卫生计生服务管理一体化建设，卫生计生资源整合在保障群众健康中得到充分发挥。强化出生缺陷综合防治，提高婚前检查、孕前优生检查、新生儿筛查等覆盖率，发放叶酸实现城乡全覆盖，提升出生人口素质。

【公共卫生保障】 14类基本和6类重大公共卫生服务项目全面落实，建立居民健康档案11.09万份，建档率89%。实施城乡适龄妇女“两癌”免费筛查工程，已完成宫颈癌筛查5819人，确诊1人；乳腺癌筛查6836人，确诊5人。对全区800余名小学二年级学生在知情同意的基础上免费窝沟封闭，保护儿童口腔健康。继续开展免费婚前医学检查、孕前优生健康检查、孕期监护等“六免一补”出生缺陷干预和优生优育举措，增强了群众的获得感。全面加强疾控体系建设，落实综合防控措施，疾控中心实验室能力和疾病防控能力不断提升。开展“卫生计生综合监督规范年”活动，健全监督体系，规范执法行为，严格落实环保督政工作，综合监督执法取得积极进展。

【健康河口建设】 8月14日，召开全区卫生与健康大会，对加快健康河口建设作出全面安排部署。推进省级慢性病综合防控示范区建设，开展“一评二控三减四健”专项行动、“健骨操培训推广”等活动，健康教育巡讲1.5万人次，引导居民养成健康生活方式。持续改善中医药服务能力，建立国医堂、中药馆3处，中医药适宜技术推广基地开展培训2期、120人次。爱国卫生工作质量持续提升，积极参加文明城市创建，顺利完成国家卫生城复审，创建国家卫生镇3个、卫生村132个，推荐申报各类市级以上卫生单位26个。

【计生家庭发展能力政策支持】 继续实施计生示范家庭贷款项目，发放贷款2000余万元；为217户计生困难家庭发放救助金26.2万元；为50名贫困母亲、贫困儿童每人发放1000元救助金。实施城乡独生子女计生家庭保险、计生特殊家庭综合保险项目，计生保险保障实现全覆盖。加强青春健康教育工作，将青春健康教育列入家长学校常规教学计划，建成省级青春健康教育基地1处，连续2年承担国家青春健康家长沟通之道项目，促进青少年的健康成长。

【健康扶贫】 为河口区892名省、市级贫困人口全部建档立卡。实施“先诊疗后结算”便民惠民机制和落实“减免诊疗费用”优惠政策。实施健康扶贫“八个一”工程，确定河口区人民医院、区中医院为区健康扶贫定点医院。开辟“就医绿色通道”，实行与建档立卡贫困患者定点签约和“一对一”精准就医服务。全面落实就诊优惠政策发放就诊优惠卡，将就诊优惠政策从贫困人口拓展到计划生育特殊家庭，督促各镇街卫生院、社区卫生服务中心落实“三免三减”；二级医疗卫生机构门诊“四免四减”，便民惠民病床（房）“五免六减”政策和扶贫特惠保险减免政策。

【减轻群众医药负担】 全区所有公立医疗机构（包括油田济军基地）全面实施药品零差率销售制度，所有药品按进价销售，在药品购销中全面推行“两票制”，规范药品流通秩序，降低患者就医费用；取消住院押金制度，实施“先诊疗后结算”服务模式。

【改善居民就医条件】 实施区人民医院综合楼和感染性疾病科建设，项目主体已完成，计划2018年年底建成并投入使用。投资700余万元为区人民医院、区中医院购置彩超、口腔CT、数字化X线诊断机等设备20台件。投资500万元实施新户中心卫生院改扩建。投资300余万元实施河口街道卫生院标准化建设。投资1300万元，新建村卫生室30处，改建39处，维修22处，为其配备基本诊疗设备，全部达到标准化建设要求。全区新招录卫生专业技术人员70名。建成国医堂（中医馆）4处，区人民医院中医科、区中医院康复科确定为“十三五”市级中医药重点专科，中医药服务质量明显改善。

【提高居民健康水平】 持续有序推进国家基本公共卫生服务项目，连续5年开展60岁以上老年人免费体检，2017年，60周岁以上老年人健康查体到站率84%，体检异常率82.7%，通过彩超、胸透等检查，怀疑占位性病变和较为严重的肝、肾、肺、心脏病变的4148人次，全部进行转诊检查治疗和跟踪指导。连续12年开展35～64岁农村和城镇无业适龄妇女宫颈癌、乳腺癌免费检查，2017年，完成两癌筛查15026人，确诊宫颈癌3人，乳腺癌5人；连续5年开展婚前、孕前免费健康检查等“六免一补”项目，2017年，孕前优生检出高风险人群161人；唐筛确诊唐氏儿5例；孕期B超检查出畸形儿19例；新生儿疾病筛查确诊先天性甲低2例；叶酸增补在全市率先实现城乡全覆盖；为在校中小学生免费健康体检，体检率99%。

【提高医疗水平和服务质量】 推进分级诊疗制度，完善家庭医生签约服务。与省立医院、齐鲁医院、千佛山医院合作，聘请专家定期坐诊。选派30余名医务人员到上级医院进修。组织120拉练、处方点评、病案评查活动，促进医疗质量提升。区人民医院、区中医院全部建成远程医疗会诊中心，使患者及时享受到“三甲医院”专家面对面的诊疗服务。区人民医院、区中医院与东营市人民医院建立医疗联合协作关系，并与各镇街卫生院建立医疗联合体，实现三级医疗机构医联体全覆盖，进一步整合区域医疗卫生资源，提高基层医院诊治水平。

【加强传染病防控】 全区连续22年无重大传染病发生。投资500万元改造区疾控中心实验室及设备购置，提高疾病监测水平。扎实推进省级艾滋病综合防控示范区建设，加强艾滋病监测哨点工作；改善城乡居民生活环境，实施灭蚊控蚊项目，在全区安装灭蚊灯1600余台，实施药物喷洒20次。

【卫生计生监督执法】 深入开展省级卫生计生监督示范区创建，健全卫生计生监督执法体系，组建镇街卫生计生综合监督机构，设立村级监督协管员，形成完善的区、镇、村三级卫生计生监督服务网络。深入开展打击非法行医专项行动，查处非法行医3起。加大生活饮用水检查力度，每年对出厂水和32个管网末梢水进行水质检测。在全市率先实现医疗机构医疗废弃物集中处置和医疗污水无害化处理全覆盖。引入第三方检测机构，对全区500余家公共场所经营单位进行卫生检测，公共场所监管水平进一步提升。

【创建“医养结合”养老模式】 把医养结合工作与创建幸福家庭活动紧密结合，采取政府主导、卫生计生和民政部门协作方式，积极探索社会养老新模式，满足广大群众健康养老服务需求。区中医院与区中心敬老幸福园签约协作，为老人提供定期体检、上门巡诊、健康管理等服务，实现养中有医；河口街道卫生院与日间照料中心同规划、同建设、同运营，实现医中有养；鼓励支持村卫生室与所在村敬老幸福院建立托管服务或提供基本医疗服务，开展居家巡诊等服务，医养结合运行机制逐步形成。

【卫生人才培养和学科建设】 （1）加强人才引进。通过公开招录医学毕业生、招聘高层次专业技术人才等方式，不断充实优化医疗技术人才队伍。2017年，共招录大专以上医疗卫生技术人员49名，不断充实医疗卫生队伍。进一步加强公立医院总量控制人员队伍建设，落实公立医院招录的总量控制人员工资、公积金、各类社会保险待遇。（2）强化人才培训。积极推进全科医生规范化培养，安排13名基层医疗卫生机构在岗人员进行全科医生转岗培训，进一步充实城市社区卫生服务机构和镇（街道）卫生院全科医生人才。继续实施“走出去、请进来”素质提升工程，在二级综合医院选派22人到省立医院、千佛山医院等三甲医院进修学习，进一步提升专业技术水平。组织各医疗机构积极参加住院医师规范化培训，不断加强实用型人才培养。（3）深入开展“卫生强基”工程。与市人民医院深化合作，建立紧密型医联体，借助市人民医院优秀人才资源，河口区医疗技术水平和综合服务能力不断提高。区人民医院、区中医院等医疗机构与北京安贞医院、省立医院、齐鲁医院、千佛山医院等三甲医院建立，长期合作关系，2017年，共聘请省内外知名专家到河口坐诊1500余人次。

计划生育

【概况】 2016年12月，区卫计局被表彰命名为“2014—2016年全国计划生育优质服务先进单位”，区计生协会被授予“2011—2015年度全国计划生育协会工作先进单位”，2016年，河口街道张金美家庭被表彰为“首届全国计划生育幸福家庭”。2017年以来，在市委、市政府的正确领导和省、市卫生计生委的有力指导下，坚持计划生育基本国策，全面实施全面两孩政策，以开展全国计划生育优质服务先进单位创建活动为契机，改革完善计划生育服务管理，增进家庭幸福和谐、促进人口长期均衡发展，有力地推进了计划生育工作的转型发展。全年出生人口2121人，人口自然增长率13.74‰，出生人口性别比103.36。年初，在全省计划生育协会工作会议上作表态发言，省计划生育协会将卫生计生一体化服务管理经验做法写入2017年省计生协会工作要点，在《全省计划生育和健康扶贫工作综合督查情况的通报》中给予通报表扬。2017年12月，被授予“全省卫生计生系统先进集体”荣誉称号。

【计生服务】 （1）有序实施全面两孩政策。区委、区政府印发《关于实施全面两孩政策改革完善计划生育服务管理的意见》，深化全面两孩生育政策宣传，加强计生队伍政策培训，及时预测人口数据变动情况，做好出生人口动态监控和预警。落实生育服务制度，简化办事程序，全面实行一孩、二孩生育登记制度，推行网上办证、“一站式”服务，为生育对象提供方便快捷的生育登记服务，并对三孩生育证限时审批，2017年，共受理一孩、二孩生育登记2578件，审批发放三孩“生育证”33件，办结及时率100%。（2）优化服务管理机制。在坚持“三个不变”“四个到位”的基础上，采取例会推进和重点督导相结合的办法，建立镇街卫生计生例会制度，实行“周抽查、月考核、季通报”等制度，扎实推进基层群众自治，实现工作重心下移。强化日常管理服务，以孕情服务管理为主线，建立待孕、在孕、分娩台账，确保管理无缝隙。健全完善培训教育制度，定期开展相关业务培训，举办全区基层基础暨一体化工作培训班5期，开展城区卫生计生政策培训，有效提高卫生计生人员业务水平。深入开展计生工作转型发展大学习大调研活动，实行“能办推定”“容缺受理”工作法，积极调整工作思路，适应卫生计生形势发展，增强干部职工的群众观念和服务意识。（3）积极探索卫生计生一体化服务。在卫生计生机构改革中，始终坚持重心下移，切实稳定和加强计生基层网络和队伍。健全完善机构，夯实基层服务基础。制定出台《关于调整河口区基层卫生计生相关机构事项的通知》《关于镇街妇幼保健和计划生育技术服务资源整合的通知》等文件，将镇街计划生育管理办公室更名为卫生计生管理办公室，镇街计划生育服务站与卫生院整合，加挂“妇幼保健计划生育服务站”牌子，卫生监督所更名为卫生计生综合监督所，在镇街社会事务办公室增加计生协会工作职责，并明确1名专职人员负责协会日常工作，推进镇街卫生计生机构融合、职能转变和职责落实。制定出台《河口区人民政府关于推进村级卫生计生服务管理一体化的实施意见》，印发《关于进一步规范和加强村级家庭幸福指导站工作的意见》《河口区基层一体化服务管理工作督导方案》等配套文件，将村计生服务室更名为村卫生计生服务室，加挂家庭幸福指导站牌子，按照“公建民营、政府补助”等方式，注重加强村级卫生室标准化建设，对实施基本药物制度且承担基本公共卫生服务的一体化管理村卫生室每年每处给予1万元运行补助，近两年连续投入资金1300余万元，新建村卫生室32处，改建39处，实现了资产公有化、建设标准化、服务规范化、运行信息化、管理一体化的“五化”标准。在此基础上，同步配备诊疗设备，建立以农村居民健康档案和基本诊疗为核心的信息系统，理顺乡医和村计生专干职责，实施一体化督导和综合量化考核，卫生计生资源整体效能充分得到发挥，解决为群众提供服务“最后一千米”的问题。该做法在《全省计划生育和健康扶贫工作综合督查情况的通报》中给予通报表扬，并写入2017年省计生协会工作要点予以推广。（4）加大出生人口性别比综合治理。始终把出生人口性别比治理作为重点难点问题来抓，将出生人口性别比指标纳入年度人口计生目标管理责任制考核和党委政府督查内容。加强孕情跟踪服务管理，落实孕情随访包保责任制，实行孕情消失责任倒查，从源头上严防孕情无故消失。探索“两非”违法机构和人员失信惩戒机制，建立相关医疗机构和医务人员严禁“两非”行为承诺制度，对违反规定的医务人员严肃追究责任。组织开展2次打击“两非”专项行动，部门联动，区域协助，发放有奖举报信2万余份，查处案件2件，对涉事个人和单位分别给予警告、罚款等行政处罚。

【优质服务】 （1）完善计划生育服务体系。区级计生、妇幼保健资源已于2012年重组整合，近年来，不断加强标准化、规范化建设，对区妇幼保健计划生育服务中心进行改造。先后投入700万元，购置三维彩超、乳腺诊断仪等先进医疗检测设备，增加骨密度检测、营养评价、盆底康复等服务项目，计生服务项目更加全面、专业服务能力得到提升。2016年，积极推进镇街计生服务站与卫生院资源整合，加挂妇幼计生服务站牌子，并对92处村卫生计生服务室进行标准化建设，形成以区站为龙头，镇所为纽带，村室为基础的计生公共服务网络体系。扩大妇幼保健有效供给，区人民医院、中医院增设产科儿科床位30张，孕产妇、新生儿危急重症救治能力建设积极争取列入政府便民实事，提高妇幼健康服务能力和水平。（2）加强生育全程优质服务。开展以“免费婚前医学检查、孕前优生健康检查、孕期监护、孕产妇健康管理、新生儿疾病筛查、0～6岁儿童健康管理、叶酸增补”为主的“六免一补”出生缺陷干预和优生优育举措，将艾滋病、梅毒和乙肝母婴传播的综合干预服务纳入孕产期保健免费服务范围，同时，实现城乡叶酸免费发放全覆盖。实施生殖健康促进工程，将育龄妇女查体与基本公共卫生服务项目相结合，根据不同人群推出健康体检套餐。实施城乡适龄妇女“两癌”免费筛查工程，已完成宫颈癌筛查7155人，确诊3人；乳腺癌筛查7871人，确诊5人。对全区小学二年级学生在知情同意的基础上免费窝沟封闭，2000余人受益，保护儿童口腔健康。（3）实施流动人口均等化服务。按照“属地化管理、市民化服务”原则，将全区1.9万流动人口卫生计生服务管理纳入经常性工作范围。开展卫生计生知识宣传教育、义诊咨询、健康讲座等活动，进一步提高流动人口健康素养和健康知识知晓率，积极创建流动人口健康家庭6户；建立流动人口计生协会7个，组建发展志愿者队伍，采集流动人口健康需求，全面落实流动人口均等化服务，适龄妇女“两癌”筛查、60岁以上老人健康查体、计生困难家庭帮扶、计生示范家庭贴息贷款等项目全部向流动人口开放，真正实现均等化服务；开展关怀关爱留守儿童活动，为全区15名农村留守儿童提供免费健康体检、医疗诊治和心理辅导等健康关爱；相关职责部门互通信息，定期联合对流动人口进行清理清查，实行流动人口动态化服务管理。

【扶助保障】 区委、区政府在全面兑现各类奖励、扶助的基础上，加大奖扶力度，把计划生育奖励、优惠政策纳入社会保障体系。（1）提高计生家庭发展能力。实施计生示范家庭贷款项目，为217户计生困难家庭发放救助金26.2万元，提高了计生家庭的经济发展能力。实施城乡独生子女计生家庭保险、计生特殊家庭综合保险项目，为城乡独生子女家庭购买意外伤害保险、为132名特殊困难家庭购买综合保险，计生家庭保险保障实现全覆盖。部分计生家庭在已享受城乡养老保险补贴的基础上，每人每年增加入口缴费20元。对60周岁及以上部分计生家庭，在基础养老金补贴标准基础上，每人每月再增加50元；独生子女伤病残父母，在基础养老金补贴标准基础上，每人每月再增加200元；独生子女死亡父母，在基础养老金补贴标准基础上，每人每月再增加300元。为50名贫困母亲、贫困女孩发放救助金5万元；为69名贫困学生发放救助金9.8万元。对30名60周岁及以上计生特殊困难家庭成员，实施政府购买居家养老照料服务。为独生子女伤残、失独家庭父母每人每月分别发放扶助400元和500元。为城乡独生子女家庭购买意外伤害保险，为计生特殊家庭成员购买综合保险，增强了计生家庭抵御风险能力。（2）实施计生特殊家庭精准帮扶。对计生特殊困难家庭落实联系人和签约医生，及时开展定期巡诊，发放就诊优惠卡，优先挂号、优先诊疗，享受基层医疗卫生机构就诊“三免三减”、二级以上机构门诊“四免四减”、便民惠民病床（房）“五免六减”、住院自付部分优惠10%的便民惠民政策以及基层医疗机构4次免费检查服务；对60周岁及以上计生特殊困难家庭成员，实施政府购买居家养老照料，每周提供2次家政、代购代办、精神慰藉等上门服务。提高计生特殊困难家庭成员养老保险补贴标准，在基础养老金基础上，每人每月增发200～300元。每年春节，区计生协会牵头，开展走访慰问，每家1000元慰问金和米面油等生活用品。为特困家庭成员购买495元的综合保险含意外伤害身故、残疾、意外医疗、疾病身故和住院津贴，特别是住院每天200元的津贴，解决特殊家庭住院陪护问题。（3）全面推进青春健康教育。成立以区政府分管领导为组长的青春健康促进工作领导小组，教育、计生协会等10部门联合出台《青春健康工作实施方案》等文件，实现政府、协会、学校多元共治。计生协、教育、关工委已召开2次联席会议，将青春健康教育列入家长学校常规教学计划，把青春健康工作与教育教学工作密切融合。组建30人的师资团队，探索“双向同步培训”模式。投资100万元，建成省级青春健康教育基地1处，连续2年承担国家青春健康家长沟通之道项目，促进青少年的健康成长。

疾病预防控制

【概况】 2006年12月，由区编委发文（东河编发〔2006〕63号）设立河口区疾病预防控制中心。位于山东省东营市河口区海宁路289号，占地面积约13862.28平方米，房屋面积约2402平方米。隶属于河口区卫生和计划生育局。区疾病预防控制中心编制总额共40名。业务范围包括组织实施本辖区的疾病控制技术对策和措施；承担区级卫生检测检验、预防性健康查体和健康相关产品的检验、出证工作；负责全区疾病预防控制信息的收集整理、分析评价、预测反馈及疫情报告；向社会提供预防控制方面的咨询服务，承担区卫生行政部门交办的其他工作等任务。

【传染病防控】 按照“抓早、抓主动”的思路，严格落实疫情监测和分析制度，规范疫点处置，全年共报告传染病16种806例，比上年同期发病数下降28.99%。共接到传染病预警信息65起，均及时进行了核实处理，无甲类传染病的发生，无重大传染病疫情暴发与流行。（1）探索创新，扎实开展省级艾滋病示范区创建工作。积极推进实施艾滋病防治工作先进模式，推动艾滋病防治工作深入开展。加强标准化建设，开展主动检测。累计投入专项资金20余万元，加强检测点标准化建设。2017年，全区HIV抗体检测16168人次，开展HIV主动检测401人，筛查阳性人数1人。强化预防干预，加强重点人群管理。分别在农贸市场、窗口单位等场所安置安全套免费发放机22台，预防经性传播，免费发放HIV口腔黏膜渗出液检测试纸200余条，开展自主检测服务。深化宣传教育，营造社会关注氛围。在电视台播放艾滋病防治知识主题片，在齐鲁晚报报道艾滋病示范区创建经验做法，建立艾滋病农村社区宣教点10处，组织开展全区医疗机构艾滋病防治电视知识竞赛。探索治疗随访改革措施，完善患者分类管理模式。探索推行治疗随访转移到医疗机构或下沉到社区的治疗管理措施，实施分类服务模式，实现专人负责。（2）结核病新型防治服务体系项目“三位一体”工作。多措并举做好病人发现。接诊可疑肺结核病人181人，登记管理活动性病人28例，免费治疗28例。完善网络直报加强病人转诊及追踪。全区共报告结核病人及疑似病人29例，确诊活动性肺结核12例，总体追踪到位率为100%。强化督导病人治疗转归。5月份对部分医疗单位结核病防治工作及病人进行督导，结案病人20例，全部完成治疗。加强宣传普及结防知识。结合发病形势，以农村宣传为重点，与各镇街卫生院组成宣传队伍，利用赶大集开展以“社会共同努力、消除结核危害”为主题的宣传活动。（3）疟疾、霍乱、手足口病、布氏杆菌病及虫媒传染病防治工作。规范开展疟原虫血检，全年血检136人，均阴性。加强霍乱检测。规范肠道门诊接诊程序，监测腹泻病人119人，开展快检19人，细菌培养14人，未查出霍乱弧菌。高度关注手足口病防治。加强疫情监测与管理，网络报告103例手足口病，采集30例咽拭子，实验室检测结果20例为阳性，做好7例重症病例个案调查。扎实做好布病检测。积极开展主动筛查，全年布病筛查130人，阳性结果21人，确诊病例8例。（4）虫媒传染病防控工作。开展省级蚊种、蚊密度监测，挂放诱蚊灯布点，每月上下旬各监测一次；开展伊蚊常规监测14次，经诱蚊灯方法检测，河口区的优势蚊种为淡色库蚊、中华按蚊两种蚊种；协助山东省疾控中心人员在辖区内开展采集牛、羊、犬等动物寄生蜱和外环境蜱标本，顺利完成发热伴血小板减少综合征（SFTS）蜱调查及标本采集工作。（5）卫生应急事件处置及时规范。积极开展卫生应急培训，强化应急物资储备，完善体系建设、建立健全卫生应急预案。严格24小时应急值守制度。7月26日，开展模拟发现人感染H7N9流感病例现场应急演练，提高技术人员处置水平。

【免疫规划】　采取“分片包干、责任到人，一对一帮扶”的办法，实行“周监测、月督导、季度通报”的制度，按照“抓管理、抓规范”的思路，以“六个规范”为重点，在全区启动实施免疫规划工作规范管理年活动，以巩固提高国家免疫规划疫苗接种率为目标，全面提升全区预防接种工作质量和服务水平。（1）规范预防接种单位建设。辖区各预防接种门诊实现数字化管理。完善预防接种单位设施和人员配置，统一命名，统一标牌，统一制度，全面加强预防接种单位的标准化建设。（2）规范预防接种人员管理。实行接种人员备案制度，备案预防接种人员48人，加大接种人员培训学习。（3）规范预防接种管理。科学发展考核目标儿童以区为单位“八苗全程接种率”97.00%，含麻疹疫苗一、二剂次及时接种率均达90%以上。（4）规范疫苗和冷链管理。为全区预防接种门诊免费配备冷链应急发电机12台，冷链设备全部安装温湿度监测系统，做到冷链运转全程监测。（5）规范异常反应处置工作。加强业务培训、技术指导和督导检查力度，全区报告AEFI个案27例，组织调查诊断2例，其中一般反应25例，异常反应2例，报告及时率达100%。（6）规范预防接种告知和宣传行为。预防接种前询问受种者的健康状况，如实填写《山东省预防接种通知书》，利用“4·25”“7·28”定期开展预防接种知识和政策宣传。（7）加强指导，完善措施，稳步推进省级慢病示范区创建工作和精神卫生工作开展。以创建省级慢性病综合防控示范区工作为抓手，全面提高慢性病综合防控能力。全区报告死亡病例1186例，粗死亡率5.69‰；监测到脑卒中病人1166例，冠心病病人291例，肿瘤病人1151例；发现重性精神病病人1039人，检出率4.06‰。

【慢性病、地方病防治】 以创建省级慢性病综合防控示范区工作为抓手，全面提高慢性病综合防控能力。全区报告死亡病例1186例，粗死亡率5.69‰；监测到脑卒中病人1166例，冠心病病人291例，肿瘤病人1151例；发现重性精神病病人1039人，检出率4.06‰。

【健康教育和促进】 （1）构筑区乡村三级网络，设立92处健康教育室，配置210名健康教育人员，负责辖区居民慢病防控工作。（2）开展全民健康生活方式行动。组织开展全民健康生活方式—“一评二控三减四健”专项行动和“吃动平衡 健康体重”首届网络健重大赛活动；在银行、车站、社区服务中心等10处设立包含身高体重仪、血压计和膳食宝塔等自助式健康检测点。（3）多种渠道开展慢性病防治全民健康教育。利用在“3·24”世界结核病防治宣传日、“世界卫生日”“世界无烟日”“国家扶贫日”等宣传日发放防治知识明白纸、健康手册2万余份，接受群众健康咨询5000余人次。

【精神卫生】 （1）加强领导，明确责任。联合综治、公安等7部门建立精神卫生工作联席会议制度，印发工作方案和管理意见，明确相关部门、单位职责任务。召开区政府调度会议，组织油地军区直责任单位部门共同参与，统一思想认识，狠抓工作落实。（2）拓宽渠道，提高检出率。与残联、人社局、医院和专业精防机构进一步核对数据，核对基本公共卫生服务网络，认真做好漏报排查工作，检出率达到国家标准。（3）严格监管，综合防控。建立精神卫生综合管理小组和患者关爱帮扶小组，落实镇街、村居、监护人三级管控责任。

【实验室建设】 加大投入，夯实基础，提高实验室检验检测质量。区疾控中心实验室改造工程是河口区2017年便民实事之一，投入544万元。（1）对实验室的净化设施、电气路等建筑设施进行改造并完善实验室功能，达到国家要求的P2实验室标准。（2）购买实验室必需设备，以满足县级疾控实验室设备要求，保证检验检测业务正常开展。（3）加强人员能力建设，提高业务素质。制定人员培训计划并认真组织实施，加大对精密仪器设备操作技能的培训，并进行上机考核。实验人员实际操作能力明显提升，业务素质进一步得到提高。

【公共卫生服务】 （1）加强食品安全、饮用水卫生、公共场所卫生等监测工作。食品风险采样9类146份，全区共报告食源性疾病463例，调查食源性疾病事件1起。对辖区内34个采水点在枯水期、丰水期分别进行样品采集，所有检测数据均通过国家饮用水水质卫生监测信息系统进行及时上报，顺利完成水质监测工作。（2）规范开展从业人员健康体检工作。完成食品及公共场所从业人员健康查体共8975人次，完成畜牧业从业人员体检1449人，并对其血液进行布氏杆菌平板凝集试验及试管凝集试验，其中35人呈阳性，及时告知本人及单位并采取进一步复查、诊治、调离休养等措施。（3）认真开展区重点职业病监测工作。根据工作手册相关要求积极向劳保、安监部门收集相关资料，完成辖区内重点职业病危害信息汇总表并及时进行上报，对辖区职业健康体检和诊断机构的网报数据给予审核汇总。

河口区红十字会

【概况】 2017年，区红十字会以党的十九大和中国红十字会第十次全国代表大会精神为指导，认真贯彻落实市红十字会各项工作要求，大力弘扬红十字精神，坚持以人为本、依法治会，广泛开展募捐筹资活动，着力实施“三救”“三献”工作，为改善民生、推动社会和谐发展做出积极贡献。

【机关规范化建设】 2017年，区红十字会加强规范化建设，将制度、工作规范、工作流程汇编成册，印发全体干部职工，严格日常执行，初步形成按制度管事管人的新机制。调整充实镇街红十字工作队伍，河口经济开发区、蓝色经济产业园落实红十字工作分管领导、具体办事人员，红十字基层队伍得到进一步加强。成功召开河口区红十字会第一次会员代表大会。总结区红十字会成立以来的工作，分析存在的问题，对今后五年的工作进行谋划；会议选举成立理事会、监事会；选举产生领导机构及其成员。区红十字会组织机构合法健全，组织力、影响力不断提高，为今后各项工作的开展打下坚实的基础。

【红十字会工作】 （1）备灾能力明显增强。通过多方宣传，积极筹措资金、购置2万元的棉衣、棉被、志愿者服装等物资充实救灾仓库。接受社会捐助物资、衣物等1万余元。（2）人道救助深入人心。做好总会、省会救助项目的申请，为白血病、先心病患者提供有效的帮助。申报“小天使”和“天使阳光”基金3名。通过多渠道、多种方式救助困难群体100余人次，为河口街道长青村、三河村，六合街道河安社区等50户留守老人、残疾人、低保户和特困户等农村家庭进行走访和救助，为他们送去价值2万元的救助物资。开展捐赠衣物救助身边的困难群众等活动。（3）应急救护培训全面覆盖。开展五进应急救护知识培训，分别到机关、企业、三合村、河安社区、萤火虫学堂、胜利油田三十九中、仙河教育中心等开展普及培训25场次，普及人数1521人，救护员培训10场次483人。（4）“三献”工作推进顺利。做好遗体器官捐献、造血干细胞捐献、无偿献血的宣传、组织发动、志愿者招募工作。全年共发动全区800余人次参加无偿献血，献血总量近12万毫升；联合开发区汇海医药公司举行活动，在全市率先完成造血干细胞采样60人份，截至年底，共完成造血干细胞捐献6人，共接受遗体器官捐献登记25人，完成角膜捐献1人。（5）红十字志愿服务特色突出。进一步加强志愿服务制度建设，强化对志愿服务的管理，组织志愿者积极开展各类志愿服务活动。全区在册志愿者队伍5支273人（七色花志愿者团队、河宁社区志愿者团队、小火花愿者团队、旗袍协会愿者团队、平安乾坤愿者团队），其中，小火花志愿者团队、旗袍协会志愿者团队、平安乾坤志愿者团队都是专业的特色团队。2017年，各志愿者开展“志愿随心、情暖河口”义卖活动、“伸出你我双手、点燃生命希望”造血干细胞捐献活动、“爱在点滴”存钱罐社会认领活动、“早安家敏”大型救助公益活动、救助白血病患者募捐、爱心助学、爱心斑马线、重阳敬老等等活动共计100余人次。

【业务宣传】 （1）开展宣传日活动。利用“5·8”世界红十字纪念日、“防灾减灾日”“12·1”世界爱滋病宣传日、“无偿献血日”“全国爱牙日”等宣传日，在社区和城区繁华地段，先后开展以发放宣传资料，展示红十字知识图片，培训等为内容的宣传工作，发放《红十字会运动基本知识》《红十字急救常识》《小天使基金申请办法》等1万余册。5月12日，在六合街道中心小学，组织开展2017年全国红十字防灾避险知识竞赛活动。全区1000余名青少年参加2017年全国红十字防灾避险知识有奖知识竞赛。（2）利用媒体宣传。与东营电视台、大众网、

《黄河口晚刊》、河口区电视台、微河口等媒体建立良好的合作关系。利用李景峰、牛俊昌捐献造血干细胞事迹，在《河口新闻》及各媒体报纸加大宣传报道工作。2017年度区电视台共播放3次红会工作新闻，并推荐造血干细胞捐献志愿者参加录制河口电视台的专题节目《我身边的好人好事》，通过多方面的宣传，取得良好的社会效果，提高广大公众对红十字工作认识度。（3）做好基层宣传。印制海报、宣传册、爱心储蓄罐等纪念品，用于基层红十字会的宣传活动。并与“5·8”世界红十字日来临前集中向基层红会进行发放。通过此类活动的开展，将宣传范围扩大到社区、农村、学校，有效地提高基层红十字会的参与热情，扩大红十字会的社会影响力。（4）利用固定阵地宣传。通过同人民医院联系，在河口区人民医院、河口区中医院以及河安社区卫生服务中心、河宁社区卫生服务中心等统一设置宣传栏，放置红十字运动精神、遗体器官捐献等宣传品，极大的扩展红十字工作的宣传面。

【精准扶贫】 认真做好2017年的精准扶贫工作，加强对弱势群体的关爱帮扶工作。区红十字会联系新户镇三合村，同时帮扶该村的两名贫困老人。通过多方协调，筹集资金12万元，帮助村里新建下水道663米，路灯45盏。修建村委会院落，设立新的村务公开栏。为贫困户购买价值4000元的母山羊。同时结合单位实际，为三合村全体村民进行防震减灾、应急救护等培训。两户精准扶贫户均已脱贫，顺利通过验收。

河口区计生协会

【概况】 河口区计划生育协会是挂靠东营市河口区卫生和计划生育局的正科级全额事业单位，属区级群团组织，截至2017年，区计生协会机关使用事业编制5人，经费形式实行财政拨款，配会长1名（由区政府领导兼任），常务副会长1名（正科级，由区卫生和计划生育局1名）、专职副会长1名（副科级）、秘书长1名（副科级）。现河口区设四镇两个办事处，各镇（街道）社会事务办公室承担本镇街计生协会相关工作职责，明确1名工作人员，负责镇街计生协会相关工作。河口经济开发区社会事务中心承担河口经济开发区计生协会相关工作职责，明确一名工作人员，负责开发区计生协会相关工作。河口蓝色经济产业园服务中心社会事务管理办公室承担河口蓝色经济产业园计生协相关工作职责，明确一名工作人员，负责产业园计生协会相关工作。其主要职责有：团结广大育龄群众通过自我教育，自我管理，自我服务，自觉实行计划生育，实行民主参与和民主监督，保证党的计生政策和各项法规的落实，热心为广大育龄群众服务，带领群众勤劳致富奔小康。协助政府完成控制人口数量、提高人口素质的任务。2017年，区计生协会在上级协会和局党组的坚强领导下，围绕全区人口计划生育中心工作，在幸福家庭创建、计生特殊困难家庭关怀、青春健康教育等方面开拓进取，扎实工作，受到了省市计生协会领导的充分肯定。

【工作综述】 （1）广泛开展“5·29协会会员日”活动。一是开展集中宣传活动。开展上级精神及人口政策、生殖健康知识、青春健康知识广泛宣传。二是集中对河口区计生特殊困难家庭成员进行健康查体，完善健康档案。三是开展村级家庭幸福指导站及计生协秘书长“一岗双责”规范化工作专题培训。（2）完善志愿者队伍，广泛开展志愿服务活动。完善健康关爱、心灵关爱、爱心奉献、爱心致富四支志愿者队伍，使用省卫计委志愿者统一标示，定制统一服装，印发《河口区卫生计生志愿服务实施方案》，促进志愿者活动规范化、制度化建设，制定区卫生计生志愿服务实施计划，进入社区、农村、敬老院开展健康关爱、爱心奉新活动，走访计生特殊家庭老人，开展健康查体、精神慰藉活动，积极参与文明城创建、植树护绿等志愿服务活动。（3）积极推进青春健康工作。组织青春健康省级主持人参加中国计生协青春健康沟通之道家长培训。加强青春健康教育师资队伍培训。2017年，继续承担国家计生协青春健康《沟通之道》家长培训项目工作，圆满完成各项工作任务。（4）深入开展计生助福行动。计生示范家庭帮扶工作。结合精准扶贫工作，继续实施计生家庭贴息贷款项目，2017年，农户承担的利息为2.8%，2017年，已为203户计生家庭申请贷款2049万元。爱心帮扶救助工作。开展春节“送温暖”活动，共计救助计生困难家庭和基层计生工作者217户，发放救助金26.2万元。开展救助贫困母亲、贫困女孩活动，“5·29协会会员日”期间，集中救助50名贫困母亲、贫困儿童，为他们每人送去1000元救助金。做好计生特殊困难家庭困难救助，春节期间每户送去1000元慰问金及食用油面粉等生活用品。基层计生协会开展为失独家庭成员过生日活动，送去生日蛋糕和500元慰问金。开展金秋助学活动，救助困难计生家庭学生69人，发放救助金9.8万元。计生特殊家庭扶助关怀。继续实施计生特殊家庭养老照料服务，做好服务随访工作，促进工作质量提升。做好健康帮扶。发放方便就医卡，享受挂号、就医、交费、检查、取药、住院优先。对接精准扶贫工作，将计生特殊家庭成员列入健康扶贫政策享受人群。在享受原有优先挂号、优先就诊、每年免费健康查体、每季度1次巡诊服务的基础上，享受“三免三减、四免四减、五免六减”及“扶贫特惠保险政策”等健康扶贫政策。规范联系人制度，每户确定2名联系人，镇街计生协人员及村计生主任承担，每月至少上门联系1次，特殊情况及时联系，及时解决生产、生活中的难题和问题。实施计生系列保险项目。继续实施独生子女家庭意外伤害项目。为女方年龄49～65周岁的独生子女家庭3280户购买2份保险，并实现城乡全覆盖。计划生育特殊困难家庭综合保险项目。为全区49周岁以上计生特殊困难家庭成员132人，购买计划生育特殊困难家庭综合保险，解决计生特殊困难家庭住院就医陪护问题。

社会生活

民政工作

【概况】 河口区民政局成立于1984年，内设5个行政科室，5个事业单位，是河口区人民政府管理社会行政事务的职能部门，担负着社会救助、救灾救济、城乡低保、五保供养、优抚安置、婚姻登记、殡葬管理、基层组织建设、地名管理、民间组织管理等多项工作任务。

【社会救助】 （1）城乡低保有序增长。自2017年1月1日起，城市低保标准由每人每月580元提高到每人每月600元，农村低保标准由每人每年4320元提高到每人每年4700元。全年共保障农村低保对象1627户2934人，发放低保金1111.9万元；保障城市低保对象277户487人，发放低保金297.5万元。（2）临时救助及时有效。积极探索“救急难”工作新模式，对遭遇突发事件、意外伤害、重大疾病等原因导致生活陷入困境，其他社会救助暂时无法覆盖或救助后基本生活仍有严重困难的家庭或个人，给予应急、过渡性救助。全年共发放临时救助金175万元，实施临时救助150余件次。（3）医疗救助提标扩面。对参保的城镇“三无”对象、农村五保供养对象、城乡最低生活保障对象、孤儿，个人缴纳部分全部由财政承担。当年发生的住院费用经城乡居民基本医疗保险报销后，对政策规定范围内的自负费用，城镇“三无”对象、农村“五保”对象、孤儿救助比例提高到100%，全年累计最高救助限额提高到3万元；城乡低保对象救助比例提高到70%，全年累计最高救助限额提高到2万元。全年共发放医疗救助金347.86万元，救助困难群众4741人次，资助参保3476人，资助资金83.42万元。（4）“两项补贴”落实到位。全年发放困难残疾人和重度残疾人“两项补贴”共计665.68万元，5701人受益。

【养老服务】 （1）加强养老服务信息化建设。将“96190”信息服务系统与信息监管系统结合，将全区60周岁以上老年人信息全部录入系统，并与300余家加盟企业签订服务协议，通过“96190”热线，为居家老年人提供医疗、卫生保洁、送餐、代购代办等居家服务，打造没有围墙的“数字化养老院”。（2）开展政府购买居家养老服务。针对60周岁以上孤寡老年人、失独老年人、新中国成立前老党员、失能老年人、70周岁以上建档立卡贫困老年人、80周岁以上空巢老年人、高龄老年人，采取发放“居家养老服务代金券”的形式，为服务对象提供生活照料、医疗保健、精神慰藉、应急救助等服务。全年购买居家养老服务23080余人次，投入资金127.24万元。（3）开展民政服务机构安全管理。6—9月份，集中力量对河口区现有6处养老服务机构及农村幸福院夏季用电、消防、食品安全进行专项整治，排查安全隐患20余处，确保民政服务机构安全生产。

【服务国防建设】 （1）双拥工作成效明显。组织开展“喜迎党的十九大、庆祝建军90周年”主题征文、“油地军合力同心，双拥共建新家园”庆祝中国人

2017 年 6 月 1 日，河口区关爱农村留守儿童服务站在新户镇南楼社区成立

民解放军建军 90 周年专题消夏晚会，油地军共建共融座谈会和走访慰问河口区驻军单位及伤残军人、老复员等系列活动，发放慰问品、慰问金共计 50 余万元。顺利通过新一届全省双拥模范城检查考评，并赢得省考评组广泛好评。（2）做好退役士兵安置和权益保障政策落实工作。紧盯政策宣传、信息登记、核查核实、政策落实、教育引导、财政保障等关键环节，开发专项公益性岗位 60 个，落实财政专项资金 200 万元，及时将退役士兵矛盾纠纷化解在萌芽状态，截至 7 月 18 日，省市出台的各项政策在河口区均已落地，实现全部清零，河口区未发生一例退役士兵群体到省进京上访事件。（3）优抚工作全面落实。全年共为 1217 名优抚对象发放抚恤补助金 943 万元；发放三老优待金 14.22 万元；为 27 名残疾军人缴纳基本医疗保险金 55.6 万元；为 872 名优抚对象缴纳居民医疗保险金 20.9 万元；报销残疾军人门诊及住院费用 16.7 万元，其他类优抚对象发放门诊补助 14.7 万元，发放住院补助 8.9 万元。

【社会事务工作】 （1）慈善事业快速发展。通过实施“慈善助衣”捐赠、“情暖万家”救助、“朝阳助学”“慈善光明行”等工程，分别救助困难家庭 360 人，发放救助金 18 万元；为 7 名白血病患者发放救助金 4.5 万元；为 59 名贫困在校大学生发放“朝阳助学”救助金 14.6 万元；免费为全区低保困难白内障患者实施复明手术 110 例，全部重见光明。（2）惠民殡葬政策全覆盖。全年化尸 1232 具、骨灰寄存 950 具、销售公墓 47 座、举办追悼会 299 场次，减免特殊困难群体基本丧葬费用 55 万元 550 人次。（3）关爱孤儿和困境儿童工作再上新台阶。在农村留守儿童相对集中的新户镇南楼社区建立河口区关爱农村留守儿童服务站，力争使每一个生活在孤独、寂寞中的留守儿童在心灵上感受到社会的关爱与温暖，驱除心中的阴影，获得一份独特的情感体验：“在快乐中成长、在温馨中学习、在阳光中生活”。全年累计为困境儿童、孤儿及事实无人抚养儿童发放基本生活费 232560 元。（4）打造 4A 级婚姻登记机关。按照国家 AAAA 级建设标准，2017 年 3 月初，投资 29 万元改造装修婚姻登记办公场所，并在情人节、“5·20”等特殊日子，提前做好预案，积极应对结婚登记高峰。2017 年，办理结婚登记 1245 对，离婚登记 580 对，补发结婚登记证 692 对，补发离婚登记证 80 份，登记合格率和建档率达 100%。（5）社会管理服务能力进一步加强。顺利完成全国第二次地名普查验收及行政区域界线联合检查和平安边界建设工作。依法开展民间组织年检工作，监管工作逐步走向规范化、制度化。

【两大工程建设】 （1）公益性公墓建设工程过半。

投资915万元在市第二殡仪馆内建设公益性公墓一处，建设墓穴1728个。当前，管理房、道路、广场、绿化、院墙、大门等配套工程全面启动，已完成投资500余万元，力争2018年3月底前建成。（2）区中心敬老幸福园道路改造及周边绿化提升工程进展顺利。投资525万元，对入园道路实施拓宽改造及道路两侧绿化提升工程，现已全部完工。

劳动和社会保障

【概况】 河口区人力资源和社会保障局坚持以“民生为本，就业为先”为工作主线，突出抓好就业、社会保障、人事人才、劳动关系等重点工作，进一步夯实基础、创新思路，转变作风、打造品牌，努力推动人力资源社会保障工作实现创新发展，积极开创各项工作的新局面。先后获得山东人力资源社会保障宣传工作先进单位、全省社会保险统计报表工作先进单位、全省社会保险基金报表工作先进单位等荣誉称号。

（1）就业工作各项指标完成良好。2017年，全区城镇新增就业3757人，完成市局下达任务的188%；失业人员再就业2520人，完成市局下达任务的180%；困难群体就业153人，完成市局下达任务的102%；新增农村劳动力转移就业2448人；城镇登记失业率为1.79%；为458人申请一次性创业补贴180.3万元；发放小额担保贷款8322万元，完成市局下达任务的104%；征缴失业保险基金974.01万元，参保人数达到21164人，分别完成市局下达任务的122.5%、102.2%；共培训各类学员841人，完成市局下达任务的103%，其中，就业技能培训725人，创业培训116人。

（2）社会保障水平进一步提高。2017年，全区企业养老、机关事业养老、职工医疗、工伤、生育、城乡居民养老、城乡居民医疗保险参保人数分别达到4.3万人、4.88万人、3.74万人、4.42万人、2.43万人、5.2万人、7.39万人，基本实现“应保尽保”；基金征缴分别达到21621万元、10658万元、10649万元、1025万元、724万元、8830万元、5387万元，基金征缴总额5.89亿。全面落实各项保险待遇，共发放各项社会保险待遇33514万元，其中，企业养老保险6687万元、机关事业养老保险6608万元、职工医疗保险9317万元、工伤保险299万元、生育保险551万元、城乡居民养老保险4645万元、城乡居民医疗保险5407万元。

（3）劳动监察和仲裁工作稳步推进。通过日常巡查、专项检查等方式，对用人单位遵守劳动保障法律法规情况依法开展监察，共检查各类用人单位203户次，涉及劳动者1.52万人次，纠正用人单位违法条款51条，督促缴纳社会保险费69万余元，补签劳动合同595份，追发劳动者工资及加班费25万余元。共办理监察案件236件，其中立案查处7起，协调处理229起，涉及劳动者542人，追发拖欠工资及加班工资221万余元。积极开展网上劳动用工备案工作，共办理企业备案549家，职工备案19024人；共接收劳动人事争议案件99件，案前调解处理23起，立案受理71起，撤诉5起，按期结案率达100%，为劳动者挽回工伤待遇、经济补偿金等经济损失达170万元。

【就业工作】 （1）广泛开展就业服务系列活动。举办以“促进转移就业，助力脱贫攻坚”为主题的“春风行动”，共举办大型招聘会7场，先后共有区内外66家企业入场招聘，涉及200多个工种近1680个就业岗位，吸引近2000余名求职者参加招聘会，现场达成就业意向830人次。组织3家企业参加四川西阳对口支援招聘会，精心挑选180余个就业岗位赴四川进行招聘，活动当天共接待求职人员400余人次，初步达成就业意向86人。

（2）开创性做好高校毕业生就业工作。通过开展“企业招聘校园行”、高校毕业生专场招聘会及“周二有约”就业洽谈会等方式促进高校毕业生就业；

依托实名登记系统，就业网站和短信微信等平台及时发布各类就业信息，为高校毕业生实现全面就业提供精细服务；通过现场和电话等途径，办理2017届应届毕业生就业协议签订和网上签约工作500余人次。新增用人单位开户15家，审核发布招聘信息共计358条次，提供就业岗位1826个。

（3）加强就业扶贫和就业援助。2017年，是全省农民工三项行动计划的最后一年，河口区农民工联席会议办公室根据任务分工，调度各成员单位按照工作职责，进行任务分解，及时调度、督查，各项工作推进情况良好。成功举办第一、二、三、四季度农民工恳谈日活动，20家企业的主要负责人，200余位农民工代表参加恳谈，通过恳谈，拉近政府、企业和农民工之间的距离，解决农民工在生产和生活中存在的问题，收到良好的效果。

（4）全力推动创业带动就业工作。加大就业创业政策宣传力度，充分发挥新闻媒体的作用，利用区电视台、电台、网络等媒介平台播放与发布；充分依托镇街集中宣传，年初以来累计发放各类宣传资料3000余份。强化创业补贴落实力度，2017年，共为458人申请一次性创业补贴180.3万元，为2家小微企业申请一次性创业补贴2.4万元，一次性创业岗位开发补贴3人，补贴资金6000元，一次性创业场所租赁补贴2人、补贴资金1万元。

（5）强化失业动态监测，发挥失业保险稳岗作用。现有25家样本企业，遍布19个行业，企业监测人数达到9310人，比年初增加6%。积极组织企业参加失业动态监测培训座谈会，及时掌握被监测企业岗位的流动流失情况及其原因，为失业预测预警及调控工作奠定坚实基础。针对山东澳纳纺织科技有限公司情况，进行实地调研并形成调控应急方案。通过组织申报、严格审核，为3家企业发放稳岗补贴2.33万元，为14家企业补贴扩大失业保险基金支出82.47万元。

（6）管好用好就业创业资金。进一步完善就业创业资金支付操作流程，加强资金补贴审批程序，启用就业综合管理系统，通过身份证识别、指纹识别、录像监控等手段，从学员登记、教学课堂、结业考试等环节对培训质量全程监控，提高了培训教学质量，保障就业培训专项资金的安全。2017年，就业资金总支出1208.36万元，其中公益性岗位补贴518.40万元，社会保险补贴181.50万元，一次性创业补贴182.7万元，创业场所租赁补贴1万元，一次性创业岗位开发补贴0.6万元，职业培训补贴39.97万元，技能鉴定补贴0.7万元。

【社会保障工作】 （1）提升社会保险信息化水平。将12台社会保险自助查询缴费服务终端机部署于6个镇街人力资源和社会保障服务大厅，并试点延伸部署于1个城镇社区（六合街道河安社区）和1个自由职业者集中地（济南军区综合训练基地）。参保人员通过身份证或社保卡识别，就可以查询个人社会保险缴费基数、缴费历史、个人账户、待遇享受、社会保障卡余额和消费记录等信息，还可以自助办理个人社会保险的缴费和打印社会保险个人权益记录，有效解决河口区0.8万名自由职业者因没有主管单位、分散性大、流动快等问题导致的参保、缴费、查询不便的实际困难。

（2）加大参保扩面力度。继续规范完善全民参保登记工作，加强后期动态管理工作，实现社会保险从制度全覆盖到人员全覆盖；通过“五证合一”“社保卡一卡通”为契机，开展部门联动扩面登记参保，对个别有缴费能力的未参保单位依法强制参保。以2017年社保缴费基数申报核定工作为契机，继续在已参保单位中深耕挖潜，严把审核企业社保缴费基数，避免出现企业少缴、漏缴的情况。深入开展建筑业“同舟计划”计划，累计实现按项目优先参加工伤保险56个，征收工伤保险基金89万元，为3816名建筑职工按时参加工伤保险。

（3）稳步提高各项养老保险待遇。2017年，对全区企业退休人员2372人基本养老金进行调整，人均月增资142.3元，月增发养老金总额34万元，共补发养老金236.2万元，职工养老保险待遇实现十三连增。对2016年12月31日前已按规定办理退休、退职手续并按月领取基本养老金的机关事业单位退休人员共1141人进行基本养老金调整，人均月增资210元，共补发资金168万元。居民基本养老保险的基础养老金执行每人每月175元标准，居于全省最高水平。

2017年11月，河口区2018年度居民社会保险征缴工作会议

（4）全面落实各项医疗保险待遇。城镇职工普通门诊统筹工作平稳运行，累计签约3.5万人，签约率为99%，基本实现了全覆盖；普通门诊统筹支出250万元，联网结算率达100%，个人账户划转次数由一个季度调整为一个月，累计划转个人账户5362万元；职工门诊慢性病，全年共支付1004万元、2016人次；统筹协调油地医保资源，真正实现油地医保"一卡通"；职工大额二次医疗补助落实到位，共对河口区11名符合条件的参保职工补助69万元。居民医疗保险普通门诊报销全年共支付502万元，5.86万人次；门诊慢性病待遇共支付307万元，2074人次。

（5）逐步推进机关事业单位与企业养老保险制度并轨。自2014年起，机关事业单位养老保险逐步建立退休待遇与缴费年限、缴费金额挂钩，多缴多得、长缴长得的合理机制。2016年，河口区顺利实现机关事业单位和企业离退休人员待遇的同步调整，从机制上逐步减少待遇差距，提高待遇水平。2017年，已为4121名在职工作人员完成退费，返还金额1778.7万元；为198名退休人员完成退费，返还金额85.5万元。

（6）加强社会保险稽核工作。对全区医疗保险协议管理单位进行年检，共审核协议管理医疗机构112家，通过112家，零售药店27家，通过27家。对部分住院病人采取电话、现场随访、住院调查等稽查形式，共核查外伤住院病人145人，异地核查住院病人445人。对全区定点医药机构进行3次专项检查，现场书写稽查笔录130份，根据存在问题的严重程度，分别给予警告、下发整改通知书和暂停医保卡刷卡服务等处罚。

【劳动关系】 （1）加强劳动保障法律法规宣传。积极组织人员参加"七五"法制宣传日活动，结合部门工作实际，以《社会保险法》《劳动法》《劳动合同法》《劳动争议调解仲裁法》等一系列劳动和社会保障法律法规为宣传重点，热情为群众提供法律及政策咨询服务，耐心讲解群众关心的劳动维权、社会保险等方面的问题。活动现场设立咨询台，摆放宣传展板，共向群众发放相关资料500余份，解答群众咨询100余人次。通过普法宣传，提高广大群众遵纪守法的自觉性和运用法律维护自身合法权益的能力，取得良好效果。

（2）加强劳动保障监察执法，强化行政司法联动。加大劳动保障监察工作力度，充分利用和发挥好劳动保障年检、日常巡查、专项检查等执法手段，监控全区用人单位落实劳动保障法律法规和政策情况，发现问题，及时处理；完善劳动保障监察执法与刑事司法衔接制度，进一步加强对拒不支付劳动报酬、侵害劳动者权益行为的打击力度，加大惩处劳动保障违法犯罪；不断加强与住建、公安、工商、工会等部门的协调配合，成立河口区重大劳动保障违法案件查处领导小组，制定劳动保障群体性事件应急预案、重大劳动保障违法案件报告等制度，完善部门联合的群体性突发事件、重大违法案件及非法用工整体联动处理机制。

（3）推进劳动保障监察“两网化”管理工作。结合东营市“两网化”管理的常态化工作，在确保投诉举报服务热线畅通的同时，加强与各镇街劳动保障监察中队和协管员的联系，实现全覆盖、不留盲区的工作格局。完善信息系统建设，推进系统平台建设，逐步实现网上办理举报投诉、案件查处等工作。同时，定期对欠薪投诉举报进行信息采集，汇总、分析，确保及时发现用工隐患，及早介入处置。

（4）做好劳动人事争议仲裁各项工作。充分发挥全区协调劳动关系三方机制的作用，发挥“劳动关系和谐企业”的示范带动作用，以点带面，引导全区企业在劳动用工备案、劳动合同、集体合同签订、工资集体协商、社会保险缴纳等方面依法规范，审查集体合同 75 份，让企业担当其应承担的法律责任和社会责任。通过维权“绿色通道”，快立快审，一次送达，一步到庭，本着合法、便民、高效的原则，努力简化办事程序，形成快速处理劳动争议新路子，改进劳动争议案件分类处理机制。

【推行退休档案核准经办业务前置】 针对企业职工办理退休手续时间长的问题，创新服务模式，推行退休档案核准经办业务前置。利用人事代理中心数据库，把临近退休的企业职工信息提前锁定，对包括档案记载的企业职工年龄、参加工作时间等信息进行初步预审和完善，做到提前告知、及时反馈。现已对全区 195 名将要达到退休年龄的企业职工进行档案初步预审，为符合退休条件的 65 名职工建立当年度退休人员档案管理数据库，并制定《企业职工退休人员人事档案预审表》，节省企业职工到龄后再核准、审批的时间。

【试点“三户联保”担保方式】 通过协同银行、担保公司做好贷前实地调查、贷中审批审查、贷后跟踪检查，严把客户准入关、客户质量关、客户风险关，确保就业基金安全，优化服务助推贷款数量质量提升。通过精准市场定位，简政放权、精简流程，推进“三户联保”担保方式，放贷数量和质量不断提升。全年共办理创业担保贷款 8322 万元，其中，以“三户联保”的形式为 87 家联保户申请贷款 870 万元。

【推进跨省异地结算】 2017 年 9 月，全国跨省异地就医结算工作开始实行，通过国家平台“一根针”，穿起全国所有省份众多医疗机构的“线”，通过业务网络平台这“一张网”和参保百姓手中的“社保卡”，建成联通参保、就医两地、纵贯全国的即时联网结算系统，实现以登记备案为入口，出院结算为出口的“信息流、业务流、资金流”全程线上流转，有效解决异地就医人员医保报销周期长、垫资负担重、往返奔波劳累等问题。全区跨省住院备案 32 人，其中职工 25 人，居民 7 人。

【医保精准扶贫】 （1）对建档立卡的贫困人口实行个人缴费财政补贴制度，按每人 240 元给予补助，河口区贫困人口共计 956 人，其中参加居民医保 914 人，死亡 18 人，参加职工保险 24 人，财政补贴共计 22 万元。（2）落实对建档立卡的农村贫困人员使用 18 种特效药品时，大病保险单独补偿不设起付标准政策，享受大病保险待遇人次 275 人次，报销 29 万元。（3）将贫困人口慢性疾病病种范围扩大至城镇职工慢性病病种范围，共计47种，其中，新增22种。享受门诊慢性病419人次，报销50万元，其中，享受扩大病种的4人次，报销2840.37元。

【社保稽核】 （1）全面运用中公网医疗保险网上监管软件，对定点医院诊疗行为进行网上监管。（2）组织社保稽核、劳动保障监察大队开展“一体执法”，共查处11家参保企业，责令补缴社会保险费44万元，为209名企业职工新参保。（3）借助社会中介力量破解专业性强等难题，聘用区外医疗专家和审计师、会计师事务所等中介力量，对医院的收费标准、药品加成、诊治情况进行专项检查。（4）加强异地就医监管严格转诊转院审批，加强异地费用核查制度，对于异地住院费用通过电话、信函等方式与患者就诊医院进行信息核实，并设定函电抽查率，杜绝虚假费用。

【实施居民普通门诊实名制就医制度】 河口区城乡居民医疗保险普通门诊实名制就医系统在全区7家定点医院和89家定点村（社区）卫生室升级、安装完成。实名制就医系统，在原支付系统基础上封堵手工录入个人基本信息的入口，配备先进的读取身份证、社保卡、指纹等多种信息的“多合一”读卡器。凡16周岁（含16周岁）以上人员就诊、购药，必须持身份证或者社保卡进行刷卡认证，才能享受居民普通门诊报销待遇，不持卡认证的无法报销。有效杜绝冒名就医、购药和虚开药品等违规现象，进一步提升定点医疗机构规范化管理水平。

【全面建设和使用人事管理信息系统】 加快业务工作与信息化深度融合，实现各项基本业务的一体联动、打破区域限制通收通办、经办过程透明可查。（1）全面完成系统部署实施，系统实施做到全面覆盖。（2）健全完善数据库，将各级机关事业单位工作人员全面纳入系统进行分类管理。（3）推进业务应用，实行人员“进、管、出”全过程管理，强化协调配合和业务联动，确保数据及时维护更新。

【完成员额法官、员额检察官基本工资套改工作】 根据省人社厅、省财政厅《山东省法官、检察官和司法辅助人员工资制度改革试点实施意见》（鲁人社发〔2016〕43号）规定：司法体制改革试点法院、检察院中进入员额法官、检察官以及使用中央政法专项编制、已进行公务员登记的法官助理、检察官助理和书记员等司法辅助人员进行工资制度改革。河口区完成职务套改的员额法官27人，人均月增资1055元；员额检察官18人，人均月增资1176元。根据省厅《关于尽快完成全省员额法官检察官基本工资套改工作的通知》要求，核定河口区司法辅助人员和司法行政人员工改保留津贴，法院、检察院绩效考核奖金总量。

残疾人工作

【概况】 河口区残疾人联合会是将残疾人自身代表组织、社会福利团体和事业管理机构融为一体的残疾人事业团体，具有“代表、服务、管理”职能，为正科级事业单位，参照实行国家公务员制度管理。截至2017年底，区残联现有在编人员14人，其中：理事长1名、主任科员2名、副理事长2名、副主任科员2名、工作人员7名，内设办公室、教育就业部（加挂康复部牌子）、残疾人劳动就业服务社、残疾人服务中心等机构。

【开展残疾人信息数据动态更新】 为动态掌握残疾人家庭收入、住房状况、教育就业、社会保障、医疗康复、服务需求等情况，区残联深入开展残疾人信息数据动态更新工作，对46名调查人员进行业务培训，自7月1日起，调查人员走村入户对持证残疾人展开调查，摸透残疾人基本服务状况和需求。同时，为保障调查工作的质量，区残联派出相关人员，赴各镇、街道对调查情况进行督导，进入残疾人家庭核对调查的真实性，确保所有环节准确无误。7 月底，共完成调查残疾人 4089 名，其中，入户调查 4032 人，电话调查 19 人，查无此人 1 人，已搬迁 1 人，空挂户 1 人，死亡 33 人，完成 190 个村居的调查，完成率 100%，录入率 100%，入户调查率 99%，根据调查数据形成高质量的调研报告。

【承担的区政府投资项目任务】 区政府将“白内障免费复明工程”列入 2017 年度政府投资项目，在完成市级指标的基础上，对仍有复明需求的患者，其手术费用在医保报销后的个人支付部分由区财政按每例 1000 元支付，不足部分由手术医院减免，实现白内障无障碍全覆盖。2017 年，全区共完成白内障复明手术 43 例，有效率 100%。

【基层组织建设】 （1）加强对基层残疾人组织和残疾人工作者管理。完成对全区 34 处“三位一体”工作室、5 名残疾人专职干事和 35 名残疾人专职委员的绩效考核；开展基层组织建设示范区（镇）创建活动，新户镇、六合街道办事处被评为“全省基层残疾人组织建设示范乡镇”。通过考核，“三位一体”工作室的运行更加健康，残疾人专职干事和专职委员工作更加规范高效。（2）认真做好残疾人证办理。严把初审、残疾评定等重点环节，完善办证流程，确保工作质量，全年共办理各类残疾人证 414 份，全区持证残疾人总数达 4149 名。（3）机关建设进一步规范。制定《河口区残联编外聘用人员考勤管理规定》，重新对部室负责人进行调整，对各部室进行合理分工，健全完善机关财务制度、服务承诺制度、车辆管理制度、值班制度、物品采购制度等，机关效能得到提升。

【实施残疾人精准康复服务行动】 由区政府召集残联、民政、卫计等部门召开残疾人精准康复服务行动会议，对精准康复工作进行部署。联合区教育、民政、卫计、扶贫办等部门出台《河口区残疾人精准康复服务行动实施方案(2017—2020 年)》，成立河口区残疾人精准康复服务行动领导小组，联合多部门成立精准康复服务机构、精准康复评估机构和精准康复服务行动专家技术指导组。本着先易后难的原则，对残疾人建档立卡，实行工作周调度，对建档立卡过程中出现的问题及时反馈沟通。认真开展入户资料收集工作，分门别类做好图片、资料的收集归档，确保分类准确、编排有序、内容规范，为后续工作奠定坚实基础。共调查到有康复需求的残疾人 1704 名。在此基础上，实施残疾儿童抢救性康复项目和辅助器具配送工程，共完成 19 名残疾儿童的抢救性康复任务，为低视力残疾人适配助视器 12 部，为听力残疾人适配助听器 70 部，为截肢者安装假肢 7 具，为各类残疾人配发轮椅、助行器等器具 400 余件。

【实施残疾人就业扶贫】 以“政府购买社会服务”方式开展残疾人实用技术培训，举办蔬果种植管理培训班 4 期，培训残疾人及其亲属 217 人。组织残疾人参加市级养老护理、微商、手机维修、面点制作等培训，共培训残疾人 9 名。积极推动按比例安排残疾人就业，区政府将持证残疾人纳入 2017 年公益性岗位招聘范围，通过公开考试，有 2 名残疾人被单位录用；以促进残疾人就业为目的，对未安置残疾人就业的用人单位，依法向其征收残疾人就业保障金。为安置残疾人就业，辐射带动其它贫困残疾人增加收入，积极争取省市资金 26.1 万元，用于扶持残疾人个体从业、庭院经济、网络创业及扶持残疾人扶贫基地建设。鼓励和扶持残疾人自谋职业和自主创业，共发展庭院经济 19 户、扶持个体从业 6 户、培育网络创业典型 3 名。实施残疾人帮包带扶脱贫，残联主要领导联系帮扶 1 名建档立卡贫困户，科级干部联系帮扶 2 名困难残疾人，普通党员联系帮扶 1 名困难残疾人，一户一档、一户一策，扶持残疾人发展项目。开展下派帮扶，为帮扶村协调了 5

万元扶贫款，为贫困户送去过冬煤20吨，在节日期间为困难群众送去慰问品和慰问金。开展走访慰问残疾人活动，值重要节日来临之际，走访慰问贫困残疾群众98名，共送去慰问金和慰问品折合人民币8万元。

【残疾人托养服务】 聚集贫困残疾人，把开展好托养服务作为改善残疾人生活状况的重要举措来抓，成效显著。（1）开展有特色的“重度残疾人免费托养工程”，依托河口区养老服务中心，为16周岁以上的贫困重度残疾人中无直系亲属照顾者或直系亲属无能力照顾者提供托养服务。（2）将贫困智障儿童纳入区残疾人托养中心托养范围，将贫困精神残疾人纳入利津县精神防治中心托养范围，免费为其提供康复、教育、食宿等无偿托养服务。（3）实施居家托养服务提标扩面，取消低保条件限制，将建档立卡残疾人全部纳入居家服务范围，补贴由每月200元提高到300元，每两个月至少9次上门，为310名重度残疾人提供生活照料、康复护理、心理疏导等居家安养服务。（4）对托养中心管理体制进行改革，采取“政府购买社会服务”模式，面向社会组织招标，区阳光大姐养老服务中心中标，完成原中心人员工作合同的解除、人员安置、固定资产的清查统计等，将托养中心使用权和服务事项顺利移交给社会机构。

【维护残疾人合法权益】 （1）落实残疾人“两项补贴”发放政策，定期对全区新增和注销残疾人统计汇总，确定发放人员名单，及时将补贴发放到残疾人手中。（2）落实残疾人社会保险优惠政策，为全区所有持证残疾人缴纳城乡医疗保险费用，为重度残疾人代缴养老保险补贴300元/人·月，残疾人提前五年可领取养老保险金；按照每人每年60元的标准，为1678名就业年龄段的持证残疾人缴纳意外伤害保险。（3）开通残疾人服务热线。为及时倾听残疾人心声、真实了解残疾人需求，拓宽、畅通残疾人诉求渠道，河口区残联开通“12385”残疾人服务热线，纳入市级热线系统同步运行，实行“对外互动、对内联动”的运作模式，切实推动残疾人困难和问题的解决。（4）实施“法律援助、爱心助残”服务行动。为全面落实残疾人法律援助便民、惠民措施，河口区残联以满足残疾群众法律援助需求为目标，以维护残疾群众合法权益为重点，聘请11名资深律师，向2736名残疾人发放“法律援助服务卡”，免除经济困难审查，残疾人持卡可获得政府无偿提供的法律咨询、刑事代理、民事诉讼、公证等服务。

老龄工作

【概况】 2017年，河口区老龄委办公室认真贯彻落实党的十九大和习近平总书记系列重要讲话精神，落实全面从严治党要求，深入开展“两学一做”学习教育，圆满完成全年各项工作任务，全区养老保障水平、银龄安康工程、老年优待等三项工作继续保持全市第一、全省领先水平。

【养老保障】 全区70岁以上非离退休老年人普惠制生活救助金标准继续保持全市全省最高水平，基础养老金标准进一步提高，区财政投资100多万元，全面落实老年人有线电视收视费半价收费政策，为全区油地军港60岁以上老年人办理免费乘车卡1.8万多张；全区70岁以上老年人医疗保险全部由区财政负担。春节前，在个人申报、村居公示、镇街审核的基础上，共为全区6911名70岁以上老年人发放老年人生活救助金777.67万元；老人节前，共为全区2323名80周岁以上老年人发放高龄津贴69.69万元。春节、老人节等节日，区老龄办面向贫困空巢老年人、百岁老人、模范老人和所有养老机构等广泛开展走访慰问活动，送去慰问品慰问金20万元。

【老年优待】 积极努力争取，全面落实老年人免费查体、免费乘公交车、有线电视收视费减半、老年人就诊免除挂号费和工本费等惠老优待政策，维护老年人合法权益。区财政投入100多万元，全区老年人实现有线电视收视费半价政策，投资1000多万元，全区老年人在全市率先实现免费乘坐城乡公交车。全年共办理老年人优待证7000余个，办理老年人乘车优待证10000余个，2万多名老年人免费健康查体工作全面完成。

【银龄安康工程】 认真落实区、镇街道二级政府财政和村居集体出资为老年人投保意外伤害组合保险作为工作重点，全区6个镇、街道财政买单分别为60岁以上老年人购买20～80元不等的组合保险，区老龄事业发展专项资金为全区60岁以上非离退休老年人每人投保10元组合保险，全区“银龄安康工程”老年人参保比例100%，人均投保75元以上，参保比例和人均投保额继续保持全市第一、全省领先，其中，河口区全部镇、街道实现财政投保老年人意外伤害组合保险的做法受到省市老龄部门的充分肯定。2017年，妥善处理2起因投保人因故死亡的理赔纠纷上访事件，区老龄办本着群众利益第一的原则，积极协调人寿部门特事特办，努力争取省人寿公司支持，都得到及时有效处理，群众满意。

【老年文体活动】 广泛组织开展老年曲艺、舞蹈大赛，老年腰鼓展赛等文体活动，并选送部分节目、作品参加全市、全省有关活动并取得优异成绩；区老龄办与区卫计局、区文联、区老书画家摄影家协会等共同举办河口区“喜迎十九大”2017老年人书画摄影大展赛，并邀请区四大班子分管领导、区政协原主要领导参加开幕式，展览一个多月的时间，参展效果非常好；区老龄办、区文明办联合部署开展河口区第六届十佳敬老楷模、十佳模范老人和十佳敬老模范单位等“三十佳”评选表彰活动；在全区广泛开展“我为老人免费照相”活动，并同步建设老年人电子档案。

【基层老龄组织建设】 强化基层老龄组织建设，加强基层老年活动阵地建设，扶持建设村居老年活动室7个。扎实推进精准扶贫及联系村工作，春节、老年节等节日，组织全办党员干部分别走访慰问了80多户老年人代表等，送去慰问金和米面油等慰问品，为6个贫困户赠送1200元的老年人意外伤害保险。重视帮扶新户镇联合村、和平村和义和镇西南村工作，为西南村争取老年活动室扶持资金4万元，帮助安装空调一台，解决村老年活动室冬季没有取暖设施的现实困难。

【创先争优工作】 将创先争优作为全年工作重点，积极选树先进典型，区老龄办选树的王玉清被全国

9月29日，东营市委副书记宇向东（右三）、河口区区长田兵兵（右二）等走访慰问河口区中心敬老幸福院老年人

老龄委评为全国爱老敬老助老模范人物，河口街道河宁社区被命名为“山东省敬老文化教育示范点”，社区老年活动室被评为“山东省银龄之家”，河口区人民法院被评为全省老年法律维权工作示范单位，3人被评为“全省银龄安康工程先进个人”和“全省老龄宣传工作先进个人”，3人被市老龄办、市文明办表彰为第六届“十佳敬老模范”“十佳模范老人”，全区共有12人次在全国和省市老龄系统组织的文艺演出、书画摄影、征文比赛中分别获得一、二等奖等各类奖次，获奖数量和等次位列全市各县区首位。

【维护老年人合法权益】 坚持把司法救助、法律援助和法律服务作为工作重点，重视涉老纠纷调解、来信来访法律维权工作，积极协调有关部门，及时化解河口区民生热线老年人信访事宜。选树河口区人民法院为山东省老年法律维权工作示范单位，受到省老龄办、省综治办等七部门的表彰。利用集中宣教活动、学习培训等组织发放老年人防欺诈手册、宣传画以及老年法律法规宣传手册等，宣传效果良好。

【敬老月活动】 突出送温暖、送文化、送法律、送健康主题，开展敬老月活动。区各大班子领导走访慰问全部敬老院和老年人代表，为80岁以上老年人发放高龄津贴300元/人；对全区符合条件的所有民营养老机构进行床位扶持；广泛组织开展老年文化下乡、老年文化艺术节、老年人腰鼓普及等文体活动，组织优秀老年文化艺术作品参加省、市、区老年群众文艺赛事等活动，组织主办河口区广场文化艺术节老年人专场文艺晚会暨第六届“三十佳”表彰晚会、庆祝老年节书画摄影展等老年文体活动和比赛，丰富老年群众文化生活；广泛开展老年法律维权和宣传活动，组织医务工作者走进老年人家中和敬老院开展送医送药活动等。

【老年服务业发展】 积极争取，大力扶持村居老年活动室建设和养老机构发展。积极主动争取市、区级老龄事业发展专项资金42.7万元，分别扶持新户镇龙泉村、义和镇大英村等7个村居老年活动室和孝德文化一条街建设，对全区5个民营养老机构给予床位运营补贴，争取省级规范化老年活动室和老年教育示范点2个。

【老有所为工作】 积极支持、引导老年人参与文明城市创建、社会治安等事务，全区已成立老年志愿服务队、义务巡逻队等社会组织90多个，规范性老年志愿队伍26支。发挥老年文娱人才的引领作用，组织全区老年人分别参加全市全省多个文艺大赛。举办“喜迎十九大，银龄展风采”老年书画摄影展等各类活动10多项，有效提高老年人才参与经济社会发展的积极性和主动性。

【老龄宣传】 2017年，全区共在市以上新闻单位发表老龄工作稿件86件，其中，在《中国老龄》《中国老年报》《大众日报》《善者》杂志、《山东老年》《东营日报》等报刊发表48件；按照年初安排，组织镇、街道和区老龄办部分干部赴青州、泗水、泰安、东平等地调研考察一周，并形成《河口区老龄系统关于赴青州、泗水等地考察养老服务业发展和实施孝德文化建设的调研报告》，调研完成《不断提高全区老年人保障水平，积极应对老龄化》调研报告。6月中旬，认真筹备并积极参加山东省第九届老博会，区老龄办承办的参展展位取得良好参展效果。6月底，组织区老龄办全体机关干部赴四川大学进行为期一周的学习培训；9月中旬，组织参加区政协组织的养老服务业发展区内外考察调研活动。

民宗工作

【概况】 2017年，河口区民宗局坚持以党的十九大精神为指导，认真贯彻执行党的民族宗教政策和法律法规，突出抓好“精准扶贫”“基层基础建设年”“民族工作示范窗口”“宗教政策法规宣传月”等重点工作，营造民族团结、宗教和睦、社会和谐的良好局面。

【民族工作】（1）继续加大政策法规的宣传教育力度。年初召开民族宗教工作会议，全面安排部署民族宗教工作，将民族宗教工作纳入各镇（街）的责任目标管理。积极开展民族政策和法规集中学习活动，干部职工的政策理论及业务水平有了很大的提高。（2）为群众办实事好事。从关心少数民族群众生产生活入手，定期对少数民族走访慰问，积极争取，为符合条件的义和镇大英村、六合街道范家村2户少数民族家庭办理低保，定期为一户回族阿訇落实生活补助。重视少数民族传统节日，2017年古尔邦节，为少数民族群众送去3000元慰问金。认真落实党和国家的民族政策，做好少数民族考生中考加分审核工作，做到坚持抓部署、抓宣传、抓审核“三个抓手”，确保不漏报、不错报。2017年，共办理少数民族成分更改和少数民族考生证明16人次。（3）加强清真食品管理。随着清真食品业户逐步增加，区民宗局强化宣传教育，定期向清真食品经营者宣传党的民族政策和法律法规，利用日常检查、清真企业登记发证、重大节假日重点检查等时机，采取多种形式广泛宣传清真食品知识常识。具体工作中把规范管理与为清真食品经营单位和个人办实事、办好事相结合，主动为他们提供各方面的服务，帮助他们协调解决实际的困难和突出问题。（4）全力做好民族示范窗口建设。把建设城市民族工作示范窗口作为构建和谐社会的一项重要举措来抓。严格按照十有标准，做好结合文章，使示范窗口能充分发挥社区联系少数民族的桥梁和纽带作用，积极组织开展群众性的文化娱乐等活动，有力地促进城市民族工作示范窗口的深入开展。全区2处民族示范窗口发挥很好的作用，孤岛镇油地军民族社区得到省市领导的一致认可，市人大副主任李金坤视察时给予高度评价。（5）开展民族团结进步活动。积极开展民族政策法规“五进”活动，进一步巩固和发展平等、团结、互助的民族关系。召开少数民族代表人士座谈会2次，征求他们对民族工作的意见建议。九月份，隆重举行以“民族团结一家亲，同心共筑中国梦”为主题的河口区民族团结进步宣传月启动仪式，得到社会各界一致好评，积极参加全市“各民族大团结，喜迎十九大”专场文艺会演，取得好的成绩。（6）排查调处民族矛盾。健全完善应急预案，及时妥善处理各类涉及少数民族群众的矛盾纠纷，2017年，共处理少数民族纠纷2起。

【宗教工作】（1）突出安全管理。年初与各团体和宗教活动场所分别签订安全责任书，并定期对安全隐患严格排查并及时整改，全年没发生一起安全

宣传月活动

事故。（2）开展普查摸底。河口区宗教工作有信教群众多、地域分布广、工作难度大的特点。2017年4月，开展宗教工作普查调研活动，对全区宗教活动场所，信教群众进行会面的普查，并建档立案，做到底数清、情况明、问题透。（3）加强政策法规学习。召开镇（街）民宗干部会议，传达全国、全省宗教工作会议精神，制定切实可行的宣传教育实施方案，在辖区民族聚集地区和各宗教活动场所广泛开展学习党的民族宗教工作方针政策、《宗教事务条例》及有关法规章程等，将学习活动深入推进。（4）妥善化解宗教内部矛盾。3月份基督教“三自”班子内部个别成员出现矛盾，在信教群众中引起不良影响，我们在第一时间启动应急预案，采取耐心细致说服教育、部门联合施策、邀请市“三自”有威望的负责人主持工作等有效措施，短时间内宗教活动恢复正常。（5）全力维持宗教领域安全稳定。党的十九大期间，全局以高度的政治责任心时刻保持战时工作状态，对宗教领域不稳定因素进行拉网式排查，对排查出来的结果进行认真梳理，加强责任落实，实行区、镇（街）、村三级管理机制，稳控对象责任到人，确保小事不出村，大事不出镇（街）。严格活动场所值班制度，实行局班子成员“包场所”制度，要求各宗教团体和活动场所确保24小时有人值班，严格“零”报告制度，确保不稳定因素在第一时间内解决。（6）不断学习外地先进管理经验。11月初，局班子成员带领宗教工作任务重的部分镇街统战委员赴临沂罗庄、菏泽牡丹区、济南长清、滨州阳信等地学习宗教执法、宗教团体换届、宗教活动场所财务管理等先进经验，将应用在今后的实际工作中。

人民生活

【居民生活概况】 2017年，全区居民人均可支配收入37933元，同比增长8.1%；人均消费性支出24287元，同比增长8.2%。从收入构成看，全年居民实现人均工资性收入25750元，同比增长5.1%，占居民家庭总收入的67.9%。全年居民实现人均经营净收入7445元，同比增长22.5%，占居民家庭总收入的19.6%。全年居民实现人均财产净收入2425元，同比增长45.7%，占居民家庭总收入的6.4%。全年居民实现人均转移净收入2313元，同比下降18.5%，占居民家庭总收入的6.1%。

2017年居民生活主要指标表

指标名称	全年人均	同比增减
居民可支配收入	37933	8.1%
生活消费支出	24287	8.2%
1. 食品	7008	8.1%
2. 衣着	2250	2.4%
3. 居住	4324	32.0%
4. 家庭设备用品及服务	2249	37.0%
5. 交通和通信	3821	-20.6%
6. 文化教育娱乐	2736	10.5%
7. 医疗保健	1390	31.3%
8. 其他商品和服务	508	2.8%

2017 年度每百户居民家庭主要耐用消费品拥有量表

指标名称	单位	城乡居民	城镇居民	农村居民
家用汽车	辆	69	71	37
摩托车	辆	22	14	62
助力车	台	97	93	94
洗衣机	台	105	103	85
电冰箱（柜）	台	105	101	100
微波炉	台	40	44	4
彩色电视机	台	104	101	95
其中：接入有线电视	台	94	98	46
空调	台	120	126	56
热水器	台	96	96	71
其中：太阳能热水器	台	73	71	68
洗碗机	台	3	3	0
排油烟机	台	89	89	62
固定电话	线	43	46	13
移动电话	部	226	217	222
其中：接入互联网	部	132	141	42
计算机	台	91	97	34
其中：接入互联网	台	71	79	6
照相机	台	52	57	6
中高档乐器	架	7	8	0
健身器材	台	13	13	11

镇（街道）概况

河口街道

【概况】 河口街道位于河口城区，地处胜利油田腹地，成立于2001年2月，由原四扣乡和河口办事处合并建制。南靠六合街道、利津县，东至黄河故道，与仙河镇、孤岛镇接壤，北临渤海，西与义和镇以沾利河为界。东西跨度27.8千米，南北跨度20.9千米，版图面积471.06平方千米，滩涂面积7万亩，海岸线全长17.3千米。辖22个行政村、5个社区居委会。辖区总人口8.9万人，其中，地方常驻人口3.7万人(城镇2.7万人、农村1万人)，油田常驻人口3.9万人，流动人口1.3万人。辖区内人口密集，工业发达，商贸餐饮、金融保险等服务机构齐全，水、电、气、路、通信等基础设施完善。辖区内有包括河口采油厂、社区管理中心等在内的油田二、三级单位近20家，油地结合优势明显。城乡结合部面积广阔，土地资源丰富，发展载体多，发展前景广阔。

【国民经济和社会发展综述】 2017年，全街道实现地区生产总值57.49亿元，增长6.3%；实现规模以上工业总产值15.1亿元，增长0.9%；全年固定资产投资42.54亿元，增长6.4%；全年社会消费品零售总额17.5亿元，增长8.7%；实现财政收入6495万元。全年粮食作物播种面积1267公顷，总产0.86万吨；瓜菜13.3公顷，总产0.03万吨；棉花466公顷，总产0.14万吨。全年造林111.1公顷，森林覆盖率达17.5%；林果总产400吨；林业产值60万元。年末大牲畜存栏11346头，猪存栏25125头，羊存栏2084只，家禽存栏17.58万只。有水库14座，总蓄水能力2280万立方米。农业机械总动力达3675千瓦，农村用电量625万千瓦时。有小学2处，在校学生共377人，其中，四扣小学146人、二吕小学231人，适龄儿童入学率100%。注册幼儿园2处，在园幼儿283人，其中，四扣幼儿园156人，二吕幼儿园127。有河口街道卫生院、河口街道社区卫生服务中心等基层医疗机构2处，社区（农村）卫生医疗机构（卫生室）15处。全街道基本养老和医疗保险参保人数分别达到7513人、13059人。全街道最低生活保障救助242户459人，其中：城镇低保104户203人，农村低保138户256人。办证残疾人568人，残疾人扶贫基地1个，安置残疾人员15人。近年来先后荣获“国家卫生镇”“全国先进文化社区”“全国敬老模范社区”等国家级荣誉13项，“山东省城市社区建设示范街道”、山东省文明单位、山东省创业型街道(乡镇)、山东省银龄之家、全省关心下一代工作先进集体等省级荣誉40项，市、区级荣誉240余项。

【项目建设】 （1）重点推进黄河口汽车城建设。立足发展城郊经济，带动服务业发展，高标准打造黄河口汽车交易广场项目。项目占地约200亩，总投资4000万元，一期建成高标准汽车展厅20个，引进别克、丰田、雪佛兰、沃尔沃、福特、现代等22家汽车品牌入驻销售。项目区道路设施、绿化带、水、电、讯相关配套施工正在进行。（2）推进曦和新能源100兆瓦生态高效渔光互补示范项目。项目总投资7.8亿元，示范电站拟采用渔光互补的综合开发形式，规划装机容量为100兆瓦。项目于12月8日举行开工仪式，正式入场建设，预计明年4月底实现并网发电。（3）加快推进力大王搬迁项目进度。通过项目迁移建设高标准的养殖区，达到年出栏20万头商品猪的规模，并依托养殖龙头企业的发展，带动北管区的规模养殖产业。现正在进行规划图纸再审，预计年底前可完成五通一平施工。（4）持续发力加大招商引资力度。在现有项目建设的基础上，不断加大招商引资力度，目前正在推进通海集团1500吨/年南美白对虾工厂化陆基养殖4.0项目的洽谈。该项目占地212亩，预计投资5500万元，项目采取建设工厂化养殖车间，每个车间建筑面积2000平方米。利用光伏、地热等技术实现全年控温养殖，每年可养成6～8茬，实现全年无间断养殖及收获。（5）推进二吕综合商业体项目。依托二吕片区新拆迁区腾空土地成方连片的优势，积极推进二吕综合商业体项目建设。该项目区规划占地面积150亩，拟建设商业地产综合体、购物中心、商业街、专业市场、旅游地产等各地产项目的开发。该地块位于城市规划区内，属城区北拓辐射带。项目区建成后，将进一步提升城市北部综合承载能力。

【现代农业】 按照“三轴、两区、一中心，一龙头”的农业发展思路，大力发展规模化、设施化农业，调整农业产业布局，大力推动参与式农业、体验式农业、休闲观光农业的产业链打造和发展。（1）持续推动三年增绿计划。在城东、城北、城西三个轴线完成新增造林5000余亩，实现“三轴”闭合，全面完成河口街道25600亩造林任务。同时，抓好郭河、草桥沟两侧生态林带、生态杂果经济林带水系增绿工程，打造郭河林果产业生态经济带，探索开发自驾游、采摘游、休闲游、垂钓等休闲项目。对滨孤路、西外环路、北外环路、河民路等重要路段断档区域进行补植提升。（2）发展林下经济。依托环城林建设扩大华鑫苗木、上农家庭农场、洪斌家庭农场、瑞沃休闲度假旅游开发项目辐射带动作用，发展林下大球盖菇、林下金蝉等特色养殖，开发观光采摘、休闲垂钓、风情婚礼、烧烤露营、木屋住宿、拓展训练等项目，打造“小规模、组团式、微田园、生态化”的城郊休闲农业旅游带。（3）整合土地资源，配套农业基础设施。以未利用地开发整理和高标准农田治理项目为重点，重点推进实施民生片3000亩未利用地土地开发项目、河王渠南片3000亩土地整理项目和坨子、西五片两个5000亩高标准农田建设项目。通过大面积的土地整理项目，为街道农业发展储备土地，为发展大田农业提供土地条件。同时，抓好民生水库扩容工程的后续建设，为发展规模化、设施化农业提供便利的水源条件。（4）注重品牌建设，发展特色农业。研究、规划、培育好“一村一品”工程，逐步打造三合润合菌蔬基地、裕民花生深加工、五顷村食用菌、福祥蔬菜、洪斌玉米等一批特色农业基地，发挥电商优势开展线上线下推广，培育壮大一批叫得响、有特色的家庭农场。（5）依托临海优势，推动现代渔业发展。依托“重大项目攻坚”行动，发挥滩涂和浅海资源丰富的优势，重点推进春宏水产现代渔业养殖、大连有德海参养殖、丰泽水产生态养殖等产业基地建设，不断完善北部沿海近8万亩现代渔业循环产业示范区建设。

【社区管理服务】 （1）全力打造“文化家园、魅力社区”工程。2017年，组织5个城市社区分别举办广场文化艺术节，累计举办各类文艺演出12场，参与居民7000余人次。通过社区牵头、居民参与的方式，充分挖掘社区中的“民间艺人”“文艺人才”，做好正能量宣传，树立街道、社区榜样典型。（2）深化特色党支部创建。按照“规范社区管理，完善社区服务，加强社区自治”的工作目标，不断深化“特色党支部”创建，延伸为民服务内涵，依托“党员护教岗”、关爱老年人、“绿色出行低碳环保”等活动的开展，组织党员“进百楼、访千户”，听民声、集民意，依托微信、微博等网络及时掌握居民需求，通过“为民服务项目认领”等措施，完成一批“点亮微心愿，圆梦在社区”项目。（3）探索实施社区品牌化管理。以“心连心一家亲”主品牌为统领，在五个社区分别建设“同心结”“爱心树”“连心桥”“暖心家”“诚心圈”子品牌。实现心心相印，手手相牵，共同努力，创建“诚信商圈、共享繁荣”“点亮微心愿、梦圆在社区”等一批受到社会各界广泛赞誉的社区品牌。（4）启动首届社区邻里文化艺术节。5月，以“幸福社区・和谐邻里”为主题，在5个城市社区启动首届社区邻里文化艺术节，通过组织“舌尖上的邻里情”家庭厨艺大赛、“幸福记忆那些年”图片征集等10项系列活动，带动广大居民积极参与“邻里节”。通过活动的开展，吸引居民群众广泛参与，以活动凝聚人心，以活动充实居民精神生活，提高居民整体素质。（5）开展共驻共建活动。按照“特色党支部出题目，驻社区单位做文章”的思路，广泛开展特色党支部与驻社区单位党组织结对共建，组织驻社区单位党组织和党员“认领微心愿”，积极参与社区建设和社区党建工作。现社区特色党支部与驻社区单位结成共建对子36个，实施共驻共建项目42个，有力促进“共驻共建”“共建共治”工作的开展。

【发展环境】（1）新型城镇化建设进程进一步加快。按照发展大城建的工作思路，逐步推进农村集中居住区建设，加快城中村、城郊村改造，有序推进二吕社区续建工程，加大对二吕低层、低密度住宅区块的资金投入力度，2017年，完成2100余万元的水、电、暖、路、讯配套建设，不断健全完善北部城区功能，打造花园式居民生活服务圈；加快推进四扣村土地增减挂钩项目进度，现已全面完成旧村的整体拆迁和集中居住区住房楼安置工作，现正在进行土地复耕。六扣旧村拆迁改造全面启动，严格按照相关程序和拆迁实施方案相关要求，扎实推进拆旧，现已拆除房屋135处，完成总进度51%；（2）拆违治乱攻坚行动成效明显。拆违治乱攻坚行动以来，周密安排部署，大力抓好克难攻坚，先后拆除二吕区块、四扣区块、大学区块、河口城区西入口及零散地段633处，建筑物总面积23.2万平方米。（3）农村基础设施建设不断健全。投资1300余万元实施20千米的路网改造提升工程及10千米的农村管网建设，改善出行条件；实施天然气村村通工程，现11个村已完成工程建设。（4）持续改善城乡居住环境。进一步完善城乡环卫一体化工作机制，推进垃圾中转站建设，抓好中心敬老幸福园污水处理厂项目推进；结合“三年增绿”计划，实施东五、八吕等围村林建设，进一步提升海宁路周边整体环境，彻底治理村内三堆，加大村庄美化、净化、亮化、绿化工作力度，有效改善辖区村庄环境面貌；改善农村旱厕脏乱差现象，投资200万元实施691户旱厕改造，减少污染。

【安全监管】（1）落实安全生产网格化实名制管理。重新调整安全生产网格化管理责任分工，建立健全科级干部企业检查记录台账，实现每个企业均有科级领导干部包靠，19名科级干部包靠企业54家，实现“一企一册”；同时，邀请专家协助科级干部对包靠企业进行安全检查，检查后对所查隐患和问题督促整改。（2）推进安全生产大检查集中行动。根据国家和省市区有关部署要求，深入开展“大快严”集中行动，严格落实“五个一批”，重点对危化品生产经营储存、工矿商贸及人员密集场所等领域进行专项整治，共出动检查组17次，人员110人次，检查企业58家次，排查出隐患问题318条，现场整改36条，限期整改282条。（3）开展打非治违专项行动。通过日常巡查、群众举报共发现非法生产经营单位15处。其中，加油站点3处，蒸罐洗罐场所5处，生产氧化锆场所2处，橡胶冶炼、大蒜加工等经营场所5处。通过强有力的打击和整治，现15处非法经营单位已全部取缔，现场设备全部拆除，原料产品全部清理。（4）健全完善双体系建设。按照双体系建设的总体要求，一手抓风险管控，一手抓隐患整改。及时督促企业上报危化品风险点和统计台账，联合区直部门、组织专家深入一线，对上报的风险点进行现场跟踪检查。现共发现辖区企业风险点4557处，其中危化品企业4266处，其他企业291处。同时，对企业排查出的隐患督促整改，建立检查和整改台账，形成“一企一册”并及时上报，确保了隐患整改落到实处。（5）深入开展安全生产攻坚治理紧急行动。制定印发《河口街道安全生产百日攻坚行动实施方案》，出动检查组5次，出动检查人员33人次，检查企业和经营场所20家次，排查隐患问题108条。（6）推进畜禽养殖禁养区关闭搬迁工作。8月份，以环保督政为契机，按照市区有关要求，利用3天时间，按“两断三清”要求，集中关停辖区内68家养殖场（户），共清理猪5095头、羊1706只、蛋鸡42558羽、肉鸡鸭鹅10615羽、牛38头、驴3头，清理存栏畜禽补助及处理养殖设施和粪污清理等费用共计204.574万元，辖区环境得到有效改善。

【社会民生事业】 （1）全面完成河口街道社区服务中心改造工程，总投资112.2万元，改造面积710平方米。建成一站式服务大厅，设党建、民政、计生、户籍、社保服务窗口，为辖区河宁、海宁、阳光花园、康宁、西湖印象等小区3298户，10500人提供服务。（2）老旧小区改造提升工程有序推进。投资559万元，对阳光花园等7个老旧小区改造提升，主体工程基本完成。（3）河口街道卫生院维修改造工程总投资260万元，卫生院设置诊室、输液室、化验室，数字化预防接种门诊、药房、B超心电图室、放射科、病房、手术室、国医堂、养老服务中心等基本科室，医疗设施配套更加完善。（4）公共文化服务体系示范区创建成效明显。投资300余万元对街道综合文化站进行重新选址，新建综合文化站1处，根据综合文化站建设标准，进一步规划各功能室布局。抓好乡村剧场建设，在东劝村、坨子村、东五村、八吕村新建乡村剧场4处。在李坨村、西劝村、三合村建设数字化广场3处，硬件设施已经完成。（5）全力保障文教卫生事业健康发展。河口街道22个村均建立广场舞队伍，在城市社区组建小型文体队伍12支，成立河宁社区“夕阳红”艺术团、海宁社区“乐为”艺术团、德盛街社区“德馨”艺术团三支大型文体队伍，演出人员均在50人以上，德盛街社区还成立由100人组成的大型锣鼓队。组织各社区艺术团开展“文艺下乡”活动50余场次，丰富群众精神生活。（6）推进养老保险、医疗保险征缴。2017年，共发放14459人次养老保险费267.45万元；7513名城乡居民养老保险参保335.03万元。13059人缴医疗保险保费261.7万元。

【社会综合治理】 （1）全力打造“智慧城市”网格化管理指挥中心。严格按照“雪亮工程”和“智慧城市”建设相关要求，在资金保障、硬件设施、软件配套、人员配备、试点运行方面全力推进智慧城市建设步伐。河口街道“智慧城市”网格化管理指挥中心已经全部建设完成，相关系统数据的录入正在进一步补充和完善。试点小区海宁小区单元门“电子门禁+视频监控”系统硬件已完成安装并调试使用。“智慧树”应急报警系统已完成布控并发挥作用。同时，在三合村、四扣社区建设村级雪亮工程指挥中心2处，与街道指挥平台实现实时互通，辖区治安防范基础更加牢固。（2）深入开展“两打一整治”专项行动。根据全区“两打一整治”专项行动要求，累计摸排治安乱点5处，其中“盗抢骗”易发案区块1处。派出所等职能部门铲除罂粟300余棵，办理涉毒案件2起，治安拘留5人，刑事拘留2人，有效破解辖区治安管控难题，进一步夯实基层治安防控基础。（3）全面加强社会综合治理。深入开展“扫黄打非”和禁毒、禁赌斗争，扫除社会丑恶现象。进一步加强安置帮教，刑释解教人员教育管理。做好学校安全保卫、道路交通安全、应急管理、食品药品监管等工作，保障公众安全和社会大局和谐稳定。

【社区概况】 2017年，河口街道所辖5个城市社区。

河宁社区。党委书记、居委会主任张春红。该社区位于河口区海宁路，辖河宁1个规范化居民小区，4个居民小组，共有2136户7000人，流动人口1000余人，驻社区单位6个，工作人员7人，2016年11月由党总支改设社区党委，党委成员九人，下设艺苑、永康、法援、关爱、环保、清风、温馨、新风、平安、劝业、科普、文明、忠诚、和谐14个特色党支部，共有党员249人，其中，从事自由职业的党员42人，离退休人员党员203人，流动党员4人，该社区各项制度、基层组织健全，围绕支部活动有特色、党员服务在身边、居民群众得实惠这一主线，根据社区工作和居民需求，开展独具特色的为民服务活动。成立14支志愿者服务队，打造“特色党支部”“五老志愿服务”“温馨夕阳十送活动”等多个亮点工程，构建“党总支在社区、党支部在片区、党小组在楼栋、党员作用发挥在示范岗”的多层次服务体系，实现管理无盲区、服务无死角、党组织全覆盖。党员从自身做起，办真事、干实事、做好事、行善事，以点滴小事践行党的全心全意为民服务的宗旨，率先探索出党员服务新机制，受到居民普遍欢迎。

海宁社区。党总支书记、居委会主任薄其美。该社区位于河口区海宁路，辖海宁小区、阳光花园、康宁小区、西湖印象4个规范化居民小区，6个居民小组，共有3015户，6751人，流动人口4274人，驻社区单位7个，工作人员6人，党总支委员7人，下设阳光、祥和、仁和、诚信、致远5个党支部，共有党员86人，其中，从事自由职业的党员47人，离退休人员党员39人，流动党员3人，各项制度、基层组织健全。海宁社区围绕护教主题开展特色党建活动，帮助居民解决一家一户解决不了、解决不好的难题，受到社区居民的欢迎。

黄河路社区。党委书记、居委会主任吴春霞。该社区位于河口城区中心区域，区委、区政府驻地，辖11个油地混居民小区，共有1667户，3800余人，流动人口22000余人，驻社区单位43个，工作人员9人.按照居住区域,划分9个居民小组。2016年11月，由党总支改设社区党委，党委下设10个党支部，其中非公有制企业党支部1个，共有党员159人，各项制度、基层组织健全。创建“诚信商圈、共享繁荣”社区品牌。

河滨路社区。党委书记、居委会主任、社区工作站站长王友文。该社区辖1个规范化居民小区，驻社区机关单位4个，辖区内企业6家。共有986余户，2868人，社区工作站工作人员6人。根据居民居住分布状况划分为4个居民小组。2016年11月由党总支改设社区党委，党委设书记1人，委员6人，下设平安家园、文明创业、文明新风、文明诚信、和谐就业、政法宣教、交通宣传等7个特色党支部，党员115人，在各支部中开展“党员特色岗”活动，本着“贴近实际、突出特色、方便实效”的原则，设置党员特色岗，通过活动的开展达到满足居民需求、解决实际问题、化解基层矛盾，提供便民利民服务，进一步密切党群关系。居委会设主任1人，委员4人。各项制度、基层组织健全。

德盛街社区。党总支书记、居委会主任、社区工作站站长张学东。该社区位于河口区海康路，辖区范围东起海康路，西至西湖路，南起渤海路，北至黄河路。辖河凯、河颐、富海花园、供销佳苑4个规范化居民小区，5个居民小组，共有2200户5736人，其中，租住户110户240人，驻社区单位26个，工作人员7人。党总支下设爱心、幸福、安宁、德馨4个党支部，共有党员93人。各项制度、基层组织健全。德盛街社区紧紧围绕全面提升社区管理服务水平的总体目标，按照“贴心服务零距离 关注关爱全天候”的工作理念，立足自身实际，进一步夯实基层基础，以党建为统领，深入开展“爱在德盛”品牌社区创建活动，实现社区服务管理无缝隙、信息化、全天候、心贴心、零距离，使居民能切实感受到社区带来的关爱，逐步实现社区管理服务的人性化和社会化。爱心献社区，真情暖居民；聚点滴之爱，促德盛花开。

【行政村概况】 2017年，河口街道所辖22个村。

大学村　党支部书记袁拥军、村委会主任郎春生。2017年，全村共有185户470人。现有耕地2100亩，该村以农业种植业和畜牧养殖业为主，农作物种植面积2080亩，建设畜牧养殖小区1处。

余丈村　党支部书记张汉元、村委会主任张汉元。2017年，全村共有80户202人。现有耕地1080亩，该村以芦苇业和农业种植业为主。

东五村　党支部书记国庆海、村委会主任王荷忠。2017年，全村共有126户338人；现有耕地4000亩；畜牧养殖业以继才肉牛养殖厂为龙头，辐射带动全村畜牧养殖业的快速发展，年底全村畜牧养殖专业户达10家；该村以种树和畜牧养殖业为主要产业。

二吕村　党支部书记王利华、村委会主任林吉军。2017年，全村共有288户723人。该村以芦苇产业和发展个体私营经济为主，个体私营业户达46家。

东劝村　党支部书记、村委会主任牛建国。2017年全村共有187户596人，开发苇场500亩，水产养殖面积1300亩，建起了经济小区1处，经商业户达32家。

李坨村　党支部书记、村委会主任张月友。2017年，全村共有297户793人。该村以建筑业、芦苇业和发展个体私营经济为主，拥有河口第三建安公司，固定资产达到650万元，年创产值2600万元；个体私营经济发展迅速，从业人员达160人。

四扣村　党支部书记邢成民、村委会主任李宝岭。2017年，全村共有246户615人，现有耕地1046亩；棉花产量22吨。该村以运输业、芦苇加工业和发展个体私营经济为主，全村有运输车辆36台，个体私营业户84家。

三合村　党支部书记殷鹏宵、村委会主任毕建华。2017年，全村共有196户506人；土地总面积5300亩，其中耕地面积4000亩。该村以棉花种植、大棚蔬菜、大棚食用菌种植业为主，三合村利用流转土地1000亩，建设高效生态（菌蔬）循环经济示范园，打造三合润合菌蔬基地，建成蔬菜大棚18个、周年温控食用菌智能大棚24个，年产各类蔬菜540吨，双孢菇300吨，可实现年产值460万元，带动村民每户年增加收入3万余元，村集体通过流转土地每年可增加收入9万元。

六吕村　党支部书记杨长春、村委会主任周卫东。2017年，全村共有142户352人，现有耕地174亩。该村以建安业和民营经济为主，个体私营业户达37家。

六扣村　党支部书记房红明、村委会主任孙寿建。2017年，全村共有260户710人；现有耕地600亩，该村以芦苇种植、苇板加工和运输业为主，现全村共开发苇场1200亩，苇板加工企业26家，各种型号运输车辆45台。

西五村　党支部书记刘光亮，村委会主任安庆国。2017年全村共有199户560人；现有耕地5131亩，该村以农业种植业为主，农作物种植面积4700亩。

裕民村　党支部书记王义、村委会主任张玉福。2017年，全村共有120户334人；该村以农业种植，特色农业以花生种殖业、畜牧养殖业为主，裕民花生深加工成为街道特色，棉花、玉米种植1000亩，花生种植500亩，畜牧养殖专业户12户，海水养殖面积15000亩。

刘坨村　党支部书记薄万华、村委会主任宁吉祥。2017年，全村共有166户454人。该村以发展芦苇业和运输业为主，现开发苇场1600亩，运输专业户达16家。

新建村　党支部书记、村委会主任李培景。2017年，全村共有430户892人；该村以芦苇业、农业种植业和建筑工程为主。

西劝村　党支部书记、村委会主任赵新海。2017年，全村共有112户297人；该村以农业种植业、畜牧养殖业和运输业为主，有畜牧养殖专业户11户。

坨子村　党支部书记、村委会主任崔如山。

2017年，全村共有146户391人；现有耕地1875亩，该村以畜牧养殖业、林果种植业和农业种植业为主。

民生村　党支部书记扈继东、村委会主任滕学武。2017年，全村共有167户467人；现有耕地3341亩，该村以芦苇种植、淡水养殖和畜牧养殖为主。

八吕村　党支部书记董子虎、村委会主任马合田。2017年，全村共有175户513人，本村中共党员57人，现有耕地1600亩，该村主要以种植业，建筑业和发展民营经济为主，2017年，宏盛建安公司拥有固定资产600万元，全年实现产值1700万元；个体私营业户达到34家，畜牧养殖专业户22家，文斌农业合作社以种植水果玉米为主打造东营绿色品牌。

南旺村　党支部书记、村委会主任刘树国。2017年，全村共有64户172人。现有耕地900亩，该村以畜禽养殖和芦苇、棉花种植为主。

五顷村　党支部书记刘美阳、村委会主任张付秀。2017年，全村共有100户245人；该村以农业种植业、食用菌种植和畜牧养殖业为主，养殖专业户3户，发展蘑菇种植大棚28个。

长青村　党支部书记、村委会主任董华亭。2017年，全村共有75户210人。现有耕地1500亩；该村以芦苇开发和林果种植为支柱产业。

福祥村　党支部书记、村委会主任张学国。2017年，全村共有51户152人。现有耕地900亩，该村以农业种植、蔬菜大棚业为主，农作物种植面积500亩，蔬菜大棚20个。

六合街道

【概况】　六合街道位于河口区南部，北与河口城区连接，南与利津县汀罗镇接壤，东靠济军生产基地和孤岛镇，西临河口街道办事处，是河口区的南大门；河口经济开发区坐落在六合境内，312省道贯穿南北，距荣乌高速陈庄收费站15千米，地处油田腹地，区位优势明显；境内自西向有东草桥沟、挑河2条较大排河南北向穿境入海，河王渠贯穿东西，引蓄水条件完善，泄洪排涝便捷。

全街道共有行政村28个，城市社区2个，总人口4.3万人，其中，农村人口1.5万人，行政区域总面积146.55平方千米，耕地面积7万亩。街道党政领导班子现有成员22人，其中，行政编制13人，事业编制9人。

【国民经济和社会发展综述】　2017年，规模以上工业总产值16.6亿元，比上年增长9.6%。财政收入5560万元，同比增长7.3%；全年粮食作物播种面积44901亩，总产16679.043吨。瓜菜（瓜果、蔬菜类）1478亩，总产16550.94吨；棉花17472亩，总产1132.584吨；年末大牲畜存栏牛1015头，猪存栏9436头，羊存栏9947只，家禽存栏45.92万只。有水库36座。有中学1处，小学1处，在校学生共838人，幼儿园3处，在校幼儿487人，适龄儿童入学率100%。有医院1处。有28个村达到小康水平。城乡居民基本养老保险参保10000人，实现全覆盖；城乡居民基本医疗保险参保16063人，实现全覆盖；全街道最低生活保障救助770人，其中，农村低保725人，城市低保45人。

【重大项目建设】　按照产城融合的思路，充分发挥六合地处城区南郊、坐拥经济园区的区位优势，全力打造“一轴两带”产业集群。（1）实施工业强街战略。全力打造以高端农业产业园为载体的绿色工业产业带，集中推进重大项目建设，澳源进口肉牛屠宰加工项目建设全部完成，已向国家检验检疫总局申请验收，积极帮助黄河方舟进行并购重组，目前已达成框架性意向书。鼓励支持顺泰、润博等化工企业实现自主创新、改造提升、开发高端产品，努力向研发、服务、品牌等价值链高端延伸，促成高端高质高效发展。总投资2.5亿元的东营增峰粮食深加工项目正在办理安评环评手续。（2）突破发展现代农业。巩固提升瓜果蔬菜、辣椒莲藕、淡水养殖、畜禽养殖产业发展，沿东黄河故道和河王渠两岸布局莲藕种植和鱼藕混养，进行整体规划、政策引导和设施配套，本着成熟一片发展一片的原则，力争用3年左右的时间，使莲藕种植面积突破1万亩，建成万亩莲藕基地，现已发展莲藕种植三大片5000余亩。（3）强力推进招商引资。坚持以产业园区建设为载体，投资1200万元配套完善现代高端农业产业园基础设施，提升项目的承载能力，围绕食用菌、畜禽加工、粮食仓储等上下游产业链，着力引进产业互补型、产业链补缺型企业，拉伸产业链条，实现项目集约化、规模化发展新突破。

【城乡发展建设】 推动优质资源向农村延伸拓展，促进城乡公共资源均衡配置，全力打击违法建设行为，努力建设生态宜居环境。（1）深入实施“拆违治乱”和公路沿线环境综合整治。拆违重点主要是“两线一区”，分别是滨孤路、辛河路和枫林绿洲小区。2月23日，组织实施瑞雪行动，对中海片涉及的12户、15栋违法建筑实施集中拆除，拆除总建筑面积10388平方米，打响全区拆违治乱第一枪。5月中旬，枫林绿洲列入第一批拆除的195户、9429平方米的底层违法建筑全部拆除，啃下城市社区违建第一块硬骨头。河辛路沿线改造涉及79户，建筑面积39568平方米，现已完成入户评估工作。（2）推进基础设施建设。实施利六路、安六路、河四路等主干道路改造工程，现利六路、安六路已竣工通车，河四路完成图纸设计，交由油工委组织实施。主动配合做好疏港铁路、济东高速连接线、河辛路改线、河民路改造等重大交通设施前期工作。同时，统筹推进市管水系绿化工程土地流转及迁占工作等水利重大基础设施建设，现孤河水库封闭管理、七千泵站改造、河王渠清淤及衬砌工程已完工，其他项目迁占工作正在积极推进。

【安全环保】 （1）深入开展“大快严”集中行动。2017年，通过上级督查和街道聘请专家自查，开展，各项安全检查30余次，共检查企业232家次，出动人员检查300余人次，查出安全隐患676处，下达现场检查记录295份，限期整改指令书182份。（2）加大环保工作力度。全力做好环保督政工作，对辖区内挑河排水口逐一进行落闸和封堵，共封堵和落闸排口13个，同时，对范围内污排管网涉及友谊河、同济河、昌盛河的排口均进行封堵，保证辖区内污水不排入挑河水系。实施完成办事处驻地周边及居民集中居住区生活污水收集工程，巩固和提升城乡环卫一体化成果。开展畜禽养殖禁养区关闭搬迁工作，对辖区内58家猪、牛、羊、鸡、鸭等养殖场（户）进行关闭搬迁和养殖设施设备拆除、周边粪污处理等工作。同时，按照三区划分要求，重新规划养殖区，鼓励和扶持多种循环养殖业发展模式，确保畜禽养殖产业的持续健康发展。（3）加强社会治理。高度重视社会治安综合治理，每年拿出一定比例的经费用于综治工作，解决有人管事、有钱办事、有场所议事的问题。在街道驻地、三个社区和28个村实行三级综治中心建设，现已全部建设完成。积极推进雪亮工程建设，安装视频监控设备130个，实现全域覆盖。全面推行“平安村居”和“一村一警务”工作，组建34人的“警务助理”队伍，配备电动巡逻车、警服、警棍以及智能手机，同时组织开展军事化和业务技能培训，切实发挥警务助理的作用。2017年，协助提供线索破案3起，查处违法人员4人，走访群众1257次，调解矛盾纠纷78起，上报并参与消除不稳定因素32起。

【民生工作】 突出“民生优先”发展理念，把改善民生摆上更加突出的位置，坚持民生投入只增不减，让经济发展成果更多更好地惠及人民群众。2017年，投资1100万元实施11个村农村公益项目建设，完成11个村农村旱厕改造工程，惠及群众2100余人；完成11个村燃气村村通工程，为987户居民带来清洁能源。同时，加快推进富海家园小区改造，现外墙粉刷、垃圾清运及供暖、消防管道安装等工作已完成，加快公共文化服务体系创建工作，现已完成区级第三批验收项目，下一步按照工程进度，积极有序推进。

【社区概况】 2017年，六合街道所辖2个城市社区。

河安社区 党委书记孔梅英、工作站站长王月东；河安南区党支部书记、居委会主任赵培光；河安北区党支部书记、居委会主任郭金智；河安小区业委会主任殷洪志。该社区位于河口区海宁路399号，辖区范围为渤海路以南、海宁路以西。主要服务河安小区，共有6个居民小组，居民4102户1.3万人，其中租住户186户，293人，驻社区单位6个，幼儿园一处，小学一处。社区现有工作人员11人，居委会成员10人。党委下设3个党支部，共有党员268人。社区基层组织机构健全、制度完善、运行规范、发挥作用良好。

河庆路社区 党总支书记、居委会主任袁景波；工作站站长周超；党总支下设3个党支部，第一党支部书记王安明；第二党支部书记郭俊礼；第三党支部书记杜玉芝。社区工作人员15人。共有党员41人，积极分子7人。其中，从事自由职业的党员26人，离退休人员党员15人。该社区位于河口区河庆路175号，辖区范围为西起海宁路，东至海昌路，北从渤海路，南到城乡结合部，总面积约28平方千米。其中包括：中海嘉园、锦绣家园、枫林绿洲、金盛家园、富海家园、海逸皇廷、康苑小区、御景美郡、怡河水岸、公路局职工住宅区、河口二建职工住宅区、六合建安职工住宅区、邮政局职工住宅区、原石油公司职工居住区、区供销社职工宿舍区、开发区职工居住区、千硕建安职工住宅区、六合供销社职工居住区等18个居住片区；枫林幼儿园、北京海嘉幼儿园等2处幼儿园；华联大型综合超市1处、欧诺装饰材料专业市场1处。6个居民小组，共入住5660户，常住人口15667人（户籍在册人口1332人），流动人口6081人；在册企业法人单位361家、在册个体工商户469家；驻社区单位包括政府机构及银行、电信、电力等机构19家。社区基层组织机构健全、制度完善、运行规范、发挥作用良好。

【行政村概况】 2017年，六合街道所辖27个行政村。

薄家嘴村 党支部书记、村委会主任薄其贵。全村共有226户654人。以种植业、淡水养殖业为主。耕地面积1260亩，水浇地面积1860亩，全村台田1100亩，小麦种植面积1800亩，棉花种植面积60亩，村主要产业是种植业，有部分淡水养殖业100亩。

东崔村 党支部书记、村委会主任綦月勋。东崔村位于六合街道东北方向，有33个村民小组，211户674人。该村主要以农业为主，耕地面积1752亩，主要种植棉花、玉米、小麦。棉花200千克/亩、玉米400千克/亩、小麦400千克/亩。另外有林地1300亩左右，每年国家补贴600元/亩，村集体收入每年12万元左右，人均纯收入1.5万元。

芦山村 党支部书记、村委会主任冉祥平。该村主要以种植棉花为主耕地面积1500亩。生态林种植1000亩。水产养殖300亩。土地留转270亩，年人均收益分配3800元。作物种植：棉花、大豆等。年人均收入14000元。

大夹河村 党支部书记、村委会主任王建军。全村共有216户697人。该村主要以农业为主，人均纯收入1.35万元。现有耕地4000余亩，其中棉花种植面积2000余亩，玉米、小麦、苹果种植面积共计2000余亩，并成立了农业机械合作社、小麦种植合作社以及玉米种植合作社。除种植农作物外，村民主要从事纺织、化工、运输等行业。

东坝村 党支部书记宁观海，村委会主任胡学义。东坝村位于六合街道东2千米处，辖31个村民组，156户388人。该村主要以农业为主。耕地面积1950亩，棉花总产量5.5万公斤，小麦总产量12万千克，玉米75万千克，经济林政府补助8万元。村集体收入以土地承包及油田占地费用为主要来源，

2017年人均纯收入15600元。

后沟村 党支部书记崔光平，村委会主任陈志国。后沟村总人口550人192户。土地面积3300亩，耕地2300亩，主要种植棉花，亩产250千克左右；玉米，亩产500千克左右；小麦，亩产200千克左右；大豆，亩产200千克左右。青年劳动力60%在外打工，10%在外经商、运输等，剩余劳动力在家种植蔬菜大棚，养殖牛、羊、猪、鸭，种地等。村集体收入主要靠土地承包费和区级占地补偿款，年收入大约13万元，村人均年收入14000余元。

胡家村 党支部书记孙玉亮，村委会主任刘召功。村民中，60～70岁老龄人群较多，一般都在家中种地，青年人外出打工的占一半，养殖户一家，收粮食经营户一家，外出车辆运输十户。胡家村耕地面积1500亩，种植作物以棉花为主，其次就是小麦、玉米。棉花产量平均在250千克，小麦550多千克，玉米在600千克左右。除去种植外，还有部分群众外出打工增加家庭收入，人均收入10000元左右。村集体总收入8万元。收入来源主要是，东洼土地承包费5万元左右，油田进井路赔偿3万元。

上小街村 党支部书记、村委会主任刘建强。全村共有128户420人。全村现有土地1553.2亩犬才能主要以蔬菜大棚种植为主，大棚60个（占地约32亩）。其实棉花种植。2015年农村居民人均可支配收入15881元。

小义和村 党支部书记徐文森，村委会主任徐文福。全村以种植、养殖和劳动力输出为主。小义和村现有耕地180亩、主要种植棉花、大豆、玉米、小麦等，棉花总产量1.5万千克、大豆总产量2500千克、玉米总产量2.5万千克、小麦总产量1.5万千克；村集体收入主要是占地补偿10万元、人均收入14200元，主要是现有耕地和外包地种植、养殖、外出打工、以及征地利息等。

新合村 党支部书记、村委会主任薄成亮。全村以农业种植为主。有耕地1100亩，主要作物为棉花、玉米，棉花产量一般亩产450斤，玉米亩产1200斤，村集体收入为35000元、人均收入为14000元。

广河村 党支部书记陈金军，村委会主任陈泽华。该村运输租赁行业成熟。主要有运输、租赁和耕地1100亩，产量棉花200千克、玉米500千克、小麦400千克，村集体收入约30万元，人均收入约16000元。

三义和村 党支部书记蒋时祥，村委会主任蒋爱国。三义和村现有212户640人。该村主要以市场发展、租赁为主。耕地面积270亩，现有五金建材，家具，蔬菜批发，旧货等几大市场。村集体年收入约200万元，人均纯收入15000元。

协胜村 党支部书记杨秋娥，村委会主任王横利。协胜村辖32个村民小组，442户1270人。该村以农业、务工为主。耕地面积1200亩。村集体收入主要以征地补偿利息为主，约为250万元。2017年，全村农民人均纯收入（预计）达8000元。

新胜村 党支部书记高金民，村委会主任陈建国。该村主要以种植优良品种葡萄为主，抓住成熟反季节出售，打击违禁农药，打造绿色环保品牌。耕地面积约为1500亩。主要包括：棉花种植、蔬菜种植、葡萄种植。村集体收入66万元，人均收入16000元。

荆家村 党支部书记胡宗耀。全村共有246户、650人，主要以种植业为主。耕地面积1200亩，主要种植棉花、小麦、玉米。棉花产量200千克/亩，玉米550千克/亩，小麦400千克/亩，村集体收入8万元，本村人均收入12000元。

安家村 党支部书记、村委会主任高兴军。安家村辖32个村民小组、151户446口人，主要以农业为主。耕地面积1100亩。主要种植作物种类及总产量：棉花总产量58000千克、小麦总产量85000千克、玉米总产量132000千克、果树总产量63000千克、经济林政府补助120000元。村集体收入主要以征地补偿利息为主，约合46万元。羊栏河水库承包费86000元。2017年，全村农民人均纯收入（预计）达1.6万元。

于家村　党支部书记、村委会主任于耀生。于家村辖36个村民小组、112户、共计322人，主要以农业为主。耕地面积580亩。主要种植作物种类及产量：棉花总产量为107500千克、小麦总产量40000千克、玉米总产量25000千克、果树总产量50000千克、经济林政府补助300000元。村集体收入：租地费用138000元、羊栏河水库承包费12000元。2017年全村农民人均纯收入（预计）达1.1万元。

范家村　党支部书记李建成。该村主要以棉花种植为主。耕地面积1329亩，主要种植棉花、小麦、玉米。村集体收入100万元，人均收入8000元。

闫家村　党支部书记、村委会主任李新民。全村共92户276人，主要产业以苗木培育、棉花种植和淡水养殖为主。村集体收入近30万元，主要来源为村集体土地流转及油田进井路占地费用，2017年，全村农民人均纯收入18500元。

后毕村　村委会主任刘长谊。后毕村现有220户，730口人，以种植、养殖为主。村集体土地面积3100亩，其中耕地740亩，主要农作物冬小麦、玉米、棉花；村集体收入约20万元，主要为土地承包和油田进井路，人均收入约1.2万元。

前沟村　村委会主任李桂山。前沟村位于六合街道驻地西南3千米处，西与利津县九龙口村交界，北与后沟村、南与梅家村相连，东邻荆家村，村风村貌较好，绿化覆盖率较高。村内公路主要有南北一纵和东西四横，人员进出主要走南北公路。全村有169户，共有469人，中共党员21人，平均年龄50岁，其中女党员4人，35岁以下党员3人，60岁以上党员4人。村民代表30人。全村共有耕地1464亩，人均耕地2亩，土地贫瘠，盐碱化较重。村民以种植棉花、小麦、玉米等农作物为主，其他经济来源为外出打工、农用车出租等。村集体收入以土地承包，油田2口油井占地补偿为主，村集体年收入6万余元。

梅家村　党支部书记王希左、村委会主任王希永。全村以蔬菜大棚蔬菜种植为主耕地面积1800亩，主要种植棉花、大豆、蔬菜、小麦。村集体收入20余万元。

西崔村　党支部书记崔淑国，村委会主任张金海。全村有225户，730口人。党员17人，其中35周岁以下2人，36～45周岁4人，46～54周岁8人，55～59周岁1人，60周岁以上2人。常年在外党员1人。以棉花、小麦、玉米种植为主。2017年该村集体经济收入共计80万元，其中：土地承包费收入40万元，油田进井路35万元，其他收入5万元。2017年，按照区委、街道党工委安排，着力发展壮大村级集体经济，村集体账面固定资产：170余万元，主要包括公路、文化大院、变压器、办公桌椅等，村集体共有土地3440亩，其中可用于对外承包的有550亩。2017年，农民人均纯收入15000元。2017年，棉花1355亩产量27万千克，小麦1000亩产量40万千克，玉米2000亩产量60万千克。

六合村　党支部书记、村委会主任张峰基。以传统农业为主，打造以莲藕、辣椒种植为主的合作社六合村耕地面积3000亩，种植小麦、玉米、棉花等。小麦亩产600千克，玉米亩产750千克，棉花亩产250千克，集体收入55000元（进井路款），人均收入17000元。

庙一村　党支部书记、村委会主任陈宗强。全村共有258户827人，耕地面积共计780亩，其中水浇面积470亩，台田面积380亩，以种植业、运输业为主要产业。种植作物主要有棉花、小麦、玉米。水产养殖面积120亩，各项产业综合人均纯收入达16000元。

庙二村　党支部书记、村委会主任陈长山。该村以种植业、养殖业为主的产业结构模式。经济基础较为薄弱，住房及土地均与庙一村交叉分布，其中埕口有2400余亩土地对外发包，是村集体经济收入的主要来源。村级基础设施建设主要依靠街道以及外单位帮扶。现人均耕地1.22亩，以种植棉花、玉米、小麦为主，产量可观。年轻村民以承包土地、畜禽养殖、外出打工为主，人均年收入约14000元左右。

毕咀村 党支部书记、村委会主任毕玉强。全村共有245户605人，以种植、海洋捕捞为主。耕地面积2400亩，其中浇水地1200亩，全村共有台田180亩，棉花种植面积2400亩，池塘养殖120亩，船只29只，主要产业是种植业、海洋捕捞业、淡水养殖业，人均纯收入17525元。

小夹河村 党支部书记、村委会主任李兵。小夹河村位于六合街道东北部，约7.5千米，有30个村民小组，171户536人，以农业为主。耕地面积1200亩，主要种植棉花、玉米、小麦。2017年，棉花种植面积976亩，玉米583亩，小麦437.1亩，另外还有部分荒碱地。村集体年收入3万余元，人均年收入9000元。

新户镇

【概况】 2012年3月8日，新户镇被国家发展改革委办公厅列为第三批全国发展试点城镇，2012年3月30日，被东营市委、市政府确定为全市首批试点强镇。位于河口区西北部，北接渤海，东、南邻河口街道办事处、义和镇，西与滨州市沾化县接壤，是东营市的西北门户，地理位置优越。共有行政村75个，总人口2.7万人，行政区域总面积730.8平方千米。境内自西而东潮河、马新河、沾利河、草桥沟四条较大排河南北向穿境入海，引蓄水条件完善，泄洪排涝便捷。向东50千米接东营港，向西距滨州东风港20千米，南部有312省道连接东西，南距荣乌高速仅20千米，交通网络畅通。境内土地面积广阔，未利用地开发、土地整理挖潜的空间较大。海岸线长47千米，浅海滩涂面积70万亩，具备大规模发展滩涂养殖、浅海护养以及海洋捕捞等海洋经济的条件。培育形成了冬枣、畜牧、海洋渔业、盐及盐化工、新能源等主导产业。

【国民经济和社会发展综述】 全镇实现生产总值22.2亿元，增长7.4%；固定资产投资42.6亿元，增长7.5%；社会消费品零售总额5.4亿元，增长10.9%；规模以上工业总产值增长12.5%；一般公共预算收入突破5200万元，增长13.1%。主要经济指标与去年同期相比，均实现逆势增长。

2017年，始终保持战略定力，着力做好打基础谋长远的工作，产业融合发展，势头更加强劲。高端规划设计“绿野仙踪”乡村公园和镜湖湿地景观项目，重点发展肥城村生态家现代农场、花千骨花卉种植园、果园居精品民宿3个核心项目，形成独具新户特色的全域旅游发展模式；加大招商引资力度，服务推进项目建设，加快新旧动能转换，华春等3家公司顺利完成改制，曙光汇泰二期20兆瓦渔光互补发电等4个项目顺利推进；服务业发展步伐加快，黄河故道生态家农产品网络平台运行良好，成功举办冬枣采摘节、苗丰新芹采摘节、黄河故道第二届生态田园推介会，新户镇旅游品牌更加响亮。

【教育工作】 推进素质教育，注重教育创新，深化教学研究，强化师德建设，加大教育投入，教育基础设施日趋完善，办学条件不断提高，教学质量和素质教育水平持续提升，创建成为市级教育现代化乡镇，中小学、幼儿园均被评为市级现代化学校、市级规范化学校、市级文明校园，2所幼儿园均创建成为省级示范幼儿园。

【医疗服务】 做好卫计综合改革，推进卫生计生一体化建设，严格落实人口与计生目标责任制。投资100万元为新户中心卫生院配备麻醉机、呼吸机、动态心电图等医疗设备。投资260万元对全镇14566人进行免费健康体检，持续做好老年人查体、“两癌”及育龄妇女查体，进一步强化居民健康保障水平。

【城乡建设】 因地制宜实施村庄拆迁并点工作，加大基础设施配套，大力实施旱厕改造提升，全镇2194户家庭的农厕变得更加干净便捷。开展畜禽养殖搬迁关停集中行动，对全镇禁养区259户养殖户实施搬迁关停，兑付补偿金额105万元。强化城乡环卫一体化全覆盖，投资85.6万元新上一处垃圾中转站和垃圾压缩设备，投资603万元建设农村生活污水处理项目，配备移动式吸污车对农村生活污水收集清运、集中处理及旱厕改造后废液处理。加强保洁人力保障和设施更新，强化企业安全环保责任落实和督查问效，强力实施三年增绿工程，绿化面积超过2.5万亩，提升群众生活环境。

【配套设施建设】 以创建国家公共文化服务体系示范区为突破口，推进镇村文化活动阵地建设，扎实推动城乡文化惠民活动开展。镇文化站和南楼等46个村通过验收，建成乡村剧场16处、历史文化展室4处、数字文化广场6处，建设乡村儒学讲堂20处、悦读书社5处、图书馆总分馆40处；成立"桃园春""阳光""天韵"等庄户剧团3个，2017年，共开展170场"进千村乐万家"及61场"百团千场乐万家"文艺巡演活动，群众文化娱乐生活更加丰富多彩。

【社会管理】 加大治安防控力度，投资500余万元，以政府购买服务的方式，全力推进"雪亮工程"建设，系统推进镇村两级综治中心建设、重点路口安装摄像头、村居警务助理配套等工作，群众防范意识和安全状况大幅提升。扎实开展"两打一整治"专项行动，通过大力宣传、深挖线索、全面摸排、集中整治等措施，严厉打击违法犯罪，有效维护辖区治安秩序，为平安新户建设奠定坚实基础。

【行政村概况】 2017年，新户镇所辖75个行政村。

麻郭村 党支部书记路来国、村委会主任张庆海。该村由郭家坝、小围子、麻湾井三个自然村组成。2017年，全村共有261户673口人，耕地5300亩，其中水浇地5000亩。该村以农作物种植为主，农民人均纯收入13000元左右。

东华村 党支部书记刘旭升，村委会主任边瑞雪。2017年，全村共有144户390口人，耕地面积3700亩，其中水浇地2000亩。该村以外出务工为主。该村土地整体流转，人均耕地流转费3000元，有两人在外化工企业打零工，保温防腐的小工队。电子环保抓得紧，收益尚可。突出的主导产业和特色产业无，人均可支配收入3600元。

友谊村 党支部书记、村委会主任杨玉国。2017年全村有89户231口人，耕地面积1600亩，其中水浇地1000亩，土地流转1000亩。该村以种植小麦、玉米为主，农民人均纯收入10000元左右。

永合村 党支部书记季花芝、村委会主任刘振华。2005年创建为市级小康文明村。2017年，全村有111户315口人，耕地面积1394亩，该村以棉花种植为主，以滩涂渔业养殖为辅，农民人均纯收入13691元。

四顷二村 党支部书记、村委会主任王甲峰。2017年，全村有146户462口人，耕地面积2200亩，其中水浇地1800亩。该村土地整体流转，青壮年劳力靠外出务工，还有一部分从事养殖与海产捕捞，人均可支配收入10000元左右。

新华村 党支部书记、村委会主任刘宝辉。2017年，全村有105户320口人，耕地面积2500亩，其中水浇地1400亩。以输出劳动力务工为主，少数群众经营建筑材料、煤炭，从事畜牧养殖等。本村土地大部分流转，只剩余100多亩。土地种植冬枣和苹果，农民人均收入约6000元左右，主要靠输出劳动力在外打工。

北台子村 党支部书记、村委会主任郭希慧。2017年，全村有90户229口人，耕地面积1800亩，其中水浇地800亩。该村有一部分土地流转给正邦集团，剩余部分以种植小麦、玉米、棉花为主导。2017年农民人均可支配收入5000元左右。

太平村 党支部第一书记孙志广，党支部书记、村委会主任郭建峰。2017年，全村有80户240口人，耕地面积1500亩。该村大部分土地已流转，剩余小部分以种植小麦、玉米为主导产业，农民可支配收入 3500 元左右。

南王村　党支部书记、村委会主任刘新民。全村有 118 户 292 口人，耕地面积 3850 亩，其中水浇地 2850 亩。该村总面积 4284 亩约，耕地、沟路渠共计 3850 亩，耕地基本农田、一般农田共计 2850 亩，以种植小麦、玉米、棉花、苗木为主。人均收入 3600 元左右，2013 年土地开发后，原有土地都成了一般农田和基本农田两种。

小坨村　党支部书记、村委会主任李增民。2017 年，全村有 38 户 121 口人，耕地面积 2380 亩，其中水浇地 1800 亩，该村以粮棉种植为主，各户以承包土地为收入来源，年人均可支配收入 8000 元左右。

牟桥村　党支部书记、村委会主任房秀民。2017 年，全村有 72 户 203 口人，耕地面积 215 亩，荒地 943 亩，2017 年农民人均纯收入 12908 元。

丁家村　党支部书记侯玉虎、村委会主任郭吉成。2017 年，全村有 78 户 219 口人。该村有耕地 89 亩、滩涂 6500 亩、台田 83 亩、苇场 1803 亩，渔船 15 只，属典型渔业村，以水产养殖和捕捞为主，2017 年，农民人均纯收入 11000 元左右。

大王村　党支部书记解秀云、村委会主任杨丙忠。2017 年，全村有 126 户 416 口人。耕地总面积 1000 亩。该村以海水产养殖为主。农民收入主要靠承包池塘，2017 年，农民人均可支配收入 9000 元左右。

东村　党支部书记郭荣民、村委会主任杨景发。2006 年创建为市级小康文明村。2017 年，全村有 266 户 678 口人，耕地 2150 亩。种植冬枣 350 亩，积极响应号召发展生态林种植，生态林种植 1600 亩，经济林 30 亩，并大力发展林下经济，种植棉花、花生、大豆等农作物，剩余劳动力外出务工或从事海产养殖。

三义村　党支部书记、村委会主任崔永礼。2017 年，全村有 118 户 349 口人，耕地面积 847 亩，林果园 189.23 亩，该村以种植棉花为主，农民人均可支配收入 12000 元左右。

西村　党支部书记、村委会主任吴俊国。2006 年创建为市级小康文明村。2017 年，全村有 146 户 397 口人，耕地面积 831 亩，园地 380 亩，苇场 2650 亩，有渔船 10 只，主导产业为粮棉生产，部分村民从事海水养殖和水产品运销。2017 年农民人均可支配收入 13000 元左右。

双合村　党支部书记孙秀东，村委会主任周有才。2017 年全村共有 151 户 415 人。耕地总面积 1350 亩，其中水浇地 1250 亩，该村以种植、养殖为主，部分农户养殖猪、羊、鸡，面临环保不完善，污粪处理需要投入资金，配套设施收入还算稳定。种植以棉花、玉米、西瓜、冬枣、苹果等为主。

盐山村　村委会主任王和国。全村有 83 户 221 人，耕地 450 亩，其中，水浇地 350 亩。该村是冬枣生产专业村，坚持以冬枣、苹果为主。2017 年，农民人均纯收入 8000 元。

西鲍井村　村委会主任鲁宝东。2017 年，全村有 41 户 115 人，耕地面积 507 亩，冬枣 38 亩，种植速生杨 100 亩，该村以种植棉花为主，少数群众从事个体经营。2017 年，农民人均可支配收入 12430 元左右。

东鲍井村　党支部第一书记孙峰，党支部书记、村委会主任朱耀东。2004 年创建为全市首批小康文明村。2017 年，全村有 128 户 330 人，耕地面积 900 亩，种植冬枣 840 亩，是全市典型的冬枣种植专业村，冬枣储存库容纳量达 2000 吨，冬枣产值超过 500 万元。

杏行村　党支部书记、村委会主任马金国。2017 年，全村共有 110 户 316 人，耕地 810 亩，其中水浇地 700 亩。该村以种植冬枣为主，冬枣种植已成为主导产业，也已在盛果期。2017 年，农民人均可支配收入 10000 元左右。

南六合村　党支部第一书记曹志刚，党支部书记、村委会主任路兴伍。2017 年，全村有 126 户 423 人，耕地面积1393亩，该村主要以种植业和畜牧业为主，2017年，农民人均纯收11000元左右。

老鸦村 党支部第一书记王涛，党支部书记郑少海，村委会主任杨吉华。全村有470户1310人，耕地面积6800亩，其中，水浇地5000亩。该村以苹果、冬枣、西瓜等特色产业为主，种植棉花、玉米、小麦，农产业为主要的收入来源，农民可支配收入13000元左右。

九顷村 党支部书记、村委会主任马少忠。2005年创建为市级小康文明村。2017年，全村有180户510人，耕地面积1951.2亩，其中，冬枣园800亩，该村以种植冬枣、棉花、西瓜为主，少数群众从事畜禽养殖。

北李村 党支部第一书记薛廷辉，党支部书记范乃福，村委会主任戚元华。全村有220户668人，耕地面积3000亩，其中，水浇地2900亩，该村以冬枣种植和传统种植为主。

兴合村 党支部书记李元明、村委会主任黄令来。全村有380户1200人，耕地面积4600亩，其中水浇地3000亩，主导产业以种植棉花、小麦、玉米、大豆为主，特色产业以养殖肉食鸡为主，近几年发展迅速。

东风村 党支部书记、村委会主任李春收。2017年，全村有232户616人，耕地面积5600亩，其中，水浇地5600亩。该村以种植棉花为主，2017年，农民人均纯收入9600元左右。

新立村 党支部书记、村委会主任李树喜。2008年创建为市级小康文明村。2017年，共有75户225人，耕地面积350亩。该村主要靠种植粮食、渔业捕捞为主，其余靠外出务工。

公司村 党支部书记、村委会主任江新春。2017年，全村有85户245人，耕地面积980亩，苇场600亩，该村以棉花、小麦种植、畜牧和海水捕捞为收入的主要来源。部分村民外出务工。

八顷村 党支部书记、村委会主任宋玉德。2017年，全村有52户149人，耕地面积600亩，其中水浇地500亩。该村主要以种植、养殖为主，本村传统农业种植，主要是种植棉花为主，农民人均可支配收入10000元左右。

中合堂村 党支部书记曹俊河，村委会主任张新忠。2017年，全村有304户871人，耕地面积2017亩，滩涂9000亩，苇场5000亩，渔船42只，该村以种植棉花和渔业捕捞为主。2017年农民人均纯收入15300元左右。

奇古村 党支部第一书记郑云霞，党支部书记吴俊国，村委会主任陈春英。2017年，全村有39户111人，耕地面积420亩，其中水浇地280亩，该村以种植棉花和畜牧养殖为主。该村420亩土地都栽上了树木，有几户养殖肉鸡，年出栏253只，部分年轻人在外打工。

郭局村 党支部书记、村委会主任李宝祥。2007年该村创建为市级小康文明村。2017年，全村有289户991人，耕地3700亩，有台田530亩，滩涂5.19万亩，苇场5000亩。该村主要以海水养殖和捕捞为主。

东六合村 党支部书记、村委会主任王云龙。2017年，全村有120户430人，耕地面积1300亩，有海滩近6万亩，合资盐场1500亩，近海捕捞渔船18只。该村典型的渔业专业村，以近海捕捞和海产养殖为主。主要农产品有花生、玉米，农民年人均可支配收入2万元左右。

海丰村 村委会主任高胜利。2017年，全村有38户108人，无耕地，土地全部流转，村民以外出务工和个体经商为主，同时享受土地流转分红。

马家村 党支部书记马民照、村委会主任马爱民。2017年全村共有119户302人。2017年，耕地面积1600亩，其中，水浇地600亩。该村以种植业为主，该村有部分土地流转，流转土地有144人，人均分红2636元，剩余158人土地未流转，靠种植粮食作物，人均收入3000元左右，其余靠打工。

丁王村 党支部书记王庆山、村委会主任王庆军。全村现有45户125人，耕地面积1270亩。该村2017年拆迁搬至新户镇明湖社区居住，以种植业、畜牧养殖为主，尤其是牧草种植居多。

果园村 党支部第一书记毕国栋，党支部书记、村委会主任盖新贞。全村现有33户90人，耕地面积570亩，全部是水浇地。该村以地处黄河故道的便利条件，大力发展棉花种植及林果生产，产业特色是发展“民俗”和林果种植。全村人均纯收入1.8万元。

建设村 党支部第一书记郑国华，党支部书记、村委会主任王岩峰。全村现有167户467人，耕地面积1300亩，其中水浇地1300亩。该村以种植小麦、玉米等为主，其中，有800亩耕地承包给正一农林有限公司种植，2017年，该公司主要种植花卉、林木，人均可支配收入16000元。

顺和村 党支部书记张喜春、村委会主任张世国。全村现有60户174人，耕地面积760亩。主要种植小麦、玉米，少量种植果树，年轻人大多外出打工，土地流转给种植大户耕种。

兴华村 党支部第一书记薄其明，党支部书记、村委会主任刘梅祥。全村现有人口102户298人，耕地987亩，逐步形成了以冬枣和畜牧养殖为主的农业产业结构。2017年，全村人均可支配收入达13000元左右。

太一村 党支部书记、村委会主任赵立新。全村现有82户207人，耕地112亩。该村60%以上的户从事商品经营，主要经营日用百货和蔬菜贩运，发展大田菜，渔业养殖。2017年，全村人均纯收入13200元左右。

太二村 党支部书记、村委会主任张希忠。现有190户578人，耕地1800亩，其中水浇地1200亩。该村主导产业以果树种植为主，特色产业是蔬菜大棚种植。发展果树500多亩，蔬菜大棚20个。农民年人均可支配收入14000元以上。

太三村 党支部书记、村委会主任李明杰。全村现有76户282人，耕地面积1200亩。该村以商品经营为主业，主导产业以种植粮食作物为主，一分干以东老黄河故道以种植果树和蔬菜为主。人均可支配收入12600元左右。

南李村 党支部书记牛怀臣，村委会主任蔚大方。全村现有272户813人，耕地2750亩。该村以种植业为主，注重林果生产，种植苹果350亩、西瓜500亩，部分盐碱土地种植棉花，水浇条件较好的土地种植玉米、小麦，部分农户种植杂粮。2017年，全村人均纯收入12500元左右。

中义村 党支部书记、村委会主任刘新堂。全村现有76户218人，耕地1380亩。该村以粮、棉间作为主，畜牧业发展较快，2017年，全村人均可支配收入12500元左右。

坝上村 党支部第一书记杨立超，党支部书记、村委会主任徐宝江。全村现有90户243人，耕地面积1300亩，水浇地800亩。该村以种植小麦、玉米为主。部分村民探索种植无土栽培西红柿，亩产达15000斤，市场前景广阔。2017年全村人均可支配收入13000元左右。

中合村 党支部书记、村委会主任马勇。全村现有26户70人，耕地面积745亩，荒碱地860亩，植被丰富，畜牧养殖业发展迅速，以种植玉米、小麦、大豆、高粱为主。

龙王村 党支部书记杨国强、村委会主任卢汉锋。全村现有77户233人，耕地面积1200亩，以种植小麦、苗木、棉花和畜牧养殖为主导产业。

东兴村 党支部书记王双庆、村委会主任王建杰。全村现有188户504人，耕地面积5000亩。该村土地以流转，村民以外出务工为主。

新兴村 党支部第一书记王云霞，党支部书记、村委会主任村孔祥福。全村现有59户152人，耕地面积1127亩。该村以种植业和畜牧业为主。2017年，全村人均纯收入13500元左右。

艾和村 党支部书记时云跃、村委会主任王俊枝。全村现有82户256人，耕地面积1584.3亩，其中水浇地1584.3亩。该村以农业种植和土地流转为主。

北楼村 党支部书记刘德成、村委会主任袁新堂。全村现有72户190人，耕地面积1080亩，其中水浇地700亩。该村农业发展条件优越，水源充足，交通便利，以种植业为主，农作物以小麦，玉米、棉花、大豆为主，有养殖牛、羊、猪等。近年来，畜牧业和冬种植发展迅速。

刘瞿阝村 党支部第一书记王利冉，党支部书记高峰、村委会主任盛云苹，全村现有166户489人，耕地面积1441亩。全村种植冬枣300亩，优质棉900亩，肉鸡、肉鸭养殖小区1处，村民在做好种养业的同时，积极外出打工，增加收入。2017年，全村人均纯收入达到13000元左右。

西华村 党支部书记、村委会主任门福军。全村现有179户482人，耕地面积1800亩，其中水浇地0亩。该村以人员外出务工为主，村中土地全部流转，人员以外出务工居多，人均耕地流转费1600元，有两人在外化工企业打工，实现主导产业特色、产业化，全村人均可支配收入1600元。

三泉村 党支部书记、村委会主任王金山。全村现有68户185人，耕地面积3650亩。以种植玉米、小麦为主，该村荒碱地资源丰富，具有发展畜牧业得天独厚的优势，畜牧养殖成为该村的主要经济来源。

仁义村 党支部书记、村委会主任孔宪军。全村现有136户410人，耕地面积2650亩，其中水浇地0亩。该村土地肥沃，排灌系统配套，以种植玉米、大豆、小麦为主，近年冬枣种植业发展较快。该村流转土地963亩，其中，508亩植树造林，剩余455亩与自留1687亩。2015年全村人均纯收入12807元。

星南村 党支部书记张化平、村委会主任王学峰。全村现有32户185人，耕地面积2024亩。该村以种植业为主，该村有1823亩土地流转给澳亚牧场和正邦猪场，2017年，全村人均纯收入15000元。

星北村 党支部书记路林廷、村委会主任王景州。全村现有52户160人，耕地面积1318亩。该村土地大多转包，村民靠种植和外出务工为主。

双胜村 党支部书记、村委会主任王新堂。全村现有46户121人，耕地面积1200亩。该村大部分土地均已流转，以农业种植为主，主要种植棉花、小麦、玉米等，农闲季节对外输出劳务。人均可支配收入5800元左右。

一顷六村 党支部书记李宪廷、村委会主任刘太廷。全村现有65户180人，耕地面积900亩。该村以小麦、玉米、大豆种植为主，近年来庭院经济发展较快，家家户户利用房前屋后种植瓜果蔬菜，达到人均1亩菜，半亩果。种植核桃300亩，流转330亩，该村畜牧屠宰户7户。

三合村 党支部书记、村委会主任孙玉明。全村现有116户310人，耕地面积886亩。该村农业生产条件较好，主要以棉花、大豆、西瓜生产为主，部分种植白蜡树苗，农闲季节对外输出劳务。

南楼村 党支部书记姜花刚、村委会主任颜景申。全村现有245户646人，耕地2378亩。该村经济以小麦、玉米、棉花等农作物种植为主。2017年，全村人均可支配收入11850元左右。

双泉村 党支部第一书记师东，党支部书记孙维峨，村委会主任吴丰霞。全村现有275户711人，耕地面积2800亩，其中水浇地2800亩。该村2017年人均可支配收入6800余元，以种植小麦、玉米和栽植苹果树为主，现种植苹果树200亩左右，面积将逐年增加。

赵王村 党支部第一书记王宾，党支部书记张树海、村委会主任李建青。全村现有88户263人，耕地面积1740亩。该村土地宽广、肥沃、平整，水浇条件好，主要种植经济作物大豆、棉花等。近年来运输业发展迅速，全村25%以上农户从事长途货运。2017年，全村人均纯收入13000元左右。

肥城村 党支部书记、村委会主任盛荣国。全村现有78户265人，耕地面积980亩。赵王西流转土地405亩，生态家现代农场流转126亩，该村以种植粮食作物和香椿、蔬菜、瓜果等经济作物为主，是瓜果、蔬菜种植专业村。

胜利村 党支部第一书记王海波，党支部书记高令岐，村委会主任范朋学。全村现有130户430人，耕地面积1250亩，其中水浇地1050亩。该村以往以小麦、玉米种植业为主，2016年以来调整农业结构，引进优质花生新品种，种植面积200余亩，栽种苹果树、核桃树等经济林约100余亩，面积将逐年增加。养殖业以狐、貂等养殖为主。2017年人均可支配收入16000余元。

丁家集村 党支部书记、村委会主任李克发。全村现有有146户423人，耕地面积760亩。该村以种植小麦、玉米为主，苹果种植30亩，肉鸭养殖2户，并发展大棚、桃树种植等特色产业。

和平村 党支部书记、村委会主任李庄祥。全村现有88户224人，耕地面积800亩。该村土地肥沃、平整，水浇条件好，主要种植果树、花生、大豆瓜果等。近年来，新引进的外地特色果树品种，成为该村农民增收的亮点，主要发展核桃、桃、梨、杏等果树种植。

联合村 党支部书记、村委会主任谭振友。全村现有175户487人，耕地面积940亩，其中水浇地940亩。该村以棉花、小麦、大豆等农作物种植和养殖肉鸭为主，全村人均纯收入1.6万元。

太和村 党支部书记、村委会主任刘福田。现有126户364人，耕地面积700亩。该村以苗木、果树、小麦、玉米种植业为主，重点发展林果生产。全村有果树园160亩、小麦250亩、苗木150亩、棉花200亩专业户15户。冬枣产业发展迅速，有冬枣示范园590亩。农民收入以打工和建筑为主，人均收入1万多元。

韩家村 党支部书记、村委会主任吴宝善。全村现有53户139人，耕地面积1300亩。该村位于新户镇驻地西500米处，种植小麦、玉米、棉花为主，少部分种植苹果树、苗木，在村西北部建有养殖区一处，以养羊为主。

龙泉村 党支部第一书记张妍，党支部书记、村委会主任王开东。全村现有79户199人，耕地面积554亩。该村充分利用靠近水源及集市的便利条件，大力发展蔬菜种植和商品运销。2017年，全村人均纯收入13000元左右。

立新村 党支部书记杨建军、村委会主任王俊廷。全村现有90户291人，耕地面积1800亩。该村以小麦、玉米、苹果树种植为主，部分从事养殖业，50岁以下人员大多外出务工。

官庄村 党支部书记、村委会主任王成海。全村现有75户220人，耕地面积1570亩。该村主要种植小麦、玉米、棉花、花生，部分种植果树，利用丰富的自然资源进行畜牧生产、芦苇生产，大力发展个体私营经济。

义和镇

【概况】 义和镇位于河口区政府驻地以西16.5千米处，版图面积129.74平方千米，辖46个行政村，2.63万人。境内坐落福祥泵站，沾利河、郭河、王庄二干一分干、二分干等水系贯通，水利条件相对优越。东西向滨孤路、河民路、新四路，南北向荣乌连接线、新盐路构成主框架，交通比较便利。境内石油、天然气资源丰富，河口采油厂、东胜公司、油气开发中心都有较大开发。西黄河故道核心区域南北带状分布，建有怡丰、申丰、年丰、锦绣、聚丰等特色庄园5处，农业产业具有较好基础。

【国民经济和社会发展综述】 刚刚过去的2017年是新一届镇政府的开局之年，也是实施“十三五”规划承上启下的关键一年。面对经济发展动力转换新常态、区域竞争日趋激烈新形势，全镇上下以习近平新时代中国特色社会主义思想为指导，在区委、区政府和镇党委的坚强领导下，紧紧围绕建设“黄河故道高效农业示范区、鲁西北商贸重镇、全省美丽乡村示范镇”三个目标定位，精诚团结、凝心聚力、攻坚克难、真抓实干，统筹抓好调结构、扩投资、改环境、提效能、惠民生等各项工作，较好地完成各项目标任务，经济社会实现平稳健康发展。

面对2017年经济下行压力持续加大、原油价格持续低迷的严峻形势，积极应对，坚持每周调度经济工作，推动重大项目建设，实现经济发展稳定增长。2017年全镇实现地方生产总值42.4亿元，同比增长6.8%。规模以上工业总产值330亿元，同比增长10.7%。全社会固定资产投资43.6亿元，同比增长6.3%。社会消费品零售总额3.8亿元，同比增长9%。公共财政收入2355万元。农民人均现金收入16919元，同比增长8.5%。

【产业转型升级】 坚持深化供给侧结构性改革，积极推动新旧动能转换，区域经济实现快速发展。（1）农业现代化水平不断提高。扎实推进锦绣河口·黄河故道现代农业示范区建设。聘请中国农业大学农业规划科学研究所高标准编制总体规划，实施4.5万亩土地综合治理项目，加快基础配套设施建设，土地平整1.3万亩，疏挖治理各级排沟235.47千米，建设渠道150.7千米，水库清淤治理9座，建设泵站7座，其他水工建筑物2745座，铺设输水管道面积1万亩，铺设暗管1.5万亩，建设道路293.1千米，新增耕地3978.45亩，核心区完成土地流转2200余亩。完善农田水利基础设施建设。义和西片涝洼地治理工程、农村坑塘治理工程完成建设并通过验收，实现疏挖排沟108千米、整修田间道28千米、治理农村坑塘11座；0.8万亩高标准农田建设项目顺利完工并通过市级验收，整平土地0.31万亩，新建泵站1座，修建硬化干道16条，植树2.5万株；王集水库片0.49万亩土地整治项目开工建设，项目完成后将新增耕地面积798.15亩。积极化解航天汉麻、义和庄园遗留问题。制定出台《关于扶持特色农业发展的实施意见》，设立奖补资金500万元，激发现代农业发展活力。全镇累计发展设施农业大棚512个，种植各类果树8549亩，小麦33540亩，棉花8840亩，玉米24493亩，水稻602亩，大豆及杂粮11753亩，培育农业龙头企业7家，带动发展了怡丰、申丰、年丰、锦绣、聚丰等五大庄园，九丰农业示范园、百花庄园开工建设，杏花村体验农场启动运营，建成梁家苹果、大山西瓜、小围子地瓜、西韩无花果等示范基地22个，获得国家无公害食品认证农产品9个，注册“金河口”苹果、“小围子”地瓜等商标品牌10个。畜牧业生产持续稳定，全镇生猪养殖208户、存栏2.76万头，牛养殖50户、存栏350头，羊养殖76户、存栏7510只，鸡鸭养殖56户、存栏54万只，全年累计检疫生猪10204头，鸡鸭361.3万只。（2）工业经济持续向好。依托富海工业园，继续推进化工主业发展。强力推进重大项目建设。组建项目推进指挥部，盯靠服务企业。华联石化总投资2.86亿元建设的15万吨/年混合碳四综合利用装置、10万吨/年废气废酸综合利用装置及配套设施项目稳步推进，富宇化工150万吨/年蜡油加氢裂化项目、100万吨/年重整项目，可研报告编制完成，项目图纸设计基本完成，正准备前期相关手续办理工作。此外，华联石化、富宇化工顺利通过进口原油使用核查评估，核准进口原油指标334万吨。坚持搞好园区基础配套，实施园区道路安全提升工程。结合拆违治乱集中行动，完成华联西侧4处散乱污企业违建拆除，腾空建设用地3万余平方米。努力盘活现有企业，鑫诚化工完成破产整合，由锦龙石化收购。荣鑫化工吸引社会注资，恢复生产。此外，天擎工贸、金利石油顺利完成公司化改制。（3）现代服务业活力彰显。按照“田园小镇·全域旅游”的目标定位，推进农旅结合，完善旅游功能，精心打造文化旅游品牌。依托百年黄河故道资源优势，加大特色农业与乡村旅游业的扶持力度，对锦绣庄园、聚丰庄园、富源农场等进行改造提升。依托特有历史文化资源，注重“旅游+文化”融合发展，先后举办“好客义和·金秋采果”美丽乡村汇、“百年义和·故道风情”齐鲁名家文学采风等系列活动，带动义和餐饮业、现代农业的快速发展，构建了全域旅游新格局。

【城镇建设】 （1）强化规划引领。聘请东营市规划设计院编制《义和镇总体规划》，已完成初步成果，正在组织专家评审及申报批复。（2）推动城乡基础配套设施建设。累计投资1200余万元，实施镇区义兴路及和谐、和盛、和兴、和顺四街综合改造提升工程，其中路面改造已完成；实施义和庄大集及商业街立面改造工程，完成国道340沿线、义兴路东段、和谐街墙体粉刷、广告牌安装，义和庄大集标志建筑物完成建设；商业街公厕完成建设并投入使用。国道340与荣乌高速连接线节点绿化工程完成草坪及部分苗木种植。天然气村村通工程进展顺利，8个村1586户户外管道、户内设施安装完成。实施垃圾中转站改建工程，现已基本完工。（3）美丽乡村建设项目顺利推进。东韩、西韩两村完成旧村拆除复垦，颐正家园二期融资贷款手续已完成，正在组织招标确定建筑企业。投资245万元实施无害化卫生厕所改造工程，全镇已改造完成39个村2900余户。村级基础公益设施建设顺利推进，投资320万元，完成9个村的公路建设项目；投资3781万元，实施涉及16个村庄的村级公路网化示范县工程，已完成主体建设。（4）狠抓拆违治乱和城乡环卫一体化管理。对镇驻地、国道340沿线、义兴路、新盐路三条干线公路两侧及海防路沿线违法建设、集中搬迁和辖区无序经营行为先后8次进行集中整治，累计拆除违章建筑75处、7万平方米。依法清理无序店外经营140余处，清理立柱广告牌280余处。加强城乡环卫一体化管理，将镇区主干路线、工业园区等区块的环境卫生纳入保洁范围，实现城乡环境卫生全覆盖。（5）强化环境保护治理。以迎接中央环保督政为契机，严格按照环保督政相关标准要求，搞好自查自改，结合城乡环卫一体化、河长制工作落实，对辖区所有的村、企业、河流进行彻底清理。推进养殖场区规范化建设，配合做好三区划定工作，顺利完成全镇35家规模户粪污处理设施建设、禁养区272户畜禽养殖户的搬迁关闭工作，广大群众居住环境得到明显改善。扎实推进“三年增绿”工作。坚持以创建“森林小镇”为目标，2017年投资4700万元，重点实施薄家东片、六顷片、三合片、王集水库北片、环镇生态林和荣乌高速连接线、滨孤路、义英路等五条交通干线绿化以及17个村的围村林建设，新造林面积22350亩，植树253万株。同时，林下经济实现新突破，富源农场在薄家东片种植鹤虱草1000亩，林下扦插中华柽柳260余亩。全镇绿化面积48000亩，全镇森林覆盖率达到25%。此外，春季防疫、美国白蛾防治等工作均扎实有效开展。

【社会事业】 （1）推进精准扶贫工作。对7个省定贫困村，关注好产业项目运营，监管项目收益分红发放，同时整合资源、政策，投资70万元入股腾宇贸易有限公司，110余户省定贫困户受益。五一、六顷两个市定贫困村80千瓦光伏发电项目并网发电，实现摘帽，22个市定贫困户顺利脱贫。（2）全力保障改善民生。以提升出生人口素质为重点，扎实推进人口和计划生育工作，以创建国家级公共文化服务体系示范区为抓手，持续推进乡村文明、移风易俗、“四德”工程建设，现全镇有39个村顺利通过公共文化服务体系示范村验收。（3）抓实安全生产。严格落实“网格化”实名制监管，将责任砸死到村企、到干部、到每名职工。以安全生产量化考核为抓手，村企联动，部门联合，强化执法，加大专家查隐患和日常巡查力度，认真开展科级干部包企业促隐患整改活动，开展日常巡查500余人次，排查四闲场所47次426处，每位包靠领导督查企业不少于12次。2017年，全市量化考核中，义和镇位列全市前列。（4）加强社会治安综合治理。把信访维稳工作作为压倒一切的政治任务，认真抓好省党代会、十九大等重点时期的信访维稳工作。开展“两打一整治”专项行动，以视频监控系统为基础，以信息化建设为支撑，大力推进覆盖城乡、延伸入户的公共安全视频监控联网——“雪亮工程”，投资500余万元，新安装高清摄像头128个，15个交通卡口，15个WiFi探针，2个制高点全景摄像机。同时，创新管理模式，整合“警务助理员、综治调解员、安全员、农产品质量安全监管员、水利协管员、交通劝导员”职责，实现“六员合一”，现46个村的警务助理已全部上岗，真正实现警民联手、群防群治，有力促进辖区平安稳定。

【行政村概况】 2017年，义和镇所辖46个行政村。

大牟村 党支部书记、村委会主任徐学岭。2017年，全村共有380户1098人，耕地总面积4600亩，其中，水浇地3100亩。全年白菜产量2000吨，种植树木40万株。农民年人均可支配收入15920元。

五一村 党支部书记、村委会主任李振平。2017年，全村共有90户299人。耕地总面积1150亩，其中水浇地1150亩。粮食产量500吨，果品60吨。该村以小麦玉米种植为主。农民年人均可支配收入16750元。

五二村 党支部书记、村委会主任李文民。2017年，全村共有172户466人。耕地总面积2380亩，其中水浇地2380亩。粮食产量2130吨，果品4吨，杂粮1吨。该村以种植小麦、玉米为主，其次为大豆。农民年人均可支配收入16100元。

宝一村 党支部书记、村委会主任尚英彬，2017年，全村共有246户746人。耕地总面积1916亩，其中水浇地900亩，林地600亩，果村50亩，大棚蔬莱150亩。小麦、玉米种植面积900亩，年产量4500吨。农民年人均可支配收入16840元。村集体建设有108千瓦光伏太阳能，年收入10万元左右。

宝二村 党支部书记赵占中，村委会主任季小星。2017年，全村共有88户246人。耕地总面积905亩，其中，水浇地905亩。粮食产量10吨，果品6吨，该村以果品为主。农民年人均可支配收入15240元。

前夬村 党支部书记、村委会主任陈学民。2017年，全村共有前126户375人，耕地面积2100亩，其中水浇地2100亩，全年棉花产量50吨，粮食产量160吨，农民年人均可支配收入15120元。

中夬村 党支部书记、村委会主任沈金华。2017年，全村共有158户443人。耕地总面积3500亩，其中，水浇地3500亩。全年棉花产量890吨，粮食产量460吨。农民年人均可支配收入16130元。

后夬村 党支部书记张吉勇、村委会主任张文明。2017年，全村共有108户297人。耕地总面积2132亩，水浇地2132亩。其中，土地流转1370亩，对外承包610亩。全村以经商、打工、流转收入为主，农民年人均可支配收入16220元。

六顷村 党支部书记陈曰海，村委会主任马增祥。2017年，全村共有145户447人，耕地总面积3300亩，已全部实现土地流转，人均年增收2800元左右。村集体建有80千瓦光伏太阳能发电站项目。农民年人均可支配收入16320元。

草场村 党支部书记、村委会主任薄纯让。2017年，全村共有278户784人。耕地总面积4200亩，其中水浇地4200亩。粮食产量1300吨，该村以种植小麦、棉花、榆树为主，农民年人均可支配收入15900元。

东北村 党支部书记、村委会主任孙友纲。2017年，全村共有485户1291人。耕地总面积3550亩，其中水浇地2000亩，粮食产量1000吨。该村以种植小麦、玉米、棉花、树木为主，农民年人均可支配收入15200元。

西北村 党支部书记、村委会主任高树忠。2017年，全村共有313户940人，耕地总面积3400亩，能够全部实现水浇，粮食产量2250吨。该村以种植棉花、小麦、玉米和树木等为主。农民年人均可支配收入16300元。

东南村 党支部书记王志才、村委会主任单宝剑。2017年，全村共有308户826人，耕地总面积2200亩，已流转土地600亩，该村以种植小麦、玉米、树林、果蔬大棚为主，农民年人均可支配收入16100元。

西南村 党支部书记焦念光，村委会主任张景增。2017年，全村共438户1282人，耕地总面积1950亩，其中水浇地1950亩，1575吨，该村以种植小麦，玉米，棉花为主。农民年人均可支配收入13000元。

西河村 党支部书记、村委会主任王新海。2017年，全村共有998户1002人，耕地总面积4700亩，能够全部实现水浇，该村以种植小麦、玉米、树林、果蔬大棚为主，农民年人均可支配收入16120元。

艾河村 党支部书记、村委会主任王玉红。2017年，全村共有120户360人，主导产业为林果种植，2017年农民人均纯收入13500元。先后被获得"山东省卫生村""东营市生态文明示范村""东营市卫生村""全国文明村"等荣誉称号。

油坊村 党支部书记王志丽、村委会主任韩秀臻。2017年，全村共有67户195人，耕地总面积438.4亩，粮食产量400吨。该村以种植小麦、玉米和副业经营为主，全村60%人口从事第三产，是以副养农远近闻名的商贸专业村。农民年人均可支配收入20000元左右。

四顷坝村 党支部书记、村委会主任宋方员。2017年，全村共有66户209人。耕地面积为580亩，土地已全部流转。村民主要从事养殖、外出务工和贸易活动。农民年人均可支配收入17500元。

三顷三村 党支部书记刘浩、村委会主任单连永。2017年，全村共有51户137人，耕地总面积319亩，其中，水浇地319亩，粮食产量300吨。该村以种植小麦、玉米为主，农民年人均可支配收入13340元。

北大屋村 党支部书记、村委会主任杨效泉。2017年，全村共有79户222人。耕地总面积673亩，已流转土地444.4亩，该村以种植小麦、玉米、葡萄为主，农民年人均可支配收入13200元左右。

王集村 党支部书记杨斌、村委会主任袁延安。2017年，全村共有411户1036人。全村区域面积13700亩，其中，村庄占地1100亩，耕地面积2200亩。该村主要种植棉花、玉米、小麦、花生等农作物。农民年人均可支配收入16996元。

王二村 党支部书记、村委会主任郭利民。2017年，全村共有88户259人。耕地总面积1141亩，其中水浇地1141亩。粮食产量252.5吨。该村产业以水稻及经济林种植为主。农民年人均可支配收入16900元左右。

河一村 村党支部书记、村委会主任王子元。2017年，全村共有100户305人。全村区域面积2035.44亩，其中，村庄面积95亩，耕地面积256.25亩，全部为水浇地，林地面积10亩，四荒地面积1181.87亩（其中已承包经营面积1170亩），水面面积38.1亩，露天公共场地面积343.65亩，其他面积110.57亩。该村主要经济来源是粮棉种植、畜牧养殖以及外出务工和车辆运输等。农民年人均可支配收入12869元。

河二村 村党支部书记、村委会主任为宋新亮。2017年，全村共有209户624人。全村区域面积1898.7亩，其中，耕地总面积728亩（水浇地680亩），人均1.2亩，主要种植棉花、小麦、玉米等农作物，年产粮食作物110余吨、棉花17.5万千克。农民人均可支配收入14000元。

小河村 党支部书记、村委会主任张国华。2017年，全村共有340户506人。耕地总面积230亩，其中水浇地230亩，粮食产量180吨。该村以种植小麦、玉米为主，农民年人均可支配收入12000元。

梁家村 党支部书记、村委会主任高荣德。2017年，全村共有423户1140人。全村现有耕地5400亩，其中水浇地4600亩。粮食产量600吨，果品3000吨，梁家村是远近闻名的果品生产村，现有果园面积4000亩，以苹果树为主，其中苹果面积3800亩、冬枣100亩、杂果100亩。苹果有红富士、新红星、藤木1号、嘎拉、乔纳金、绿光等十几个品种，还有部分梨、甜瓜、葡萄、冬枣、草莓等杂果，冬暖大棚11个，春棚25个。农民年人均可支配收入14300元。

大王村 党支部书记、村委会主任刘景坤。2017年，全村共有92户262人。耕地总面积860亩，其中水浇地860亩。粮食产量180吨，果品600吨。该村以种植业及林果业为主。农民年人均可支配收入14800元。

蒲台村 党支部书记、村委会主任付长岭。2017年，全村共有174户436人，耕地总面积1810亩，其中水浇地710亩，粮食产量850吨。该村以种植小麦、玉米、棉花、树木为主，农民年人均可支配收入11500元。

薄家村 党支部书记、村委会主任陈甲文。2017年，全村共有443户1298人。全村耕地面积5300亩，其中流转土地1300亩，水浇地4850亩，粮食产量1万吨，水果产量250吨。种植绿化树木2600亩，果树400亩。大棚草莓、蓝莓、西瓜、火龙果、冬枣是薄家村特色种植产业，农民年人均可支配收入18000元。

七顷村 党支部书记、村委会主任张新亮。2017年，全村共有278户880人，耕地4430亩，其中水浇地4430亩，粮食产量2960吨，果品350吨，生猪出栏量25200头。该村以粮食种植、生猪养殖、大棚葡萄种植等为主，人均可支配收入13000元。

大山村 党支部书记、村委会主任冯树旺。2017年，全村共有158户496人。耕地总面积1600亩，其中水浇地950亩。粮食产量800吨，果品120吨。本村以种植小麦，玉米，豆类，棉花为主，西瓜大棚种植为本村特色产业。农民年人均可支配收入12000元。

三合村 党支部书记、村民委员会主任袁成华。2017年，全村共有432户1147人。全村耕地面积4650亩，其中水浇地3500亩，粮食产量1500吨，村民种植绿化树木1300亩，种植果树400亩，产量400吨，700亩土地已对外流转承包。村民年人均可支配收入15000元。

德民村 党支部书记薛宝纯，村委会主任常希洲。2017年，全村共有117户323人。耕地总面积1100亩，其中水浇地950亩。粮食产量600吨。果品52吨。本村以种植小麦，玉米，豆类，棉花为主，西瓜大棚，苹果种植为本村特色产业。农民年人均可支配收入15000元

河王村 党支部书记张彬，村委会主任王新武。2017年，全村共195户599人。耕地总面积1864亩，其中水浇地1864亩。该村以粮食种植为主，粮食产量1250吨，果品25吨，棉花3吨。农民年人均可支配收入13000元。

同合村 党支部书记、村委会主任刘志刚，2017年，全村共有136户440人。耕地总面积2750亩，其中水浇地1700亩，粮食产量300吨，林间套种粮食作物约1000亩。种植绿化用白蜡、速生杨、国槐等1200亩，林间套种粮食作物。该村以养殖为主，农民年人均可支配收入20000元左右。

南太平村 党支部书记、村委会主任李成文，2017年，全村共有63户260口人。耕地总面积680亩，其中对外土地流转520亩，水浇地680亩，粮食产量120吨，该村以种植业、养殖业为主，部分外出打工。年人均可支配收入10113元。

北太平村 党支部书记赵立平，村委会主任毕义刚。2017年，全村共有99户285人，耕地面积960亩，其中水浇地850亩，小麦产量60吨，玉米50吨，大豆8吨，该村土地主要以种植小麦、玉米、大豆为主，2017年5月土地整体流转601亩。村民以进厂打工和建筑施工为主，村里有小型建筑队伍三组，农民年人均收入13000元左右。

六顷五村 党支部书记、村委会主任师恩奎。2017年，全村共有199户623人。耕地总面积2700亩，其中水浇地2700亩。粮食产量1100千克。该村以种植玉米、小麦为主。农民年人均可支配收入12500元左右。

围子村 党支部书记、村委会主任孙立峰。2017年，全村共有139户418人。耕地总面积1500亩，其中水浇地1500亩。粮食产量3500吨左右。该村以种植玉米、小麦为主。农民年人均可支配收入14000元左右。

寿光村 党支部书记、村委会主任朱荣德。2017年，全村共有122户377人。耕地总面积1600亩，其中水浇地1600亩。该村以种植生态林为主。农民年人均可支配收入14200元左右。

东韩村　党支部书记孙希华、村委会主任。2017年，全村共有118户336人。耕地总面积2750亩，其中，水浇地2750亩。粮食产量600吨，果品10吨。该村以种植业为主。农民年人均可支配收入13500元。

西韩村　党支部书记、村委会主任魏传红。2017年，全村共有136户385人。耕地总面积3350亩，其中，水浇地3350亩。该村以种植生态林为主。农民年人均可支配收入14200元左右。

千二村　党支部书记、村委会主任陈相成。2017年，全村共有91户310人。耕地总面积2900亩，其中，水浇地2900亩。该村以种植棉花为主。农民年人均可支配收入13000元左右。

博兴村　党支部书记、村委会主任袁学刚。2017年，全村共有113户316人。全村现有土地6029.62亩，耕地总面积3380.63亩，其中，水浇地3380.63亩。以种植棉花、玉米、小麦为主，粮食产量22.4吨。2016—2017年共种植生态林3200亩。农民年人均可支配收入12000元左右。

大英村　党支部书记、村委会主任马学君。2017年，全村共有185户498人。耕地总面积3900亩，其中水浇地3900亩。粮食产量400吨。该村以种植玉米为主。农民年人均可支配收入15000元左右。

义胜村　党支部书记、村委会主任丰传献。2017年，全村共有107户307人。耕地总面积3900亩，其中水浇地3900亩。粮食产量450公斤。该村以种植玉米、小麦为主。农民年人均可支配收入16000元左右。

孤岛镇

【概况】孤岛镇位于河口区东部，黄河入海口北侧，总面积159.46平方千米，辖两个行政村。辖区驻有济南军区黄河三角洲综合训练基地和中石化最大的采油厂—胜利油田孤岛采油厂。全镇总人口5.6万人，其中农业总人口不足千人，外来流动人口2万人左右，属典型的工矿服务型城镇。镇区产业经济以石油机械制造、农副产品加工、精细化工为主。该镇盛产槐花蜜、马场酒、罗布麻茶、黄河刀鱼、三丰香油等名优特产。先后被评为全国发展改革试点镇、国家卫生镇、全国环境优美乡镇、全国重点镇、全国安全社区、全国科普惠农兴村先进单位、全国楹联文化镇、中国摄影基地、山东省中心镇、山东省旅游强乡镇、山东作家黄河口创作基地、山东省十大最具发展潜力乡镇、山东省绿化模范镇、山东省生态经济二十强乡镇、山东省美丽宜居小镇、山东省幸福进家先进乡镇和省级文明单位等荣誉称号。

【国民经济和社会发展综述】2017年，实现地区生产总值52.4亿元，增长13.8%；完成全社会固定资产投资33.4亿元，增长20.1%；实现规模以上工业总产值183亿元，增长19.4%；地方财政收入5307.5万元，增长22.5%。

【经济发展】全力服务中海石油东营石化升级改造、孤岛仙河集中供热等重点项目建设，23家化工企业“四评级一评价”工作有序进行。围绕支柱产业开展招商引资，目前共梳理招商线索16条，计划总投资60余亿元。大力发展设施农业、休闲观光农业，孤岛特色农产品交易中心完成主体建设。成功举办第六届黄河三角洲湿地槐花节系列活动、2017黄河口报告文学创作高端论坛，完善了特色餐饮区、儿童娱乐区等功能分区，旅游服务功能有效提升。

【产业转型升级】围绕转型升级这条主线，突出创新驱动、项目带动，加快经济结构转调步伐，三次产业比调整到1.2∶67.1∶31.7。（1）工业经济提质增效。新型工业化步伐加快，全镇规模以上企业达到33家，规模以上工业实现增加值195.3亿元。坚持“内培外引”的招商引资主线，围绕石油装备、新材料、新能源等领域，累计实施5000万元以上重大工业项目4个。中海石油东营石化有限公司升级改造、山东军胜化工有限公司80万吨/年重交沥青、胜利油田金岛工程安装有限责任公司防腐保温扩建等项目顺利实施。山东军胜化工有限公司与北斗航天新能源合作项目、金岛环境工程公司油泥污处理项目取得实质性进展。大力发展绿色生态化工，加强外经贸工作调研和服务，引导盛亚化工、三丰香油等辖区两家外贸出口企业加快创新升级，实施出口产品差异化和品牌化战略，2017年出口额达到3600万元。（2）现代农业纵深发展。利用济军基地农业基础优势，按照“抓龙头、建基地、带农户”思路，突出发展畜牧、林果等主导产业，每年实施5～7个富民工程项目，为辖区小麦、水稻种粮大户争取政策补贴500余万元。新型经营主体迅猛发展，农业龙头企业、农民专业合作社、家庭农场分别达到5家、19家、18家，辐射带动农户1200余户。加大特色农产品推广力度，完成“三品一标”认证6个系列，涵盖36个品种。强化苗木示范基地培育，济军基地苗木中心被国家外专局评为国家级引智成果示范基地。抓好特优农产品基地建设，新增现代农业园区3处，计划总投资3700万元、占地面积420亩的孤岛农副产品交易中心项目进展顺利。（3）服务业提档扩面。积极引进和培育电子商务、仓储物流、品牌服务等服务业发展主体，构建便捷高效的现代物流体系。依托万亩槐林、温泉、神仙沟等自然资源，一手抓节庆活动，一手抓项目建设，双管齐下做活旅游产业。实施槐林温泉旅游景区形象提升、基础设施配套、旅游产品体验等项目建设，景区功能不断完善，服务水平明显提升，成功举办五届黄河三角洲湿地槐花节，游客累计突破300万人次，先后被评为国家AAA级景区、全省首批八大原生态旅游景区。

【基础设施建设】 完善城镇功能、提升品味形象，高起点规划、高标准建设，一批重大基础设施项目相继实施，综合承载能力显著增强。（1）规划引领作用更加明显。委托上海同济大学修编完成城镇总体规划，修编区域规划、道路规划等专业规划20余项，未来发展战略和定位更加清晰。深入开展拆违治乱专项行动，严肃查处私搭乱建行为，拆除违章建筑1.2万平方米，治违控违初现成效。（2）城镇建设取得重大进展。五年来，累计实施城市基础设施重点工程23项，完成投资3.1亿元。提升改造滨孤路、光明路、兴凯湖路、永兴路等城镇道路9条40余千米。总投资2.5亿元的金岛明珠、富海商务楼等地产开发项目顺利实施，完成总投资3.2亿元的镇苑村整体拆迁改造，人居环境有效改善。（3）城镇功能不断完善。提升改造滨海公园、孤岛农贸市场，新增、改造城市、景区公厕8处，市政设施进一步完善。努力提升城镇绿化水平，投资5000余万元实施6条道路绿化工程，提升节点绿化6处，新增城市绿地800亩。（4）城镇管理水平不断提升。探索油地军和多部门联合执法、集中整治、全面参与的“大城管”机制，城镇精细化管理水平进一步提升，镇区主干道路湿扫率、生活垃圾无害化处理率均达100%，村内主街道硬化率达到100%，顺利通过两轮国家卫生镇复审。

【生态环境】 狠抓污染治理，打造碧水蓝天、秀美宜居的生态环境，努力让全镇人民都能“深呼吸”。（1）开展水污染整治专项行动。实施河流截污导流净化和清淤综合治理工程，疏浚治理河道7.5千米，镇区河流断面污染指数明显下降。油地军累计投资1.1亿元实施雨污分排工程，与镇区原有20千米污水管网有效互补，基本实现区域污水收集全覆盖。（2）全力推进蓝天工程。实施城市扬尘、燃煤锅炉等综合整治，8家重点化工企业完成化工烟气脱硫改造，取缔关停“土小”企业16家，淘汰黄标车565辆，辖区内40余个烧烤摊（店）全部换用新式无烟烧烤炉，12个废旧锅炉全部完成整改，空气质量明显好转，清新指数不断上升。圆满完成“十二五”节能减排任务。（3）大力实施生态建设。“三年增绿”计划扎实推进，累计新增造林面积1.5万亩、植树165万株，三网绿化主线全面贯通，森林覆盖率较5年前提升3.2个百分点，绿色生态屏障有效构筑，生态宜居的自然风貌初步形成。

【社会事业】 五年累计投入民生资金1.4亿元，办成一批关系群众切身利益的好事、实事，人民生活水平不断提高。（1）坚持教育优先发展。五年累计投入800万元实施教育惠民工程，镇中心幼儿园及辖区中小学校办学条件和教学水平不断提高。（2）社会保障体系不断完善。全镇城乡养老保险、医疗保险参保率均达到100%，五年累计发放各类救助金300余万元。就业富民工程成效显著，办理小额担保贷款390户，申请贷款3120万元，带动就业1100余人，转移农村劳动力586人。城乡居民人均可支配收入分别达38097元、19642元，年均增长8.7%、7.8%，居民生活水平显著提升。精准扶贫攻坚扎实推进，因村因户因人施策，率先在全区完成建档立卡贫困人口脱贫任务。（3）卫生计生工作全面推进。借助卫生、计生机构合并的有利时机，投资40余万元改建2处村级卫生室，完善镇村两级公共卫生设施建设，医疗卫生条件明显改善。实施全面两孩政策，强化计生服务管理，全镇合法生育率99.6%，流动人口计划生育综合服务管理落实率达到98%以上。（4）精神文明创建蓬勃开展。社会主义核心价值观教育深入人心，德孝文化等主题实践活动特色鲜明。文化旅游事业深度融合，五年来组织全国摄影大展、诗歌朗诵会等文体活动56项，先后荣获中国摄影创作基地、山东作家黄河口创作基地、山东美协写生创作培训基地等称号。（5）积极创新社会管理。社会治安防控体系不断加强，矛盾纠纷化解机制更加完善，认真开展“大快严”、化工产业转型升级、企业主体责任落实等专项行动，成功创建全国安全社区，社会大局持续和谐稳定。工青团妇、老龄、残疾人保障、慈善事业全面进步，民族宗教、国防动员、双拥共建等各项事业都取得新成绩。

政府职能加快转变，执政能力不断加强。以开展党的群众路线教育实践活动、“三严三实”专题教育、“两学一做”学习教育为契机，扎实开展机关作风整顿，严肃机关工作纪律，切实提升行政效能。建立政府工作推进机制，对重大建设项目和民生工程进行任务和责任分解。围绕每年确定的重点工作，建立完善周调度、月通报、年底考核制度，确保工作落到实处。深入推进“阳光政府”建设，完善重大决策公开公示制度，规范“三重一大”管理规定；加强电子政务、政府网站建设，积极推进信息公开，五年公开信息860余条。推进行政服务规范化管理，进一步提升办事效率和服务水平。加强行政效能监督检查，完善机关内部管理制度，机关作风和效能明显改进，为民服务能力明显提升。认真落实《廉政准则》各项规定，深入开展反腐倡廉警示教育，狠抓重点领域和关键环节风险防控，践诺满意率达90%以上，领导班子的凝聚力和干部队伍的战斗力明显增强。

【行政村概况】 2017年孤岛镇所辖2个行政村。

镇苑村 党支部书记左洪才，村委会主任高银芝。2017年，全村共有105户323人。全村无耕地，属典型城中商业村，主要产业以商贸业、运输业、物流保洁和建筑劳务为主。近几年发挥“城中村”优势，大力发展建安、房地产等产业，村集体经济进一步壮大，农村人均纯收入22414元。

西韩村 党支部书记韩继文，村委会主任韩峰。2017年，全村共有136户443人，全村耕地全部流转，主要产业乡村旅游、公路运输、劳务输出。近年来大力发展生态旅游和休闲农业。农民人均纯收入23730元。

仙河镇

【概况】 仙河镇位于河口区东北部，东临渤海，南倚黄河，地处胜利油田腹地，是黄河三角洲开发建设的前沿阵地和东营港生活服务基地。辖区面积

672平方千米，建成区面积7.8平方千米，总人口4.6万人。拥有浅海、滩涂20万亩，盐场9.4万亩，海岸线长69.6千米，东港高速、310省道、兴港公路贯穿全境，资源丰富，交通便利。境内驻有孤东、桩西、海洋采油厂、仙河社区4家胜利油田二级单位和济军生产基地三团，辖4个行政村，农业人口1064人。

【国民经济和社会发展综述】 2017年，全镇全年实现地区生产总值50.7亿元，同比增长6.7%；完成固定资产投资42.6亿元，同比增长6.8%；实现规模以上工业总产值63.8亿元；实现主营业务收入63.4亿元；社会消费品零售总额达到10.7亿元，同比增长9.4%；完成地方财政收入2789万元，成功入选2017全国综合实力千强镇榜单。近年来，分别荣获"全国安全社区""国家卫生镇""全国环境优美乡镇""国家级乡镇体育健身示范工程""全国重点镇""山东省宜居宜业示范镇""山东省绿化示范镇""省级文明镇""山东省旅游强镇""山东人居环境范例奖""市级试点强镇"等荣誉称号。

【生态农业】 持续巩固畜牧、渔业高效农业产业地位，提高规模化、现代化水平，努力打造现代畜牧业、渔业产业体系。继续保持仙河澳亚、神州澳亚两大万头奶牛牧场满栏生产，顺利实现存栏奶牛3.5万头，泌乳牛1.1万头，年产鲜奶20万吨的目标。成功引进澳亚—奥克斯奶牛优秀种质创新平台建设项目，建成全国首家奶牛优质种质创新平台，为提升奶业产业水平、建设奶业强镇提供坚实的技术支撑。发挥海洋资源优势，大力实施"海上仙河"战略，加快推动全区东部特色生态渔业示范区建设，实现海参、对虾、贝类的标准化、规模化养殖，海星集团有限公司被评为全省水产健康养殖示范场，全镇海水标准化养殖面积达到10万亩，年产海参500吨、对虾600吨、贝类8000余吨，成为全区重要的水产养殖加工示范区和产品输出地。

【工业发展】 坚定不移实施工业强镇战略，始终坚持以"内培外引"为招商引资主线，全力推动以项目建设、增量优化带动结构调整、转型升级。2017年，全镇共引进新建、续建项目2个，计划总投资11.5亿元；在谈项目2个，计划总投资2.4亿元。总投资1.5亿美元的富友联合澳亚乳制品加工项目全面建成，2017年10月中旬投入试生产，预计2018年5月正式投产运营。乳制品综合加工产业园内水、电、路、气及排污等基础设施建设全部完成，承载沼气提纯、纸箱包装、仓储物流等关联项目的能力明显提升，为奶业全产业链发展奠定坚实的基础。总投资1.5亿元的大明集中供热项目，于2017年冬正式运营供暖，每年可减少煤炭消耗量折标煤3.3万余吨，节能效果明显。传统优势产业加快转型升级，10万亩盐田全部实现溴盐一体化海水综合利用，溴素厂发展为4家，全镇年产原盐140万吨、溴素7000吨。全面完成了北方集团、东岳盐业、利泽化工等企业规范化公司制改制工作；鼓励支持改制企业通过资本市场融资发展，仙河药业、东岳精细化工等龙头企业新三板上市工作加快推进。

【现代服务业】 瞄准打造东营港生活服务基地的目标，推动商务办公、现代物流、全域旅游等新型业态快速发展。2017年，全镇服务业增加值达到21.9亿元，私营企业超过330家，个体工商业户突破2200家。商住地产快速膨胀，蓬莱花苑三期、幸福二区商品楼等商住项目建成入住，新增建筑面积3.3万平方米，有效保障了居民商住需求。现代物流业加快发展，港区一体、覆盖镇村的物流配送体系逐渐完善，对区域经济和实体产业发展的催化作用发挥更加充分。现代金融保险体系更加完备，全镇现拥有商业银行8家、营业网点15个、保险机构7家，为地方经济发展提供了完善的金融支撑。加快推进全域旅游建设，全面推动旅游行业转型升级，高标准规划设计了牧场小镇全域旅游观光线路，全镇旅游业整体实力和竞争力将进一步提升。

【城乡发展】 全力创建国家生态园林城市，高标准推进城乡统筹建设，全面提升规划建设管理水平，新获评“全国宜居镇”。（1）推进城区建设。投资60余万元实施兴凯湖路路面修补、滨港路交通安全提升工程，城乡居民出行条件明显改善。新建、改造供暖管线5.2千米，有效保障了居民冬季采暖需求。（2）强力推进拆违治乱。联合各油田单位、济军综合训练基地三团，累计拆除违建板房、违章广告牌、违建商户等200余处、7.4万余平方米，清理栅栏5.8千米，有效遏制违法建设行为。投资500万元，高标准启动滨港路立面改造项目，完成立面改造4万余平方米。（3）美丽乡村建设成效显著。投资320余万元实施公路网格化工程，改造提升渔村、海星村农村公路2.8千米，村内主干道道路硬化率、绿化率、亮化率、美化率、净化率均达到100%。渔村77户天然气入户工作顺利完成，基本实现全镇天然气户户通，农村生产生活条件明显提高。（4）创新城市管理机制。以镇综合执法中心为主体，探索建立油地军联合执法、集中整治、全面参与的“大城管”城镇综合执法体系，新购置执法车辆，充实执法人员，建成常态化、精细化、网格化城市管理机制。扎实推动城乡环卫一体化，全面推行环卫保洁市场化运作，投资450余万元，聘用专业保洁公司2家，配套建设垃圾中转站，更新道路清扫车、洒水车、清运车、垃圾桶等设施；实施卫生保洁动态监管制度，新增孤北电厂、三团“棚户区”、樱桃园、海洋电器等6处重点保洁区域，确保卫生保洁无缝隙、全覆盖。积极做好油田“三供一业”及市政设施移交准备工作，已与仙河社区管理中心签订仙河消防队分离移交协议。

【生态环境建设】 牢固树立绿水青山就是金山银山发展理念，坚守生态文明底线，全力建设天蓝水绿、秀美宜居的仙河。以迎接中央、省环保督察为契机，深入开展水气污染专项整治行动，投资120万元实施神仙沟节制闸工程；全面落实镇村二级河长体系，扎实开展“清河行动”和入河排污口综合整治，新摸排封堵排污口9处，拆除河流沿线构筑物设施32处、11000余平方米，确保神仙沟水系稳定达标。扎实做好黄河三角洲自然保护区生态修复工作，拆除建筑物5处、10000余平方米，并全部完成植被恢复，有效改善区域生态环境。开展畜禽养殖异味专项治理，完成澳亚牧场沼气池、堆粪场改造，从源头上减少异味产生；实施畜禽养殖场粪污处理设施改造，对全镇6家规模养殖场进行改造升级，并顺利通过区级验收；大力推进禁、限养区养殖场关闭搬迁工作，关闭搬迁养殖户7户、12000余平方米。强力推进燃煤锅炉改造工作，辖区21台燃煤锅炉全部完成煤改气。深入开展“三年增绿”行动，累计投资670余万元，高标准实施振东路孤东佳苑段景观绿化、澳亚牧场青贮3号地片林建设工程，新增造林绿化面积900余亩。持续推进镇、村绿化、美化，海星村被评为省级“森林村居”，振东农田林网及公益林项目顺利通过区级验收，圆满完成2017年造林绿化任务。

【平安建设】 围绕建设“平安仙河”总目标，以人民群众对平安的需求为导向，推动各项工作有序开展。高标准推进镇村两级综治中心建设，投资240余万元完成镇社会治安监控中心改造升级和海星村综治中心建设，实现区、镇、村三级社会治安视频监控系统无缝隙对接。深入推进“两打一整治”、三年禁毒人民战争专项行动，紧盯工作重点，打出组合拳，全力构筑立体平安网。扎实推进安全生产隐患大排查快整治严执法集中行动、化工产业安全生产攻坚治理紧急行动和打非治违专项行动，积极开展双体系建设和安全专家查隐患活动，安全生产形势持续稳定。强化食品药品安全监管，顺利完成“省级食品安全先进区”创建任务。进一步畅通民意诉求渠道，努力化解信访积案，依法就地解决群众来访30余起，办理民生热线交办问题100多件，圆满完成十九大等重要敏感时期安保维稳工作。

【社会保障】 始终坚持全力惠民生、促和谐、保稳定，不断优化财政支出结构，把更多的财力投向民生领域，城乡居民生产生活水平明显提升。2017年，居民人均可支配收入达到38515元，同比增长8%。严格落实就业富民政策，累计发放各类创业贷款340万元，带动就业140余人。健全完善社会保障救助体系，城乡居民养老保险覆盖面进一步扩大，城乡居民医疗保险参保参合率达到100%，累计发放各类优抚、救助款项70余万元，受助群众达600余人次。坚决打赢脱贫攻坚战，加强对扶助对象的动态管理，持续巩固扶贫成果，提前完成稳定脱贫任务。坚持教育优先发展，总投资6400万元的仙河镇中心小学正式投入使用；镇中心幼儿园创建为省级示范性幼儿园，镇渔村幼儿园创建为市级一类幼儿园。大力发展卫生计生事业，提供基本医疗服务1300次，预防接种门诊接种1500人、5500人次；家庭医生签约服务协议工作逐步开展，实现了卫生计生服务管理一体化。文化事业繁荣发展，积极推进国家公共文化服务体系示范区建设，完成镇村综合文化站配套提升，投资200余万元新建渔村文化广场和海星村村史馆，进一步丰富居民精神文化需求。城乡公交一体化全面提升，油地军和流动人口中60岁以上老年人实现免费出行。

【行政村概况】 2017年，仙河镇所辖4个行政村。

海星村 党支部书记、村委会主任孙立文。2017年，全村共有58户196人。海水养殖区面积3万亩。该村与山东海星集团“村企合一”，主导经济以海水养殖、海水利用产业为主，2017年，海参等海产品总量30吨，海盐等海水综合开发利用项目全年生产溴素2023.81吨，产原盐50696万吨，农民人均纯收入32000元。

渔村 党支部书记、村委会主任殷爱国。2017年，全村共有160户513人。耕地总面积1130亩，该村经济以畜牧养殖、建筑运输、劳务输出为主，在种植业方面主要以种植棉花、水稻、小麦、玉米为主，棉花总产量1.3万千克，水稻产量29.8万千克，小麦产量3.8万千克，玉米产量5.2万千克，农民人均纯收入24015元。

振东村 党支部书记、村委会主任曹维民。2017年，全村共有72户252人。耕地总面积2167亩，该村经济以畜牧养殖、大棚种植、建筑劳务运输业为主，在种植方面主要以种植玉米和蔬菜为主，玉米总产量10.5万千克，蔬菜总产量14.15万千克。农民人均纯收入10057元。

卫东村 党支部书记孙洪军，村委会主任崔建峰。2017年，全村共有77户299人。耕地总面积1400亩，该村主要以经济作物种植、畜牧养殖、劳务输出为主，在种植方面主要以种植小麦、玉米为主，小麦产量21万千克，玉米总产量40万千克。农民人均纯收入12626元。

油田驻河口各单位

河口采油厂

【概况】 胜利油田分公司河口采油厂地处渤海之滨黄河故道入海口处。1972年成立河口指挥部，1983年将钻井单位划出另编，成立河口采油指挥部，1989年更名为河口采油厂至今。管辖渤南、埕东等14个油田，勘探开发面积5300平方千米，西到河北界、东到飞雁滩、南到黄河边、北到渤海湾，横跨河口、沾化、北海新区、利津、无棣“三区两县”以及济南军区综合训练基地、黄河三角洲自然保护区。截至2017年底，探明含油面积404.94平方千米，石油地质储量5.43亿吨，动用地质储量4.72亿吨，可采储量11984.31万吨，标定采收率25.36%，年产油200万吨，累计生产原油1.03亿吨。

【勘探开发】 区带勘探瞄准埋藏较浅、技术成熟，具有较好经济效益的大王庄、邵家洼陷、车西北带、渤南洼陷等四个区带展开评价。滚动勘探强化项目运行，创新找油理念，在埕东、陈家庄两个区带实现潜山油藏突破。油田开发全力打基础、抓管理，大力开展老区挖潜、注水调整和示范区建设，老区稳产基础进一步夯实。

【安全环保】 构建完善HSE四个体系，建立动态管控机制，合理调整分专业委员会，“管业务管安全”责任进一步压实。开展“我为安全作诊断”活动，深入推进“四分销项”机制，实施安全风险分级管控，填写重大安全风险项目清单，绘制“红橙黄蓝”四色分布图。针对直接作业环节，建立可视化安全管控信息平台，实现全过程、全方位的留痕管理。

【质量节能】 扎实做好质量能源体系审核及换版工作，生产过程和原油质量得到有效控制。大力开展质量管理活动，持续加强废弃井及污染排放治理，规范高硫化氢油井管理，推进渤南油区电热井改掺提效工程、陈家庄油田直流母线群控供电技术应用等10个能效倍增计划和EMC项目。开展产业结构调整、注采输系统避峰填谷等节能降耗工作，用电量连续五年实现负增长。

【科技创新】 强化创新管理，在第十九届环渤海浅海滩海研讨会上，采油厂16人参加外部技术交流会，送选论文36篇，发表10篇,20余篇文章获奖。在稠油开采上的创新取得显著成效，陈25块由水驱稠油转三采，在特稠油油藏规模应用高分子降粘体系，在薄层稠油油藏实施化学驱先导试验。

【改革转型】 新型管理区建设特色鲜明，创新实施“4+3”专业化管理模式，基本实现“主业更精干、运行更快捷、效益更突出”的创建目标。专业化改革平稳有序推进，按照油田统一安排部署，顺利完成车辆、电力、天然气及井下作业四支专业化队伍的移交工作。

【经营管理】 强化资金管理，实行投资成本一体化管控，动态调整资金投入，优化成本费用，安排长效投入，调控无效产量。强化节点管理，突出系统调控降本增效，着力优化关停、间开机制；全面压缩运费成本，提升车辆运行效率；盘点闲置资产，提交报废资产。

【党建思想文化】 深入推进“两学一做”学习教育常态化、制度化，开展党课联讲、党务轮训以及“党的十九大精神专题研习会”等活动。以“三点”示范工程为载体，开展“领创示范岗”创建活动，细化任务清单、深入跟班劳动、抓好纪实管理。开展“强基铸品”活动，突出党建“活力指数”考核，建立油公司体制下“基层五长”运行模式，基层党建更加规范。推进“互联网 + 廉洁教育”，强化基层纪检委员和纪检工作小组机制建设，开展常态化执行力督查和“四风”问题查处，风清气正的政治生态得到持续强化。

孤岛采油厂

【概况】 孤岛采油厂成立于1989年12月29日，是胜利油田分公司所属从事石油天然气勘探开发的二级单位，位于山东省东营市河口区行政区域之内，辖区陆地面积900多平方千米，管理着孤岛、垦利、垦西、孤南、河滩、三合村6个油田，探明含油面积140.15平方千米，石油地质储量5.0512亿吨。设机关部室16个，机关直属13个，三级单位20个，四级单位84个。在册职工6541人，其中职工5811人、劳务派遣工624人、非全日制用工106人。管理和技术人员中，有高级职称以上的551人，中级职称的567人，中级以上职称的占管理和技术人员的56.6%。技能操作人员中，有高级技师108人，技师185人；高级工2190人，中级工774人，中级工以上的占技能操作人员的71.3%。有油井3487口，水井1116口，各类设备4270台（套），设备新度系数0.40。固定资产原值236.49亿元，净值82.34亿元，累计生产原油1.8996亿吨。2017年，生产原油287.5501万吨，交油量275.2493万吨；交气量3792.2837万立方米。自然递减率10.3%，含水上升率0.02，采收率40.6%，措施有效率82.4%，油气集输系统污水水质符合率91.0%，外输原油含水率1.43%。

孤岛采油厂主要技术经济与生产建设指标完成情况表

指标名称	2017年	2016年	2015年	2014年	2013年
原油产量（万吨）	287.5501	291.9992	321.1095	326.2003	331.9002
交油量（万吨）	275.2493	279.7024	311.2086	315.0348	318.6102
天然气产量（万立方米）	5256.126	4652.7471	4856.7002	5332.0195	5164.4294
交气量（万立方米）	3792.2837	3602.0771	3704.0808	3118.0992	3478.7288
总交油气量（万吨）	279.0416	283.3044	314.9127	318.1529	322.0889
综合单位成本（元/吨）	1623.41	1730.27	1552.85	1379.91	1313.28
老油田新增可采储量（万吨）	278.45	362.5	364.39	327.34	276
新区新增可采储量（万吨）	20.73	17.54	0	70.99	8.07
新增滚动探明储量（万吨）	138.28	172.28	0	272.43	32.27

稀油自然递减率（%）	10.3	9.8	9.09	8.13	7.62
产能建设达标率（%）	100	100	100	100	99.7
外输原油含水率（%）	1.43	1.07	1.07	1.05	1.02
含水上升率（%）	0.02	0.03	0.03	–0.12	–0.12
水质达标率（%）	91.0	91.6	91.6	91.3	86
老油田投资控制指标（万元）	62048	65197	78750	119089	98611
单位新增滚动探明储量投资（万元 / 万吨）	64	30	0	63.6	72.2
老油田单位新增可采储量投资（万元 / 万吨）	222.8	103	216.1	363.8	357.3

【资源勘探】 牢固树立“效益发现、商业勘探”理念，区带勘探大胆探索三合村南部新领域，滚动评价老油田周边、垦西斜坡带及断裂带高效建产，部署探井 6 口、完钻 4 口，部署滚动评价井 28 口，新增探明储量 138 万吨。其中三合村南部斜坡带部署垦西 1 — 1 等探井、滚动井 8 口，上报控制含油面积 2.07 平方千米，控制地质储量 207.17 万吨。狠抓一体化优化，新区加快当年高效滚动建产，老区强化产能方案重新评价，新井全年完钻 125 口，投产 115 口，年产油 11.0 万吨。落实中一区馆 6 稠油等 9 个新老区产能方案，完钻新井 81 口，建产能 11.5 万吨。

【稳产基础】 水驱按照“一年示范、两年推广、三年全覆盖”的思路，推进“精细注水、提质提效”7 个示范区建设，水井分注率提高 1.3%，层段合格率提高 1.2%，稀油自然递减率由 10.8%下降到 9.7%。稠油加大高含水低采出程度井、低液低含水敏感稠油井治理，实施转周 205 口，增油 14 万吨；实施一注多采 11 个井组，增油 1.6 万吨，油汽比 0.46；蒸汽驱井组低液井治理和调堵防窜相结合，产油 16.4 万吨，油汽比 0.25，同比提高 0.05。化学驱加大优化注入、异常井治理和流场调整，编制注采调整方案 10 个，实施油水井工作量 422 口，吨聚增油 23.4，同比提高 0.4。扶长停油水井 105 口，日增油 179 吨、增注 2680 立方米，恢复可采储量 92 万吨。

【科技创效】 承担分公司科技项目 8 项，参与分公司及以上科技项目 13 项。《孤岛油田东区馆 3 ~ 4 东部低效水驱转热采开发调整》《孤北断裂带滚动勘探项目》荣获中石化油气田开发优秀项目一、二等奖，为老区韵律层高效注采完善、断裂带高效滚动提供了技术支撑。深入开展孤岛油田配聚污水保粘控制技术研究，创新应用微生物法有效去除注聚污水中亚铁离子，彻底解决注聚黏度波动大、影响注聚效果的技术难题，并实现甲醛停用，保障了职工健康，年创效益 2300 余万元，该项目荣获油田科技进步一等奖。其余 7 个科研项目荣获油田科技进步二、三等奖，局级科技项目获奖数量和等级均创历史最好水平，科技成果应用率达 90%以上，有力支撑增储稳产、提质创效。全年申请专利 53 件，其中，发明专利 10 件，超过建厂以来授权总和，干部职工的创新潜能充分涌流。

【精细管理】 应用“三线四区”经济模型评价措施井 2920 口，无效井从 257 口下降到 158 口。推动资源资产“动起来”“走出去”“退下来”，采油厂内部调剂资产 44 项 772 万元，盘活资产 146 项 636 万元。组织开展技能竞赛和“练绝活、创品牌”

活动，常态化选树妙法实招，《狠抓三标建设，夯实安全三基》等4个典型经验在油田宣传推广。分系统组织“抓三标、强三基、促发展”推进会7场次，基层建设更加稳固，基础管理更加精细。强化17个专业化管理组运行，各级领导干部分级承包58个重点要害场所和岗位，“管业务、管安全”责任有效落实。推进安全、环保隐患治理工作，排查罐区隐患128项，整改完成100项，完成率78%，有效消除安全隐患。

【民生工程】 组建住房公积金孤岛项目部，完成107栋住宅楼檐沟改造。承担8个小区5521户家庭的燃气管网隐患治理工作，实现孤岛地区干气返输及24小时连续供气，消除安全隐患，方便居民生活。深化合作办医，与东营市人民医院加强医联体建设，与中心医院联合开展脑卒中防控，与孤岛镇政府合作开展公共卫生服务，居民健康得到保障。持续开展“走基层、访万家”“星火志愿服务”等活动，走访慰问劳模，困难党员、群体等1737人，助学奖学32人，办理北京绿色就医233人次，为4000余名60岁以上老年人办理河口区公交卡，增强职工幸福感、归属感。

【和谐稳定】 推进舆情监控处置、宣传教育、问题解决“三个平台”建设，妥善化解民意诉求和矛盾纠纷，保持大局稳定。自觉提高政治站位，从严抓好十九大期间安保维稳工作，健全完善信访、综治、公安、宣传一体化信息预警体系，严格落实分级负责制，实现“三个避免”“四个坚决防止”“七个不发生”目标。深入开展“两打一整治”专项行动和打击打孔盗油违法犯罪专项行动“回头看”，油区治安持续稳定。广泛开展普法、禁毒、防电信诈骗、消防等宣传警示教育，提升干部职工的法律防范意识。

【油公司建设】 全面推进体制机制重塑、市场体系完善，精干注采主业、剥离辅助业务、优化岗位配置，油公司建设得到集团公司专家组好评。高标准推进新型采油管理区建设，完善“五大机制”，探索“七个放权”，采油管理四区有效用工由529人优化到226人，单井用工由0.97人降至0.41人。加快推进“四化”建设，建成采油厂生产指挥中心，全面完成8个管理区建设任务，九区、十区工作量接近尾声，3856口油水井、515座站库实现信息化覆盖，占全厂总数的99%，143项数据自动采集，实现生产现场全面感知，生产预警更加超前，指挥运行更加高效，“四化”建设与应用指标稳居油田首位。按照油田部署，顺利完成电力、车辆、作业、特车、天然气、物业专业化重组交接。稳妥推进办社会职能移交，与河口区人民政府签署“三供一业”分离移交框架协议。

【集成推广低成本技术应用规模】 持续加大成熟低成本技术推广应用规模，加强新工艺新技术攻关储备。防砂以降本增效为目的，试验了玻璃钢筛管防砂工艺，优化应用新型滤砂管防砂，高速水充填或高压充填及水平井治理配套工艺等长效、高效防砂工艺。全年累计实施防砂173井次，平均单井日增液6.3吨，累增油2.7万吨。稠油持续加强技术优化集成应用。优化高含水热采井治理工艺，提升调剖效果；CO^2复合吞吐工艺实施降黏剂、CO^2和蒸汽连续注入，保障复合吞吐效果；试验应用稠油分散减阻降黏、推广应用活性水油套环空降黏，进一步完善井筒降粘工艺系列；探索深层超稠油采油工艺，实施垦119－5超高压注汽强化采油工艺试验。全年共完成转周优化工作量230口，平均单井注入蒸汽0.26万吨，同比单井成本节约1700元，平均单井日增油0.4吨。推广防腐防偏磨一体化治理技术，实施223井次，免修期延长331天；针对不同油藏、井况，差异化配套特种抽油泵57井次，平均日液88.6t，泵效77.7%，同比日增液21.3t，泵效提高13.0%。全厂躺井率指标由3.4%降至2.26%，检泵周期由719

天延长至988天。

【推广"互联网+三务公开"】 建立"互联网+三务公开"监督平台，把公开内容从传统的上墙、上会延伸到全媒体的上线、上屏，加强信息覆盖与互联互通，确保全程公开透明，提高全员监督实效；利用网络信息技术，对人、财、物等重点流程实施网络监督，把党风廉洁建设深度嵌入管理全过程，实现公开事项由结果评价向过程管控深化，使过程公开更细更实；依托监督平台，加大监督排查力度，抓实追责问责环节，切实把公开工作抓出实效、把"两个责任"落到严处。"互联网+三务公开"监督平台把互联网+思维和先进信息技术管理手段运用到党风廉洁建设当中，实现"三务公开"监督工作的全过程透明，有力增强公开工作的广泛性针对性实效性。

【"三基"工作】 修订完善党建、经营等8类业务18项制度，形成211项制度的标准化体系。组织开展技能竞赛和"练绝活、创品牌"活动，常态化选树妙法实招，《狠抓三标建设，夯实安全三基》等4个典型经验在油田宣传推广。采油管理四区、孤五联合站入选油田首批基层综合性示范工程建设试点单位。分系统组织"抓三标、强三基、促发展"推进会7场次，基层建设更加稳固，基础管理更加精细。

桩西采油厂

【概况】 胜利油田分公司桩西采油厂成立于1989年12月，是胜利油田所属从事石油天然气勘探开发的二级生产单位。位于山东省东营市东北部，南依黄河，西靠河口，北东两面濒临渤海。共设15个机关科室，9个直属部门，11个三级单位，员工2114人。管理着五号桩、长堤、老河口、桩西4个油田，油区面积181.64平方千米。各类设备1494台。2017年原油产量70.25万吨。

【勘探开发】 精细基础研究，强化技术攻关，精雕中浅层系，探索三新领域，桩海下古生界潜山、长堤中生界、复杂断裂带小圈闭滚动勘探取得进展。桩斜169块产能井获得高产工业油流。坚持"油藏、钻井、采油、地面、投资"五位一体，优化方案论证，有序推进产能建设；精细老区调整，完善注采井网，深化剩余油富集规律认识，寻找高效零散井、侧钻井；强化井位运行和方案设计，效益优化钻投顺序，推进新井表单化管理，严密节点衔接，全过程加强钻井、完井、投产等安全质量监管，各项工作成效明显。坚持单元目标化管理，精细油藏分类治理，持续加大长效投入，老区开发基础不断夯实。深化三线四区模型应用，坚持日旬月度动态分析，推进单井单元效益评价，一井一策挖掘长停井潜力，加大"双低"单元综合治理力度，抓实管杆、管线、水井等长效投入，强化水质监管以及污水回注地面管网、管柱、井口等腐蚀分析治理，优化注水工作量运行，注水"三率"持续向好。

【基础管理】 从严从细抓实基础工作，全厂开展"查树夯提"活动，通过树立标杆、现场观摩等方式，推动对标追标，强化员工素质提升、岗位责任制落实、风险隐患诊断治理等工作，抓实"三标"建设。以问题为导向，查改各类问题1263项，注采井站达标率稳步提升。梳理规范井站库和各类设备标准，制作227个"标准看板"管理夹，配套各类标准267项，全部配备到基层岗位学习应用，员工规范化、标准化意识进一步增强，采油厂整体管理水平稳步提升，夯实"三基"工作。"标准看板"管理被评为油田基层管理妙法绝活。

【安全环保】 坚持以人为本，推进安全发展，深化"全员安全作诊断"活动，逐级落实集团公司强化安全“三基”工作指导意见，增强全员 QHSE 工作自觉意识，定期召开 QHSE 委员会会议，持续压实各级 QHSE 责任。构建风险分级管控和隐患排查治理双重预防机制，识别滩海陆岸管道等重大环境风险，坚持“一险一案”制定管控措施，编制注采输、作业、后勤等系统 120 余项施工作业 JSA 分析模板，实施风险动态管理。应用远程监控等信息化手段，实现了对长停井的有效监护。加大隐患治理力度，分级完成老河口滩海区域生产设施、罐区、电力线路等隐患治理 74 项。狠反“三违”“低老坏”问题，制作曝光片 22 期，筛选曝光问题 699 个，整改率 100%。抓实承包商监管、直接作业环节管理、环境保护、质量控制等工作，从严监督考核，采油厂整体形势保持了平稳，被评为油田安全、环保、质量、节能先进单位。

【企业管理】 坚持依法合规，严细资金审批，强化项目优化、过程管控和经济活动分析，全年成本控制在计划内。严格落实办公会、计划例会等制度，推进地面工程例会和“四方”管理机制，强化项目前期方案优化论证，规范效能监察、跟踪审计、内控管理等工作，项目立项、合同签订、招投标、验收结算等工作实现全过程监管。充分利用人力、资产、外委“三大”平台，积极开展挖潜增效，取得明显综合效益。围绕价值引领和效益创造，推动“1+2+2”绩效考核落实到基层，干部员工价值观念、多创效益多挣绩效工资的意识显著增强。全年多创效 9011 万元，绩效考核兑现 100.5%。电力、车辆、井下作业系统专业化改革平稳完成，采油管理区“四化”建设基本到位。

【党建思想文化】 推进“两学一做”学习教育常态化制度化，做到二三级党组织中心组同步学习。落实管党治党责任，务实推进“三点”示范工程等活动，定期督导三级单位、机关科室及直属中心负责人严格落实“一岗双责”，规范年度业绩综合量化考核，各级党建责任得到有力落实。坚持民主集中制，落实领导班子议事规则，发挥常委会、办公会等议事决策作用，规范选人用人机制，集体研究“三重一大”事项，决策的科学性、合理性不断增强。严格落实《党风廉洁建设专项指标考核实施细则》《党风廉洁建设主体责任和监督责任考核办法》，采油厂班子成员定期到党风廉洁建设责任区上党课、听党课，开展廉洁谈话，查改问题，教育督导，两级干部廉洁守法、遵规守纪意识持续增强。健全基层 83 个党支部支委会，党员 7 人以上支部配备专兼职纪检委员，34 个专业化班站党支部全部配备了专职支部书记。抓实全员观念引导和形势任务教育，推动宣讲教育进班组、到岗位，逐级传递新形势新任务新观念，举办英才大讲堂、党支部书记、党员轮训等培训班 13 期，培训 1980 人次。充分发挥技师协会、创新工作室等综合优势，联合攻关，解决难题，队伍整体素质不断提升。加强“十岗百优”典型选树，开展“六杯六佳”劳动竞赛，营造创先争优、比学赶超的浓厚氛围。毕新忠被聘为油田首席技师，1 名员工获得中石化知识竞赛金奖。取得油田劳务工技能竞赛 2 金 2 银 1 铜的成绩，12 项成果、项目获油田表彰，16 项技术获国家实用新型专利授权。

【民生建设】 积极开展“全家福”文化行动，通过“走基层、访万家”、青年志愿者等活动，发挥工会、团委、老年等各级组织作用，节日慰问、帮扶救助、员工和家属查体等工作有序实施。住宅小区燃气、供暖等专业化管理工作顺利移交，各级办公、食堂后勤设施设备得到逐步更新维护，持续抓好福利发放、副食供应、前线慰问等工作，一线员工工作生活环境持续改善。坚持依法解决问题与疏导教育相结合，通过领导接访、家访等方式，抓好信访稳定工作，主动化解矛盾问题。全面排查采油厂废弃、闲置、出租（借）和占用公有房屋情况，规范管理手续，消除了风险隐患。结合“四化”系统应用，做好油区综治工作的优化调整，加密重点井站线库巡查，加强安保防恐工作，积极参与“两打一整治”活动，开展集中行动42次，保障了油区环境的稳定。依法合规做好帮扶监管工作，促进了北方集团公司稳定健康发展。2017年，采油厂被评为山东省文明单位、油田文明单位，被授予全国“职工互助保障基层先进单位”以及集团公司“群众文化体育工作先进单位”称号。

孤东采油厂

【概况】 中国石油化工股份有限公司胜利油田分公司孤东采油厂位于黄河新淤积的冲积扇平原上，所辖区域东北面临渤海，南倚黄河，是一个集油气勘探、开发、处理、集输为一体的大型油气生产单位。截至2017年底，有员工5736人，其中正式职工4746人，劳务派遣工847人，非全日制用工143人；管理和技术人员中，有正高级职称8人，副高级职称566人，中级职称445人，中级以上职称占管理和技术人员的73.57%；在技能操作人员中，高级技师118人，技师153人，高级工1620人，中级工783人，中级工以上的占技能操作人员的65.96%。下设机关科室16个，直属中心9个，三级单位18个。拥有固定资产原值60.49亿元，资产净值25.88亿元；拥有油气资产原值133.09亿元，资产净值33.18亿元。有抽油机、油水泵等主要生产设备3607台，设备综合新度系数为0.38。管理着孤东、红柳、新滩3个油田，累计探明含油面积99.81平方千米，石油地质储量3.30亿吨，累计生产原油1.01亿吨，生产天然气18.74亿立方米。截至2017年年底，孤东采油厂有开发管理单元45个，油井2587口，开井2098口，油井利用率81.10%；水井958口，开井760口，水井利用率79.30%；日注水平9.40万立方米，单井日注水量124立方米，月注采比0.73，累计注采比0.94。新增经济可采储量50万吨，新建（增）产能5.44万吨。2017年，完成交油量150.81万吨。

【资源勘探】 2017年，面对自然保护区受限、主体勘探程度高的实际，立足孤东油田及周边，探索两翼地层超覆油藏新类型，逐层、逐块梳理老区边部岩性油藏及复杂断块油藏滚动潜力，完钻探井2口、滚动井6口，建成产能0.65万吨，落实储量99万吨。

【油气田生产】 （1）新建（增）原油生产能力。2017年底，孤东采油厂核定原油生产能力155.27万吨，2017年，新增原油生产能力5.44万吨，其中新区新增原油生产能力0.65万吨，老区新增原油生产能力4.79万吨；年度核减原油生产能力14.30万吨，其中老区核减原油生产能力4.80万吨，三次采油核减原油生产能力9.50万吨。

（2）新井投产、投注。投产新井63口，12月份开井61口，日产液量2422.90吨，日产油量187.60吨，综合含水92.30%，年产油4.39万吨。和2016年对比，新井投产井数增加30口，年产油量增加2.63万吨。投（转）注水井42口，其中新井投注7口，老井转注35口，日注水平3771立方米，年增水量69.71万立方米。和2016年对比，投（转）注总井数增31口，其中新井投注增加6口，老井转注增加25口，日注水平增加2408立方米，年增水量增加47.14万立方米。

（3）增产、增注措施。实施主要油井增产措施409井次，措施有效率90.95%，年增油量17.90万吨。和2016年对比，措施工作量增加146井次，有效率降低2.61%，年增油量增加6.36万吨，平均单井年增油量减少1吨。实施各类水井增注措施43井次，措施有效率72.09%，年增注水量9.95万立方米。与2016年对比，措施工作量减少6口，有效率提高4.74%，年增注水量增加3.93万立方米。

（4）主要开发技术指标。孤东采油厂自然递减率14.85%，同比下降4.21%；综合递减率3.73%，同比下降9.38%。其中稀油自然递减率10.50%，同比下降2.95%；综合递减率2.80%，同比下降7.49%。稠油自然递减率31.58%，同比下降1.52%；综合递减率7.31%，同比下降10.02%。2017年，孤东采油厂新增经济可采储量50万吨。

【QHSE管理】 2017年，直接作业环节现场监护1.48万次，其中工业用火监护2816次、进入受限空间284次、高处作业2727次、起重作业3607次、临时用电2786次、盲板抽堵3次；累计查找、诊断各类问题建议3.4万余条，全员参与率达到93.44%，评选奖励优秀建议85条；组织集输泵站着火爆炸、防风暴潮、井控、管道高压注水等应急演练860余次；组织各类安全资格取证、复审培训2479人，硫化氢防护技术取证700余人；组织油泥砂无害化处置4611吨、实施油泥砂资源化利用1.78万吨；办理年度机动车辆审验检测475辆，驾驶员审验1488名，办理车管业务40车次及驾管业务16人次，油田《准驾证》年度审验签章及到期换证1098名，审核新办《准驾证》174名；对950余名从事有毒有害工种的职工进行职业健康查体。

【科技工作】 2017年，孤东采油厂承担股份公司及分公司课题5项，与科研院所共同承担分公司课题10项；基层创新攻关课题32项，合理化建议215条；申报专利24项，其中发明专利1项，实用新型专利23项，取得专利授权21项，其中发明专利1项，21项专利获得分公司“一奖两酬”奖励；开展专题座谈会宣讲活动2场；“东三联区域一体化能效提升技术研究与应用”获得分公司科技进步奖二等奖，“泡沫流体水平井防砂技术研究及应用”及“孤东油田特高含水后期剩余油控制因素”获得分公司科技进步奖三等奖，孤东采油厂获得首届“中国石化杯”创新创业大赛胜利油田预选赛优秀组织奖。

【经营管理】 深入“1+2+2”绩效考核体系建设，按照不同系统落实考核方案，坚持滚动考核，打破“人均奖励”的概念，按单位创效增效额度进行总量考核、兑现绩效奖励。2017年组织服务类项目招标选商43项，招标率为90%。组织签订合同1858份，合同标的额9.51亿元，合同签订率、送审率、审核率均达到100%。2017年，在油田改善建议平台提报各类建议成果896项，采纳801项，位列油田第三位。2017年度油田采纳上报经营管理典型经验7项，位列油田第一名；有22项成果获得油田级以上奖励。存量制度233项，完成标准化制度177项。

【“三转三创”】 开展人力资源优化配置工作，制定出台《孤东采油厂人力资源优化配置实施意见》（孤东厂发〔2017〕57号）。2017年，孤东采油厂实施内部优化盘活912人次，创收6246万元。其中，外闯市场266人，创收1529万元；业务承揽271人，创收1517万元；短期离岗324人，创收2960万元；人员借聘6人，创收35万元；内部退养16人，创收160万元；提前退休3人，创收45万元。（插图）

【民生工作】 组织职工健康查体7966人次，家属健康查体2227人次，北京、济南绿色通道约诊146人次。为386人发放各类补助费用269.75万元。开展慈善救助活动，为4户零就业家庭申请救助金2万元，关爱残疾人工作，慰问61名困难残疾人家庭，发放慰问金3.74万元，为64名重度残疾人发放补贴5.50万元。办理各类互助保障1.88万人次，会费121万元，办理各类保障理赔91人次，救助金额64万元。深化幸福课堂进基层工作，2017年，送课38场次，受众1400余人次。孤东采油厂连续十年获中国职工保险互助会“互助保障工作考核成绩优秀单位”。

【孤东281斜6井刷新胜利油田最深泵挂记录】 11月10日，孤东281斜6井顺利完井，泵挂深度达到3400米，刷新了胜利油田最深泵挂记录。

【孤东采油厂产油1亿吨】 自1984年7月21日孤东3井打开了一个宝藏至2017年7月20日，孤东采油厂产油1亿吨。1亿吨铭记的光辉岁月。1986年3月21日，1.5万名职工和1.8万名民工组成的会战大军，打响了蜚声全国的石油大会战。当年打井880口，产油323.8万吨，把一个500万吨级的整装大油田收入囊中，揭开了孤东油田开发建设的序幕。1亿吨饱含的热血情怀。在茫茫盐碱滩上，孤东人风餐露宿，顽强拼搏，以“我为祖国献石油”的豪情壮志践行着“工人伟大，劳动光荣”。1亿吨承载的新要求，孤东人坚持实事求是，推动勘探领域、层系、手段“三个转移”和开发思路、技术、方式的“九个转移”，挖潜老区，扩大三采，增产稠油，拓展新区，实现了资源接替的良性循环。1亿吨书写的“三转三创”。面对油田开发中的矛盾挑战，孤东人坚持“转观念、转方式、转作风，创效益、创一流、创和谐”，形成具有孤东特色的“十大”技术系列，稳步进入跨越式发展的进程。

海洋采油厂

【概况】 海洋采油厂成立于1994年5月，厂机关位于山东省东营市河口区仙河镇。下设13个机关科室，11个机关直属单位，11个三级（科级）单位，用工1946人；管理和技术人员中，具有中高级以上职称494人。技能操作人员中，有高级技师66人，技师102人；高级工492人。采油厂主要担负着胜利海上埕岛油田、新北油田的开发建设任务。截至2017年底，共发现明化镇、馆陶组、东营组、沙河街组、中生界、古生界、太古界七套含油层系，历年累计建成产能742.9万吨。建成各类海上采油平台109座（中心平台3座，采修一体化平台12座，常规井组平台62座，单井平台32座），开发井800口（油井528口，气井7口，注水井265口），油气接转站2座，联合站3座，石油专用码头1座。2017年，采油厂生产原油321.23万吨，天然气交气量10309万立方米，油田注水1610.1万立方米。实现全年安全生产无事故。员工队伍保持和谐稳定。

【资源勘探】 坚持“效益发现、商业勘探”理念，深化成藏规律认识和储层预测技术攻关，精细评价埕岛东北部、东南部、埕岛潜山和垦东北部四个潜力区带，全年上报控制储量1808.4万吨，超计划808.4万吨。埕北313井下古生界试油获日产325吨工业油流，评价落实可动储量433万吨，建产能6.16万吨。部署的4口探井均获高产工业油流，展示埕岛主体周边良好的勘探潜力。利用平台预留井槽实施探井埕北斜393井，增加控制储量183万吨，加快储量向产量的转化，提升勘探开发效益。

【油藏开发】 持续深化效益开发，通过产能方案优化调整，西北新区新增开发井4口，增加井控储量270万吨。全年完钻开发井38口，新增经济可采储量141.82万吨，单井产能比方案提高8.1%。通过水井检修细分，注水层段合格率、注采对应率分别提高2.7个和0.4个百分点，增加水驱储量566万吨。强化精细配产配注、参数优化等流场调控措施，年增油6.15万吨，非主力层自然递减率下降6.6个百分点。海上油田自然递减率、含水上升率分别比年计划降低2%和0.7%，老井自然产油302万吨，超计划6万吨。油井综合利用率较上年提升3.5%，躺井率为0.69%。探索风险井、长停井合作模式，完善施工结构优化、清单计价等降本措施，单井作业费用连年下降。

【经营管理】 构建“1+2+2”绩效考核体系，逐级建立“经营绩效+风险管控责任”绩效考核引领机制，实现由指标管控型向效益目标型转变。创新建立增效清单，在效益开发、人力资源优化、存量资产优化等11个重点领域挖潜。细化重大事项决策，完善项目分交运行制度，强化风险管控，充分发挥纪委监察、审计监督作用，严格合同、招标项目依法合规性审查，深入开展生产经营问题排查整治，经营风险管控水平进一步提升。

【QHSE 管理】 牢固树立红线意识、底线思维，把安全环保质量要求贯穿于生产建设全过程。健全安全管理、监督、督查和考核“四大体系”，修订完善936项安全生产责任制，严格落实问题申报杜绝、重复问题提级处理等考核问责机制，促进了安全从重视向重实转变。深化“全员安全诊断”活动，同步推进全员全过程风险识别与第三方专业化检验检测。开展隐患项目倒排工期治理，全年完工21项，提升本质安全化水平。突出抓好承包商和直接作业环节监管，做细做实JSA分析，强化施工监控回放检查，始终保持高压监管态势。加大原油、物资等质量稽查力度，细化分解钻井、作业、海工等11个重点环节质量风险及管控措施责任，重点领域、重点工程和重点环节实现质量管控全覆盖。

【党建思想文化】 深入推进“两学一做”学习教育常态化制度化，建立党建责任清单，创新实施党员领导干部“3+2”示范工程，为部分基层支部配备“第一书记”，开展示范党支部书记行和党建巡察，促进基层党建工作全面进步、全面过硬、全面夯实。常态化开展家庭助廉、廉洁教育、廉洁谈话等系列活动，加强“微腐败”问题专项整治和效能监察，组织实施业务量化考核，党风廉洁建设不断深化。推进海油“六福”文化建设，举办“三转三创”巡回宣讲报告会、讲故事比赛等特色活动，推动思想观念向价值创造聚焦。深入开展“走基层、访万家”和生日慰问活动，推进“EAP一线行”和员工健康工程，精准帮扶困难员工和家庭，提升员工群众获得感、认同感。严格落实信访稳定责任制，深化“两打一整治”专项行动，采油厂被评为十九大安保维稳先进单位。开展“五型”班站创建，实施中心三号平台、海三联基层综合性示范工程，基层管理水平持续提升。采油厂11个基层单位获得中国石化金银牌称号，海四采油管理区被评为集团公司“三基”工作先进基层单位。

【胜利埕岛中心三号平台荣获“全国青年文明号”称号】 5月4日，从中国石化集团公司获悉，胜利埕岛中心三号平台被共青团中央授予“2015—2016年度全国青年文明号”荣誉称号。一直以来，平台实施“青工素质提升工程”、开展“青工众创管理活动”、建设“海油特色团青品牌”，凝练出“平台有我，请您放心”的使命感文化、“更高标准、更严要求，保证完成任务”的执行力文化、“我的平台我的家”凝聚力文化。

【胜利埕岛中心三号平台及海上配套工程荣获“国家优质工程奖”】 12月13日上午，在人民大会堂召开“2016—2017年度国家优质工程奖总结表彰大会”，埕岛中心三号平台及海上配套工程荣获“国家优质工程奖”。埕岛中心三号平台及海上配套工程于2010年9月26日开工建设，2014年1月6日进行试生产，2015年12月24日通过竣工验收，截至年底，已累计外输液量2076.85万立方米，油量502.75万吨，气量14941.21万立方米，注水2916.24万立方米，生产运行安全平稳。该工程的建成投产有效缓解中心一号、二号平台油气水处理和电力供应能力不足问题，解决老区地面系统能力不足的矛盾，为海上油田持续开发建设奠定基础。

渤海钻井总公司

【概况】 渤海钻井总公司（简称渤海钻井）成立于1997年5月，位于山东省东营市河口区，是集钻井生产、后勤服务于一体的大型综合性石油钻探公司，主要担负胜利油田黄河以北钻井施工任务，外部市场主要分布在沙特、科威特、土耳其、孟加拉、埃及、河北等国家和地区，具有年钻井进尺140万米的生产能力。公司设9个职能科室，4个直属单位，

8个下属机构，68个下设单位，1个多种经营单位。在用30、40、50、70等各类钻机43部，用工总量4979人。管理和技术人员中，有教授级高级职称5人、高级职称264人、中级职称527人。技能操作人员中，有高级技师86人、技师204人、高级工1516人。基层党委12个，党总支13个，党支部149个，党员4484人。2017年，公司保持全国文明单位称号，被评为油田文明建设先进单位。

【QHSE工作】 开展“我为安全作诊断”等活动，强化员工安全教育培训，注重安全监督微信群、安全短信等安全文化建设，增设交通、消防等QHSE管理6个专业委员会，修订《渤海钻井总公司HSE违章行为处罚实施细则》等6个制度，定期开展安全大检查和隐患排查与治理活动，强化井控、消防、交通、民用气等安全监控，开展应急演练，实现全过程、全方位监管。强化设备日常维护保养，完成药品自动破袋与添加装置等5个技改项目，推广使用机械手装置、气动卡瓦等自动化设备，加大悬吊系统、顶驱等关键设备的检测力度。加大泥浆不落地推广应用力度，注重泥浆循环再利用。加强仿真和实操培训，强化HSE应知应会训练，开展“我为安全把好关”等活动，分享基层安全经验，强化违章当事人井场作检查等警示教育。完善QHSE体系，成立7个专业安全分委会，调整安全环保监督中心职能，优选配强安全监督队伍，全面推广视频监控，突出抓好承包商、井控、外部市场、高风险作业环节等安全管理。完善HSE考核办法，设立“里程碑奖”，突出人的安全素质、不安全行为检查考核，将安全意识、安全行为与员工薪酬挂钩，推广泥浆不落地技术工艺，加大泥浆回收利用力度，杜绝了环境污染。加强职业健康管理，开展职业健康查体。

【科技创新】 深化技术分级管理，落实技术项目组管理办法，优化口井技术方案和措施，抓好同台井、密集丛式井施工。加强钻井液管理，抓实循环利用和回收再利用，同台钻井液重复利用率100%。25口井推行分井段钻头承包。承担《环保技术集成应用示范工程》等4项科研项目，《防喷器智能控制装置应用》等2项科研成果通过集团公司评审，《钻杆自动清洗装置》等6项获得授权专利。推广精准化钻井和“井工厂”施工模式，建立利567区块难动用储量施工模式，总结形成超高温地热井、复合盐钻井液体系等技术系列。

【企业管理】 加强制度标准化建设，制修订55项制度。提高了预算掌控能力，压减各项成本费用，抓好物料过程管控。强化资金保障，严格对外结算，加快关联交易结算和资金回收。严格承包商准入和项目分包管理，加大招投标力度。建立以效益为导向、向一线倾斜的考核机制，制定效益工资考核办法，实行全员薪酬浮动，拉大机关后勤与一线收入差距。完善钻井队单井、单机考核办法，提高井队积极性。加强基层建设，宣贯落实“两册”，召开经验交流会，压减基层资料，安全资料由22项精简为14项。注重信息化建设，建立生产、技术、物资等微信群，应用车辆线上系统，抓好ERS、ERP上线运行。

【资源优化】 优化体制机制，精减组织机构，调整管理职能，梳理业务流程，构建总公司直管基层队两级组织架构。开展“三定”工作，推进主辅分离，完成主辅业务划分，全年调剂830多人次，内部退养295人，清退减册97人。优化资产资源，集中使用网电设备、钢木基础等生产资源，规范辅助后勤单位井场就餐管理，集中运行机关和井队用车，优化共享食宿和办公场所，建立各类资源优化共享机制。实施钻井队人员瘦身、设备减配工程，全年减配设备546台套。

【党建思想文化工作】 落实党建“1+7”制度，开展基层党建点检巡察，推进党支部“分类定级、创优夺旗”工作，建立劳务项目临时党支部，发展党员 58 名。加强党风廉洁建设，加强干部队伍建设，全年提拔科级干部 51 人次，其中钻井队平台经理 21 人，占 41%，选聘专家（副总监）、主任师、主管师 107 人。创新设立钻井队骨干岗位积累贡献奖，建设“三化”人才队伍，组织“转观念、勇担当、创效益”专题讨论，落实民主管理等制度，深化“三务”公开，完善便民为民服务体系。落实人文关怀和帮扶救助措施，慰问 5600 多人次，解决基层困难 273 个。压实信访稳定责任，开展矛盾纠纷排查与治理，抓实十九大稳定工作。

河口管理中心

【概况】 胜利石油管理局有限公司河口管理中心成立于 1997 年 6 月 22 日，承担着辖区矿区建设、物业管理、学前教育、医疗卫生、群众文化等管理与服务工作，位于东营市河口区黄河路 146 号。辖区面积 20 平方千米，管理着住宅小区 23 个，服务居民 2 万户 6 万余人，环卫面积 366 万平方米，绿化面积 161 万平方米。社区下设 8 个机关科室，4 个直属单位，6 个三级单位。在职职工 1057 人，其中正式工 797 人，劳务派遣工 39 人，合资公司用工 152 人，非全日制用工 69 人；高级技师 1 人，技师 21 人，高级工 95 人，中级工 87 人；正高级职称 2 人，副高级职称 172 人，中级职称 303 人；离退休职工 980 人，协解职工 352 人，家属 692 人；党员 1162 人。固定资产原值 4.89 亿元，净值 2.54 亿元。

【社区服务】 深入开展“提升物业服务质量百日专项治理”活动，对所有小区进行检查督导并综合排名，促进了小区环境质量的提升。抓好海胜馨园等五个新建小区管理，不断健全完善考核体系，提升了新建小区管理水平。充分发挥“互联网 + 社区服务”的作用，加大“胜利管家”推广应用力度，通过信息化手段为居民提供了多元化、便捷化的服务，提升社区服务水平。以“两打一整治”专项行动为载体，不断加强“平安社区”建设，通过组织开展清查出租房、打击盗窃电动车等活动，确保辖区平安。以推进标准化流程、标准化现场为抓手，通过开展丰富多彩的家园互动活动，进一步加强家园共建，提高学前教育管理水平。在医疗人员不断减少的情况下，克服种种困难，加大医院资源优化配置力度，将部分医疗科室进行合并，确保医疗水平不降低。采取“一站式查体服务”模式，扎实做好居民健康档案信息采集，全年建立居民档案 4.2 万份。

【安全生产】 始终把安全生产作为社区发展的生命线，进一步夯实 QHSE 风险管控责任，做到了“有岗必有责，上岗必担责，履职必尽责，失职必追责”。坚持预防为主的工作方针，每周开展安全检查，将查出问题在每周社区生产例会上曝光，并对整改问题进行复查，形成闭环管理。对安全生产、环境保护指标，每月进行量化考评，季度达标考核，年度考核兑现，进一步夯实 QHSE 管理基础。强化受限空间管理，对污水泵房实行统一管理，健全泵房安全生产责任制，为涉硫化氢岗位操作人员配备了硫化氢检测仪和正压式空气呼吸器，举办了正压式空气呼吸器佩戴比赛，进一步抓实硫化氢防护。加强幼教、医院、会场、高层建筑等公共聚集场所的管理，多次开展消防应急演练，强化岗位人员培训，不断提升职工的应急处置能力。

【分离移交】 采取一体化运作模式，积极做好“三供一业”分离移交试点工作。与河口区政府联合成立分离移交工作组，实行集中办公，建立“周会 + 晨会”双例会制度，及时沟通工作细节，分析解决存在问题，提高工作效率。积极发挥联系纽带作用，统筹兼顾油田驻河口城区供水、供气和供暖项目的分离移交工作运行，与三家专业化公司畅通信息传递渠道，确保信息共享，互通有无，同步推进河口区域“三供一业”分离移交工作，与河口区政府成功签订河口城区“三供一业”分离移交框架协议。全面推进社区管理职能移交。与河口区政府协商启动社区管理职能小区示范点工作，选定御园、河阳2个小区作为示范点，扎实推进社区工作站、居委会的组建等工作。按照油田车辆集中管理部署，顺利完成车辆服务中心整体移交，队伍始终保持稳定。

【经营管理】 面对油田考核新机制，及时调整绩效考核模式，制定《河口社区2017年绩效考核办法》，做到经营效益与职工绩效工资完全挂钩，调动各单位创收创效的积极性。强化风险管理责任管控，建立季度检查和自我评价制度，每季度对各单位风险管控情况进行检查考核，责任部门进行自我评价，确保完成各项指标。加大资源优化力度，鼓励三级单位对办公场所进行合理调整，集中办公，利用腾出的办公场所进行挖潜增收。全面开展人力资源优化。对物业系统用工进行了调整，清退家属用工，消除了风险。坚持正面宣传，向职工传达油田优化人力资源配置相关政策，做好解疑释惑工作，取得较好效果，有45人“走出去”承揽河口区检察院、油田电视台、胜利监理公司等单位业务，办理离岗手续33人。2017年，社区绩效工资完成比例为116%，在社区系统排名第二名，在管理局排名第四名。

【民生建设】 加强工程管理，继续推行项目平行管理模式，深入推广标准化工序，提高了工程质量。稳步推进老旧小区维修改造，改造了河欣、河锦等四个小区，改善小区面貌，老区改造质量和进度名列油田第一。积极做好屋面防水工作，采取“一户一方案”“一户一检查”，提高防水效果。按照油田部署，成立“胜利油田住房公积金河口管理部”，从制度流程建立等方面入手，不断健全规范河口管理部业务，满足河口区域各单位和职工办理业务的需要。注重发挥体育设施的公益性、服务性功能，在辖区安装健身路径3组，建成塑胶篮球场2块、人工草皮足球场1块。强化职工培训，建立《职工素质提升量化评价办法》，组织开展“十佳岗位明星”“十佳岗位先锋”等评选活动，营造出争先学习、主动进步的成才氛围。通过开展北京就医绿色通道服务，累计为30名患病职工、家属办理赴京就医业务。建立动态化管理的《困难家庭档案》，明确各类困难群体界定标准，开展了灵活多样的帮扶救助工作，构建起党政齐关注，干群齐参与、上下齐配合的帮扶工作“大格局”。

【党建思想文化】 进一步强化思想政治工作。利用官方微信、形势任务宣讲等途径，扎实做好形势任务解读、政策措施解释、热点难点解疑，有针对性地做好暖人心、聚人心的工作。深入开展“三转三创四提升”主题活动，引导干部职工转变观念，统一思想，坚定信心，形成全员共同担当的责任共识。切实加强党的建设。完善党建目标管理责任制，对基层党建工作进行巡察，根据巡察结果对党支部“分类定级”。扎实推进“两学一做”学习教育常态化制度化，开办“两学一做”专题网页，建立党建工作微信群，引导全体党员自觉学习党章党规、遵守党章党规、维护党章党规。加强党风廉政建设。逐级签订《党风廉政建设责任书》《党员领导干部党风廉政建设责任清单》，进一步压实责任。加强教育预防，组织举办党风廉洁教育报告会，受教育群众达400多人次。推进纪检监督向基层延伸，在所有基层支部设置纪检委员，在三级单位设置纪检工作小组，实现监督全覆盖。加强文化建设。立足河口油区，常年举办乒乓球比赛、广场足球邀请赛、小区文艺演出等活动，丰富河口居民的文化生活。以“文化养老”为主线，组织广大离退休人员开展了趣味运动会、“喜迎十九大”广场舞大赛等系列文体活动，做到“每月一主题、每月一活动”。积极开展矛盾纠纷排查，及时处理各类信访问题，不断完善信访超前预防机制，真正把急事、难事稳控在社区。扎实做好十九大期间安保维稳工作，制订《河口社区安保维稳工作方案》，成立安保维稳督导组，强化值班管理，确保十九大期间和谐稳定。

孤岛管理中心

【概况】 孤岛社区管理中心（2017年12月更名为孤岛管理中心），成立于1997年4月29日，位于山东省东营市河口区孤岛镇，地处胜利油田东北部，黄河入海口北侧。孤岛社区管辖13个住宅小区，其中，国家级物业管理示范小区3个，省级文明小区5个，中石化AAAA文明和谐示范小区5个。辖区总面积18.1平方千米，管理建筑总面积101万平方米，环卫面积200万平方米，绿化面积159万平方米，建有职工住房12249套。辖区内油田常驻人口2.93万人。2017年初，孤岛社区实行社区——三级单位的两级管理体制，设机关科室7个，直属单位3个，三级单位8个，职工总数为820人。按照油田生产用车专业化管理改革要求，9月份将生产用车职能划转至管理局车辆管理中心，移交员工30人，移交运输总公司通勤车辆1台，移交车辆管理中心资产117项。在做好“三供一业”移交和分离办社会职能改革的同时，深入开展资源优化和保效增效活动，坚持“市场化运作、企业化管理、社会化服务、专业化发展”的发展理念，深化创建工作，增强保障能力，实施民生工程，有效履行“保障生产、服务生活、专业发展、构建和谐”的重要职责，实现持续稳定健康发展。

【经营管理】 针对“三供一业”分离移交、车辆专业化改革、物业服务专业化整合改革形势，聚焦提质增效目标任务，坚持价值引领和效益导向，深化经营分析，查找问题短板，分析潜力空间，显现创效差异，设立外创市场项目组，承揽孤岛商贸市场的治安与电器维修、中小学校区物业服务等业务，环卫绿化单位与济南军区综合训练基地、孤岛镇政府等单位合作开展绿化养护、技术咨询、苗圃共建等工作。2017年，短期离岗、内部退养36人，外闯市场、业务承揽等28人，实现优化增效322.46万元。通过摸清闲置资产现状，利用油田资产调剂共享平台，向孤岛采油厂调剂房屋、车辆等资产7项，原值314万元，年创效24万元。发挥考核导向作用，加强预算执行监管，定期在经济活动分析会上通报，对通报排名靠后的单位及时预警，确保预算风险受控和全年预算指标平稳运行。推进全员成本目标管理，建立全方位的单元成本管理体系，推动精细成本管理水平不断提高，管理局有限公司下达的各项经营指标全面完成。

【民生工程】 小区基础设施完善顺利实施，全年完成住宅区天然气改造、少年宫维修改造、学前教育中心与老年活动中心檐沟改造和孤岛医院污水处理系统改造等工程项目；完成孤岛一幼、五幼消防隐患治理，幼儿园场地改造、少年宫维修和朝阳区绿化维修等工程招标、合同签订工作；完成乐苑、丰收、芙蓉、乐苑小区维修改造工程；为四所幼儿园建设了塑胶场地，完成孤岛一幼、五幼消防隐患治理工程；迎接了中石化、管理局对工程项目的安全和审计等检查。

【物业管理】 立足一体化优势，推进业务承揽，强化“四保”职能。对照东营市创建文明城市和小区创建工作标准，完善考核体系和管理，采取专项检查、定期和不定期检查相结合的形式，加大小区检查考核力度和密度，通报发现的问题，举一反三抓整改，考核结果与奖金直接挂钩，反复出现的问题加重处罚。开展“网格化管理样板区”创建工作，确定13个网格化管理样板区；开展朝阳六村AAAAA级，协作一村AAAA级，朝阳二村、丰收村AAA级中石化文明和谐示范小区创建工作；借助“互联网+”技术应用，运行物业“一号通”集中呼叫平台，提高物业维修及时率。加强孤岛采油厂业务承揽管理工作，重新制定了《业务承揽考核办法》，承揽人数由原来的172人增至338人，工作范围由专项保洁扩大为13个小区的保洁、保绿和秩序维护。

【医疗卫生】 重点保障急诊急救、常见病多发病诊疗、健康查体与管理主要业务运行，强化传染病防控宣传及疫情监控工作。举办了孤岛医院成立45周年座谈会，推进与孤岛镇医疗卫生合作并完成中小学生查体、窝沟封闭等项目签约，开展药品零差价和医疗服务价格调整工作。完成医院治疗室、药房、门诊、防疫站及各小区卫生所达标改造工作，引进了DR、口腔操作台等医疗设备。完成门诊量7.92万人次，健康查体1.1万人，防疫接种9100人次。

【学前教育】 举办各类特色教育活动，精心进行环境创设，开展幼儿一日常规培养工作，加大少年宫招生宣传力度，优选培训专业，确保质量效益。优化调整办园格局，将协作幼儿园撤并进一步缓解学前人员结构短缺的压力，优化资源配置，提升整体办园效益。严格落实幼儿园、少年宫封闭式管理措施，落实门卫值班制度，落实传染病防控、预防食物中毒措施，组织开展安全演练次24次，确保在园师幼健康、安全。

【QHSE管理】 完善质量管理体系，加大考核监督力度，从严设计审批、工程施工、财务制度执行、物资质量监控，从严纯净水生产，食品加工监管，将从严质量管理贯穿社区各项工作的全过程，确保无重大质量事故发生。强化“谁主管、谁负责”“管业务、管安全”的责任落实，进一步完善HSE责任体系，形成全员抓安全的良好局面。及时调整社区HSE委员会和领导安全承包点，涵盖社区全部重点要害部位。按照集团公司“安全管理手册”的要求和油田的部署，开展第三轮安全重大风险评估工作，确立“十项重大安全风险”清单。进一步加强承包商安全监管工作，通过社区工程管理安全、质量监督微信群，利用手机随手拍的形式，对施工现场发现的问题，拍照上传至微信群中，工程项目负责人及时安排整改和反馈。深入开展全员安全诊断活动，对集团公司、油田安全环保监督中心和公共事业部组织的检查中查出的问题进行了整改，实现了检查、通报、整改、反馈闭环管理。成立环保隐患排查治理小组，按计划运行医院污水处理设施改造项目，依法合规开展生活污水收集、医疗废物处置、辐射安全管理等工作。

【文明建设】 深入学习贯彻党的十九大精神，开展党建考核、巡查工作，围绕在打造“三新阵地”胜利高地中争当先锋的目标任务，持续推进“两学一做”学习教育常态化制度化，深入开展“三转三创”主题活动，开展“廉洁之福”主题教育，组织“反腐倡廉教育月”、处级领导干部“活页夹”活动和三级单位纪委负责人述职汇报会，督导三级单位纪委负责人履责情况。创新加强群团组织、老年、计生服务工作，建立健全12个小区老年党支部，扩大群众性文化体育活动覆盖面，推广“幸福品牌”服务项目，在油田首家试点推行劳动关系观察员制度，促进劳动关系和谐。严格落实以职代会为基本形式的民主管理制度，切实维护职工的各项权益。精准实施困难帮扶，持续开展“走基层、访万家”活动，重大节日期间，对社区伤、病、残、住院职工、遗属、军烈属、特困户、“三无”残疾人、未就业困难协解人员、患大病家庭进行走访慰问。扎实做好职工互助保险、互助互济和医疗求助工作，开展“成就未来，金秋助学”活动，认真做好弱势群体的帮扶工作。办理北京绿色就医233人次，为60岁以上老年人办理河口区公交卡。推进舆情监控处置、宣传教育、问题解决“三个平台”建设，妥善化解民意诉求和矛盾纠纷，保持大局稳定。规范支持改制企业，宏海实业公司实现平稳发展。提高政治站位，从严抓好十九大期间安保维稳工作，健全完善信访、综治、公安、宣传一体化信息预警体系，严格落实分级负责制，实现“三个避免“四个坚决防止、七个不发生”目标。深入开展“两打一整治”专项行动和打击打孔盗油违法犯罪专项行动“回头看”，油区治安持续稳定，十九大期间实现零发案。开展普法、禁毒、防电信诈骗、消防等宣传警示教育，提升干部职工的法律防范意识。

仙河管理中心

【概况】 仙河管理中心地处东营市河口区仙河镇，成立于1997年1月7日。2017年12月，仙河社区管理中心更名为仙河管理中心(以下简称仙河中心)。仙河中心占地面积600万平方米，现有住宅小区21个，住房18919套，建筑总面积169.9万平方米，保绿面积305万平方米，居民4万余人，是孤东、桩西、海洋采油厂、仙河管理中心和钻井、供水、供电、通讯分公司等单位的办公、科研、文化、生活基地。仙河管理中心设有机关科室8个，机关直属部门4个，三(科)级单位5个，基层班组47个。截至2017年底，有在册职工770名，离退休职工895名。专科以上学历516人，高级技术职称114人，中级技术职称284人，党员783人。主要设备资产原值1003.6万元，净值806.5万元。2017年实现收入7149万元，完成补贴18302万元。

【物业管理】 物业系统依托“胜利管家”平台，建立O2O网上商城，引进快递、家政、保险等“八合一”服务项目，开办实体店5个，上架商品115种，建立团购网，线上与线下并行模式，并接手孤东佳苑物业管理，增加小区自助洗车台、直销水、便民充电桩等项目，利用收费大厅拓展服务项目，深化“环境综合整治百日活动”，全面推进网格化管理，全年居民住宅漏雨报修2444户，较2016年同期减少448户，维修及时率达99%以上，不断提升住户满意率。

【医疗卫生】 医疗系统以满足油田员工家属健康需求为出发点，以做精“仙河医疗”品牌、创建“居民满意医院”为抓手，在加强常规管理的同时，与滨州医学院附属医院合作，每周派专家来坐诊，既缓解了部分临床科室缺员“关门”的问题，又增加了医院的收入。开展慢性病、糖尿病筛查和家庭医生签约等活动，定期开展义务巡诊活动。加强优势项目培养，做优查体中心、引进中药颗粒制剂，新上了婴幼儿抚触、血液透析等特色项目，方便了居民和患者的需要。区域120急救、康复理疗、健康查体、诊疗、健康管理“五个中心”管理体系初步已经形成，爱国卫生、人口与计划生育、卫生防疫、食品监督等工作取得明显成效。医疗系统全年完成门(急)诊22.16万余人次、手术152台、查体2.94万余人次，无重大传染病、医疗责任事故发生。

【学前教育】 幼教系统按照“稳步推进普惠园、发展壮大特色园”的思路，努力打造“仙河幼教”品牌。开展“保教一日常规”活动，不断夯实7个标准化操作现场，加强园所的规范化管理。利用微信公众号、QQ群等形式，向家长展示园所工作，进一步提升了保教水平。创新成立了幼儿园安全家长监督委员会，家长参与安全管理，有效增强了家园合力。按市场化模式，做优亲子园和蒙氏园。2017年，对蒙氏园、实验园2所高端园进行了整合，使特色品牌优势更加凸显，取得了社会和经济效益双丰收。

【老年管理】 老年系统重点在创新“关爱夕阳”机制、拓展“互助养老”新途径方面进行有益尝试和探索。大力倡导“睦邻友好，互助养老”的理念，整合各方资源和力量，实施一体化运行，切实营造抱团养老、互助养老的良好氛围。目前已建立了22个互助组、5个互助服务社，开展“家庭医生签约”、设立老年亲情服务热线、推行“互联网+”等服务模式，为离退休老职工配发智能手环925个，受到广泛好评。老同志们也积极参与到社区管理服务中来，组建了

“居民代表”义务巡逻队、志愿者义务服务队伍等，在小区环境整治、绿化美化以及反邪教等各项活动中，发挥了重要作用。

【保效创效成果丰硕】 坚持价值引领，全力降本减费增收增效，各行业各单位积极走出去、拓市场、创效益，圆满完成了管理局下达的经营承包指标，员工利益得到切实保障。全年实现收入7149万元，比去年增收499万元，员工拿到了117%的效益工资，福利待遇得到同步提升。物业系统依托“胜利管家”平台，拓展服务项目，提高了创收能力。市政管理公司积极和周边兄弟单位沟通，争取到40余万元的垃圾清运费收入。学前教育系统增加“午托”“晚托”等创收项目，装修搬迁亲子园，开设亲子半日班，优选亲子活动内容，见到了良好的经济效益。医疗卫生系统在巩固油田内部查体市场的同时，积极与社会企业、地方单位沟通，推介体检项目，办好残疾人康复、婴幼儿游泳抚触等项目，引进中药颗粒制剂，办理套餐卡，增加创收。机关部门加强协调，内部挖潜，双休日、节假日机关不开空调，外出办公拼车，在“省钱”上见到了成效。通过转供电专业化运作，一年为管理中心降低成本40万元。

【改革工作全面推进】 与河口区签订物业分离移交框架协议，特别是签订了消防职能移交正式协议，走在中石化系统前列。同时，顺利完成了车辆、物业专业化等改革任务。

【民生建设工程】 先后完成了建设一区、团结二区、友爱二区3个小区的坡屋顶改造；完成了青海湖路、珠江路、黑龙江路等路灯的提升改造；完成了五幼、六幼两所幼儿园的整体改造；完成了三所幼儿园、文明老年活动站的消防系统改造；完成了滨海医院污水处理、电路系统的改造；完成了市政公司、学前教育中心和电视台院内的绿化提升改造；完成了社区篮球场的提升改造；完成了同济河排涝设施改造，防洪排涝能力进一步增强；蓬莱花苑三期192套住宅按期交工；在各小区增添亲情座椅、石桌石凳、雕塑等500余套。对仙河垃圾场进行了初步整治，根治方案已进入报批流程。

【理顺管理体制】 通过对内对外办医办园合作，提高了区域医疗水平，满足了学前教育健康发展的需要。及时制定了《外部市场管理试行意见》，疏通了外闯市场渠道。制定了《存量住房出租及规范管理实施意见》，本着责权对等的原则，理顺了存量住房管理体制，盘活了存量资产。进一步优化整合资源，整合两所特色幼儿园，撤销了电视台、文化站、巡逻班等机构，盘活了内部资源。另外，将神仙沟排涝站、神州路、同济河管理权逐步向政府移交，进一步探索理顺市政设施管理新途径。

【激活考核机制】 紧跟油田考核政策的重大调整，突出价值引领和效益导向，修订完善了社区2017年绩效考核办法，配套完善了“1+2+2”绩效考核体系，实施层级目标管理，鼓励“跳起来摘桃子”，年终严格考核兑现，绩效引领成效凸显，多劳多得、创效多得、盘活资源多得、人力资源政策利用好多得的理念深入人心。

【基础工作扎实有效】 本着“强三基、打基础”的思路，力求以不变应万变。把年初职代会的工作部署，梳理确立了30项行政重点工作和18项党群重点工作，实施项目管理，责任到人，节点运行，圆满完成了去年职代会确定的重点工作任务。制定完善了《仙河社区“三基”工作实施意见》和《仙河社区师带徒管理工作实施意见》，加强员工培训，通过“学业务、比技能、提素质”等形式，狠抓素质提升。坚持问题导向，开展“全员安全诊断”活动，建立了专家队伍，建立了安全监督群、曝光台，邀请专家作诊断，创新制定了《承包商安全违章处罚实施方案》，提高了承包商的风险意识，实现了安全生产无事故。管理中心获油田“安全生产先进单位”荣誉称号。

【党建思想文化工作】 全面落实党建工作责任，扎实推进“三点”示范工程，推进党建工作与中心工作深度融合，党建思想文化与生产经营同步考核，党建思想文化工作精准发力、扎实有效。积极推进廉洁示范单位创建，配齐专兼职纪检委员，建立纪检监督工作小组，有效开展廉洁教育，党风廉洁建设全面深化。积极推进“三转三创”主题活动，大力加强典型选树，树形象、扬正气、聚合力作用显著增强。扎实开展老年品牌建设，“睦邻友好、互助养老”的理念逐步得到认同和提升。广泛开展“走基层、访万家”和形式多样的群众文体活动，员工群众幸福感有了新的提高。建立融矛盾排查、重点包案、纠纷化解于一体的维稳机制，圆满完成十九大安保维稳工作，有力维护了大局和谐稳定。成功举办了管理局人技一体化治安防范体系建设现场观摩会，得到了与会领导的好评。管理中心获省级文明单位、局级文明单位、安保维稳先进单位等荣誉称号。

人 物

山东省富民兴鲁劳动奖章获得者

宋团光 男，1976年8月生，汉族，中共党员，1996年毕业于东营技师学院，就职于富海集团有限公司，2012年6月任高技能人才创新工作室负责人,2015年被东营市授予宋团光高技能人才创新工作室。他工作中，积极协调安排工作室内的11名高水平技师开展名师带徒活动，同时与具有发展潜力的60名学员签订名师带徒协议。所带徒弟在公司担任班组长等重要岗位，并在东营市年度技能比武中多次取得一、二、三等奖的好成绩。他组织开展各项培训活动，举办《石油加工理论培训班》《设备润滑》专题培训班、《设备防腐》专题培训班。创新工作室每年组织的“创新改善”活动，年度评选“创新改善能手”活动。对有经济效益的创新改善申请“总经理特别奖”。重催装置开工正常后，随着时间的推移，烟机运行出现严重震动，被迫切除烟机做功，根据对外交流结合现场实际情况经验逐一排查确认，确认烟机振动主要原因是烟机出口垂直膨胀节和出口水平段因膨胀量吸收不足和膨胀节固定结构形式导致烟机位移。提出通过调整烟机出口膨胀节拉伸预留量单个固定点内侧留3～5毫米左右，对烟机膨胀节处天圆地方支承重新确定固定方式，只对膨胀节支承前后左右四个方向固定，在近乎冷态情况下将原设计其他4个固定点用磨光机将焊缝磨开，不再固定，增加壳体冷却水量，重新增加配置管线（管线由维修完成），使烟机按照既定方向膨胀达到运行平稳仅此一项为公司节约资金约1000万元。实施初低泵改造解决临界振动和压力供需平衡问题，年节约资金45万元。实施制氢转化炉出口调节阀在线维修方案避免常规停工处理，节约开停工费用65万元。根据化工机泵特点创造出快速对中找正法较前提高速度65%。对DY40-50×4离心泵密封进行革新技术改造解决该设备运行中的泄漏问题每年节省费用15万元。根据公司锅炉上煤设施处于半人工化操作，自主设计制造锅炉自动上煤输送机一台，实现上煤操作自动化节省操作人员8名。利用杠杆原理制造一辆多功能运输起吊车，吊装机泵提高工作效率50%。解决机泵安装过程人员不足的问题。参与公司新建项目建设方案的制定，负责组织实施新建200万吨/年重催联合装置设备的建设安装任务，为装置一次试车成功打下坚实的基础并出具大型设备试车方案，合理设计创新设备吊装方案节省吊装资金150万余元。创新工作室成功申报10项实用新型专利。例如：制氢装置中的中变气回收系统实用新型专利、一种焦化装置与再生装置的热联合装置、稳定装置与再生装的热联合装置、燃气供给系统等节约大量资金。同时，积极

鼓励一线员工开展“五小成果奖”创新活动20余项，引导员工在工作中利用创新思维积极思考，在公司内部掀起一股“创新热”，激励起广大员工的创新热情。

东营市五一劳动奖章获得者

韩洪忠 男，1980年1月生，汉族，富海集团有限公司仪表工。2010年9月进入富海集团有限公司，进公司以来刻苦钻研业务，努力学习专业业务知识，在仪表这个岗位上，兢兢业业、任劳任怨、尽职尽责。在平时的工作中他认真虚心向老师傅学习请教，不断提高自身专业技能，充实自己。在公司及车间的培养下，逐渐成长为一名合格仪表技术工人。先后参与公司大型检修8次。2015年检修工作负责气分装置的检修计划的编制、物料提报，并对装置的检修工作全面负责，检修完成后装置一次性开车成功。工作至今，提出创新改善16余项并被公司采纳实施。在工作中有节能降耗意识，通过修废利旧为公司节约费用3万余元。2016年在重催主风机故障停工期间，发现汽轮机、气压机、发电汽轮机各大轴系仪表安全栅跳线错误，导致轴系仪表无法正常工作，避免了各大机组重大事故的发生，南厂新项目调校主风机、汽轮机、发电机、压缩机各大轴系仪表，调校各大机组及工艺连锁，调校重催特阀6台，提出新项目不合理项80多处。积极为公司培养贮备人才，工作至今共带徒6人，其中华联石化4人，联合石化2人，专业技能培训授课200余人。

2016年10月份被公司选派代表河口区参加东营市第十一届职工技能竞赛中，取得化工总控组第二名的成绩。2016年底，获得公司的总经理特别奖。2017年3月，在公司周年庆先进个人评选中，被授予“富海集团技术能手”荣誉称号。

王乐强 男，汉族，1971年11月生，汉族，中共党员，现任山东汇海医药化工有限公司工会主席，党支部书记，常务总经理。他作为汇海公司工会主席、党支部书记，任职以来，协助行政、工会和团支部组织拓展训练、工作技能竞赛、慈善捐助等员工喜闻乐见的活动，得到广大职工的一致好评。他倡导“激情工作、快乐生活”的企业文化理念，成立员工图书室，为员工采购专业书籍1000余册，丰富员工业余文化生活。同时，扎根一线，积极同职工交流谈心，每季度召开一次职工代表座谈会，及时解决职工工作和生活中的困难。在公司工会的带领下，开展“创建学习型工会”，创办每周三夜校培训，在公司上下掀起学习热潮，全面提高员工技能素质，在公司形成良好的学习氛围。为建立系统的安全责任体系，公司将纵向的专业条线管理和物理区域安全负责制相结合，保证安全生产责任制落到实处；成立义务消防队。指导建设完成MVR、RTO一、二期等环保设施的建设，使公司安全、环保工作走在河口区前列。他建立一套高效务实的选人育人用人机制，围绕“引才、育才、用才、留才”四个环节，积极推进企业科技人才队伍建设，为公司发展提供组织保证和智力支撑。重视创新文化理念，为探索企业转型升级发展，他积极加强与清华大学、北京理工大学、济南大学等多所高等院校建立长期稳定的关系，聘请工程院院士张文海，济南

大学教授、国家科技进步奖二等奖获得者郑庚修，北京理工大学教授、泰山产业领军人才、长江学者曲良体，武汉大学教授张永恒等高层次人才。同时，他不断完善公司的《人才跟踪培养体系》和《后备人才补充机制》，组织员工积极参加企业内训外训，完善人才职业规划。他一直把创新作为企业发展的源动力，依托院士工作站、省级工程技术研究中心、省级企业技术中心等研发平台，公司也先后荣获获中国产学研合作创新成果二等奖 2 项、中国石油和化学工业联合会科技进步二等奖 1 项、省科技进步二等奖 2 项、省技术市场科技金桥奖二等奖 1 项、市科技进步一等奖 4 项等科技荣誉。参与起草《工业用乙酰乙酸乙酯》行业标准的修订，正在制定 AABI、DCC、三嗪环行业标准。

王双迎 男，1988 年 4 月生，汉族。2010年7月参加工作，就业于山东省、东营市、东营港经济开发区、山东爱克森化学有限公司担任生产班长一职，参与了公司 15000 吨 / 年橡胶助剂项目的建设、调试、试生产和正式投产工作。2011 年 10 月通过在生产过程中对生产工艺进行摸索和总结经验，带领班组人员大胆的实践，在经历过若干次的失败后，通过对温度、压力、流速、结晶度等一系列参数进行调整，顺利将橡胶助剂造粒工艺开车成功，解决同行业内产品造粒成型难的问题。2013 年 6 月通过在生产过程中对生产工艺进行摸索和总结经验，突破单釜生产模式理念束缚，大胆尝试连续性生产技术，在同样装置的基础上使生产速度提升了 3 倍。2014 年为照顾家庭更换工作单位，就业与山东汇通利华生物科技有限公司参与乙基麦芽酚装置建设，担任技术员。在以上项目中，均多次和技术方、设计方进行相关讨论和研究，确定多处技术更改和变更，学习了技术，锻炼了能力。2014 年至今参与多次外出学习，并取得相关证书：浙大中控 DCS 维修学习、国家信息化培训、国家环保培训、技术研发人员培训，四合一综合管理体系培训等。2016 年 7 月开始参与公司乙基麦芽酚二期项目建设工作，主要负责工艺技术改造和现场工艺设备、管道等施工安装工作。同时在工作中注意技术提升，收集好的技改建议，与相关专家进行沟通学习，为公司技术改造调试贡献力量，自己也收获了丰富的经验。

全国农村青年致富带头人

王超 男，1983 年 10 月生，汉族，中共党员，浙江理工大学工业设计系毕业，学士本科。现任东营奥福瑞食品有限公司总经理，河口区新泰花生专业合作社副理事长、河口区益农植物专业化防治农民专业合作社理事长。2012 年，辞职回乡创业，建成符合绿色食品标准的黑花生生产基地 4 个，入社社员 422 户，种植面积突破 3500 亩，实现产值 1250 万元。研发生产出花生蛋白粉、花生饮品、花生制品等系列产品，黑花生加工厂已注册“奥福瑞”商标，产品获得 QS 认证，“荷花”牌花生认定为 A 级绿色食品，公司生产的多种产品与多家超市达成购销协议，形成“公司 + 合作社 + 基地+农户”一条龙式的产业链条。先后荣获“河口区百名英才”“河口区乡村之星”“河口区最美青年”“东营市青年企业家协会年度新秀奖”“2015—2016 年

度全省农村青年致富带头人”“第十届全国农村青年致富带头人”。2016年，被共青团中央、农业部表彰为第十届“全国农村青年致富带头人”。

山东省优秀少先队员

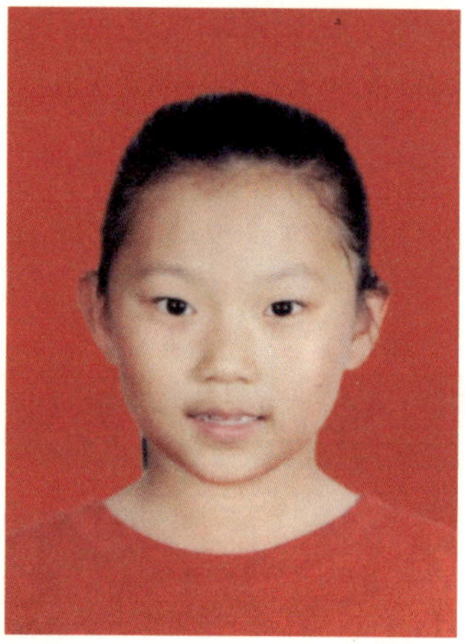

陈梓萌　女，10岁，东营市河口区河安小学五年（6）中队少先队员。她是一个爱学习，爱劳动，爱生活，爱科学，勇于创新，乐于助人，热爱公益的好少年。在学习上，五（6）中队实行互学互助，热心帮助同学。生活中，她是一个热爱公益的好少年，在还没有上小学之前，她就在父母的陪同下，参与了石油大学为玉树灾区的捐款活动，并一直关注孟老师在玉树灾区的救助站，一年级时，还继续为灾区捐款，帮助布穷、小桑吉一家和小姑娘梅朵治疗病痛。2013年3月参加了学校组织的慰问敬老院的活动，4月，参与了学校组织的雅安地震捐款活动，向雅安的小朋友奉献了自己的微薄力量。5月25日，参加了黄河口晚刊协同河口区环保局组织的“保护环境从我们做起”的公益活动。9月14日，同河口义工组织一同参与了河口区实验学校门前立体斑马线的绘制，用生动的斑马线提醒司机减速慢行。2014年3月15日，参加了义务植树活动，亲手栽下小树苗并写下希望小树快快长大的心愿卡。2015年9月和11月，分别用平时攒下的零花钱为河口街道南旺村困难家庭和河口街道办四岁白血病患者捐款共计400元。2016年9月，还是用自己的零花钱为河口区一名先天性心脏病婴儿捐款200元。先后荣获全市“优秀少先队员”“河口区优秀少先队员”等荣誉称号。2017年4月，被共青团山东省委、山东省教育厅、山东省少工委评为第十七届“山东省优秀少先队员”。

全国巾帼建功标兵

刘凤霞　女，1967年7月生，汉族，中共党员，东营市河口区妇女联合会主席、党组书记。近年来，在刘凤霞带领下，河口区各级妇联组织始终坚持问题导向，聚焦薄弱环节，在服务上下功夫，各级组织的战斗力和先进性得到充分体现。开展“巾帼创业工程”，引领广大妇女在一线建功立业。积极采取组织观摩学习、结对帮扶、精心服务等措施，为广大妇女干事创业出思路想办法，共组织各类观摩学习302场次，举办各类实用培训班192期次，为1042名妇女发放小额担保贷款和低息贷款12252万元，帮助解决场地、资金、技术等问题196个。同时，深入开展“精准扶贫　巾帼先行”专项行动，帮助贫困妇女扶志气、扶技能、扶特困、扶实事，进一步增强广大妇女干事创业的能力和水平。全区新增妇女创业项目279个、新注册以女性为主的家庭农场42个，区妇联作为先进典型在全区扶贫开发工作现场推进会议上做了交流发言。实施“女性素质提升工程”，提升广大妇女素质能力。针对农村妇女、机关工作者、女领导干部、妇女干部等不同群体，深入开展“村村跳舞·家家乐”广场舞、“舞前半小时”精短培训等活动，在全区农村建立100个“三千米培训圈”，组织开展广场舞、市级课题、简短培训和创业宣讲培训等各类培训活动近

1400场次，将全区有培训需求的妇女全部轮训了一遍，有效提升广大妇女整体素质。2016年，全市女性素质提升工程现场会在河口区召开。推进“妇女儿童维权工程”，为妇女儿童发展营造良好环境。积极推动“两癌”检查及救助机制落实，2014年以来，争取财政资金517万元为2.37万名妇女进行“两癌”免费筛查，救助“两癌”贫困妇女85人（每人3000元以上）。全面推进妇女儿童“十二五”规划落实，代表省市圆满完成全国妇女儿童发展纲要中期监测评估验收，河口区被确定为全省妇女儿童“两个规划”省级示范区，河口区生育妇女返岗培训工作被确定为省级示范项目。健全完善家庭暴力救助机制，广泛开展“平安家庭”创建，河口区被评选为全省“平安家庭”示范区。个人先后荣获“省三八红旗手”“市妇女儿童工作先进个人”“全省妇联系统先进个人”“省巾帼建功标兵”等荣誉称号，2017年4月，获全国巾帼建功标兵荣誉称号。

全市妇女儿童工作先进个人

牟焕军 男，1966年9月生，汉族，中共党员，河口区卫生和计划生育局党组书记、局长。他主持区卫生和计划生育局全面工作以来，深化医药卫生体制改革。全面推进公立医院综合改革，2家公立医院法人治理结构全部建立。2家公立医院分别与市人民医院建立医联体，与省立医院、千佛山医院、济南军区总医院建立协作关系，与镇街卫生院、社区卫生服务中心实现医联体全覆盖，基层首诊、双向转诊运行机制效果明显。加大出生人口性别比综合治理力度，全面落实利益导向政策和流动人口均等化政策。实施村级卫生室标准化建设，全部实现产权公有化、建设标准化、服务规范化、运行信息化、管理一体化，计生服务室和卫生室共建共用，并在全省率先实现卫生计生服务管理一体化建设，经验做法写入2017年省计生协会工作要点，在《全省计划生育和健康扶贫工作综合督查情况的通报》中给予通报表扬。公共卫生保障能力稳步提高。实施城乡适龄妇女“两癌”免费筛查。对全区小学二年级学生实施免费窝沟封闭。开展“六免一补”出生缺陷干预和优生优育举措，叶酸增补实现城乡全覆盖。健康扶贫成效明显，贫困人口和计生困难家庭享受就诊减免政策，减免费用20余万元。出台《河口区家庭医生签约服务实施方案》，家庭医生签约服务工作有序开展。持续改善中医药服务能力，建立国医堂、中药馆3处，中医药适宜技术推广基地开展培训2期、120人次。创建国家卫生镇3个，省、市卫生村132个，推荐申报各类市级以上卫生单位26个。连续6年将创建幸福家庭活动列入区政府为民办实事之一。协调成立以区政府分管领导为组长的青春健康促进工作领导小组，将青春健康教育列入家长学校常规教学计划，探索“双向同步培训”模式。促进建成省级青春健康教育基地1处，连续2年承担国家青春健康家长沟通之道项目，促进青少年的健康成长。2017年12月，荣获全市妇女儿童工作先进个人。

常国燕 女，1982年2月生，汉族，中共党员，东营市河口区妇女联合会党组副书记、主任科员。工作中，她自觉贯彻执行党和国家有关妇女儿童工作的方针政策，具有做好妇女儿

童工作的大局意识、责任意识、创新意识、服务意识。为更好地推动河口区广大妇女姐妹创业致富，牵头成立河口区农村巾帼创业联盟，由52个部门91名志愿者组成了联盟政务、法律、金融、技术四大服务团队，帮助有需求的妇女积极创业；积极推进“妇女想致富、妇联帮你选项目”工作，编印10000份《河口区农村妇女创业项目汇编》，发放到妇女手中，推介易复制、投资小、收益快项目20个。积极采取组织观摩学习、结对帮扶、精心服务等措施，为广大妇女干事创业出思路想办法，“十二五”期间，全区累计举办实用技术培训213场次，培训妇女6701人，79名妇女取得月嫂、家政服务员等职业资格证书，46名妇女实现技能就业；组织现场观摩407场次，参与妇女4163人次，帮助妇女新上项目291个，新注册女性家庭农场45个，为1218名创业妇女协调贷款13126万元，争取上级创业补贴32万元，带动3000名妇女增收致富。积极推进妇女创业项目与院所合作步伐，帮助新盈食用菌合作社等6个项目与高校院所达成合作，有效提升河口区妇女创业项目的科技化、产业化水平。面向全区招募爱心代理妈妈与贫困儿童结对，实现一对一关护，为受助儿童提供资金资助、亲情关爱和教育指导。工作中，探索实行“舞前半小时”等精短培训，公开选拔“草根讲师”，采取身边人讲身边事的形式，把“课堂”搬到“广场”，从“室内”走向“室外”，讲政策，学项目，说安全，话维权，草根讲师开展“舞前半小时”培训236场次、参与妇女10000余人次，传播社会主义核心价值观，提高广大妇女素质，尤其是帮助广大困难妇女和儿童重拾信心，更好地以阳光心态，快乐生活。2017年12月，荣获全市妇女儿童工作先进个人。

附 录

河口区人民政府工作规则

第一章 总 则

第一条 东营市河口区第十八届人民代表大会第一次会议选举产生的新一届区政府，根据《中华人民共和国宪法》《中华人民共和国地方各级人民代表大会和地方各级人民政府组织法》，参照《国务院工作规则》《山东省人民政府工作规则》《东营市人民政府工作规则》，结合河口实际，制定本规则。

第二条 区政府工作的指导思想是：高举中国特色社会主义伟大旗帜，全面贯彻党的十八大和十八届三中、四中、五中、六中全会精神，以邓小平理论、“三个代表”重要思想、科学发展观为指导，深入贯彻习近平总书记系列重要讲话精神，坚决落实“五位一体”总体布局、“四个全面”战略布局和“五大发展理念”，坚决执行上级和区委的决策部署，按照“一极两区”的发展目标和战略定位，实行科学民主决策，坚持依法行政，推行政务公开，健全监督制度，加强廉政建设，努力建设责任政府、法治政府、实干政府、开拓政府和廉洁政府。

第二章 组成人员职责

第三条 区政府组成人员要忠实履行宪法和法律赋予的职责，坚持解放思想，实事求是，与时俱进，开拓创新；忠于职守，服从命令，顾全大局，全心全意为人民服务。

第四条 区政府实行区长负责制，区长领导区政府的工作。副区长、区政府办公室主任协助区长工作。负责常务工作的副区长协助区长主持区政府日常工作。区长外出期间，由负责常务工作的副区长主持区政府的全面工作。

第五条 区长主持召开区政府全体会议、区政府常务会议。区政府工作中的重大问题，须经区政府全体会议或区政府常务会议讨论决定。

第六条 副区长按分工负责处理分管工作。对分管领域的安全生产、环境保护、信访稳定、党的建设、廉政建设工作履行“一岗多责”；受区长委托，负责其他方面的工作或专项任务，并可代表区政府进行外事活动。

第七条 区政府办公室主任在区长领导下，负责安排处理区政府的日常事务工作，协调落实区政府决定事项和区长交办事项。

第八条 区政府工作部门的各委员会主任、各局局长负责本部门的工作。

区政府各部门根据法律、法规、规章和区政府的规范性文件、决定、命令，在本部门的职权范围内履行行政职责。

区审计局在区长和上级审计机关领导下，依照法律规定独立行使审计监督权，不受其他行政机关、社会团体和个人的干涉。

区政府各部门要各司其职，各尽其责，顾全大局，团结合作，维护政令统一，不折不扣地贯彻落实区政府各项工作部署。

第三章　全面履行政府职能

第九条　区政府及各部门要加快职能转变和工作指导转变，全面履行经济调节、市场监管、社会管理和公共服务职能。

第十条　加强经济发展趋势研判，充分运用经济、法律手段和必要的行政手段引导和调控经济运行，转变经济发展方式，着力实施创新驱动发展战略，着力推进供给侧结构性改革，调整和优化经济结构，注重开放开发，推动经济社会健康发展。

第十一条　严格市场监管，推进公平准入、公平竞争，完善监管体系，规范市场执法，大力建设信用河口，建设统一、开放、竞争、有序的现代市场体系。

第十二条　加强和创新社会管理，强化政府促进就业和调节收入分配职能，完善社会保障体系，注重解决民生问题。健全基层社会管理服务体系，增强基层社会管理服务能力，妥善处理社会矛盾，大力建设和谐河口，维护社会公平正义。强化公共安全管理，健全突发事件应急管理机制，提高政府预防和应对突发事件的能力。

第十三条　强化公共服务职能，完善公共服务政策，健全公共服务体系，增强基本公共服务能力，促进基本公共服务均等化。

第十四条　深化行政管理体制改革，继续清理、减少和规范行政审批事项，推进相对集中行政处罚权和综合行政执法试点工作，研究探索相对集中行政许可权工作。

第十五条　坚持绿色发展，加强环境保护，完善生态文明建设体系，建设资源节约型、环境友好型社会，促进经济、社会、环境协调发展。

第四章　实行科学民主决策

第十六条　区政府及各部门要不断完善群众参与、专家咨询、合法性审查和政府决策相结合的决策机制，建立公众参与决策平台，不断优化重大决策的规则和程序，实行依法决策、科学决策和民主决策。

第十七条　国民经济和社会发展中长期规划、年度计划、财政预决算、区级社会管理事务、政府规范性文件和重大政策措施、重大建设项目、城乡规划、重大财政支出等重要决策事项，需提交区政府有关议事协调机构审查（审议）和区政府法制机构合法性审查后，由区政府全体会议或区政府常务会议讨论决定。

第十八条　各部门提请区政府讨论决定的重大事项，必须经过深入调查研究，进行社会稳定、环境、经济等方面的风险评估，经过专家或研究、咨询机构等进行必要性、可行性和科学性论证；涉及有关部门的，应充分协商；涉及镇（街道）的，应事先征求意见；涉及重大公共利益和人民群众切身利益的，要向社会公开征求意见，必要时应举行听证会。

第十九条　区政府在做出重要决策前，根据需要通过多种形式，直接听取人大代表、政协委员、民主党派、群众团体、专家学者、基层群众等方面的意见和建议。

第二十条　区政府各部门和各镇人民政府（街道办事处）必须及时跟踪和反馈区政府重大决策实施情况，为决策的不断完善和优化提供客观依据，建立健全反应灵敏、协调有效的决策信息反馈机制和决策后评估机制。

第五章　坚持依法行政

第二十一条　区政府及各部门要强化法律意识和责任意识，严格按照法定权限和程序行使行政权力，加强依法行政的统筹规划和组织领导，不断提高依法行政的能力和水平。

第二十二条　区政府根据法律、法规、规章和经济社会发展需要，适时制定、修改或废止政府规范性文件和其他政策规定。制定重大或关系群众切身利益的规范性文件，要采取听证会、论证会、座谈会或向社会公布草案等方式向社会征求意见。

区政府规范性文件实施后要进行评估，发现问题，及时完善。

第二十三条　区政府规范性文件由区政府法制机构审查或组织起草，规范性文件的解释工作由区政府法制机构承办。

第二十四条　加强规范性文件管理。区政府及部门制定的规范性文件实行统一登记、统一编制登记号、统一公布。建立规范性文件定期清理制度，清理结果向社会公布。

第二十五条　继续推进规范行政处罚裁量权工作，严格实行执法责任制和执法过错追究制，有法必依、违法必究，公正执法、文明执法。

第二十六条　对公民、法人和其他组织向区政府提出的行政复议申请，由区政府法制机构依法受理并审理，并按照规定程序报批。

第二十七条　对以区政府为被告的诉讼案件，由承办案件的镇人民政府（街道办事处）、区政府部门依法提出答辩意见书等法律文书，经区政府法制机构审查后，报分管副区长签批。承办案件的镇人民政府（街道办事处）、区政府部门负责具体应诉工作，区政府法制机构予以协助。

第二十八条　除按国家、省、市有关文件规定设立相应工作领导小组外，一般不设立议事协调机构和临时机构，相关工作按照区政府领导工作分工，抓好推进落实。确因工作需要的，以联席会议、工作（项目）推进（领导）小组等形式抓好工作协调、推进和落实。议事协调机构和临时机构不得替代职能部门的法定职责，不准超越规定职责开展工作，严禁从事经济活动和对外签订经济合同、借款、担保等。

第二十九条　完善政府权力运行体系，推行权力清单、责任清单、负面清单制度，实现“行政权力进清单，清单之外无权力”。按照合法行政、合理行政、程序正当、高效便民、诚实守信、权责统一的要求，严格依照权力清单行使职权，履行职责，承担责任。

第六章　推进政务公开

第三十条　区政府及各部门要认真贯彻落实《中华人民共和国政府信息公开条例》，大力推进政务公开，健全政府信息公开制度，完善各类公开办事制度，提高政府工作透明度。

第三十一条　区政府及各部门要完善新闻发言人制度，及时发布重要政务新闻，通报区政府对重大事项、突发事件、社会关注热点问题的处理情况等。

第三十二条　区政府全体会议和常务会议讨论决定的事项、区政府及各部门制定的政策措施，除需要保密的外，应及时予以公开。

第三十三条　发挥各类信息公开平台和渠道作用。统筹运用新闻发言人、政府网站、政府公报、政务微博微信等渠道，扩大发布信息的受众面。建立政策解读机制，对涉及群众切身利益、影响市场预期等重大事项、重要政策，按照“谁起草、谁解读”的原则，实事求是、有的放矢地做好政策解读工作。健全政务舆情收集、研判和回应机制，对重要政务舆情，要快速反应，依法按程序第一时间予以回应，并根据工作进展持续发布动态信息。

第三十四条　加强电子政务建设，统筹规划、整合资源、服务应用、确保安全，推进政府网站建设和网络平台应用，提高政府工作效率和服务水平，为公众参与经济社会活动创造条件。

第七章 提高行政效能

第三十五条 区政府及各部门要增强效率意识和服务意识，始终保持工作快节奏、高效率。按照服务大局、服务基层、服务群众的原则，不断优化行政权力运行流程，规范办事行为，大力压缩行政审批时限，全面推行网上审批，建立办事高效、运转协调、服务规范的行政运行机制。

第三十六条 区政府各部门要各司其职，各尽其责，顾全大局，加强协调配合，维护政令统一，提高行政效能，不折不扣地贯彻落实好区政府的各项决策和工作部署，及时跟踪和反馈执行情况。属于部门职责范围内的工作，由各部门负责落实；对涉及多个部门审批的事项，要实行领办、代办和会办制度，由主办部门牵头负责协调落实，相关部门配合。

第三十七条 上级行政机关和区委部署的重要工作，区政府的重大决策、重点工作和区政府领导交办的重要事项要全部纳入督查范围，由区政府办公室立项督办，跟踪督查，确保落实。

第三十八条 强化行政效能监察，健全行政行为约束机制，坚持行政效能考评和行政过错责任追究，促进行政效能提高。

第八章 健全监督制度

第三十九条 区政府要自觉接受区人民代表大会及其常委会的监督，认真执行区人民代表大会及其常委会的各项决议，向其报告工作、接受询问和质询，及时办理人大代表的建议、批评和意见；自觉接受区政协、各民主党派和各群众团体的民主监督，虚心听取意见和建议。

第四十条 区政府各部门要按照有关法律规定接受司法监督；同时要自觉接受监察、审计等部门的专项监督。对监督中发现的问题，要认真查处和整改并向区政府报告。

第四十一条 加强行政系统内部监督，健全政府层级监督制度，严格执行行政复议法律法规。落实规范性文件备案制度，及时撤销或修改违反法律、法规、规章的规范性文件和政策措施，纠正违法或不当的行政行为，并主动征询和认真听取下级政府及部门的意见和建议。

第四十二条 区政府及各部门要自觉接受新闻舆论和群众的监督。对新闻媒体报道和各方面反映的重大问题，各部门要积极主动地查处和整改并向区政府报告。

第四十三条 区政府及各部门要重视人民群众来信来访工作，进一步完善信访制度，确保信访渠道的畅通；区政府领导同志及各部门负责人要亲自阅批重要的群众来信。

要高度重视“3612345”民生热线和区政府网站“市民心声”工作，实行首问负责制，及时答复和解决群众反映的问题，督促各级政府和部门不断改进工作，充分发挥政府与人民群众密切联系的纽带和桥梁作用。

第四十四条 区政府各部门要推行行政问责制度和绩效管理制度，明确问责范围，规范问责程序，严格责任追究，提高政府执行力和公信力。

第九章 加强廉政建设

第四十五条 区政府及各部门要从严治政，加强监督制约权力的制度建设。对职权范围内的事项要按程序和时限积极主动地办理，对不符合规定的事项要坚持原则不予办理。对因推诿、拖延等官僚主义作风及失职、渎职造成影响和损失的，要追究责任；对越权办事、以权谋私等违规、违纪、违法行为，要严肃查处。

第四十六条 区政府及各部门要严格执行财经纪律，规范公务接待，不得用公款相互送礼和宴请，不得接受下属单位和地方的送礼和宴请。要艰苦奋斗，勤俭节约，切实降低行政成本，建设节约型机关。

第四十七条　区政府组成人员要廉洁从政，严格执行党中央、国务院，省委、省政府，市委、市政府及区委有关廉洁自律规定，不得利用职权和职务影响为本人或特定关系人谋取不正当利益。要严格要求亲属和身边的工作人员，不得利用特殊身份拉关系、谋私利。

第十章　会议制度

第四十八条　区政府实行全体会议、常务会议、区长办公会议和专题会议制度。

第四十九条　区政府全体会议由区长、副区长、区政府办公室主任和区政府工作部门的主要负责人组成，由区长召集和主持。会议的主要任务是：

（一）传达贯彻党中央、国务院，省委、省政府，市委、市政府及区委的重要指示、决定和会议精神，以及区人民代表大会及其常委会的决议、决定，研究提出贯彻意见。

（二）讨论决定区政府工作中的重大事项。

（三）部署区政府的重要工作。

（四）讨论需要由区政府全体会议决定的其他事项。

区政府全体会议原则上每半年召开1次，根据需要可安排有关部门、单位主要负责人和群众代表列席会议。

第五十条　区政府常务会议由区长、副区长、区政府办公室主任组成，由区长召集和主持。会议的主要任务是：

（一）传达贯彻党中央、国务院，省委、省政府，市委、市政府及区委的重要指示、决定和会议精神，以及区人民代表大会及其常委会的决议、决定，研究提出贯彻意见。

（二）研究全区国民经济和社会中长期发展规划、年度计划、财政预决算等。

（三）听取区政府重要工作情况的汇报，讨论决定区政府工作中的重要事项。

（四）研究审议需要向市政府请示、报告和向区委、区人民代表大会及其常委会报告的重要事项；讨论通过提请区人民代表大会及其常委会审议的议案。

（五）讨论通过由区政府制定发布的政府规范性文件和重要政策措施。

（六）讨论决定各部门请示区政府的重要事项。

（七）通报和讨论其他重要事项。

区政府常务会议一般每月召开2次，如有需要可临时召开。根据需要可安排有关部门主要负责人列席会议。

第五十一条　区长办公会议。由区长、副区长组成，区政府办公室主任、副主任和办公室有关人员列席。区长办公会议由区长或区长委托常务副区长召集和主持。一般每周召开1次。会议的主要任务是：

（一）通报上周工作进展情况，安排部署本周重点工作，提出需要其他区领导配合支持的工作。

（二）分析解决工作中存在的困难和问题，研究其他事项。

第五十二条　区政府专题会议由区长、副区长或区长、副区长委托区政府办公室主任召集，区政府有关部门负责人出席。涉及两位或两位以上副区长分管工作的，原则上由主管副区长召集会议，会前就议题涉及内容由主管副区长征求有关副区长的意见。

区政府专题会议根据需要随时召开。会议的主要任务是：

（一）研究协调区政府领导分工职责范围内的专门问题。

（二）协调解决分管部门之间有意见分歧的问题。

（三）研究协调需提交区政府集体研究决策的有关问题。

区政府专题会议凡涉及资金、项目、机构编制的，严格按照规定的审批权限和程序办理。

第五十三条 提交区政府会议研究的议题，凡涉及两个以上部门职责范围内的事项，由主办部门主要负责人与其他部门进行协调会商，达成一致意见，并签署意见。经协调不能取得一致意见的，须由主办部门附协调说明，列明各方依据，提出倾向性意见，报请分管副区长（或协助其工作的区政府办公室副主任）协调。经协调仍不能取得一致意见的，由分管副区长提出主导意见。参与协调的部门主要负责人必须在会签意见上签字。

第五十四条 凡提交区政府常务会议研究的议题，必须是事关全区改革、发展和稳定大局的重要事项，以及按规定必须由区政府作出决定的事项，属部门或分管副区长职责范围内能够决定的事项，不提交区政府集体研究。提交会议研究的议题材料，会前须经区政府办公室有关副主任审核把关。议题材料定稿后，由分管副区长及协助其工作的区政府办公室副主任签署意见。议题材料中提出的决策建议要切实可行，提供的依据要准确无误，文字表述要言简意赅。

会议议题材料连同议题说明一般应于会前5个工作日内报送区政府办公室，由区政府办公室主任根据议题内容和轻重缓急提出安排处理意见，报区长批准后列入议题。

区政府各部门拟提请区委常委会议研究的事项，首先送区政府办公室按程序运转，经区政府办公室审核把关并经区政府领导审定，重大事项经区政府有关会议研究后，再送区委办公室按有关程序办理。

第五十五条 区政府各部门政务工作中需区委、区政府共同研究决定的事项，以及向区人民代表大会及其常委会报告、向区政协通报的事项，应先提交区政府研究后，再提报区委、区人民代表大会及其常委会或通报区政协。

第五十六条 区政府全体会议、常务会议、区长办公会议和专题会议的组织工作由区政府办公室负责，重要议题于会前送达与会领导同志，如对议题有意见或建议，应在会前提出。提交区政府常务会议讨论决定的事项，应由分管副区长或有关部门主要负责人按汇报稿进行汇报，汇报一般不超过10分钟。汇报市政府会议精神，着重汇报河口区贯彻意见。凡已经审阅并会签同意的议题，参会人员不应随意发表与议题内容相悖的观点。

第五十七条 区政府全体会议、区政府常务会议纪要，经区政府办公室主任审核后，由区长签发。区政府专题会议纪要，由会议主持人签发，必要时须由区长或负责常务工作的副区长审定同意后印发。

第五十八条 区政府工作会议按会议内容、出席人员分为区政府综合性会议和专业性会议两类。区政府综合性会议由区长主持，副区长、区政府办公室主任、区政府部门和镇人民政府（街道办事处）主要负责人参加，研究部署综合性重要工作；区政府专业性会议由分管副区长主持，区政府部门和镇人民政府（街道办事处）有关负责人参加，研究部署某一方面的重要工作。

第五十九条 召开区政府综合性会议，由区政府常务会议研究确定。区政府部门提请召开区政府专业性会议，应填写《会议审批单》，向区政府报送会议申请和会议安排方案，由区政府办公室受理，报区政府常务会议或区政府领导审批。

第六十条 区政府综合性会议的会务工作在区政府办公室主任领导下，以区政府办公室为主组织，区政府有关部门协助。区政府专业性会议由协助区政府领导工作的办公室副主任协调，以区政府有关部门为主组织，区政府办公室协助。

第六十一条 严肃会议纪律。副区长、区政府办公室主任不能出席区政府全体会议、常务会议或区政府综合性会议的，要向区长请假；区政府全体会议、常务会议和区政府综合性会议应由参会镇（街道）、部门主要负责人参加，如镇（街道）、部门召开的会议与区政府会议时间冲突，原则上服从区政府会议要求。因故不能参加会议的，要提前请假，并将原因和替代人员名单报区政府办公室备案。与会人员应提前5分钟入场完毕，会场摆放名签时应按名签就座；没有摆放名签时应尽量靠前聚中就座。加强会议签到管理，实行会议出席情况向主持人报告制度，将参加区政府全体会议、常务会议或区政府综合性会议出席情况，作为年终目标考核内容。有关区政府会议的新闻稿须经区政府办公室主任或有关副主任审定，如有必要报区长审定。

第六十二条　严格控制会议数量和规模。能用文件、电话解决问题的不召开会议；收听收看国家和省、市视频会议，如能接续召开会议作出部署的，尽量接续召开；区政府已经发文部署的工作，一般不再召开会议进行部署；能以部门名义召开的会议不以区政府名义召开；内容、时间相近的会议尽量合并召开，提倡召开专题会议、现场会议。

第六十三条　区政府召开的各类会议要开短会、讲短话。除重要会议外，时间一般不超过1小时；安排的交流发言单位一般不超过4个，每个单位发言时间一般不超过5分钟。

第六十四条　上级有关部门、单位通过区政府有关部门商洽在河口区召开的全国、全省及全市性会议，有关部门应提前报告区政府，经同意后可答复和安排。

第十一章　公文审批

第六十五条　向区政府报送公文，必须严格按照《国家行政机关公文处理办法》和《山东省〈党政机关公文处理工作条例〉实施办法（试行）》的规定程序办理，努力提高公文质量。

第六十六条　区政府办公室负责区政府各类公文的处理、承办工作。各镇人民政府（街道办事处）、区政府各部门报区政府的各类公文，应以正式文件上报，由区政府办公室按程序运转，不得以《呈阅件》《请阅件》、信笺等非正式公文形式报送，不得直接报送区政府领导个人（区政府领导直接交办事项和必须直接报送的绝密事项除外），不得多头主送、越级行文。区政府领导收到直接报送要求审批的公文，一般不先作批示，应由区政府办公室按规定程序审核、运转。区政府领导批示的公文，由区政府办公室统一转办、处理。

第六十七条　各镇人民政府（街道办事处）、区政府各部门报送区政府的请示性公文，要一事一报并由其主要负责人签发。可以直报区政府部门解决的事项，不用再报区政府审批。报区政府审批的公文，公文标题要一目了然，内容要详略得当、表述清晰、准确无误。原则上综合性公文字数不超过2000字，专题性公文不超过1000字。对不符合要求的，区政府办公室退回呈报单位。

以区政府或区政府办公室名义制发的公文或报送区政府审批的请示事项，凡涉及其他部门职能的，主办部门要事先征求有关部门的意见，主动搞好协调，相关部门要积极配合。部门之间征求意见或会签公文时，除主办部门另有时限要求的以外，协办部门一般应当在2个工作日内予以回复，并由其主要负责人审核签署意见。对在规定时间内不会签又不说明原因的，主办部门可视为其无不同意见。区政府办公室转有关部门办理的公文，凡明确提出时限要求的，各部门应当在规定的时限内办理完毕。

区政府部门内设机构和部门所属的事业单位工作中需要请示的事项，一般应向主管部门请示；确需向区政府请示的事项，须由主管部门向区政府呈文。议事协调机构和临时机构不得直接向区政府报送公文。

第六十八条　上报区政府的公文，由区政府办公室审核后根据区政府领导分工呈批。

各镇人民政府（街道办事处）、区政府各部门报送区政府需要办理的公文，由区政府办公室按程序送区政府有关领导签批、运转。属区政府审批事项，应先转请有关部门研究提出意见。

第六十九条　区政府领导审批公文，对有具体请示事项的，应签署明确意见、姓名和日期。对一般报告性公文，圈阅表示“已阅知”。

第七十条 以区政府名义签订的各类合同，应由有关部门代拟合同文本，送区政府法制机构审核，按程序报区政府审定。

第七十一条 区政府各部门提请拟以区委、区政府或区委办公室、区政府办公室名义制发的公文，首先送区政府办公室按程序运转，经区政府办公室审核把关并经区政府领导审定，重大事项经区政府有关会议研究后，再送区委办公室按有关程序办理。

第七十二条 以区政府或区政府办公室名义制发的公文，其内容应属于关系全区经济和社会发展的重大改革方案、重要决定、政策措施、政府规范性文件以及需要全区各级行政机关、企事业单位执行和周知的重要事项，主要包括：

（一）对国务院、省政府、市政府的决定、命令、行政法规、重要工作部署和区委、区人民代表大会及其常委会的决定、决议提出的贯彻实施意见。

（二）须由区政府向市政府、区人民代表大会及其常委会报告、请示的重大问题。

（三）须由区政府与国务院、省政府、市政府有关部门、外县（市、区）政府联系商洽的工作。

（四）发布区政府的决定、政策措施和政府规范性文件。

（五）安排部署区政府确定的重要工作任务，对区政府部门和镇人民政府（街道办事处）的工作作出指示。

（六）答复区政府部门和镇人民政府（街道办事处）报请区政府决定、解决的重大问题。

（七）批转区政府部门的重要工作意见。

第七十三条 凡以区政府或区政府办公室名义制发的公文，均须填写《河口区人民政府（政府办公室）文件制发申请单》，由区政府办公室负责审理和送审、送签。区政府领导不直接签批未经区政府办公室审理的公文文稿。以区政府和区政府办公室名义行文的公文文稿，由分管文秘工作的区政府办公室副主任提出意见，经区政府办公室主任审核后，报请区政府领导签发。

第七十四条 公文签发权限：

（一）以区政府名义向市政府的请示、报告，以及涉及重大方针、政策的事项，由区长签发或负责常务工作的副区长签发。

（二）以区政府名义报请区人民代表大会常委会审议的议案、区政府发布的政府规范性文件，由区长签发。

（三）区政府各部门、派出机构、办事机构、事业单位的区管干部任免公文，由区长签发。

（四）以区政府名义下发的其他公文，根据公文内容，由分管副区长签发；内容涉及数名副区长分管范围的，需请其他副区长会签；涉及面广或有意见分歧的，应报请区长或负责常务工作的副区长审定签发。

（五）已经区政府常务会议议定的事项和属于例行批准手续的事项，需以区政府名义行文的，由区长或区长授权副区长、区政府办公室主任签发。

（六）以区政府办公室名义制发的公文，由区政府办公室主任签发。如有需要，可报请分管副区长签发或区长签发。

第七十五条 大力精简公文。行文应确有必要，注重实效，严格控制公文规格和发文数量，可发可不发的一律不发；可以区政府办公室名义行文的，不以区政府名义行文；可以区政府工作部门或几个工作部门联合行文的，不以区政府或区政府办公室名义行文。

下列内容的事项不以区政府或区政府办公室名义行文：

（一）对国务院、省政府、市政府有关部门下发的文件提出的贯彻执行意见。

（二）属于部门和镇人民政府（街道办事处）职权范围内的事项。

（三）区政府领导在会议上的讲话和会议纪要。

（四）照抄照转上级文件，对指导工作没有实际意义的文稿。

第七十六条　区政府各部门、各直属机构一般不得越级行文。部门之间对有关问题未经协商一致，不得各自向下行文。未经区政府批准，区政府各部门、各直属机构不得直接向下级政府行文部署工作。各部门内设机构除办公室外不得对外正式行文，也不得要求下级政府向本部门（单位）报送公文。属于业务性较强及行业性的重要工作，或其他需区政府同意的事项，按程序报经区政府领导审定后，可加“经区政府同意”字样由部门行文。

第七十七条　以区政府、区政府办公室名义制发的公文，除需要保密的外，应及时通过电子政务内网将电子公文传输下发，并在政府公报上刊登，或在政府网站上公布。

第十二章　政务信息反馈和重要决策督查

第七十八条　各镇人民政府（街道办事处）、区政府各部门要切实加强政务信息工作，及时向区政府反映政府工作及经济社会发展中的重要情况，为区政府领导科学民主决策提供依据。

第七十九条　政务信息反馈的主要内容：

（一）党中央、国务院，省委、省政府，市委、市政府及区委、区政府重大决策部署和领导同志重要指示批示的贯彻落实情况。

（二）国家、省、市制定出台的政策及其对全区经济社会发展的影响分析。

（三）贯彻国家、省、市和区出台政策的执行情况及贯彻过程中遇到的问题及建议。

（四）重要经济指标完成情况，全区经济社会运行中的重大情况、重要动态，重大项目建设进展情况。

（五）重要的社情民意和问题反映。

（六）创造性开展工作的特色做法和成功经验。

（七）外地可供借鉴的工作新思路和新举措。

第八十条　报送政务信息要围绕中心工作，把握区委、区政府的决策部署，贴近领导的信息需求，突出重点，抓住要点，做到全面、及时、准确、规范。

第八十一条　区政府办公室要加强对全区政府系统政务信息工作网络的指导，确保网络健全完善、高效运转。同时，要建立完善政务信息工作报送通报和考核机制，对信息报送工作先进单位和个人进行表扬，对迟报、漏报信息并造成严重后果的进行通报批评。

第八十二条　突发事件报告工作由区政府应急管理办公室统一受理。突发事件发生后，所在镇人民政府（街道办事处）及区政府有关部门要抓紧做好处置工作。同时，及时向区政府应急管理办公室报告，不得漏报、迟报、虚报和瞒报。一般突发事件主报分管副区长（涉及两位以上副区长的，同时报告所有涉及的副区长）；较大及以上突发事件主报区长、分管常务工作的副区长、分管副区长，同时抄送区委办公室。突发事件的分类办法根据国务院有关规定执行。

第八十三条　区政府领导对分管的工作应认真部署，加强督促检查，实现任务目标。对区委、区政府的重要决策和领导批示件，各镇人民政府（街道办事处）和区政府各部门的主要负责人要亲自抓落实。

第八十四条　对区政府重要决策、重要工作部署及其他需要镇人民政府（街道办事处）和区政府部门落实的事项，区政府办公室要及时立项通知、检查催办、汇总报告落实情况。镇人民政府（街道办事处）和区政府部门要认真组织落实，有时限要求的按时限要求反馈；没有时限要求的，应在10个工作日内反馈。

第八十五条　严格实行政务督查考核制度。区政府每年对镇人民政府（街道办事处）和区政府部门工作目标、工作任务完成情况进行督查考核，根据考核情况进行奖惩。

第八十六条　对市政府和区领导批示交办的事项，区政府办公室要立即送呈有关领导审阅批示，按照分工转有关镇（街道）、部门办理或直接组织办理，并按规定时限整理上报办理情况。需镇人民政府（街道办事处）、区政府部门办理的事项，一般事项3个工作日内回复，特殊情况下不超过5个工作日。

第八十七条 区政府领导在人民来信上的批示，由区委区政府信访局组织办理，并直接向领导反馈结果和答复来信人。以下信函由区政府办公室办理：

（一）区级以上（含区级）领导的信函。

（二）国内外知名专家、学者、工商界人士的信函。

（三）各镇人民政府（街道办事处）、区政府部门主要负责人的信函。

（四）对政府工作全局有重大影响的信函。

第十三章　纪律和作风

第八十八条 区政府组成人员必须严格执行中央八项规定、省委省政府和市委市政府关于改进工作作风、密切联系群众的规定，坚决执行党和国家的路线、方针、政策以及区委的工作部署，严格遵守纪律，有令必行，有禁必止。

第八十九条 区政府要自觉接受和维护区委的领导，重要事项及时向区委请示汇报。以下重大事项须向区委请示报告：

（一）全区经济和社会中长期发展规划和年度计划。

（二）以区政府名义上报市政府的重大请示事项。

（三）涉及全局性的重大改革措施。

（四）重大建设项目和重大财政支出。

（五）需要区委组织协调的重大事项。

（六）涉及群众切身利益的重大问题。

（七）须向区委报告的其他重要事项。

第九十条 区政府组成人员必须坚决执行区政府的决定，如有不同意见可在区政府内部提出，在没有重新做出决定前，不得有任何与区政府决定相违背的言论和行为。代表区政府发表讲话或文章，以及个人发表涉及未经区政府研究决定的重大问题及事项的讲话或文章，事先须经区政府同意。

第九十一条 区政府组成人员要严格遵守保密纪律和外事纪律，严禁泄漏国家秘密、工作秘密或者因履行职责掌握的商业秘密等，坚决维护国家的安全、荣誉和利益。

第九十二条 区政府组成人员要做学习的表率，密切关注国际国内经济、社会、科技等方面发展变化的新趋势，不断充实新知识，丰富新经验。区政府通过举办讲座等方式，定期组织学习经济、科技、法律和现代管理知识。不定期召开务虚会，每次选出一、二个涉及全区经济社会发展的重大问题进行深入研讨，不断提高科学决策水平。

第九十三条 区政府领导和区政府部门负责人要深入基层，调查研究，了解情况，指导工作，解决实际问题。在区内检查、考察工作和调查研究，严格控制陪同人员，一律安排集体乘车，基层党政领导一律不准到辖区边界迎接，不搞层层陪同。听取汇报或座谈时不摆放水果、香烟。对区政府领导现场确定事项，随行部门、单位负责同志或区政府办公室工作人员要切实抓好落实，并及时反馈办理情况；对现场不能解决的问题，随行区政府办公室工作人员要如实记录，根据区政府领导批示意见，交由协助工作的区政府办公室副主任或有关部门专题研究办理，区政府办公室负责反馈办理结果。

第九十四条 区政府领导原则上不参加剪彩、奠基、展览、纪念、颁奖等庆典和应酬性活动，不为基层和部门的会议和活动发贺信贺电，不为商业性活动题字题词。

邀请区政府领导出席的各类活动由区政府办公室统一按规定办理，禁止直接邀请区政府领导。确需区政府领导出席的重要会议或活动，承办部门要将邀请函、请柬、有关活动安排方案等送区政府办公室按程序运转，经区政府办公室主任审核后，报区政府领导审定。

第九十五条 各镇人民政府（街道办事处）、区政府各部门工作中需要向区政府请示、汇报的事项，应由主要负责人（或主要负责人委托的副职）按照工作分工向分管副区长请示、汇报。需向区长请示、汇报的，要事先与区政府办公室联系，由区政府办公室排出方案，经区政府办公室主任请示区长同意后安排，原则上由主要负责人汇报。

第九十六条 国家部委、省政府、市政府部门和外县（市、区）来宾来河口考察指导工作，原则上由对口部门负责接待。需区政府领导会见、会谈、宴请的，应填写《来宾报告单》，由区政府办公室按程序报区政府领导审定。

第九十七条 区政府领导出席会议活动、下基层考察调研的宣传报道要从严掌握。一般性的会议、活动、会见原则上不报道。

第九十八条 区政府组成人员要严格执行请销假制度。副区长、区政府办公室主任出差（出访）、休假，应事前向区长请示，并将外出时间、地点、联系方式等有关事项告区政府办公室。出差（出访）返回后，应向区长报告。

区政府部门主要负责人和各镇长、街道办事处主任出差（出访）、休假，须填写《领导干部外出报备单》，向区政府报告，经区政府批准后方可出行。以上人员外出返回后，应告知区政府办公室。

第九十九条 区政府领导实行工作补位（互为AB角）制度，互为AB角的领导，其中一位出访、出差、休假、学习等外出时，由另一位代行职责。互为AB角的领导原则上不同时外出。

区政府派出机构、办事机构、直属事业单位适用本规则。

索　引

说　明

本索引为综合性主题索引。索引标目按字母顺序（同音字按声调）排列。标目后数字为页码，页码后 a、b 分别表示该页中的左、右栏。

A

B

C

D

E

F

G

H

J

K

L

M

N

R

S

T

W

X

Y

Z